GRONINGEN COMMENTARIES ON APULEIUS

APULEIUS MADAURENSIS
METAMORPHOSES

Livre II
Texte, Introduction et Commentaire

D. van Mal-Maeder

T0381249

EGBERT FORSTEN, GRONINGEN 2001

ISBN 90 6980 130 2

This book meets the requirements of ISO 9706 :1994
Information and documentation
Paper for documents-requirements for permanence

© Egbert Forsten Publishing, Groningen 2001

All rights reserved. No part of this publication may be reproduced, stored in a retrival system, or transmitted, in any form or by any means, electronic, mechanical, photocopying, recording, or otherwise, without the prior written permission of the publisher.

This book was printed with financial support from the Netherlands Organisation for Scientific Research (N.W.O.)

TABLE DES MATIÈRES

Préface   ix

Introduction   1

Note sur le texte   35

Texte   37

Commentaire   51

Appendice I   Photis: anti-Isis?   409

Appendice II   *Venus pendula*   413

Appendice III   *Quod prorsus alius nemo cono<rit uel*   417
                      o>minarit indicabo: le récit de Thélyphron

Abréviations   423

Bibliographie   425

Index Rerum   455

Index Verborum   463

Index Locorum   473

PRÉFACE

Ce commentaire est la version augmentée de ma thèse de doctorat, soutenue à l'Université de Groningue en mars 1998. Ma reconnaissance va d'abord aux Prof. H. Hofmann et Ph. Mudry qui ont guidé mes travaux et enrichi mes réflexions.

Ce projet n'aurait pu voir le jour sans le soutien des diverses instances qui l'ont soutenu, parmi lesquelles le Fonds national suisse de la recherche scientifique (SNF) et l'Organisation néerlandaise pour la recherche scientifique (NWO), qui m'a octroyé un subside d'une durée de trois ans et a pris en charge le financement de cette publication.

Merci à O. Thévenaz et O. Bianchi pour leur aide dans la relecture et dans la mise en page de cet ouvrage.

Je tiens enfin à témoigner toute ma gratitude aux membres du groupe d'Apulée de l'Université de Groningue, en particulier à M. Zimmerman, pour leurs conseils et leur soutien. Ce volume des *Groningen Commentaries on Apuleius* est le fruit personnel de mes années passées au sein du groupe. Il se distingue des autres volumes de la série par le fait qu'il est écrit en français. Du point de vue de la méthode, il s'inscrit dans leur lignée, même si, sur certains points, ma vision du roman d'Apulée - en particulier de la manière dont il se terminait - diffère de celle qui a précédemment été exprimée.

Somnia, terrores magicòs, miracula, sagas,
  nocturnos lemures portentaque Thessala rides?

«Les songes, les terreurs magiques, les phénomènes miraculeux, les sorcières, les spectres nocturnes et les prodiges de Thessalie, te ris-tu de tout cela?»

Horaces, *Épitres* 2, 2, 208 s.

Ἔστι δέ τι, ὦ βασιλεῦ, ψευδόσοφοί, τε καὶ ἀγείροντες, ὃ μὴ μαντικὴν ὑπολάβῃς, πολλοῦ μὲν γὰρ ἀξία, ἢν ἀληθεύῃ, εἰ δ᾽ἐστὶ τέχνη, οὔπω οἶδα, ἀλλὰ τοὺς γόητας ψευδοσόφους φημί· τὰ γὰρ οὐκ ὄντα εἶναι καὶ τὰ ὄντα ἀπιστεῖσθαι, πάντα ταῦτα προστίθημι τῇ τῶν ἐξαπατωμένων δόξῃ, τὸ γὰρ σοφὸν τῆς τέχνης ἐπὶ τῇ τῶν ἐξαπατωμένων τε καὶ θυομένων ἀνοίᾳ κεῖται.

«Il y a, en revanche, Seigneur, de faux sages, des mendiants, que l'on ne doit pas confondre avec de véritables devins, car la science de ceux-ci est fort estimable, lorsqu'elle est authentique; la divination, d'ailleurs, est-elle un art, je l'ignore, mais ce que je dis, c'est que les sorciers sont de faux savants. S'ils parviennent à faire croire à leurs dupes que ce qui n'existe pas existe en fait, et à leur faire douter de ce qui existe, je l'attribue à l'imagination de ceux-ci, car tout le secret de cet art réside dans la stupidité de ceux qui se laissent tromper et offrent des sacrifices. »

Philostrate, *Vie d'Apollonios de Tyane* 8, 7 (traduction de P. Grimal)

INTRODUCTION

1. Contenu et structure du livre 2
2. Techniques narratives et terminologie (discours du récit)
3. Descriptions, éloges, développements dissertatifs
4. Récits enchâssés
5. Le livre 2 par rapport aux autres livres des *Métamorphoses*
6. Langue et style
7. Intertextualité
8. Le texte
9. La traduction
10. Ce commentaire et la tradition des commentaires des *Métamorphoses* à Groningue

1. Contenu et structure du livre 2

1.1. Résumé

Arrivé la veille à Hypata (livre 1), Lucius se lance dès son réveil dans une exploration de la ville, avec l'espoir de déceler quelque trace de magie. Sur le marché, il rencontre Byrrhène, parente de sa mère, qui lui offre l'hospitalité. Lucius refuse, avançant qu'il ne peut quitter sans raison son hôte Milon. Leur conversation les amène à la maison de Byrrhène, dont l'atrium fait l'objet d'une description minutieuse. Une statue représentant Diane guettée par Actéon attire particulièrement l'attention du jeune homme. Byrrhène le prévient de se garder de Pamphilé, la femme de son hôte, une redoutable magicienne portée sur les jolis garçons. Mais Lucius se précipite chez Milon, bien décidé à séduire la servante Photis pour se ménager un accès au monde de la magie. Il trouve Photis dans la cuisine en train de préparer le repas de ses maîtres. Séduit par ses gracieux mouvements et par sa coiffure, qui donne lieu à un éloge de la chevelure, Lucius manoeuvre si bien qu'il obtient un rendez-vous pour le soir même. Durant le dîner, la conversation porte sur la divination. À la crédulité de Lucius rapportant la prédiction qui lui fut faite par le devin Diophane, Milon oppose son scepticisme en narrant la déconvenue subie à Hypata par le même Diophane, pris en flagrant délit d'escroquerie. Lucius se retire dans sa chambre, où il trouve tous les apprêts d'une nuit amoureuse, et n'a pas à attendre longtemps la venue de Photis. Quelques jours plus tard, Lucius est invité à dîner chez Byrrhène. Ayant engagé la conversation sur la magie, il entend l'histoire de Thélyphron, victime des pratiques macabres de sorcières thessaliennes. Byrrhène avertit Lucius que le lendemain a lieu la fête du Rire et obtient de lui la promesse de contribuer aux festivités. Sur le chemin du retour, le héros, tout imbibé de vin, aperçoit (ce qu'il prend pour) trois brigands s'acharnant contre la porte de la maison de son hôte. Dégainant son épée, il étend vaillamment sur le sol ces assaillants, avant de se glisser dans la maison et de succomber au sommeil.

1.2. Récit-cadre, récits enchâssés, descriptions et autres interruptions de la continuité narrative, ou: des «digressions»

Certains épisodes ou segments textuels du résumé qui précède pourraient apparaître à notre sensibilité moderne comme des détails secondaires, voire comme des digressions. S'il fallait embrasser de manière condensée la seule action principale, on obtiendrait pour le livre 2 quelque chose comme: «Le lendemain de son arrivée à Hypata, Lucius apprend que la femme de son hôte est une sorcière. Il entreprend de séduire l'esclave de la maison, susceptible de l'initier aux secrets de sa maîtresse. De retour d'une invitation à dîner, il trucide (ce qu'il prend pour) trois brigands s'attaquant à la maison de Milon».

Outre qu'un tel résumé comporte une part inévitable de subjectivité (qu'est-ce qui mérite selon moi d'être rapporté?), proclamer la primauté de l'action première constituerait un anachronisme. Les études les plus récentes dans le domaine du roman antique ont mis en évidence que plus que l'histoire elle-même, c'est le traitement narratif et stylistique de cette histoire, les enjolivements, les variations thématiques, qui font de ces récits des oeuvres individuelles.

Il faut souligner à ce propos l'influence de la rhétorique de la Seconde Sophistique (si importante que certains y ont vu l'une des matrices du roman antique[1]), particulièrement évidente dans les passages que la critique moderne considère comme des digressions, parce qu'ils s'éloignent de l'action proprement dite et semblent constituer des parenthèses dans l'histoire. C'est le cas des morceaux descriptifs (*ekphraseis*) ou des développements dissertatifs (discours encyclopédiques ou discours d'opinion), qui interrompent la continuité narrative en instaurant dans le récit une «pause verticale». On a coutume de les désigner du terme «digressions» quand ils atteignent une certaine longueur.[2] Les analyses modernes ont montré qu'il ne s'agit pas toujours de simples morceaux de bravoure, hérités des entraînements à la rhétorique. Non seulement ils donnent à l'auteur l'occasion de faire parade de ses capacités stylistiques et rhétoriques, mais ils entretiennent aussi souvent un rapport étroit avec le récit-cadre et recèlent parfois des indices quant à la la suite de l'histoire, susceptibles d'être déchiffrés par un lecteur attentif.[3] Il en va de même pour les récits enchâssés dont les *Métamorphoses* abondent. Ils constituent d'une certaine manière une facette des aventures de Lucius, qui, après les avoir entendus au cours de son voyage, estime

---

[1] Ainsi Rohde 1960 ([1]1876), 310 ss.; voir Reardon 1981; Fusillo 1991, 76 ss.

[2] Voir Desbordes 1982; Billault 1991, 265 ss.; Sandy 1994, 1549 ss.

[3] Pour le roman grec, voir en particulier Bartsch 1989; Billault 1991, 245 et 265 ss.; Fusillo 1991, 67 ss. et 81 ss.; Morales 1995. Pour Apulée, voir e.g. Marangoni 1976/1977; de Biasi 1990; Zimmerman-de Graaf 1993; Sandy 1994, 1568 s.; Van Mal-Maeder 1997a, avec références supplémentaires.

important de les rapporter au même titre que ses aventures personnelles. Les correspondances thématiques reliant ces récits secondaires au récit-cadre ont depuis longtemps été mises en lumière.[4]

Le livre 2 contient plusieurs descriptions occupant 4 à 5 chapitres et deux récits enchâssés qui s'étendent respectivement sur 2 et un peu moins de 10 chapitres (voir points 3 et 4). Des 32 chapitres du livre 2, moins de la moitié sont consacrés à l'action principale. De même, le livre 1 contient 26 chapitres, dont une dizaine seulement concerne le protagoniste principal (prologue exclu); 15 sont consacrés au récit enchâssé d'Aristomène. Dans le livre 10, environ 22 des 35 chapitres (soit 3/5 du livre) sont occupés par une description et par deux récits enchâssés qui interrompent le cours de l'action.[5] Quant au livre d'Isis, il est constitué en majeure partie de descriptions de la déesse, de son culte et de ses rites (pour l'effet de ces interruptions de la continuité narrative sur la vitesse du récit, voir point 2.1.2).

1.3. Structure spatio-temporelle du livre 2 (récit-cadre)

Bâti sur une série de symétries et de parallélismes, le livre 2 présente une structure d'une régularité remarquable. L'élément le plus frappant est sa construction en boucle, soulignée par un zeugma presque identique dans la première et dans la dernière phrase du livre, qui décrivent respectivement le lever de Lucius au petit matin et son coucher au beau milieu de la nuit (2, 1: 24, 16 s. *et somno simul emersus et lectulo*; 2, 32: 52, 3 s. *lecto simul et somno tradidi*). Les événements narrés dans ce livre se répartissent selon une structure temporelle tripartite quasi identique à celle du troisième livre.[6]

I. Une journée et une nuit (2, 1-2, 17 = 3, 1-3, 20):
    2, 1 (24, 16) *Ut primum nocte discussa sol nouus diem fecit* = 3, 1 (52, 6 ss.) *Commodum punicantibus phaleris Aurora roseum quatiens lacertum caelum inequitabat*
    2, 17 (39, 10 s.) *his et huius modi conluctationibus ad confinia lucis usque peruigiles egimus* = 3, 20 (67, 16 ss.) *iamque luminibus nostris uigilia marcidis infusus sopor etiam in altum diem nos attinuit*
II. Plusieurs jours, mais surtout plusieurs nuits:
    2, 17 (39, 13 s.) *ad cuius noctis exemplar similes adstruximus alias plusculas* = 3, 21 (67, 19 s.) *ad hunc modum transactis uoluptarie paucis noctibus*

---

[4] Voir Tatum 1969; Winkler 1985, 25 ss.; Sandy 1994, 1553 ss.; *GCA* 2000, 440 ss. (Appendix III); Bitel 2000, 160 ss.
[5] Voir *GCA* 2000, 8.
[6] Les trois premiers livres présentent une structure plus régulière que le reste du roman: voir Scobie 1978; Pennacini 1979.

III.   Un jour et une partie de la nuit (2, 18-32) // un jour et une nuit entière (3, 21-29):
         2, 18 (39, 15) *forte quadam die* = 3, 21 (67, 20) *quadam die*
         2, 31 (51, 6 s.) *monitu famuli mei, qui noctis admonebat*; 2, 32 (51, 11 s.) *inprouidae noctis caligine* // 3, 21 (68, 1 s.) *circa primam noctis uigiliam*; 3, 29 (73, 13 s.) *iam luce clarissima*

Sur le plan spatial, les épisodes sont répartis avec une alternance non moins régulière. On distingue trois lieux d'action, qui sont le théâtre d'événements thématiquement liés, disposés en chiasme.[7]

I.   Les rues d'Hypata: Lucius poursuit les arts magiques (2, 1-3)
II.   La maison de Byrrhène: Lucius est averti des dangers de la magie (2, 4-5)
III.   La maison de Milon: Lucius se rapproche des arts magiques (2, 6-18)
II.   La maison de Byrrhène: nouveaux avertissements contre les dangers des arts magiques (2, 19-31)
I.   Les rues d'Hypata: corps à corps de Lucius avec les arts magiques (2, 31-32)

2. Techniques narratives et terminologie (discours du récit)

L'analyse des techniques narratives mises en place dans le livre 2 des *Métamorphoses* d'Apulée est en partie basée (avec sélection et simplifications) sur la méthode établie par G. Genette dans *Figures III* «Discours du récit».[8]

2.1. Temps du récit/temps de l'histoire

Dans ce commentaire, le terme «récit» désigne selon la définition de G. Genette «l'énoncé narratif, le discours oral ou écrit, qui assume la relation d'un événement ou d'une série d'événements». Le «récit» est le signifiant et il se distingue de l'«histoire» (ou «diégèse»), qui est le signifié ou contenu narratif, «la succession d'événements réels ou fictifs qui font l'objet du discours narratif». G. Genette distingue encore le «récit» et l'«histoire» de la «narration», qui est «l'acte narratif producteur du récit et, par extension, l'ensemble de la situation réelle ou fictive dans laquelle il prend place».[9]

Comme tout texte narratif, les *Métamorphoses* se caractérisent par une dualité temporelle génératrice de divers effets narratifs, celle du temps du récit et du

---

[7]   Finkelpearl 1986, 21 n. 65 voit dans le livre 2 une structure chiastique voisine: apparences vs. réalité - Byrrhène et avertissements - Lucius et Photis - le repas de Milon - Lucius et Photis - Byrrhène et avertissements - apparences vs. réalité.
[8]   Voir Genette 1972, 65 ss.
[9]   Voir Genette 1972, 71.

temps de l'histoire («Erzählzeit» et «erzählte Zeit» dans la littérature théorique allemande).[10] Les relations entre temps du récit et temps de l'histoire pour le livre 2 seront analysées selon la détermination de l'ordre et de la durée.

2.1.1. Ordre

Par «ordre», on entend les rapports entre l'ordre temporel de succession des événements dans l'histoire et leur disposition dans le récit. De manière générale, les événements dans les *Métamorphoses* sont narrés selon une succession chronologique qui évite les anticipations et les retours en arrière.

2.1.1.1. Prolepses

Lorsqu'un événement qui ne s'est pas encore produit dans le temps de l'histoire est narré par avance, on parle de «prolepse». Un récit «à la première personne» (comme l'est celui de Lucius; voir point 2.2) se prête particulièrement à ce type de manoeuvres. Le narrateur y possède un savoir «d'après coup», dont il peut faire usage à tout moment. Cependant, on ne trouve que quelques prolepses, d'amplitude limitée (en réalité, il s'agit plutôt d'anticipations), qui permettent au lecteur de prévoir le dénouement (le plus souvent tragique) d'un épisode. Dans le livre 2, le récit par Milon de la mésaventure du devin Diophane débute par la remarque *fortunam scaeuam an saeuam uerius dixerim miser incidit* (2, 13: 35, 18 s.). Le récit de Thélyphron s'ouvre sur l'indication proleptique *fuscis auibus Larissam accessi* (2, 21: 42, 17 s.), annonciatrice de la fin tragique de son aventure; voir aussi comm. ad 2, 23 (44, 2 ss.) s.v. *perspicaciorem - totum*. La prédiction de Diophane constitue une sorte de prolepse, car elle annonce par anticipation (à l'acteur Lucius dans le temps de l'histoire et au lecteur/auditeur des *Métamorphoses*) la gloire du futur orateur et héros du roman: *nunc enim gloriam satis floridam, nunc historiam magnam et incredundam fabulam et libros me futurum* (2, 12: 35, 9 ss.).

Les *Métamorphoses* fournissent plusieurs exemples de prolepses «implicites», qui consistent non pas en la narration d'un élément de l'action proprement dite, mais en la projection de l'issue de cette action dans un miroir symbolique. C'est ainsi que la description de Lucius au chapitre 2 (26, 2 ss.) révèle que le héros est appelé à devenir un homme de lettres dans la suite de ses aventures. La description du groupe sculptural de Diane et Actéon encadré des statues d'Isis-Fortuna-Victoria au chapitre 4 (27, 3 ss.) anticipe la métamorphose de Lucius et sa rédemption par la grâce d'Isis. Le récit enchâssé de Thélyphron, qui évoque la mésaventure d'un héros masculin victime des arts magiques et devenu par la suite amuseur public en faisant le récit de ses malheurs lors de dîners mondains, consti-

---

[10] Voir Van der Paardt 1978, 84.

tue aussi dans une certaine mesure une mise en abyme proleptique des aventures de Lucius (voir point 4).[11] Au contraire des prolepses déclarées, de tels signaux annonciateurs ne sont perceptibles que pour un «lecteur second» ou un «lecteur averti» (voir point 2.2).

2.1.1.2. Analepses

L'«analepse» est une manoeuvre narrative qui consiste à évoquer après coup un événement antérieur au point de l'histoire où l'on se trouve. Au chapitre 6 (30, 6 ss.), Lucius raconte de quelle manière Photis l'a tendrement mis au lit la veille au soir. Dans la succession chronologique des événements, cet épisode devrait se situer à la fin du livre 1. De telles analepses sont liées à la technique narrative du «déploiement progressif des données du récit» caractéristique des *Métamorphoses*, qui consiste à introduire un personnage ou un élément de l'histoire au moment où la logique du récit l'exige (voir e.g. comm. ad 2, 15: 37, 10 ss. s.v. *pueris* et s.v. *extra limen ... quam procul*).[12] Une analepse peut même évoquer un événement antérieur au moment où l'histoire commence, comme lorsque Byrrhène rappelle à Lucius qu'elle prit part à son éducation (2, 3: 26, 10 ss.). Cette analepse «externe» a pour fonction de justifier l'entrée en scène d'un nouveau personnage qui, pour des nécessités dramatiques, se doit d'être proche de Lucius. L'analepse «extradiégétique» évoque quant à elle un univers autre que celui formant le décor de l'action principale. Ainsi, au chapitre 13 (35, 7 ss.), la mention du départ précipité du devin Diophane de l'île d'Eubée fait allusion à des événements qui se sont produits dans une autre histoire et un autre temps (voir aussi comm. ad 2, 20: 42, 2 s. *fabulam illam tuam remetire*). Enfin, le récit de Thélyphron, narré suivant la perspective limitée de Thélyphron-acteur (voir point 2.2), contient une analepse d'importance majeure, puisqu'elle offre le «clou» de l'histoire. Ressuscité le temps de témoigner contre sa femme, un mort dévoile ce qui s'est passé pendant que son gardien dormait (la mutilation de ce dernier pendant son sommeil: 2, 30: 49, 20 ss.).

2.1.2. Durée

Les rapports entre la durée des événements de l'histoire, mesurée en heures, jours, mois ou années, et leur durée dans le récit (longueur du texte), mesurée en lignes et en pages, sont importants pour la question de la vitesse du récit. G. Genette définit quatre formes de mouvement narratif dont l'alternance crée des effets de rythme (tempo romanesque): l'ellipse, «où un segment nul de récit correspond à

---

[11] Le terme «mise en abyme» (introduit par André Gide) désigne dans l'étude qu'en a faite Dällenbach 1977 *«toute enclave entretenant une relation de similitude avec l'oeuvre qui la contient»* (p. 18, en italique dans le texte).

[12] Pour d'autres exemples, voir Van Mal-Maeder 1995, 105 ss.

une durée quelconque de l'histoire», provoquant une accélération du récit; la pause descriptive, «où un segment quelconque du récit correspond à une durée diégétique nulle»; la scène dialoguée qui réalise l'égalité de temps entre récit et histoire; le récit sommaire, «forme à mouvement variable (...) qui couvre avec une grande souplesse de régime tout le champ compris entre la scène et l'ellipse».[13]

Si les livres 1 à 3 couvrent une période d'une dizaine de jours[14] et que le livre 2 présente une structure temporelle quasi identique à celle du livre 3 (voir point 1.3), on peut conclure que l'action principale du livre 2 se déroule dans un laps de temps de quatre à cinq jours. En guise de comparaison, disons que le livre 2 est plus rapide que le livre 1, qui couvre quant à lui une seule journée de l'histoire principale, mais bien moins que le livre 10 ou le livre 11, qui contiennent respectivement une période d'environ trois mois et une année.[15]

Comme on l'a constaté plus haut, le livre 2 se divise du point de vue de la temporalité en trois parties, dont le tempo est successivement lent, rapide et lent. Les événements narrés dans les chapitres 1 à 17 (39, 13) couvrent une journée, soit environ 16 des quelque 28 pages qu'occupe le livre 2 dans l'édition Teubner. Plusieurs nuits d'amour de Lucius et Photis sont ensuite résumées en une seule phrase (2, 17: 39, 13 s.). Enfin, les chapitres 18 à 32, soit environ 12 pages de l'édition Teubner, couvrent une autre journée (ou soirée) particulière. Notons encore qu'à l'intérieur de la première partie (chapitres 1 à 17), on observe une autre division tripartite, similaire du point de vue du tempo à celle de l'ensemble du livre 2. La matinée s'étend des chapitres 1 à 11 (33, 24) et la soirée et la nuit des chapitres 11 (34, 8 ss.) à 17 (39, 11), avec au milieu une accélération concernant l'après-midi, résumée en une seule phrase (*diem ceterum lauacro ... dedimus*).

Le rythme lent caractérisant la première et la dernière partie résulte des nombreuses descriptions et des scènes dialoguées, parmi lesquelles les deux récits enchâssés rapportés au discours direct. Descriptions et scènes de dialogue se succèdent alternativement, liées entre elles par quelques (rares) récits sommaires, dont des «phrases-résumés» imprimant pour un bref instant une accélération au récit (cf. e.g. 2, 3: 26, 25 *dum hunc et huius modi sermonem altercamur*; 2, 11: 33, 23 *his et talibus obgannitis sermonibus*). Le livre 2 contient deux exemples de sommaires très rapides, de fonction transitive; succédant à un passage lent, ils introduisent un nouvel épisode (2, 11: 34, 8 *diem ceterum lauacro ... dedimus* et 2, 17: 39, 13 s. *ad cuius noctis exemplar similes adstruximus alias plusculas*).

---

[13]   Voir Genette 1972, 128 s.

[14]   Selon Van der Paardt 1978, 86, qui a étudié en détail la structure temporelle des *Met.*

[15]   Pour la structure temporelle et le tempo du livre 10, voir *GCA* 2000, 11 ss.; pour le livre 11, outre Van der Paardt 1978, 86, voir Witte 1997.

2.2. Instance narrative et «point de vue» (voix et mode)

La typologie narrative à la base de ce commentaire est celle de G. Genette (1972), révisée par J. Lintvelt (1981) (on en trouvera un résumé détaillé et un sommaire d'application dans *GCA* 1995, 7 ss. et *GCA* 2000, 27 ss.). Les *Métamorphoses* sont le récit «à la première personne» des aventures de Lucius: récit «homodiégétique» selon la terminologie de G. Genette (par opposition à «hétérodiégétique», quand le narrateur n'est pas en même temps un acteur de l'histoire), où il faut distinguer entre le «je-narrant» et le «je-narré».[16] De manière générale, ce récit rétrospectif est fait selon le point de vue de l'acteur Lucius dans le temps de l'histoire («je-narré»), sans presque aucune intervention du narrateur Lucius («je-narrant»), qui, au moment où il fait le récit de ses aventures passées, possède un savoir supérieur à celui de son alter ego (voir e.g. comm. ad 2, 5: 28, 11 s. s.v. *eximie delector*; 2, 32: 51, 14 s.v. *tres - corporibus*). Dans la terminologie de J. Lintvelt, Lucius est un «narrateur homodiégétique actoriel» (par opposition à «narrateur homodiégétique auctoriel», quand le narrateur relate les événements selon le point de vue de son «je-narrant»). Cette technique narrative, qui place le lecteur dans la même position que le héros, permet de ménager les effets de surprise.

Mais cette technique narrative exige aussi que le narrateur doive justifier la source de ses informations ou avouer entre parenthèses quand il s'agit de suppositions (2, 6: 30, 9 *uultu prodidit*; 2, 15: 37, 11 s. *credo ut* ...). Le monde romanesque des *Métamorphoses* étant décrit comme le perçoit Lucius-acteur, le choix des mots dans le récit est le reflet de son état d'esprit à un moment déterminé de l'histoire. Or cet état d'esprit change constamment selon les circonstances et influence par conséquent sa manière de considérer le monde autour de lui. Cela explique les variations et autres contradictions apparentes du texte (voir e.g. comm. ad 2, 1: 24, 18 s.v. *lectulo*; 2, 6: 29, 15 s. s.v. *artis - nomen*; 2, 6: 30, 3 s.v. *probi Milonis*; 2, 11: 34, 9 s.v. *Milonis - mensulam*).

S'il le souhaite, le «je-narrant» peut à tout moment renoncer à sa perspective limitée, faire usage de son savoir ultérieur de manière implicite ou explicite (voir comm. ad 2, 2: 25, 8 ss.; 2, 6: 29, 15 ss. et 19 ss.), ou encore intervenir dans son propre récit: l'espace d'un instant, sa personnalité prend la place de celle de son «je-narré». Le livre 2 fournit un exemple d'une telle intervention, remarquable par sa longueur, dans l'éloge de la chevelure aux chapitres 8 et 9 (cf. aussi 2, 32: 51,

---

[16] Bitel 2000, 145 ss. (chapitre 3: «The altered ego: models for the principal narrator») propose de lire les *Met.* comme un «récit hétérodiégétique à la première personne», catégorie nouvelle développée à partir des modèles de G. Genette et de J. Lintvelt, qui doit expliquer l'ambivalence existant entre le «je» du prologue («ego-narrator») et celui de Lucius («ego-protagonist»). Si ingénieuse soit-elle, cette thèse ne provoque pas de changements profonds pour l'étude des techniques narratives. Davantage que pour le récit-cadre, son modèle ouvre des perspectives intéressantes pour les récits enchâssés, en particulier ceux d'Aristomène (livre 1) et de Thélyphron (livre 2: voir point 4.2), dont il met en évidence la fonction de divertissement (point 5.5).

18 *non immerito*).[17] Il n'est pas toujours aisé de déterminer si de tels commentaires reproduisent la perspective de Lucius-acteur ou de Lucius-narrateur (voir comm. ad 2, 1: 24, 18 s. s.v. *anxius alioquin et nimis cupidus*; 2, 4: 28, 8 s.v. *curiosum optutum*).

Le récit-cadre est interrompu par plusieurs récits enchâssés, dont les narrateurs peuvent être des narrateurs homodiégétiques, comme Lucius, ou hétérodiégétiques, s'ils n'ont pas directement pris part aux événements. Le récit fait par Milon dans le livre 2 de la mésaventure du devin Diophane (chapitres 13 et 14) est un exemple de récit second hétérodiégétique, où Milon est un narrateur actoriel. À l'intérieur, Milon cite un autre récit, celui que Diophane fait de son voyage malheureux: le devin est un narrateur au troisième degré, homodiégétique actoriel. Avec le récit de ses malheurs (chapitres 21 à 30), Thélyphron est un exemple de narrateur second homodiégétique actoriel (voir point 4.2 note 32). Le suspense et les surprises y sont si bien ménagés que le lecteur découvre en même temps que l'acteur Thélyphron la mutilation dont il a été victime (voir Append. III).

Ces principes une fois posés, il faut préciser que j'ai opté pour une version simplifiée de cette terminologie narratologique (par rapport à *GCA* 1995 et 2000). J'ai notamment renoncé à la distinction entre «auteur concret» et «auteur abstrait», parce que, avec G. Genette, je doute de l'existence d'un troisième homme.[18] Il suffit de distinguer entre l'auteur Apulée et le narrateur (premier) fictif, Lucius. De même, je n'ai pas fait la distinction entre «lecteur concret» et «lecteur abstrait», me contentant de distinguer entre le lecteur/auditeur (antique ou moderne) du monde extra-textuel et le narrataire, auquel le narrateur s'adresse à l'intérieur de l'univers romanesque. J'ai même limité l'emploi de ce dernier terme aux seuls cas où le narrateur s'adresse explicitement à un narrataire (comme en 2, 4: 27, 14; 28, 2 et 5). Pour alléger la lecture du commentaire, j'ai évité chaque fois que possible d'employer les termes de «narrateur homodiégétique actoriel» ou «auctoriel», préférant parler de «je-narré» ou de «je-narrant», ou encore de «Lucius-acteur» ou «Thélyphron-acteur» et de «Lucius-narrateur» ou «Thélyphron-narrateur».

Enfin, j'ai utilisé la notion de «lecteur averti» et distingué entre «lecteur premier» et «lecteur second». Par «lecteur second», j'entends un lecteur ayant déjà lu les *Métamorphoses* et qui les lit pour la seconde (ou la troisième) fois. Son

---

[17] Il faut distinguer de telles intrusions du «je-narrant» des transgressions de la perspective actorielle, quand le narrateur fait part d'un élément qu'il ne peut connaître d'aucune manière, comme les pensées d'autrui. C'est le cas dans le récit de la *nouerca* assassine (10, 2: 237, 1 ss.), où les sentiments les plus intimes des différents acteurs sont détaillés par Lucius.

[18] Voir l'argumentation de Genette 1983, 94 ss. concernant l'«auteur abstrait» («auteur impliqué» chez Genette; la notion d'«implied author» fut introduite par W. Booth en 1961, à une époque où la distinction entre auteur et narrateur n'allait pas encore de soi): auteur réel - auteur impliqué - narrateur - narrataire - lecteur abstrait - lecteur concret, «ce qui commence à faire beaucoup de monde pour un seul récit» (p. 96).

9

savoir est supérieur à celui qu'il avait quand il découvrait le roman pour la première fois, supérieur aussi à celui de Lucius-acteur.[19] Sa connaissance de la fin de l'histoire modifie inévitablement sa vision du roman et sa seconde lecture ne peut qu'en être influencée. L'interprétation moderne traditionnelle du roman des *Métamorphoses*, qui établit une opposition binaire systématique entre les livres 1 à 10 et le livre d'Isis dans lequel la signification allégorique du roman serait ancrée, est précisément basée sur ce phénomène de la «lecture seconde» (voir point 5). Fort de son savoir «d'après coup», un «lecteur second» peut détecter la présence de prolepses implicites dans les *ekphraseis* et les récits enchâssés, interpréter leur signification cachée (voir e.g. comm. ad 2, 2: 26, 5 ss.; 2, 4: 27, 3 ss. s.v. *curiosum optutum*; 2, 5: 28, 11 s. s.v. *tua - uides*; 2, 6: 29, 18 s.v. *ampla cum mercede*; voir point 1.2) et apprécier l'ironie dramatique (voir e.g. comm. ad 2, 6: 30, 11 s.v. *licet salutare non erit*; 2, 21: 42, 19 s.v. *fomenta conquiro*). Pour peu qu'il ait été familier avec le genre romanesque et ses codes, un «lecteur premier» antique était sans doute aussi susceptible de déceler la présence de tels signaux textuels.[20] C'est pourquoi j'ai parfois employé l'expression «lecteur averti», qui peut désigner aussi bien un «lecteur premier» (antique ou moderne) attentif (*lector scrupulosus*, dirait Lucius: cf. 9, 30: 225, 10), qu'un «lecteur second» (antique ou moderne).

3. Descriptions, éloges, développements dissertatifs

Le livre 2 regorge d'éléments descriptifs variés.[21] Parfois, il ne s'agit que de simples adjectifs ou adverbes qui, sans interrompre le cours de l'action, viennent étoffer la phrase d'une précision colorée. Parfois, ces descriptions atteignent des proportions plus considérables et établissent dans le récit linéaire une manière de «pause verticale»: l'attention du lecteur se déplace de ce qui lui est narré sur ce qui lui est décrit. Plusieurs d'entre elles sont des morceaux épidictiques témoignant de l'influence des entraînements à la rhétorique. C'est le cas de la description de Lucius au chapitre 2 (26, 2 ss.), de l'éloge en miniature d'Hypata au chapitre 19 (41, 3 ss.), mais surtout de l'éloge descriptif de la chevelure aux chapitres 8 et 9 (31, 13 ss.; voir point 5.6).[22] Ce dernier constitue aussi un déve-

---

[19] Les notions de première lecture et de relecture (déjà connues dans l'Antiquité: cf. Quint. *inst.* 10, 1, 20 s.) sont introduites par Barthes 1970, 22 s.; Winkler 1985, 10 ss. (et *passim*) en a souligné l'importance pour les *Met.*; voir aussi Hofmann 1997, 167, qui signale un cas de «first listener» et de «second listeners» dans le livre 2 (2, 20: 42, 1 ss.).

[20] Voir Bartsch 1989; Zimmerman-de Graaf 1993, 151 s.

[21] Voir Van Mal-Maeder 1997a.

[22] Dans les *Met.*, cf. aussi l'éloge du palais de Cupidon au livre 5, 1 s. (103, 12 ss.). Comparer les morceaux épidictiques dont fourmillent les *Flor.*: e.g. éloge d'Hippias, de Sévérianus et d'Honorius (9: 10, 5 ss.); éloge du perroquet (12: 16, 20 ss.). Sur la rhétorique de l'éloge, voir Pernot 1993.

loppement dissertatif du type de ceux qu'on trouve dans les romans grecs.[23] Comme celui du livre 10, 33 (264, 1 ss.),[24] il faut attribuer cette intervention narrative non pas à Lucius-acteur, mais au narrateur auctoriel, le Lucius initié d'Isis (voir comm. ad loc.).

Brèves ou longues, ces descriptions n'ont jamais rien de gratuit. Les unes comme les autres remplissent une fonction ornementale (elles embellissent le texte) et servent le réalisme de l'histoire: l'accumulation de détails permet au lecteur de mieux voir et par conséquent de mieux croire ce qu'on lui raconte (effet de réel). Telle est par exemple la description accompagnant l'apparition de Byrrhène (2, 2: 25, 12 ss.) ou encore celle du repas chez la même Byrrhène (2, 19: 40, 12 ss.). Toutes deux ont un caractère informatif, dans la mesure où elles révèlent que la parente de Lucius est une dame de qualité jouissant d'une aisance matérielle considérable.

Souvent, les descriptions possèdent une fonction stratégique à l'intérieur du récit: soit qu'elles livrent quelque information sur la suite, soit qu'elles reflètent quelque élément de l'histoire à venir (fonction proleptique: voir point 2.1.1.1) ou de l'histoire passée. Dans tous les cas, elles offrent au lecteur l'occasion d'exercer ses capacités interprétatives. La description de Lucius peut conduire un lecteur perspicace à deviner le destin qui attend le héros à la fin de l'histoire: celui d'un homme de lettres (2, 2: 26, 2 ss.). Cette interprétation trouve sa confirmation dans l'éloge de la chevelure prononcé par Lucius-narrateur, devenu un orateur accompli (2, 8: 31, 13 ss.; voir point 5.6). Devant la description du groupe statuaire de Diane et Actéon, un «lecteur averti» peut supposer que les thèmes de la curiosité, du sacrilège et de la magie auront un rôle à jouer dans l'histoire et qu'une métamorphose du héros en animal répondant au titre du roman aura lieu (2, 4: 27, 3 ss.).

D'autres descriptions ont été dotées d'une signification symbolique en fonction du livre 11. C'est le cas de la danse de Photis devant ses casseroles (2, 7: 30, 18 ss.), ou de la description de la servante se dénudant comme une Vénus sortie des eaux (2, 17: 38, 15 ss.). Ces passages furent utilisés dans l'interprétation moralisante qui veut faire de Photis la *Venus uulgaria* incitant aux dérèglements de la passion, par opposition à Isis, *Venus caelestis* présidant à l'amour noble. Mais cette interprétation est caractéristique d'un «lecteur second» imprégné du livre d'Isis (voir point 5; Append. I).[25]

---

[23] *Supra* note 2.
[24] Voir Zimmerman-de Graaf 1993, 154 s.
[25] Je me suis moi-même fait l'écho de cette interprétation: Van Mal-Maeder 1997a, 175 s. Sur l'absence des descriptions dans l'*Onos*, voir point 7.2.

4. Récits enchâssés

At ego tibi sermone isto Milesio uarias fabulas conseram (1, 1: 1, 1 s.). Comme l'annonce ce prologue en forme de déclaration d'intentions, les *Métamorphoses* sont émaillées de nombreux récits secondaires enchâssés dans le récit premier, qui varient autant par leur longueur que par leur contenu. Dans certains livres, les récits secondaires occupent par rapport au récit-cadre une place prépondérante. L'action principale se voit pour ainsi dire réduite à un rôle prétexte, semblable à ce qu'on trouve chez Boccace.[26] Le propre de ces récits est de raconter les (més)aventures de personnages autres que Lucius, auxquelles celui-ci n'a pas pris part directement, mais pour lesquelles il éprouve beaucoup d'intérêt.[27] Parfois, ils sont narrés par un narrateur second et reproduits «tels quels» au discours direct par le narrateur premier, Lucius. D'autres fois, ils sont rapportés par le seul Lucius, sans narrateur intermédiaire. Ces diverses relations sont faites pour le simple plaisir de raconter, en manière de divertissement, ou encore d'avertissement (voir point 5.4).

Le livre 2 contient deux récits enchâssés, qui occupent un peu moins d'un tiers du livre (voir point 1.2). Tous deux sont introduits au cours d'une conversation ayant pour cadre un dîner et sont rapportés au discours direct.[28] Tous deux ont à faire avec le surnaturel et sont en rapport étroit avec l'histoire de Lucius.

4.1. La mésaventure de Diophane

Aux chapitres 13 et 14, en réponse à Lucius qui lui rapportait la prédiction mirobolante que lui avait faite le devin Diophane, Milon narre la mésaventure de ce même devin, pris en flagrant délit de charlatanerie.[29] À l'intérieur de ce récit secondaire, on trouve celui du périple de Diophane, narré au discours direct par le devin lui-même. Le récit de Milon a une fonction d'exemplarité. Il sert à prouver le caractère fallacieux et illusoire de la divination. Milon se pose en sceptique face à la crédulité de Lucius et cette divergence d'opinion illustre un thème majeur des *Métamorphoses* (voir point 5.3). La réaction vexée de Lucius, qui se hâte de retourner dans sa chambre (chapitre 15: 37, 1 ss.), paraît indiquer que la démonstration de Milon a fait mouche. Dans sa description des prophéties des

---

[26] C'est ainsi que le «conte» d'Amour et Psyché occupe les livres 4, 28-6, 24. Winkler 1985, 26 s. estime que 60 % du texte des *Met.* est consacré à l'activité de raconter ou d'écouter des récits. Pour les récits enchâssés dans les *Met.*, on consultera parmi d'autres Paratore 1942, 48 ss.; Tatum 1969; Winkler 1985, 25 ss.; Sandy 1994, 48 ss.; Mason 1994, 1693 ss. (sur la question de leur présence ou absence dans l'original grec); Shumate 1999, 113 ss.

[27] Cf. ces mots de Lucius à lui-même: *habes exoptatam occasionem et uoto diutino poteris fabulis mi[se]ris explere pectus* (2, 6: 29, 23 ss.); voir comm. ad 2, 1 (24, 21) s.v. *fabulam.*

[28] Sur cette situation-cadre remontant à Homère, voir Scobie 1969, 25; Sandy 1974b, 471 ss. et 1994, 1556.

[29] Sur ce récit, on consultera en particulier Paratore 1942, 222 ss.; Schlam 1970, 178 s.; Walsh 1970, 178 s.; Steinmetz 1982, 261 ss.; Winkler 1985, 39 ss.; Bitel 2000, 162 ss.

prêtres de la *dea Syria* (9, 8: 208, 4 ss.), le héros fait en tout cas montre d'une distanciation tout autre. Le récit de la mésaventure de Diophane, absent de l'*Onos* (voir point 7.2), s'inscrit dans une tradition d'histoires drôles visant les voyants et autres diseurs de bonne aventure, du type de celles qu'on trouve dans le *Philogelos*.[30] Comme dans le cas de Thélyphron (*infra*), l'humiliation du devin, objet du rire public, anticipe celle du héros principal lors de la fête du Rire (comparer 2, 14: 36, 23 ss. et 3, 10: 59, 11 ss. et voir point 5.5).

4.2. La mésaventure de Thélyphron

Les chapitres 21 à 30 contiennent le récit de Thélyphron, affreusement mutilé par des sorcières thessaliennes durant une veillée funéraire.[31] Cet épisode tragicomique se double de l'amorce d'une histoire d'adultère et d'empoisonnement (rapportée par un narrateur au troisième degré). Le tout est couronné par une scène de nécromancie spectaculaire. Le récit est narré par Thélyphron lui-même lors du dîner de Byrrhène, où la conversation générale porte sur les méfaits des sorcières thessaliennes. Tout comme les autres convives, Byrrhène connaît déjà l'aventure de Thélyphron et en juge la relation agréable et appropriée à une conversation de table (2, 20: 42, 1 ss.).[32] Les rires saluant le début et la fin du récit indiquent que les convives le considèrent comme un pur divertissement (voir points 5.4 et 5.5), au même titre probablement que Lucius, dont la réaction n'est cependant pas mentionnée. À propos du récit d'Aristomène, qui concernait également les méfaits de sorcières (mais où la victime subit plus qu'une simple mutilation, puisque Socrate meurt), Lucius déclarait: *gratas gratias memini, quod lepidae fabulae festiuitate nos auocauit* (1, 20: 18, 26 s.). En 2, 6 (29, 23 ss.), le héros avoue encore sa passion pour ce type d'histoires. Aussi peut-on penser que le récit de Thélyphron lui procure le même plaisir que celui d'Aristomène.

Sur le plan structurel, on considère généralement que le récit de Thélyphron a la même fonction que celui d'Aristomène. En présentant les malheurs de personnages masculins de passage en Thessalie et aux prises avec des sorcières locales, ils sont une sorte de mise en abyme proleptique des aventures de Lucius (voir point 2.1.1.1 et note 11) et constituent un avertissement contre les dangers de la

---

[30] Voir à ce propos Bremmer 1997, 16 ss. Pour d'autres témoignages d'incrédulité concernant la divination, chaldéenne notamment, voir Bouché-Leclercq 1899, 546 ss. Cf. Cic. *div.* 2, 98 ss.; Juv. 6, 555 ss.; Gell. 14, 1 et les épigrammes dans l'*Anth. Graec.* 11, 159-165.

[31] Pour les références, voir Append. III.

[32] Byrrhène et ses convives sont des «auditeurs seconds», par opposition à Lucius qui entend cette histoire pour la première fois: voir Hofmann 1997, 167 (*supra* note 19). Pour Bitel 2000, 190 ss., le convive narrant cette histoire n'en est pas le protagoniste (il s'agirait donc d'un «récit hétérodiégétique à la première personne»: voir point 2.2; comm. ad 2, 20: 42, 1 s.v. *Thely<ph>ron*; Append. III); en dramatisant les ambiguïtés existant dans la relation entre le narrateur et le «je» du personnage narré («*ego*-protagonist»), ce récit enchâssé est une mise en abyme du récit principal.

magie. Mais le héros n'y voit rien d'autre qu'un divertissement agréable. Alors que la mésaventure de Thélyphron s'achève par la mutilation de son visage et un exil éternel, celle de Lucius se termine apparemment de manière heureuse, du moins dans le texte tel que nous le possédons (voir point 5 note 38).[33] D'une certaine façon, leurs destinées sont finalement identiques, puisque Thélyphron et Lucius (tous deux objets du rire public: voir point 5.5) deviennent des raconteurs publics, offrant le récit de leurs malheurs en divertissement à leurs lecteurs/auditeurs (Append. III). Comme le récit fait par Milon de la gaffe de Diophane, celui de Thélyphron est absent de l'*Onos* (voir point 7.2).

5. Le livre 2 par rapport aux autres livres des *Métamorphoses*

Les *Métamorphoses* furent parfois considérées comme un assemblage hâtif et maladroit de matériaux narratifs originellement indépendants les uns des autres.[34] Les tenants de cette opinion brandirent comme arguments les contradictions et autres fluctuations du texte qu'ils voulaient y déceler. Mais le plus souvent, ces apparentes contradictions résultent des techniques narratives mises en place: déploiement progressif des données quand la logique du récit l'exige, alternance des narrateurs et recherche de suspense.[35] Un passage des *Florides* révèle le soin avec lequel Apulée composait ses discours avant de les livrer au public: *nam quodcumque ad uos protuli, exceptum ilico et lectum est, nec reuocare illud nec autem mutare nec emendare mihi inde quidquam licet. Quo maior religio dicendi habenda est et quidem non in uno genere studiorum* (9: 11, 18 ss.). Aujourd'hui, il est généralement admis que l'oeuvre présente une unité, perceptible en particulier dans la récurrence de thèmes et de motifs avec lesquels Apulée aime à jouer et auxquels les interprètes donnent une signification plus ou moins profonde, souvent en fonction du livre 11.

De fait, le rôle que joue le dernier livre dans cette interprétation unitaire du roman est considérable. On a coutume d'y voir, non plus un ajout malencontreux destiné à atténuer l'impression de frivolité excessive qui se dégagerait du texte, mais l'aboutissement des aventures de Lucius et de sa quête, la clef ouvrant à la signification profonde et cachée de l'oeuvre. Le livre d'Isis offre donc, selon les différentes formes que peut prendre l'interprétation unitaire (texte à mystères, texte religieux et/ou philosophique, texte mêlant sérieux et divertissement), une

---

[33] Là où Thélyphron perd son nez et ses oreilles à cause des magiciennes, chez Lucius, ces mêmes appendices (et d'autres) gagnent en longueur avec sa métamorphose: cf. 3, 24 (70, 3 ss.). Lors de son anamorphose, en revanche, Lucius subit en quelque sorte une amputation de ses parties, qui l'associe plus étroitement encore à Thélyphron: voir point 5.7.

[34] Pour une telle opinion, voir e.g. Brandt-Ehlers 1958, 504 s., Perry 1967, 242 ss. et Heine 1978.

[35] Voir Van Mal-Maeder 1995; *supra* point 2.2; Append. III.

lentille à travers laquelle on (re)lit et interprète les dix premiers livres: autant d'interprétations caractéristiques de «lecteurs seconds» (voir point 2.2).[36]

Dans le livre 2, P. James a par exemple tenté d'expliquer la figure de Byrrhène comme une épiphanie d'Isis (2, 3: 26, 10 ss.). D'autres ont vu dans le fait que Lucius est issu de la famille de Plutarque une allusion au traité *de Iside et Osiride* (2, 3: 26, 12 ss.). Les quatre statues ornant les angles de l'atrium de Byrrhène ont été identifiées comme des représentations d'Isis-Fortuna-Victoria (2, 4: 27, 3 ss.). Et il est très courant de lire que Photis est une anti-Isis, responsable de la chute de Lucius dans les faux mystères de la magie (voir Append. I).

Il ne fait aucun doute que certains de ces éléments s'expliquent en fonction de la rencontre de Lucius avec Isis au livre 11. Au moment d'entamer son roman, Apulée savait sans doute que cette déesse ferait irruption dans la vie de son héros et qu'elle y jouerait un rôle important. Il paraît donc logique que les dix premiers livres des *Métamorphoses* soient «connotés» par cette intervention divine finale. Le seul fait que le héros principal soit métamorphosé en âne l'indique: Plutarque (*Moralia* 362d ss. et 371c) nous apprend que l'âne était assimilé à Seth/Typhon, l'ennemi d'Isis.[37] Cependant, le sérieux du livre d'Isis a été surestimé et son importance pour la signification du roman n'est pas celle que veut lui donner l'interprétation moderne, marquée par une tradition allégorisante chrétienne. La présence d'éléments comiques, la description humoristique de la conversion de Lucius, son zèle et sa crédulité suggèrent une interprétation du livre 11 comme un pastiche de textes exprimant une foi aveugle ou des romans grecs, dans lesquels la religion joue un rôle important. Le livre d'Isis n'est probablement qu'une autre manifestation de la naïveté et de la crédulité dont le héros fait preuve tout au long du roman. De plus, je suis encline à croire que, du point de vue de sa macrostructure (le récit premier), le roman des *Métamorphoses* d'Apulée est une traduction de l'original grec (voir point 7.2), tronquée de sa fin burlesque (la même que dans l'*Onos*) par un accident de la tradition manuscrite: une fin qui faisait perdre au livre d'Isis sa dignité.[38]

Quoi qu'il en soit de cette énigme, il est indéniable que le livre 2 contient plusieurs thèmes et motifs présents dans les autres livres et plusieurs épisodes se

---

[36] Voir la mise au point de Winkler 1985, 1 ss.

[37] Voir à ce propos Griffiths 1975, 24 ss.; Wlosok 1969, 80; Winkler 1985, 277 s. et 313 ss., qui établit une connexion entre Seth «le rouge» et le second titre sous lequel le roman d'Apulée nous est connu, *Asinus Aureus*; Lausberg 1995; Münstermann 1995, 39 ss. Pour des exemples supplémentaires d'éléments isiaques, voir Hofmann 1997 (avec références exhaustives), qui parle d'une «Konnotationssemantik». Un exemple d'interprétation isiaque radicale ne s'embarrassant d'aucune subtilité est donné par Drake 2000.

[38] Voir Van Mal-Maeder 1997b, avec littérature. Cette thèse se base sur des évidences matérielles (la présence d'une lacune dans les manuscrits principaux) et sur une argumentation interne. Elle est soutenue par Holzberg 2001, 105 ss. avec quelques nuances que j'accueille volontiers. Dans l'article susmentionné, je signale que Walter Burley (13e s.) parle des XII livres de l'*Âne d'or* écrits par Apulée, sans conclure pour autant *moi-même* que le roman était composé à l'origine de 12 livres! La question du (non) sérieux du livre 11 a été reprise par Harrison 2000, 235 ss.

reflétant dans d'autres scènes, qui, dans un certain sens, servent l'unité de l'oeuvre. Je ne crois pas que ces correspondances sont toujours conscientes, préconçues et signifiantes. Elles ne tendent pas forcément vers le dernier livre. Apulée a son idiolecte et son idiosyncrasie. Et je suis persuadée que la cohérence d'une oeuvre peut se construire au fur et à mesure de l'écriture.[39]

5.1. Magie

Les trois premiers livres des *Métamorphoses* constituent un triptyque autour du motif de la magie thessalienne. Ils présentent la plongée progressive de Lucius dans le monde des arts occultes, jusqu'à sa métamorphose.[40] Outre Lucius dans le récit-cadre, on y entend parler de trois personnages masculins aux prises avec de vénéneuses magiciennes: Socrate et Aristomène dans le récit enchâssé du livre 1 (1, 5 ss.: 4, 17 ss.), Thélyphron dans le récit enchâssé du livre 2 (2, 21: 42, 15 ss.). Ces récits secondaires ont pour fonction de créer une atmosphère de mystère et de crainte. En éveillant la curiosité de Lucius pour la magie, ils entraînent aussi dans une certaine mesure sa métamorphose. Dans le premier récit, il y a mort d'homme et, pour le narrateur Aristomène, un exil éternel. Dans le second, il y mutilation et exil éternel. De manière similaire, la rencontre de Lucius avec la sorcière Pamphilé et sa servante Photis le conduira à être métamorphosé et exilé. Sa rencontre avec une autre magicienne au livre 11, la déesse Isis, le conduira à être anamorphosé, avec pour conséquence une mutilation (Lucius sera en quelque sorte castré, comme Osiris: voir point 5.7), une mort suivie d'une renaissance, et un autre exil.[41]

La description des pratiques des magiciennes dans le livre 2 (magie amoureuse, vengeances, métamorphoses, pillage de tombeaux) trouve un écho dans différents passages des *Métamorphoses*.[42] La sorcière Pamphilé présente de nombreux points communs avec Méroé au livre 1. Toutes deux sont des dévoreuses d'hommes, toutes deux peuvent se révéler impitoyables quand elles se sentent trahies. Toutes deux jouissent des mêmes pouvoirs cosmiques, qu'elles partagent d'ailleurs avec la déesse magicienne Isis.[43] Ce parallèle est traditionnellement in-

[39] Je renvoie à ce propos aux importantes remarques de *GCA* 2000, 15 ss. («The problem of the unity of the *Metamorphoses*»), qui fait sienne l'approche de Nimis 1994 et 1998 (concept dit de «prosaics»). Bien que consciente qu'un thème n'équivaut pas à un motif, je n'ai pas cherché, dans ma traque aux tics apuléens, à les distinguer l'un de l'autre méthodiquement.

[40] Pour la structure des trois premiers livres, voir Scobie 1978; Pennacini 1979. Sur la magie dans les *Met.*, voir aussi Paratore 1942, 222 ss.; Fick-Michel 1991a, 122 s. et 212 ss.; Schlam 1992, 67 ss.; Fauth 1998; Martinez 2000.

[41] Voir Van Mal-Maeder 1997b, 97 ss. et 108 ss.

[42] Cf. 1, 8 (8, 4 ss. et 20 ss.); 1, 12 (11, 6 ss.); 2, 1 (24, 19 ss.); 2, 5 (28, 16 ss.); 2, 20 (41, 10 ss.); 2, 25 (45, 17 ss.); 2, 30 (49, 21 ss.); 3, 15 (63, 15 ss.); 3, 17 (64, 25 ss.); 3, 21 (68, 1 ss.); 9, 29 (224, 21 ss.).

[43] Cf. 1, 8 (8, 9 ss.); 2, 5 (29, 1 ss.); 3, 15 (63, 14 ss.); 11, 25 (286, 28 ss.).

16

terprété en termes d'opposition. La magie noire des sorcières s'opposerait à la magie blanche d'Isis, l'attirance de Lucius pour les faux mystères de la magie s'opposerait à son initiation aux vrais mystères d'Isis.[44] Mais cette opposition binaire découle de l'interprétation allégorisante, moralisante et christianisante du roman en fonction du livre 11. Il est préférable de voir dans de tels échos une simple continuation thématique (voir Append. I).

5.2. Curiosité

Le thème de la curiosité est l'un des thèmes majeurs dans les *Métamorphoses* et sans doute le plus étudié.[45] Dans le livre 2, il apparaît explicitement à quatre reprises: deux fois en rapport avec le héros principal, Lucius (cf. 2, 1: 24, 18 s. et 23 s.; 2, 6: 29, 15 s.), une fois en rapport avec la statue d'Actéon ornant l'atrium de Byrrhène (2, 4: 28, 8) et une dernière fois avec Thélyphron (2, 29: 48, 25 s.). Dans les deux derniers cas, la curiosité est «oculaire» et se concentre sur le spectacle d'une manifestation surnaturelle: le bain d'une déesse et une scène de nécromancie. D'abord présentée comme un trait de caractère général, la curiosité de Lucius apparaît dans le livre 2 de plus en plus ciblée, puisque bien vite, la magie devient le seul objet de son intérêt (voir comm. ad 2, 6: 29, 15 s.). En raison du sermon du prêtre d'Isis,[46] la curiosité du héros fut souvent interprétée comme un trait négatif, dont il se débarrasserait après sa rencontre avec la déesse salvatrice. Mais Lucius fait preuve de la même curiosité impatiente envers les mystères d'Isis qu'envers ceux de la magie. Et, comme le montre B.L. Hijmans, seule une *curiositas* non maîtrisée par la *prudentia* est condamnée par le narrateur auctoriel.[47]

5.3. Crédulité vs. scepticisme

Au troisième compagnon de route, pour qui le récit de la mésaventure d'Aristomène avec deux sorcières thessaliennes n'est qu'affabulations, Lucius fait cette déclaration sonnant comme un programme d'intentions au seuil du roman: *ego uero ... nihil impossibile arbitror* (1, 20: 18, 22; cf. aussi 1, 3: 3, 14 ss.). Il ne s'agit pas seulement d'une simple manoeuvre narrative invitant le lecteur à se dépouiller de ses préjugés et à croire ce qui va lui être raconté. On a là un des

---

[44] Voir e.g. Wlosok 1969, 78 ss.; Penwill 1975, 60 s.; Schlam 1978 et 1992, 67 ss.; Schmidt 1982.

[45] Parmi les études les plus récentes, voir de Filippo 1990; Schlam 1992, 47 ss.; Hijmans in *GCA* 1995 (Appendix III), 362 ss.; Shumate 1996a, 243 ss. et 255 ss.

[46] Cf. 11, 15 (277, 9 s.) *curiositatis inprosperae sinistrum praemium reportasti.*

[47] Voir Hijmans in *GCA* 1995 (Appendix III), avec références supplémentaires.

thèmes principaux des *Métamorphoses*, étroitement lié à la magie, aux phénomènes surnaturels et divins.[48]

La situation du livre 1 se répète en 2, 12 (34, 21 ss.). Lucius riposte aux
moqueries que Milon lance à sa femme, lorsqu'elle prédit le temps pour le
lendemain en observant une lampe. En manière de plaidoyer, Lucius («to whom
scepticism is like a red rag to a bull»[49]) avance comme argument la prédiction que
lui fit un jour le fameux devin Diophane. Milon lui raconte alors la mésaventure
survenue à ce même devin, qui fut la preuve de son charlatanisme (2, 13: 35, 12
ss.).[50] Dans l'épisode des prêtres de la déesse syrienne se livrant à la divination,
Lucius dépeint leurs pratiques frauduleuses (9, 8: 208, 4 ss.). De manière générale, cependant, il affiche une crédulité à toute épreuve, principalement quand il
s'agit de magie comme dans les premiers livres, ou des mystères d'Isis au livre 11.
Car c'est avec la même foi aveugle qu'il se jette dans les bras de sa salvatrice et de
ses rapaces servants. Mais contrairement à la situation du livre 1 ou du livre 2, il
n'y a pas dans le livre d'Isis de personnage représentant le scepticisme face à la
crédulité de Lucius, qui vienne contrebalancer ses enthousiasmes naïfs.

Le thème de la crédulité apparaît encore de manière explicite dans la vision
hallucinée que Lucius-acteur a d'Hypata (2, 1: 24, 25 ss.) et dans le récit de
Thélyphron, à propos des sorcières arrachant aux bûchers encore chauds des
débris humains (2, 23: 44, 1 ss.). Là où Thélyphron fait part de son scepticisme
quant à la réalité de telles pratiques, Lucius avoue les redouter (2, 20: 41, 10 ss.).
Enfin, crédulité et scepticisme s'opposent lorsqu'un mort est ramené à la vie pour
témoigner contre sa femme accusée de l'avoir assassiné (2, 29: 49, 13 ss.). Pour
J.J. Winkler, la récurrence d'épisodes où se manifestent de semblables
divergences d'opinion fait du roman d'Apulée une oeuvre ouverte à toutes les
interprétations.[51] Cette insistance sur les thèmes de la crédulité et du scepticisme,
liés à ceux de la véracité et du mensonge, a pour effet d'inviter le lecteur à adopter
l'une de ces positions face au récit des *Métamorphoses*; un récit dont la véracité
est à la fois garantie et compromise par l'usage du «je» narratif.[52] Sans doute faut-

---

[48] Voir Heine 1962, 258 ss.; Scobie 1969, 35 ss.; Winkler 1985, 27 ss.; Shumate 1996a, 47
ss., 51 ss., 60 et 325 s.; Van Mal-Maeder 1997b, 104 ss.

[49] Scobie 1969, 48.

[50] Dans l'*Onos*, l'hôte de Lucius se nomme Hipparque. Peut-être ce changement de nom est-il
en rapport avec le développement du personnage dans les *Met*. Milon n'a en effet rien en
commun avec l'astronome grec Hipparque qui, aux dires de Plin. *nat*. 2, 95, croyait en la
parenté des astres avec l'homme et auquel on attribua plus tard des ouvrages astrologiques
(Bouché-Leclercq 1899, 543 note 2).

[51] Voir Winkler 1985, en particulier 204 ss.

[52] J'ai tenté de montrer ailleurs (Van Mal-Maeder 1991) que l'usage du «je» dans le roman
antique est ambivalent. À première vue, ce mode narratif a pour fonction de créer une impression de vécu et d'authenticité («effet de réel»). Mais le recours au «je» est également
un indice que l'on a affaire à une fiction («effet de création»); voir aussi Hofmann 1997,
158.

il voir aussi dans la récurrence de ces thèmes l'écho d'un débat contemporain, présent en particulier dans les oeuvres de Lucien.[53]

5.4. *Narrare*

J.J. Winkler souligne l'importance qu'occupe dans le roman l'activité narrative et l'activité auditive et interprétative.[54] L'acte narratif, dont Lucius est l'acteur principal, est comme un fil rouge unissant chaque partie de l'oeuvre et aboutissant au livre 11 avec la métamorphose de Lucius en orateur fameux et en homme de Madaure.[55] On peut dire de la représentation de ces activités dans l'univers des *Métamorphoses* qu'elle est une manière de mise en abyme de la situation extra-textuelle (auteur - lecteur).[56] Dans le livre 2, ce motif apparaît avec les récits enchâssés de Milon, Diophane et Thélyphron (voir point 4).

Comme il est naturel, le discours de chaque narrateur est déterminé par ses intentions propres et modulé selon ses intérêts subjectifs du moment. Le récit que fait Milon de la gaffe de Diophane est construit de sorte à rendre le devin le plus ridicule possible, pour mieux prouver que la divination n'est que superstition. Son discours concernant les gages exigés par Diophane pour le prix de ses prédictions contredit les dires de Lucius. Cette divergence est aisément explicable par sa rhétorique de persuasion (2, 13: 35, 16 s.). Le récit de Photis concernant une bande de jeunes voyous terrorisant la ville relève moins d'une quelconque «réalité» que de son désir de garder auprès d'elle son amant (2, 18: 39, 21 ss.). Il peut arriver qu'un même événement soit relaté à différentes reprises par différents narrateurs avec des divergences considérables. Tel est le cas dans le livre 2 de la première version, par Lucius, de la bataille des outres (2, 32: 51, 10 ss.). Raconté par un autre narrateur, puis une seconde fois par Lucius dans des circonstances diverses et enfin par Photis, le même événement subit maintes métamorphoses.[57] La manière dont les récits enchâssés et autres discours sont reçus et interprétés varie également souvent selon les narrataires (voir point 5.3). Dès lors, la représentation récurrente de l'activité narrative et de l'activité auditive et interprétative dans les *Métamorphoses* a pour effet d'engendrer chez le lecteur une réflexion sur la fiabilité du récit et de son (ses) narrateur(s). Le lecteur est conduit à déve-

---

[53] Cf. en particulier l'*Histoire vraie*, les *Philopseudeis* et *Alexandre*. Cf. déjà Ov. *Met.* 4, 278 ss., où, au récit merveilleux de Leuconoé, ses compagnes réagissent de deux manières: *pars fieri potuisse negant, pars omnia ueros / posse deos memorant*; Juv. 6, 511 ss.; Pers. 5, 176 ss. À propos de la crédulité vis-à-vis de la magie, voir Plu. *Moralia* 145c; Philostr. *VA* 8, 7, 2 ss.; Clerc 1995. Pour l'attitude des lettrés concernant l'astrologie et la divination, voir Bouché-Leclercq (note 30).

[54] Voir Winkler 1985, 26 s.; voir aussi Fick-Michel 1991a, 145 ss.; *GCA* 2000, 24.

[55] Cf. 11, 27 (289, 5 ss.) et 11, 28 (290, 1 ss.).

[56] Voir note 11; Bitel 2000, 180 ss.

[57] Cf. 3, 3 (54, 13 ss.); 3, 4 (55, 14 ss.); 3, 18 (65, 20 ss.); voir Van Mal-Maeder 1995, 117 ss.

lopper, indépendamment de la rhétorique de guidage mise en oeuvre tout au long du récit, sa propre interprétation (voir aussi Append. III).

Dans son chapitre intitulé «Comedy, laughter, and entertainment», C.C. Schlam souligne la fonction thérapeutique et divertissante des discours et des récits dans les *Métamorphoses*.[58] Charmer, divertir et faire rire: tels sont les objectifs déclarés de la parole dans ce roman, qui s'ouvre sur les promesses *aures ... tuas beniuolas lepido susurro permulceam* et *lector, intende: laetaberis* (voir point 5.5). À en croire Byrrhène, le récit de Thélyphron au livre 2 possède la même fonction, comme aussi, d'après Lucius, le récit d'Aristomène au livre 1, le «conte» d'Amour et Psyché ou les deux récits d'adultère au livre 9.[59] Cependant, contrairement aux personnages de l'univers des *Métamorphoses*, contrairement aussi à un lecteur antique tel que Macrobe, les lecteurs modernes attribuent à la parole dans ce roman une signification plus profonde et plus sérieuse, en accord avec leur connaissance du livre 11 et/ou de l'orientation philosophique de l'auteur, *philosophus Platonicus*.[60] De par son mélange de burlesque et de sérieux, le roman d'Apulée a beaucoup en commun avec les oeuvres de Lucien et avec le roman d'Ésope, où la parole occupe une place centrale: autant d'oeuvres qui prouvent que même le grotesque peut être porteur d'une morale.[61]

5.5. Rire

Le rire occupe une place essentielle dans les *Métamorphoses*, où il se décline selon une palette variée allant de l'éclat de rire au sourire intériorisé, du rire joyeux au rire amer, en passant par le rire moqueur, le rire libérateur ou le rire exorcisant.[62] Le rire (ou ses nuances) préside d'ailleurs à l'ouverture et à la fermeture du roman: le prologue promet *lector, intende: laetaberis*, et le roman s'achève (sous sa forme actuelle tout au moins: voir *supra* note 38) sur la mention du nouvel initié d'Isis, abordant avec joie (*gaudens*) ses nouvelles fonctions de pastophore. Les aventures du jeune Lucius métamorphosé en âne priapéen sont fort divertissantes et même si l'univers des *Métamorphoses* est parfois cruel et sombre, la personnalité asinienne du héros est toujours là pour en désamorcer l'horreur. Peu avant sa métamorphose, Lucius est d'ailleurs consacré *auctor* et

---

[58] Voir Schlam 1992, 46 s.

[59] Cf. 1, 20 (18, 26 ss.); 6, 25 (147, 3 ss.); 9, 4 (205, 23 ss.); 9, 14 (213, 6 ss.). Voir *GCA* 1995, 12 et 133 (avec références supplémentaires) sur les commentaires métanarratifs qualifiant ces récits de divertissants ou agréables, même quand leur contenu est horrible.

[60] Selon Macr. *somn.* 1, 2, 7 s., les *Met.* ne sont qu'un tas d'affabulations divertissantes. Cf. aussi *Hist. Aug. Alb.* 12, 12 (sur ces témoignages, voir Van Mal-Maeder 1997b, 91 s. avec littérature supplémentaire).

[61] Sur l'aspect sério-comique des *Met.*, voir Steinmetz 1982, 270 ss. et surtout Schlam 1992, *passim*.

[62] Sur ce thème, voir les riches pages de Fick-Michel 1991a, 395 ss. et de Schlam 1992, 40 ss. Voir aussi Shumate 1996a, 82 ss.

actor du Rire de la cité d'Hypata (3, 11: 60, 11), après avoir rempli (à son insu) son rôle d'amuseur public lors du festival du Rire, comme il l'avait promis à Byrrhène (cf. 2, 31: 50, 23 ss.).[63]

Dans le livre 2, on observe différents registres du rire. Dans la relation que Lucius noue avec Photis, l'humour est un ingrédient important. Les amoureux s'échangent des taquineries, rivalisent en jeux de mots et en jeux d'esprit. Le rire est franc et joyeux (2, 7: 31, 1 ss.). Avec Milon, il se fait moqueur et incrédule, aux dépens de sa femme et de Lucius (2, 11: 34, 17; 2, 13: 35, 12). La mésaventure du devin Diophane fait de lui l'objet ridicule d'un rire collectif et bruyant (2, 14: 36, 24 s.). Le même rire accueille le récit de Thélyphron et la découverte de sa mutilation (2, 20: 41, 21 ss.; 2, 30 et 31: 50, 14 ss. et 20 ss.). Mais les rieurs se moquent-ils de sa difformité et de sa laideur, pour se libérer de leurs peurs, parce qu'il jugent le récit de Thélyphron amusant, abracadabrant, ou simplement parce qu'ils ont trop bu?[64] Quoi qu'il en soit, le rire collectif saluant les mésaventures de Diophane et de Thélyphron annonce celui dont Lucius sera l'objet durant le festival du Rire.

5.6. Chevelure

Aux chapitres 8 et 9 (31, 13 ss.), le récit des aventures de Lucius s'interrompt pour faire place à un étonnant éloge de la chevelure, qu'il faut attribuer non pas, comme on le fait généralement,[65] à Lucius-acteur, mais à Lucius-narrateur, l'orateur enrichi et l'initié d'Isis (voir comm. ad 2, 8: 31, 13 s.v. *ego ... aio*). Le thème de la chevelure compte parmi les thèmes favoris de la littérature impériale.[66] On pense ainsi à l'éloge de la chevelure chez Dion, auquel répond plus tard celui de la calvitie chez Synésios. On trouve des éléments d'éloge de la chevelure chez Ovide (*am.* 1, 14; 2, 4, 41 ss.; *ars* 3, 133 ss.), Pétrone (109, 8 ss.), Stace (*silv.* 3, 4), Philostrate (*Im.* 2, 5, 4), et Domitien, aux dires de Suétone (*Dom.* 18), avait composé un traité sur l'entretien de la chevelure (cf. encore *Anacreonta* 16 et 17; parmi les romanciers, Xénophon d'Ephèse 1, 2, 6 et Héliodore 3, 4, 5). Il n'est donc pas surprenant que le Lucius cultivé du livre 11, devenu un orateur accompli, se lance à son tour dans ce *topos* littéraire, qui est souvent une métaphore de l'art de l'écriture (voir notice initiale ad 2, 8: 31, 13 ss. et comm. ad

---

[63] Sur le festival du Rire, voir Van der Paardt 1971, 2 s. et 1990, 39; Grimal 1972; Steinmetz 1982, 264 ss.; Bartalucci 1988.

[64] Voir Steinmetz 1982, 264 s.; Fick-Michel 1991a, 405 s.; Shumate 1996a, 82 ss.; Bitel 2000, 186 ss. et 196 ss., dont l'analyse originale met en lumière le caractère divertissant de ce récit enchâssé; Append. III. Sur la laideur et la difformité engendrant le rire, cf. Cic. *de orat.* 2, 218 et 236; Quint. *inst.* 6, 3, 3; voir à ce propos Corbeill 1996, 14 ss.; Graf 1997, 31.

[65] Ainsi Singleton 1977, 27; James 1987, 71 note 40; Fick-Michel 1991a, 75 et 171 s.

[66] Voir Pease 1926; Anderson 1993, 171 ss.; Pernot 1993, 532 ss. et 543 ss. Cf. déjà Call. *Aet.* 110; Catull. 66.

2, 9: 32, 17 ss.). Le narrateur des *Métamorphoses* partage d'ailleurs cette fascination pour les cheveux avec l'auteur Apulée.[67] On a affaire ici à un cas d'identification entre Lucius et Apulée comparable à celui du fameux *Madaurensem* du livre 11, 27 (289, 7 s.).[68]

Cet éloge de la chevelure est suivi d'une description détaillée de la coiffure de Photis (2, 9: 32, 21 ss.), qui présente de nombreuses correspondances avec la description de la chevelure d'Isis au livre 11, 3 (268, 8 s.). Il est généralement admis que les similitudes entre ces deux passages servent à mettre en évidence l'opposition entre Isis et Photis, c'est-à-dire, une fois encore, entre le livre 11 et les dix premiers livres. Selon cette interprétation, Photis serait l'image négative d'Isis et la description de sa chevelure serait à lire en contraste avec celle de la chevelure de la déesse.[69] Je suis d'avis que ces deux passages font montre de la même sensualité et qu'il s'agit d'une continuation thématique plutôt que d'une opposition. Lucius-acteur éprouve la même fascination pour les cheveux d'Isis que pour ceux de Photis, et Lucius-narrateur met autant de soin à décrire ceux-ci que ceux-là. L'éloge des chapitres 8 et 9 est d'ailleurs prononcé par le Lucius initié d'Isis. Loin d'avoir renoncé aux voluptés terrestres (comme on l'affirme fréquemment, en interprétant le sacrifice de sa chevelure au livre 11 comme le symbole de cette renonciation),[70] Lucius-narrateur adopte la pose d'un poète érotique (voir comm. ad 2, 8: 31, 15 s.v. *domi postea perfrui*; 2, 9: 32, 14 s.v. *amatoris oculis occurrens*; 2, 16: 38, 3 ss. s.v. *alioquin*; Append. I).

5.7. Virilité

À deux reprises dans le livre 2, Lucius décrit l'effet physique que produit sur lui le spectacle de la ravissante Photis (cf. 2, 7: 30, 23 ss. et 2, 16: 38, 6 ss.).[71] Lucius se plaît tout au long du récit à insister sur sa virilité, notamment après sa métamorphose en âne (cf. encore 3, 24: 70, 16 ss. *nec ullum miserae reformationis uideo solacium, nisi quod mihi iam nequeunti tenere Fotidem natura crescebat*; 10, 22: 253, 12 ss. *angebar plane ... quo pacto ... mulier tam uastum genitale susciperet*).

---

[67]   Voir Englert-Long 1972/73. Cf. encore la description de la chevelure d'Isis en 11, 3 (268, 8 ss.) et celle d'Éros en 5, 22 (120, 15 ss.: cette dernière est placée dans la bouche de la vieille conteuse, dont Lucius rapporte les paroles au discours direct); *apol.* 4 (6, 8 ss.); *flor.* 3 (4, 17 ss.) et 15 (20, 8 ss.).

[68]   Voir Van Mal-Maeder 1997a, 194 ss.

[69]   Ainsi Schlam 1968, 114; Smith 1972, 529; Heiserman 1977, 149; Alpers 1980, 201; Trembley 1981, 97 s.; James 1987, 241; Krabbe 1989, 86 et note 8 p. 115; Fick-Michel 1991a, 71 s.

[70]   Voir Van Mal-Maeder 1997b, 107 sur la calvitie, signe de lubricité.

[71]   Scobie 1978, 214 signale chez Girolamo Morlini, *Novella* 17, une contamination de ces deux passages du livre 2, réunis en une phrase: «Pinsendo laetas albasque eius clunes admodum concutiebat, quin famulum cupidinis urigine acciuit allexitque. Nam illas inspiciendo, properiter arcum suum eneruatum tetendit, dubius accedere an remanere».

Cette insistance en fait un thème récurrent du roman,[72] lié à celui de la castration, surtout dans les passages où notre héros priapéen, tout fier de ses nouveaux attributs, redoute de se les voir amputer (cf. 7, 23 s.: 171, 9 ss.; 8, 15: 188, 18 ss.).[73] Au moment de son anamorphose par la grâce d'Isis, Lucius est en quelque sorte castré, partageant cette cruelle destinée avec Osiris (cf. 11, 14: 276, 25 ss.).[74] Cette douloureuse expérience (publique) pourrait expliquer l'insistance avec laquelle, rétrospectivement, le narrateur mentionne cet endroit de sa personne.

5.8. *Voluptas*

Partie intégrante des amours de Photis et de Lucius, la volupté (physique, sexuelle) occupe dans le livre 2 une place importante (cf. 2, 10: 33, 3 et 19; 2, 17: 39, 12 s.; 2, 18: 40, 7). Dans son interprétation des aventures de Lucius, le prêtre d'Isis accuse Lucius de s'être laissé aller à ce type de volupté (11, 15: 277, 9 *ad seruiles delapsus uoluptates*), tout comme Aristomène blâmait Socrate d'avoir préféré *uoluptatem Veneriam et scortum scorteum* à sa famille (1, 8: 8, 1 s.). La rencontre de Lucius avec Isis lui offre de connaître un autre type de volupté, plus contemplative (cf. 11, 24: 286, 12 s. *inexplicabili uoluptate simulacri diuini perfruebar*). Le thème de la volupté apparaît aussi dans le «conte» d'Amour et Psyché, où le fruit des amours des deux figures centrales n'est autre que *Voluptas* (cf. 6, 24: 147, 1 s.). Selon J.L. Penwill, le conte illustre de quelle manière la *uoluptas* sexuelle, mise en scène dans les dix premiers livres des *Métamorphoses*, naît de l'esclavage de l'âme (*Psyche*), soumise à l'appétit sexuel (*Cupido*).[75] Dans une conférence donnée à Amsterdam (9 janvier 1998), M. Zimmerman a quant à elle souligné la relation existant entre le thème de la *uoluptas* chez Apulée et chez Lucrèce, où il occupe une place centrale.

5.9. Adultère et empoisonnement

En dehors des figures de Photis, Psyché et Charité, les personnages féminins de l'univers des *Métamorphoses* sont dépeints de manière plutôt négative, leur vice le plus fréquent étant l'adultère. Dans la description qu'en font Byrrhène et Photis, Pamphilé apparaît comme une nymphomane usant de la magie pour satisfaire ses vices (2, 5: 29, 5 ss.; 3, 15: 63, 17 ss.). Dans le récit enchâssé de Thélyphron, le

---

[72] Noté par Schlam 1978, 101.

[73] Dans l'Antiquité, l'âne était considéré comme un être lubrique, doté d'un membre énorme: cf. e.g. Pi. *P.* 10, 31 ss.; Juv. 9, 92. Voir *RE* 6 (1907) «Esel», 626-676 [F. Olk], en particulier p. 634 s.; Bömer 47 ad Ov. *fast.* 1, 391; Van der Paardt 1971, 7.

[74] Voir Van Mal-Maeder 1997b, 108 et 116 s.

[75] Voir Penwill 1975, 51 ss. Sur le thème de la volupté, voir aussi Sandy 1974; Penwill 1975, 51 ss.; Gwyn Griffiths 1978; Krabbe 1990, 110; Fick-Michel 1991a, 193 ss.; Schlam 1992, 119.

mort ressuscité accuse son épouse de l'avoir trompé et empoisonné (2, 29: 49, 9 ss.). Le motif amorcé dans le livre 2 est repris au livre 9, où l'on entend parler de trois épouses adultères, et au livre 10, où il culmine avec la représentation de deux femmes criminelles recourant aux poisons, l'une par dépit amoureux, l'autre par jalousie.[76] N. Fick-Michel met cette répétition thématique (en particulier les histoires d'empoisonnement) en rapport avec le thème de la justice humaine, dont les *Métamorphoses* illustrent les aléas (voir point 5.10).[77]

5.10. Autres échos

Parmi les autres échos thématiques, on citera la description de la femme-déesse émergeant des eaux (2, 8: 32, 2 ss.; 2, 17: 38, 15 ss.), qui, tout comme l'éloge de la chevelure aux chapitres 8 et 9 (voir point 5.6), fut mise en relation avec d'autres passages du roman, notamment du livre d'Isis (11, 3: 267, 28 ss.), selon l'opposition binaire mentionnée plus haut.

À l'épisode des prédictions du devin Diophane (2, 12 ss.: 35, 1 ss.) correspond celui des prédictions de la déesse syrienne (9, 8: 208, 4 ss.).[78] Le motif des prédictions d'avenir et autres charlataneries religieuses intéressées est repris au livre 11, où il passe presque inaperçu au milieu des extases du nouvel initié convaincu qu'est devenu Lucius.[79]

La scène d'amour du livre 2, 15 ss. (37, 11 ss.) présente de nombreuses correspondances avec celle du livre 10, 20 (252, 3 ss.).[80] Ces deux épisodes sont d'une importance majeure pour la représentation de l'amour et du désir dans les *Métamorphoses*.[81]

On trouve encore dans le livre 2 le motif du procès public (avec plaidoyer), lié aux thèmes de la justice et de l'injustice (cf. 2, 27: 47, 13 ss.; 2, 30: 49, 17 ss.; 3, 2: 52, 21 ss.; 10, 7: 241, 23 ss.[82]); le thème de la métamorphose, lié à celui de la magie, qui anticipe la transformation de Lucius en âne et son anamorphose finale en adepte d'Isis (2, 1: 24, 26 ss.; 2, 4: 28, 9 s.; 2, 5: 29, 10; 2, 22: 43, 15 s.); celui de la fortune (2, 13: 35, 18 s.); celui des apparences et de la fiction par opposition à la réalité et à la vérité (2, 1: 24, 24 ss.; 2, 12: 35, 10 s.; 2, 26: 46, 13 ss.); ceux de la servitude et de la liberté, qui occupent une place centrale jusqu'au livre 11, où

---

[76]   Cf. 9, 5 s. (205, 26 ss.); 9, 14 ss. (213, 21 ss.); 9, 24 s. (221, 3 ss.); 10, 2 ss. (236, 1 ss.); 10, 23 ss. (254, 23 ss.), en particulier ch. 25 (256, 22 ss.).

[77]   Voir Fick-Michel 1991b.

[78]   Le parallèle est souligné par Heine 1962, 216 ss.; voir aussi Fick-Michel 1991a, 125 s. et 223 ss.

[79]   Voir Van Mal-Maeder 1997b, 102 ss.

[80]   Voir *GCA* 2000, 26; Schlam 1970, 481; Trembley 1981, 103. Junghanns 1932, 36 s. souligne le parallèle structurel entre les deux scènes d'amour dans l'*Onos* 8 ss. et 51.

[81]   Sur ces thèmes, on consultera Fick-Michel 1991a, 244 ss.

[82]   Ce motif apparaît fréquemment dans les romans grecs et dans le mime: voir *GCA* 2000, 136; Van Mal-Maeder, dans deux articles à paraître (2002).

Lucius devient l'esclave d'Isis (2, 18: 39, 17 ss.; 2, 19: 41, 6 ss.; 2, 20: 41, 9 s.); le motif des animaux féroces (2, 4: 27, 11 ss.), de la stupeur (2, 2: 25, 8 ss.), de la précipitation, source de dangers (e.g. 2, 6: 29, 19 ss.; 2, 23: 44, 4), et du *salus* (2, 6: 30, 11; 2, 18: 40, 10).

6. Langue et style

À l'image du contenu des *Métamorphoses*, tout en contrastes, où la légèreté des fables milésiennes s'unit à une philosophie et un mysticisme religieux, où comique rime avec sérieux, la langue et le style d'Apulée se déploient dans un jeu d'oppositions alliant registre familier, registre poétique, style rhétorique et langage technique.[83] De manière globale, de telles différences de niveau correspondent dans le livre 2 aux principaux mouvements narratifs définis plus haut (voir point 2.1.2), la scène dialoguée et la pause descriptive. C'est dans les passages au discours direct (mais aussi, dans une moindre mesure, dans les sommaires) qu'on rencontre surtout un langage simple et familier.[84] Les passages descriptifs font montre d'une recherche stylistique et rhétorique tout autre et abondent en réminiscences intertextuelles poétiques «élevées» (élégie et épopée).

Dans l'analyse diachronique et synchronique des particularités stylistiques et linguistiques du livre 2, j'ai voulu mettre en évidence la recherche constante du rare et du précieux, particulièrement visible dans l'emploi d'un vocabulaire archaïque et dans les innovations syntaxiques et lexicales (néologismes). Qu'elles soient le reflet d'une évolution de la langue latine, ou qu'elles soient dues à une recherche stylistique (euphonique, très souvent),[85] bon nombre de ces innovations se retrouvent en latin tardif, notamment chez les auteurs chrétiens.[86]

La prose d'Apulée se caractérise encore par son exubérance (accumulation verbale, redondances), par une recherche d'effets de langue (jeux de mots, jeux étymologiques), d'effets sonores (allitérations, assonances, homéotéleutes, rimes) et d'effets rythmiques (kôla, clausules);[87] le tout se déployant comme un fantasti-

---

[83] Sur la langue et le style d'Apulée, voir Médan 1925, Bernhard 1927, Callebat 1968 et 1994; Scobie 1975, 21 ss. dans l'introduction de son commentaire au livre 1; Steinmetz 1982, 273 ss.; Kenney 1990, 28 ss. dans son commentaire du «conte» d'Amour et Psyché.

[84] Callebat 1968, 549 fait la même constatation pour l'ensemble des *Met.* Pour la situation dans le «conte», voir Kenney 1990, 32 s.

[85] Voir à ce propos les travaux de Callebat 1968 et 1994 et la belle étude de Facchini Tosi 1986; comm. ad 2, 4 (27, 18); 2, 6 (30, 8); 2, 9 (32, 12); 2, 19 (41, 2); 2, 28 (48, 14); 2, 32 (51, 14).

[86] Voir Weyman 1893; Schmidt 1990, ainsi que les remarques éparses de Fontaine 1968. J'ai souvent fait référence à des auteurs postérieurs, consultant pour cela essentiellement le matériel du *ThLL* (les notices sont citées d'après les numéros de colonnes et de lignes). J'ai également consulté les banques électroniques (PHI et CLCLT), ce qui n'est pas toujours mentionné explicitement dans le commentaire.

[87] Outre les études citées dans la note 83, voir Hijmans 1978 et 1994 sur l'aspect rythmique de la prose d'Apulée.

que poème symphonique, dont il est permis de penser qu'il s'adressait aussi (d'abord) à un cercle d'auditeurs.[88] S'il puise volontiers pour ses figures dans des répertoires topiques (par exemple dans les descriptions du lever du jour ou dans les scènes érotiques: cf. 2, 1: 24, 17 s.; 2, 7: 31, 6 ss.), les formules sont toujours détournées, renouvelées, par l'emploi d'un mot insolite ou d'une combinaison de termes nouvelle. Cette recherche constante de l'originalité au sein de la tradition exige de la part du lecteur/auditeur une attention soutenue. À peine se croit-on en terrain familier que l'on est forcé de suivre notre guide hors des chemins battus.

7. Intertextualité

7.1. Polyphonie

Outre cet usage linguistique et stylistique de la tradition littéraire, il faut souligner celui qui en est fait au niveau de la macrostructure. Le roman antique se caractérise par sa nature polyphonique. Il est le lieu où se rencontrent et s'entremêlent les divers genres littéraires et sublittéraires accumulés par la tradition, susceptibles de lui donner un peu d'eux-même, pour lui permettre de construire son identité propre.[89] Dans le livre 2 des *Métamorphoses*, on perçoit l'influence de l'épopée (grecque et latine), de la comédie (Plaute, surtout), de la poésie (latine en particulier: Lucrèce, Ovide, les élégiaques), du roman et de l'art oratoire. Souvent, les registres se mêlent et les allusions épiques côtoient les réminiscences plautiniennes. Ce contraste entre le haut et le bas est une constante du roman d'Apulée, qui, dans ses «manipulations génériques», pratique un «déconstructionisme» avant l'heure.

---

[88] Rappelant les mots d'ouverture du prologue (1, 1 *aures ... tuas beniuolas lepido susurro permulceam*), Kenney 1990, 28 remarque: «if ever a Latin book cried out (as indeed most were intended) to be read aloud, it is this one»; voir aussi p. 31. Dans un article consacré à la mise en scène des situations narratives orales chez Pétrone («fiktive Mündlichkeit»), Blänsdorf 1990, 193 remarque quant à lui: «Doch von einem mündlichen Vortrag der antiken Romane ist uns nichts bekannt. Die Mündlichkeit ist ein für die Textgattung der Romanerzählung nicht konstitutives Gattungsmerkmal, und der Erzähler der *Metamorphosen* des Apuleius spricht ausdrücklich einen Leser an: *lector intende, laetaberis* (*Met.* 1, 1)». Sur cette question, on consultera encore Hägg 1994; Cavallo 1997, 42; voir aussi Van Mal-Maeder 2001, 114 ss.; comm. ad 2, 12 (35, 10) s.v. *historiam magnam et incredundam fabulam*.

[89] Bakhtine 1978; Fusillo 1991. Pour Apulée, voir surtout Finkelpearl 1998 (avec références exhaustives), qui élabore une théorie de l'allusion pour les *Met.*: «that it represents an experimentation with various genres in an attempt to find the novel's place and begins to represent a struggle as the book progresses, a struggle that is resolved in Book 11» (p. 35). Par «intertextualité», j'entends tout type de relation qu'un texte peut entretenir avec d'autres textes littéraires. Dans ce sens, l'intertextualité se distingue «de cette autre transcendance qui unit le texte à la réalité extratextuelle» (Genette 1982, 10, note 1), vaste terrain vague sur lequel ce commentaire s'aventure parfois.

Dans le commentaire, j'ai voulu signaler autant que possible les éventuels échos intertextuels, parce que c'est à travers eux que s'effectue cette réécriture d'un hypotexte diffus.[90] Tantôt ces échos ont pour fonction de faire montre de l'érudition et de la culture de l'auteur[91] et offrent au lecteur/auditeur susceptible de les reconnaître la satisfaction de leur identification, tantôt il y a émulation avec la tradition, souvent doublée d'une dimension comique. Dans le récit que fait le devin Diophane de son voyage de toutes les catastrophes, les *topoi* de la littérature de voyage épique et romanesque s'accumulent (2, 14: 36, 11 ss.). En 2, 7 (30, 23 ss.), on trouve même un exemple d'émulation en matière d'intertextualité (allusion intertextuelle dans une allusion intertextuelle), puisque le Lucius d'Apulée se sert de Virgile pour décrire sa vigoureuse virilité, là où l'Encolpe de Pétrone évoquait le poète pour dépeindre son impuissance. Tantôt encore, les échos intertextuels ont une signification plus importante. En évoquant l'ensemble de l'hypotexte, ils invitent le lecteur/auditeur à comparer les deux textes et à juger des différences. C'est le cas de la description de la statue de Diane et Actéon, qui fait allusion aux *Métamorphoses* d'Ovide, tout en s'en distanciant. Les divergences entre les deux versions du mythe ont pour résultat de mettre en évidence un thème majeur du roman, celui de la curiosité (2, 4: 28, 1 et 7 ss.; voir point 5.2). L'échange de baisers entre Lucius et Photis (2, 10: 33, 12 ss.) évoque divers hypotextes, en particulier un passage de Lucrèce (4, 1079 ss.) dépeignant avec horreur l'éveil de la fureur amoureuse au travers des baisers et l'illusion du plaisir. Mais le jugement moral, négatif, contenu dans les vers de Lucrèce est absent de notre livre, où les amoureux offrent l'image inverse de celle qu'en donne le poète. Il arrive que l'allusion intertextuelle soit insidieuse et qu'elle serve à susciter certaines attentes chez le lecteur, pour mieux les décevoir (voir comm. ad 2, 29: 49, 12 s.v. *uxor egregia*). Outre que les différents types de fonction mentionnés ci-dessus ne s'excluent pas les uns les autres, définir le rôle des échos intertextuels est une entreprise essentiellement subjective.[92]

En raison du vaste bagage culturel et littéraire d'Apulée et de la nature polyphonique du roman antique, il y a un certain danger à vouloir voir dans chaque scène ou dans chaque phrase une allusion intertextuelle précise et consciente. Il n'est non plus pas toujours aisé de déterminer quel auteur, quel texte ou quel genre littéraire a pu influencer tel ou tel passage. Souvent intervient là encore chez les interprètes un facteur subjectif (sensibilité ou intérêt person-

---

[90]   La notion d'hypotexte est empruntée à Genette 1982 dans sa théorie de l'«hypertextualité». L'hypotexte désigne chez lui un texte A, dont dérive un texte B (hypertexte: dans notre cas, les *Met.* d'Apulée) par transformation ou imitation: voir notamment p. 11 s. et 16 s.

[91]   Dans l'univers extra-textuel (réel), il s'agit de la culture et de l'érudition de l'auteur Apulée. Dans l'univers fictif (l'univers romanesque des *Met.*), ce savoir littéraire est celui de Lucius-narrateur, devenu à la fin de ses aventures un orateur accompli, ayant appris le latin à Rome, au prix d'un grand effort (cf. 1, 1: 1, 10 ss.).

[92]   Voir Finkelpearl 1998, 35: «Ultimately, the function or effect of allusion is going to be as evanescent and subjective as is the question of its very existence».

nels).[93] C'est ainsi que V. Ciaffi voit dans les *Métamorphoses* de nombreuses réminiscences du roman de Pétrone et dans plusieurs passages du livre 2 une réélaboration du *Satiricon* (voir e.g. comm. ad 2, 2: 25, 12 ss.; 2, 4: 27, 3 ss.; 2, 19: 40, 12 ss.; 2, 21: 42, 10 ss.). Ces mêmes passages sont utilisés par d'autres savants plus attentifs aux échos épiques pour établir une comparaison avec les épopées d'Homère ou de Virgile.

Certaines situations du livre 2 évoquent la comédie ou le mime. C'est le cas de la mésaventure du devin Diophane, narrée de façon très visuelle par Milon (2, 13 s.: 35, 20 ss.), et de la scène de séduction dans la cuisine (2, 7 et 2, 10: 30, 13 ss. et 33, 3 ss.). Cette dernière abonde en échos (verbaux) plautiniens, auxquels se mêlent nombre d'allusions à la poésie érotique latine, en particulier dans la scène de la danse des casseroles et dans la scène du baiser, toutes deux absentes de l'*Onos*. Dans les deux cas, il s'agit probablement d'une réélaboration proprement apuléenne de l'original grec, signée à l'encre d'une tradition littéraire latine. La même constatation s'impose pour la description des amours nocturnes de Lucius et Photis (2, 17: 39, 1 ss.), où la métaphore amoureuse de la lutte est remplacée par celle de la guerre, plus proprement latine (voir point 7.2). Enfin, s'il s'inscrit dans une tradition sophistique autant grecque que latine, l'éloge de la chevelure des chapitres 8 et 9 (31, 11 ss.), également absent de l'*Onos*, fourmille lui aussi de réminiscences latines.

7.2. Le livre 2 en rapport avec l'*Onos*

Il est généralement admis que le roman d'Apulée et l'ouvrage du Pseudo-Lucien intitulé Λούκιος ἤ ὄνος (l'*Onos*) sont issus tous deux d'un même original aujourd'hui perdu, les *Métamorphoses* grecques que Photius lisait encore au 9e s.[94] Les deux oeuvres racontent la même histoire, à savoir les tribulations de Lucius/Loukios accidentellement métamorphosé en âne par la faute de la servante d'une sorcière thessalienne qu'il avait séduite dans le but d'être initié aux arts

---

[93] Voir Genette 1982, 16: «Moins l'hypertextualité d'une oeuvre est massive et déclarée, plus son analyse dépend d'un jugement constitutif, voire d'une décision interprétative du lecteur»; et encore: «Je puis également traquer dans n'importe quelle oeuvre les échos partiels, localisés et fugitifs de n'importe quelle autre, antérieure ou postérieure. Une telle attitude aurait pour effet de verser la totalité de la littérature universelle dans le champ de l'hypertextualité, ce qui en rendrait l'étude peu maîtrisable»; Conte 1986, 22. Voir aussi Finkelpearl 1998, 1 ss.

[94] Cf. Phot. *Bibl.* 129. Sur cette épineuse question de filiation, voir Van Thiel 1971; Steinmetz 1982, 239 ss.; Ciaffi 1983; Holzberg 1984 et 2001, 98 ss.; Winkler 1985, 252 ss.; Mason 1994 et 1999; Sandy 1997, 233 ss.; Gianotti 2000, 171 ss. Selon Bianco 1971 (qui reprend une thèse déjà exprimée en 1818 par P.L. Courier dans l'introduction à sa traduction de l'*Onos*, Paris 1818, p. X), l'*Onos* est la source dont dérivent et les *Met.* d'Apulée et l'ouvrage grec du même nom. Identifiant l'Abroia de l'*Onos* avec un personnage historique que Lucien aurait pu connaître, Sekunda 1997, 221 ss. est d'avis que l'ouvrage pourrait être sien et le date de 170/180 ap. J.-C.

magiques. Dans les deux cas, le héros raconte ses aventures à la première personne, selon la perspective de son «je-narré» et sans dévoiler la fin de l'histoire. Outre cette macrostructure jumelle, les deux textes correspondent souvent dans les moindres détails, parfois même mot à mot, tout au moins pour ce qui est de la trame principale. Car tandis que l'*Onos* ne raconte que les aventures du héros principal, les *Métamorphoses* contiennent plusieurs histoires secondaires concernant d'autres personnages.

Les deux récits enchâssés du livre 2 sont tous deux absents de l'*Onos*. Les opinions divergent sur la question de savoir s'ils proviennent de l'original grec, si Apulée les a trouvés ailleurs, ou s'ils sont de son invention.[95] Le récit de la mésaventure de Diophane, rapportée au discours direct, prend place durant le dîner. Dans le passage correspondant de l'*Onos* (7, 1), Loukios mentionne, sans autre détail, que le repas fut agrémenté de conversations. Il est possible que l'original grec ait contenu la relation d'une histoire similaire, disparue lors de l'épitomisation (voir comm. ad 2, 11: 34, 8 ss.). Pas de trace en revanche d'un récit semblable à celui de Thélyphron. C'est que le parallèle entre le texte des *Métamorphoses* et l'*Onos* s'arrête à la mention des nuits d'amour de Photis et Lucius (2, 17: 39, 13 s.; *Onos* 11, 1). L'épisode de l'invitation chez Byrrhène, celui de la bataille nocturne avec les outres-brigands et celui du procès du héros durant le festival du Rire sont absents de l'épitomé. Le parallèle reprend peu avant la fameuse métamorphose (3, 19: 66, 9 ss.; *Onos* 11, 1). Mais plus que la question (insoluble) de l'origine des récits enchâssés et de leur présence ou non dans les *Métamorphoses* grecques, ce sont leurs rapports avec le récit-cadre et leur fonction dans le texte qui importent (voir point 4).

D'autres enjolivements du texte sont absents de l'*Onos*, telles les descriptions dont les *Métamorphoses* abondent et qui donnent au texte une couleur réaliste beaucoup plus prononcée (voir point 3). Il est possible que cette absence soit due au fait que l'*Onos* est un épitomé. Mais il me paraît que l'originalité d'Apulée s'exprime au mieux dans les passages où se déploient toutes ses capacités rhétoriques et stylistiques. Des morceaux comme la danse érotique des casseroles (2, 7: 30, 15 ss.) ou comme l'éloge de la chevelure (2, 8 et 9: 31, 11 ss.), absents de l'*Onos*, regorgent de réminiscences poétiques latines qui font supposer qu'il s'agit là de broderies proprement apuléennes.

Persuadée que le caractère propre de la version latine réside avant tout dans sa réélaboration microstructurelle, j'ai cherché tout au long du commentaire à comparer le texte des *Métamorphoses* avec les passages correspondants de l'*Onos*. Après P. Junghanns, j'ai pu constater que le livre 2 est souvent différent de l'épitomé, pour ne pas dire supérieur.[96] Le récit est plus incisif, notamment quand

---

[95]   Sur cette question rebattue, voir van Thiel 1971; Mason 1978, 2 s. et 1994, 1693 s., avec littérature exhaustive; Steinmetz 1982, 244 ss.; Holzberg 1986, 87 s.

[96]   On trouvera chez Sandy 1997, 233 ss. une comparaison entre les premiers chapitres du livre 2 des *Met.* et les passages correspondants de l'épitomé, démontrant le travail de réé-

certains échanges sont raccourcis ou même totalement supprimés (2, 1: 24, 17 ss.; 2, 7: 31, 6 s.; 2, 17: 39, 1 ss.). Les personnages sont plus nuancés, leurs actions mieux motivées. La rencontre de Lucius et Byrrhène au marché offre un exemple de ce type de divergences, perceptibles autant dans des détails (lieu d'action, ordre des événements, intervention d'un personnage secondaire: 2, 2: 25, 8 ss.) que sur des points plus importants, comme l'ampleur du rôle de Byrrhène (2, 3: 26, 10 s.). Mais il est impossible de savoir avec certitude si ces divergences proviennent du seul travail de réélaboration d'Apulée. Rien ne permet d'affirmer par exemple que le rôle du vieillard accompagnant Byrrhène/Abroia (2, 2: 25, 16 ss.) n'a pas été coupé lors de l'épitomisation.

L'originalité d'Apulée apparaît le plus nettement dans la caractérisation des personnages. Le cas le plus frappant est celui de Photis/Palaistra et des rapports que Lucius entretient avec elle. Il n'y a pas lieu de répéter ici en détail la démonstration que A. Scobie a faite de cette réélaboration.[97] Disons seulement que le changement de nom de la servante (2, 6: 30, 4) s'accompagne non seulement d'un changement dans l'emploi des métaphores érotiques, mais surtout d'un changement dans sa personnalité. Moins vulgaire que sa contrepartie dans l'*Onos*, Photis est devenue sous la plume d'Apulée une drôlesse pleine d'esprit, fine, coquine, gracieuse et délicieuse. Pas étonnant dès lors que Lucius tombe sincèrement sous son charme, là où dans l'épitomé Loukios séduisait la servante par seul intérêt (2, 6: 30, 5 s.; 2, 7: 30, 18 ss.). Il en va de même pour l'hôte de Lucius: par rapport à l'Hipparque de l'*Onos*, à peine existant, le profil de Milon dans les *Métamorphoses* est plus découpé. Poli et attentionné envers Lucius, il se révèle aussi critique et incrédule; tantôt il agace prodigieusement notre héros, tantôt ce dernier éprouve pour lui sinon de la tendresse, du moins un certain respect (2, 3: 26, 21 s.; 2, 11: 34, 8 s.; 2, 15: 37, 1 s.).

Le catalogue des divergences qui précède a révélé que le nom des personnages est souvent modifié par rapport à l'original. Lucius correspond à Loukios, Milon à Hipparque, Byrrhène à Abroia (2, 3: 26, 16) et Photis à Palaistra (2, 6: 30, 4).[98] La mère de Lucius et la femme de Milon, non nommées dans l'*Onos*, sont chez Apulée respectivement Salvia et Pamphilé (2, 2: 26, 3 et 2, 5: 28, 17). Enfin, le livre 2 présente plusieurs cas de «romanisation», attribuables à la culture latine d'Apulée: par exemple dans le choix d'un mot (2, 1: 25, 2 *pomerium*; 2, 2: 25, 12 *forum cupidinis*), ou dans l'emploi d'une formule typiquement romaine (2, 6: 30, 10 s.; 2, 16: 38, 8 s.; 2, 24: 44, 22).

laboration d'Apulée (la version latine est plus fournie, l'expression plus pleine, le style plus élaboré); *id*. 1999, 87.

[97] Voir Scobie 1969, 56 ss.

[98] Voir Scobie 1975, 121 ad 1, 21 (19, 11); Russel 1942, 75 ss.; Hijmans 1978, 112, 117 et *passim. Supra* note 50.

8. Le texte

Toutes les éditions modernes des *Métamorphoses* font du Laurentianus 68, 2 (F) l'ancêtre de tous les manuscrits que nous possédons. Ce manuscrit fut rédigé au 11e s. au Mont Cassin et contient dans l'ordre l'*Apologie* d'Apulée, les *Métamorphoses* et les *Florides*. Les souscriptions ajoutées au texte le font remonter à une copie d'un certain Salluste, qui révisa le texte à deux reprises, à Rome en 395 et à Constantinople en 397. Outre F, les éditeurs font usage pour l'établissement du texte du Laurentianus 29, 2 (φ), qui est une copie directe de F, exécutée au Mont Cassin vers 1200, et de la classe de manuscrits dite «classe I», dont il est traditionnellement admis qu'elle dérive aussi de F.[99] Cette filiation fut remise en question par O. Pecere, selon lequel les manuscrits de la classe I ne dérivent pas de F, mais du même ancêtre que F.[100] Sa thèse donne aux manuscrits de cette classe une importance nouvelle, qui exigerait qu'on les prenne davantage en compte pour l'établissement du texte. Une telle tâche n'était pas réalisable dans le cadre de ce commentaire.

Suivant la manière des *GCA*, le texte est essentiellement basé sur celui établi par Helm dans l'édition Teubner (Leipzig 1992, réimpression de la 3e édition de 1931 avec addenda et corrigenda).[101] Aussi ai-je renoncé à accompagner le texte d'un apparat critique. On trouvera plus loin une liste des divergences par rapport à l'édition de Helm et, pour tous ces passages, une argumentation détaillée dans le commentaire. Outre le texte de Helm, essentiellement basé sur F et φ, j'ai surtout consulté les éditions de Robertson et de Giarratano (-Frassinetti), dont les apparats critiques mentionnent parfois les leçons des manuscrits de la classe I. J'ai en outre consulté de manière aussi exhaustive que possible les publications anciennes et modernes concernant les problèmes de texte dans le livre 2.[102]

---

[99] Pour la tradition manuscrite des *Met.*, voir Robertson 1924, 27 ss. et 85 ss.; *id.* dans l'introduction de l'édition Budé «Les Belles Lettres», XXXVIII ss.; l'introduction de Giarratano-Frassinetti, V ss.; Reynolds 1983, 15 ss.; Magnaldi-Gianotti 2000. Voir encore Hijmans 1994, 1770 ss. (sur l'*Apol.* et les *Flor.* essentiellement).

[100] Voir Pecere 1987; Magnaldi-Gianotti 2000, 9 ss.

[101] Les éditions successives de Helm présentant quelques variantes, on distinguera quand il sera nécessaire entre Helm I (1907), Helm II (1913), Helm III (1931 / 1992), Helm III² (1992, *addenda et corrigenda*) et Helm IV (= Helm-Krenkel 1970). La pagination et la numérotation des lignes de l'édition de Helm accompagne entre parenthèses la mention des chapitres.

[102] À propos des problèmes textuels, on réfère dans ce commentaire aux sigles de Robertson dans l'édition «Les Belles Lettres», LXII (F, φ, A, U, a, a*, etc.), à l'exception de son sigle v («cuiusuis codicis praeter φ lectio ex uera codicis F lectione a librariis siue casu siue consilio mutata»), auquel on préfère celui de Giarratano (-Frassinetti) ς («librarii interdum haud insulsa coniecerunt, nec raro accidit ut coniecturas, quae uiris doctis uulgo tribuerentur, in libris uel pessimae notae inuenirem. horum tamen codicum lectiones memoratu dignas siglo ς communiter insigniui, praeter eas quae, cum in φ aut in A exstarent, testimonio antiquiori reddendae fuerunt»).

À de rares exceptions près, j'ai cherché chaque fois que possible à maintenir le texte de F, le préférant souvent aux conjectures les plus ingénieuses de nombreuses générations de savants. Comme l'écrit Quintilien (*inst.* 9, 4, 3) *quae in ueteribus libris reperta mutare imperiti solent et dum librariorum insectari uolunt inscientiam, suam confitentur.* La valeur de ce manuscrit a été plusieurs fois soulignée, notamment par B.L. Hijmans auquel je renvoie pour une argumentation détaillée.[103] Les principes orthographiques adoptés dans ce commentaire sont ceux posés par *GCA* 1985, 10, réitérés dans *GCA* 1995, 14 et défendus par B.L. Hijmans. F demeurant la base pour l'établissement du texte, les variantes orthographiques qu'on y trouve ont été maintenues chaque fois que l'orthographe d'un mot donné présente une graphie antique inconsistante (e.g. *cominus* en 2, 6: 30, 1; *Byrrena/Byrrhena* en 2, 3: 26, 16; *Photis/Fotis* en 2, 6: 30, 4, etc.). Il ne s'agit pas de reconstruire les habitudes orthographiques d'Apulée, mais rien ne permet d'affirmer l'existence d'une norme classique en matière d'orthographe, à laquelle l'archaïsant Apulée se plierait de manière consistante. Pour citer encore Quintilien (*inst.* 1, 7, 11) *uerum orthographia quoque consuetudine seruit ideoque saepe mutata est.*[104]

9. La traduction

Les *Métamorphoses* d'Apulée ont plusieurs fois été traduites en français, notamment par P. Vallette dans l'édition «Les Belles Lettres» et par P. Grimal dans la Bibliothèque de la Pléiade (Gallimard). Ce sont deux traductions élégantes, dont je me suis parfois inspirée. Il arrive cependant que mon interprétation du texte diverge de la leur. Ma traduction est en outre plus littérale. J'ai tenté autant que possible de rendre l'exubérance du style d'Apulée, le rythme des phrases et les ambiguïtés verbales.

10. Ce commentaire et la tradition des commentaires des *Métamorphoses* à Groningue

Après le commentaire de M. Molt sur le livre 1 des *Métamorphoses* (diss. Groningue 1938), B.J. de Jonge fit paraître en 1941 un travail similaire en latin sur le livre 2. Il fut suivi par J.M.H. Fernhout en 1949 (livre 5), par R.Th. van der Paardt en 1971 (livre 3), par M. Zimmerman-de Graaf en 1992 (livre 10, 1-22) et par la série des *Groningen Commentaries on Apuleius* (livres 4 à 10).[105] Le commentaire de B.J. de Jonge est essentiellement philologique. Il était nécessaire de le compléter par un travail s'occupant également de questions de structure, de

---

[103] Voir Hijmans 1994, 1770 ss.; 1995a, en particulier 119 ss.; voir aussi Hunink 1996.
[104] Cité par Hijmans 1995a, 119.
[105] Sur la tradition d'Apulée à Groningue, voir Hofmann 1992.

techniques narratives et d'intertextualité, et qui prenne en compte les progrès accomplis ces dernières années dans la connaissance du roman antique. Telle est l'ambition de ce nouveau volume des *Groningen Commentaries on Apuleius*. Pour éviter des répétitions inutiles, j'ai renvoyé aux autres volumes de la série *GCA* sur les points déjà traités (linguistiques notamment), sans reproduire leur argumentation.

NOTE SUR LE TEXTE

Comme précisé dans l'introduction (8), mon texte est basé sur celui de Helm dans l'édition Teubner (Leipzig 1992, réimpression de la 3e édition de 1931 avec *addenda* et *corrigenda*). J'ai adopté les capitales au début des phrases. La liste ci-dessous présente les passages où j'ai choisi une leçon différente du texte de Helm. Les changements de ponctuation n'y sont pas indiqués; ils sont justifiés dans le commentaire quand cela est nécessaire.

Ce texte		Texte de Helm
24, 20	*quo* F	*qua* ς
25, 10	*in luxu<m> nepotalem similis*	*in luxu<m> nepotalem similis <otioso>*
25, 17	*est, inquit, Hercules <hic> Lucius*	*est, inquit, Hercules, Lucius* F
25, 19	*ipsam*	*ipse* ς
26, 1	*reiecto* F	*deiecto* Colvius
26, 7	*cae[ci]si*	*cae[ci]sii* ς
27, 4	*ac tolerabant* F	*attolerabant* ς
27, 6	*decitantes* F	*detinentes*
27, 19	*sicubi* F	*alicubi*
28, 8	*curiosum optutum* Kirchoff	*curioso optutu*
28, 8	*in deam <deor>sum* Rossbach	*in deam [sum]* (Helm III[2]: *in deam <uer>sum* Oudendorp)
29, 12	*urit* F	*urit<ur>* Blümner
29, 24	*et* F	*ex* Burmann
30, 1	*aufers* F	*aufer[s]* φ
30, 1	*cominus* F	*com<m>inus*
30, 16	†*ambacu pascuae*† *iurulenta*	[*ambacu pascuae iurulenta*]
31, 4	*felix et ter beatus* Pricée	*felix et <certo> certius beatus* Oudendorp
32, 9	*at* F	*a<u>t* Groslot
32, 11	*caerulus* F	*caerulos* ς
32, 11	*collis* F	*<e> collis*
34, 24	*quid <is> esset* Rohde	*quid is sit* Van der Vliet
37, 22	*modicum* F	*modico* Brantius
38, 1	*pullulatim* F	*p<a>ullulatim* ς (Helm III[2]: *pullulatim*)
38, 4	*ad libidinem* F	*<pronus> ad libidinem* Leo (Helm III[2]: *<pronus> deleatur*)
38, 14	*fluenter undante red<d>e* Wiman	*fluente[r] undanter ede*
39, 6	*sensim* F	*sessim* Bursian

39, 16	*cenulae uel*	*cenulae <festi>uae*
40, 13	*<orbes>* Purser	*<mensae>* Rohde
41, 13	*et* F	*ex* ς
41, 16	*funeris* F	*fune<b>ris* Wower
42, 13	*porrigens*	[*porrigens*] Leo
44, 7	*<reserans>* Walter	*<aperiens>* Leo
44, 15	*ocius surrexit* ς	[*o*]*consurrexit* Leo
44, 18	*<in>super* Gaselee	[*u*]*super* Leo
45, 22	*ac tui similes musculos*	*ad tuos similes in hortulos*
47, 23	*paruulos* F	*parent lor<a>*
49, 8	*questu* Hildebrand	*gemitu* Schikeradus
49, 20	*cogno<rit uel o>minarit* Robertson	*cognouerit* ς
50, 6	*suscitauit* F	*sustinuit*
50, 22	*solita Risui* Lipsius	*solitarias* Heraeus

TEXTE

LIVRE II

1   [1]Ut primum nocte discussa sol nouus diem fecit et somno   H 24
simul emersus et lectulo, anxius alioquin et nimis cupidus cognoscendi quae rara miraque sunt, [2]reputansque me media Thessaliae
loca tenere quo artis magicae natiua cantamina totius orbis
consono ore celebrentur fabulamque illam optimi comitis Aristomenis de situ ciuitatis huius exortam, suspensus alioquin et uoto
simul et studio, curiose singula considerabam, [3]nec fuit in illa
ciuitate quod aspiciens id esse crederem quod esset sed omnia
prorsus ferali murmure in aliam effigiem translata, [4]ut et lapides   H 25
quos offenderem de homine duratos et aues quas audirem indidem
plumatas et arbores quae pomerium ambirent similiter foliatas et
fontanos latices de corporibus humanis fluxos crederem; [5]iam
statuas et imagines incessuras, parietes locuturos, boues et id genus
pecua dicturas praesagium, de ipso uero caelo et iubaris orbe
subito uenturum oraculum.

2   [1]Sic attonitus, immo uero cruciabili desiderio stupidus, nullo
quidem inirio uel omnino uestigio cupidinis meae reperto cuncta
circumibam tamen. [2]Dum in luxu<m> nepotalem similis ostiatim
singula pererro, [3]repente me nescius forum cupidinis intuli et ecce
mulierem quampiam frequenti stipatam famulitione ibidem gradientem adcelerato uestigio comprehendo. [4]Aurum in gemmis et in
tunicis, ibi inflexum, hic intextum, matronam profecto confitebatur. [5]Huius adhaerebat lateri senex iam grauis in annis, qui ut
primum me conspexit: 'Est', inquit, 'Hercules <hic> Lucius' [6]et
offert osculum et statim incertum quidnam in aurem mulieris obganniit. 'Quin', inquit, 'etiam ipsam parentem tuam accedis et
salutas?' [7]'Vereor', inquam, 'ignotae mihi feminae' et statim   H 26
rubore suffusus reiecto capite restiti. [8]At illa optutum in me
conuersa: 'En', inquit, 'sanctissimae Saluiae matris generosa
probitas, sed et cetera corporis execrabiliter ad [regulam qua
diligenter aliquid adfingunt] <amus>sim congruentia: [9]inenormis
proceritas, suculenta gracilitas, rubor temperatus, flauum et inadfectatum capillitium, oculi cae[ci]si quidem, sed uigiles et in
aspectu micantes, prorsus aquilini, os quoquouersum floridum,
speciosus et immeditatus incessus.'

3   [1]Et adiecit: 'Ego te, o Luci, meis istis manibus educaui, quidni? Parentis tuae non modo sanguinis, uerum alimoniarum etiam
socia[m]. [2]Nam et familia Plutarchi ambae prognatae sumus et
eandem nutricem simul bibimus et in nexu germanitatis una coalui-

37

mus. Nec aliud nos quam dignitas discernit, quod illa clarissimas, ego priuatas nuptias fecerimus. [3]Ego sum Byrrena illa, cuius forte saepicule nomen inter tuos educatores frequentatum retines. [4]Accede itaque hospirium fiducia, immo uero iam tuum proprium larem.'

[5]Ad haec ego, iam sermonis ipsius mora rubore digesto: 'Absit', inquam, 'parens, ut Milonem hospitem sine ulla querela deseram; sed plane, quod officiis integris potest effici, curabo sedulo. Quoties itineris huius ratio nascetur, numquam erit ut non apud te deuertar.'

[6]Dum hunc et huius modi sermonem altercamur paucis admodum confectis passibus ad domum Byrrenae peruenimus.

    H 27

4   [1]Atria longe pulcherrima columnis quadrifariam per singulos angulos stantibus ac tolerabant statuas, [2]palmaris deae facies, quae pinnis explicitis sine gressu pilae uolubilis instabile uestigium plantis roscidis decitantes nec ut maneant inhaerent<es>, etiam uolare creduntur. [3]Ecce lapis Parius in Dianam factus tenet libratam totius loci medietatem, signum perfecte luculentum, ueste reflatum, procursu uegetum, introeuntibus obuium et maiestate numinis uenerabile. [4]Canes utrimquesecus deae latera muniunt, qui canes et ipsi lapis erant; hi<s> oculi minantur, aures rigent, nares hiant, ora saeuiunt, et sicunde de proximo latratus ingruerit, eum putabis de faucibus lapidis exire, [5]et in quo summum specimen operae fabrilis egregius ille signifex prodidit, sublatis canibus in pectus arduis pedes imi resistunt, currunt priores. [6]Pone tergum deae saxum insurgit in speluncae modum muscis et herbis et foliis et uirgulis et sicubi pampinis et arbusculis alibi de lapide florentibus. [7]Splendet intus umbra signi de nitore lapidis. Sub extrema saxi margine poma et uuae faberrime politae dependent, quas ars aemula naturae ueritati similes explicuit. [8]Putes ad cibum inde quaedam, cum mustulentus autumnus maturum colorem adflauerit, posse decerpi, [9]et si fonte<m>, qui deae uestigio discurrens in lenem uibratur undam, pronus aspexeris, credes illos ut rure pendentes racemos inter cetera ueritatis nec agitationis officio carere. [10]Inter medias frondes lapidis Actaeon simulacrum curiosum optutum in deam <deor>sum proiectus iam in ceruum ferinus et in saxo simul et in fonte loturam Dianam opperiens uisitur.

    H 28

5   [1]Dum haec identidem rimabundus eximie delector, 'Tua sunt', ait Byrrena, 'cuncta quae uides' et cum dicto ceteros omnes sermone[s] secreto decedere praecipit. [2]Quibus dispulsis omnibus: 'Per hanc', inquit, 'deam, o Luci carissime, ut anxie tibi metuo et ut pote pignori meo longe prouisum cupio, [3]caue tibi, sed caue fortiter a malis artibus et facinorosis illecebris Panphiles illius, quae cum Milone isto, quem dicis hospitem, nupta est. [4]Maga primi nominis

    H 29

et omnis carminis sepulchralis magistra creditur, quae surculis et lapillis et id genus friuolis inhalatis omnem istam lucem mundi sideralis imis Tartari et in uetustum chaos submergere nouit. [5]Nam simul quemque conspexerit speciosae formae iuuenem, uenustate eius sumitur et ilico in eum et oculum et animum detorquet. [6]Serit blanditias, inuadit spiritum, amoris profundi pedicis aeternis alligat. [7]Tunc minus morigeros et uilis fastidio in saxa et in pecua et quoduis animal puncto reformat, alios uero prorsus extinguit. [8]Haec tibi trepido et cauenda censeo. Nam et illa urit perpetuum et tu per aetatem et pulchritudinem capax eius es.' Haec mecum Byrrena satis anxia.

6   [1]At ego curiosus alioquin, ut primum artis magicae semper optatum nomen audiui, tantum a cautela Pamphiles af[f]ui [2]ut etiam ultro gestirem tali magisterio me uolens ampla cum mercede tradere et prorsus in ipsum barat<*h*>rum saltu concito praecipitare. [3]Festinus denique et uecors animi manu eius uelut catena quadam memet expedio et 'salue' propere addito ad Milonis hospitium perniciter euolo. [4]Ac dum amenti similis celero uestigium: 'Age', inquam, 'o Luci, euigila et tecum esto. [5]Habes exoptatam occasionem et uoto diutino poteris fabulis mi[se]ris explere pectus.   H 30 [6]Aufers formidines pueriles, cominus cum re ipsa nauiter congredere et a nexu quidem uenerio hospitis tuae tempera et probi Milonis genialem torum religios<*us*> suspice, uerum enim uero Fotis famula petatur enixe. [7]Nam et forma scitula et moribus ludicra et prorsus argutula est. Vesperi quoque cum somno concederes et in cubiculum te deduxit comiter et blande lectulo collocauit et satis amanter cooperuit et osculato tuo capite quam inuita discederet, uultu prodidit, denique saepe retrorsa respiciens substitit. [8]Quod bonum felix et faustum itaque, licet salutare non erit, Photis illa tempetetur.'

7   [1]Haec mecum ipse disputans fores Milonis accedo et, quod aiunt, pedibus in sententiam meam uado. Nec tamen domi Milonem uel uxorem eius offendo sed tantum caram meam Fotidem. [2]Sui<*s*> parabat uiscum fartim concisum et pulpam frustatim consectam †ambacu pascuae† iurulenta et, quod naribus iam inde ariolabar, tuccetum perquam sapidissimum. [3]Ipsa linea tunica mundule amicta et russ[uss]ea fasceola praenitente altiuscule sub ipsas papillas succinctula illud cibarium uasculum floridis palmulis rotabat in circulum et in orbis flexibus crebra succutiens et simul membra sua leniter inlubricans, lumbis sensim uibrantibus, spinam mobilem quatiens placide decenter undabat. [4]Isto aspectu defixus obstupui et mirabundus steti, steterunt et membra quae iacebant   H 31 ante. [5]Et tandem ad illam: 'Quam pulchre quamque festiue', inquam, 'Fotis mea, ollulam istam cum natibus intorques. [6]Quam

mellitum pulmentum apparas. Felix et *ter* beatus cui permiseris illuc digitum intingere.'

[7]Tunc illa lepida alioquin et dicacula puella: 'Discede', inquit, 'miselle, quam procul a meo foculo, discede! Nam si te uel modice meus igniculus afflauerit, ureris intime nec ullus extinguet ardorem tuum nisi ego, quae dulce condiens et ollam et lectulum suaue quatere noui.'

8   [1]Haec dicens in me respexit et risit. Nec tamen ego prius inde discessi quam diligenter omnem eius explorassem habitudinem. [2]Vel quid ego de ceteris aio, cum semper mihi unica cura fuerit caput capillumque sedulo et puplice prius intueri et domi postea perfrui [3]sitque iudicii huius apud me certa et statuta ratio[ne], uel quod praecipua pars ista corporis in aperto et perspicuo posita prima nostris luminibus occurrit et quod in ceteris membris floridae uestis hilaris color, hoc in capite nitor natiuus operatur. [4]Denique pleraeque indolem gratiamque suam probaturae lacinias omnes exuunt, amicula dimouent, nudam pulchritudinem suam praebere se gestiunt magis de cutis roseo rubore quam de uestis aureo colore placiturae. [5]At uero - quod nefas dicere nec quod sit ullum huius rei tam dirum exemplum! - si cuiuslibet eximiae pulcherrimaeque feminae caput capillo spoliaueris et faciem natiua specie nudaueris, [6]licet illa caelo deiecta, mari edita, fluctibus educata, licet inquam Venus ipsa fuerit, licet omni Gratiarum choro stipata et toto Cupidinum populo comitata et balteo suo cincta, cinnama fraglans et balsama rorans, calua processerit, placere non

                H 32

9   poterit nec Vulcano suo. [1]Quid cum capillis color gratus et nitor splendidus inlucet e<t> contra solis aciem uegetus fulgurat uel placidus renitet [2]at in contrariam gratiam uariat aspectum et nunc aurum coruscans in lene<m> mellis deprimitur umbram, nunc coruina nigredine caerulus columbarum collis flosculos aemulatur, [3]uel cum guttis Arabicis obunctus et pectinis arguti dente tenui discriminatus et pone uersum coactus amatoris oculis occurrens ad instar speculi reddit imaginem gratiorem? [4]Quid cum frequenti subole spissus cumulat uerticem uel prolixa serie porrectus dorsa permanat? [5]Tanta denique est capillamenti dignitas ut quamuis auro ueste gemmis omnique cetero mundo exornata mulier incedat, tamen nisi capillum distinxerit, ornata non possit audire.

    [6]Sed in mea Fotide non operosus, sed inordinatus ornatus addebat gratiam. [7]Uberes enim crines leniter emissos et ceruice dependulos ac dein per colla dispositos sensimque sinuato patagio residentes paulisper ad finem conglobatos in summum uerticem nodus adstrinxerat.

                H 33

10   [1]Nec diutius quiui tantum cruciatum uoluptatis eximiae sustinere sed pronus in eam, qua fine summum cacumen capillus ascen-

dit, mellitissimum illud sauium impressi. [2]Tum illa ceruicem intorsit et ad me conuersa limis et morsicantibus oculis: 'Heus tu, scolastice' ait, 'dulce et amarum gustulum carpis. Caue ne nimia mellis dulcedine diutinam bilis amaritudinem contrahas.'

[3]'Quid istic', inquam, 'est, mea festiuitas, cum sim paratus uel uno sauiolo interim recreatus super istum ignem porrectus assari' et cum dicto artius eam complexus coepi sauiari. [4]Iamque aemula libidine in amoris parilitatem congermanescenti mecum, iam patentis oris inhalatu cinnameo et occursantis linguae inlisu nectareo prona cupidine adlibescenti: [5]'Pereo', inquam, 'immo iam dudum perii, nisi tu propitiaris.' [6]Ad haec illa rursum me deosculato: 'Bono animo esto', inquit, 'nam ego tibi mutua uoluntate mancip[i]ata sum nec uoluptas nostra differetur ulterius, sed prima face cubiculum tuum adero. Abi ergo ac te compara, tota enim nocte tecum fortiter et ex animo proeliabor.'

11 [1]His et talibus obgannitis sermonibus inter nos discessum est. Commodum meridies accesserat et mittit mihi Byrrena xeniola *porcum* op[t]imum et quinque gallinulas et uini cadum in aetate pretiosi. [2]Tunc ego uocata Fotid*e*: 'Ecce', inquam, 'Veneris hortator et armiger Liber aduenit ultro. Vinum istud hodie sorbamus omne, quod nobis restinguat pudoris ignauiam et alacrem uigorem libidinis incutiat. [3]H*ac* enim sitarchia nauigium Veneris indiget sola, ut in nocte peruigili et oleo lucerna et uino calix abundet.'   H 34

[4]Diem ceterum lauacro ac dein cenae dedimus. Nam Milonis boni concinnaticiam mensulam rogatus adcubueram quam pote tutus ab uxoris eius aspectu, Byrrenae monitorum memor, et perinde in eius faciem oculos meos ac si in Auernum lacum formidans deieceram. [5]Sed adsidue respiciens praeministrantem Fotidem inibi recreabar animi, cum ecce iam uespera lucernam intuens Pamphile: 'Quam largus', inquit, 'imber aderit crastino' et percontanti marito, qui comperisset istud, respondit sibi lucernam praedicere. [6]Quod dictum ipsius Milo risu secutus: 'Grandem', inquit, 'istam lucern*a*<*m*> Sibyllam pascimus, quae cuncta caeli negotia et solem ipsum de specula candelabri contuetur.'

12 [1]Ad haec ego subiciens: 'Sunt', aio, 'prima huiusce diuinationis experimenta. [2]Nec mirum, licet modicum istu*m* igniculum et manibus humanis laboratum, memorem tamen illius maioris et caelestis ignis uelut sui parentis, qui*d* <*is*> esset editurus in aetheris uertice diuino praesagio et ipsum scire et nobis enuntiare. [3]Nam et Corinthi nunc apud nos passim Chaldaeus quidam hospes miris totam ciuitatem responsis turbulenta<*t*> et arc[h]ana fatorum stipibus emerendis edicit in uulgum, [4]qui dies copulas nuptiarum adfirmet, qui fundamenta moenium perpetuet, qui negotiatori commo-   H 35

41

dus, qui uiatori celebris, qui nauigiis oportunus. [5]Mihi denique prouentum huius peregrinationis inquirenti multa respondit et oppido mira et satis uaria; nunc enim gloriam satis floridam, nunc historiam magnam et incredundam fabulam et libros me futurum.'

13 [1]Ad haec renidens Milo: 'Qua', inquit, 'corporis habitudine praeditus quoue nomine nuncupatus hic iste Chaldaeus est?' 'Procerus', inquam, 'et suffusculus, Diophanes nomine.' [2]'Ipse est', ait, 'nec ullus alius. Nam et hic apud nos multa multis similiter effatus non paruas stipes, immo uero mercedes op[t]imas iam consecutus fortunam scaeuam an saeuam uerius dixerim miser incidit.

[3]Nam die quadam cum frequentis populi circulo conseptus coronae circumstantium fata donaret, Cerdo quidam nomine negotiator accessit eum, diem commodum peregrinationi cupiens. [4]Quem cum electum destinasset ille, iam deposita crumina, iam profusis nummulis, iam dinumeratis centum denarium quos mercedem diuinationis auferret, ecce quidam de nobilibus adulescentulus a tergo adrepens eum lacinia prehendit et conuersum amplexus exosculatur artissime. [5]At ille ubi primum consauiatus eum iuxtim se ut adsidat effecit, attonitus [et] repentinae uisionis stupore et praesentis negotii quod gerebat oblitus infit ad eum: [6]"Quam olim equidem exoptatus nobis aduenis?" Respondit ad haec ille alius: "Commodum uespera oriente. Sed uicissim tu quoque, frater, mihi memora quem ad modum exinde ut de Euboea

14 insula festinus enauigasti et maris et uiae confeceris iter." [1]Ad haec Diophanes ille Chaldaeus egregius mente uiduus necdum suus: "Hostes", inquit, "et omnes inimici nostri tam diram, immo uero Ulixeam peregrinationem incidant. [2]Nam et nauis ipsa <qua> uehebamur uariis turbinibus procellarum quassata utroque regimine amisso aegre ad ulterioris ripae marginem detrusa praeceps demersa est et nos omnibus amissis uix enatauimus. [3]Quodcumque uel ignotorum miseratione uel amicorum beniuolentia contraximus, id omne latrocinalis inuasit manus, quorum audaciae repugnans etiam Arignotus unicus frater meus sub istis oculis miser iugulatus est." [4]Haec eo adhuc narrante maesto Cerdo ille negotiator correptis nummulis suis, quos diuinationis mercedi destinauerat, protinus aufugit. [5]Ac dehinc tunc demum Diofanes expergitus sensit imp<r>udentiae suae labem, cum etiam nos omnis circumsecus adstantes in clarum cachinnum uideret effusos.

[6]Sed tibi plane, Luci domine, soli omnium Chaldaeus ille uera dixerit, sisque felix et iter dexterum porrigas.'

15 [1]Haec Milone diutine sermocinante tacitus ingemescebam mihique non mediocriter suscensebam quod ultro inducta serie inoportunarum fabularum partem bonam uespera<e> eiusque gra-

H 36

H 37

tissimum fructum amitterem. [2]Et tandem denique deuorato pudore ad Milonem aio: 'Ferat sua<m> Diophanes ille fortunam et spolia populorum rursum conferat mari pariter ac terrae; [3]mihi uero fatigationis hesternae etiam nunc saucio da ueniam, maturius concedam cubitum.' [4]Et cum dicto facesso et cubiculum meum contendo atque illic deprehendo epularum dispositiones satis concinnas. [5]Nam et pueris extra limen, credo ut arbitrio nocturni gannitus ablegarentur, humi quam procul distratum fuerat et grabattulum meum adstitit mensula cenae totius honestas reliquias tolerans [6]et calices boni iam infuso latice semipleni solam temperiem sustinentes et lagoena iuxta orificio caesim deasceato patescens facilis <h>auritu, prorsus gladiatoriae Veneris antecenia.

16   [1]Commodum cubueram et ecce Fotis mea, iam domina cubitum reddita, laeta proximat rosa serta et rosa soluta in sinu tuberante. [2]Ac me pressim deosculato et corollis reuincto ac flore persperso adripit poculum ac desuper aqua calida iniecta porrigit bibam, [3]idque modicum prius quam totum exsorberem clementer inuadit ac relictum pullulatim labellis minuens meque respiciens   H 38 sorbilla<t> dulciter. [4]Sequens et tertium inter nos uicissim et frequens alternat poculum, cum ego iam uino madens nec animo tantum, uerum etiam corpore ipso ad libidinem inquie[n]s alioquin et petulans et iam saucius, paulisper inguinum fine lacinia remota inpatientiam ueneris Fotidi meae monstrans: [5]'Miserere', inquam, 'et subueni maturius. Nam, ut uides, proelio quod nobis sine fetiali officio indixeras iam proximante uehementer intentus, [6]ubi primam sagittam saeui Cupidinis in ima praecordia mea delapsam excepi, arcum meum et ipse uigorat<e> tetendi[t] et oppido formido ne neruus rigoris nimietate rumpatur. [7]Sed ut mihi morem plenius gesseris, in effusum laxa crinem et capillo fluenter undante red<d>e complexus amabiles.'

17   [1]Nec mora cum omnibus illis cibariis uasculis raptim remotis laciniis cunctis suis renu[n]data crinibusque dissolutis ad hilarem lasciuiam in speciem Veneris quae marinos fluctus subit, pulchre reformata, [2]paulisper etiam glabellum feminal rosea palmula potius obumbrans de industria quam tegens uerecundia. [3]'Proeliare',   H 39 inquit, 'et fortiter proeliare, nec enim tibi cedam nec terga uortam; comminus in aspectum, si uir es, derige et grassare nauiter et occide moriturus. Hodierna pugna non habet missionem.' [4]Haec simul dicens inscenso grabattulo super me sensim residens ac crebra subsiliens lubricisque gestibus mobilem spinam quatiens pendulae Veneris fructu me satiauit, usque dum lassis animis et marcidis artibus defatigati simul ambo corruimus inter mutuos amplexus animas [h]anhelantes. [5]His et huius modi conluctationibus ad confinia lucis usque peruigiles egimus poculis interdum

lassitudinem refouentes et libidinem incitantes et uoluptatem integrantes. Ad cuius noctis exemplar similes adstruximus alias plusculas.

18 [1]Forte quadam die de me magno opere Byrrhena contendit apud eam cenulae ue*l* interessem, et cum impendio excusarem, negauit ueniam. [2]Ergo igitur Fotis erat adeunda deque nutu eius consilium uelut auspicium petendum. Quae quamquam inuita quod a se ungue latius digrederer, tamen comiter amatoriae militiae breuem commeatum indulsit. [3]'Sed heus tu', inquit, 'caue regrediare cena maturius. Nam uesana factio nobilissimorum iuuenum pacem publicam infe*s*ta<*t*>; passim trucidatos per medias plateas uidebis iacere, nec praesidis auxilia longinqua leuare ciuitatem tanta clade possunt. [4]Tibi uero fortunae splendor insidias, contemptus etiam peregrinationis poterit adferre.'

H 40

[5]'Fac sine cura', inquam, 'sis, Fotis mea. Nam praeter quod epulis alienis uoluptates meas anteferrem, metum etiam istum tibi demam maturata regressione. Nec tamen incomitatus ibo. Nam gladiolo solito cinctus altrinsecus ipse salutis meae praesidia gestabo.'

Sic paratus cenae me committo.

19 [1]Frequens ibi numerus epulonum et utpote apud primatem feminam flos ipse ciuitatis, <*orbes*> opipares citro et ebore nitentes, lecti aureis uestibus intecti, ampli calices uariae quidem gratiae sed pretiositatis unius: [2]hic uitrum fabre sigillatum, ibi crustallum inpunctum, argentum alibi clarum et aurum fulgurans et sucinum mire cauatum et lapides ut bibas et quicquid fieri non potest ibi est. [3]Diri*b*itores plusculi splendide amicti fercula copiosa scitule subministrare, pueri calamistrati pulchre indusiati gemma<*s*> formatas [s]in pocula uini uetusti frequenter offerre. [4]Iam inlatis luminibus epularis sermo percrebuit, iam risus adfluens et ioci liberales et ca*u*illus hinc inde.

H 41

[5]Tum infit ad me Byrrhena: 'Quam commode uersaris in nostra patria? Quod sciam, templis et lauacris et ceteris operibus longe cunctas ciuitates antecellimus, utensilium praeterea pollemus adfatim. [6]Certe libertas otiosa et negotioso quidem aduenae Romana frequentia, modesto uero hospiti quies uillatica: omni denique prouinciae uoluptarii secessus sumus.'

20 [1]Ad haec ego subiciens: 'Vera memoras nec usquam gentium magis me liberum quam hic fuisse credidi. Sed oppido formido caecas et ineuitabiles latebras magicae disciplinae. [2]Nam ne mortuorum quidem sepulchra tuta dicuntur sed et bustis et rogis reliquiae quaedam et cadauerum praesegmina ad exitiabiles uiuentium fortunas petuntur. [3]Et cantatrices anus in ipso momento

chor[o]agi funeris praepeti celeritate alienam sepulturam anteuortunt.'

[4]His meis addidit alius: 'Immo uero istic nec uiuentibus quidem ullis parcitur. Et nescio qui simile passus ore undique omnifariam deformato truncatus est.'

[5]Inter haec conuiuium totum in licentiosos cachinnos effunditur omniumque ora et optutus in unum quempiam angulo secubantem conferuntur. [6]Qui cunctorum obstinatione confusus indigna murmurabundus cum uellet exsurgere: [7]'Immo mi Thely<*ph*>ron', Byrrhena inquit, 'et subsiste paulisper et more tuae urbanitatis fabulam illam tuam remetire, ut et filius meus iste Lucius lepidi[s] sermonis tui perfruatur comitate.'

H 42

[8]At ille: 'Tu quidem, domina', ait, 'in officio manes sanctae tuae bonitatis, sed ferenda non est quorundam insolentia.' [9]Sic ille commotus. Sed instanti<a> Byrrhenae, quae eum adiuratione suae salutis ingratis cogebat effari, perfecit ut uellet.

21   [1]Ac sic aggeratis in cumulum stragulis et effultus in cubitum suberectusque in torum porrigit dexteram [2]et ad instar orator[i]um conformat articulum duobusque infimis conclusis digitis ceteros eminus porrigens et infesto pollice clementer subrigens infit Th*elyph*ron:

[3]'Pupillus ego Mileto profectus ad spectaculum Olympicum cum haec etia<*m*> loca prouinciae famigerabilis adire cuperem, peragrata cuncta Thessalia fuscis auibus Larissam accessi. [4]Ac dum singula pererrans tenuato admodum uiatico paupertati meae fomenta conquiro, conspicor medio foro procerum quendam senem. [5]Insistebat lapidem claraque uoce praedicabat, siqui mort<*u*>um seruare uellet, de pretio liceretur. [6]Et ad quempiam praetereuntium: "Quid hoc", inquam, "comperior? Hicine mortui solent aufugere?"

H 43

[7]"Tace", respondit ille. "Nam oppido puer et satis peregrinus es meritoque ignoras Thessaliae te consistere, ubi sagae mulieres ora mortuorum passim demorsicant, eaque sunt illis artis magicae supplementa."

22   [1]Contra ego: "Et quae, tu", inquam, "dic sodes, custodela ista feralis?" [2]"Iam primum", respondit ille, "perpetem noctem eximie uigilandum est exertis et inconiuis oculis semper in cadauer intentis nec acies usquam deuertenda, immo ne obliquanda quidem, quippe cum deterrimae uersipelles in quoduis animal ore conuerso latenter adrepant, ut ipsos etiam oculos Solis et Iustitiae facile frustrentur; [3]nam et aues et rursum canes et mures, immo uero etiam muscas induunt. Tunc diris cantaminibus somno custodes obruunt. [4]Nec satis quisquam definire poterit, quantas latebras nequissimae mulieres pro libidine sua comminiscuntur.

[5]Nec tamen huius tam exitiabilis operae merces amplior quam quaterni uel seni ferme offeruntur aurei. [6]Ehem, et, quod paene praeterieram, siqui non integrum corpus mane restituerit, quidquid inde decerptum deminutumque fuerit, id omne de facie sua desecto sarcire compellitur."

23 [1]His cognitis animum meum conmasculo et ilico accedens praeconem: "Clamare", inquam, "iam desine. [2]Adest custos paratus, cedo praemium."

"Mille", inquit, "nummum deponentur tibi. [3]Sed heus iuuenis, caue diligenter principum ciuitatis filii cadauer a malis Harpyis probe custodias."

[4]"Ineptias", inquam, "mihi narras et nugas meras. Vides hominem ferreum et insomnem, certe perspicaciorem ipso Lynceo uel Argo et oculeum totum."

H 44

[5]Vix finieram et ilico me perducit ad domum quampiam, cuius ipsis foribus obseptis per quandam breuem posticulam intro uocat me et conclaue quoddam <*reserans*> obseratis luminibus umbrosum demonstrat matronam flebilem fusca ueste contectam, [6]quam prop<*t*>er adsistens: "Hic", inquit, "auctoratus ad custodiam mariti tui fidenter accessit." [7]At illa crinibus antependulis hinc inde di*m*otis etiam in maerore luculentam proferens faciem meque respectans: "Vide oro", inquit, "quam expergite munus obeas."

[8]"Sine cura sis", inquam, "modo corollarium idoneum compara."

24 [1]Sic placito oc*ius* surrexit et ad aliud me cubiculum inducit. [2]Ibi corpus splendentibus linteis coopertum introductis quibusdam septem testibus manu reuelat et diutine <*in*>super fleto obtestata fidem praesentium singula demonstrat anxie, uerba concepta de industria quodam tabulis praenotante. [3]"Ecce", inquit, "nasus integer, incolumes oculi, saluae aures, inlibatae labiae, mentum solidum. Vos in hanc rem, boni Quirites, testimonium perhibetote", et cum dicto consignatis illis tabulis facessit.

[4]At ego: "Iube", inquam, "domina, cuncta quae sunt usui necessaria nobis exhiberi."

[5]"At quae", inquit, "ista sunt?"

H 45

"Lucerna", aio, "praegrandis et oleum ad lucem luci sufficiens et calida cum oenophoris et calice cenarumque reliquiis discus ornatus."

[6]Tunc illa capite quassanti: "Abi", inquit, "fatue, qui in domo funesta cenas et partes requiris, in qua totiug*is* iam diebus ne fumus quidem uisus est ullus. [7]An istic comisatum te uenisse credis? Quin sumis potius loco congruentes luctus et lacrimas?" [8]Haec simul dicens respexit ancillulam et: "Myrrh*i*ne", inquit,

"lucernam et oleum trade confestim et incluso custode cubiculo protinus facesse."

25   [1]Sic desolatus ad cadaueris solacium perfrictis <o>culis et obarmatis ad uigilias animum meum permulcebam cantationibus, [2]cum ecce crepusculum et nox prouecta et nox altior et dein concubia altiora et iam nox intempesta. [3]Mihique oppido formido cumulatior quidem, cum repente introrepens mustela contra me constitit optutumque acerrimum in me destituit, ut tantillula animalis prae nimia sui fiducia mihi turbarit animum. [4]Denique sic ad illam: "Quin abis", inquam, "inpurata bestia, teque ac tui similes musculos recondis, antequam nostri uim praesentariam experiaris? Quin abis?"

    [5]Terga uortit et cubiculo protinus exterminatur. Nec mora cum me somnus profundus in imum barathrum repente demergit, ut ne deus quidem Delficus ipse facile discerneret duobus nobis iacentibus, quis esset magis mortuus. [6]Sic inanimis et indigens alio custode paene ibi non eram.

    H 46

26   [1]Commodum noctis indutias cantus perstrepebat cristatae cohortis. [2]Tandem expergitus et nimio pauore perterritus cadauer accur<r>o et a<m>moto lumine reuelataque eius facie rimabar singula, quae cuncta conuenerant. [3]Ecce uxor misella flens cum <h>esternis testibus introrumpit anxia et statim corpori superruens multumque ac diu deosculata sub arbitrio luminis recognoscit omnia. [4]Et conuersa Philodespotum requirit actorem, ei praecipit, bono custodi redderet sine mora praemium. Et oblato statim: "Summas", inquit, "tibi, iuuenis, gratias agimus et Hercules ob sedulum istud ministerium inter ceteros familiares dehinc numerabimus."

    [5]Ad haec ego insperato lucro diffusus in gaudium et in aureos refulgentes, quos identidem manu mea uentilabam, attonitus: "Immo", inquam, "domina, de famulis tuis unum putato, et quotiens operam nostram desiderabis, fidenter impera."

    [6]Vix effatum me statim familiares omnes nefarium exsecrati raptis cuiusque modi telis insecuntur; [7]pugnis ille malas offendere, scapulas alius cubitis inpingere, palmis infestis hic latera suffodere, calcibus insultare, capillo<s> distrahere, uestem discindere. [8]Sic in modum superbi iuuenis A[d]oni uel Musici uatis Piplei[is] laceratus atque discerptus domo proturbor.

    H 47

27   [1]Ac dum in proxima platea refouens animum infausti atque in-prouidi sermonis mei sero reminiscor dignumque me pluribus etiam uerberibus fuisse merito consentio, [2]ecce iam ultimum defletus atque conclamatus processerat mortuus rituque patrio, utpote unus de optimatibus, pompa funeris publici ductabat<ur> per forum. [3]Occurrit atratus quidam maestus in lacrimis genialem

canitiem reuellens senex et manibus ambabus inuadens torum uoce contenta quidem, sed adsiduis singultibus impedita. [4]"Per fidem uestram", inquit, "Quirites, per pietatem publicam perempto ciui subsistite et extremum facinus in nefariam scelestamque istam feminam seueriter uindicate. [5]Haec enim nec ullus alius miserum adulescentem, sororis meae filium, in adulteri gratiam et ob praedam hereditariam extinxit ueneno." [6]Sic ille senior lamentabiles questus singulis instrepebat. Saeuire uulgus interdum et facti uerisimilitudine ad criminis credulitatem impelli. [7]Conclamant ignem, requirunt saxa, paruulos ad exitium mulieris hortantur. Emeditatis ad haec illa fletibus quamque sanctissime poterat adiurans cuncta numina tantum scelus abnuebat.

H 48

28   [1]Ergo igitur senex ille: "Veritatis arbitrium in diuinam prouidentiam reponamus. Zatchlas adest Aegyptius propheta primarius, qui mecum iam dudum grandi praemio pepigit reducere paulisper ab inferis spiritum corpusque istud postliminio mortis animare" [2]et cum dicto iuuenem quempiam linteis amiculis iniectum pedesque palmeis baxeis inductum et adusque deraso capite producit in medium. [3]Huius diu manus deosculatus et ipsa genua contingens: "Miserere", ait, "sacerdos, miserere per caelestia sidera, per inferna numina, per naturalia elementa, per nocturna silentia et ad*operta* *C*optitica et per incrementa Nilotica et arcana Memfitica et sistra Fariaca. [4]Da breuem solis usuram et in aeternum conditis oculis modica<*m*> lucem infunde. [5]Non obnitimur nec terrae rem suam denegamus, sed ad ultionis solacium exiguum uitae spatium deprecamur."

[6]Propheta sic propitiatus herbulam quampiam ob os corporis et aliam pectori eius imponit. [7]Tunc orientem obuersus incrementa solis augusti tacitus imprecatus uenerabilis scaenae facie[s] studia praesentium ad miraculum tantum certatim adrexit.

29   [1]Immito me turbae socium et pone ipsum lectulum editiorem quendam lapidem insistens cuncta curiosis oculis arbitrabar. [2]Iam tumore pectus extolli, iam salubris uena pulsari, iam spiritu corpus impleri: et adsurgit cadauer et profatur adulescens. [3]"Quid, oro, me post Lethaea pocula iam S*t*ygiis paludibus innatantem ad momentariae uitae reducitis o<*f*>ficia? Desine iam, precor, desine ac me in meam quietem permitte."

H 49

[4]Haec audita uox de corpore, sed aliquanto propheta commotior: "Quin refers", ait, "populo singula tuaeque mortis illuminas arcana? An non putas deuotionibus meis posse Diras inuocari, posse tibi membra lassa torqueri?"

[5]Suscipit ille de lectulo et imo *cum qu*estu populum sic adorat: "Malis nouae nuptae peremptus artibus et addictus noxio poculo torum tepente<*m*> adultero mancipaui."

[6]Tunc uxor egregia capit praesentem audaciam et mente sacrilega coarguenti marito resistens altercat. Popul*us* aestuat, diuersa tendentes, hi[i] pessimam feminam uiuentem statim cum corpore mariti sepeliendam, alii mendacio cadaueris fidem non habendam.

30   [1]Sed hanc cunctationem sequens adulescentis sermo distinxit; nam rursus altius ingemescens: "Dabo", inquit, "dabo uobis intemeratae ueritatis documenta perlucid*a et* quod prorsus alius nemo cogno<*rit uel o*>minarit indicabo." [2]Tunc digito me demonstrans: "Nam cum corporis mei custos hic sagacissimus exertam mihi teneret uigiliam, cantatrices anus exu*u*iis meis inminentes atque ob id reformatae frustra saepius cum industriam sedulam eius fallere nequiui*s*sent [3]postremum iniecta somni nebula eoque in profundam quietem sepulto me nomine ciere non prius desierunt, quam dum hebetes artus et membra frigida pigris conatibus ad artis magicae nituntur obsequia. [4]Hic utpote uiuus quidem, sed tantum sopore mortuus, quod eodem mecum uocabulo nuncupatur, ad suum nomen ignarus exsurgit [5]et in exanimis umbrae modum ultroneus gradiens, quamquam foribus cubiculi diligenter obclusis, per quoddam foramen prosectis naso prius ac mox auribus uicariam pro me lanienam suscitauit. [6]Utque fallaciae reliqua conuenissent, ceram in modum prosectarum formatam aurium ei adplicant examussim nasoque ipsius similem comparant. Et nunc adsistit miser hic praemium non industriae, sed debilitationis consecutus."

    [7]His dictis perterritus temptare for*m*am adgredior. Iniecta manu nasum prehendo: sequitur; aures pertracto: deruunt. [8]Ac dum directis digitis et detortis nutibus praesentium denotor, dum risus ebullit, inter pedes circumstantium frigido sudore defluens euado. [9]Nec postea debilis ac sic ridiculus Lari me patrio reddere potui, sed capillis hinc inde laterum deiectis aurium uulnera celaui, nasi uero dedecus linteolo isto pressim adglutinato decenter obtexi.'

31   [1]Cum primum Thelyphron hanc fabulam posuit, conpotores uino madidi rursum cachinnum integrant. Dumque bibere solita Ri*sui* postulant, sic ad me Byrrhena:

    [2]'Sollemnis', inquit, 'dies a primis cunabulis huius urbis conditus crastinus aduenit, quo die soli mortalium sanctissimum deum Risum hilaro atque gaudiali ritu propitiamus. Hunc tua praesentia nobis efficies gratiorem. [3]Atque utinam aliquid de proprio lepore laetificum honorando deo comminiscaris, quo magis pleniusque tanto numini litemus.'

    'Bene', inquam, 'et fiet ut iubes. Et uellem Hercules materiam repperire aliquam, quam deus tantus affluenter indueret.' [4]Post haec monitu famuli mei, qui noctis admonebat, iam et ipse crapula

H 50

H 51

49

distentus, protinus exsurgo et appellata pro[s]pere Byrrena titubante uestigio domuitionem capesso.

32 [1]Sed cum primam plateam uadimus uento repentino lumen quo nitebamur extinguitur, ut uix inprouidae noctis caligine liberati digitis pedum detunsis ob lapides hospitium defessi rediremus. [2]Dumque iam iunctim proximamus, ecce tres quidam uegetes et uastulis corporibus fores nostras ex summis uiribus inruentes ac ne praesentia quidem nostra tantillum conterriti, [3]sed magis cum aemulatione uirium crebrius insultantes, ut nobis ac mihi potissimum non immerito latrones esse et quidem saeuissimi uiderentur. [4]Statim denique gladium, quem ueste mea contectum ad hos usus extuleram, sinu liberatum adripio. [5]Nec cunctatus medios latrones inuolo ac singulis, ut quemque conluctantem offenderam, altissime demergo, [6]quoad tandem ante ipsa uestigia mea uastis et crebris perforati uulneribus spiritus efflauerint. [7]Sic proeliatus, iam tumultu eo Fotide suscitata, patefactis aedibus anhelans et sudore perlutus inrepo meque statim utpote pugna <t>rium latronum in uicem Geryoneae caedis fatigatum, lecto simul et somno tradidi.

H 52

CHAPITRE I

À la poursuite des arts magiques.

Le premier chapitre établit une transition entre les livres 1 et 2 et ouvre une nouvelle page dans les aventures de Lucius. La transition est illustrée par le réveil de Lucius après une nuit de sommeil (cf. 1, 26: 24, 15 *optatae me quieti reddidi*); l'ouverture d'une nouvelle section est marquée par la description du lever du jour (voir *infra* notice initiale). Sur le soigneux découpage des livres dans les *Met.* attribuable à Apulée et l'usage de l'alternance nuit/jour, voir Junghanns 1932, 126 s. et note 13; Scobie 1978, 50 et 56; *GCA* 1985, 1 s.; Dowden 1993, 92.[1] Selon une technique narrative mise en oeuvre ailleurs dans les *Met.* (livres 3, 7, 8, 10 et 11), le premier chapitre fait allusion à un événement narré précédemment: la mésaventure d'Aristomène avec deux sorcières meurtrières (1, 5-19). De même que la division en livres, la reprise d'éléments narrés antérieurement s'explique peut-être en relation avec une lecture publique du roman en plusieurs étapes. Il ne s'agit pas chez Apulée de véritables résumés, tels ceux que l'on trouve dans le roman de Chariton, mais d'allusions ou de brèves analepses (pour ce terme, voir Introd. 2.1.1.2). Sur la question de l'éventuelle fonction récapitulative des chapitres initiaux à l'attention d'un cercle d'auditeurs, voir *GCA* 2000, 51, qui renvoie à Wesseling 1988, 71 et Reardon 1991, 72. Voir aussi Hägg 1971, 327 ss.; Billault 1991, 77 ss.; Fusillo 1996. L'allusion à Aristomène a pour fonction de mettre au premier plan le thème de la magie déjà introduit par ce récit enchâssé et la fascination que cet art exerce sur Lucius. Dans ce premier chapitre décrivant les explorations du héros, sont illustrés de manière emblématique les thèmes majeurs du livre 2 et des livres suivants: métamorphose, curiosité insatiable pour le surnaturel et crédulité du héros.

Ut primum nocte discussa sol nouus diem fecit et somno simul emersus et lectulo, anxius alioquin et nimis cupidus cognoscendi quae rara miraque sunt, reputansque me media Thessaliae loca tenere quo artis magicae natiua cantamina totius orbis consono ore celebrentur fabulamque illam optimi comitis Aristomenis de situ ciuitatis huius exortam, suspensus alioquin et uoto simul et studio, curiose singula considerabam ...: **24, 17-24** Dès que la nuit se dissipa et qu'un nouveau soleil amena le jour, j'émergeai de mon sommeil en même temps que de ma modeste couche. Toujours impatient et follement curieux de découvrir des faits rares et merveilleux, je songeais que je me trouvais en pleine Thessalie, berceau des incantations magiques que célèbre d'une seule voix la terre entière, et à la pensée que l'histoire de mon excellent compagnon Aristomène avait com-

---

[1] La division en chapitres est de Hildebrand (1842).

mencé dans cette ville même, soulevé à la fois de désir et d'ardeur, j'examinais chaque chose avec une curiosité attentive.

En dépit de la ponctuation moderne qui imprime un point après *considerabam* et fait débuter une seconde phrase par *nec fuit* (ligne 24), il est possible que ce premier chapitre ne formait originellement qu'une seule phrase, dont les prédicats étaient reliés par *nec* et *sed* (ligne 25). Une telle construction épouse le contenu de la phrase, en soulignant l'impatience et la précipitation de Lucius (noter aussi l'absence de tout verbe de mouvement).

Tout comme les livres 3, 4, 6, 7, 8, 10 et 11, le livre 2 s'ouvre avec une indication temporelle qui a moins pour fonction de marquer le temps objectif que d'introduire à un nouvel épisode (Gülich 1976, 246 ss. nomme de telles indications des «Episodenmerkmale»). Outre les ouvertures des livres 2, 3 et 7, on trouve dans les *Met.* d'autres descriptions du lever du jour reflétant le début d'une nouvelle section ou marquant un tournant dans l'histoire: cf. e.g. 1, 18 (16, 7 s.); 2, 26 (46, 7 s.); 9, 28 (224, 9); 11, 7 (271, 14 s.) Il s'agit le plus souvent de périphrases évoquant un intertexte épique et d'intention parodique; voir Van der Paardt 1971, 23 ad 3, 1 (52, 6 ss.); Van Thiel 1971, 15, note 40; Westerbrink 1978, 65 s. Cf. surtout 7, 1 (154, 5 s.) *ut primum tenebris abiectis dies inalbebat et candidum solis curriculum cuncta conlustrabat*, où on observe un rythme poétique comparable à notre passage: les quatre premiers mots y forment les quatre premiers pieds d'un hexamètre dactylique (voir *GCA* 1981, 80 ad loc.). Bien qu'elle soit empreinte de réminiscences poétiques et truffée d'expressions rares (voir *infra*), la description du lever du jour au seuil du second livre est moins pompeuse qu'aux ouvertures des livres 3 et 7 et forme un contraste stylistique moins marqué avec le contexte dans lequel elle est insérée (voir cependant *infra* s.v. *lectulo*). Le chapitre s'ouvre comme il se referme, avec la mention du soleil levant (ligne 17: *sol nouus* et 25, 6: *iubaris orbe*).

Cette description poétique du lever du jour est absente de l'*Onos*. L'ouverture de la seconde journée dans les aventures de Loukios/Lucius est moins incisive dans l'épitomé, qui, avant de laisser le héros partir à la découverte de la ville, insère un dialogue entre lui et son hôte Hipparque. Le second livre des *Met.* débute de but en blanc avec les explorations de Lucius dans les rues d'Hypata: voir *infra* s.v. *anxius ... sunt*. Sur ces divergences et l'absence de toute description de l'état psychologique de Loukios dans l'épitomé, voir Junghanns 1932, 29 ss.; Sandy 1997, 238; comm. ad 2, 2 (25, 8 ss.: notice initiale).

Gianotti 1986, 78 note 2 établit un parallèle entre cette description d'Hypata et le passage décrivant l'éveil de Lucius après qu'Isis s'est révélée à lui: cf. 11, 7 (271, 10 ss.), où le lever de Lucius s'accompagne du lever du jour et où le paysage est transfiguré selon les attentes du héros (dans une atmosphère de joie).

Pour cette description de l'excitation de Lucius découvrant Hypata, comparer Pétrarque, *Fam.* 1, 4, 4 *Pariseorum ciuitatem ... introii non aliter animo affectus quam olim Thesalie ciuitatem Ypatham dum lustrat, Apuleius. Ita enim solicito stupore suspensus et cuncta circumspiciens, uidendi cupidus explorandique uera ne an ficta essent que de illa ciuitate audieram, non paruum in ea tempus*

52

absumpsi, et quotiens operi lux defuit, noctem superaddidi (sur l'influence d'Apulée sur Pétrarque, voir Costanza 1938, 61 ss.; Billanovich 1953).

Ut primum - fecit: cf. Verg. *Aen.* 12, 669 *ut primum discussae umbrae et lux reddita menti.*

nocte discussa: l'image est poétique: cf. e.g. Sen. *Herc. f.* 50; Lucan. 5, 700 s. *talia iactantes discussa nocte serenus / oppressit cum sole dies*, etc. Ailleurs dans les *Met., discutere* est employé de manière moins poétique avec des mots désignant la fatigue, le sommeil, l'ivresse ou la crainte: cf. e.g. 4, 21 (90, 11) *timore discusso* avec *GCA* 1977, 157 ad loc. et 10, 11 (245, 8) *sopore discusso* avec *GCA* 2000, 183 ad loc.

sol ... diem fecit: «le soleil engendra le jour» ou «la lumière du jour», comme au livre 5, 1 (104, 6 ss.) *totique parietes ... coruscant, ut diem suum sibi domus facia[n]t licet sole nolente*. L'emploi de *facere* avec *dies* pour désigner l'aube est confiné à ces deux passages d'Apulée et à Sen. *Phoen.* 87 *Hesperus faciet diem.* La combinaison est plus fréquente avec les composés du verbe (cf. e.g. avec *efficere* Cic. *nat. deor.* 2, 95; avec *conficere, ibid.* 2, 102). Bernhard 1927, 119 note que l'emploi d'un *uerbum simplex* est un trait poétique dont on ne trouve que peu d'exemples chez Apulée.

sol nouus: la combinaison est poétique; cf. Verg. *georg.* 1, 288; Sen. *Herc. f.* 147 et Val. Fl. 2, 441. Cf. encore Sil. 6, 3 *nouo Phaëthonte*; Stat. *Theb.* 7, 472 *nouo Titane*. Les mots *sol nouus* répondent à l'état d'esprit actuel de Lucius qui, mis en alerte par le récit d'Aristomène, regarde tout autour de lui «sous un jour nouveau», transfigurant la réalité selon ses désirs.

et somno ... et lectulo: le lever du jour s'accompagne du lever du héros: cf. e.g. Hom. *Od.* 2, 1 ss.; 8, 1 ss.; 17, 1 ss.; Verg. *Aen.* 1, 305 ss.; cf. encore Apul. *met.* 3, 1 (52, 6 ss); 11, 7 (271, 10 ss., cité *supra* dans la notice initiale). Le livre 2 forme une boucle parfaite, puisqu'il s'achève la nuit, avec le coucher du héros fatigué: *lecto simul et somno tradidi* (2, 32: 52, 3 s.); voir Introd. 1.3. Le polysyndète et la construction chiastique renforcent l'humour du zeugma. Cette figure traduit la hâte de Lucius, impatient de découvrir les arts magiques (cf. comm. ad ligne 17 s.). Pour d'autres exemples de zeugmas dans les *Met.*, voir Kretschmann 1865, 22, dont la liste (pourtant incomplète) dément l'affirmation de Bernhard 1927, 161 s. selon lequel Apulée, par souci de clarté, évite cette tournure. Comparer pour notre passage Plin. *nat.* 28, 54 *somno sibi mederi aut lectulo.*

somno ... emersus: l'expression apparaît pour la première fois chez Apulée. Cf. ensuite Tert. *anim.* 53, 6 *(anima) ut de somnio emergens ab imaginibus ad ueritates* (selon Waszink 546 ad loc., derrière cet emploi du verbe *emergere* se cache la conception de l'*emersio de lauacro baptismi*) et Aug. *epist.* 93, 2 *ut tamquam de somno lethargico emergerent* (*ThLL* s.v. emergo 477, 47 s.). Pour une autre combinaison singulière, cf. 9, 41 (234, 19 s.) *uelut emersus ... crapula*, avec *GCA* 1995, 339 ad loc.

lectulo: selon Abate 1978, 57, *lectulus* n'est plus revêtu dans les *Met.* de sa force diminutive. L'auteur reconnaît cependant (p. 54 et 71) qu'un diminutif peut parfois être employé pour sa valeur originelle (cf. dans un contexte érotique 2, 6:

53

30, 7 et 2, 7: 31, 10). Aux yeux de Lucius, influencé dans son jugement par les dires d'une hôtelière (cf. 1, 21: 19, 10 ss.), tout dans la maison de Milon semble d'abord misérable (cf. 1, 22: 20, 17 s. *exiguo admodum grabattulo*; 1, 23: 21, 11 *breuitatem gurgustioli*). Aussi est-il probable que *lectulus* possède ici une force minorative, tout comme en 3, 13 (61, 19). Dans un tout autre contexte, de tonalité héroïque, Lucius mentionne le même lit sans employer le diminutif dépréciatif: cf. 2, 32 (52, 3). Pour une argumentation détaillée, voir Van Mal-Maeder 1995, 110 ss. Dans notre passage, la connotation familière du diminutif *lectulus* contraste avec le ton élevé de la phrase et avec la recherche de tournures rares (*supra*).

anxius - sunt: l'impatiente curiosité de Lucius est mentionnée au début et à la fin de cette première phrase, la première fois comme étant un trait de caractère général, la seconde comme résultant de la fascination qu'exerce sur lui la magie (*infra* ligne 23 s.). Elle est soulignée par le polysyndète et par l'absence d'un verbe marquant le déplacement de l'intérieur de la maison de Milon à l'extérieur. Tout se passe comme si Lucius se trouve dès son réveil au beau milieu de la rue. Un tel effet est absent de l'*Onos* (voir notice initiale). Lucius reconnaît volontiers tout au long du récit que la curiosité n'est pas son moindre défaut, ni la patience sa plus grande qualité: voir les parallèles cités par Hijmans in *GCA* 1995 (Appendix III), 364 ss.; cf. 2, 6 (29, 15); Introd. 5.2.

anxius alioquin et nimis cupidus: l'une des tournures favorites d'Apulée, dans laquelle deux adjectifs (ou plus) sont reliés par *alioquin*. Cette construction est volontiers utilisée pour dépeindre en deux coups de pinceau le caractère ou l'état d'esprit d'un être humain ou animal, plus rarement pour décrire une apparence physique: cf. e.g. 1, 16 (15, 7) *putris alioquin et uetus funis*; 2, 7 (31, 6); 4, 9 (81, 16 ss.) *Chryseros quidam ... pannosus alioquin ac sordidus*. Plus loin dans notre livre, Lucius utilise cette même formule pour dévoiler deux autres traits de sa personnalité: cf. 2, 16 (38, 5), avec comm. ad loc. On peut hésiter à voir dans de telles caractérisations le point de vue de Lucius-narrateur («je-narrant»: voir Introd. 2.2), qui émettrait certains jugements en fonction de son savoir «d'après coup», ou celui de Lucius-acteur («je-narré») dans le temps de l'histoire. Ici, l'évaluation est celle de Lucius-acteur qui se sait curieux; voir s.v. *nimis cupidus*. Pour un cas d'évaluation attribuable à Lucius-narrateur, voir comm. ad 2, 6 (29, 19 s. *uecors animi*); *GCA* 1995, 135 ad 9, 14 (213, 9 s.) *bonus alioquin uir et adprime modestus*.

anxius: «tourmenté par l'impatience» plutôt qu'«anxieux». Le mot apparaît souvent lié à un état de curiosité extrême: cf. 9, 12 (211, 29 s.) *familiari curiositate attonitus et satis anxius*, avec *GCA* 1995, 117 s. ad loc. et 364; 11, 23 (285, 8 s.) *quaeras forsitan satis anxie, studiose lector, quid deinde dictum, quid factum*. Cf. aussi à propos de l'initiation de Lucius aux mystères d'Isis 11, 20 (281, 23 s.) et 11, 21 (282, 19 ss.), avec Fredouille 1975, 98 et 101 ad loc. Loin de se départir de sa curiosité caractérielle après son anamorphose (voir sur ce point Hijmans in *GCA* 1995 [Appendix III], 372 ss.), Lucius ressent pour les mystères d'Isis auxquels il souhaite ardemment être initié la même attraction que pour les pratiques magiques.

nimis cupidus: Callebat 1968, 536 accorde à cette occurrence de l'adverbe *nimis* une valeur superlative: «désireux au plus haut point» (= *ualde*). Un «lecteur second» (pour cette notion, voir Introd. 2.2) pourrait être tenté de voir dans cet adverbe un commentaire du «je-narrant», qui, faisant usage de son savoir «d'après coup», condamne cette curiosité responsable de sa métamorphose (cf. le discours du prêtre d'Isis au livre 11, 15: 277, 9 s. révélant à Lucius: *curiositatis inprosperae sinistrum praemium reportasti*). *Nimis* serait alors à prendre au sens de «trop», «excessivement», cf. les traductions de Helm-Krenkel: «Ich war im übrigen ängstlich und doch nur zu begierig ...» et de Hanson: «With my anxiety and my excessive passion to learn ...». Cependant, Hijmans in *GCA* 1995 (Appendix III), 384 ss. montre que le concept de la curiosité est loin d'être présenté de façon systématiquement négative dans les *Met.*; seule une curiosité non contrôlée par la *prudentia* est condamnée. On peut parfois hésiter sur le sens exact du mot *nimis* (cf. 9, 7: 207, 15; *apol.* 73: 82, 1; *Socr. prol.* 4: 4, 18), mais on ne relève chez Apulée aucune occurrence de *nimis* signifiant en toute certitude «trop». Dans ma traduction («follement»), j'ai cherché à respecter l'ambiguïté du mot.

rara miraque: ces mots renvoient à un motif récurrent du roman (l'étonnant, l'extraordinaire), caractéristique de l'époque où le roman fut écrit: voir *GCA* 2000, 225 ad 10, 15 (248, 16 ss.), un passage où Lucius-âne est lui-même présenté comme un *mirum*, un objet de curiosité.

me - celebrentur: l'accumulation des expressions poétiques accentue le ton emphatique de la phrase. Dans l'Antiquité, la Thessalie était autant réputée pour être le pays des arts magiques que celui des chevaux, comme en témoigne une épigramme de l'*Anth. Graec.* 11, 259. Cette réputation de terre de magie relève plus du *topos* littéraire que de la réalité: voir Cazeaux 1979; comm. ad 2, 5 (29, 1 et 2) s.v. *maga* et s.v. *creditur*.

me ... loca tenere: on peut hésiter à prendre *me* comme sujet du verbe *tenere* ou comme objet. *Loca tenere* dans le sens vague de «se trouver dans un endroit» se rencontre chez Verg. *Aen.* 6, 434 *proxima deinde tenent maesti loca* et 6, 761. Mais le sujet du verbe pourrait aussi être *media Thessaliae loca*: cf. Tib. 2, 3, 1 *rura meam, Cornute, tenent villaeque puellam*; Ov. *ars* 2, 419 s. *sed dea ... quam tenet altus Eryx*; Sen. *Herc. O.* 1959 s. *cur te, cur ultima / non tenuere tuas umbras loca? Tenere* signifierait alors «retenir», «captiver», un sens qui convient à l'état d'esprit actuel de Lucius (notre passage est cité par *OLD* s.v. *tenere* 4 «to have within itself, hold, contain»). L'ambiguïté est difficilement traduisible en français.

media Thessaliae loca: expression hyperbolique («au beau milieu de la Thessalie»). Hypata se situait sur le versant nord de l'Oeta, non loin de la frontière avec l'Etolie.

quo: Helm, Robertson et Brandt-Ehlers (et de Jonge 1941, 17) corrigent cette leçon de F par *qua*, comme aussi en 4, 6 (79, 11); voir *contra GCA* 1977, 61 s. ad loc. et Augello 1977, 38 s. *Quo* est fréquemment utilisé dans les *Met.* à la place de *ubi*: cf. e.g. 5, 7 (108, 9); 6, 21 (144, 15); 9, 23 (220, 15); ETh 112 ss. et LHSz 2, 277. Noter la brachylogie (que n'apprécie pas de Jonge 1941, 16 s. ad loc.: «Tota sententia parum accurata est»): du point de vue du sens, *quo* se rapporte à *natiua* (les chants magiques ne sont pas célébrés par la terre entière en Thessalie, ils sont issus de Thessalie et célébrés par la terre entière).

cantamina: = *carmina*. Ce mot, employé encore en 2, 22 (43, 18) et dans l'*apol.* 26 (31, 6), 40 (46, 19), 43 (50, 26), 84 (93, 5) et 102 (113, 7), est attesté avant Apulée chez Prop. 4, 4, 51 *o! utinam magicae nossem cantamina Musae!*: voir Fedeli 146 s. ad loc. et Tränkle 1960, 61, pour qui il s'agit d'un mot poétique; ainsi aussi Callebat 1994, 1650; Hunink 1997, 90. Toutefois, en dehors de Properce, le mot n'apparaît en poésie que chez Prud. *perist.* 13, 23 et *c. Symm.* 2, 176. On le rencontre par contre encore dans le *Cod. Theod.* 9, 16, 6, dans un passage traitant des châtiments réservés aux magiciens et devins. Les incantations sont un rituel topique des opérations magiques: cf. *infra* ligne 26; 2, 5 (29, 1 s.); 2, 22 (43, 18); 3, 18 (65, 10) et *apol.* 47; Verg. *Aen.* 4, 487 ss.; Tib. 1, 2, 44; Hor. *epod.* 5, 45; Ov. *met.* 7, 253; 14, 357, etc.

consono ore: cf. 4, 34 (102, 7) *cum ... celebrarent ... cum ... ore consono nuncuparent*. La combinaison est attestée pour la première fois chez Apulée, qui l'utilise en alternance avec *consona uoce*: cf. e.g. 10, 16 (249, 21 s.) avec GCA 2000, 239 ad loc. *Consono ore* apparaît ensuite chez les auteurs chrétiens (voir *ThLL* s.v. *consonus* 484, 43 ss.), qui s'adonnent aussi volontiers au jeu des assonances et des allitérations: cf. e.g. Hier. *epist.* 22, 41 *consono ore cantabunt*; Ven. Fort. *vita Leob.* 14, 45 *alacri corde ... consono ore et concordi uoto conclamare coeperunt*.

celebrentur: Leky 1908, 54, puis Médan 1925, 16 et de Jonge 1941, 16 reprochent à Apulée de ne pas respecter la concordance des temps, citant notamment cette phrase en exemple. Mais les exceptions à cette règle sont présentes dans tout la latinité; voir LHSz 2, 550 ss.; ETh 410 ss., qui signale (p. 411 s.) qu'une principale au passé peut être accompagnée d'une proposition subordonnée au présent notamment lorsque celle-ci exprime une vérité d'expérience (ainsi aussi Callebat 1968, 351); KSt 2, 195 sur les cas d'attraction temporelle, où une subordonnée s'accorde avec une subordonnée intermédiaire (*reputans ... me ... loca tenere*). Quant au subjonctif *celebrentur*, il s'explique peut-être par un phénomène d'attraction modale, la proposition relative dépendant d'une infinitive (voir KSt 2, 2, 205 et les réserves de ETh 406).

fabulamque - Aristomenis: il s'agit du premier récit enchâssé que contient le roman: cf. 1, 5 ss. (4, 17 ss.). Sur cette référence à un épisode du livre précédent, voir notice introductive.

fabulam: le mot *fabula* apparaît à quatre reprises dans le livre précédent à propos de l'aventure narrée par Aristomène. Lucius l'utilise une première fois dans une tirade où il s'avoue prêt à tout croire, même à l'impossible (cf. 1, 4: 4, 13), et une seconde fois à la fin du récit d'Aristomène (1, 20: 18, 27). *Fabula* est employé pour ce même récit par le troisième compagnon de route (1, 20: 18, 18 et 21), qui est au scepticisme ce que Lucius est à la crédulité. Dans sa bouche, *fa-*

bula équivaut à «affabulation». Le mot revêt donc différents sens et nuances selon le contexte et la personne qui s'en sert. Pour Lucius, une *fabula* n'est pas synonyme de mensonges. Le terme désigne chez lui soit un récit, soit une histoire ou un événement (pour la distinction entre «récit» et «histoire», voir Introd. 2.1): un récit, fait par un narrateur second et rapporté au discours direct, tels ceux d'Aristomène ou de Thélyphron (2, 20: 42, 2; 2, 31: 50, 20), ou tel le conte d'Amour et Psyché qualifié en 6, 25 (147, 5 s.) de *tam bel<l>am fabellam*; une histoire, dont Lucius a entendu parler et qu'il rapporte au discours indirect, ou un événement auquel il a assisté sans y prendre vraiment part (e.g. 9, 4: 205, 24; 9, 14: 213, 6 ss.; 10, 23: 254, 22; 10, 2: 237, 12 s. *scito te tragoediam, non fabulam legere*, avec *GCA* 2000, 69 ad loc. sur cette occurrence de *fabula* faisant référence au théâtre). Toutes les *fabulae* rapportées par Lucius - y compris celles qui, telle l'aventure d'Aristomène, se terminent de manière horrible - sont pour lui une source de plaisir et de divertissement; voir *infra* s.v. *optimi*; Introd. 4 et 5.4. Comparer pour ce lien entre *fabula* et plaisir Ach. Tat. 1, 2, 2, où μῦθος est associé au plaisir (de l'auditeur) et aux souffrances du héros. Sur la question du récit véridique vs. récit mensonger, voir encore comm. ad 2, 12 (35, 10) *historiam magnam et incredundam fabulam*.

illam: *ille* est fréquemment utilisé dans les *Met.* comme anaphorique pour désigner un personnage, un objet ou un fait déjà mentionnés dans le récit: cf. e.g. 1, 19 (17, 10 et 18, 6) *nocturnas ... Furias illas* et *illa spongia* (épisode narré aux chap. 11 à 14); 3, 21 (68, 1 s.) *ad illud superius cubiculum* (décrit en 3, 17: 64, 26 ss.; voir Van der Paardt 1971, 158 ad loc.).

optimi: des quelques personnages gratifiés par le narrateur premier d'un qualificatif sincèrement positif (l'emploi par antiphrase est beaucoup plus fréquent, cf. comm. ad 2, 14: 36, 10), Aristomène est le seul qui se voit qualifier d'*optimus* (en 1, 21: 19, 14 *parens optima*, il s'agit d'une formule de politesse). L'explication de ce traitement de faveur se trouve au livre 1, 20 (18, 26 ss.): *gratas gratias memini, quod lepidae fabulae festiuitate nos auocauit*; voir *supra* s.v. *fabulam*.

de situ - exortam: tournure périphrastique et hyperbolique pour désigner Hypata. De Jonge 1941, 17 paraphrase: «de hac civitate», avançant comme parallèle *Act. purg. Fel.* 28b (*CSEL* 26, p. 203) *nam ad Mauritaniae situm non nisi per Numidias pergitur*. Mais *situm* y possède un autre sens, celui de «région» (*OLD* s.v. 3b). L'histoire d'Aristomène débute bel et bien, selon ses propres dires, à Hypata (cf. 1, 5: 4, 21 s. *ibidem* [*Hypatae*: 1, 5: 5, 5 s.] *passim per ora populi sermo iactetur, quae palam gesta sunt*). L'aventure de Socrate, dont on trouve le récit enchâssé dans celui d'Aristomène, est pourtant située à Larissa, où la magicienne Méroé exerce aussi ses méfaits (cf. 1, 7: 7, 5 s. *prius quam Larissam accederem*). Pour d'autres exemples de l'emploi de *de* avec des verbes ordinairement suivis de *ab* ou *ex* ou de l'abl. sans préposition, voir Médan 1926, 66 ss.; Callebat 1968, 199 ss. souligne la place privilégiée qu'occupe *de* dans les *Met.* et sa liberté d'emploi («tendance particulièrement vivante dans la langue contemporaine»). Dans l'*Apol.*, *exoriri* se construit avec l'abl. seul: cf. e.g. 25 (29, 18); 30 (35, 5).

ciuitatis huius: la postposition du démonstratif *hic*, fréquente dans la langue archaïque, est un procédé cher à Apulée: voir Bernhard 1927, 23 et KSt 2, 2, 608.

suspensus - considerabam: cf. *supra* s.v. *anxius - sunt* (ligne 18 s.). Loin d'être refroidie par l'effrayant récit d'Aristomène, la curiosité de Lucius pour la magie s'en trouve exacerbée. Ce qui constituait un avertissement à Lucius de se garder des arts occultes (pour cette interprétation du récit d'Aristomène, voir parmi d'autres Tatum 1969, 498 ss. et 525; Van der Paardt 1978, 83; Schlam 1992, 232), ne fait que précipiter sa chute. Lucius ne comprendra pas plus les autres avertissements qui lui seront donnés: voir comm. ad 2, 5 (28, 11 ss.); 2, 7 (31, 6 ss.).

studio: ce terme, qui fait écho à *anxius* (ligne 18), se retrouve pour exprimer une curiosité pleine d'empressement en 2, 28 (48, 22 s.); 3, 2 (53, 19); 5, 2 (104, 15) *prolectante studio pulcherrimae uisionis rimatur singula*; 8, 6 (181, 8), autant d'exemples où la curiosité est liée à la contemplation d'un spectacle. Cf. aussi 4, 28 (96, 22 s.) *multi denique ciuium ... quos eximii spectaculi rumor studiosa celebritate congregabat*. Sur le thème du spectacle, voir Schlam 1992, 48 ss.; *GCA* 2000, 20 s.; Slater 2002, 110 s.

curiose: «avec attention» et «avec curiosité»: les deux sens se recouvrent ici; cf. aussi 1, 18 (16, 8) *curiose ... arbitrabar* et 10, 29 (260, 18 s.) *curiosos oculos ... spectaculi prospectu ... reficiens*. Hijmans in *GCA* 1995 (Appendix III), 363 ss. donne une analyse étymologique et sémantique du mot *curiosus*.

24, 24-25, 7   ..., nec fuit in illa ciuitate quod aspiciens id esse crederem quod esset sed omnia prorsus ferali murmure in aliam effigiem translata, ut et lapides quos offenderem de homine duratos et aues quas audirem indidem plumatas et arbores quae pomerium ambirent similiter foliatas et fontanos latices de corporibus humanis fluxos crederem; iam statuas et imagines incessuras, parietes locuturos, boues et id genus pecua dicturas praesagium, de ipso uero caelo et iubaris orbe subito uenturum oraculum: Et rien de ce que j'apercevais dans cette ville ne me paraissait être ce qu'il était: absolument tout avait été transformé en une autre apparence par quelque formule infernale. Je croyais de la sorte que les pierres que je heurtais étaient des hommes pétrifiés, les oiseaux que j'entendais, des humains aussi, emplumés, les arbres qui bordaient les murs de la ville, des humains encore, couverts de feuilles, les eaux des fontaines, des corps d'hommes liquéfiés; bientôt les statues et les images allaient se mettre à marcher, les murs à parler, les boeufs et le bétail de cette sorte donneraient des présages et du ciel lui-même et de l'orbe solaire, un oracle tomberait tout à coup.

Le thème de la métamorphose par opération magique, déjà introduit au livre 1, 9 (8, 20 ss.), occupe au seuil du second livre une position en exergue. Il s'agit d'un thème majeur, qui anticipe la métamorphose de Lucius. On le retrouve dans la description de la statue d'Actéon transformé en cerf par Diane (cf. 2, 4: 28, 7 ss.),

58

dans l'énumération des pouvoirs de Pamphilé (2, 5: 29, 9 ss.), ainsi que dans le récit de Thélyphron (2, 22: 43, 14 ss.). Pour Lucius, arts magiques riment avant tout avec métamorphoses (cf. aussi 3, 19: 66, 11 ss. *dominam tuam ... ostende, cum deos inuocat, certe cum reformatur*, avec Van der Paardt 1971, 146 ad loc. sur cette leçon du texte), une équation que la suite de ses aventures ne pourra que confirmer. Alors que dans la littérature antique, les opérations magiques métamorphosent les êtres humains exclusivement en animaux, Lucius croit même voir dans les objets inanimés qu'il rencontre des hommes transformés par enchantement. Ce ne sont pas là des hallucinations, si l'on en croit ce que raconte Byrrhène à propos de Pamphilé (cf. 2, 5: 29, 9 s.). La littérature antique regorge de métamorphoses en roches, en arbres, en sources ou en fleuves, mais elles sont le fait des dieux et relèvent du domaine religieux et mythologique. Ainsi dans les *Met.* d'Ovide, sous-jacentes à ce passage (voir *infra* s.v. *omnia ... translata*), cf. la métamorphose des compagnes d'Ino (4, 551 ss.) et celle de Niobé (6, 146 ss.) pour *lapides ... duratos*; celles de Cornix (2, 581 ss.), des Piérides (5, 298 ss.), de Procné et Philomèle (6, 667 ss.) ou de Perdrix (8, 236 ss.) pour *aues ... plumatas*; l'histoire de Daphné (1, 547 ss.) ou de Leucothoé (4, 237 ss.) pour *arbores ... foliatas*; les métamorphoses de Salmacis (4, 285 ss.), Cyané (5, 409 ss.) ou Aréthuse (5, 572 ss.) pour *fontanos ... fluxos*. La phrase exemplifie en quelque sorte le passage de métamorphoses mythologiques aux métamorphoses magiques. Dans l'esprit de Lucius, les sorcières possèdent les pouvoirs qui sont ceux des dieux de la mythologie (Penwill 1990, 8 note: «(Lucius) is suffering from lurid imagination arising from too literal a reading of Ovid's *Met.*»). Lucius ne ferait en tout cas pas siens ces mots d'Ovide: *in non credendos corpora uersa modos* (*Trist.* 2, 64, à propos de ses *Metamorphoses*). Dans le dernier membre de la phrase, marqué par un *iam* «d'ouverture» (voir *infra*), on observe un glissement du thème de la métamorphose à celui du prodige, en particulier de l'*omen*.

Autre thème majeur de cette phrase, celui de la crédulité de Lucius (mis en relief par deux *crederem*), qui le pousse à prendre ses désirs pour des réalités ou, mieux, à métamorphoser la réalité selon ses désirs (Heine 1962, 217 compare Lucius avec Don Quichote); voir Introd. 5.3.

nec fuit - esset: thème de la réalité opposée aux apparences, un thème central dans les *Met.*: voir Holzberg 1984, 173 ss., qui l'analyse en correspondance avec l'*Onos* et les oeuvres de Lucien; Shumate 1988, 56 ss. et 88; Laird 1997, 61 ss.; Sandy 1997, 238, pour qui cette phrase, absente de l'*Onos*, est une réélaboration apuléenne par rapport à l'original grec.

crederem: voir notice initiale.

omnia ... translata: cf. Ov. *met.* 15, 420 s. *omnia ... in species translata nouas*; notice initiale.

prorsus: grammaticalement, la force superlative de *prorsus* peut porter aussi bien sur *omnia* que sur *ferali*. Je préfère toutefois le rapporter à l'adjectif qui le précède (*contra* de Jonge 1941, 17); *omnia* reprend *singula* (ligne 24) et est longuement développé dans les lignes suivantes. Cf. 4, 3 (76, 7) *omnia prorsus holera*; 9, 14 (213, 15 s.) *omnia prorsus ... flagitia*; 11, 16 (279, 3) *omnisque prorsus carina*. L'emploi de *prorsus* comme élément d'intensification est très fréquent dans les *Met.* (voir Bernhard 1927, 108 s. et Callebat 1968, 537 s. avec exemples supplémentaires).

ferali murmure: cf. *supra* ligne 20 s. *artis magicae natiua cantamina*; Verg. *Aen.* 4, 462 *ferali carmine*; Claud. 3, 131 (p. 18 Hall) *ferale ... murmur*. Les incantations des sorcières répondent à leurs intentions criminelles; cf. encore dans notre livre 2, 5 (29, 2); 2, 22 (43, 18).

murmure: contrairement à ce qu'affirme de Jonge 1941, 17, cette métonymie poétique pour désigner une incantation magique inintelligible se rencontre chez d'autres auteurs qu'Apulée: e.g. Lucan. 6, 448; 6, 568; Val. Fl. 7, 464; Ps. Quint. *decl.* 10, 15 (*ThLL* s.v. 1676, 82 ss.); voir Baldini Moscadi 1976. C'est le propre des incantations magiques d'être incompréhensibles, soit qu'elles sont chuchotées ou qu'elles constituent une suite de sons insolites: cf. Apul. *met.* 1, 3 (3, 10 s.) *magico susurramine* et *apol.* 47 (54, 14 ss.) *magia ... res est ... carminibus murmurata*; Ov. *met.* 14, 366 *ignoto carmine*; Lucan. 6, 686 s. *murmura primum / dissona et humanae multum discordia linguae*. Dans le domaine grec, cf. e.g. Lucianus *Nec.* 7; Hld. 6, 14, 4.

ut - crederem: période remarquable, dans laquelle on observe une construction à la fois symétrique et embrassée. Dans les quatre membres de la phrase, des éléments syntaxiques identiques occupent une position identique:
a) *et lapides quos ... de homine duratos*
b) *et aues quas ... indidem plumatas*
c) *et arbores quae ... similiter foliatas*
d) *et fontanos latices ... de corporibus humanis fluxos*
La symétrie est partiellement rompue dans le quatrième membre, où la subordonnée relative est remplacée par un adjectif précédant le substantif. À *de homine* (a) correspond *de corporibus humanis* (d), à *indidem* (b) répond *similiter* (c). Cette construction embrassée se reflète au niveau de la macrostructure de la phrase, puisque a) et d) décrivent les métamorphoses imaginées par Lucius dans le règne minéral (respectivement par solidification et liquéfaction), tandis que b) et c) concernent respectivement le règne animal et végétal.

lapides - de homine duratos: selon Byrrhène, Pamphilé fait subir à ses amants en disgrâce de semblables métamorphoses: cf. 2, 5 (29, 9 s.). *Durare* apparaît plusieurs fois en relation avec une métamorphose magique: cf. 1, 8 (8, 10) *saga ... potens ... fontes durare*; 3, 21 (68, 11 s.) *duratur nasus incuruus*; 3, 24 (70, 11) *cutis tenella duratur*. En dehors d'Apulée, cet emploi du verbe n'est à ma connaissance pas attesté. La préposition *de* marque l'origine de la transformation, comme aussi plus bas, ligne 3 s. et comme au livre 1, 12 (11, 6) *de Aristomene testudo factus*.

indidem: également à partir d'êtres humains. Pour l'emploi d'un adverbe comme substitut d'une forme pronominale, voir Callebat 1968, 293 (tournure de la langue familière se généralisant dans la latinité tardive).

plumatas: la même synecdoque se retrouve en 3, 21 (67, 20 ss.) *indicat ... dominam suam ... in auem sese plumaturam*: voir Van der Paardt 1971, 156 ad loc.

pomerium: au sens strict, ce terme que l'on trouve encore aux livres 1, 21 (19, 13) et 9, 9 (209, 20), désigne dans les villes romaines un espace consacré entourant la ville, tracé selon un rituel religieux hérité des Etrusques: cf. Varro *ling.* 5, 143; Liv. 1, 44, 4; Plu. *Rom.* 11.; voir Mommsen 1879, 23 ss. («der Begriff des Pomerium»). Apulée se sert d'un terme latin ayant perdu sa signification originelle pour désigner l'espace situé en dehors des limites de la ville. Selon Grimal 1958, 158 et 162, *pomerium* désigne plus précisément un boulevard extérieur. Cf. encore chez notre auteur *Socr.* 19 (31, 13) et (au pluriel) *flor.* 19 (39, 18) *in pomoeriis ciuitatis*. Pour ce type de «romanisation», voir *GCA* 1995, 103 ad 9, 3 (210, 9 s.) *Tullianum*.

foliatas: synecdoque poétique similaire à *plumatas* (*supra*).

fontanos latices: la combinaison de ces deux termes est attestée pour la première fois dans notre passage. Cf. ensuite *Anth. Lat.* 391, 29 SB (*ThLL* s.v. *fontanus*, 1028, 2 s.). *Latex* apparaît essentiellement en poésie et peut désigner diverses sortes de liquide; en 2, 15 (37, 15), il est employé à propos de vin.

iam: placé en tête de période, ce *iam* signale un accroissement de l'intensité dramatique. Ce procédé d'intensification à l'aide d'un *iam* «d'ouverture» (voir Chausserie-Laprée 1969, 497 ss.) est volontiers exploité dans les *Met.*: cf. e.g. 2, 10 (33, 13 et 14); 2, 29 (48, 26 et 27); 3, 2 (53, 10 et 11); 10, 12 (245, 21) avec *GCA* 2000, 191 ad loc.

statuas - incessuras: les attentes de Lucius ne seront pas déçues: cf. 2, 4 (27, 7 ss.) *lapis Parius ... signum ... procursu uegetum, introeuntibus obuium*. Pour un tel prodige, cf. Lucianus *Philops.* 19 ss.; Ps.-Callisth. 3, 33.

statuas et imagines: la combinaison est fréquente en latin. Parfois, elle sert à désigner les deux modes artistiques (sculpture et peinture). Parfois, *imago* y est synonyme de *statua* (redondance; voir *ThLL* s.v. *imago*, 405, 25 ss.), comme c'est le cas ici (cf. *incessuras*). Dans l'*Apol.* 14 (16, 11) et 15 (17, 10 s.), l'expression renvoie aux deux modes artistiques.

parietes - locuturos: détournement humoristique d'un proverbe dont Apulée fait ici un prodige: voir Otto 1988, 266 ([1]1890), s.v. *paries*, qui cite Cic. *fam.* 6, 3, 3 *in ea es urbe (Athenis), in qua ... parietes ipsi loqui posse uideantur. ThLL* s.v. *paries* 391, 4 ss. ajoute *CE* 1368 *paries functi dogmata nunc loquitur*.

id genus: sur cet acc. adverbial archaïsant volontiers utilisé par Apulée, voir *GCA* 1985, 35 ad 8, 2 (177, 13). KSt 2, 306 souligne sa fréquence chez les auteurs africains.

iubaris orbe: cette hyperbole poétique n'est pas attestée ailleurs. Le mot *iubar* se rencontre essentiellement chez les tragiques et les poètes épiques (cf. e.g. Pacuv. *trag.* 347; Verg. *Aen.* 4, 130; Sen. *Med.* 100), chez qui il désigne strictement la lumière du soleil levant et, par métonymie, le soleil levant, puis, par élargissement, l'astre solaire à toute heure du jour (*ThLL* s.v. *iubar* 572, 17 ss.). Cf. 1, 18 (16, 7) *iubaris exortu* et 8, 30 (201, 7) *ante iubaris exortum*, avec *GCA* 1985, 264 ad loc. (trait poétique). Le chapitre se termine, comme il commençait, avec la mention du soleil levant (voir comm. ad 24, 17 ss.).

CHAPITRE II

Une rencontre sur le marché.

Sic attonitus, immo uero cruciabili desiderio stupidus, nullo   25, 8-10
quidem inirio uel omnino uestigio cupidinis meae reperto cuncta
circumibam tamen: Étourdi de la sorte, abruti même par un désir qui me tortu-
rait et bien que je ne puisse déceler ni le commencement, ni la moindre trace de
ce que je convoitais, je n'en courais pas moins de tous côtés.

Par rapport à l'*Onos* où cette chasse à la magie est brièvement décrite sans que ne
perce aucune émotion particulière (Sandy 1997, 238; comm. ad 2, 1: 24, 18 ss.),
l'état d'agitation du Lucius des *Met.* est traduit par les redoublements et les renfor-
cements d'expression (*attonitus/stupidus*; *desiderio/cupidinis*; *nullo ... initio/omni-
no uestigio*) et par le jeu d'oppositions (*nullo-omnino/cuncta*).

   attonitus - stupidus: bien qu'il n'ait encore rien pu observer qui réponde à son
attente, Lucius éprouve déjà la même stupeur que lorsqu'il verra Pamphilé se
métamorphoser en oiseau: cf. 3, 22 (68, 19 s.) *sic exterminatus animi, attonitus in
amentiam uigilans somniabar*. Ce parallèle dément l'affirmation émise par de
Jonge 1941, 18 selon lequel, renforcée par les mots *immo uero ... stupidus*, la
métaphore *attonitus* aurait perdu sa force originelle. Il s'agit dans les deux cas
d'un redoublement de l'expression caractéristique du style exubérant d'Apulée
(voir Introd. 6). *Attonitus*, comme *stupidus*, apparaissent fréquemment dans les
Met. pour décrire un état de choc issu d'un spectacle extraordinaire: cf. e.g. 4, 28
(96, 24) *inaccessae formonsitatis admiratione stupidi*; 9, 12 (211, 29) *familiari
curiositate attonitus*, avec GCA 1995, 117 ad loc.; 10, 35 (265, 25); 11, 14 (277, 3
s.). Cf. aussi 1, 8 (8, 4) *in stuporem attonitus*; 2, 7 (30, 23 s.); 2, 13 (36, 4). Sur le
thème récurrent de la stupeur, voir Heine 1962, 180; Shumate 1988, 26 ss.; 1996a,
223 s. et 253. Pour la distance critique que ces mots impliquent, cf. 2, 6 (29, 19 s.)
festinus denique et uecors animi, avec comm. ad loc.

   immo uero: sur ce groupe adverbial volontiers employé pour son efficacité
rhétorique, voir GCA 1981, 93 ad 7, 2 (155, 23).

   cruciabili desiderio: cf. 11, 23 (285, 11 ss.) *nec te tamen desiderio forsitan
religioso suspensum angore diutino cruciabo*; 2, 10 (33, 3) *tantum cruciatum
uoluptatis eximiae*, avec comm. ad loc. L'adjectif *cruciabilis* est attesté pour la
première fois chez Aulu-Gelle et Apulée; ce dernier l'emploie à cinq reprises dans
les *Met.* Peut-être s'agit-il d'un archaïsme: GCA 1981, 222 s. ad 7, 21 (170,17)
signalent que l'adverbe *cruciabiliter* apparaît déjà chez Plaute.

   nullo ... uestigio cupidinis meae reperto cuncta circumibam: cf. à propos de
Psyché (dans son destin parallèle à celui de Lucius) 5, 28 (125, 6 s.) *Psyche
quaestitioni Cupidinis intenta populos circumibat*. Mason 1978, 4 s. et 1994,

1697 s. souligne la plénitude de l'expression par rapport au texte de l'*Onos* (4, 1) ἀπορῶν μὲν τῆς ἀρχῆς τοῦ ζητήματος, ὅμως δὲ περιήειν.

cupidinis meae: *ThLL* s.v. *cupido* 1421, 69 s. classe cette occurrence sous la rubrique «actio cupiendi uel affectus cupientis». Mais le terme est employé ici au sens de «objet du désir», un sens que ne mentionnent ni le *ThLL* ni *OLD*. Cf. le passage du livre 5, 28 cité dans la notice précédente; plus bas *forum cupidinis* (ligne 12).

cuncta circumibam tamen: même emploi transitif du verbe en 5, 28 (*supra*). On peut hésiter sur la place de la ponctuation, avant ou après la conjonction adversative. Les anciennes éditions ponctuent après *circumibam*, faisant débuter la phrase suivante par *tamen dum*. Bursian 1881, 122 propose de rapporter *tamen* à ce qui précède et de le faire suivre d'un point: cf. *Onos* 4, 1 (cité *supra*) ὅμως δὲ περιήειν. La position en rejet de l'adverbe à la clôture de la phrase vient renforcer la force conative de l'imparfait *circumibam*. La proposition de Bursian est adoptée par tous les éditeurs, bien que l'intensité de la ponctuation varie de l'un à l'autre. Helm II, Giarratano et Terzaghi impriment une virgule après *tamen* et terminent la phrase après *pererro* (ligne 11): la phrase suivante débuterait alors avec *repente*. Mais cet adverbe n'est pas attesté chez Apulée en position initiale. Helm III opte pour une ponctuation plus marquée après *tamen*. Que la phrase suivante débute par *dum* ne représente pas une difficulté, comme semble le penser Castiglioni (cité par Frassinetti) qui s'interroge: <*ac*> *dum*? On trouve plusieurs exemples dans les *Met.* de phrases débutant par *dum*: cf. e.g. 1, 22 (20, 13); 2, 3 (26, 25); 2, 5 (28, 11). Frassinetti s'interroge: *circumibam. Tandem, dum*? Cette correction (déjà proposée par Groslot et rejetée par Oudendorp) n'est pas non plus nécessaire. On rencontre chez Apulée tant des périodes débutant par *tamen* (cf. *apol.* 53: 59, 21; *flor.* 16: 26, 11) que des phrases se terminant avec un *tamen* (cf. *met.* 9, 28: 224, 6; *Plat.* 1, 6: 93, 20).

25, 10-14 Dum in luxu<*m*> nepotalem similis ostiatim singula pererro, repente me nescius forum cupidinis intuli et ecce mulierem quampiam frequenti stipatam famulitione ibidem gradientem adcelerato uestigio comprehendo: Semblable à un noceur débauché, j'errais ici et là, de porte en porte, quand tout à coup je débouchai sans m'en apercevoir sur le marché aux gourmandises. Or voilà qu'une femme y passait, escortée de nombreux serviteurs: j'accélère le pas pour la rattraper.

La dame en question se révélera être une parente de la mère de Lucius. Au livre 1, 24 (22, 8 ss.), il avait rencontré sur ce même *forum cupidinis* une autre connaissance, Pythias. Par rapport à la scène correspondante de l'*Onos*, on peut noter quelques divergences (Sandy 1997, 240 utilise ce passage pour montrer de quelle manière Apulée retravaille l'original). Le lieu de rencontre, tout d'abord. Dans l'épitomé, il demeure vague, bien qu'il ait peut-être été précisé dans l'original (cf. *Onos* 4, 2 κἂν τούτῳ). Chez Apulée, l'endroit est précisé et il est lourd de sens (voir *infra* s.v. *forum cupidinis*). Dans l'*Onos*, le héros remarque d'abord de la femme qu'elle est jeune et riche, justifiant ensuite cette observation par une brève description de son apparat; puis il s'approche. L'ordre dans lequel la scène se déroule dans les *Met.* diffère légèrement. La femme attire l'attention de Lucius en raison des nombreux serviteurs qui l'accompagnent; il la rattrape et c'est alors que survient la description de Byrrhène. Cette description demeure purement extérieure: on ne saura pas si elle est jeune ou vieille (voir notice initiale ad 25, 14 s.). La suite du récit indique qu'elle est approximativement de l'âge de la mère de Lucius (cf. 2, 3: 26, 10 ss.).

Pour Ciaffi 1960, 55 ss. la rencontre de Lucius et Byrrhène sur le marché est une réélaboration du roman de Pétrone (rencontre avec Trimalcion: 28, 6 ss.). Harrison établit quant à lui (successivement et dans deux articles différents) une comparaison avec l'*Odyssée* d'Homère et l'*Énéide* de Virgile. Dans sa première analyse (Harrison 1990), Lucius est comparé à Ulysse et Télémaque, tandis que Byrrhène rappelle Hélène à la cour de Ménélas; dans la deuxième, Lucius apparaît comme un second Énée et Byrrhène y est cette fois un double de Didon (Harrison 1997). Mais les correspondances sont vagues et je ne pense pas qu'il faille chercher un modèle littéraire précis à cette scène; voir Introd. 7.

Dum - singula pererro: cf. 2, 1 (24, 24) *singula considerabam*; 2, 21 (42, 18) *ac dum singula pererrans* (Thélyphron à son arrivée à Larissa).

in luxu<m> nepotalem similis: dans les mss., on lit *in luxu nepotalem similis*. Le passage présente trois difficultés: celle de l'accord du groupe de mots introduit par *in* (acc. ou abl.) et celle de la relation de ce groupe avec *similis*; à ces deux difficultés d'ordre grammatical s'ajoute celle du sens à donner à la tournure. Supposant que la faute d'accord résidait dans l'adjectif, une partie des savants anciens lisait *in luxu nepotali*, émettant diverses conjectures pour remanier la suite de la phrase. Hildebrand et Eyssenhardt impriment *in luxu nepotali simul*, correction satisfaisante du seul point de vue paléographique, car on voit mal à quoi se rapporterait *simul* dans la phrase. Rohde 1875, 270: *in luxu nepotali esuriens*; Leo s'interroge: *in luxu nepotali misellus?* D'autres tentent de rétablir un complément au dat. dépendant de *similis*. Colvius: *dum incessu temulento similis*; Scaliger et Beroaldus: *dum lixae temulento similis*; Oudendorp imprime *dum in luxu nepotali temulento similis*, ajoutant dans son comm. une autre possibilité: *dum in luxu nepotali, simul temulento similis*, «quomodo habebimus omnia quae in Mss. inveniuntur». Pour d'autres, enfin, la faute d'accord réside non dans l'adjectif, mais dans le substantif. Cf. e.g. Helm II et III *in luxum nepotalem similis <otioso>* (*<otioso>* est omis par Helm IV); Damsté 1928, 6 s.: *in luxum nepotalem similis oscitanti*; Castiglioni (cité par Giarratano): *in luxum nepotalem luxurianti* et Castiglioni 1930, 104 s.: *in luxum nepotalem <nepotanti> similis*. Toutefois, l'adjonction d'un complément au dat. n'est pas indispensable. Rossbach 1891, 315, Wiman 1927, 33, Junghanns 1932, 30 note 37, de Jonge 1941, 18 s. et la majorité des éditeurs modernes maintiennent le texte tel quel, comparant avec 10, 30 (261, 19 s.), où l'on rencontre un autre cas de la construction *similis* avec *in* + acc.: *puella ... in deae Iunonis speciem similis* (mais le parallèle n'est pas absolument probant:

la construction *in* + acc. y est fusionnée avec le tour *in speciem*). Cf. Tac. *ann.* 2, 39 *forma haud dissimilis in dominum erat*.

Les tournures bâties à l'aide de *in* + acc. abondent chez Apulée, qui les utilise avec diverses nuances dans des phrases de style recherché, où il n'est pas rare qu'un substantif abstrait soit préféré au concret (comme ici *luxus*): voir McKibben 1951; Callebat 1968, 227 ss. et 234 s. donne des exemples supplémentaires de *in* + acc. substitut du dat. auprès de *similis* (un emploi qui «répond moins ici à une liberté de la langue courante qu'à une recherche occasionnelle et artificielle de relief»). On trouve plusieurs exemples similaires de la tournure *in* + acc. chez Pétrone (cf. e.g. 62, 10 *in laruam intraui*): voir Pepe 1959; Väänänen 1963, 165 s. et LHSz 2, 275 (trait de la langue vulgaire). Quant au sens de la tournure, Wiman 1927, 33, de Jonge 1941, 19 et Augello 1977, 39 paraphrasent: *in luxum nepotalem* = *luxuriosum nepotem*. Il s'agit d'une «implication» (ou tournure «*Sicilia amissa*») d'une expression à caractère proverbial et pléonastique: cf. Cic. *leg. agr.* 2, 48 *ut in suis rebus, ita in re publica luxuriosus est nepos, qui prius siluas uendat quam uinas*; Porph. Hor. *epod.* 1, 34, 4 *nepotem autem ueteres ut prodigum ac luxuriosum dicebant*; *id.* Hor. *epist.* 1, 15, 36. Le mode de débauche suggéré par la comparaison est l'ivrognerie et ses effets sur la motricité.

ostiatim: attesté pour la première fois chez Cic. *Verr.* 2, 4, 48, le mot répond au goût d'Apulée pour les adverbes en -(*t*)*im*. Voir à ce propos Bernhard 1927, 140; Callebat 1968, 475 ss. et 1994, 1644, qui voit dans cet engouement une influence de la satire et des milésiennes; voir aussi Mattiacci 1986, 168.

nescius: dans F, on lit *nesciu'*, dans φ *nescium*. L'adjectif est employé comme prédicat au livre 8, 2 (178, 5 s.) *sese ... nescius praecipitauerat*; cf. déjà Verg. *Aen.* 9, 552 s. *(fera) contra tela furit seseque haud nescia morti / inicit*. Sur l'emploi, fréquent chez Apulée, d'un adjectif prédicatif, voir *GCA* 2000, 126 ad 10, 6 (241, 4) *foro se festinus immittit* (qui cite plusieurs parallèles poétiques).

forum cupidinis: le jour auparavant, Lucius cherchait sur ce même *forum* de la nourriture: cf. 1, 24 (22, 6 ss.), avec Scobie 1975, 127 ad loc., qui cite Varro *ling.* 5, 146 *ubi uariae res ad Corneta Forum Cuppedinis a <cuppedio id est a> fastidio, quod multi forum cupidinis a cupiditate*. Selon Scivoletto 1963, 236 ss., cette mention d'un *forum cupidinis* à Hypata est un cas de «romanisation» proprement apuléenne. Il s'agit surtout d'un jeu de mots caractéristique d'Apulée. Pour un Lucius en quête d'une pleine satisfaction de ses désirs (physiques autant que spirituels), tous les chemins mènent au *forum cupidinis*. Comme l'écrit James 1987, 81 note 3, cet endroit «lives up to its name»; même interprétation chez Schlam 1992, 148 note 23. La rencontre avec Byrrhène sur le marché du désir pousse Lucius sur le chemin de la magie, puisque c'est elle qui lui révèle que la femme de son hôte est une sorcière.

intuli ... comprehendo: le passage d'un verbe au parfait à un présent historique dans une phrase dont les deux membres sont reliés par *et* est fréquent dans les *Met.*: voir *GCA* 2000, 81 ad 10, 3 (238, 5) pour une analyse détaillée de ce phénomène (recherche stylistique de nuances ou liberté propre au latin post-classique et tardif). Pour de tels changements de temps ou d'aspects, voir encore Klug 1992.

Après un passage essentiellement descriptif où le temps de l'histoire avait ralenti, le parfait marque le début d'un nouvel épisode, une relance de l'action soulignée par le *repente*. Dans l'*Onos* aussi, aux imparfaits descriptifs succède le présent (cf. *Onos* 4, 2).

et ecce: voir comm. ad 2, 4 (27, 7).

frequenti - famulitione: premier d'une série d'éléments indicateurs du statut social élevé de Byrrhène et de son aisance matérielle. Cf. aussi lignes 14 ss., la description de sa demeure (2, 4: 27, 3 ss.) et celle du dîner qu'elle y donne (2, 19: 40, 12 ss.).

famulitione: cette leçon de F est confirmée par φ, où le *i* est une correction, par la même main, de *famulatione*; la même forme apparaît encore en 6, 8 (134, 1). Le mot *famulitio, -nis* n'est attesté que dans ces deux passages des *Met.*; ailleurs, Apulée utilise *famulitium* (cf. 8, 22: 194, 3; *apol.* 17: 20, 18; *flor.* 22: 43, 7 *frequens famulitium*). Aussi Helm hésite-t-il à lire *famulitio*, conjecture émise pour le passage du livre 6 par Jahn et imprimée par Giarratano. L'existence du mot est aussi mise en doute par *ThLL* s.v. *famulitio* 261, 57 ss., qui y voit une confusion entre *famulitium* et *famulatio*. Toutefois, *famulitio* étant attesté à deux reprises dans les mss. majeurs et n'étant par ailleurs pas le seul exemple d'un néologisme bâti à partir d'un substantif déjà existant (voir Médan 1925, 137 s.; Gargantini 1963, 37 et *passim*), on peut attribuer cette forme au goût d'Apulée pour les innovations linguistiques. Comme *famulitium*, *famulitio* est un terme abstrait utilisé dans un sens concret. Voir Väänänen 1963, 165 s. sur ce type de substantif abstrait en *-tio* en latin vulgaire manifestant une tendance vers le concret; voir aussi Espinilla Buisán 1995 (chez Frontin).

comprehendo: la correction *deprehendo* proposée par Nolte 1864, 674 n'est pas nécessaire. *ThLL* s.v. *comprehendo* 2146, 31 ss. signale notre passage sous la rubrique explicative «consequi pedibus aliquem (adipisci)». Dans sa traduction, Grimal lie l'action de Lucius à la suite de la phrase: «Je presse le pas pour la rattraper, car l'or de ses pierreries ... annonçait la dame de qualité». Ça n'est en tout cas pas parce qu'il la reconnaît que Lucius la rattrape: cf. 25, 20 s. et comm. ad 26, 6 ss. s.v. *cae[ci]si quidem, uigiles* et *aquilini*.

Aurum in gemmis et in tunicis, ibi inflexum, hic intextum, matronam profecto confitebatur: L'or dont ses bijoux étaient cerclés et dont ses vêtements étaient brochés révélait sans doute possible une femme de qualité. — 25, 14-16

Noter le balancement régulier de la phrase, résultant du double parallèle de construction (*in gemmis/in tunicis*; *ibi inflexum/hic intextum*) et renforcé par les assonances et les homéotéleutes. L'apparat de Byrrhène produit sur Lucius l'effet contraire de ce qu'Ovide constate dans *ars* 3, 129 ss.: *uos quoque nec caris aures onerate lapillis ... nec prodite graues insuto uestibus auro. / Per quas nos petitis, saepe fugatis, opes*. En revanche, il confirme les dires de Lucianus *Dom.* 15: lorsqu'une femme est couverte d'or, le regard est attiré par cet éclat, au point de ne plus voir le femme. On cherchera en effet en vain une description physique de Byrrhène. Dans l'*Onos*, Loukios observe au moins qu'elle est ἔτι νέαν.

aurum ... inflexum ... intextum: cf. Plin. *nat*. 8, 196 *aurum intexere ... inuenit Attalus rex*. Alors que *intexere* se rencontre couramment avec *aurum*, en particulier dans une construction passive (cf. e.g. Ov. *met*. 3, 556 *pictis intextum uestibus aurum*), il s'agit du seul cas de la combinaison *aurum + inflectere*, employé ici au passif par analogie avec *intextum* pour des raisons euphoniques.

in gemmis: Scioppius propose de lire *in genis* (que Valpy commente ainsi: «aurum in genis sunt inaures aureae, quae ex auribus in genas dependent»). Hildebrand, suivi de Van der Vliet, corrige *in comis*, supposant que la formule désigne un diadème. Mais Oudendorp expliquait déjà que la tournure désigne n'importe quelle sorte de bijou, où l'or est travaillé de sorte à entourer (cf. *inflexum*) la pierre.

25, 16-19   Huius adhaerebat lateri senex iam grauis in annis, qui ut primum me conspexit: 'Est', inquit, 'Hercules <hic> Lucius' et offert osculum et statim incertum quidnam in aurem mulieris obganniit: Elle était flanquée d'un vieillard déjà chargé d'ans qui, sitôt qu'il m'aperçut, s'écria: «Mais sapristi! C'est ce cher Lucius!»; et de m'embrasser, pour aussitôt chuchoter quelques mots indistincts dans l'oreille de la femme.

Suivant le regard de Lucius, le lecteur aperçoit d'abord la dame, puis le vieillard qui l'accompagne, quand celui-ci adresse la parole au héros. Ce personnage n'apparaît pas dans l'*Onos*, où la femme rencontrée dans la rue interpelle directement Lucius, sans intermédiaire. Pour Bürger 1887, 31, c'est Apulée qui aurait imaginé de donner un mari à la matrone (même interprétation chez Stockin 1954, 63 s.); invention malheureuse selon lui, puisqu'il néglige d'en faire mention par la suite. Suivant une opinion déjà exprimée par Pricée, Junghanns 1932, 30, note 38 voit dans ce vieillard un serviteur ou un gardien, chargé pour des raisons de convenance d'accompagner la dame dans ses sorties. Cf. Hor. *sat*. 1, 2, 96 ss.; Sen. *contr*. 2, 7, 3 *matrona quae <tuta> esse aduersus sollicitatoris lasciuiam uolet, prodeat in tantum ornata quantum ne inmunda sit: habeat comites eius aetatis qui inpudica, si nihil aliud, uerecundia annorum remouere possint ... In has seruandae integritatis custodias nulla libido inrumpet*; Macr. 2, 5, 6; voir *infra* s.v. *huius ... lateri*. Le personnage servirait donc à introduire Lucius auprès de Byrrhène (par un souci de réalisme littéraire). Une fois son rôle rempli, il peut disparaître de la scène. Pour cette interprétation, voir aussi Van Thiel 1971, 67. Le vocabulaire employé suggère encore une autre possibilité: le vieillard pourrait être le galant de Byrrhène, ce qui offrirait un contraste amusant avec l'aura de respectabilité entourant ordinairement une *matrona*; voir notice suivante. La non-respectabilité des matrones est illustrée à plusieurs reprises dans les *Met*.: cf. notamment 10, 19 (251, 20 ss.)

Huius adhaerebat lateri: tout comme les expressions voisines *latus tegere* ou *claudere*, *lateri adhaerere* ou *haerere*, impliquent souvent une notion de hiérarchie. On se colle au flanc de quelqu'un pour le protéger ou, simplement par marque de respect, pour être dans son sillage: cf. e.g. Hor. *sat.* 2, 5, 18; Mart. 9, 100, 3; Plin. *paneg.* 24, 3. Au livre 9, 22 (220, 5) des *Met.* d'Apulée, la tournure *lateri adhaerere* possède une nuance érotique: *nequissimae anus adhaerens lateri temerarius adulter* (voir *GCA* 1995, 200 ad loc.). Comparer Ov. *am.* 3, 11, 17 s.; *Octavia* 703; Stat. *Ach.* 1, 570. Ces parallèles suggèrent que le vieillard pourrait être le serviteur de Byrrhène ou son amant; voir notice initiale.

grauis in annis: *ThLL* s.v. *grauis*, 2283, 79 ss. ne cite que cet exemple de la tournure *grauis annis* avec un *in* «instrumental» (qui, ici, renforce les assonances en *i*). Cf. 8, 19 (192, 9 s.) *senex ... grauatus annis*. Pour cet emploi, fréquent chez Apulée, d'un *in* suivi de l'abl., au lieu du simple abl. instrumental, auprès d'un adjectif ou d'un participe, voir Ruiz de Elvira 1954, 99 ss.; Callebat 1968, 224 ss., qui discute l'origine grecque éventuelle de ce type de construction «développée chez les auteurs chrétiens sous l'influence de la langue biblique mais qui chez Apulée pourrait bien être plus *littéraire* que *vivante*»; *GCA* 1977, 193 ad 4, 26 (94, 23) *consobrinus ... maior in aetate*, avec littérature supplémentaire. Cf. 2, 11 (34, 1) *uini cadum in aetate pretiosi*.

ut primum ... et ... et statim: la rapidité de la scène est mise en valeur par le polysyndète.

Est, inquit, Hercules <hic> Lucius: F et φ ont *est inquit Hercules Lucius*; dans a*, on lit *est inquit Hercules hic Lucius*. Robertson décèle dans F une rature entre les mots *Hercules* et *Lucius* et, dans φ, un *c* semble avoir été biffé entre les deux mots. S'appuyant sur un passage du livre 10, 11 (244, 24) *non patiar, inquit, Hercules, non patiar* et sur les exemples de répétition d'un mot dans des phrases exclamatives cités par Bernhard 1927, 233, il propose de lire *est, inquit, Hercules, est Lucius*. Cette conjecture est adoptée par Giarratano, Frassinetti, Augello 1977, 40 s. et Hanson. Mais on trouve dans les *Met.* de nombreux cas d'exclamations ne comportant pas la répétition d'un mot: cf. e.g. 1, 21 (19, 25 s.); 3, 27 (72, 12 s.); 9, 16 (278, 9 s.). La présence d'un *c* dans φ rend la leçon de a* (classe de mss. dont l'importance a été soulignée par Pecere 1987: voir Introd. point 8), digne de considération. L'emploi déictique de *hic* chez les comiques est fréquent et on le rencontre aussi dans les discours de Cic.: cf. e.g. Plaut. *Amph.* 1075; *Pseud.* 1031; Ter. *Andr.* 907 s.; *Eun.* 848 *sed estne haec Thais quam uideo?*; Cic. *Verr.* 2, 5, 128 *Sthenius hic Thermitanus cum hoc capillo atque ueste* et *Dexo hic quem uidetis*; cf. aussi Apul. *met.* 2, 30 (49, 21). Voir LHSz 1, 407 qui parle de «eine sprachliche Erläuterung der deiktischen Gebärde». Cette scène de reconnaissance très visuelle et proche de la comédie suggère un vieillard gesticulant. Le baiser qu'il donne à Lucius et l'aparté dans l'oreille de la dame plaident pour le rétablissement d'un *hic* déictique traduisant un autre mouvement et qui constitue en outre la *lectio difficilior*. Alors que Lucius ne reconnaît pas le vieillard, celui-ci n'a aucune peine à l'identifier. Le lecteur apprendra plus loin que Lucius était encore enfant lorsqu'il s'était trouvé entre les mains de Byrrhène (cf. 2, 3: 26, 16 ss.).

offert osculum: *osculum* désigne un baiser de politesse (convenance) dans une circonstance de protocole: voir Flury 1988, 191.

obganiit: mot archaïque, dérivé de *gannio* («japper», «criailler») et attesté avant Apulée chez Plaut. *Asin.* 422 et Ter. *Phorm.* 1030, où il signifie «ressasser», «rebattre les oreilles»; cf. aussi Lucil. 7, 275 K. Le verbe apparaît encore dans deux passages du livre 2 des *Met.* d'Apulée. Ici, *obgannire* est appliqué à un échange de paroles incompréhensibles (*incertum quidnam*; cf. 5, 28: 125, 22 s., où le verbe simple *gannire* possède le sens de «chuchoter»; cf. aussi 4, 1: 74, 14, où *gannitus* = «chuchotement»). En 2, 11 (33, 23), le verbe est employé dans un contexte érotique à propos d'un dialogue entre amoureux: voir comm. ad loc.

25, 19-26, 2   'Quin', inquit, 'etiam ips*am* parentem tuam accedis et salutas?' 'Vereor', inquam, 'ignotae mihi feminae' et statim rubore suffusus reiecto capite restiti: «Pourquoi donc», me demanda-t-il, «ne viens-tu pas aussi saluer ta propre parente?» «C'est que je n'ose pas», répondis-je, «je ne connais pas cette dame», et le visage inondé de rouge, je détournai la tête.

etiam: on peut hésiter à prendre *etiam* avec *quin*: *etiam* renforcerait alors le caractère pressant de la demande. Voir *ThLL* s.v. *etiam* 933, 27 ss. pour l'emploi interrogatif de l'adverbe souvent en combinaison avec un autre mot interrogatif, qui ne cite toutefois aucun exemple d'une telle combinaison avec *quin*. En revanche, *etiam* est souvent employé avec *ipse* (notamment, pour des raisons euphoniques, avec le féminin *ipsam*): cf. e.g. 3, 12 (61, 2); 4, 3 (76, 4); 4, 18 (88, 10), etc. Lucius a déjà eu un échange de paroles avec le vieillard accompagnant Byrrhène, non encore avec cette dernière; voir s.v. *ipsam*.

ipsam ... accedis: en dehors d'Apulée qui l'emploie fréquemment (e.g. 2, 3: 26, 17 s.; 2, 13: 35, 22; 2, 23: 43, 27 s.; 6, 26: 147, 22), le tour *accedere* avec acc. sans préposition est essentiellement attesté en poésie (*ThLL* s.v. *accedo* 255, 56 s. cite un frg. de Sall.).

ipsam: le texte primitif de F donnait *ipsa* ou *ipsam*, corrigé par une seconde main en *ipse*, tandis qu'une main plus récente ajoutait au-dessus *uel ipse*; dans a*, on lit *uel ipsam*. Tous les éditeurs adoptent la correction *ipse*, bien qu'elle constitue la *lectio facilior*. Les *Met.* fournissent plusieurs exemples de pronoms possessifs renforcés par *ipse*, notamment dans des passages au discours direct où la tonalité émotionnelle suscite une certaine redondance dans l'expression, qui plaident pour le rétablissement de la leçon primitive: cf. en particulier 5, 30 (127, 4 s.) *et ipsam matrem tuam, me inquam ipsam, parricida denudas cotidie*; 5, 25 (123, 4); 6, 26 (148, 16).

parentem: il s'agit plus que d'une formule de politesse (cf. à propos d'une hôtelière 1, 21: 19, 14 *parens optima*). La femme est une parente de la mère de Lucius et sa soeur de lait: cf. 2, 3 (26, 11 s. et 21), avec comm. ad loc.

uereor ... feminae: *OLD* s.v. *uereor* 2b classe cette occurrence du verbe sous la rubrique «to regard as a source of danger, etc., be afraid of, fear», ce que confirme le geste de timidité de Lucius détournant la tête. Mais en n'abordant pas une matrone inconnue, il se montre aussi respectueux des convenances (*OLD* l.c.

1 «to show reverence or respect for»): cf. Val. Max. 2, 1, 5 et 6, 1 *te custode ma-tronalis stola censetur*; 5, 2, 1; Plu. *Rom.* 20, 4.

rubore suffusus: selon Fick-Michel 1991a, 88, ce tour poétique est emprunté à Ov. *met.* 1, 484. Mais la combinaison est très courante (cf. e.g. Verg. *georg.* 1, 430; Liv. 30, 15, 1). Chez Sen. *epist.* 11 (et 25, 2), le fait de rougir est considéré comme une vertu, signe de pudeur et de noblesse d'âme; voir *infra* s.v. *generosa probitas*.

reiecto capite: *reiecto* est la leçon transmise par les mss. et adoptée par les anciennes éditions d'Oudendorp, Hildebrand et Eyssenhardt. Colvius corrige *deiecto capite*; cf. 3, 2 (53, 2 s.) *capite in terram, immo ad ipsos inferos iam deiecto*; 3, 26 (71, 13 s.); 4, 35 (102, 20); Quint. *inst.* 11, 3, 69 *nam et deiecto* (sc. *capite*) *humilitas et supino adrogantia*. À partir de Van der Vliet, tous les éditeurs adoptent cette correction. Mais les occurrences précitées décrivent un état d'esprit différent de (là, Lucius est malheureux, abattu; ici, il est timide et gêné). Je pense qu'il s'agit non pas d'un mouvement de tête vers le sol, mais d'un mouvement de la tête vers l'arrière, en direction du dos. Cf. Cic. *fam.* 10, 32, 3 *manibus ad tergum reiectis*; Verg. *Aen.* 10, 473 *oculos Rutulorum reicit aruis*; Plin. *nat.* 28, 45; Stat. *Theb.* 9, 173. Un mouvement de la tête vers le côté ou vers l'arrière signifie un refus: cf. Apul. *met.* 10, 17 (249, 29 ss.) *me ... perdocuit ... uerbis nutum commodare, ut quod nollem relato, quod uellem deiecto capite monstrarem*; voir Sittl 1970, 82 ss. ([1]1890).

At illa optutum in me conuersa: 'En', inquit, 'sanctissimae   26, 2-5
Saluiae matris generosa probitas, sed et cetera corporis
execrabiliter ad [regulam qua diligenter aliquid adfingunt]
<amus>sim congruentia: Mais elle, tournant ses yeux vers moi, s'exclama:
«Tout à fait la noblesse d'attitude de la très vénérable Salvia, ta mère! Mais pour le reste aussi, tu lui ressembles furieusement, un vrai décalque!

Malgré le fait qu'elle se tourne vers Lucius, tous les traducteurs (à ma connaissance) traduisent jusqu'à la ligne 9 à l'aide d'articles et de pronoms possessifs à la troisième personne (e.g. Hanson: «He inherited that well-bred behaviour ... from his pure and virtuous mother Salvia»). La première partie de cette tirade constitue une *laudatio* en miniature (avec la mention de la haute origine de Lucius et le catalogue de ses qualités physiques), où les mots rares s'accumulent, qui rendent la préciosité de langage de Byrrhène (ce discours, placé dans la bouche d'une matrone grecque, est «en réalité» une traduction du narrateur premier: voir Van Mal-Maeder 1997a, 177 ss. et 201).

optutum - conuersa: encore un geste dans cette scène très visuelle. Au mouvement de tête fuyant de Lucius, répond un mouvement de tête de Byrrhène cherchant son regard. Von Geisau 1916, 82 voit ici une tournure poétique et compare avec Verg. *Aen.* 12, 172 *ad surgentem conuersi lumina solem*; Val. Fl. 3, 343 *uultus conuersus*, etc. Cf. aussi Cic. *Catil.* 4, 1, 1 *uideo ... in me omnium uestrum ora atque oculos esse conuersos*.

En: comme toujours dans les *Met.*, cette particule apparaît dans un discours direct: voir *GCA* 1985, 118 ad 8, 12 (186, 8).

sanctissimae - probitas: dans cette *laudatio* en miniature, la famille, la naissance, occupent la première place (avec l'adjectif *generosa* et le nom de la mère, qualifiée élogieusement d'un superlatif), conformément à la disposition classique érigée par la théorie antique de l'éloge: voir Pernot 1993, 134 ss. et 154 ss. Dans le traité de *Socr.* 23 s. (36, 15 ss.), Apulée remet en question cette façon de procéder de l'éloge, la lignée ne constituant pas selon lui un véritable mérite, mais un avantage «étranger» (*aliena*).

generosa probitas: ce compliment se rapporte en partie à la réaction modeste de Lucius, rougissant et détournant la tête (voir *supra* s.v. *rubore suffusus*). Cf. en outre l'éloge similaire de Milon au livre 1, 23 (21, 7 ss.) *ego te ... etiam de ista corporis speciosa habitudine deque hac uirginali prorsus uerecundia, generosa stirpe proditum et recte conicerem*. En louant Lucius de la sorte, Byrrhène loue du même coup la mère du jeune homme: cf. (à propos des éloges) *Socr.* 23 (43, 12) *generosus est: parentes laudas*. Tout au long du roman, il est fait mention de la noble origine de Lucius: cf. encore 2, 18 (40, 3 ss.); 3, 11 (60, 3 ss.) et 3, 15 (63, 7). Voir aussi comm. ad 2, 3 (26, 12 ss.), où on apprend que Lucius est issu de la famille de Plutarque. Dans le prologue des *Met.*, le «je» du narrateur fait mention de ses origines géographiques, sans mentionner sa généalogie: cf. 1, 1 (1, 6 ss.). Ainsi, divers origines et pedigrees concernant Lucius sont distillés tout au long du texte par différents narrateurs. La dernière pièce de ce puzzle énigmatique est livrée par Osiris, invitant son prêtre à accueillir «l'homme de Madaure»: cf. 11, 27 (289, 7 s.). Sur la question de la noble ascendance de Lucius, voir Steinmetz 1982, 256 et Mason 1983, pour qui ce motif récurrent est porteur d'une morale: c'est la vertu individuelle et non la naissance ou le statut social qui fait la véritable noblesse. Aussi, les remarquables origines de Lucius ne l'empêcheront pas de devenir âne.

Saluiae: dans l'*Onos* 4, 3, la mère de Lucius est également mentionnée, mais elle n'y est pas nommée. Quelques lignes plus bas dans les *Met.*, Byrrhène rappelle que Salvia est issue de la famille de Plutarque (cf. 2, 3: 26, 12, avec comm. ad loc.). Salvia fut parfois considérée comme une figure historique: voir Helm, *Praef. flor.* VIII s.; Schissel 1927; Bowersock 1965, 289. Mais les *Met.* sont une fiction et non un récit historique. D'autres voient dans ce nom une signification symbolique. Pour Hijmans 1978, 117, *Saluia* suggère *salus*, un thème dont la récurrence dans les *Met.* a été mis en évidence par Tatum 1969, 82 ss.; Krabbe 1989, 106 va plus loin, qui voit dans la mention de l'ascendance de Lucius une référence indirecte à Isis: «By naming Lucius' biological mother (...) Apuleius suggests his spiritual mother Isis, who is in truth 'all holy, salvific mother'». Une telle interprétation (caractéristique d'un «lecteur second»: voir Introd. 2.2. et 5) ne trouve aucun fondement dans l'histoire, dont la mère de Lucius est par ailleurs absente. Si son nom est mentionné ici, c'est pour des raisons de «vraisemblabilisation»: il constitue un «effet de réel» (voir aussi comm. ad 2, 3: 26, 12 s.v. *familia Plutarchi prognatae sumus*). Cela n'interdit pas d'y lire une allusion étymologique du type de celle proposée par Fick-Michel 1991a, 318: selon elle, Salvia est «celle qui apporte la santé, en la circonstance, celle qui a nourri et éduqué Lucius».[1]

execrabiliter: cet adverbe est attesté pour la première fois chez Apulée qui l'utilise *in bonam partem* (*ThLL* s.v. 1835, 73 ss.: *«egregie»*). Après Apulée, il n'apparaît que dans un sens négatif. Cf. cependant Aug. *in euang. Ioh.* 110,7 *in offendendo Creatorem tanto exsecrabilius beneficio eius ingrati exstiterunt, quanto beneficentius sunt creati*, où l'adverbe signifie selon *ThLL* l.c. *«uehementer»*. Cette figure de style («hyperbole antilogique») ne fut pas toujours reconnue comme telle, ni appréciée. Elle a conduit à de nombreuses corrections. Brantius: *inexaequabiliter*; Gruter: *inexplicabiliter*; Heinsius: *inasciabiliter*; Oudendorp: *inextricabiliter*; Hildebrand: *inextimabiliter*; Nolte 1864, 674: *inter se aequabiliter*. Heraeus 1910, 260 lit quant à lui *ex<amus>sim*, voir notice suivante. Hildebrand reconnaissait déjà pourtant que l'adverbe pouvait être pris *in bonam partem*, avançant comme parallèle Fronto p. 27 vdH *horribiliter scripsisti hanc orationem*. Thomas 1912, 64 ss. compare avec Hom. *Il.* 3, 158 αἰνῶς ἀθανάθῃσιν θεῇς ... ἔοικεν, et avance comme exemples d'adverbes négatifs portant sur un mot positif e.g. Plaut. *Mil.* 24 *insanum bene*; Petron. 68, 7 *desperatum ualde ingeniosus est*. Très italien, Augello 1977, 41 remarque: «Anche noi diciamo di una donna che è 'maledettamente' bella». Pour Hofmann 1951, 78, cet emploi par antiphrase de l'adverbe *execrabiliter* est une tournure relevant de la langue populaire; voir aussi Helm Praef. *flor.* LV. Mais les exemples d'Homère cités ci-dessus suggèrent plutôt qu'il s'agit d'une tournure rhétorique et littéraire. À son tour, Callebat 1968, 540 doute de la validité de la leçon *execrabiliter*, estimant qu'un mot si populaire détonne dans la bouche d'une matrone respectable. Lui-même avance cependant l'explication qui me paraît la bonne, en comparant avec «le *furieusement* de nos Précieuses» (Molière, *Les Précieuses ridicules* Acte I, sc. 4; sc. 9). Byrrhène se complait à une préciosité de langage, la première d'une impressionnante série (voir *infra*). C'est ce qu'Armini 1928, 281 exprimait déjà: «Nonne istud uocabulum ... cum a matrona digna comiter adloquendi proferatur, acumen quoddam subridiculae festiuitatis anquirere uidetur? Neque obliuiscendum est non de matrona Romana, sed de matrona oppiduli Thessaliae hic agi». Cf. Juv. 6, 438 s. *cedunt grammatici, uincuntur rhetores, omnis / turba tacet* (à propos de la pédante). Les exemples de néologismes adverbiaux abondent chez Apulée (voir Koziol 1988 [[1]1872], 282 s. et Callebat 1994, 1617). Cf. notamment pour les adverbes en *-iter*: *ignorabiliter* (3, 17: 65, 5); *inextricabiliter* (11, 25: 286, 26); *inuicibiliter* (*flor.* 18: 36, 22). Cf. en outre *Plat.* 2, 16 (128, 11), où l'on rencontre un hapax de la même famille: *exsecrabilitas* (signalé par Thomas, l.c.).

ad - congruentia: le texte de F donne *ad regulam qua diligenter aliquid adfingunt sim congruentia*, qu'Helm imprime tel quel dans ses deux premières édi-

---

[1] Winkler 1985, 318 (note 75) suppose que dans une lecture mythico-religieuse le nom *Saluia* évoque Proserpine et fait allusion, avec le nom du père de Lucius, Thésée (1, 23: 21, 15 s.), au sacrilège commis par Pirithoüs et Thésée à l'encontre de la déesse des Enfers. Mais on ne voit vraiment pas le rapport avec l'histoire de Lucius.

tions en y apposant une *crux*. Thomas 1912, 67, Giarratano et Terzaghi adoptent le texte de φ, où un *sunt* d'une seconde main vient corriger le *sim* (ou s'y ajoute, selon l'apparat de Helm; Terzaghi encadre tout de même les mots *qua ... adfingunt* d'une *crux*); voir aussi *ThLL* s.v. *congruo*, 302, 63. Le premier à soupçonner la présence d'une glose, Gruter condamne comme telle les mots *qua ... adfingunt*. Cette conjecture est adoptée dans les anciennes éditions, qui conservent ainsi les mots *ad regulam (sunt) congruentia* (*sunt* est omis par Oudendorp et Valpy). Supposant que le *sim* des mss. est un reste d'un mot partiellement disparu, Plasberg corrige *ad <amus>sim congruentia*, incluant du même coup *regulam* dans la glose. Cette belle conjecture est adoptée par Helm III, Brandt-Ehlers, Robertson, Hanson et Augello 1977, 41. De fait, le ton rigide et didactique de cette phrase détonne dans un passage mettant en scène un échange de paroles d'une grande vivacité. Frassinetti et Scazzoso avancent une autre variante. Le premier lit *ad <amussim> sunt congruentia* (conservant ainsi le *sunt* de φ imprimé par Giarratano): solution élégante, même si l'adjonction d'un *sunt* n'est pas indispensable (les ellipses du verbe *esse* abondent dans les *Met.*). Scazzoso conserve le texte de F, tout en y admettant la conjecture de Plasberg: *ad regulam qua diligenter aliquid adfingunt amussim congruentia*. Mais la lourdeur de la tournure ne paraît pas convenir au style d'Apulée. Enfin, Heraeus 1910, 260 élimine les mots *ad regulam ... adfingunt* et transforme le mot *execrabiliter* en *ex<amus>sim* (voir notice précédente). Mais, comme le constate Thomas 1912, 66, le mot *examussim* se rencontre ailleurs dans les *Met.*, sans que les mss. montrent la moindre hésitation.

ad amussim = «exactement», «précisément». La tournure *ad amussim* est un archaïsme. Attestée pour la première fois chez Varro *Men.* 555 et *rust.* 2, 1, 26, on la retrouve chez Gell. 1, 4, 1 et Apulée. Ailleurs, dans les *Met.*, on trouve *examussim*: cf. e.g. 2, 30 (50, 8); 4, 18 (88, 7), avec *GCA* 1977, 138 ad loc. sur la connotation plautinienne de l'adverbe; 10, 2 (237, 21). Les deux adverbes sont formés à l'aide du mot *amussis* que Varro *frg. gram.* 49 (51) définit comme suit: *amussis est aequamen leuamentum, id est apud fabros tabula quaedam, qua utuntur ad saxa coagmentata*; cf. aussi Fest. p. 6 L et p. 70 L.

26, 5-9   Inenormis proceritas, suculenta gracilitas, rubor temperatus, flauum et inadfectatum capillitium, oculi cae[ci]si quidem, sed uigiles et in aspectu micantes, prorsus aquilini, os quoquouersum floridum, speciosus et immeditatus incessus': Une taille élevée, mais sans excès, une minceur sans sécheresse, un teint légèrement rosé, une chevelure blonde et sans artifice, des yeux bleus, il est vrai, mais vifs et brillants dans leur expression, tout à fait comme ceux de l'aigle, une fraîcheur colorée répandue sur tout le visage, une démarche élégante et sans affectation.»

Cette description de Lucius fut souvent interprétée comme un autoportrait d'Apulée: voir Hicter 1944, 13, qui fait remonter cette théorie à l'abbé Compain en 1736 (mais cf. déjà Adlington dans la préface de sa traduction). Vallette remarque que «ce serait assez de lui» (note 1 p. 30). Augello: «è probabile che

Apuleio si abbia un po' adombrato se stesso, ché di bello aspetto egli fu certamente» (p. 65). Tel était du moins l'avis des accusateurs d'Apulée, si l'on en croit l'*apol.* 4 (5, 4) *accusamus apud te philosophum formonsum.* Contre cette théorie de l'autoportrait, voir Junghanns 1932, 32 note 41.

Pour Ciaffi 1960, 124 s., et Pennacini 1979, 33, ce portrait est l'image inversée d'Encolpe chez Petron. 126, 2; Harrison 1990, 195 ss. y voit un écho de la scène de reconnaissance chez Ménélas dans l'*Odyssée* (voir notice initiale ad 25, 10 ss.). Je suis d'avis que cette peinture de Lucius s'inscrit dans la tradition des descriptions des héros des romans grecs, tous doués d'une beauté remarquable. Le héros partage cette caractéristique avec Psyché, l'héroïne du conte inséré: cf. 4, 28 (96, 19 ss.); X. Eph. 1, 2, 5; Ach. Tat. 1, 4, 3; Hld. 1, 2, 1 ss. et 3, 3, 4 ss., etc. Sur ce rapport entre Apulée et les romans grecs, voir Morelli 1915, 103 et Rohde 1960, 161 ss. ([1]1876); pour une continuation de ce *topos*, Aerts 1997.

Du point de vue de sa composition, la description tient autant de l'éloge rhétorique que du portrait physiognomonique. Le catalogue des qualités physiques correspond aux classiques du genre de l'*enkômion*: belles proportions du corps, teint rosé, cheveux blonds et yeux brillants sont des *topoi* que l'on lit et relit dans la littérature épidictique et dans la poésie amoureuse (voir Krenkel 1984; Pernot 1993, 134 ss. et 154 ss. et Van Mal-Maeder 1997a, 182 avec références supplémentaires). Du traité de *Socr.* 23 (36, 15 ss.) d'Apulée, il ressort que le bon éloge s'applique aux qualités de l'âme. L'éloge de Lucius par Byrrhène ne touche que la surface (tout comme celui de la ville d'Hypata, où seules les qualités extérieures de la ville sont louées: cf. 2, 19: 41, 3 ss., avec comm. ad loc.).

Dans le langage de la physiognomonie, ce portrait - qui insiste de manière remarquable sur le juste milieu[2] - est caractéristique du type du Grec et de l'homme de bien: cf. e.g. Arist. *Phgn.* 15; Polem. *Phgn.* 35; *Physiogn.* 92. Voir Evans 1941 et 1969, 72 ss.; Mason 1984 (selon Opeku 1979, cette description ne relève pas de la physiognomonie et ne fait que dépeindre un état émotionnel). De manière plus précise, c'est le portrait d'un homme de lettres (cf. Polem. *Phgn.* 55), celui que Lucius deviendra à la fin de ses aventures; voir s.v. *inadfectatum capillitium*; *os - floridum*). Dans cette mesure, il est une manière de prolepse, perceptible pour un «lecteur averti» (voir Introd. 2.1.1.1; 2.2; Van Mal-Maeder 1997a, 177 ss.). Ce portrait d'un jeune homme cultivé constitue le juste milieu entre les deux sortes de maîtres de rhétorique dépeints par Lucianus *Rh. Pr.* 9 ss.: l'un, le représentant d'une rhétorique classique et ancestrale, rude, musclé, viril, le teint basané et les cheveux hirsutes; l'autre mou, efféminé, pâle et le cheveu rare, plein d'affectation.

---

[2]   Selon Thibau 1965, 119, ce portrait est une allusion à Plat. *Lg.* 728d-e où est vanté l'avantage du juste milieu dans les qualités physiques: corporellement, Lucius possèderait ainsi l'*aurea mediocritatis* nécessaire à l'équilibre de l'âme.

La cascade de mots rares que l'on trouve dans cette description (voir *infra*) confirme ce que révélait plus haut l'adverbe *execrabiliter*, à savoir que Byrrhène est une précieuse.

Inenormis - gracilitas: parallèle de construction, isokôlon et rime en *-itas*. Dans les traités physiognomoniques, l'harmonie des proportions corporelles occupe une place non négligeable: cf. Arist. *Phgn.* 72 et voir Evans 1949, 50 et 1969, 72 s.

Inenormis proceritas: c'est le juste milieu prêché par les physiognomonistes: cf. e.g. *Physiogn.* 92 *ingeniosus esse debet non satis procerus nec breuis*; Polem. *Phgn.* 35 (du Grec) et 55 (de l'homme de lettres). Comparer chez Suet. *Vit.* 17 *erat enim in eo enormis proceritas*. L'adjectif *inenormis*, «non démesuré», est un hapax. Il est le premier d'une série d'adjectifs rares formés à l'aide du préfixe *in-*, correspondant à l'α privatif grec (cf. aussi plus bas *inadfectatum* et *immeditatus*), une formation fréquente dans les traités de physiognomonie. Il révèle aussi la préciosité du langage de Byrrhène. Facchini Tosi 1986, 144 note 125 souligne la recherche euphonique dans cette succession d'adjectifs en *in-*.

suculenta gracilitas: *suculentus*, attesté pour la première fois chez Apulée, apparaît encore en 10, 15 (248, 9), où il signifie «juteux»: voir *GCA* 2000, 223 ad loc. Le mot vient tempérer la nuance négative que pourrait impliquer *gracilitas*, qui désigne généralement une maigreur excessive (cf. e.g. Cic. *Brut.* 313; Sen. *dial.* 2, 16, 4 *iocatus est ... in crurum gracilitatem*; cf. aussi Cels. 2, 1, 5 *corpus neque gracile neque obesum*). Comparer pour cet emploi de *suculentus* au sens de «plein de force vitale» Ter. *Eun.* 318 *corpus solidum et suci plenum*. Il est probable que l'adjectif corresponde au grec ὑγρός, qualité de chair fréquemment mentionnée chez les physiognomonistes (comparer ainsi *Physiogn.* 54 *ceruix dura indocilem hominem ostendit, ceruix* ὑγρά *docilem,* ὑγρὸν *autem in corporibus Graeci molle quidem et flexibile, non tamen euisceratum nec enerue uideri uolunt* et Apul. *flor.* 15: 20, 11 *ceruix suci plena*). Or, l'un des signes de l'homme bien né (εὐφυής) est, selon Arist. *Phgn.* 15, σὰρξ ὑγροτέρα ... οὐκ εὐεκτικὴ οὐδὲ πιμελώδης σφόδρα. Ce juste milieu se retrouve à propos de l'*ingeniosus* dans *Physiogn.* 92; du Grec: Polem. *Phgn.* 35; de l'homme cultivé: *ibid.* 55 *nec multam in corpore pinguedinem nec paucam habeat*.

rubor temperatus: il s'agit ici non plus de la rougeur de timidité (cf. ligne 1 *rubore suffusus*), mais de la couleur rosée du teint, autre qualité médiane fréquemment mentionnée chez les physiognomonistes, où elle est le propre du Grec, de l'homme de bien et de l'homme de lettres: cf. e.g. *Physiogn.* 92 *coloris albi, cui sit permixtus etiam rubor*; Polem. *Phgn.* 35 et 55. Cf. aussi *Physiogn.* 79 *color tranquille et moderate rubeus docile ingenium ueloxque declarat*, où *docilis* = «porté à s'instruire». Le teint rosé est aussi un *topos* de la littérature amoureuse: cf. e.g. Ov. *met.* 3, 420 ss. *spectat ... in niueo mixtum candore ruborem* et voir Krenkel 1984, 50 ss. avec abondantes références littéraires.

flauum - capillitium: chez les physiognomonistes, les cheveux légèrement blonds et naturels sont le propre de l'*ingeniosus* et du *uir litterarum amans*: cf. e.g. *Physiogn.* 92 *capillo flauo non adeo crispo sed nec extenso*; Arist. *Phgn.* 15;

76

Polem. *Phgn.* 41 et 55 *capillo simplice ad flauum uergente*; Adam. 37. La blondeur constitue aussi un critère de beauté topique dans la littérature amoureuse et chez les poètes en général. Les dieux et les héros en particulier sont le plus souvent blonds: voir le riche commentaire de Pease 471 ss. ad Verg. *Aen.* 4, 590 et Krenkel 1984, 50 ss. Cf. encore Apul. *met.* 5, 22 (120, 14 ss.), à propos de la chevelure d'Éros. Le naturel de la coiffure est un trait esthétique, souvent loué par Apulée (cf. 2, 9: 32, 21 ss., avec comm. ad loc.), par opposition à un excès de recherche dans la coiffure, signe d'efféminement et de débauche. Cf. aussi Tib. 1, 8, 9 s. avec Murgatroyd 238 ad loc.; Ov. *ars* 1, 503 ss. Dans l'*apol.* 4 (6, 8 ss.), Apulée décrit non sans complaisance sa propre chevelure comme une broussaille négligée, afin d'échapper à l'accusation de débauche efféminée; voir Hunink 1997, 20 ss. Sur l'intérêt d'Apulée pour les cheveux, voir Introd. 5.6.

inadfectatum capillitium: l'adjectif *inadfectatus*, peu fréquent, est attesté pour la première fois chez Quint. *inst.*, où il s'applique au style d'un discours: cf. 8, 3, 87; 9, 4, 17; 10, 1, 82, etc.; cf. aussi Plin. *paneg.* 67, 1. Dans la mesure où cette description est celle d'un futur homme de lettres (voir notice initiale), ce sens est probablement également présent dans notre passage (déclaration stylistique métaphorique): voir notice initiale ad 2, 8 (31, 13 ss.) et ad 2, 9 (32, 17 ss.); *infra* s.v. *os - floridum*. Chez notre auteur, l'adjectif est employé à deux reprises à propos d'une caractéristique physique: outre notre passage, cf. *met.* 10, 31 (262: 12, de la démarche d'une femme). Comparer *Physiogn.* 104 *inaffectata ... simplicitate.* Le terme *capillitium* est attesté pour la première fois dans ce passage d'Apulée et ne se rencontre ensuite que chez Mart. Cap. 2, 181; 4, 331 (*ThLL.* s.v. 313, 71 ss.). Il est formé sur le même modèle que *caluitium* (11, 30: 291, 19 et *apol.* 74: 83, 15) et *barbitium* (*met.* 5, 8: 109, 14 et 11, 8: 272, 13), qui apparaît aussi pour la première fois chez notre auteur.

oculi - aquilini: dans les traités de physiognomonie, les yeux occupent la place essentielle (cf. *Physiogn.* 20 *summa omnis physiognomoniae*). De même dans cette description de Lucius, la partie concernant ses yeux est la plus développée: quatre adjectifs qualificatifs, contre un ou deux pour les autres parties. Selon Mason 1984, cette description des yeux traduit dans le langage de la physiognomonie un homme peureux, emporté et imprudent, défauts dont Lucius ferait preuve dans la suite de ses aventures. Mais voir les notices suivantes.

cae[ci]si quidem: F et φ ont *caeci siquidem*; la correction de ς *caesii quidem* est adoptée par toutes les éditeurs modernes. Cependant, Helm s'interroge dans son apparat: *caesi?*, renvoyant à Helm 1904, 570, où il offre une série d'exemples de termes en *-ii-* s'écrivant avec un seul *-i*. Voir aussi *GCA* 1985, 247 ad 8, 28 (199, 15) *contortis taenis*. L'abl. pluriel en *caesis* est attesté chez Suet. *Nero* 51, 1 et Vitr. 6, 1, 3. Selon André 1949, 178 ss., *caesius* est un terme de la langue familière signifiant «bleu clair et brillant» (cf. Gell. 2, 26, 19 *nostris autem ueteribus 'caesia'dicta est, quae a Graecis* γλαυκῶπις, *ut Nigidius ait, de colore caeli, quasi caelia*), qui possède souvent une connotation péjorative; cf. Ter. *Haut.* 1062 et *Hec.* 440 et Lucr. 4, 1161 (de la couleur des yeux). Mais chez Cic. *nat. deor.* 1, 83 et Amm. 25, 10, 14 et 30, 9, 6, le mot est dépourvu de toute nuance négative. Pour Mason 1984, 308, Apulée a volontairement échangé la couleur grise des yeux de l'*ingeniosus* (χαροποί) des physiognomonistes pour le bleu, dont la connotation négative est soulignée dans notre passage par *quidem* (ignorant la présence dans le texte de cet adverbe, Evans 1941, 103 et 1969, 73 traduit quant à elle *caesi(i)* par «gris» et y voit un signe positif d'intelligence et de courage). Chez les physiognomonistes, la couleur des yeux est très complexe. Outre que *caesius* n'apparaît pas dans ces textes, il n'est pas toujours aisé d'y distinguer entre le bleu, le vert ou le gris. Chez Polem. *Phgn.* 1 (p. 148 Foerster) *charopus* (gris) semble être confondu avec *glaucus* (bleu). Par ailleurs, différentes nuances de bleus y sont mentionnées avec différentes significations et l'interprétation varie encore selon que les yeux sont fixes ou mobiles, brillants ou mats, etc.: cf. e.g. *Physiogn.* 24 et cette recommandation de Polem. *Phgn.* 1 à propos de l'interprétation des yeux: *suadeo profecto physiognomoni ne in iudicando nimis festinet priusquam omnia signa inuicem contradicentia prorsus perscrutatus fuerit* (p. 148 Foerster). Comme noté ci-dessus, *caesius* est loin d'être systématiquement employé de manière négative dans la littérature latine. Un passage d'Arist. *GA* 779b nous apprend que les yeux bleus voient moins bien, car ils ne contiennent pas suffisamment d'humidité: cela pourrait expliquer que *caesi* soit opposé par un *quidem* à *uigiles, micantes* et *aquilini* (voir *infra*).

uigiles: l'adjectif appartient essentiellement à la langue poétique: cf. e.g. Verg. *Aen.* 4, 181 s. *(Fama) cui quot sunt corpore plumae / tot uigiles oculi subter*. Opposé à *caesius*, qui suggère peut-être qu'en raison de la couleur de ses yeux, la vue de Lucius n'est pas excellente (voir notice précédente), *uigiles* est une plaisanterie dans la bouche de Byrrhène, à côté de laquelle Lucius passe sans la voir; voir aussi s.v. *aquilini*. Malgré son regard aigu, Lucius n'est pas non plus capable de découvrir la moindre trace de ce qu'il recherche si intensément (cf. 2, 1: 24, 24 *curiose singula considerabam*).

in aspectu micantes: cf. *Culex* 173 *aspectuque micant flammarum lumina toruo*. La tournure *in aspectu* se retrouve dans notre roman en 10, 31 (262, 20) *oculis in aspectu[m] minacibus*; cf. aussi sans la préposition 8, 4 (179, 10) *oculis aspectu minaci flammeus*. Selon Mason 1984, 308, les yeux brillants de Lucius sont un défaut, car chez une personne aux yeux bleus ils dénotent un caractère emporté. Pourtant, selon les physiognomonistes, les yeux brillants sont tantôt un défaut, tantôt une qualité: cf. *Physiogn.* 92, où il est dit de l'*ingeniosus* qu'il a les yeux humides et brillants (*splendidos*); *ibid.* 34, des yeux d'Hadrien, clairs et très brillants. *Micantes* me paraît plutôt faire référence à un *topos* esthétique: les yeux brillants comme des étoiles: cf. e.g. Apul. *met.* 3, 19 (66, 18) *micantibus oculis* (des yeux de Photis); Ov. *met.* 1, 498 s.; 3, 420 s.; Sen. *Phaedr.* 379 s. *et qui ferebant signa Phoebeae facis / oculi nihil gentile nec patrium micant*; Petron. 126, 16, etc.

aquilini: se référant à Polem. *Phgn.* 2 qui définit l'aigle comme un animal *animi et corporis robusti familiaris quamuis aspera perfida sublimis studii* (p. 184 Foerster), Mason 1984, 308 s. pense que *aquilinus* suggère à la fois les défauts et les qualités de Lucius. Mais en physiognomonie «zoologique», l'aigle est

78

l'un des animaux les plus nobles: cf. Adam. 2; Arist. *Phgn.* 68; Ps. Polem. *Phgn.* 5 *optimi oculi sunt cyanei, et scias leonem ... et aquilam oculos cyaneos habere.* Avant Apulée, *aquilinus* n'est attesté que chez Plaut. *Pseud.* 852, où il se rapporte à la rapacité de l'aigle; cf. aussi Tert. *paenit.* 12. Ici, l'adjectif fait allusion à un autre topique très répandu dès l'Antiquité, celui de la vue attentive et perçante de l'aigle: cf. e.g. Hom. *Il.* 17, 674 s.; Arist. *HA* 620a; Plin. *nat.* 10, 191 et surtout Apul. *flor.* 2 (2, 6 ss.). Comme *uigiles* (*supra*), il est utilisé par antiphrase, Lucius n'ayant pas su reconnaître Byrrhène.

os - floridum: «coloré par la fleur de la jeunesse». Par rapport à *rubor tempe-ratus* (ligne 6), *floridus* indique davantage la jeunesse: cf. Catull. 61, 56 ss. et 68, 16; Ov. *met.* 13, 789 s. *Galatea ... floridior pratis*; Claud. *carm. min. app.* 5, 33 (p. 418 Hall) *rubor et candor pingunt tibi florida uultus*; plus loin dans notre livre cf. encore *met.* 2, 7 (30, 20) *floridis palmulis* (de Photis). Par convention, la beauté physique n'est évoquée dans une *laudatio* qu'à propos d'un enfant ou d'un jeune homme: voir Pernot 1993, 134 ss. et 154 ss. Si l'on admet que, dans le lan-gage de la physiognomonie, cette description du héros est celle de l'homme culti-vé qu'il deviendra à la fin de ses aventures (voir notice initiale), *floridus* peut être lu comme une référence par anticipation au style coloré et fleuri du futur orateur (ainsi Penwill 1990, 19 s. note 35; Van Mal-Maeder 1997a, 181). Voir comm. ad 2, 12 (35, 8 ss.); cf. aussi 11, 27 (289, 9 ss.); *supra* s.v. *inadfectatum capillitium.*

quoquouersum: la présence de cet adverbe à résonance technique dans une description inspirée de la littérature épidictique et sa juxtaposition au poétique *floridus* est surprenante. Byrrhène semble aimer la précision: cf. aussi lignes 4 s. *ad <amussim>. Quoquouersum (-sus)* se rencontre encore en 8, 27 (198, 15), également dans une description détaillée, et au livre 11, 30 (291, 20).

immeditatus incessus: comparer pour la combinaison Cic. *leg. agr.* 2, 13 *alio incessu esse meditabatur.* Les traités de physiognomonie accordent une part im-portante à la tenue du corps et à la démarche: cf. e.g. Polem. *Phgn.* 50 et Adam. 38 ss.; *Physiogn.* 74 *motus corporis alius est naturalis, alius affectatus* et 75 ss. Comparer Apul. *met.* 5, 25 (123, 2 s.), où Pan sait déduire l'état d'esprit de Psyché notamment au travers de sa démarche incertaine. Cf. aussi ces mots de Chrisis chez Petron. 126, 3 *ex uultibus tamen hominum mores colligo, et cum spatiantem uidi, quid cogitet scio* (Byrrhène ne semble pas partager le savoir de Pan et de Chrisis, elle qui loue ici comme *immeditatus incessus* ce que le lecteur sait être la démarche d'un homme enivré par ses désirs: voir *supra* comm. ad *in lux<um> nepotalem similis*: lignes 10 s.). Une démarche trop affectée est souvent raillée, elle est le propre d'un homme débauché: cf. Petron. 126, 2; Lucianus *Rh. Pr.* 9. Pour la démarche des femmes, Ov. *ars* 3, 299 conseille le naturel gracieux: *est et in incessu pars non contempta decoris.* Voir Bremmer 1991, 16 ss. sur l'impor-tance sociale de la démarche d'Homère aux traités de physiognomonie et à Am-broise; comm. ad 2, 6 (29, 19 ss.). L'adjectif *immeditatus* est attesté pour la pre-mière fois chez Apul; cf. aussi *flor.* 17 (32, 10) *animalium immeditatos sonores.* Il apparaît ensuite chez Ennod. *opusc.* 3 (*CSEL* 6 p. 367) *inmeditata ... uerba.* Chez Gell. *praef.* 10, on trouve *immeditate.*

CHAPITRE III

Lucius se découvre une parente.

Par rapport à l'*Onos* 4, 2 ss. où la femme rencontrée dans la rue, Abroia, n'est qu'une amie de la mère de Loukios, Byrrhène est plus étroitement liée à Lucius. Elle est une parente de sa mère et sa soeur de lait et s'affirme en quelque sorte comme une tante, voire comme une seconde mère. Sa fonction dans le récit est aussi plus prononcée que dans l'*Onos*, où Abroia se contente de prévenir Lucius que la femme de son hôte est une sorcière. Une fois son rôle d'informatrice rempli, elle disparaît de la scène.[1] Dans les *Met.*, Byrrhène joue un rôle plus important. Comme Abroia, elle est chargée de mettre Lucius en garde contre la magicienne Pamphilé et contre les dangers d'une curiosité excessive. L'avertissement est donné à deux reprises, les deux fois où Lucius se rend chez elle: à la suite de leur rencontre sur le marché et, plus tard, lors du dîner où il entend le récit de Thélyphron (cf. 2, 5: 28, 11 ss. et 2, 20: 41, 9 ss.). Paradoxalement, c'est elle qui est responsable de la plongée de Lucius dans l'univers de la magie.

Selon Junghanns 1932, 31, note 40 et Van Thiel 1971, 32 s., l'importance qu'a prise la figure de Byrrhène dans les *Met.* conduit à une invraisemblance: comment Lucius pouvait-il ignorer qu'une parente si proche de sa mère habitait à Hypata? Face à cette inconséquence, James 1987, 241 ss. s'interroge sur la véritable identité de Byrrhène et suppose qu'il s'agit en réalité d'une stature divine, plus précisément d'une épiphanie d'Isis. Cela expliquerait que Lucius ne sait rien d'elle (voir aussi Van der Paardt 1990, 39; Merkelbach 1995, 428 s.; Hofmann 1997, 163 s.). À l'inverse, Drake 2000, 7 s. affirme que Byrrhène représente «The Bad Mother» et que son nom révèle qu'elle est l'ânesse rousse consacrée à Seth, l'ennemi d'Isis (voir *infra* s.v. *Byrrena* 26, 16). Mais aucun élément du texte ne vient confirmer ces interprétations, caractéristiques de «lecteurs seconds» (voir Introd. 2.2 et 5). L'entrée en scène de Byrrhène à ce moment de l'histoire relève d'une technique narrative caractéristique des *Met.*, consistant à (n') introduire un nouveau personnage ou un nouvel élément de l'histoire (qu') au moment où la logique du récit l'exige (déploiement progressif des données du récit); voir Van Mal-Maeder 1995, 105 ss..

Et adiecit: 'Ego te, o Luci, meis istis manibus educaui, quidni? 26, 10-12
Parentis tuae non modo sanguinis, uerum alimoniarum etiam
socia[m]: Et elle ajouta: «C'est moi qui t'ai élevé, Lucius, de ces mains que tu

---

[1] Observant que le rôle d'Abroia dans l'*Onos* n'est pas vraiment motivé, Goldbacher 1872, 329 ss. suppose que son rôle devait être plus important dans l'original grec et que l'épisode devait être comparable à ce qu'on lit chez Apulée; Sekunda 1997, 221 ss. identifie Abroia avec un membre de la famille des Kylloi ou des Eubiotoi à Hypata: voir Introd. note 94.

vois là. Eh oui! Je ne suis pas seulement liée à ta mère par le sang, mais aussi par le lait.

Ego - educaui: cf. 6, 22 (145, 15 s.) *memor quodque inter istas meas manus creueris* (Vénus s'adressant à son fils) et comparer Plin. *epist.* 4, 19, 6 *tuis manibus educatam, tuis praeceptis institutam.* Bernhard 1927, 171 observe à propos de cette tirade: «Von grossem Selbstbewusstsein zeugt das öftere *ego* in Byrrhenas Rede» (p. 112). Voir Callebat 1968, 93; *id.* 271 s. sur la tournure *iste meus* que l'on rencontre à dix reprises dans les *Met.* et qui suggère un geste emphatique venant appuyer les dires d'un personnage dans un dialogue. Plus loin, Byrrhène affirme être une parente de la mère. Il n'était pas rare qu'une parente intervienne dans l'éducation des enfants: cf. Pers. 2, 31 ss.; Tac. *dial.* 28, 5; voir Hallett 1984, 183 ss. La suite révèle que Byrrhène ne s'est occupée de Lucius que lorsqu'il était très jeune (des *educatores* prirent le relais: cf. ligne 17), ce qui pourrait expliquer que Lucius ne se rappelle pas d'elle (mais voir notice introductive).

o Luci: dans F, l'interjection paraît avoir été ajoutée avec un signe interrogatif par la même main; dans φ, elle fut ajoutée par une main plus tardive, la même qui, dans l'*Apol.*, pourvut tous les vocatifs d'un *o*; dans a*, l'interjection est présente. Le même cas se présente en 1, 25 (23, 16) et en 2, 5 (28, 14). En 2, 6 (29, 23) *o* est ajouté par la même main dans F, mais il est absent dans φ. Petschenig 1881, 137 veut supprimer l'interjection comme étant une adjonction, comparant avec les exemples où le voc. *Luci* apparaît seul (e.g. 3, 20: 67, 6; 11, 5: 269, 12). Mais cf. 11, 22 (284, 7) *o, inquit, Luci*, où les mss. ne montrent aucune hésitation. Le passage correspondant de l'*Onos* 4, 3 a ὦ τέκνον.

quidni: voir GCA 1977, 179 ad 4, 24 (93, 5) et GCA 1995, 93 s. ad 9, 9 (209, 5) sur cette particule emphatique qui renforce l'affirmation de la phrase précédente, en introduisant une explication détaillée (avec ellipse du verbe).

parentis tuae - socia[m]: noter la position symétrique au début et à la fin de la phrase de *parentis tuae* et de *socia*, qui encadrent les deux substantifs au gén. reliés par *non modo ... uerum etiam.* Les deux femmes sont unies par un lien de parenté et par un lien affectif, qui seront précisés dans la phrase suivante.

sanguinis ... socia[m]: le tour n'est pas dépourvu d'emphase: cf. e.g. Cic. *Tusc.* 2, 23 *Titanum suboles, socia nostri sanguinis* (traduction du Prométhée délivré d'Eschyle); Ov. *trist.* 4, 5, 29. Selon Schissel 1927, Byrrhène est la soeur de Salvia (et donc la tante de Lucius); mais voir *infra* s.v. *in nexu germanitatis ... coaluimus.* Pour Ifie-Thompson 1977/78, 24 et Bradley 1991, 13, elle est sa cousine. Le texte ne fournissant pas de détails, il suffit de constater que les deux femmes sont parentes et, étant donné le fait qu'elles ont eu la même nourrice (ligne 13), approximativement du même âge.

alimoniarum ... socia[m]: la tournure, qui fait pendant à *sanguinis ... socia[m]*, n'est pas attestée ailleurs (noter aussi les assonances en *a*). Pour un cas similaire, cf. 2, 2 (25, 14 s.), avec comm. ad loc. Le terme *alimonia* est un archaïsme. En dehors d'Apulée, il est attesté chez Varro *Men.* 260 et chez Gell. 12, 1, 9 *filium ... cogniti sanguinis alimonia priuare* et 17, 15, 5. Il apparaît ensuite régulièrement chez les auteurs chrétiens (voir *ThLL*, s.v. 1587, 52 ss.). Apulée l'emploie au moins à quatre reprises: cf. *met.* 5, 18 (117, 1), où il est synonyme de *alimentum* («nourriture») au sens concret; 6, 4 (131, 7), où il a un sens plus général (*OLD* s.v. 2 «feeding, nurture, upbringing»); cf. aussi *apol.* 85 (94, 17). Dans notre passage, il signifie «tétée», comme aussi chez Gell. 12, 1, 9 (*supra*; voir *ThLL* s.v. 1588, 25 ss. «speciatim alimonia nutricis uel matris»). Comme le notait déjà Beroaldus, Salvia et Byrrhène sont donc *collactaneae*; voir notice suivante; Bradley 1991, 149 ss. sur les frères et soeurs de lait et les liens d'intimité qui peuvent demeurer entre eux.

socia[*m*]: la correction est de ς (l'erreur s'explique probablement par *etiam* qui précède et *nam* qui suit).

Nam et familia Plutarchi ambae prognatae sumus et eandem nutricem simul bibimus et in nexu germanitatis una coaluimus: Car nous descendons toutes deux de la famille de Plutarque; ensemble nous avons bu le lait de la même nourrice et nous avons grandi, inséparables comme deux soeurs. 26, 12-14

Trikôlon énumératif développant la double affirmation de la phrase précédente dans un mouvement progressif renforcé par le polysyndète. Byrrhène découvre son identité à Lucius par touches successives. Le lien qui l'unit à Salvia apparaît de plus en plus étroit. En premier lieu, la parenté de sang, qui n'est pas précisée; puis, la parenté affective par allaitement commun; enfin, la conséquence de ces deux liens: Salvia et Byrrhène sont comme deux soeurs. L'adjectif *ambae* et les adverbes *simul* et *una* soulignent l'étroitesse de leurs rapports et le fait qu'il y a en quelque sorte dédoublement de la figure maternelle (sur le rôle de la *matertera*, couramment considérée comme une figure maternelle pour les enfants, voir Hallett 1984, 183 ss. et Bettini 1986, 77 ss.). Dans l'*Onos* 4, 3 ce dédoublement est explicitement exprimé: ὑμᾶς δὲ τοὺς ἐξ ἐκείνης γενομένους φιλῶ ὥσπερ οὓς ἔτεκον αὐτή. On notera en passant l'allusion dans l'épitomé au(x) frère(s) et soeur(s) du héros, absente des *Met.* (cf. aussi *Onos* 55, 2, où Loukios mentionne l'arrivée de son frère).

familia - sumus: c'est la seconde fois qu'il est fait mention de cette ascendance maternelle: cf. 1, 2 (2, 5 s.) *Thessaliam - nam et illic originis maternae nostrae fundamenta a Plutarcho illo inclito ac mox Sexto philosopho nepote eius prodita gloria<m> nobis faciunt*, avec Scobie 1975, 77 s. ad loc. Ce détail, qui fait de Plutarque et de son neveu Sextus les ancêtres de Lucius, est absent de l'*Onos*. Certains savants (Goldbacher 1872, 327 s. et 410, note 2; Helm, Praef. *flor.* VIII ss.; Vallette note 2 p. 3 s. et Walsh 1967/68, 264) supposèrent qu'Apulée en puisa l'idée dans l'original grec des *Met.* Schissel 1927 identifie ces descendants de Plutarque avec des personnages historiques, dont Apulée voulait se moquer. Ces interprétations paraissent désormais caduques à l'ensemble des commentateurs, qui se rallient à une idée déjà émise par Rohde 1885, 76, note 1. La mention de Plutarque et de Sextus serait une invention d'Apulée et une manière déguisée d'indiquer, comme un hommage, son ascendance spirituelle et l'orientation philosophique de son roman: voir parmi d'autres Junghanns 1932, 14; Augello note 5 p. 36 s. de sa traduction; Thibeau 1965, 101 s., note 24 et 25; Drake 1969, 343 ss.; Van Thiel 1971, 35; Carratello 1973, 198; Walsh 1981 et 1995, XXI ss. (dans l'introd. à sa traduction); Hijmans 1987, 416; Schlam 1992, 15 s. Selon Walsh 1970, 182 s. et Krabbe 1989, 105 s., le nom de Plutarque est une allusion à l'Isis du livre 11, car il évoque le traité du *De Iside et Osiride*. Cette interprétation est caractéristique d'un «lecteur second» (voir Introd. 2.2 et 5) ayant déjà pris connaissance de la fin du roman. À propos de la théorie d'un hommage à Plutarque et à Sextus, Scobie 1975, 78 constate avec raison: «One cannot help wondering, however, how a member of Plutarch's family would have regarded such episodes as the copulation of Lucius with the Corinthian matrona!». De plus, le héros n'est apparenté à ces figures historiques que lors de ses erreurs; au moment de sa renaissance religieuse, Lucius est associé avec un autre personnage historique, un citoyen de Madaure (cf. 11, 27: 289, 7, avec sur cette question Van der Paardt 1981; Gianotti 2000, 181). Mason 1983 rejette à son tour l'idée d'un hommage intellectuel et remarque que la connexion avec la famille de Plutarque du Lucius mis en scène dans le roman est, historiquement parlant, tout à fait vraisemblable. Pour lui, la mention de ces personnages historiques appartenant à un passé proche est une manière (similaire à ce qu'on trouve dans les romans grecs) d'ancrer la fiction dans la réalité («effet de réel»); même interprétation, à laquelle je me rallie, chez Heine 1962, 50 s. et Laird 1993, 159; voir aussi comm. ad 2, 2 (26, 3) s.v. *Saluia*. Pour Harrison 2000, 215 ss., ces données servent à caractériser Lucius comme un sophiste. Dowden 1994, 428 s. utilise ces mentions de Sextus et de Plutarque comme arguments pour une datation précoce du roman des *Met.* (vers 150 ap. J.-C.).

eandem nutricem ... bibimus: cette métonymie précieuse paraît unique. Pour de Jonge 1941, 23 s. (qui compare avec Catull. 64, 17 s. *nudato corpore Nymphas / nutricum tenus extantes e gurgite cano*), *nutrix = mamma*. Plus précisément, *nutrix* est un raccourci pour *mamma nutricis*; cf. Ov. *Ib.* 255 *qui (Telephus) bibit ubera ceruae*. Byrrhène développe ce qu'elle avait mentionné plus tôt, à savoir qu'elle et Salvia sont soeurs de lait (*supra* s.v. *alimoniarum ... socia[m]*). Sur la pratique de faire appel à des nourrices dans le monde romain, voir Blümner 1911, 307 s.; Bradley 1991, 13 ss.

in nexu - coaluimus: cette affirmation, selon laquelle Salvia et Byrrhène sont soeurs, est probablement à prendre au sens imagé. Elle est la somme des liens déjà mentionnés. Cf. Amm. 29, 2, 22 *Festinus quidam Tridentinus ultimi sanguinis et ignoti in nexum germanitatis a Maximino dilectus ut sodalis et contogatus*. Cf. en revanche Apul. *met.* 5, 27 (125, 3), où *germanitas* est employé au sens strict pour désigner le lien de parenté entre Psyché et ses soeurs. Si Byrrhène était véritablement la soeur de Salvia, comme le pense Schissel 1927, on comprendrait

difficilement l'insistance avec laquelle leur nourrice commune est mentionnée.[2]
Salvia et Byrrhène pourraient aussi être cousines, et avoir été élevées sous le
même toit: cf. Plu. *Moralia* 481d, qui mentionne le cas de frères partageant la
même maison. Toutefois, le lien de parenté n'étant pas précisé, il faut se contenter
de la mention de l'étroitesse de leurs liens.

Nec aliud nos quam dignitas discernit, quod illa clarissimas, ego   26, 14-16
priuatas nuptias fecerimus: Et rien ne nous distingue l'une de l'autre que la
position sociale: elle a épousé un haut dignitaire, moi un simple particulier.

Nouvelle information sur la famille de Lucius et manière indirecte d'insister encore une fois sur sa haute naissance; voir comm. ad 2, 2 (26, 2 ss.).

illa - fecerimus: parallèle de construction, mise en évidence des pronoms et
asyndète renforcent l'opposition.

quod ... fecerimus: Van der Vliet veut corriger *fecimus*. Mais cf. 1, 5 (4, 21 s.)
quod ... iactetur. LHSz 2, 575, remarque qu'en latin post-classique, le recours au
subjonctif après un *quod* explicatif-causal n'est pas toujours justifié; voir aussi
ETh 296. Ailleurs chez Apulée, on trouve aussi l'indicatif: e.g. 9, 15 (214, 18 ss.).

clarissimas ... nuptias: la combinaison n'est pas attestée ailleurs, mais cf. Ulp.
dig. 1, 9, 8 *feminae nuptae clarissimis personis clarissimarum personarum ap-
pellatione continentur. Clarissimus* possède au 2e s. ap. J.-C. le sens technique de
«sénatorial» (voir *ThLL* s.v. *clarus*, 1275, 8 ss.). Cf. *flor.* 16 (28, 2 ss.) *Aemiliane
Strabo, uir omnium, ... inter optimos clarissime, inter clarissimos optime*; *apol.* 2
(3, 6 et 7 s.) *uir clarissime* et *contra clarissimam uocem*, avec Hunink 1997, 17 ad
loc. Pour Mason 1983, 138 ss., le père de Lucius, Thésée (cf. 1, 23: 21, 15) pourrait appartenir au groupe des sénateurs Achéens. De manière moins spécifique,
l'expression peut être comparée avec 4, 32 (100, 10) *beatas nuptis* (Harrison
2000, 215).

priuatas nuptias: l'expression (qui n'est pas attestée ailleurs) signifie que
contrairement au mari de Salvia, celui de Byrrhène n'exerce ou n'a pas exercé (le
personnage n'apparaissant pas dans le roman, on ignore s'il est vivant ou non: voir
aussi Vallette note 3 p. 30) de fonction publique: voir *OLD* s.v. *priuatus*[1], 2 et 3b
(Ifie-Thompson 1977/78 supposent que Byrrhène a épousé un magistrat munici-
pal, mais le texte n'indique rien de tel). Si elle a contracté un mariage socialement
moins élevé que sa soeur de lait, elle n'en jouit pas moins d'une situation matérielle confortable (voir comm. ad 2, 2: 25, 12 ss.) et appartient à la haute société
d'Hypata: cf. 2, 19 (40, 12 s.).

nuptias fecerimus: cf. Plaut. *Aul.* 288 s. *erus nuptias / meus hodie faciet.*
Selon de Jonge 1941, 24, la tournure est populaire. LHSz 2, 755 remarquent tou-

---

[2]   Une réponse possible - mais c'est chercher bien loin - serait qu'elles sont demi-soeurs, de
même père et de mère différente: dans le vocabulaire juridique, *germanus* désigne un frère
consanguineus, par opposition à *uterinus*: voir *ThLL* s.v. *germanus* 1915, 17 s.

tefois que la construction *facere* + substantif à l'acc. au lieu du verbe simple (fréquente en latin post-classique) se rencontre aussi dans la langue classique, où elle trahit parfois un certain maniérisme.

26, 16-17   Ego sum Byrrena illa, cuius forte saepicule nomen inter tuos educatores frequentatum retines: Je suis cette Byrrhène dont tu te rappelles peut-être avoir bien souvent entendu répéter le nom parmi ceux qui t'ont éduqué.

Byrrena: à six reprises, on trouve *Byrrena*. Outre cette occurrence, cf. 27, 1; 2, 5 (28, 12 et 29, 13); 2, 11 (33, 25 et 34, 10). Dans six autres cas, les mss. donnent *Byrrhena*: cf. 2, 18 (39, 15); 2, 19 (41, 3); 2, 20 (42, 1 et 7); 2, 31 (50, 22); 3, 12 (60, 24). Alors que Giarratano et Robertson normalisent en imprimant dans tous les cas *Byrrhena*, Helm maintient la variante orthographique (voir sur ce point Introd. 8). Comme souvent dans les *Met.*, le nom du personnage est différent de son pendant dans l'*Onos* et donc probablement de l'original grec. Dans l'*Onos* 4, 3, l'amie de la mère de Lucius se nomme Ἄβροια, «la luxurieuse», selon l'interprétation de Perry 1923a, 199, qui, au vu de l'aisance matérielle dont jouit le personnage, le trouve plus approprié que son pendant dans les *Met.* Il ajoute: «By substituting Byrrhena for Abroea, Apuleius shows us that he is not ignorant of Northern Greek names»[3]. Russel 1942, 30 le fait dériver de πυρρός et estime qu'Apulée fait montre d'érudition ethnologique: «the aristocracy of Greece included, of course, many blond hair» (sic!). Voir aussi Hanson, qui, tout en émettant un doute sur la tradition manuscrite, commente: «It may mean 'red-haired' or 'ruddy'» (note 2 p. 63; pour la correspondance *burrus/Purrus* = πύρρος/Πύρρος voir *ThLL* s.v. *burrus* 2252, 31 ss. et s.v. *Burrus* 2252, 45 ss.). Si la formation en ηνη/-ηνα pour les noms propres grecs est courante (voir Dornseiff-Hansen 1957), celui-ci n'est, à ma connaissance, pas attesté en grec. *ThLL* s.v. *Bur(r)enus, -a* et *Bur(r)enius, -a*, (nom. gent.) cite une *Burrena Nice* sur une inscription de Macédoine (*CIL* 3, 7341) et une *Burreniae Fortunatae* sur une inscription de Numidie (*CIL* 8, 3475). Voir encore *ThLL* s.v. *Burrus* 2253, 4 s. (diverses possibilités d'orthographie), citant *Lib. de praen.* 7 *antiquarum mulierum frequenti in usu praenomina fuerunt Rutila, Caesellia ... Burra a colore ducta*. Pour Hijmans 1978, 110, ce nom fut peut-être suggéré par un jeu de mot que l'on rencontre à deux reprises chez Ar. *Eq.* 59 et 449, où μυρσίνη/Μυρρίνη sont remplacés par βυρσίνη/Βυρσίνη «courroie en cuir, chasse-mouche en cuir». Byr-

---

[3]   On eût aimé que Perry s'explique sur ce point. Comparer l'affirmation non moins vague de Grimal 1969, 96: «Byrrhène, la Thébaine, dont le nom porte l'empreinte du dialecte de sa patrie». Henricus van Herweden, *Lexicon Graecum suppletorium et dialecticum*, Leiden 1902, 142, offre une liste de cas où un B dialectal correspond à un Π ordinaire; p. 149 βατέλλιον = (peut-être) πατέλλιον (sur un ostracon thébain d'époque romaine); p. 163 et 164 Βύσιος = Πύσιος; βρυτανεύειν = πρυτανεύειν (à Delphes), etc. Cf. aussi *CIL* 3, 7341 (ci-dessus). Mais cela ne suffit pas pour affirmer que ce nom contient une indication géographique.

rhène ayant éduqué Lucius de ses propres mains, son nom pourrait évoquer un fouet en cuir («Frau Leder», selon sa traduction; voir aussi James 1987, 73 ss.). Mais l'explication la plus simple demeure que le nom *Byrrena* désigne la qualité de ses cheveux («la rousse», «la flamboyante»).[4]

saepicule nomen ... frequentatum: comparer pour une accumulation similaire 9, 25 (221, 21 s.) *et iterato rursum et frequentato saepius*, avec *GCA* 1995, 219 s. ad loc. Callebat 1968, 544 s. parle d'«hypercaractérisation par un adverbe d'itératifs-intensifs».

saepicule: cet adverbe diminutif emprunté à Plaute apparaît sept fois dans les *Met.*: voir *GCA* 1981, 47 ad 6, 28 (149, 24).

inter tuos educatores: voir *supra* s.v. *ego - educaui* (ligne 10). Le mot *educator* ne fait pas référence ici à une fonction officielle, mais est employé dans un sens général (ainsi Summers 1967, 97 qui traduit: «one of those who took part in rearing you»); cf. aussi en 10, 4 (239, 10).

retines: s.e. *memoria* ou *animo*. Outre ce passage d'Apulée, *OLD* s.v. *retineo* 12 cite pour l'emploi du verbe sans substantif complément Gell. 17, 9, 16 *siue ille Hasdrubal, siue quis alius est, non retineo.*

Accede itaque hospi*t*ium fiducia, immo uero iam tuum proprium larem': C'est pourquoi viens tranquillement loger chez moi, ou plutôt viens dans ce qui est désormais ta propre demeure.»   26, 17-19

Dans l'*Onos* 4, 5, Abroia demande à Loukios où il loge. La réponse de ce dernier («chez Hipparque» = Milon des *Met.*: voir Introd. note 50 et point 7.2) est directement suivie de l'avertissement concernant la femme de son hôte (= *met.* 2, 5: 28, 14 ss.). L'épitomé est donc dépourvu de la visite de la demeure d'Abroia-Byrrhène et de la description de son atrium (chapitre 4). Harrison 1997, 58 voit dans cet épisode une élaboration de la rencontre entre Didon et Énée dans l'*Énéide* de Virgile, et est d'avis que cette invitation est suscitée par l'intérêt sexuel que Byrrhène éprouve pour Lucius. Rien dans le texte ne suggère une telle interprétation.

Accede ... hospitium: pour cette construction transitive, voir comm. ad 2, 2 (25, 20).

hospitium: *ThLL* s.v. 3040, 45 s. «domus, qua hospes recipitur». Cf. encore e.g. 1, 7 (6, 18 s.), où il s'agit d'une auberge; 9, 4 (205, 22), où, comme dans notre passage, *hospitium* est à prendre au sens concret («logis»), mais avec la nuance de son sens premier («hospitalité», «accueil hospitalier»): voir *GCA* 1995, 59 ad loc.

immo uero: pour cette correction emphatique, voir comm. ad 2, 2 (25, 8).

---

[4]   Le souci d'exhaustivité m'oblige de signaler l'explication de Drake 2000, 8 et note 18 p. 24 s. Elle fait dériver Byrrena à la fois du grec πυρρά et de *burrica*, qu'elle apparente à *burrae* («fadaises»: le mot est attesté chez Ausone), sans se soucier du fait que *bur(r)icus* (au masculin) n'apparaît qu'en latin tardif (selon *ThLL* s.v. le mot est d'origine inconnue). Et voilà la parente de Lucius devenue «a red-headed she-ass devoted to Seth. She is a Bad Mother».

fiducia: «avec confiance». Summers 1967, 97 note qu'il s'agit d'un mot de la langue du droit dépouillé de sa nuance technique. L'emploi de l'abl. seul est particulier. Ailleurs chez Apulée, le mot est accompagné d'un complément au gén. et/ou d'un adjectif: cf. 2, 25 (45, 20) *prae nimia sui fiducia*; 4, 10 (82, 3), etc. *ThLL* s.v. *fiducia* 698, 70 ss. cite une liste d'exemples avec *cum*, mais ne signale pas de cas où *fiducia* apparaît à l'abl. seul.

26, 20-23 Ad haec ego, iam sermonis ipsius mora rubore digesto: 'Absit', inquam, 'parens, ut Milonem hospitem sine ulla querela deseram; sed plane, quod officiis integris potest effici, curabo sedulo: À ces mots, ma rougeur ayant eu le temps de se dissiper durant son discours, je répondis: «Pas question, ma mère, que j'abandonne mon hôte Milon sans aucun grief; mais du moins ferai-je avec diligence tout ce que je pourrai sans manquer à mes devoirs.

ipsius: = *eius*, un emploi se développant surtout en latin tardif (Callebat 1968, 283 s.).

parens: marque de respect par laquelle une personne plus jeune s'adresse à une personne plus âgée. Cf. 1, 21 (19, 14); 3, 12 (61, 2), avec Van der Paardt 1971, 94 ad loc.; 4, 26 (94, 17). Ici, comme dans le passage du livre 3, le sens premier du mot est aussi présent: cf. ligne 11 ss. et 2, 2 (25, 19) *parentem tuam*.

sine ulla querela: *querela*, au sens de «motif de plainte» se rencontre encore en 10, 14 (247,17); cf. aussi *flor.* 14 (19, 2). Le terme relève de la langue du droit, comme le note Summers 1967, 99 s. Au livre 7, 20 (169, 24), le mot (au pluriel) a le sens d'«accusation»: voir *GCA* 1981, 214 ad loc.

On s'est parfois étonné du fait que Lucius décline l'offre de la riche Byrrhène, lui qui, au livre précédent (1, 26: 24, 12 ss.), déplore l'accueil inhospitalier de son hôte Milon (voir e.g. Stockin 1954, 105 ss., qui y voit une inconsistance narrative; de Jonge 1941, 25 pense que Lucius tait ses mauvaises expériences avec son hôte «officii causa»; Smith 1994, 1591). Mais le traitement réservé à Lucius chez Milon n'est pas aussi déplorable qu'il le prétend d'abord, ce que lui-même reconnaît avec les mots *sine ulla querela*: pour une argumentation détaillée, voir Van Mal-Maeder 1995, 104 ss.; comm. ad 2, 6 (30, 3) *probi Milonis* et ad 2, 11 (34, 9) *Milonis boni concinnaticiam mensulam*. De même dans l'*Onos* 4, 5, malgré ce que des tierces personnes affirment à Loukios, Hipparque se montre un hôte attentionné et le héros n'éprouve pas la nécessité de prendre congé de lui. Pour autant que l'on puisse comparer l'hospitalité privée antique avec l'hospitalité publique, elle se présente comme une forme de contrat moral réciproque, dont les deux parties s'engagent à respecter les clauses. Lorsqu'un engagement d'*hospitium* était conclu, sa rupture ne pouvait intervenir que lorsque l'un des deux contractants ne s'était pas tenu à ses obligations: voir Mommsen 1864, 342 s. et 352; Luzzatto 1934 (pour un cas de rupture du contrat d'hospitalité, cf. Cic. *Verr.* 2, 2, 89). Lucius n'ayant aucun motif de plainte, il se doit de demeurer chez celui qui l'a accueilli. Voir *infra* s.v. *officiis integris*. Ce refus s'explique surtout par des raisons de stratégie narrative. La maison de Milon abrite une sorcière (ce que

Lucius ne tardera pas à découvrir) et il est nécessaire qu'il y reste pour le développement de l'histoire. Ça n'est pas la dernière fois qu'il repoussera une invitation de Byrrhène en invoquant ses obligations envers Milon: cf. 3, 12 (60, 24 ss.). Voir comm. ad 2, 18 (39, 15 ss.).

sed plane: dans son comm. ad 1, 24 (22, 2), Molt 1938, 106 signale (sans y souscrire) une note manuscrite trouvée dans la marge de l'exemplaire personnel de Brakman: «*plane* interdum = ἀλλά». De fait, ce groupe de mot, que l'on ne trouve pas dans les autres oeuvres d'Apulée, possède souvent une valeur adversative («mais en revanche») ou une valeur restrictive («mais du moins»): cf. 2, 14 (36, 26); 3, 24 (70, 10 s.) *nec ullae plumulae nec usquam pinnulae, sed plane pili mei crassantur in setas*; 4, 1 (74, 19); 4, 20 (89, 12); 7, 5 (157, 25); 7, 25 (173, 16 s.); 9, 40 (234, 2). Cet emploi de *plane* n'est pas signalé par *OLD*, ni par les grammaires ou les commentateurs. LHSz 2, 493 signale qu'en latin tardif (en particulier dans le *Digeste*), *plane* peut posséder une fonction adversative-restrictive («allerdings, immerhin, freilich»), ou a même parfois un sens purement adversatif («aber»). Même dans la tournure *sed plane*, *plane* peut être revêtu de son sens original et renforcer le mot qui suit directement ou un mot plus éloigné dans la phrase: voir *GCA* 1981, 255 ad 7, 26 (174, 3 s.) et *GCA* 1995, 239 ad 9, 27 (223, 27). Comparer déjà Cic. *Att.* 4, 3, 2 *magna querela et gemitu non dicam bonorum, qui nescio an nulli sint, sed plane hominum omnium*; Quint. *inst.* 2, 12, 7 *lumina non inter umbras ... sed plane in tenebris clariora sunt.*

officiis integris: «sans que mes obligations en souffrent» (voir *OLD* s.v. *integer* 14 «(of abst. things) unimpaired, undiminished, intact»). La tournure est attestée avant Apulée chez Cic. *S. Rosc.* 109 *nullum esse officium, nullum ius tam sanctum atque integrum quod non eius scelus ... uiolarit*; *Sull.* 49; après Apulée, *Dig.* 26, 7, 5. Comparer pour les devoirs de l'hospitalité Cic. *Verr.* 2, 5, 109 *ab eo nunc hospitiorum iura atque officia quaeramus?* Quelles sont exactement ces devoirs, on l'ignore. Mais fréquenter trop assidûment la maison d'une tierce personne constituait sans doute une injure à l'égard de son hôte. De manière générale, l'étranger devait montrer vis à vis de son hôte la même attitude de gratitude que le *cliens* envers son *patronus*, et ainsi lui rendre à l'occasion quelques services: voir Mommsen 1864, 351 et *RE* 8 (1913) «*hospitium*», 2493-2498 [Leonhard] (p. 2496).

sedulo: sur la signification et l'étymologie incertaine de l'adverbe *sedulo*, voir Van der Paardt 1971, 41 ad 3, 3 (54, 5); *GCA* 1981, 85 ad 7, 1 (155, 2).

Quoties itineris huius ratio nascetur, numquam erit ut non apud te deuertar': À chaque fois que se présentera une occasion de prendre ce chemin, je ne manquerai jamais de passer chez toi.» 26, 23-24

Ce sont là paroles en l'air, car Lucius se montrera par la suite bien peu attentionné envers Byrrhène: voir comm. ad 2, 6 (29, 19 ss.) et 2, 18 (39, 15 ss.).

Quoties ... numquam: l'opposition emphatique (au lieu du plus courant *quoties ... toties*, comme en 10, 22: 254, 4 s.) n'est pas attestée ailleurs. Elle est renforcée par la position des adverbes en tête de période. Comparer Ov. *Pont.* 2, 9, 15 s. *conspicitur numquam meliore potentia causa, quam quotiens uanas non sinit esse preces.*

numquam erit ut: comparer pour l'emphase Lucr. 3, 715 *haud erit ut ... possit.* Cet emploi de *numquam* suivi d'un verbe au futur apparaît fréquemment chez les comiques, dans les promesses ou les avertissements solennels (*OLD* s.v. *numquam* 2b); cf. e.g. Plaut. *Men.* 1010; *Persa* 218 s.; Ter. *Ad.* 332.

apud te: selon Callebat 1968, 216, la tournure *apud* + pronom = *domi* ou *in domo* (*mea, tua*) ressortit à la langue familière. *GCA* 1995, 344 ad 9, 41 (235, 8) observent cependant qu'on la trouve chez des auteurs usant d'un langage plus sophistiqué.

26, 25-27, 2 **Dum hunc et huius modi sermonem altercamur paucis admodum confectis passibus ad domum Byrrenae peruenimus:** En échangeant ces paroles et d'autres du même genre, nous arrivâmes en quelques pas à la maison de Byrrhène.

À l'échange de paroles rapportées au discours direct, qui avait ralenti la vitesse du récit, succède une brève phrase conclusive mentionnant que la conversation entre Lucius et Byrrhène s'était poursuivie. Cette phrase-résumé permet d'enchaîner sur un changement de décor. L'accélération du récit n'est que momentanée; elle est immédiatement suivie d'une longue pause descriptive. Pour ces alternances dans la vitesse du écit, voir Introd. 2.1.2. Comparer avant l'*ekphrasis* de la caverne des brigands 4, 5 (78, 14) *peruenimus ad locum destinatum.*

hunc ... sermonem altercamur: sur l'usage du verbe *altercari/altercare* qui apparaît à sept reprises dans les *Met.* dans des emplois divers, voir *GCA* 1995, 282 ad 9, 33 (228, 5) *iis poculis mutuis altercantibus.* La forme déponente apparaît encore en 10, 15 (247, 26) *his et similibus altercati conuiciis*, également au sens de «échanger des paroles», «converser». Cet emploi est attesté pour la première fois chez Apulée: voir *GCA* 2000, 219 ad loc. Pour l'emploi du verbe avec un complément direct à l'acc., *ThLL* s.v. 1751, 52 s. ne signale que notre passage et *Cod. Iust.* 6, 27, 5, 1. Comparer Fronto p. 63 vdH *dum ea fabulamur atque altercamur.*

ad domum - peruenimus: Byrrhène apparaît comme l'unique maîtresse de la demeure; voir *supra* s.v. *priuatas nuptias* (26, 15); 2, 19 (40, 12 ss.). Ciaffi 1960, 55 s. voit dans cette phrase un écho de Petron. 28, 6 *ad ianuam peruenimus* (d'Encolpe, Agamemnon et Ascylte invités chez Trimalcion). Mais le verbe *peruenire* est trop fréquent pour parler d'imitation.

90

CHAPITRE IV

L'atrium de Byrrhène.

Ce chapitre n'a pas de parallèle dans l'*Onos* qui, en tant qu'épitomé, est dépouillé de toute description d'envergure (voir Introd. 7.2). Cette pause dans l'histoire (voir Introd. 1.2 et 3) offre à Apulée (plus exactement au narrateur Lucius) l'occasion de déployer toute sa verve rhétorique et poétique, dans une précision descriptive remarquable.

L'*ekphrasis* du groupe sculptural ornant l'atrium de Byrrhène est sans doute la plus célèbre des *Met.* Elle a été l'objet de nombreuses analyses (voir en particulier Heath 1982a, 97 ss.; Schlam 1984; Winkler 1985, 168 ss.; Krabbe 1989, 54 ss.; Van Mal-Maeder 1997a, 188 ss.; Laird 1997, 62 ss.; Slater 1997, 98 ss.; Merlier-Espenel 2001). Le roman contient plusieurs passages où se révèle l'influence des arts plastiques, mais il s'agit du seul exemple explicite d'une description d'oeuvre d'art dans les *Met.* Elle s'inscrit dans une tradition caractéristique de la Seconde Sophistique et des romans antiques (voir Bartsch 1989; Billault 1991, 245 ss.; Anderson 1993, 47 ss.). Aucun autre roman antique, à ma connaissance, ne décrit une sculpture: toutes les *ekphraseis* d'oeuvres d'art dans les romans grecs ou chez Pétrone concernent des peintures (cf. Petron. 83, 1 ss.; Ach. Tat. 1, 1, 2 ss.; 5, 3, 4 ss.; Longus prol. 1 ss.; chez Ach. Tat. 3, 6, 1 apparaît la mention d'une statue de Zeus). Cette description ne correspond à aucune statue identifiée. Schlam a montré qu'elle combine deux types de représentation: l'un (remontant à l'époque archaïque) où Diane figure en chasseresse, tandis qu'Actéon y est figuré en train de se faire dévorer par ses chiens; l'autre type (de création hellénistique) représente Diane au bain; Actéon y est tantôt témoin accidentel du bain de la déesse, tantôt voyeur, et souvent la punition conséquente au sacrilège est également représentée (Schlam 1984; voir aussi Willemsen 1956; Leach 1981 et *LIMC* I, 1 [1981] «Aktaion»).

Si cette description est célèbre entre toutes celles qui ornent les *Met.*, c'est surtout qu'on lui a reconnu une fonction narrative dans le récit. On y a vu de longue date une mise en abyme proleptique (voir Introd. 2.1.1.1) de la métamorphose de Lucius, un avertissement à ne pas céder à sa curiosité (e.g. Riefstahl 1938, 67 ss.; Tatum 1979, 38 ss.; Wlosok 1969, 72 ss.; Walsh 1970, 178; Heath 1982a, 97 ss.; Schlam 1984, 105 ss.; Van Mal-Maeder 1997a, 188 ss.; Rosati 1997, 121 s.[1]). Ce groupe sculptural se fond particulièrement bien dans le décor des aventures de Lucius puisqu'il évoque la métamorphose du héros en animal, la raison de cette métamorphose (transgression du divin et surtout rencontre avec la magie) et les dangers mortels qu'elle implique (vulnérabilité

---

[1] Seule voix discordante, Heine 1978, 33 rejette une telle interprétation. Pour Perry 1923a, 210 et de Jonge 1941 ad loc., cette description n'est rien d'autre qu'un morceau de bravoure (une digression).

face à la férocité des chiens et autres bêtes sauvages). Pourtant, au contraire d'Actéon dont le destin s'achève entres les dents de ses chiens, Lucius sera sauvé par la toute puissance d'Isis. Cette victoire sur son animalité est représentée par les quatres déesses ailées d'Isis-Fortuna-Victoria encadrant le groupe de Diane et Actéon.

Selon Bernhard 1927, 216, cette description de l'atrium de Byrrhène (tout comme celle du palais d'Amor au livre 5, 1 s.: 103, 10 ss.) est un souvenir de la description du palais d'Alcinoos (Hom. *Od.* 7, 81 ss.); Harrison 1997, 59 s. compare notre passage avec l'arrivée d'Énée à la cour de Didon et la description des peintures relatant la guerre de Troie (Verg. *Aen.* 1, 453 ss.). Quant à Ciaffi 1960, 56 ss., il établit un parallèle avec la description de l'atrium de Trimalcion chez Pétrone 29, 1 ss. On peut aussi voir dans notre passage l'empreinte des entraînements à la rhétorique, parmi lesquels les descriptions élogieuses de lieux et de bâtiments occupaient une place importante: voir Pernot 1993, 178 ss. et 240; comparer e.g. Stat. *silv.* 1, 3; 1, 5; 2, 2; Plin. *epist.* 2, 17; 5, 6; Lucianus *Dom.* Ces différentes possibilités d'interprétation illustrent le caractère subjectif de l'analyse intertextuelle (voir Introd. 7.1).

Les quelques échos verbaux que ce passage présente avec 3, 27 (72, 2 ss.), où Lucius aperçoit dans son étable une statue d'Épone ne sont selon moi pas porteurs d'un sens profond (comme le veut Krabbe 1989, 126 s.), mais relèvent de l'idiolecte d'Apulée.

La description de l'atrium de Byrrhène informe le lecteur sur le statut social de la dame (ou le conforte dans son impression: cf. déjà 2, 2: 25, 12 ss.). Seules les grandes maisons pouvaient exhiber dans leur atrium des groupes statuaires de cette envergure, témoignages de leur richesse et de leur puissance. Cf. Plin. *nat.* 17, 6; 36, 6 ss.; Stat. *silv.* 2, 2, 63 ss.; Lucianus *Philops.* 18. Cf. aussi la description du festin luxueux offert par Byrrhène en 2, 19 (40, 12 ss.).

27, 3-7   Atria longe pulcherrima columnis quadrifariam per singulos angulos stantibus ac tolerabant statuas, palmaris deae facies, quae pinnis explicitis sine gressu pilae uolubilis instabile uestigium plantis roscidis decitantes nec ut maneant inhaerent<es>, etiam uolare creduntur: L'atrium était plus que magnifique avec ses quatre colonnes dressées dans chacun de ses angles, qui supportaient des statues représentant la déesse à la palme; les ailes déployées, sans faire un pas, entraînant sous leurs pieds vaporeux l'instable point d'appui d'une boule mobile, sans s'y arrêter cependant, elles demeuraient en suspens, et l'on croyait même les voir voler.

Par le jeu des oppositions entre instabilité et équilibre, mouvement et immobilité, cette description complexe traduit l'impression de légèreté aérienne et de vie paradoxalement produite par ces statues de pierre (Amat 1972, 121 s.). Noter aussi la musicalité de la phrase se déroulant au gré des assonances, des allitérations et des jeux de rimes.

Atria - statuas: s'étonnant de la construction de cette phrase («rationi non con-uenit»), de Jonge 1941, 25 paraphrase: «in atriis pulcherrimis quattuor columnae, in singulis angulis stantes, ferebant statuas». La tournure qui fait de *atria*, mis en évidence en tête de phrase, le sujet de *tolerabant* a pour effet de le personnifier et traduit le saisissement qu'il produit chez Lucius.

Atria longe pulcherrima: cf. 6, 19 (142, 26) *atra atria Proserpinae*, où on observe une recherche d'euphonie semblable. Avant Apulée, le pluriel *atria* ne se rencontre que chez les poètes (*ThLL* s.v. *atrium*, 1102, 12 ss.; von Geisau 1912, 23). On le trouve encore dans la description de l'habitation des brigands (4, 6: 79, 9). Grimal 1958, 1439 note que le terme *atria* désigne un salon, une pièce de réception, par assimilation avec une maison romaine. Voir aussi Wheeler 1964, 128 pour qui l'atrium est une pièce typiquement romaine, n'apparaissant pas en dehors de l'Italie; Dupont 1989, 115 ss.; Clarke 1991, 2 ss.; 12; 21.

columnis - stantibus: ces quatre colonnes témoignent à elles seules de la magnificence de Byrrhène: cf. Plin. *nat.* 36, 8, qui, à propos des six colonnes de marbre ornant l'atrium de Scaurus et celui de Crassus, s'exclame: *quis enim hodie tantarum columnarum atrium habet?*; *ibid.* 17, 6.

quadrifariam: cet adverbe assez rare est attesté pour la première fois chez Varro *frg.* Non. p. 131 L, et se rencontre encore avant Apulée chez Vitruve, Tite-Live et Suétone (*OLD* s.v. *quadrifariam*). Cf. aussi Apul. *Socr.* 8 (17, 9). Ici, on peut hésiter à le prendre avec *columnis* («un groupe de quatre colonnes»), comme le fait *OLD* l.c., ou avec *stantibus* («se dressaient à quatre endroits»), auquel cas il est précisé par *per singulos angulos*. Voir Helm-Krenkel qui traduit: «eine sehr schöne Halle trug auf viermal, nämlich in den einzelnen Ecken.».

per singulos angulos: noter la rime. Soulignant la recherche de langage dans notre passage, de Jonge 1941, 26 estime qu'ici *per* = *in* et compare avec 1, 13 (12, 13) *per iugulum sinistrum* et 6, 31 (153, 13) *per mediam aluum nudam uirginem ... insuere* (voir *GCA* 1981, 73 ad loc. sur cet emploi de *per*). Mais l'emploi distributif de *per* est fréquent: cf. e.g. Vitr. 5, 1, 7 *reliqua spatia ... per intercolumnia luminibus sunt relicta*; Sen. *dial.* 5, 18, 1 *paulatim et per singulos artus lacerauit.* Voir KSt 2, 1, 554.

ac tolerabant: telle est la leçon de F et φ; selon l'apparat de Robertson, le *c* est corrigé dans φ en *t* par une seconde main. Bien qu'*attolerare* soit un hapax, tous les éditeurs adoptent la correction de ς *attolerabant*. Pourtant, la leçon primitive fait sens, s'il l'on admet qu'il y a ellipse du verbe *esse* dans la première partie de la phrase. De telles ellipses se rencontrent notamment dans les passages descriptifs et les tournures emphatiques (Bernhard 1927, 157 ss.): cf. e.g. 2, 19 (40, 12 ss.); 5, 22 (120, 21 s.). Le verbe *tolerare* apparaît à plusieurs reprises dans les *Met.* au sens de *gerere, ferre*: cf. 2, 15 (37, 14); 3, 8 (57, 18 s.) *paruulum quendam sinu tolerans*, avec Van der Paardt 1971, 71 ad loc; 4, 26 (95, 6). Du point de vue grammatical, le sujet du verbe est *atria*, du point de vue du sens, ce sont les *columnae*. L'abl. *columnis ... stantibus* est un abl. instrumental (qualité, manière) qui développe *pulcherrima*.

tolerabant ... creduntur: le passage d'un imparfait descriptif au présent historique est fréquent dans les *Met.*: voir Callebat 1968, 428 et 1994, 1631; *GCA* 1995, 212 ad 9, 24 (221, 5 s.).

statuas - creduntur: ces statues ailées, portant la palme et en équilibre sur une sphère, furent identifiées comme des représentations de la Victoire, dont la palme est l'un des attributs majeurs (DSg «Victoria» 850; *LIMC* 6, 1, «Nike», 882, 898 et 903): ainsi de Jonge 1941, 26 ad loc. (et déjà Beroaldus); Vallette («une statue de la Victoire»); Carlesi (« statue della Vittoria palmata»); Brandt-Ehlers («Bilder der Siegesgöttin»); Walsh («statues representing the goddess Victory»). En revanche, Hanson respecte la tournure périphrastique. Pour Peden 1985, la description de cette déesse à la palme représente plus exactement Isis-Fortuna-Victoria, un syncrétisme dont les trouvailles archéologiques de Pompéi et Herculanum révèlent qu'il était fréquent; voir aussi Fry 1984, 148 s. La palme est également un attribut présent dans le culte d'Isis: cf. 11, 4 (269, 9 s.) *pedes ambroseos tegebant soleae palmae uictricis foliis intextae*, avec Griffiths 1975, 135 s. ad loc.; 11, 10 (274, 9); 11, 11 (274, 22); 11, 24 (286, 4 s.). La déesse Fortuna est parfois aussi représentée avec des ailes et le pied posé sur une sphère (voir *infra* s.v. *pilae uolubilis*). Dans l'Antiquité grecque et romaine, la déesse de la Victoire était fréquemment mise en relation avec d'autres divinités, soit qu'elle s'associe à elles, ou qu'elle soit leur attribut, ou encore qu'elle vienne compléter dans une représentation (comme ici) ou dans une dédicace un groupe de grands dieux: voir DSg «Victoria», 830 ss., qui citent notamment (p. 844 note 4) *CIL* 6, 7493 *Fortunae, Dianae, Victoriae*; *LIMC* 2, 1 «Artemis/Diana», 835 et 854 (pour le syncrétisme Diane-Victoria); *LIMC* 6, 1 «Nike», 899 ss. Encadrant le groupe de Diane et Actéon symbolisant la métamorphose prochaine de Lucius, ces quatre statues annoncent, selon l'interprétation généralement admise, les tribulations du héros au gré de la Fortune et sa victoire finale sur son animalité par la grâce d'Isis (voir notice introductive). Dans l'atrium de Trimalcion trône une statue de la Fortune, symbole de la réussite du propriétaire (Petron. 29, 6).

statuas, palmaris deae facies, quae: alors que tous les éditeurs modernes s'accordent à considérer le groupe *palmaris deae facies* comme une apposition à *statuas* et à l'encadrer de virgules, les anciennes éditions ponctuent après *deae* (*palmaris deae* est alors complément du nom *statuas*), et proposent diverses modifications pour la suite du texte. Hildebrand: *facies utraque*; Eyssenhardt: *facies quattuor*. D'autres s'en prennent au mot *statuas*, tel Haupt 1872, 260 s. qui corrige *statiuas*, et Leo qui veut le supprimer, y voyant une glose à *palmaris deae facies* (voir *contra* de Jonge 1941, 26 ad loc.). De telles interventions ne sont pas nécessaires. Au vu des nombreux exemples dans les *Met.* où *facies* est accompagné d'un complément au gén., la ponctuation moderne est préférable: cf. e.g. 3, 29 (74, 6 s.) *in asini faciem*; 7, 4 (157, 7) *Martiae cohortis facies*; 11, 5 (269, 15) (*Isis*) *deorum dearumque facies uniformis*; Ov. *met.* 10, 250 (cité s.v. *creduntur*).

palmaris: l'adjectif désigne ici l'attribut que les déesses tiennent à la main et, dans ce sens, il n'est pas attesté ailleurs. Comparer Cic. *Phil.* 6, 15 *illa statua palmaris de qua ... non possem sine risu dicere*, où *palmaris* = «qui mérite la palme» (*ThLL* s.v. *palmaris* 149, 21 ss.); cf. aussi *CIL* 9, 1666 *ludos palmares ... exhibuit* (que *ThLL* l.c. 39 ss. explique ainsi: «palmares sunt ludi, quibus uictori datur palma»).

pinnis - creduntur: cette description correspond à un type bien connu de représentation de la Victoire, qui, les ailes déployées, pose le(s) pied(s) sur la sphère du monde: voir *LIMC* 6, 1, «Nike», 882, 903 s. La Fortune est aussi parfois représentée avec des ailes ou un pied posé sur une sphère symbolisant sa versatilité: voir *infra* s.v. *pilae uolubilis* et *instabile uestigium*.

pinnis explicitis: les assonances en *i* se poursuivent dans la suite de la phrase. Ailleurs, Apulée préfère la forme en -*atum* du participe de *explicare*: cf. *apol.* 51 (57, 23) et *flor.* 16 (24, 12). Comparer Ov. *am.* 2, 6, 55 *explicat ipsa suas ales Iunonia pinnas*, avec assonances en *a*; cf. Prud. *c. Symm.* 2, 27 ss. *aurea quamuis Marmoreo in templo rutilas Victoria pinnas / explicet*. La Victoire était traditionnellement représentée comme une déesse ailée pour symboliser son rôle de messagère: voir *RE* 17, 1 (1936) «Nike», 288 s. et 297 s. [Bernet]; Isler-Kerényi 1969; *LIMC* 6, 1 «Nike», 896 ss. La Fortune est aussi parfois représentée comme une déesse ailée: voir DSg «Fortuna», 1277. Cf. Cic. *Sull.* 91 *o uolucrem fortunam!* (le même épithète se retrouve chez Petron. 120, v. 78); Hor. *carm.* 3, 29, 53 s. (*Fortunam*) *laudo manentem; si celeris quatit / pinnas, resigno quae dedit*. Dans l'instabilité de sa posture, les ailes étendues de la déesse sont «la force equilibrante» (Amat 1972, 122).

sine gressu: cette leçon des mss. a été plusieurs fois corrigée. Oudendorp: *in egressu*; Hildebrand imprime *supergressu*, mais se demande s'il ne faut pas lire *ingressu*, une conjecture adoptée par Eyssenhardt; Lütjohann 1873, 450 *in ingressu*; Van der Vliet: *in gressu*; Castiglioni 1930, 106: *in degressu*. Oudendorp, Hildebrand et Eyssenhardt rapportent ces deux mots (diversement corrigés) à *pilae*, qui en serait le complément du nom au gén. Mais du point de vue du sens il est plus satisfaisant d'y voir, comme *pinnis explicitis*, un complément circonstanciel décrivant le mouvement des déesses, où *sine gressu* est la conséquence logique de *pinnis explicitis*: les déesses avancent sans marcher car elles ont les ailes déployées et le(s) pied(s) posé(s) sur une sphère roulante (voir *infra*). Une telle interprétation rend superflue toute correction du texte des mss. L'expression *sine gressu* n'est pas attestée ailleurs. Cf. cependant Cic. *nat. deor.* 1, 92 *quid enim pedibus opus est sine ingressu?* et Val. Max. 3, 2, 23 *sine ullo regressu pedes pugnans*.

pilae uolubilis instabile uestigium: chiasme.

pilae uolubilis: l'expression est riche en significations diverses. Au sens propre, *uolubilis* traduit le mouvement de roulement imprimé à la sphère par le pied des déesses, avançant les ailes déployées (*OLD* s.v. *uolubilis* 2 «rolling, or apt to roll», qui cite notre passage sous cette rubrique). Par ailleurs, la Victoire était parfois représentée un pied (ou les deux) posé(s) sur une sphère symbolisant le monde et l'étendue de son pouvoir conquérant: voir *LIMC* 6, 1 «Nike», 882 et 903 s. qui fait remonter ce type de représentation au moins au 3e s. La combinaison *pilae uolubilis* désigne alors par périphrase le globe terrestre et sa rotation (ainsi déjà Oudendorp). Voir *OLD* s.v. *pila³* 2, qui cite pour *pila* = «le globe terrestre»

Plin. *nat.* 2, 179; 2, 248. Voir en outre *OLD* s.v. *uolubilis* 1 «turning on its axis ... rotating», qui cite Cic. *nat. deor.* 1, 18 *mundum ipsum ... rotundum, ardentem, uolubilem deum.* Enfin, *uolubilis* peut aussi signifier «instable» (*OLD* s.v. 2b), une qualité qui correspond à la nature de la Fortune, parfois représentée un pied posé sur une sphère, symbolisant moins son emprise sur le monde que sa versatilité: voir DSg «Fortuna» 1277; Roscher, «Fortuna» 1505 s. [Peter]; cf. Pacuv. *trag.* 367 (= 105 ed. d'Anna) *fortunam insanam esse et caecam ... saxoque instare in globoso praedicant uolubili*; Cic. *Mil.* 69 *uides ... quam uaga uolubilisque fortuna.* Comparer aussi Plin. *epist.* 4, 24, 6 à propos de la fragilité de la condition humaine soumise à la versatilité de la Fortune: *cum uideamus tot uarietates tam uolubili orbe circumagi*; *infra* s.v. *instabile uestigium.*

instabile uestigium ... decitantes: *decitantes* est la leçon transmise par les mss. et adoptée par les anciennes éditions d'Oudendorp et Eyssenhardt. Ce verbe n'est pas attesté ailleurs et sa signification est incertaine. Colvius veut lire *delibantes*, une belle correction, admise par la plupart des éditeurs modernes (à l'exception de Helm) et qui s'accorde bien avec la suite de la phrase *nec ut maneant.* Helm préfère le moins poétique *detinentes*, renvoyant à 2, 30 (50, 6), où il corrige la leçon *suscitauit* des mss. en *sustinuit.* Dans sa préface aux *flor.* XLV, il insiste sur le phénomène de confusion entre les lettres *c* et *t* dans F. On objectera que le mécanisme d'altération s'explique moins aisément pour ce qui est de la seconde partie du mot: comment *-nentes* serait-il devenu *-tantes*? Mais il n'est pas indispensable de corriger la leçon *decitantes* des mss. Que *decitare* soit un hapax n'est pas un obstacle. Les néologismes abondent chez Apulée, notamment dans les *ekphraseis*: voir comm. ad 2, 2 (26, 6 s. et 26, 9) et 2, 9 (32, 11 et 32, 23); *GCA* 1995, 121 ad 9, 12 (212, 4) *tegili.* Pour Oudendorp, *decitantes = deproperantes*; voir aussi Hildebrand qui explique: «uictoriae pilis impositae easque supergredientes uestigia quasi accelerare uiderentur, globis prouolutae». Dans une telle interprétation, *uestigium* signifie «pied» («hâtant leur pied instable»). Mais le terme peut aussi être compris (comme le font tous les éditeurs qui choisissent la correction *delibantes*) au sens de «point où l'on pose le pied» (*OLD* s.v. *uestigium* 2; pris dans ce sens, *uestigium* n'a non plus pas besoin d'être corrigé en *fastigium* comme le veut Haupt 1872, 260 s.). Cf. pour ce sens 6, 21 (144, 11) *in ipso uestigio*; Cic. *Pis.* 21 *eodem et loci uestigio et temporis. Pilae uolubilis* est alors complément au gén. de *uestigium.* En interprétant *decitantes* comme un néologisme dérivé de *citare* (où le préfixe *de* indique un mouvement du haut vers le bas [gr.: κατά]; voir Ernout-Meillet, 164 «*de*»), on obtient: «entraînant de leurs pieds humides le point instable d'une sphère». Les déesses sont représentées en mouvement, les ailes déployées, un pied posé sur la boule, de sorte que celle-ci est à son tour mise en mouvement. Scioppius (cité par Oudendorp) expliquait déjà: *deuoluentes.*

instabile uestigium: le point d'appui sur lequel les déesses ont posé leur(s) pied(s) est instable au propre comme au figuré. Au propre, en raison du mouvement de rotation de la sphère, entraînée par sa rotondité sous le pied des divinités avançant les ailes déployées; au figuré, car le propre de la Fortune est son caractère instable et versatile. Cf. Pacuv. *trag.* 369 (= 105 ed. d'Anna) *insanam (Fortu-nam) ... esse aiunt, quia atrox incerta instabilisque sit*; *Rhet. Her.* 4, 44 *instabilis in istum plurimum fortuna ualuit.* Voir *supra* s.v. *pilae uolubilis.*

plantis roscidis: on peut se demander si les déesses ont les deux pieds posés sur la sphère ou un seul, auquel cas on aurait affaire à un pluriel poétique. Les deux types de représentation existent: voir *LIMC* 6, 1 «Nike» 882 et 903 et 6, 2, pl. 595, f. 483. Dans les autres passages des *Met.* où le mot apparaît, *plantae* désigne les deux pieds: cf. 4, 31 (99, 13 s.) *plantisque roseis uibrantium fluctuum summo rore calcato*; 11, 13 (276, 6 s.).

Hildebrand hésite à lire *rosidis*, i.e. *roseis*: «roscidis plantis de velocitate tantum victoriae et inconstantia explicare possum, quae quasi *lubrica* et *humecta* facillime labitur». Haupt 1872, 260 s. et Van der Vliet corrigent *roseis* (cf. 2, 17: 38, 19 *rosea palmula*; 3, 1: 52, 6 s.; 4, 31: 99, 13 *plantisque roseis*). Mais *rosci-dus* est attesté en 1, 2 (2, 9) *roscida cespitum ... emersimus*; 5, 1 (103, 7 s.) *in ipso toro roscidi graminis* et 5, 22 (120, 19) *pinnae roscidae*. Dans cette dernière occurrence, l'adjectif qualifie également un élément d'un corps divin (voir Kenney 1990, 170 ad loc.). Outre ces deux passages des *Met.*, l'emploi du poétique *rosci-dus* avec un substantif désignant une partie corporelle est attesté selon le matériel du *ThLL* à Munich chez Val. Fl. 7, 302 *infectis per roscida cornua uittis* (de Bac-chus); cf. aussi Ennod. *opusc.* 6 (*CSEL* 6 p. 403) *cum sudans tenerum roscida colla feras*; *carm.* 2, 77, 3 (*CSEL* 6 p. 581) *roscida ... lingua.* Ici, comme en 5, 22 (120, 19), *roscidus* est employé à propos de divinités ailées, se déplaçant dans les airs. Or *roscidus* désigne fréquemment une qualité de l'air ou de l'atmosphère (voir *OLD* s.v. 2 «full of dew, dewy») et se rencontre en particulier chez les poètes comme épithète d'une divinité ou d'éléments «aériens»: cf. e.g. Verg. *Aen.* 4, 700 *Iris croceis per caelum roscida pennis*; *georg.* 3, 337 *roscida luna*; Ov. *fast.* 2, 314 *Hesperus ... roscidus*; Stat. *Theb.* 6, 238 *roscida ... astra.*

nec ut maneant inhaerent<es> etiam: non sans hésitation, j'opte pour la conjecture de Helm. Dans F on lit: *inhaerent etiam.* Tous les éditeurs, à l'ex-ception de Helm, corrigent *etiam* en *et iam*, une intervention mineure qui donne à la principale deux verbes conjugués (*inhaerent* et *creduntur*). Augello 1977, 42 remarque que la correction *et iam* est confirmée par φ qui présente cette leçon. Helm insiste sur le fait que le texte de F donne clairement *etiam* (mais n'en corrige pas moins ailleurs la leçon *etiam* des mss. en *et iam*: cf. 2, 16: 38, 5). Sa conjecture (adoptée par Winkler 1985, 168, note 63 dans sa discussion du pas-sage) a l'avantage de donner à la relative *quae ... detinentes nec ut maneant inhae-rent<es> ... creduntur* un équilibre balancé. On a ainsi deux participes présents (avec terminaison en *-entes*) reliés par *nec* et le rejet du verbe principal *creduntur* en fin de phrase. De Jonge 1941, 26 s. ad loc. accepte la correction de Helm *inha-rent<es>*, mais propose de lire *iam*, comparant avec *iam ... ferinus* un plus loin (28, 9). Cependant, dans cette *ekphrasis* dominée par le *topos* de l'oeuvre d'art plus vraie que nature, *etiam* est préférable: voir notice suivante; *infra* s.v. *in-troeuntibus obuium* (ligne 10) et s.v. *et sicunde - exire* (lignes 14 s.).

creduntur: premier d'une série de verbes ayant pour but de mettre en valeur l'effet de réalisme trompeur produit par ce groupe sculptural plus vrai que nature: cf. ligne 14 *putabis*, avec comm. ad loc.; 28, 2 *putes*; 28, 5 *credes*. Cette insistance sur la véridicité d'une oeuvre d'art constitue un *topos* de la littérature descriptive antique. Voir Laird 1997, 62 s.; Bömer 99 ad Ov. *met.* 10, 250 s. *Virginis est uerae facies, quam uiuere credas / et si non obstet reuerentia, uelle moueri: / ars adeo latet arte sua* (de la statue de Pygmalion); *infra* comm. ad lignes 14 s. De manière paradoxale, ces commentaires du descripteur dénoncent par leur abondance même le caractère artificiel de l'objet décrit (sa facture) et en sapent l'effet de réalisme; voir aussi *infra* s.v. *lapis Parius* (lignes 7 s.). Pour ce type d'«effets de réel» qui deviennent des «effets de création», voir Van Mal-Maeder 1991 (à propos des *ekphraseis* d'Achille Tatius et de Longus au seuil de leurs romans).

27, 7-11 **Ecce lapis Parius in Dianam factus tenet libratam totius loci medietatem, signum perfecte luculentum, ueste reflatum, procursu uegetum, introeuntibus obuium et maiestate numinis uenerabile:** Et voici un marbre de Paros façonné à l'image de Diane, occupant harmonieusement tout le centre de la pièce: figure parfaite et splendide, qui s'avançait tunique au vent et le pas vif à l'encontre de ceux qui entraient, avec la majesté vénérable d'une divinité.

Cette description de Diane chasseresse en mouvement et entourée de ses chiens correspond à un type connu de représentations, remontant à l'époque classique: voir *LIMC* 2, 1 «Artemis», 645 s. et 747 s.; «Artemis/Diana», 804 ss.; cf. en particulier la statue de Leptis Magna, copie antonine d'un original du 4e s., dans *LIMC* 2, 2 «Artemis/Diana», pl. 592, 27 a. Voir Schlam 1984, 83 ss.

Ecce: cette particule est fréquemment employée chez Apulée à des moments de tension dramatique pour introduire un nouveau personnage ou un nouvel événement de l'histoire, sur lequel l'attention du lecteur est appelée à se concentrer; voir *GCA* 2000, 188 ad 10, 12 (245, 15) et les index des *GCA* précédents. Ici, le lecteur/spectateur est invité à déplacer son regard (en même temps que Lucius) des statues situées aux angles de l'atrium sur le groupe sculptural occupant le centre.

lapis Parius: la riche Byrrhène possède le fin du fin. Dans l'Antiquité, le marbre de Paros était considéré comme le plus pur et le plus éclatant (voir *RE* [1929] «Steinbruch», 2261 ss. [Fiehn]); cf. Pi. *N.* 4, 132; Theoc. 6, 38. Pour cet emploi poétique de *Parius*, cf. Verg. *Aen.* 1, 592 s.; *georg.* 3, 34 *stabunt et Parii lapides, spirantia signa*; Hor. *carm.* 1, 19, 5 *urit me Glycerae nitor / splendentis Pario marmore purius*; cf. aussi Petron. 126, 18 (des mille perfections de Circé) *Parium marmor extinxerat*. La matière composant cette oeuvre d'art est mentionnée avec une insistance remarquable (cf. lignes 12, 14, 20 s.; 28, 7), qui a pour but de souligner le paradoxe de l'objet de pierre inanimé capable par son réalisme de tromper les sens du spectateur. Paradoxalement, l'effet de réalisme est sapé par l'insistance même du descripteur, qui ne cesse de rappeler la nature artificielle de l'objet décrit (Merlier-Espenel 2001, 137 s.; voir aussi *supra* s.v. *creduntur*; *infra* s.v. *signum*). Contrairement aux autres éléments du groupe sculptural, le descripteur ne dit rien de l'illusion produite par Diane sur le spectateur (cf. à propos des statues ailées: *etiam uolare creduntur* (ligne 7); des chiens: *putabis* (ligne 14); des fruits: *putes* (28, 2) et *credes* (28, 5).

in Dianam factus: cf. 2, 19 (40, 21) *gemma<s> formatas [s]in pocula*. La tournure *in* + acc. est chère à Apulée, qui l'emploie avec diverses nuances, suivant une tendance de la langue post-classique et tardive: voir Callebat 1968, 227 ss.; McKibben 1951. Cf. 28, 9 *iam in ceruum ferinus*, avec comm. ad loc. Ici, elle traduit le caractère artificiel de l'objet décrit (notice précédente), comme aussi aux lignes 17 s. *saxum ... in speluncae modum*.

libratam ... medietatem: seul exemple de cette combinaison dans un contexte architectural, qui n'est cependant pas relevé par *ThLL* s.v. *libro* 1349, 71 ss. («A. usu strictiore: 1 ... in architectura»; cf. e.g. Vitr. 8, 5, 1). La combinaison se retrouve dans un sens dérivé chez Apul. *Socr.* 10 (19, 11) *dabo primum exemplum huius libratae medietatis*, où *medietas* = «état intermédiaire»; cf. ensuite Aug. *civ.* 9, 13 *proportionali ratione librata medietas*.

medietatem: ce mot se rencontre auparavant chez le seul Cic. *Tim.* 23, qui répugne à l'employer: *uix enim audeo dicere medietates, quas Graeci* μεσότητας *appellant*. Tel n'est pas le cas d'Apulée, qui emploie encore *medietas* à neuf reprises dans ses oeuvres philosophiques. Ici, il signifie «le point central»; cf. aussi Apul. *mund.* 16 (163, 8 ss.) *imago solis ... medietatem orbis eius secat*. Le mot devient assez fréquent chez les auteurs des 4e et 5e s. (*ThLL* s.v. *medietas*, 554, 40 ss.).

signum - uenerabile: apposition descriptive bâtie sur cinq kôla, dont les quatre premiers (qui se succèdent en asyndètes) présentent la même construction grammaticale et sonore (adjectif ou participe passé en -(*t*)*um* faisant écho au mot *signum* auquel ils se rapportent, et précédés d'un adverbe ou d'un complément). Cette construction symétrique est rompue dans le dernier membre, plus long, mis en évidence par une conjonction.

signum: le soin avec lequel Lucius rappelle constamment que l'objet décrit est un groupe sculptural est remarquable: cf. lignes 3 s. *statuas*; lignes 15 s. *summum specimen operae fabrilis egregius ille signifex prodidit*; lignes 17 s. *saxum ... in speluncae modum*; ligne 19 *umbra signi*; 28, 7 s. *Actaeon simulacrum*. Voir *supra* s.v. *creduntur* et s.v. *lapis Parius*. Pour qui veut voir dans cette *ekphrasis* une mise en abyme proleptique de la métamorphose de Lucius et un avertissement contre les dangers de sa curiosité (voir notice introductive), *signum* possède aussi le sens de «signal», «présage» (*OLD* s.v. *signum* 5b; le jeu de mots est difficilement traduisible en français). Voir pour cette interprétation Meltzer 1987, 102; Krabbe 1989, 132 s; Merlier-Espenel 2001, 135 qui note que pour désigner une statue, Apulée emploie ailleurs *statua* (e.g. *met.* 3, 11: 60, 19) ou *simulacrum* (e.g. *met.* 3, 27: 72, 4); *infra* ligne 16 *signifex*.

luculentum: le terme peut faire référence à la beauté de la statue (cf. 4, 25: 94, 3 et 5, 22: 120, 22), à sa magnificence (cf. 10, 18: 250, 28 *luculentis illis suis uehiculis*, avec *GCA* 2000, 253 ad loc.), ou encore à son éclat (*luculentus < lux*); cf. lignes 20 s. *de nitore lapidis*. Krabbe 1989, 131 ss. insiste (à juste titre) sur l'importance de la lumière dans les *Met.*, mais s'engage dans des interprétations excessives en cherchant à dégager une signification profonde dans toutes les occurrences des mots *luculentus* ou *perlucidus*. Selon elle, ces termes sont employés dans des contextes qui renvoient à la lumière d'Isis, «whose light illumines not only the other gods (11. 15) but the *Metamorphoses* as well» (p. 133). Trouver un fil rouge reliant les passages dans lesquels *luculentus* ou *perlucidus* apparaissent relève de l'acrobatie mentale.

ueste reflatum, procursu uegetum: de Jonge 1941, 27 paraphrase «ueste reflata» et «uegete procurrens». L'abl. «respectus» ou «limitationis» (voir LHSz 2, 134) auprès du participe et de l'adjectif permet de conserver la symétrie euphonique et grammaticale. Du point de vue du sens, *ueste reflatum* est la conséquence de *procursu uegetum*: sous le pas vif de la déesse, sa robe se soulève. Ces deux caractéristiques correspondent à un type de représentation remontant à l'époque classique (voir notice initiale). Comparer dans une autre description d'une divinité (Vénus) 10, 31 (262, 1 s.) *laciniam curiosulus uentus satis amanter nunc lasciuiens reflabat*.

introeuntibus obuium: la statue semble marcher à l'encontre de Lucius, répondant ainsi à ses attentes: cf. 2, 1 (25, 4 s.) *iam* (sc. *crederem*) *statuas et imagines incessuras* (noté par Schlam 1968, 38). L'impression de vie et de mouvement est un *topos* des *ekphraseis* d'oeuvre d'art; cf. e.g. Callistr. *Stat.* 2, 3; 3, 2; 3, 5, etc.; voir *infra* s.v. *et sicunde - exire*. Cette occurrence de *obuius* correspond à la définition donnée par *OLD* s.v. *obuius* 2 «situated or moving so as to confront (an advancing enemy, danger, etc.)». Dans ce groupe sculptural symbolisant la faute que commettra le héros des *Met.* en transgressant la sphère divine et le châtiment qui s'en suivra (voir notice introductive), c'est à l'encontre de Lucius que la déesse s'avance avec ses chiens, menaçante.

27, 11-17 Canes utrimquesecus deae latera muniunt, qui canes et ipsi lapis erant; hi<s> oculi minantur, aures rigent, nares hiant, ora saeuiunt, et sicunde de proximo latratus ingruerit, eum putabis de faucibus lapidis exire, et in quo summum specimen oper*ae* fabrilis egregius ille signife*x* prodidit, sublatis canibus in pectus arduis pedes imi resistunt, currunt priores: Des chiens flanquaient la déesse de part et d'autre, des chiens qui étaient eux aussi de pierre; leurs yeux étaient menaçants, leurs oreilles dressées, leurs naseaux béants, leur gueule furieuse, et si un aboiement avait surgi de quelque endroit aux alentours, on l'aurait cru sorti de ces gosiers de pierre. Et là où ce sculpteur de génie avait fourni la preuve suprême de son travail d'artiste, tandis que les chiens se soulevaient, le poitrail dressé, leurs pattes de derrière demeuraient immobiles, celles de devant bondissaient en avant.

La part consacrée à la description des chiens est beaucoup plus importante que celle consacrée à Diane. Ces chiens lui appartiennent, alors que dans la tradition plastique et littéraire Actéon est attaqué par ses propres chiens. Ici, les animaux ne menacent pas Actéon (qui se trouve derrière la déesse, au-dessus de la grotte), mais Lucius entrant dans l'atrium. Dans la suite du roman, il est plusieurs fois question de chiens (et autres animaux) féroces et leur présence au premier plan dans ce groupe sculptural est souvent interprétée comme une prolepse, annonçant le danger que représentent les bêtes dans l'univers des *Met.* (voir Nethercut 1968, 113; Heath 1982a, 99 s. et 111 s.; Schlam 1984, 103 ss. et 1992, 105 s.; Dowden 1993); voir *infra* s.v. *sublatis - arduis* (ligne 16). Contrairement aux lecteurs modernes, Lucius ne saisit pas l'avertissement, se contentant d'admirer la facture et le réalisme de la statue; voir aussi notice initiale ad 28, 2 ss.; comm. ad 2, 5 (28, 11 ss.). Si la description s'attarde sur les bêtes plus que sur la déesse elle-même, c'est aussi pour évoquer un aspect de Diane répondant au décor thessalien de la magie: celui de Diane-Hécate, dont le chien est un attribut majeur (voir Van Mal-Maeder 1997a, 191 ss.). Enfin, cette représentation n'est pas sans rappeler le chien peint sur le mur de l'atrium de Trimalcion avec l'inscription «CAVE CANEM»: cf. Petron. 29, 1 (l'atrium de Trimalcion est aussi orné d'une statue de Fortuna: voir notice introductive). Le chien est naturellement le gardien de la maison: cf. 8, 17 (190, 12 s.), avec *GCA* 1985, 159 ad loc.

Noter la gradation progressive (climax) de cette phrase: à un catalogue descriptif des divers éléments de la tête des chiens succède une phrase de double longueur exprimant sous forme d'hypothèse le réalisme de cette représentation et la description encore plus développée de la position corporelle des animaux. Il s'agit d'un type de représentation connu: voir *LIMC* 2, 2 «Artemis/Diana», pl. 592 ss.

Canes ... qui canes: cette répétition emphatique correspond à un changement de focalisation du descripteur. Après s'être posé sur la déesse, le regard se concentre sur les chiens dont elle est flanquée. On trouve d'autres répétitions emphatiques dans les *Met.*: cf. e.g. 2, 31 (50, 23 s.); 11, 5 (270, 6 s.) *diem, qui dies*. De Jonge 1941, 27 compare avec les comiques: cf. e.g. Plaut. *Aul.* 561 s. *agnum misi. - Quo quidem agno* (mais le mot est répété par un autre interlocuteur); *Merc.* 1015 s.; Ter. *Hec.* 10 s.

utrimquesecus: pour l'histoire et l'emploi de cet adverbe attesté à cinq reprises dans les *Met.*, voir *GCA* 1995, 347 ad 9, 42 (235, 20).

muniunt ... erant ... minantur: ce type d'alternance temporelle est fréquent chez Apulée: voir Callebat 1968, 427 s.; *GCA* 1995, 328 ad 9, 39 (233, 15 ss.).

et ipsi lapis erant: de Jonge 1941, 27 estime audacieux l'emploi du singulier *lapis*. Mais outre que dans le cas d'un substantif attribut, l'accord en nombre n'a pas toujours lieu (voir KSt 1, 20 s.; ETh 109; LHSz 2, 443), les noms de matière présentent régulièrement la forme au singulier dans un sens collectif (KSt 1, 69 s.; LHSz 2, 13 s.). Cette mention en tête de description (comme plus haut *lapis Parius*) de la matière dont sont faits les chiens souligne le contraste par rapport à l'impression de réalisme qu'ils donnent et que la suite de la description s'applique à rendre.

hi<s>: cette leçon est une correction d'une seconde main dans φ, qui avait originellement *hij*; dans F, on lit *hi**, sans que l'on puisse déterminer la nature de la rature. On trouve d'autres exemples de dat. «sympatheticus» ou dat. de possession (ETh 62 s.; LHSz 2, 94 s.) dans les *Met.*: cf. e.g. 7, 5 (158, 3 s.) *fortissimo deo Marti clientes*, avec *GCA* 1981, 112 ad loc.; voir Médan 1925, 42; Callebat 1968, 490 s. avec exemples supplémentaires.

oculi - saeuiunt: les divers éléments de ce catalogue descriptif forment un tetrakôlon (dominance d'assonances en *i* et en *a*; asyndètes). La position menaçante des chiens évoque le châtiment d'Actéon et constitue peut-être un avertissement pour Lucius (voir notice initiale).

oculi minantur: ThLL s.v. *minor* 1027, 81 ss. («de bestiis») ne cite qu'Apulée pour cette combinaison du verbe avec *oculi*. Comparer 8, 4 (179, 10) *oculis aspectu minaci flammeus* (d'un sanglier); 10, 31 (262, 20).

nares hiant: comme bientôt les narines de Lucius, lorsqu'il se métamorphosera en âne: cf. 3, 24 (70, 14; mais il ne s'agit pas chez lui d'un signe de fureur animale). En dehors de ces deux passages, on ne trouve pas d'autre exemple de cette combinaison verbale.

ora saeuiunt: cf. 4, 20 (90, 1) *Trasyleonem ... canum saeuientium cinctum multisque numero morsibus laniatum*. Dans notre passage, Vallette traduit: «la gueule prête à mordre» (voir aussi Grimal). Mais si la gueule des chiens est menaçante (Helm-Krenkel: «das Maul voller Wut»; Hanson: «their mouths opened savagely»), c'est qu'ils sont représentés en train d'aboyer, comme le révèle la suite de la phrase. Cf. Verg. *Aen.* 5, 257 *saeuitque canum latratus in auras*. Comparer pour la combinaison Stat. *Theb.* 6, 495 s. *saeuissima uisu / ora*.

et sicunde - exire: *topos* de l'oeuvre d'art au réalisme trompeur. Cf. e.g. chez Plin. *nat.* 35, 65 l'anecdote des oiseaux attirés par les raisins peints par Zeuxis (voir *infra* lignes 27, 21 ss.) ; 35, 95, l'anecdote des chevaux hennissant devant l'image d'un cheval peint par Apelle. À propos d'impressions sonores: Philostr. *Im.* 1, 2, 5; 1, 28, 2; Callistr. *Stat.* 1, 2; 7, 4; 9, 1, etc. Cf. encore Apul. *flor.* 15 (20, 20 ss.), où une statue de Bathylle semble chanter. Ce *topos* se retrouve plus loin à propos du réalisme des fruits (28, 1 ss. et 5 ss.). Le compliment de Lucius à l'habileté de l'artiste est à double tranchant: le seul fait de remarquer que les chiens *ont l'air* d'aboyer révèle l'incapacité de l'image visuelle à reproduire le son - au contraire du narrateur-descripteur. Noter ainsi les allitérations grondantes (*de proximo latratus ingruerit*). Voir *supra* s.v. *creduntur* (ligne 7). C'est à ce seul effet de réalisme que s'intéresse Lucius, qui ne saisit pas l'avertissement de ce groupe sculptural (voir notice initiale).

sicunde: cette conjonction assez rare («si de quelque endroit») n'apparaît pas ailleurs chez Apulée. On la trouve auparavant chez Cic. *Att.* 13, 30, 3; Liv. 26, 38, 5 et Suet. *Cal.* 4 (Neue-Wagner 2, 673).

de proximo: ce type d'adjectif neutre substantivé en lieu et place d'un adverbe est une tendance de la langue vulgaire (Médan 1925, 68; Bernhard 1927, 107); cf. 2, 8 (31, 17) *in aperto et perspicuo*.

ingruerit ... putabis: ce genre de discordance modale dans une hypothétique potentielle n'est pas rare: voir KSt 2, 394 ss.; LHSz 2, 333 ss.; ETh 377 ss. Cf. 28, 2 et 5 *putes ... credes*. *Ingruerit* pourrait aussi être interprété comme un indicatif futur II à sens potentiel: voir KSt 2, 396, qui cite notamment comme exemple Cic. *Tusc.* 1, 14 *utar post alio* (sc. *nomine*), *si inuenero melius*; 1, 17 *si te rogauero aliquid, nonne respondebis?*

putabis: voir *supra* s.v. *creduntur* (ligne 7). Cf. (dans une description d'un tableau) Ach. Tat. 1, 1, 13 εἶπες ἂν αὐτῶν ἐγγεγράφθαι καὶ τὰ κινήματα ; Philostr. *Im.* 1, 18, 1 εἴποις δ'ἂν (où le narrataire-descriptaire auquel s'adresse le narrateur-descripteur est présent dans la diégèse; cf. le prologue du livre 1 des *Im.*); Callistr. *Stat.* 1, 3 εἶδες ἂν; 2, 4 ἔφης ἂν, etc.

de faucibus lapidis: la correction d'Elmenhorst *lapideis* n'est pas nécessaire: cf. 28, 7 *frondes lapidis*; 6, 14 (138, 20) *medi<i>s e faucibus lapidis*. Voir *supra* s.v. *lapis Parius*.

in quo - prodidit: noter dans cette parenthèse l'accumulation des termes laudatifs et des mots se rapportant à la facture de l'oeuvre; voir *supra* s.v. *lapis Parius* et s.v. *signum*.

egregius ille signifex: l'adjectif est renforcé par le pronom *ille*, revêtu ici d'une valeur emphatique et laudative, comme en 8, 9 (184, 15) *facies pulchra illa* et en 9, 19 (217, 2) *decora illa monetae lumina*; voir respectivement *GCA* 1985, 101 ad loc. et *GCA* 1995, 175 ad loc. *Egregius* est ici sincèrement laudatif, contrairement à e.g. 2, 29 (49, 12), où il est employé par antiphrase. Le mot *signifex* est attesté pour la première fois chez Apulée où il désigne un sculpteur, comme ici, ou un peintre, comme dans *Socr.* 21 (34, 16 s.) *nescio ut Apelles coloribus pingere, sed non pudet me non esse significem* (*significem* est une correction de la leçon des mss. *significum*). Selon le matériel du *ThLL* à Munich, *signifex* semble ensuite exclusivement employé pour un sculpteur: cf. Porph. Hor. *epist.* 2, 1, 239 *Apelles pictor inclytus fuit, Lysippus aerarius signifex*; Arnob. *nat.* 6, 13 *inter significes ille memoratus Phidias est primus*; Mart. Cap. 1, 36; Sidon. *epist.* 6, 12, 6. Bader 1962, 62 apparente le terme au verbe *significare* («indiquer par signe»): voir *supra* s.v. *signum*.

sublatis - arduis: cf. 7, 24 (172, 16) *arduaque ceruice sublimiter eleuata* (de l'âne Lucius), avec *GCA* 1981, 243 ad loc.; cf. aussi 7, 16 (166, 16 s.) *hic elatis in altum uastis pectoribus arduus capite et sublimis uertice primoribus in me pugillatur ungulis* (d'un cheval). Les correspondances verbales entre ces passages ne sont pas porteuses d'une signification profonde, mais sont dues à l'idiolecte d'Apulée. La redondance avec laquelle ce mouvement est décrit (*arduus* exprime aussi la hauteur, l'altitude: comparer Sil. 10, 259 *arduus insurgens*) dépeint l'état d'excitation des chiens avec un réalisme faisant concurrence au sculpteur. Noter aussi le rythme de ce groupe à l'abl.: *sublatis canibus* (6) *in pectus arduis* (6).

in pectus arduis: comparer Ov. *met.* 10, 538 *celsum in cornua ceruum.* Cf. encore Apul. *met.* 1, 19 (17, 20) *argento uel uitro aemulus in colorem.*

pedes imi resistunt, currunt priores: l'opposition est appuyée par l'asyndète, le chiasme et le parallélisme rythmique (2 + 5 et 5 syllabes).

27, 17-20   Pone tergum deae saxum insurgit in speluncae modum muscis et herbis et foliis et uirgulis et sicubi pampinis et arbusculis alibi de lapide florentibus: Derrière, dans le dos de la déesse, s'élevait un rocher en forme de grotte, avec des mousses, des herbes, des feuillages, des branchages, d'un côté des pampres, des arbustes de l'autre: toute une floraison jaillie de la pierre.

À la description des éléments se trouvant au premier plan du groupe statuaire (Diane flanquée de ses chiens), succède celle des éléments qui forment le décor du mythe: une grotte enfouie dans la verdure et une source, évoquant le bois dans lequel se déroulent la surprise au bain et la métamorphose d'Actéon. La mention de ce dernier, caché au-dessus de la grotte, couronne cette *ekphrasis*.

Bien qu'il s'agisse d'un paysage de pierre, cette description d'une végétation luxuriante dans un lieu sacré s'inscrit dans une tradition littéraire remontant à Homère (la grotte de Calypso, les jardins d'Alcinoos), également présente chez les romanciers grecs: cf. e.g. Ach. Tat. 1, 15, 1 ss.; Longus, prol. (nombreuses correspondances avec notre passage); 2, 3; 4, 2. Cf. encore chez Apul. *met.* 5, 1 (103, 10 ss. le domaine d'Éros) et la description inversée du *locus horridus* en 4, 6 (78, 18 ss.), où on retrouve les éléments de la grotte, de la source et de la végétation luxuriante. Sur ces descriptions de paysages dans les *Met.*, voir de Biasi 1990 (qui ne traite pas notre passage).

Cette représentation correspond aussi à une esthétique paysagiste romaine: voir Grimal 1969b, 301 ss.; 317 ss.; 337 ss. et 341 ss. sur ce type des décors dans les maisons et les jardins romains et sur leur éventuelle signification dionysiaque. Comparer à ce propos la description, proche de la nôtre, du paysage formant le décor du drame de Narcisse chez Philostr. *Im.* 1, 23, 2. La luxuriance végétale n'est pas l'apanage de Dionysos, elle est aussi associée à Déméter, à Artemis/Diane (voir *LIMC* 2, 1 «Artemis», 738 s. et *ibid.* «Artemis/Diana», 842) et à Isis (cf. e.g. Apul. *met.* 11, 2: 267, 4 *regina caeli, - siue tu Ceres alma frugum parens originalis*; *Anth. Graec.* 16, 264).

saxum - modum: voir *supra* s.v. *lapis Parius* (lignes 7 s.). La grotte, élément caractéristique du paysage sauvage sacré, forme un décor privilégié pour les mises en scènes mythologiques: ainsi la grotte de Sperlonga et, dans les descriptions littéraires d'oeuvres d'art, Philostr. *Im.* 1, 23, 2 (du bois de Narcisse); Callistr. *Stat.* 1, 1. Juvénal se plaint que les grottes naturelles soient déformées par les marbres qu'on y place: cf. 3, 18 ss.

muscis - florentibus: dans le tableau impressionniste que constitue cet abl. absolu, chaque touche est soulignée par le polysyndète (Callebat 1994, 1658). Noter la régularité rythmique avec laquelle les éléments de la description se succèdent,

104

dans une continuité sonore homophonique (homeotéleutes et dominance d'assonances en *i*).

muscis: d'ordinaire, *muscus* n'apparaît qu'au singulier (*ThLL* s.v. *muscus* 1700, 39 ss.); cf. *apol.* 35 (41, 2). Ce pluriel poétique, attesté pour la première fois dans notre passage, est probablement choisi pour des raisons euphoniques. Le mot se rencontre encore au pluriel chez Tert. *carn.* 9 et chez Prud. *perist.* 12, 40.

uirgulis: outre que *uirgulis* possède le même nombre de syllabes que *foliis* auquel il est coordonné, créant un effet rythmique autant qu'euphonique, le diminutif traduit la délicatesse et la finesse de cet ensemble sculptural.

sicubi: la correction de Helm *alicubi* n'est pas nécessaire. Forcellini s.v. *sicubi*, 357 remarque: «speciatim pro *alibi*», citant comme seul exemple ce passage d'Apulée. Cf. encore Plin. *nat.* 9, 164 *inter harundines aut sicubi enata alga*; Scrib. Larg. 164 *in Africa aut sicubi scorpiones sunt nociui*. Plus que l'argument d'Augello 1977, 42, selon lequel *sicubi* est en correspondance chiastique avec *alibi*, la leçon *sicubi* est confirmée par le nombre de syllabes identique à *alibi* et par les assonances en *s* de la phrase.

arbusculis: comme *uirgulis*, le diminutif traduit la finesse délicate de cet ensemble sculptural.

de lapide florentibus: la préposition marque la matière plutôt que l'origine (KSt 2, 261; ETh 73); cf. Verg. *georg.* 3, 13 *templum de marmore. Supra* s.v. *lapis Parius*. Cette formule condensée rend de manière saisissante le paradoxe de l'impression de réalisme et de vie produits par un objet de pierre inanimé.

Splendet intus umbra signi de nitore lapidis: À l'intérieur, l'ombre de la statue resplendissait de l'éclat du marbre.   27, 20-21

Après la succession de périodes amples et détaillées, la brièveté de cette phrase est remarquable.

Splendet ... umbra ... de nitore: l'oxymore souligne les jeux d'ombre et de lumière. Comparer Corneille *Le Cid*, acte 4, sc. 3 «Cette obscure clarté qui tombe des étoiles».

de nitore lapidis: voir *supra* s.v. *lapis Parius* (lignes 7 s.) et s.v. *luculentum* (ligne 9). Le marbre est d'une blancheur telle que des jeux d'ombre résultent de son éclat. Cf. Hor. *carm.* 1, 19, 5 (cité *supra* s.v. *lapis Parius*); Plin. *nat.* 36, 32 *tanta marmoris radiatio est* (à propos de la statue d'Hécate dans le temple de Diane à Ephèse, capable d'aveugler qui la regarde); Callistr. *Stat.* 5, 1 s. à propos de la luminosité d'une statue en marbre représentant Narcisse: ἀστραπὴν οἷον ἐξ αὐτοῦ τοῦ σώματος ἀπολάμπων κάλλους. Comparer encore Apul. *met.* 5, 2 (104, 6 ss.) *totique parietes solidati massis aureis splendore proprio coruscant, ut diem suum sibi domi facia[n]t licet sole nolente* (de la demeure d'Éros).

On peut hésiter sur la question de savoir s'il s'agit ici d'un *de* causal ou instrumental - deux nuances qu'il n'est pas aisé de distinguer, comme le note Van der Paardt 1971, 154 ad 3, 20 (67, 15) avec LHSz 2, 262. Comparer Enn. *scaen.* 399 (Vahlen) *quasi lumen de suo lumine accendat facit*.

27, 21-28, 2 Sub extrema saxi margine poma et uuae faberrime politae dependent, quas ars aemula naturae ueritati similes explicuit: De l'extrême rebord du rocher pendaient des fruits et des raisins admirablement polis, que l'art, émule de la nature, avait rendus en les façonnant semblables à la réalité.

margine: écho de la description du *locus amoenus* formant le décor du drame d'Actéon chez Ovide: cf. *met.* 3, 162 *margine gramineo*, avec Bömer 493 ad loc. Voir notice initiale ad 27, 17 ss. et *infra* s.v. *ars aemula naturae*.

poma et uuae: redondance, au vu de *pampinis* (ligne 19) et de *racemos* (28, 6) qui se rapportent tous deux à la vigne. De tels thèmes fruitiers, remontant aux sculpteurs hellénistiques et où se marque l'influence alexandrine, se rencontrent fréquemment dans la décoration des maisons romaines et dans la littérature descriptive: voir Grimal 1969b, 280 ss.; Merlier-Espenel 2001, 138 ss.

faberrime: le superlatif de l'adverbe n'est pas attesté avant Apulée, qui l'utilise à quatre reprises: cf. à propos d'objets cultuels isiaques 11, 11 (275, 8) *urnula faberrime cauata*; 11, 16 (278, 17 s. *nauem faberrime factam*; *flor.* 15 (21, 10 s.) *gemmis faberrime sculpendis*. Après Apulée, *faberrime* se rencontre chez Diom. *gramm.* 1, 478, 16 et Amm. 20, 11, 11 (*ThLL* s.v. *fabre* 11, 48 ss.).

quas - explicuit: développement de *faberrime politae*. *ThLL* s.v. *explico* 1731, 54 cite notre passage en expliquant «fere i.q. fabre facere»; *OLD* s.v. *explico* 1c «to free from surface irregularities, level out, smooth». Noter le jeu de mots: *explico* signifie parfois «(se) développer», «(faire) croître», à propos de la nature: cf. Verg. *georg.* 2, 333 ss. *pampinus ... trudit gemmas et frondis explicat omnis*.

ars aemula naturae: pour cette combinaison, cf. Val. Max. 8, 11, ext. 5 *natura ... saepenumero aemulam uirium suarum artem esse patitur* (suivent quelques anecdotes concernant des peintres «naturalistes»); après Apulée: Auson. 17, 6 Green *aemula Cecropias ars imitetur apes*; *techn.* 5, 1 (p. 129 Prete) (cités par *ThLL* s.v. *aemulus* 978, 43 ss.). On reconnaît ici un *topos* des descriptions d'oeuvres d'art, exprimé de manière plus ou moins explicite dans nombre d'*ekphraseis* de Philostre et de Callistre (e.g. Callistr. *Stat.* 5, 1; 8, 2; 11, 1). La mention des raisins évoque en particulier la célèbre anecdote de Zeuxis: cf. Plin. *nat.* 35, 65; Sen. *contr.* 10, 5, 27. Cf. encore Longus prol.; *Anth. Graec.* 16, 83 ἥρπασε τέχνα / τὴν φύσιν; 16, 105; 16, 108; 16, 310, etc. L'admiration que Lucius éprouve face à cette oeuvre d'art le distingue de l'Apulée de l'*apol.* 14 (16, 11 ss.), qui se fait l'écho de l'idée platonicienne de l'infériorité de l'imitation plastique (voir Lee Too 1986; cf. Plat. *R.* 10, 595c-608b, qui reproche à la peinture et à la poésie d'être éloignées de trois degrés de la Vérité.). Sur la (vaste) question de l'esthétisme de l'illusionnisme dans l'art antique, voir Pollit 1974 et Rouveret 1989 (avec références supplémentaires). Pour celle de l'imitation dans les doctrines esthétiques de l'Antiquité, voir parmi d'autres Babut 1985; Hyman 1989; les ouvrages collectifs de Goldhill-Osborne 1994 et Elsner 1996.

La tournure *ars aemula naturae* fait surtout allusion à la description du décor dans lequel prend place le drame d'Actéon chez Ovide: cf. *met.* 3, 157 ss. *est antrum nemorale recessu / arte laboratum nulla; simulauerat artem / ingenio natura suo*: voir Bömer 492 s. ad loc. pour davantage de références sur ce *topos* (notamment une belle citation de Baudelaire; voir aussi Bömer 99 s. ad *met*. 10, 252 *ars adeo latet arte sua* [de la statue de Pygmalion]). Cette inversion intertextuelle, qui évoque l'ensemble du texte d'Ovide, invite à une comparaison entre ces deux versions latines du mythe d'Actéon (voir Introd. 7.1). Elles divergent sur un point essentiel. Chez le poète, le sacrilège commis par Actéon est un accident et le héros est une victime; chez Apulée, le sacrilège est volontaire et le résultat d'une curiosité déplacée (Krabbe 1989, 54 ss.; Schlam 1984); voir *infra* s.v. *curiosum optutum*.

ueritati similes: la formule reprend le *topos* de l'oeuvre d'art comme imitation parfaite de la réalité, mais souligne encore une fois, paradoxalement, qu'il s'agit d'un faux: voir plus haut s.v. *creduntur* (ligne 7). La combinaison des termes est attestée chez Quint. *inst*. 2, 10, 12 et 10, 5, 21 (*simillimum ... ueritati*); cf. *ibid*. aussi 2, 20, 4 *ueritati dissimillimas*.

Putes ad cibum inde quaedam, cum mustulentus autumnus   28, 2-7
maturum colorem adflauerit, posse decerpi, et si fonte<*m*>, qui
deae uestigio discurrens in lenem uibratur undam, pronus
aspexeris, credes illos ut rure pendentes racemos inter cetera
ueritatis nec agitationis officio carere: On aurait pensé pouvoir en
cueillir pour les manger quand l'automne au vin nouveau leur aurait insufflé leur pleine couleur, et si l'on se penchait pour regarder la source aux douces ondes ondulantes qui courait aux pieds de la déesse, on aurait cru qu'à ces grappes, suspendues comme dans la nature, ne manquait entre autres traits véridiques pas même le mouvement.

Ample développement de l'idée exprimée dans la phrase précédente. Merlier-Espenel 2001, 138 ss. remarque joliment que, comme ces raisins qui n'ont pas atteint leur mûrissement, «Lucius n'est pas encore mûr pour lire le *signum* de l'atrium de Byrrhène, il n'en est encore qu'au printemps, celui de l'irréflexion»; voir notice initiale suivante; comm. ad 2, 5 (28, 11 ss.).

Putes ... credes: redondance synonymique, qui tient autant de l'exubérance verbale que du souci de variation (Bernhard 1927, 148). La position initiale de *putes* s'explique par analogie avec les formules du type εἴποις δ'ἄν, souvent en tête de période dans les *ekphraseis* grecques: cf. les exemples cités *supra* s.v. *putabis*; voir aussi s.v. *creduntur* (27, 7). Pour l'alternance modale et l'emploi d'un indicatif futur à sens potentiel, voir LHSz 2, 309 ss. (311).

ad cibum: comparer pour cet emploi de *ad* + acc. dans un sens final (LHSz 2, 200) Varro *rust*. 1, 38, 2 *non solum ad agrum utile, sed etiam ad cibum*.

cum mustulentus - adflauerit: noter la douceur gourmande de cette phrase aux assonances en *m* et en *u*. La poésie de cette combinaison de termes (unique) est remarquable. Outre ce passage d'Apulée, *ThLL* s.v. *afflo* 1240, 77 ss. cite pour cet emploi imagé du verbe avec l'acc. de la qualité insufflée Verg. *Aen*. 1, 590 s. *genetrix lumenque iuuentae / purpureum et laetos oculis adflarat honores* et Tib. 2, 4, 57 *indomitis gregibus Venus adflat amores*. Ici, *adflauerit* évoque à la fois la

107

chaleur et la lumière (*maturum colorem*), et le souffle d'une brise (cf. lignes 6 s. *agitationis officio*). Cf. par opposition Apul. *apol.* 14 (16, 17) *deest ... saxo color.*

mustulentus: cet adjectif, attesté avant Apulée chez Plaut. *Cist.* 382, se rencontre encore en 9, 32 (227, 5 s.) *post mustulentas autumni delicias* (*GCA* 1995, 274 ad loc.; Callebat 1994, 1650). Dans les deux cas, *mustulentus* (parent de *mustum* «le moût» et de *musta* «les vendanges»), qualifie l'automne et est en relation avec une idée de gourmandise.

maturum colorem: la combinaison paraît unique (*ThLL* s.v. *color* 1716, 30). Comparer toutefois Lucr. 5, 941 *arbita puniceo fieri matura colore*; *Nux* 67 s. *cum maturas ... rimas / nux agit* (cité avec notre passage par *ThLL* s.v. *maturus* 498, 60 ss. «artificiose pro genet. q.e. maturitatis»).

et si - carere: voir *supra* s.v. *et sicunde - exire* (27, 13 s.). La description de ce *locus amoenus* de pierre s'achève en un climax qui évoque à nouveau l'intertexte d'Ovide: cf. *met.* 3, 161 s. *fons sonat a dextra, tenui perlucidus unda, / margine gramineo patulos succinctus hiatus*, avec Bömer 493 ad loc.; voir s.v. *margine* (ligne 21); *ars aemula naturae*. Pour un jeu de reflets similaire dans une description d'oeuvre d'art, cf. Philostr. *Im.* 1, 23, 3; Callistr. *Stat.* 5, 4; Prud. *perist.* 12, 39 ss. Comparer aussi, dans la description d'un paysage, Stat. *silv.* 1, 3, 17 ss. *nemora alta citatis / incubuere uadis; fallax responsat imago / frondibus, et longas eadem fugit umbra per undas*; 2, 2, 48 ss.; Plin. *epist.* 8, 8, 4; Auson. 16, 189 ss. Green; Ach. Tat. 1, 15, 6. Sur la présence des fontaines et nymphées dans la décoration des villas romaines, voir Grimal 1969b, 298 s. et 304 s.

si fonte<m>, qui ... discurrens ... uibratur: les mss. hésitent entre un singulier et un pluriel. F a *fonte*, corrigé par une seconde main en *fontes*, qui est aussi la leçon de φ. F et φ ont *discurrent*, mais une seconde main corrige dans φ le *e* en *u*. Enfin, F et φ transmettent *uibratur*, qu'une seconde main corrige en *uibrantur*. Les éditions anciennes impriment: *fontes ... discurrentes ... uibrantur*. Lütjohann 1873, 472 met la phrase au singulier et cette correction est adoptée par tous les éditeurs modernes. Outre qu'elle a le mérite d'être moins importante que *discurrentes*, elle est préférable en raison du singulier *in fonte* quelques lignes plus bas (ligne 9).

deae uestigio: Van der Vliet corrige *<sub> deae uestigio*; Blümner 1905, 25: *<de> deae uestigio*. Toutefois, les *Met.* contiennent plusieurs d'exemples d'abl. loc. (Médan 1925, 56). Cette forme n'est pas rare chez les poètes (voir ETh 96 ss. et LHSz 2, 145 ss.) et sa présence dans cette *ekphrasis* regorgeant de traits poétiques n'a rien d'anormal.

in lenem uibratur undam: cf. 2, 9 (32, 10 s.) *(capillis color) in lene<m> mellis deprimitur umbram*. La préposition indique la conséquence ou la manière (KSt 2, 567 s.; LHSz 2, 274). Avant Apulée, *uibrare* apparaît à propos du mouvement de l'eau essentiellement en poésie et à l'actif: cf. Sen. *Ag.* 440; Sil. 2, 664; Lucan. 5, 446; mais aussi Cic. *ac.* 2, 105 *(mare) albescit et uibrat*. Cf. encore dans une autre description poétique Apul. *met.* 4, 31 (99, 14) *uibrantium fluctuum*.

rure: cette leçon de F, confirmée par φ et, malgré ce qu'en dit Oudendorp («nimis generaliter»), d'un sens tout à fait satisfaisant, a donné lieu à un nombre considérable de corrections: Beroaldus/Roaldus: *uite*, imprimé par Oudendorp; Brantius: *uere*, imprimé par Eyssenhardt, Terzaghi et Helm II, alors que Helm III conserve la leçon des mss. (de même que Robertson et Hanson); Putschius: *rupe* (correction récemment admise par Walsh dans sa traduction des *Met.*: voir note p. 244); Hildebrand: *superne*; Rohde 1885, 96: *interne*; Blümner 1894, 297: *rore*; Van der Vliet: *marmore*; Novák 1904, 15: *<de ramis> ut rure*; Wiman 1927, 24 s.: *ut pure*. Mais *rure* se justifie parfaitement dans le contexte («comme dans la nature»). De plus, cette leçon est grammaticalement correcte, puisque l'abl. loc. est couramment attesté à côté de *ruri*: cf. *apol.* 88 (97, 14); Hor. *epist.* 1, 7, 1; 1, 14, 10. Voir ETh 80 et 107. De même, on trouve chez Apulée alternativement *humi* et *humo*: cf. 7, 21 (170, 4 et 12).

inter cetera ueritatis: cf. plus haut s.v. *ueritati similes*. Pour le gén. partitif dépendant d'un adjectif substantivé, voir *GCA* 1995, 35 ad 9, 1 (203, 3).

nec agitationis officio: le frémissement de l'eau reproduit le frémissement des feuilles. Outre notre passage, *ThLL* s.v. *agitatio* 1328, 33 ss. cite pour l'emploi du mot à propos des arbres Sen. *epist.* 86, 18. Voir Bernhard 1927, 96 s. sur l'emploi de substantifs abstraits accompagnés d'un substantif concret au gén. (tournure présente dans la langue classique, mais se développant en latin tardif). Comme souvent dans les *Met.*, *nec* possède ici le sens de *ne ... quidem*: voir à ce propos Bernhard 1927, 123; Callebat 1968, 333 s. (emploi s'élargissant à partir de Tite-Live pour se généraliser en latin tardif); *OLD* s.v. *nec* 2b.

Inter   medias   frondes   lapidis   Actaeon   simulacrum   curios*um*   28, 7-10
optutum in deam <*deor*>sum proiectus iam in ceruum ferinus et in
saxo simul et in fonte loturam Dianam opperiens uisitur: Au beau
milieu des feuillages de pierre, une statue d'Actéon se penchait avec un regard
curieux vers la déesse; déjà animal dans sa métamorphose en cerf, on le voyait à
la fois dans la roche et dans la source, attendant que Diane vienne s'y baigner.

La description du groupe sculptural ornant l'atrium de Byrrhène s'achève avec la mention, étonnamment brève en comparaison des autres éléments, d'Actéon surplombant la source où Diane doit venir se baigner. Cette sobriété a pour effet une mise en relief de la dernière phrase, couronnement de l'*ekphrasis* qui permet d'identifier la nature de la scène mythologique représentée et d'en déchiffrer la signification. À cet instant seulement, le lecteur/auditeur réalise, en suivant le regard de Lucius, qu'il s'agit de Diane surprise au bain par Actéon. La dernière partie du mythe, à savoir le drame d'Actéon dévoré par ses chiens, n'est pas représentée. Elle est suggérée par la mention de l'attitude féroce des chiens et par celle de la métamorphose du héros en cerf. Cette dernière phrase offre le fondement à l'interprétation qui voit dans la description de l'atrium de Byrrhène un avertissement à Lucius de ne pas céder à sa curiosité et une mise en abyme proleptique de sa métamorphose: voir *infra* s.v. *curiosum optutum*. La brièveté de la description d'Actéon traduit aussi l'aveuglement de Lucius, qui ne saisit pas le mes-

109

sage: loin de se concentrer sur l'essentiel, son attention est retenue par des détails, tels le décor de la scène ou la qualité de la facture de l'oeuvre.

Inter ... frondes lapidis Actaeon simulacrum: Oudendorp corrige *lapideus Actaeon*. Wower hésite, proposant soit de supprimer *simulacrum* comme étant une glose (ce que fait Van der Vliet), soit d'écrire *Actaeonis simulacrum* (aussi proposé par Plasberg). Lütjohann 1873, 486 veut supprimer *lapidis* et *simulacrum*. Mais comme le signale Helm dans son apparat, la matière dont est composé cet ensemble sculptural est mentionnée avec une insistance répétitive, qui interdit une telle suppression; voir comm. ad 27, 7 s. *lapis Parius*. Helm explique: «*lapidis ... pertinet ad frondes*», mais hésite tout de même à lire *lapis*, renvoyant à quelques cas de redoublements syllabiques erronés; cf. cependant 27, 14 *de faucibus lapidis*. La correction *Actaeonis* n'est pas non plus nécessaire: cf. 27, 12 *canes et ipsi lapis erant*, avec comm ad loc. Pour d'autres exemples de substantifs attributs, voir Médan 1925, 26, qui cite entre autres 6, 28 (151, 8) *Arionem delphinum*.

curiosum optutum in deam <deor>sum proiectus: dans F, on lit *curioso optutum in deam tu*; la même main corrige *sum*, et une main plus récente rature l'abréviation ~ d'*optutum*. La leçon de φ témoigne de la même hésitation. Deux problèmes se posent ici: l'accord du groupe *curioso optutum* (à l'acc. ou à l'abl.) et la nature du groupe de lettres *sum* après *deam*.

La majorité des éditeurs impriment *curioso optutu*. La suite de la phrase a donné lieu à de multiples interprétations, parmi lesquelles on distingue deux tendances. D'un côté, ceux qui pensent que ce groupe de lettres est un fragment d'un mot en partie disparu. Oudendorp propose dans son commentaire *in deam uersum*, une conjecture adoptée par Hildebrand, Eyssenhardt, Helm III[2] (Helm III, dans son apparat critique, hésite: «an legend. *indeuersum*? ... an *in deorsum*?»), Helm IV et Hanson; Rossbach 1895, 136 s.: *in deam deorsum*, imprimé par Van der Vliet et Frassinetti; Brakman 1928, 170: *in deam pronus*; Kronenberg 1928, 29 s.: *damnum suum*; Armini 1928, 281 s.: *in deam suam*, une belle correction défendue par Walter 1934, 1326 (qui renvoie pour cet emploi de *meus* à Prop. 4, 4, 34 *captiua mei conspicer ora Tati*). De Jonge 1941, 30 ad loc. ajoute en faveur de cette correction que la lettre *a* est souvent omise, comme e.g. en 2, 16 (38, 1) *p<a>ullulatim* (mais voir comm. ad loc.); 2, 20 (42, 7) *instanti<a>*.

La seconde tendance consiste à supprimer le groupe de lettres *sum*, suivant une opinion de Kirchhoff 1903, 56. Celui-ci suppose que ces fragments de lecture dans les mss. sont des tentatives de correction pour accorder les mots *curioso* et *optutum*, et propose de lire *curiosum optutum*, ce qui constitue la *lectio difficilior*. Cet acc. dépendrait du participe médio-passif *proiectus*, une tournure archaïque évitée par la langue classique, mais attestée dans la poésie augustéenne, puis dans la littérature post-augustéenne: voir Ronconi 1959, 19 s., qui cite notamment Verg. *Aen.* 2, 471 *mala gramina pastus*; 4, 659 *os impressa toro*. Augello 1977, 44 ajoute à l'appui de cette interprétation Ov. *am.* 3, 6, 67 *oculos ... deiecta modestos*. Si l'interprétation de Kirchhoff concernant les fragments *sum* ou *tu* dans les mss. est généralement acceptée par les éditeurs les plus récents,

Giarratano est toutefois le seul à opter aussi pour l'acc. et à imprimer *curiosum optutum in deam [sum] proiectus*; voir aussi Augello 1977, 43 s. Helm II et III supprime *sum*, mais préfère accorder le groupe à l'abl., renvoyant à 1, 4 (4, 2 s.) *isto gemino optutu*. À cet argument, on objectera 2, 2 (26, 2) *illa optutum in me conuersa* et 2, 20 (41, 22 s.) *ora et optutus in unum quempiam ... conferuntur*. Robertson choisit d'imprimer le même texte que Helm, mais note tout de même à propos de la conjecture *curiosum optutum* de Kirchhoff «fort. recte». Chodaczek 1930/31, 415 ss. rejette l'interprétation de Kirchhoff, avançant que le *sum* des mss. est une corruption d'une annotation d'un copiste qui aurait écrit *sm* (abréviation pour *simulacrum*), proposant de lire *Actaeon simulacrum curioso optutu in deam simulacrum proiectus*.

Mentionnons pour terminer l'analyse aussi subtile qu'irrecevable que Winkler 1985, 168 ss. a faite de ce passage. Comparant avec les représentations antiques où Actéon apparaît embusqué derrière un rocher au-dessus de Diane, Winkler propose *in deam deorsum* (= Rossbach) ou *in deam susum*, le choix entre ces deux lectures dépendant du regard du spectateur de l'oeuvre (cf. lignes 9 s. *et in saxo simul et in fonte ... uisitur*). Si on considère l'Actéon de pierre posté au-dessus de la déesse, la lecture *deorsum* convient le mieux, car le jeune homme regarde vers le bas. Mais si on considère le reflet dans l'eau, *susum* est préférable, puisqu'Actéon semble observer Diane depuis en bas. Pour Winkler, fidèle à son interprétation des *Met.*, Apulée confronte son lecteur avec deux interprétations possibles, entre lesquelles lui-même se garde bien de choisir. Mais pour un éditeur (ou un commentateur), une telle théorie, aussi ingénieuse soit-elle, est inadmissible.[2]

La solution la plus neutre, si l'on veut établir le texte en s'appuyant sur les évidences archéologiques, serait d'opter comme le font Helm III[2] et IV et Hanson pour *uersum*. Mais la tournure *uersum* accompagné de *in* et l'acc. est tout à fait courante et on s'explique mal de telles hésitations dans les mss. C'est pourquoi je préfère opter avec Van der Vliet, Frassinetti (et la moitié de Winkler) pour la solution euphonique *in deam deorsum* (*in deam*: 3 syllabes - *deorsum*: 3 syllabes). *Deorsum* est moins fréquent que *uersum* et, avec la proximité de *deam*, aurait pu troubler un copiste; comparer Iren. 1, 30, 8 *serpentem ... deiectum ... in deorsum mundum* (cité par *ThLL* s.v. *deorsum* 560, 27 s. qui explique «i. qui deorsum est»).

curiosum optutum: ces mots cruciaux ont conduit à l'interprétation de l'*ek-phrasis* de Diane et Actéon comme mise en abyme proleptique des aventures de

---

[2]   Il est tout à fait inconcevable (et surréaliste) qu'Apulée ait créé un tel dilemme, écrivant quelque chose comme *in deam deorsum/susum* ou *in deam deorsum uel susum*. Si vraiment on voulait conserver les deux possibilités, on pourrait supposer qu'il ait relié *deorsum* et *susum* (ou, mieux, *sursum*) par une conjonction copulative (*in deam deorsum sursumque* ou *in deam deorsum et sursum*: cf. 1, 19: 17, 13 *neque deorsum ... neque sursum*), ou par une asyndète (*ThLL* s.v. *deorsum* 560, 5 ss. cite l'expression *sursum deorsum*, attestée e.g. chez Ter. *Eun.* 278). Un tel oxymore siérait bien à son style. Mais cette conjecture, par son ampleur, ferait violence aux mss.

Lucius (voir la notice introductive de ce chapitre). Dans la version ovidienne du mythe, qui s'accorde avec la version de Callimaque (*Lav. Pall.* 113 ὁππόκα κοὐκ ἐθέλων περ ἴδῃ χαρίεντα λοετρά / δαίμονος), Actéon est le témoin accidentel du bain et sa mort en fait une victime de la Fortune: cf. Ov. *met.* 3, 141 s. *at bene si quaeras, Fortunae crimen in illo, / non scelus inuenies; quod enim scelus error habebat?* Chez Apulée, l'innocence d'Actéon a fait place à du voyeurisme: le héros est embusqué dans les feuillages et guette le moment où la déesse viendra se baigner (*loturam Dianam opperiens*). La mention du regard curieux d'Actéon met en relief cette différence dans l'interprétation du mythe et a pour effet d'éveiller l'attention du lecteur sur la signification de l'*ekphrasis* dans le récit (la curiosité de Lucius avait déjà été mentionnée à plusieurs reprises: voir comm. ad 2, 1: 24, 18 ss.). Pour un «lecteur second» (ou pour un «lecteur averti»: voir Introd. 2.2.), le parallèle est limpide: de même qu'Actéon pose un regard curieux sur le divin et l'interdit (la déesse s'apprêtant à se dénuder), de même Lucius guette le surnaturel et l'interdit (Pamphilé se dénudant lors d'une séance de magie: cf. 3, 21: 68, 1 ss.). Tous deux sont ensuite métamorphosés en animal. La curiosité d'Actéon est le miroir de la curiosité de Lucius (voir pour cette interprétation, parmi bien d'autres, Riefstahl 1938, 67 ss.; Wlosok 1969, 72 ss.; Van der Paardt 1978, 80 s.; Heath 1982a, 97 ss.; Schlam 1984, 105 ss.; Krabbe 1989, 54 ss.).

Les mots *curiosum optutum* sont le signe d'une activité interprétative. Le descripteur se fait exégète, commentant le geste d'Actéon selon l'une des versions possibles du mythe, celle où Actéon commet volontairement le sacrilège de regarder l'interdit. Il s'agit probablement d'un commentaire interprétatif émis «après-coup» par Lucius-narrateur, à qui le prêtre d'Isis fait remarquer au livre 11, 15 (277, 9 s.) *curiositatis inprosperae sinistrum praemium reportasti*: voir Van Mal-Maeder 1997a, 194; 2, 1 (24, 18 s.) *nimis cupidus*; Hijmans in *GCA* 1995 (Appendix III), 370.

iam in ceruum ferinus: «déjà animal dans sa métamorphose en cerf» ou «bientôt animal, par sa métamorphose en cerf», puisque le bain de Diane est projeté dans le futur (*loturam Dianam*). La richesse des nuances contenues dans cette expression condensée à l'extrême est impossible à rendre en traduction. Sur la tournure *in ceruum ferinus* (*in* «identitatis») avec idée de métamorphose inhérente au mythe d'Actéon (s.e. *in ceruum mutatus*), voir Mc Kibben 1951; Callebat 1968, 230; Väänänen 1963, 166 (emploi de plus en plus fréquent en latin vulgaire); LHSz 2, 275. Comparer 2, 2 (25, 10 s.) *in luxu<m> nepotalem similis* et 27, 7 s. *lapis in Dianam factus*.

L'expression fait sans doute allusion aux représentations figurées qui, dès le 5e s., illustrent la métamorphose d'Actéon en le dépeignant avec une peau de cerf, une pilosité surabondante, des cornes ou des oreilles velues: voir *LIMC* 1, 1 «Aktaion», 457 ss. et 467. Dans cette représentation du mythe, la punition d'Actéon a commencé avant même que le sacrilège ait pris place (cf. s.v. *loturam Dianam opperiens*). Sharrock 1996, 106 observe à propos des représentations de métamorphoses en art (le mythe d'Actéon est traité p. 110 ss.): «The essential difference (...) between visual and literary representations lies in chronicity; that is, visual texts (icons/images) tend to be synchronic, presenting all their material at once, while verbal texts are diachronic, presenting their material in a narrative or quasi-narrative sequence» (écho de G.E. Lessing dans son *Laokoon*).

ferinus: cf. 4, 2 (75, 12 s.) *apud mea non usquequaque ferina praecordia* (de Lucius métamorphosé en âne), avec *GCA* 1977, 30 ad loc.

et in saxo simul et in fonte ... uisitur: le polysyndète appuie le jeu des reflets qui se multiplient à l'infini. Le spectateur aperçoit à deux endroits différents le visage de l'Actéon de pierre, qui se reflète dans la source et pose un double regard curieux sur la déesse. Ces deux Actéon sont eux-mêmes le miroir de l'histoire de Lucius. Amat 1972, 130 interprète ce jeu de miroitements comme symbolisant le piège des apparences, l'opposition entre image et réalité, l'un des thèmes récurrents du livre 2: voir Introd. 5.10 (noter aussi l'opposition des matières entre solide et liquide); sur ce jeu de reflets, voir aussi Slater 1998 et Merlier-Espenel 2001, 142 ss.

La phrase fait probablement allusion à un type de représentations figurées, où Actéon apparaît perché au-dessus de la déesse, son crime lui étant révélé par le miroir de l'eau: voir *LIMC* 1, 1 «Aktaion», 464 et Schlam 1984, 103 s., qui mentionnent en particulier des mosaïques africaines du 3e au 4e ou 5e s. ap. J.-C. Elle évoque aussi la version ovidienne du mythe, où la métamorphose d'Actéon lui est révélée lorsqu'il se penche sur une source: cf. Ov. *met.* 3, 200 s. *ut uero uultus et cornua uidit in unda: / 'Me miserum!' dicturus erat; uox nulla secuta est.*

loturam Dianam opperiens: la déesse ayant été décrite plus haut dans son attitude de chasseresse (voir notice initiale ad 27, 7 ss.), le bain de Diane est projeté dans le futur. La punition d'Actéon a quant à elle déjà commencé, puisqu'il est *iam in ceruum ferinus* (*supra*). De même, le spectacle auquel Lucius assistera (la métamorphose de Pamphilé) n'a pas encore eu lieu, mais le héros brûle déjà d'une curiosité effrénée pour les arts magiques (cf. notamment 2, 2: 25, 8 ss. *sic attonitus, immo uero cruciabili desiderio stupidus*). L'emploi attributif du participe futur est fréquent chez les poètes (voir ETh 236; LHSz 2, 390); cf. Verg. *Aen.* 2, 659 ss. *si ... perituraeque addere Troiae / teque tuosque iuuat.*

uisitur: noter l'ironie avec laquelle s'achève le spectacle de cette description. C'est le voyeur qui, avant même d'assouvir son désir, est vu: par Diane, par Lucius et par le lecteur/spectateur auquel ce groupe sculptural est décrit.

CHAPITRE V

De divertissement en avertissements.

Dum haec identidem rimabundus eximie delector, 'Tua sunt', ait 28, 11-13
Byrrena, 'cuncta quae uides' et cum dicto ceteros omnes
sermone[s] secreto decedere praecipit: Je ne me lassais pas d'examiner
cet ensemble dont le spectacle me procurait un plaisir extrême, lorsque Byrrhène
me dit: «Tout ce que tu vois est à toi»; et sur ces mots, souhaitant me parler en
tête à tête, elle ordonne au reste de l'assistance de s'éloigner.

Dum - uides: cf. 5, 2 (104, 21 ss.) *haec ei summa cum uoluptate uisenti offert
sese uox quaedam corporis sui nuda et: 'quid', inquit, 'domina, tantis obstupescis
opibus? tua sunt haec omnia ...'.* Dans son destin parallèle, Psyché se voit offrir
les trésors de la maison de son époux, décrite dans une *ekphrasis* similaire à celle
du chapitre 4. Comparer aussi 5, 23 (120, 24 s.) *quae dum insatiabili animo Psyche, satis et curiosa, rimatur* (de Psyché, contemplant Éros endormi).

haec ... rimabundus: l'adjectif *rimabundus*, formé sur *rimor*, apparaît pour la
première fois dans deux passages d'Apulée: ici et dans le traité de *Socr.* 2 (9, 12)
intellectu eos (sc. *deos*) *rimabundi contemplamur*; cf. ensuite Fulg. *myth.* praef. 1
(p. 14 Helm). Comparer pour cette construction avec objet à l'acc. 2, 20 (41, 24)
indigna murmurabundus; 3, 1 (52, 12 s.) *iam forum et iudicia ... imaginabundus*;
4, 16 (87, 2 s.) *mirabundi bestiam.* Sur la construction transitive des adjectifs en -
bundus, voir Müller 1908, 159; Médan 1925, 119 s. donne d'autres exemples
d'adjectifs dérivés de verbes et attestés pour la première fois chez Apulée; Gargantini 1963, 34 et Callebat 1994, 1645 («recherche du rare et préoccupations
archaïsantes»); *GCA* 1995, 339 ad 9, 41 (234, 20) *nutabundus*, avec références
supplémentaires.

eximie delector: Zimmerman-de Graaf 1993, 152 remarque à propos de cette
ekphrasis et de celle de la pantomime du livre 10, 29 ss. (260, 20 ss.) que Lucius-
acteur est sensible à la seule beauté du spectacle et ne perçoit pas le rapport avec
sa propre situation. Interprétation similaire chez Slater 1997, 98 ss., qui compare
notre passage avec la manière dont les personnages de Pétrone perçoivent les
oeuvres d'art dont il est question dans le roman. Voir aussi Kenney 1990, 13 à
propos de la réaction de Lucius face au conte d'Amour et Psyché (cf. 6, 25: 147, 4
ss.). Quant à Lucius-narrateur, qui possède pourtant un savoir supérieur à celui de
son «je-narré», il s'abstient de tout commentaire qui pourrait fonctionner comme
une prolepse (pour cette terminologie, voir Introd. 2.2 et 2.1.1.1). Van der Paardt
1978, 81 et note 45 p. 90 remarque avec raison: «It is not only understandable that
the experiencing Lucius fails to understand the statue's prophecy, it is also neces-
sary for the development of the plot: if he had done so he would have been able to
escape his fate and there would have been nothing to prophesy». Un passage du
roman d'Achille Tatius révèle qu'une oeuvre d'art aperçue par hasard pouvait être

considérée comme une manière de présage (σύμβολον): cf. 5, 4, 1; voir Bartsch 1989, 65 ss.

Tua - uides: les paroles de Byrrhène sont à double entente. D'une part, elle fait don de sa maison à Lucius qu'elle proposait d'accueillir comme hôte (cf. 2, 3: 26, 17 ss.). D'autre part, un «lecteur averti» (voir Introd. 2.2) peut y voir un avertissement au héros. Lucius doit se méfier de sa curiosité pour le surnaturel et les arts magiques, s'il ne veut pas connaître le même sort qu'Actéon (voir la notice introductive du chapitre 4). Tout comme la description de l'atrium de Byrrhène est absente de l'*Onos*, cette mise en garde n'apparaît pas dans l'épitomé (Sandy 1997, 239 s.); mais voir notice initiale suivante. Norden 1912, 160 souligne l'aspect juridique de cette phrase qui rappelle les «Vindikations- und Manzipationsformeln *meum esse, tuum esse*».

Byrrena: sur ce nom, voir comm. ad 2, 3 (26, 16).

ceteros - praecipit: dans l'*Onos* 4, 6, c'est Abroia qui, entraînant Lucius par la main, s'écarte pour lui parler en tête à tête. La variante adoptée par Apulée convient mieux au rang d'une maîtresse de la maisonnée.

ceteros omnes: i.e. le vieillard et les serviteurs qui accompagnaient Byrrhène dans sa sortie: cf. 2, 2 (25, 13 et 16).

sermone[s] secreto: l'adjonction erronée du *s* à *sermone* provient soit du mot suivant, soit du pluriel *ceteros omnes* qui précède. La correction *sermoni* de Floridus (approuvée par Blümner 1905, 25 s.) n'est pas nécessaire, ni celle signalée par Oudendorp, *sermonis*, imprimée par Eyssenhardt. Mieux qu'un abl. de séparation dépendant de *decedere* (Adlington-Gaselee traduisent «to depart from our secret conference»), on peut voir dans *sermone secreto* un abl. de circonstance. Carlesi y voit un abl. de manière dépendant de *praecipit*: «a voce bassa». Mais *OLD* s.v. *sermo* ne signale pas ce sens. La combinaison est fréquente: cf. e.g. au singulier Liv. 37, 17, 9; Plin. *epist.* 9, 13, 10; Suet. *Aug.* 98, 10. Cf. encore Apul. *met.* 4, 1 (74, 14) *secretis gannitibus*. Au livre 3, 15 ss. (62, 25 ss.), c'est au tour de Photis de confier à Lucius le secret de la véritable nature de Pamphilé: '*patere ... prius fores cubiculi diligenter obcludam, ne sermonis elapsi profana petulantia committam grande flagitium*', et cum dicto pessulis iniectis et uncino firmiter immisso ... uoce tenui et admodum diminuta ...*, etc.

decedere praecipit: KSt 2, 1, 716 signale que la construction *praecipere* + proposition infinitive (sur le modèle de *iubere*) est un emploi tardif et cite avant Apulée Suet. *Cal.* 47, 2 et *Nero* 31, 6.

28, 13-29, 1 Quibus dispulsis omnibus: 'Per hanc', inqui*t*, 'deam, o Luci carissime, ut anxie tibi metuo et ut pote pignori meo longe prouisum cupio, caue tibi, sed caue fortiter a malis artibus et facinorosis illecebris Panphiles illius, quae cum Milone isto, quem dicis hospitem, nupta est: Lorsqu'ils se furent tous éloignées: «Par cette déesse», ajouta-t-elle, «mon très cher Lucius, car j'ai de grandes angoisses à ton sujet et je veux qu'il soit pourvu bien en avance à ton salut comme à mon propre enfant, méfie-toi, mais méfie-toi sérieusement des artifices maléfiques et des charmes criminels de cette Pamphilé, mariée avec le Milon qui, dis-tu, est ton hôte.

Après l'avertissement visuel que constituait le groupe statuaire décrit au chapitre précédant et dont Lucius aurait dû décoder la signification, après la phrase ambiguë *tua sunt ... cuncta quae uides* (lignes 11 s.), c'est une mise en garde explicite que le héros reçoit maintenant de Byrrhène. Noter le ton dramatique du discours, obtenu par les redoublements verbaux, et le lyrisme de l'expression (*o Luci carissime-pignori meo*). Cette emphase, qui suscitera chez Lucius plus d'intérêt que d'appréhension, a aussi pour fonction d'éveiller l'attention du lecteur. Après la pause descriptive du chapitre 4, le fil des aventures reprend. Dans l'*Onos* 4, 6, Abroia avertit également le héros de se méfier de son hôtesse - à l'en croire, une magicienne nymphomane - mais son discours est moins emphatique; voir *infra* s.v. *caue tibi, sed caue fortiter.*

Per hanc ... deam: Diane-Hécate, déesse de la virginité, liée, dans la représentation du chapitre 4, au monde magique (Wlosok 1969, 74; Steinmetz 1982, 261; Walsh dans une note à sa traduction p. 244; Van Mal-Maeder 1997a, 191 ss. avec références supplémentaires). Voir comm. ad 2, 4 (27, 11 ss.). Par ces mots, Byrrhène confirme la symbolique du groupe sculptural ornant son atrium, dont elle est, au contraire de Lucius, consciente.

o Luci: le *o* semble avoir été ajouté par la même main dans F, par une autre main dans φ: voir comm. ad 2, 3 (26, 10).

anxie ... metuo: expression emphatique, destinée à éveiller autant l'attention de Lucius que celle du lecteur; cf. plus loin 29, 11 *haec tibi trepido* et 29, 13 s. *haec mecum Byrrena satis anxia*. Pour d'autres exemples de renforcement d'une forme verbale par un adverbe, un tour caractéristique du style exubérant d'Apulée, voir Bernhard 1927, 177; Callebat 1968, 541 ss. Comparer pour cette accumulation verbale Verg. *Aen.* 9, 89 s. *sollicitam timor anxius angit. / solue metus ...*; Ov. *met.* 1, 622 s.; Stat. *Theb.* 4, 377 s. *nouus his super anxia turbat / corda metus*; chez les prosateurs, cf. e.g. Sall. *Iug.* 11, 8; Sen. *contr.* 2, 1, 12 *nempe ut anxii et interdiu et nocte ruinam ... metuant.* Callebat 1968, 167 classe *anxie* parmi les mots du *sermo cotidianus* rarement attestés dans les textes littéraires classiques, mais dont l'emploi se développe chez les écrivains de l'époque impériale et tardive.

ut pote - cupio: cette sentimentale précision est absente de l'*Onos* (Abroia y dit toutefois aussi considérer Lucius comme son enfant: cf. 4, 3 et 4, 6 τέκνον).

pignori: mot appartenant originellement à la langue juridique, mais employé ici sans nuance légale (Summers 1967, 101); voir Van der Paardt 1971, 65 ad 3, 7 (57, 4).

longe prouisum: Molt 1938, 98 ad 1, 21 (19, 18) *longe opulentus* remarque que cet adverbe n'apparaît chez aucun autre auteur lié à un adjectif au positif. Pour la qualité pléonastique de la tournure répondant à l'emphase dramatique de Byrrhène, comparer Cic. *fam.* 2, 8, 1 *abs te, sed ut ab homine longe in posterum prospiciente futura exspecto*, etc. *Prouidere* est employé intransitivement avec le dat.: cf. *OLD* s.v. *prouideo* 4b «to provide (for a person or situation)», qui cite aussi Cic. *nat. deor.* 1, 4 *qui ... censeant ... ab isdem (sc. deis) hominum uitae consuli et prouideri*. Pour une ellipse similaire de l'infinitif *esse*, cf. *apol.* 98 (108, 7) *prouentum cupit*; Plaut. *Rud.* 1164 *di me seruatum cupiunt*; voir LHSz 2, 419 ss.

caue tibi, sed caue fortiter: cf. 29, 11 *haec tibi ... cauenda censeo*. Après la description de l'atrium de Byrrhène (absente de l'épitomé grec), le parallèle entre les deux textes reprend précisément à ce point du récit (le passage correspondant de l'*Onos* 4, 6 est moins emphatique: φυλάττου μοι ... πάσῃ μηχανῇ). Le redoublement est renforcé par la conjonction *sed* et par *fortiter*. Pour une liste de ce type de géminations dans les *Met.*, cf. Koziol 1988 (¹1872), 11; Bernhard 1927, 232 s. Comparer notamment 2, 7 (31, 6 s.); 2, 17 (39, 1 s.); avec un *sed* de «renforcement» 10, 22 (254, 3 s.: voir *GCA* 2000, 287 ad loc.) *totum me prorsus, sed totum recepit*. En 2, 10 (33, 8 s.) *caue ne ... contrahas*, Lucius reçoit un autre avertissement explicite dont la portée dépasse la simple image amoureuse: voir comm. ad loc.

malis artibus et facinorosis illecebris: comme la suite du discours de Byrrhène le révèle, cette périphrase désigne les *magicae artes*. Cf. *apol.* 41 (48, 8) *magicis artibus, marinis illecebris*.

malis artibus: la combinaison se retrouve en 2, 29 (49, 9) *malis nouae nuptae peremptus artibus* (où il s'agit d'empoisonnement: voir comm. ad loc.). Pour l'emploi de *malus* à propos de magie, cf. *Lex XII tab.* 8, 1 *qui malum carmen incantassit*. Les pratiques magiques sont régulièrement désignées du terme *ars/artes*: cf. e.g. 2, 1 (24, 20); 2, 6 (29, 15); 3, 16 (63, 22); 9, 29 (224, 24) *ad familiares feminarum artes accenditur*, etc. Voir Abt 1967, 104 s. (¹1908).

facinorosis illecebris: selon *ThLL* s.v. *illecebra* 365, 81 ss., Apulée est le seul auteur à employer ce mot à propos de charme magique («speciatim de artibus magicis fere i.q. fascinatio»), citant comme exemple *apol.* 34 (40, 7) *ad illecebras magicas*; 47 (54, 15 s.) et *met.* 3, 16 (63, 25) *ad exercendas inlecebras magiae*. À cette liste, il faut ajouter notre passage et *apol.* 41 (48, 8, cité plus haut). La magie amoureuse constitue une part essentielle des pratiques occultes et est le point d'intérêt principal de Pamphilé: cf. 29, 5 ss. Au livre 3, 16 (63, 17 ss.), Photis tient le même discours à propos de sa maîtresse.

facinorosis: cf. 29, 9 ss. sur le sort réservé aux amants tombés en disgrâce. Que les artifices des magiciennes peuvent se révéler criminels, Lucius l'avait déjà entendu à propos de Méroé: cf. 1, 9 (8, 20 ss.); 1, 13 (12, 9 ss.); cf. aussi 9, 29 (225, 2 s.) *saga ... primis adhuc armis facinerosae disciplinae suae uelitatur*, avec *GCA* 1995, 255 ad loc.

Panphiles: ailleurs, le nom est orthographié *Pamphile*: cf. 2, 6 (29, 16); 2, 11 (34, 14); 3, 17 (64, 25) et 3, 21 (68, 5 et 13). Le nom *Pamphila/-e* (Παμφίλα/-η) et le masculin *Pamphilus* (Πάμφιλος) sont des noms courants en grec comme en latin: voir Fraser-Matthews I, 357 s. et II, 357 s.; Forcellini s.v. *Pamphilus*. L'orthographe Πάνφιλος/-α étant attestée (voir Fraser-Matthews l.c. qui cite notamment une Πανφίλη: *IC* 1, 215, no 114), la leçon *Panphile* est maintenue, conformément aux règles orthographiques des *GCA* (voir Introd. 8).

Composés du neutre πᾶν et de φίλος/-η («aimé/e» ou «aimant/e»), les noms *Pamphilus* et *Pamphila* se rencontrent à plusieurs reprises dans la comédie latine (cf. déjà Men. *Epit.* 714, où apparaît une Παμφίλη). Comme chez Apulée, ces noms s'appliquent à des personnes amoureuses ou aimées: cf. Plaut. *Stich.*; Ter. *Andr.* 131 s.; *Hec.* 60 ss. À propos de cette dernière pièce de Térence, où une joueuse de flûte est appelée *Pamphila*, Austin 1922, 43 s. remarque que le nom peut s'appliquer autant à une matrone qu'à une vierge ou à une courtisane, ajoutant: «although it is probable that 'all in love' is the original meaning, it is not unlikely that the name as given to *meretrices*, came to have significance 'loving all', 'everybody's friend'» (cf. Athen. *Deipn.* 13, 591e, où il est question d'une courtisane du nom de Παμφίλα). Cette double signification convient bien à l'épouse de Milon, qui s'amourache de tous les jolis garçons - comme le précise Byrrhène dans ce qui constitue une exégèse du nom (cf. 29, 5 ss.). Voir pour cette interprétation Russel 1942, 87 ss.; Van der Paardt 1971, 130 ad 3, 17 (64, 25); *GCA* 1977, 102; Hijmans 1978, 109 s.; Schlam 1992, 68; Fick-Michel 1991a, 318; Walsh en note à sa traduction (p. 244). Mais *Pamphile* peut aussi s'entendre, par antiphrase, au sens passif («all loved»), puisque ses tentatives de séduction se révèlent peu fructueuses (cf. 3, 16: 63, 21 ss.). Dans l'*Onos*, la femme de l'hôte de Loukios n'a pas de nom.

illius: au vu du contexte, *ille* possède ici une nuance péjorative; cf. aussi 3, 26 (71, 9) *nequissimam facinerosissimamque illam feminam*, avec Van der Paardt 1971, 186 ad loc. Voir Callebat 1968, 277 pour d'autres exemples.

Milone isto: «ton Milon». *Iste* apparaît souvent dans un dialogue, où il possède parfois la valeur d'un possessif de la 2e personne (Callebat 1968, 270 s.); cf. aussi 29, 4.

Maga primi nominis et omnis carminis sepulchralis magistra 29, 1-5
creditur, quae surculis et lapillis et id genus friuolis inhalatis
omnem istam lucem mundi sideralis imis Tartari et in uetustum
chaos submergere nouit: Elle passe pour une magicienne de premier renom,
maîtresse de toutes les incantations sépulcrales, qui sait, en soufflant sur des baguettes, des petites pierres et autres bagatelles de ce genre, plonger toute la lumière du monde sidéral au tréfonds du Tartare et dans le chaos originel.

Ce discours sur les pouvoirs magiques de Pamphilé sera répété comme en écho par Photis: cf. 3, 15 à 18 (63, 14 ss.).

nominis: Collins 1909, 280 veut corriger *numinis*, estimant que la leçon des mss. ne s'accorde pas avec le verbe *creditur*: «she is *believed* to have a great reputation is absurd: she either had or had not». À cette correction de Collins, de Jonge 1941, 32 objecte qu'il faut sous-entendre dans la première partie de la phrase le verbe *est* (*maga primi nominis* sc. *est*). Toutefois, outre que l'absurdité détectée par Collins n'en est pas une (tout juste peut-on parler de brachylogie), je préfère faire dépendre les deux groupes-sujet de *creditur*: voir *infra* s.v. *creditur*.

maga ... magistra: le chiasme renforce la mise en évidence des termes *maga* et *magistra*, dont la sonorité (assonances en *a*; noter aussi le jeu de mots [paronomase] par répétition du son *mag-*) contraste avec les homéotéleutes des compléments au gén. qu'ils encadrent (assonances en *i*).

maga: *magus*, μάγος en grec, est à l'origine un prêtre perse, issu de la tribu des Μάγοι: cf. *apol.* 25 (29, 25 s.) *Persarum lingua magus est qui nostra sacerdos*; Hdt. 1, 101; X. *Cyr.* 7, 3, 1 et 8, 1, 23; Lucianus *Macr.* 4. Le nom de cette caste sacerdotale prend dès le 5e s. av. J.-C. un sens péjoratif pour désigner les sorciers et c'est cette application dérivée qui prédomine dans le domaine latin à partir de la seconde moitié du 1er s.: voir Bernand 1991, 42 ss.; Graf 1994, 31 ss. et 46 ss. Cf. Apul. *apol.* 26 (31, 3 ss.) *more uulgari ... magum existimant, qui ... ad omnia quae uelit incredibili[a] quadam ui cantaminum polleat*; voir Abt 1967, 106 ss. ([1]1908). Pamphilé appartenant à la catégorie des magiciennes maléfiques, le mot est pris ici dans son sens dérivé. Pour désigner une magicienne, *maga* est attesté pour la première fois chez Sen. *Herc. O.* 523 et 526 et se retrouve après Apulée e.g. chez Augustin et Dracontius. Ailleurs, Apulée utilise le plus traditionnel *saga* (1, 8: 8, 9; 2, 21: 43, 8; 9, 29: 225, 2), réservant le mot *magus* à la gent masculine (e.g. *apol.* 9: 10, 7; 26: 31, 4); cf. aussi Hor. *carm.* 1, 27, 21 s. *quae saga, quis te soluere Thessalis / magus uenenis, quis poterit deus?*

Apulée se fait l'écho de la tradition littéraire selon laquelle la magie en Thessalie est affaire de femmes, car, en dehors de l'Egyptien Zatchlas, seules des expertes ès sciences occultes sont mises en scène dans les *Met.* Cf. 9, 29 (224, 23 ss.: cité plus haut s.v. *malis artibus*); Plin. *nat.* 30, 6 *nec postea quisquam dixit ... quando transisset (sc. ars magica) ad Thessalas matres, quarum cognomen diu optinuit in nostro orbe*; mais déjà Ar. *Nu.* 749 ss.; Pl. *Grg.* 513a; Tib. 2, 4, 55 s.; Hor. *epod.* 5, 41 ss.; Sen. *Med.*; Lucan. 6, 452 ss., etc., qui tous mentionnent ou mettent en scène des magiciennes thessaliennes.[1] Pour une explication sociologique/anthropologique de ce phénomène, voir Scobie 1983, 85 ss.; Winkler 1990, 90; Graf 1994, 211 ss.

primi nominis: le tour fait référence aux capacités professionnelles de la magicienne Pamphilé; voir *OLD* s.v. *nomen* 11b «fame, repute» et s.v. *primus* 13 et 14 «most notable or distinguished». Comparer 2, 28 (48, 4 s.) *propheta primarius* (de Zatchlas, prêtre-magicien d'Isis). L'adjectif *primus* implique sans doute aussi que Pamphilé est la meilleure de toutes les magiciennes et la plus redoutable (voir aussi s.v. *magistra*).

---

[1] Cette tradition est si bien établie que deux scholiastes d'Aristophane éprouvent le besoin d'insister sur le fait que la magie en Thessalie était aussi pratiquée par les hommes: cf. schol. ad Ar. *Nu.* 746 (Tz.) et 749c (An. rec.).

omnis carminis sepulchralis: le singulier permet une continuation euphonique par rapport au gén. *primi nominis* qui précède (homéotéleutes en -[n]is), et appuie l'emphase dramatique de la phrase.

carminis sepulchralis: voir comm. ad 2, 1 (24, 21 et 26) *cantamina* et *ferali murmure*. L'adjectif *sepulchralis* apparaît encore en 1, 10 (9, 17), également à propos d'une cérémonie magique. S'agissant de sorcières, le mot n'est pas qu'une métaphore: cf. 2, 20 (41, 12 ss.) *ne mortuorum quidem sepulchra tuta dicuntur, sed et bustis et rogis reliquiae quaedam ... ad exitiabiles uiuentium fortunas petuntur. Sepulchralis* n'est attesté avant Apulée que chez Ov. *epist.* 2, 120; *met.* 8, 480 (voir Bömer 151 ad loc.). Après Apulée, le terme se retrouve dans une glose chez Auson. 12, praef. Green et chez les auteurs chrétiens: cf. e.g. Prud. *c. Symm.* 1, 97; Sidon. *epist.* 7, 17, 1 *diem ... sepulchralem luctuosis carminibus inscribere*, etc.; cf. aussi *CIL* 12, 972 (inscription en hexamètres).

magistra: *OLD* s.v. 2 cite ce passage d'Apulée sous la notice «a female expert, mistress». Mais comme l'adjectif *primus* ci-dessus (*supra* s.v. *primi nominis*), le terme marque une prééminence d'un autre type: Pamphilé est la reine des magiciennes (*OLD* l.c. 1 «a woman in charge, female chief ...»).

creditur: la retenue que Byrrhène manifeste quant à la certitude de ses affirmations est démentie par le ton inquiet et pressant de son discours. Jusqu'au moment où Lucius observera de ses propres yeux la métamorphose de Pamphilé, l'existence et les agissements des sorcières ne sont que des on-dit, des racontars populaires se transmettant de bouche à oreille (Skulsky 1981, 66 s.): cf. e.g. 1, 5 (4, 21 ss.) *ibidem passim per ora populi sermo iactetur, quae palam gesta sunt*; 1, 8 (8, 15 s.); 2, 1 (24, 20 s.); 2, 20 (41, 12 s.) *ne mortuorum quidem sepulchra tuta dicuntur*, avec comm. ad loc. Cf. aussi 9, 29 (224, 25 s.) *ueteratricem ... femina<m>, quae deuotionibus ac maleficiis quiduis efficere posse credebatur*. Cf. *apol.* 2 (2, 4 s.) *calumniam magiae, quae facilius infamatur quam probatur*. Voir aussi comm. ad 2, 1 (24, 25 et 25, 4) *crederem*.

surculis - inhalatis: la légèreté de cet abl. absolu, rythmé par le polysyndète (où les terminaisons de l'adjectif et du participe appuient les diminutifs *surculis* et *lapillis*) s'oppose au ton dramatique de la phrase et traduit le paradoxe des pouvoirs de Pamphilé: avec trois fois rien, elle maîtrise le cosmos. Plus loin, les ingrédients d'une opération magique de Pamphilé sont détaillés avec une horreur complaisante par Photis: cf. 3, 17 (65, 3 ss.). Comparer *apol.* 30 (36, 4 ss.) *philtra omnia undique eruunt: / antipathes illud quaeritur ... radiculae, herbae, surculi ...* (= Laev. *carm. fr.* 27), avec Hunink 1997, 103 ad loc.; 31 (37, 15 s.) *uim <h>erbarum et radicum et surculorum et lapillorum* (également à propos d'ingrédients magiques); voir Abt 1967, 167 et 182 ([1]1908). Sans perdre de vue qu'il s'agit d'une représentation littéraire, on notera que pierres et baguettes jouaient parfois un rôle dans les cérémonies religieuses ou à caractère magique: voir Burriss 1972, 133 ss. et 196 ss.; Tupet 1976, 57 ss.; Bernand 1991, 22.

surculis: le mot apparaît aussi dans le fragment de Laevius cité dans la notice précédente; cf. encore *apol.* 31 (37, 15 s.: *supra*) et 30 (35, 20 ss.) *ille (Vergilius) ... nominat ... herbas et surculos* (allusion à deux passages où le poète décrit les préparatifs d'une opération magique, sans toutefois y employer le terme *surculus*: cf. Verg. *Aen*. 4, 513 ss.; *ecl*. 8, 64 ss.). Abt 1967, 167 s. ([1]1908) identifie les *surculi* avec les κλῶνες et κλάδοι des papyri magiques. Pour la valeur de diminutif que le terme possède ici, voir notice suivante.

· *lapillis*: cf. *apol*. 31 (37, 15 s.: *supra*); Petron. 131, 5 *hoc peracto carmine ter me iussit expuere terque lapillos conicere in sinum, quos ipsa praecantatos purpura inuoluerat* (d'une vieille tentant de redonner vigueur à Encolpe à l'aide de charmes). Pour l'utilisation de pierres dans la magie thessalienne, cf. Lucan. 6, 438 ss. *Thessala ... tellus ... ingenuit sensuraque saxa canentes / arcanum ferale magos*. Abt 1967, 195 s. ([1]1908) signale leur mention dans un chant magique d'amour où il est question d'Aphrodite. Callebat 1968, 374 s. observe que le diminutif *lapillus* (comme aussi *surculus*) a ici pour fonction d'accentuer le contraste «entre d'insignifiants moyens d'action et un résultat hors du commun».

id genus: voir comm. ad 2, 1 (25, 5).

friuolis: l'adjectif traduit moins le mépris de Byrrhène pour les pratiques de Pamphilé que l'ampleur des pouvoirs de cette dernière: voir s.v. *surculis - inhalatis*. Dans l'*apol*. 35 (40, 19), Apulée qualifie du même terme les ingrédients que ses accusateurs lui reprochent d'avoir recherchés pour ses pratiques magiques et dont lui-même soutient qu'il ne s'agit que de choses sans importance, *friuola*.

inhalatis: avant Apulée, le verbe n'est attesté que chez Cic. *Pis*. 13, au sens de «exhaler». Ici, il signifie «souffler dessus» (Beroaldus: «afflatis, anhelitu verborum magicorum saturatis»). Le mot met en relief le contraste entre la simplicité aérienne du rite et son effet prodigieux. En 2, 10 (33, 15), on trouve un hapax de la même famille: *inhalatus* (voir comm. ad loc.)

omnem - nouit: cette affirmation est confirmée par les dires de Photis en 3, 16 (63, 23 ss.) *audiui ... quod non celerius sol caelo ruisset ... ipsi Soli nubilam caliginem et perpetuas tenebras comminantem*. Cf. aussi à propos de la sorcière Méroé 1, 8 (8, 9 ss.) *saga ... diuini potens caelum deponere, terram suspendere ... sidera extinguere, Tartarum ipsum inluminare*. Les pouvoirs cosmiques des magiciennes sur la lune, le soleil et les étoiles sont un *topos* de la littérature antique: cf. en particulier A. R. 3, 528 ss.; Verg. *ecl*. 8, 69; Ov. *met*. 7, 199 ss.; Lucan. 6, 462 ss. et 499 s. *et sidera primum / praecipiti deducta polo, Phoebeque serena ... palluit et nigris terrenisque ignibus arsit*, etc. (voir *RE* 14, 1 [1928] «Mageia», 375 [Hopfner]). Le lieu commun le plus fréquent est celui de la magicienne sachant «faire descendre la lune»: cf. e.g. Pl. *Grg*. 513; Ar. *Nu*. 748; Tib. 1, 2, 43 ss., etc. (voir Heine 1962, 334 ss. avec références exhaustives). Les magiciennes ont en commun cette puissance sur les éléments de l'univers avec la déesse Isis: cf. 11, 25 (286, 28 ss.) *tu rotas orbem, luminas solem, regis mundum, calcas Tartarum. tibi respondent sidera ... seruiunt elementa*. Sur ce parallèle, voir e.g. Tatum 1969, 123; Wlosok 1969, 72; Penwill 1975, 60 s.; Schlam 1978, 97 et 1992, 67 ss., qui tous le traitent en termes d'opposition (magie blanche d'Isis vs. magie noire des sorcières); voir Introd. 5.1; Append. I.

istam: Callebat 1968, 270 cite cette occurrence dans son analyse de *iste* «pronom par excellence de la conversation», dans un dialogue «où il constitue une adresse à l'interlocuteur et un moyen de suggérer par un geste ou d'intéresser plus intimement à l'énoncé la personne à qui l'on parle»; cf. aussi *supra* 29, 1.

imis - chaos: la gradation (climax) est appuyée par la rupture de construction. Le premier complément marque le lieu, le second, la conséquence (voir *infra* s.v. *uetustum chaos*). Pour d'autres cas de rupture de la construction verbale, cf. e.g. 2, 17 (38, 19 s.); 2, 28 (48, 19 s.); 4, 12 (83, 24), avec *GCA* 1977, 97 ad loc., etc.

submergere: à en juger des exemples cités par *OLD* s.v. *submergo* et du matériel du *ThLL* à Munich, la construction *submergere* + *in* + acc. est unique (d'ordinaire, le verbe est accompagné de l'abl. seul). Peut-être est-elle choisie pour des raisons d'euphonie (assonances en *i*). Comparer avec *in* et l'abl. Ov. *met.* 12, 279 (*ferrum*) *stridet et in tepida submersum sibilat unda*.

imis Tartari et in uetustum chaos: la variation de construction renforce le climax.

imis Tartari: cette combinaison poétique se retrouve en 1, 15 (14, 12) et 6, 17 (141, 16). L'adjectif *imus*, substantivé ou non, qualifie fréquemment en poésie le monde souterrain (voir *OLD* s.v. *imus* 2a); comparer notamment Sen. *Herc. O.* 1514 s. *Tartara et manes peto. hanc tamen ad imos perferam laudem inclutam.* Avant Apulée, *Tartarus* n'est attesté en prose que chez Varro *ling.* 7, 37 (Plin. *nat.* 3, 121 et Tac. *hist.* 3, 9, 1 mentionnent un fleuve *Tartarus*). Cf. aussi Petron. 124, mais le mot apparaît (au pluriel) dans le poème de la Guerre Civile (v. 278). Chez notre auteur, cf. encore *met.* 1, 8 (8, 11); 1, 15 (14, 12); 6, 17 (141, 8 et 16); 11, 25 (286, 29 s.); *Socr.* 5 (13, 19), au pluriel. Après Apulée, *Tartarus* se rencontre selon le matériel du *ThLL* à Munich surtout chez les poètes; cf. aussi Ambr. *serm.* 35, 5.

uetustum chaos: cf. Hes. *Th.* 116 ῞Η τοι μὲν πρώτιστα Χάος γένετ'. Comparer pour la combinaison e.g. Ov. *met.* 2, 299 s. *in chaos antiquum confundimur.* La conséquence d'un monde privé de la lumière des astres serait le retour au chaos originel décrit par Ov. *met.* 1, 10 s. *nullus adhuc mundo praebebat lumina Titan / nec noua crescendo reparabat cornua Phoebe* et 16 s. *sic erat ... lucis egens aer.* Avec cette tournure poétique qui succède à une autre (*chaos* apparaît essentiellement en poésie: voir *ThLL* s.v. 990, 31 ss.), Apulée se livre à un jeu de mots intraduisible: *chaos* désignant fréquemment chez les poètes les enfers, ce second complément constitue aussi un doublet de *imis Tartari*: cf. e.g. Sen. *Herc. f.* 610 *noctis aeternae chaos ... uici*; 861 *stat chaos densum tenebraeque turpes*; Stat. *Theb.* 12, 772 *Tartareum chaos.* Par métonymie, *chaos* = *inferi, tenebrae*; voir *ThLL* l.c. 991, 29 ss. et 65 ss.

Nam simul quemque conspexerit speciosae formae iuuenem, uenustate eius sumitur et ilico in eum et oculum et animum detorquet: Et bien, sitôt qu'elle aperçoit un jeune homme d'une beauté remarquable, elle est saisie par sa grâce et sur-le-champ tourne vers lui et ses yeux et son esprit.   29, 5-7

Photis tient sur sa maîtresse le même discours: cf. 3, 15 (63, 17 ss.) *nec umquam magis artis huius uiolentia nititur, quam cum scitulae formulae iuuenem quempiam libenter aspexit, quod quidem ei solet crebriter euenire.* La chasse aux hommes constitue la principale occupation des magiciennes des *Met.*, et la magie amoureuse leur domaine de prédilection: cf. 1, 9 (8, 20 ss.); 2, 22 (43, 20) ; 9, 29 (224, 23 ss.); voir Tatum 1969, 499 ss.; Sandy 1978, 133; de Smet 1987a; Schlam 1992, 67 ss. Pour ce *topos*, cf. Lucan. 6, 452 s. *carmine Thessalidum dura in praecordia fluxit / non fatis addictus amor*; Ach. Tat. 5, 22, 2 Ἀκούω τὰς Θετταλὰς ὑμᾶς ὧν ἂν ἐρασθῆτε μαγεύειν; Hld. 3, 16, 2 s. Voir Abt 1967, 307 ss. ([1]1908) à propos de l'apol. 66-107 d'Apulée.

Nam: possède une fonction transitionnelle et introduit à la suite de l'explication («now»): voir *GCA* 1985, 155 ad 8, 16 (189, 26), avec références.

simul ... et ilico: avec Pamphilé, les choses ne traînent pas; cf. aussi ligne 10 *puncto reformat*. Son impatience amoureuse est aussi mentionnée par Photis en 3, 16 (63, 23 ss.). Sur l'élément de vitesse dans les *Met.*, voir Heine 1962, 177 ss.; comm. ad 2, 6 (29, 19 ss.).

conspexerit: Oudendorp (suivi de Van der Vliet) corrige *conspexit*, avançant de nombreux passages des *Met.* où *simul* et *cum* sont suivis de l'indicatif parfait. Mais Novák 1904, 16 s. interprète cette leçon comme un subjonctif itératif et compare avec 7, 21 (169, 26 s.) *ut quemque enim uiatorem prospexerit*: voir *GCA* 1981, 217 ad loc., avec littérature supplémentaire. Callebat 1968, 354 mentionne avec faveur l'hypothèse de Ruiz de Elvira 1954, 134 ss., pour lequel ces formes en -*ri* sont soit des futurs antérieurs ou des «formes mixtes sans personnalité modale véritablement marquée». Toutefois, le contexte justifie un subjonctif de répétition, puisque Byrrhène relate à Lucius les agissements coutumiers de Pamphilé avec les jeunes gens (cf. lignes 9 s.: *minus morigeros ... reformat, alios ... extinguit*; ligne 13 *illa urit perpetuum*).

uenustate: après Beroaldus, de Jonge 1941, 33 cite Cic. *off.* 1, 130 *cum autem pulchritudinis duo genera sint ... uenustatem muliebrem ducere debemus, dignitatem uirilem*. Cf. cependant (à propos de Lucius) Apul. *met.* 3, 11 (60, 13) *frontem tuam serena uenustate*; comparer aussi 9, 27 (223, 26 s.) *tam uenustum tamque pulchellum puellum*. Selon Monteil 1964, 119 s. possède ici une valeur érotique (*uenustas* = ce qui est appétissant, désirable).

et oculum et animum detorquet: cf. *Onos* 4, 6 πᾶσι τοῖς νέοις ἐπιβάλλει τὸν ὀφθαλμόν, devenu chez Apulée un zeugma euphonique doublé, comme souvent dans les *Met.*, d'un polysyndète (cf. 2, 1: 24, 17 s.). La recherche d'euphonie explique aussi l'emploi du singulier poétique *oculum* (homéotéleutes). Cf. Ov. *met.* 6, 515 *nusquam lumen detorquet ab illa*; Apul. *met.* 10, 2 (237, 9 ss.) *nouerca ... oculos ad priuignum adiecit*, avec *GCA* 2000, 67 s. ad loc. pour une analyse de ce type d'expression dans le contexte du motif de «la femme de Potiphar».

29, 7-9 Serit blanditias, inuadit spiritum, amoris profundi pedicis aeternis alligat: Elle enchaîne les caresses, s'empare de son esprit, l'enlace dans les entraves éternelles d'un amour sans fond.

Noter le crescendo du trikôlon (6 syllabes + 6 syllabes + 15 syllabes [5 fois 3 syllabes]), renforcé par les asyndètes, et où le verbe du troisième membre est en position chiastique par rapport aux deux premiers.

Serit blanditias: *ThLL* s.v. *blanditia* 2034, 78 ss. cite pour cette combinaison ce seul passage d'Apulée. La plupart des traducteurs prennent *serit* comme la troisième pers. de *sero, serere, (seui)*, «semer»: cf. e.g. Vallette (un peu platement): «elle lui prodigue des caresses»; Carlesi: «semina lusinghe»; Hanson: «she sows her seductions» (ainsi aussi Walsh). En revanche, l'index d'*OCP* range *serit* parmi les occurrences du verbes *sero, serere (serui)*, «entrelacer», «enchaîner»; cf. Annaratone: «Io irretisce con le lusinghe» (Brandt-Ehlers et Helm-Krenkel évitent le problème: «sie schmeichelt sich bei ihm ein»). Au vu du contexte, ce dernier sens paraît mieux approprié: voir *OLD* s.v. *sero*[2] 2 «(transf.) to join in a series, string together», notamment dans un contexte militaire (*certamina/proelia serere: ibid.* 2b). Comparer Lucil. 1256 s. K *pugnare dolose, / blanditia certare*; Caecil. *com.* 66 *sine blanditie nihil agit in amore inermus*. L'image du lien s'accorde avec *alligat* qui clôt la phrase (voir *infra*); cf. Apul. *met.* 5, 6 (108, 2 ss.) *inserens membra cogentia haec etiam blanditiis astruit: 'mi mellite, mi marite, tuae Psychae dulcis anima'*; 6, 7 (133, 5) *serit uerba* (de Vénus déployant sa rhétorique pour s'allier l'aide de Mercure). Le terme *blanditia* (*blandities*) apparaît encore dans un contexte érotique en 9, 28 (224, 5): voir *GCA* 1995, 243 ad loc.

inuadit spiritum: comme la sorcière Méroé qui prend possession de Socrate au livre 1, 8 (7, 10 ss.), au point qu'il en oublie sa famille. Les séductions des soeurs de Psyché sont décrites dans des termes militaires similaires: cf. 5, 15 (114, 23 s.) *inuadunt animum*; 5, 19 (118, 5 ss.). Alors que la combinaison avec le mot *animus* apparaît avant Apulée (*ThLL* s.v. *inuado* 111, 11 cite Val. Max. 8, 10 (*eloquentia*) *homines adgreditur, animos eorum ipsa inuadendo*), *spiritum inuadere* n'est attesté que dans notre passage. Sur les différents sens que revêt le mot *spiritus* dans les *Met.*, voir *GCA* 1977, 158 ad 4, 21 (90, 14).

pedicis aeternis alligat: cf. 6, 23 (146, 2 s.) *luxuria puerilis nuptialibus pedicis alliganda* (à propos des frasques d'Éros). *OLD* s.v. *pedica* 1 cite ces deux seuls passages pour l'emploi figuré du terme *pedica*. Cf. encore 5, 15 (115, 8) *ad destinatam fraudium pedicam* et, avant Apulée, Lucil. 1004 K *sic laqueis, manicis, pedicis mens inretita est* (sc. *amore*). Le terme apparaît ensuite au sens imagé chez les auteurs chrétiens: voir *ThLL* s.v. 974, 30 ss.

aeternis: dans sa discussion sur la magie érotique, Winkler 1990, 97 compare ce passage d'Apulée avec les formules magiques des *PGM* et des *DT* (*Defixionum tabellae*: voir notice suivante), qui parlent de «liens éternels»: «The erotic rhetoric reckons little with days and months: its units of measurement are now and forever».

alligat: *alligare* est fréquemment employé à propos des liens d'amour (*ThLL* s.v. 1685, 65 ss.). S'agissant d'une magicienne, le verbe fait probablement allusion ici aux rites de «defixiones». Graf 1994, 139 ss. signale à ce propos l'emploi en latin de *ligo* et de ses composés (p. 147, sans citer d'exemple). Cf. Prop. 1, 5, 12 *illa feros animis alligat una uiros* (de la maîtresse du poète-narrateur, comparée aux vers 6 ss., par suggestion, à une magicienne thessalienne), avec Enk 58 ad loc.; Sen. *Herc. O.* 452 s. *artibus magicis ... coniugia nuptae ... ligant*; Aug. *civ.* 10, 9 *cum uir ... adiuratas sacris precibus potentias alligasset* et plus loin *ergo et ligauit ille* (dans un passage traitant de théurgie).

À propos de l'ellipse du pronom complément d'objet, Callebat 1968, 451 note qu'elle «concourt non seulement à la vivacité mais aussi à l'élégance et à la densité de l'expression».

29, 9-11   Tunc minus morigeros et uilis fastidio in saxa et in pecua et quoduis animal puncto reformat, alios uero prorsus extinguit: Mais ceux qui se montrent moins complaisants et ceux qui, par leur dédain, encourent son mépris, en un instant elle les transforme en pierres, en bétail ou en n'importe quel animal, tandis que d'autres sont carrément exterminés.

Pamphilé exerce sur ses amants le même type de vengeances (métamorphoses et assassinats) que la magicienne Méroé: cf. 1, 9 (8, 20 ss.) *amatorem suum, quod in aliam temerasset, unico uerbo mutauit in feram castorem*; 1, 12 ss. (11, 11 ss.). Autres figures féminines recourant à la magie pour punir une trahison amoureuse, Didon chez Verg. *Aen.* 4, 563 s. ou Médée chez Sen. *Med.* 51 s.

Tunc: possède ici une fonction de transition, avec nuance de gradation (= *tunc etiam = praeterea*): voir *GCA* 1995, 139 ad 9, 14 (213, 19).

morigeros: ce mot archaïque apparaît encore dans l'*apol.* 14 (16, 21) et 74 (83, 16). Médan 1925, 176 et Bernhard 1927, 133 le classent parmi les mots du langage populaire. Avec Callebat 1968, 510, je préfère y voir un emploi littéraire (intertextualité). Chez les comiques, *morigerus* est également appliqué aux évocations amoureuses (même observation chez de Jonge 1941, 33; *ThLL* s.v. *morigerus* 1491, 3 ss. «speciatim in re ueneria»). Cf. Plaut. *Capt.* 966, avec Waltzing 122 s. ad loc.; *Cas.* 463 et 897; Ter. *Andr.* 294. Voir Adams 1982, 164 sur l'emploi du mot dans le vocabulaire sexuel; comm. ad 2, 16 (38, 13) *ut mihi morem plenius gesseris*.

uilis: aux yeux de Pamphilé: Byrrhène reproduit le point de vue de la magicienne.

fastidio: le terme développe l'adjectif *morigeros* qui précède. Cf. 10, 7 (242, 16) *indignatus fastidio nouercae iuuenis*. Oudendorp commente: «propter ipsorum fastidium magae isti vilescunt iuvenes, eosque idcirco illa odit».

in saxa et in pecua ... reformat: dans l'épisode correspondant de l'*Onos*, la sorcière ne transforme ses victimes qu'en animaux (cf. 4, 6); cf. aussi le passage du livre 1, 9 (8, 20 ss.) cité plus haut. Il y a ici redoublement emphatique et euphonique (répétition de *in* et terminaisons en *a*). Les sorcières des *Met.* partagent

126

le pouvoir de métamorphoser leurs victimes avec Éros: cf. 6, 22 (145, 12 ss.), où Jupiter se plaint à Éros: *famamque meam laeseris in serpentes, in ignes, in feras, in aues et gregalia pecua serenos uultus meos sordide reformando* (un passage très proche de Lucianus *DDeor* 6 [2] 207).

puncto: voir s.v. *simul* ... *et ilico*. Comparer dans le passage du livre 1, 9 (8, 20 s.) cité ci-dessus les mots *unico uerbo*, qui traduisent aussi la puissance et la rapidité de la sorcière Méroé. Ailleurs, *puncto* (sc. *temporis*) est accompagné d'un adjectif: cf. 9, 39 (232, 24) *puncto breuissimo*, avec *GCA* 1995, 322 s. ad loc.; 10, 12 (245, 28) *puncto exiguo*. Pour cet emploi absolu (sans le gén. *temporis*), cf. Sen. *epist.* 49, 3 *punctum est quod uiuimus et adhuc puncto minus*; Gell. 14, 1, 26 *si tam paruum atque rapidum est momentum temporis, in quo homo nascens fatum accipit, ut in eodem illo puncto ... plures simul ... nasci non queant.*

reformat: *GCA* 1995, 39 ad 9, 1 (203, 15) signalent que le verbe *reformare* au sens de «transformer», «métamorphoser» apparaît plusieurs fois en relation avec des pratiques magiques. Cf. aussi 2, 30 (49, 23); 3, 22 (68, 16 s.); 3, 23 (69, 23).

prorsus extinguit: cf. 9, 3 (204, 21 s.) *(asinum) prorsus extinctum*; comparer aussi 5, 5 (107, 2 s.) *maxime prorsus perisse*. Voir Callebat 1968, 537 s. sur l'emploi très fréquent dans les *Met.* de *prorsus* comme élément d'intensification. Dans l'*Onos* 4, 6, on lit τέλεον ἀπώλεσεν.

Haec tibi trepido et cauenda censeo. Nam et illa urit perpetuum et tu per aetatem et pulchritudinem capax eius es'. Haec mecum Byrrena satis anxia: Voilà ce qui me fait trembler pour toi et ce dont, à mon avis, il faut te garder. Car non seulement elle s'enflamme sans cesse, mais toi, par ton âge et ta beauté, tu es une proie pour elle.» Ainsi me parla Byrrhène, pleine d'anxiété.
29, 11-13

Le discours de Byrrhène se clôt comme il commençait (cf. 28, 15 s.). Cette phrase conclusive suscite chez le lecteur certaines attentes sur la suite des événements: tout porte à croire que Pamphilé va tomber amoureuse de Lucius. Mais, comme souvent chez Apulée, il s'agit d'une fausse piste. Pamphilé ne manifestera aucun intérêt pour son hôte. Sa métamorphose en âne ne sera pas le fait de la magicienne, mais résultera de sa propre curiosité et de l'étourderie de Photis.

Haec ... trepido: l'emploi de *trepidare* avec un complément à l'acc. est poétique: voir *GCA* 1995, 287 ad 9, 34 (228, 24 s.) *trepidant diuina praesagia*.

urit: telle est la leçon transmise par F, φ et a. Blümner 1905, 26 propose de lire *uritur*, correction adoptée par Helm, Robertson et Brandt-Ehlers et approuvée par de Jonge 1941, 34. Helm la défend en citant les nombreux exemples où la forme médio-passive est préférée par les classiques. Mais, comme le remarque Augello 1977, 44, le fait que tel soit l'usage classique ne constitue pas, s'agissant d'Apulée, une preuve. L'emploi intransitif de verbes habituellement transitifs est un trait du langage familier dont on relève de nombreux exemples chez Plaute ou dans la littérature technique post-classique: voir LHSz 2, 295 s. et Callebat 1968, 301. Cf. Plin. *nat.* 28, 128 *si urat dysinteria* et 29, 39 *oculis epiphoras cohibent urentisque refrigerant*: deux exemples cités par Svennung, où *urere* est employé sans complément et qui confirment que les conjectures de Blümner (ci-dessus), Purser (*prurit*) et Robertson (*surit*, dans son apparat critique) ne sont pas nécessaires. Cf. aussi Auson. 18, 33 ss. Green *tandem progreditur Veneris iustissima cura, / iam matura uiro ... cui plurimus ignem / subiecit rubor et calefacta per ora cucurrit, / intentos uoluens oculos, uritque uidendo.*

perpetuum: pour *perpetuo*. Avant Apulée, l'emploi de cette forme adverbiale est confiné à la poésie. Outre cette occurrence, *OLD* s.v. *perpetuum* cite encore Sen. *Phaedr.* 754 et Stat. *silv.* 1, 1, 99. Cf. déjà *Culex* 38; Ov. *met.* 15, 522, avec Bömer 392 ad loc. Après Apulée, on le rencontre selon le matériel du *ThLL* à Munich en poésie (e.g. Claud. 22, 429 [p. 221 Hall]; Avian. *fab.* 8, 14) comme en prose (Paul. Nol. *epist.* 13, 5; Arnob. Iun. *confl.* 2, 27; Alc. Avit. *epist.* 46A [41]). Pour ce type d'adverbe formé sur l'acc. neutre de l'adjectif, voir LHSz 2, 40; comparer Plaut. *Aul.* 147 *sempiternum*; *Most.* 488 *maxumum*.

per aetatem et pulchritudinem: cf. la description flatteuse que Byrrhène fait de Lucius en 2, 2 (26, 5 ss.). Pour l'emploi de *per* + acc. au lieu d'un abl. causal, voir *GCA* 1985, 177 ad 8, 20 (192, 22) *per corporis ... ualetudinem*, qui comparent notre passage avec Ter. *Eun.* 113 *per aetatem etiam potis erat*; cf. aussi *Ad.* 108.

capax eius: *ThLL* s.v. *capax* 304, 1 ss. cite ce passage d'Apulée comme premier exemple de l'emploi du mot au sens passif («qui capi potest»), un emploi qu'on rencontre ensuite chez les auteurs chrétiens: cf. e.g. avec le gén. Rust. Help. *benef.* 52 *tu dominus ... spes manifesta / reductae exemplumque capax animae*. Au vu de *per aetatem et pulchritudinem*, le sens actif pourrait aussi convenir (*OLD* s.v. 3 «capable of having or getting», qui ne cite nulle part notre passage): «tu es capable de la saisir, d'attirer son attention». Cf. *supra* 29, 5 s. *uenustate eius sumitur*. Sur l'emploi du gén. avec *capax*, voir KSt 2, 1, 451; LHSz 2, 80; Callebat 1968, 187; comparer 10, 3 (238, 27 s.) *habes capax necessarii facinoris otium*, avec *GCA* 2000, 93 ad loc.

satis anxia: cf. 28, 15 *anxie tibi metuo*, avec comm. ad loc. Pour l'emploi, très fréquent dans les *Met.*, de *satis* au sens de *ualde*, voir Callebat 1968, 540 s.

CHAPITRE VI

Plans pour une attaque de séduction.

At ego curiosus alioquin, ut primum artis magicae semper optatum   29, 15-19
nomen audiui, tantum a cautela Pamphiles af[f]ui ut etiam ultro
gestirem tali magisterio me uolens ampla cum mercede tradere et
prorsus in ipsum barat<h>rum saltu concito praecipitare: Mais moi
qui suis déjà curieux de nature, je n'eus pas plus tôt entendu le mot «art magique»,
de tout temps l'objet de mes désirs, que bien loin de vouloir me protéger de
Pamphilé, je brûlai même du désir de me livrer délibérément et de mon propre gré
à un tel maître, cela dût-il me coûter cher, et plus encore de me jeter d'un saut au
fond de l'abîme.

Face aux avertissements de Byrrhène, Lucius réagit tout autrement qu'Aristomène
au livre 1. Ce dernier, terrifié par le récits de Socrate, n'aspirait qu'à fuir le plus
loin possible de la sorcière Méroé (cf. 1, 11: 10, 8 ss.; noté par Sandy 1973, 233).

At ego: formule de transition fréquente dans les *Met.* (à l'ouverture desquelles
elle préside), qui a pour fonction une mise en relief de la suite du récit: voir *GCA*
1981, 185 ad 7, 16 (166, 7) avec références supplémentaires, et l'index de *GCA*
1995. Dans notre passage, *at ego* marque le changement de perspective (l'«oeil»
du lecteur passe de Byrrhène à Lucius) et révèle que les avertissements de Byrrhène n'ont pas eu l'effet escompté, puisqu'ils suscitent la réaction inverse.

curiosus alioquin: cf. 1, 2 (3, 4) *sititor alioquin nouitatis*; 2, 1 (24, 18 s.),
avec comm. ad loc.

artis - nomen: la curiosité de Lucius apparaît de plus en plus ciblée (voir Introd. 5.2). Au livre 1, elle semblait un trait de caractère général (cf. 1, 2: 3, 4 *supra*). Au début du second livre, aiguisée par le récit d'Aristomène, elle se concentre sur les arts magiques. On apprend maintenant que la magie fut toujours (*semper*) un objet de curiosité privilégié. Une telle évolution est à mettre au compte
des modifications des intérêts de Lucius-acteur, qui varient au gré des circonstances et influencent son discours et sa rhétorique (sur cette technique narrative dans
les *Met.*, voir Van Mal-Maeder 1995).

af[f]ui: les mss. ont *affui*; ς corrige *abfui*; Van der Vliet propose *afui*, une orthographe plus fréquente chez Apulée: cf. *met.* 11, 27 (288, 25) et *apol.* 57 (65,
17) *afuit*; *flor.* 16 (23, 21) *afuerim* (cf. toutefois *apol.* 66: 75, 7 *abfuisset*).

cautela Pamphiles: attesté avant Apulée chez le seul Plaut. *Mil.* 603 (mais le
texte est incertain), *cautela* apparaît encore au livre 5, 5 (106, 17) des *Met.* (*pres-
siore cautela*, «avec la plus grande prudence»). Cet emploi avec un gén. objectif
n'est pas attesté ailleurs (*OLD* s.v.). Le mot est fréquent chez les auteurs chrétiens
(*ThLL* s.v. 707, 55 ss.). Norden 1912, 179, note 5 remarque qu'Apulée ne l'em-

129

ploie pas au sens juridique («caution», «garantie»), mais au sens étymologique («défiance», «précaution» de *cauere*, «être sur ses gardes»).

etiam - tradere: l'extrême impatience de Lucius est traduite par l'accumulation de termes pléonastiques, qui mettent en valeur la part de responsabilité personnelle qu'a le héros dans sa mésaventure (un tel effet n'apparaît pas dans le texte de l'*Onos*, beaucoup plus dépouillé). S'il est métamorphosé en âne, c'est pour avoir volontairement choisi de céder à sa curiosité, malgré les avertissements successifs qui lui ont été donnés (notamment dans le chapitre 2, 5: 28, 11 ss.). Voir *infra* s.v. *uecors animi* (l. 19 s.).

tali magisterio me ... tradere: cf. 2, 5 (29, 2) *omnis carminis sepulchralis magistra creditur* (de Pamphilé). D'ordinaire, on trouve la combinaison *magistro/magistrae tradere* (cf. e.g. Varro *Men.* 559; Cic. *Tusc.* 3, 2; Mart. 5, 56, 1). *Magisterium = magister* est attesté dès l'époque impériale (voir *OLD* s.v. *magisterium* 1); cf. 10, 30 (261, 10). En choisissant l'enseignement de la magie, Lucius fait le choix d'en devenir l'esclave: voir *OLD* l.c. 2 «control, governance»; *OLD* s.v. *trado* 2 «to hand over, deliver (into the keeping or control of a person ...)» et 3 «to hand over (to an enemy or opponent), surrender». Sur le thème de l'esclavage dans les *Met.*, voir Gianotti 1986, 11 ss. et 15 ss.; Introd. 5.10.

uolens: la correction *uel* proposée par Van der Vliet constitue une banalisation inutile. Outre que l'adjectif *uolens* est souvent attesté dans les *Met.* (cf. e.g. 3, 22: 68, 16 *magicis suis artibus uolens reformatur*; 7, 5: 158, 4 s. *uirum ... uolentem uolentes accipite*), il souligne le fait que Lucius a bien cherché ce qui lui est arrivé.

ampla cum mercede: noter l'ironie dramatique. Lucius-acteur se dit prêt à débourser une bonne somme contre un cours de magie. Un «lecteur second» (voir Introd. 2.2) sait que le prix de cet enseignement sera celui de sa métamorphose; cf. les mots du prêtre analysant les raisons de ses malheurs en 11, 15 (277, 9 s.) *curiositatis inprosperae sinistrum praemium reportasti* (Sandy 1974a, 239). Dans ma traduction, j'ai tenté de rendre ce double sens. Pour son initiation aux mystères d'Isis, sa salvatrice, Lucius devra dépenser encore plus d'argent: voir Van Mal-Maeder 1997b, 102 ss. avec références supplémentaires.

prorsus: voir comm. ad 2, 5 (29, 11).

in ipsum barat<h>rum: ailleurs, *barathrum* (gr.: βάραθρον) est orthographié correctement: cf. 2, 25 (46, 2) *me somnus profundus in imum barathrum ... demergit* (Thélyphron, dans un passage traitant des méfaits d'une sorcière); *apol.* 83 (92, 16). Attesté dès Plaute, ce mot se rencontre presque exclusivement en poésie, où il désigne fréquemment les régions infernales: voir *ThLL* s.v. 1723, 77 ss. Il fait écho aux paroles de Byrrhène: cf. 2, 5 (29, 4 s.) *imis Tartari et in uetustum chaos*, avec comm. ad loc. Comparer Lucr. 3, 966 *nec quisquam in barathrum nec Tartara deditur atra*; Val. Fl. 2, 86 *horrendum chaos ostendens poenasque barathri*. Lucius ne croit pas si bien dire, lui qui, en se livrant à la magie, finit par atterrir dans les bras d'une autre magicienne, Isis (voir Introd. 5.1). Pour l'initier à ses mystères, celle-ci le fait passer par un rituel de mort: cf. 11, 21 (283, 1 ss.) et 11, 23 (285, 14 ss.).

Selon Sandy 1974a, 239, *barathrum* évoque l'idée de chute (au sens moral) que fait Lucius en choisissant de se livrer aux puissances occultes (une interprétation teintée de christianisme; *barathrum* au sens d'abîme de tous les vices ne se rencontre que tardivement, chez les auteurs chrétiens; cf. toutefois *apol.* 83: 92, 16 *uelut alto barathro calumnia se mergit*). Il est vrai que le passage est narré selon la perspective du «je-narrant», Lucius-narrateur (voir Introd. 2.2), commentant à l'aide de son savoir d'«après coup» son attitude inconsidérée d'alors, qui le conduisit à être métamorphosé; voir *infra* s.v. *uecors animi*. Le motif de la chute apparaît à plusieurs reprises dans un contexte de désastre et de mort, le plus souvent lié à l'amour ou à la magie: cf. Apul. *met.* 2, 25 (46, 1 ss.); 5, 18 (117, 14 ss.); 8, 2 (178, 4 ss.), avec *GCA* 1985, 39 ad loc.

saltu concito praecipitare: la métaphore filée du gouffre explique que la combinaison *saltu concito* remplace le plus fréquent *concito gradu*, qui accompagne souvent dans les *Met.* une accélération du récit: cf. e.g. 4, 2: 75, 16 *cursu me concito proripio*; 4, 18: 88, 17, avec *GCA* 1977, 139 ad loc.; comparer 7, 20 (169, 12 s.) *inprouido saltu ... euado*. Voir notice initiale suivante.

Festinus denique et uecors animi manu eius uelut catena quadam memet expedio et 'salue' propere addito ad Milonis hospitium perniciter euolo: Avec une précipitation insensée, je me dégage donc de ses bras comme d'une chaîne et après l'avoir rapidement saluée, je m'envole en toute hâte vers la demeure de Milon.   29, 19-22

L'accumulation des termes marquant la hâte de Lucius à se livrer aux mystères de la magie (*festinus/propere/perniciter euolo*; cf. aussi *saltu concito* et plus bas *celero uestigium*) imprime au récit une accélération remarquable. Comparer 10, 35 (265, 29 ss.) *potitus iam cursu me celerrimo proripio sexque totis passuum milibus perniciter confectis Cenchreas peruado* (là, Lucius fuit parce qu'il a peur, comme le remarque *GCA* 2000, 413 ad loc.). Au livre 11, Lucius aura également hâte de s'initier aux mystères d'Isis, même si sa fièvre sera tempérée par le prêtre chargé de le guider dans sa quête mystique (cf. 11, 21 s.: 282, 11 ss.; voir pour ce parallélisme Wlosok 1969, 71 ss. et 82). Sur le motif de la hâte et de la précipitation souvent associées aux dangers et à la destruction, voir Heine 1962, 177 ss.; Orders 1971, 245 ss.; Dowden 1993, 102. Dans l'Antiquité, une démarche précipitée est signe d'un caractère immodéré. Dans la comédie, c'est le propre des esclaves (cf. Plaut. *Poen.* 522 s. *seruile esse duco festinantem currere*), alors que l'homme de bien se distingue par une démarche retenue, signe de son caractère contrôlé: voir Bremmer 1991, 20 ss. et Graf 1991, 47; comm. ad 2, 2 (26, 9).

Festinus ... uecors animi: les deux adjectifs sont employés comme prédicat, pour dépeindre, le premier, un état physique, le second, un état d'âme non permanent; voir *GCA* 2000, 126 ad 10, 6 (241, 4) *foro se festinus immitit*.

denique: comme souvent chez Apulée, *denique* a ici le sens de «par conséquent»: voir *GCA* 1985, 37 ad 8, 2 (177, 19); Van der Paardt 1971, 42 s. ad 3, 3 (54, 12) sur les différents sens que cet adverbe peut revêtir dans les *Met.*

uecors animi: les arts magiques ont déjà sur Lucius le même effet que sur la sorcière Pamphilé: cf. 3, 17 (64, 25 ss.) *Pamphile mea iam uecors animi tectum ... quod ... maxime his artibus suis commodatum secreto colit*. Van der Paardt 1971, 99 ad 3, 12 (61, 14) *inpos animi* renvoie à Heine 1962, 180 à propos du fait que, dans les *Met.*, les personnages sont souvent frappés de stupeur, abasourdis, «struck dumb»; voir comm. ad 2, 2 (25, 8 ss.) *attonitus ... stupidus* (de Lucius, à la poursuite des arts magiques). Pour ces peintures intérieures, absentes de l'*Onos*, voir Junghanns 1932, 25 ss. Sur le gén. de relation *animi*, voir Callebat 1968, 489 («imitation concertée de la langue des comiques»); KSt 2, 1, 447. Plutôt qu'un jugement de Lucius-acteur se rendant compte de la folie de son acte dans le temps de l'histoire (voir comm. ad 2, 1: 24, 18 s.), il s'agit d'un commentaire critique porté «après-coup» par le narrateur, connaissant les conséquences du choix qu'il avait fait alors; voir aussi ligne 22 *amenti similis*; ci-dessus s.v. *in ipsum barat<h>rum*.

manu eius ... memet expedio: au vu de l'usage qu'Apulée fait de la notion de la *manus iniectio* (voir Norden 1912, 87 note 2; Van der Paardt 1971, 84 s. ad 3, 10: 59, 18 *iniecta manu*), il s'agit probablement d'une réminiscence d'une notion juridique. Voir Kaser 1971, 56 ss. sur la notion *in manu esse*, découlant de la notion de la *manus* familiale protectrice; *ThLL* s.v. *manus* 351, 22 ss. pour de nombreux exemples de la métaphore *manus = potestas* (d'un parent ou d'un maître: or Byrrhène est comme une mère pour Lucius); *ibid.* 352, 33 ss. pour la notion *manu* (*emittere*): cf. *Cod. Iust.* 7, 40, 1, 2 manu (*liberati*); *Inst. Iust.* 1, 12, 6 *manu* (*dimittere*).

expedio: on trouve fréquemment dans les *Met.* un présent historique après des verbes au passé; ce changement accompagne généralement un tournant dans l'histoire et/ou une accélération du récit: voir *GCA* 1995, 212 ad 9, 24 (221, 6); *GCA* 2000, 81 ad 10, 3 (238, 4 ss.).

uelut catena quadam: cet exemple est l'un des cas cités par Graur 1969, 379 où *quidam* apparaît dans une comparaison introduite par *quasi, uelut* ou *ut*, un emploi démontrant selon lui que le mot a acquis chez Apulée la valeur d'un article indéfini. En réalité, un tel emploi est classique: voir KSt 2, 1, 643 qui y voit une façon d'adoucir une expression ou une métaphore trop osée. Serbat 1984, 353 fait dériver ce sens de *quidam* («une sorte de») de son signifié originel: «unité dans un ensemble d'analogues»; voir aussi Van Mal-Maeder 1994, 217. La comparaison évoque un thème récurrent des *Met.*, celui de la liberté vs. esclavage: voir à ce sujet Sandy 1974a, 238 s.; Gianotti 1986, 11 ss. et 15 ss.; Fick-Michel 1991a, 248 ss.; Introd. 5.10.

salue propere adito: Lucius n'est pas un modèle de politesse avec l'amie de sa mère. Malgré ce qu'il lui promet en 2, 3 (26, 24 *numquam erit, ut non apud te deuertar*), il se soucie bien peu d'elle; cf. 2, 18 (39, 15 ss.), où, tout occupé par ses amours, il tente d'esquiver une invitation à dîner.

ad ... hospitium ... euolo: cf. Petron. 91, 3 *in hospitium meum peruolo*. Pour *hospitium* = «demeure», voir comm. ad 2, 3 (26, 18).

euolo: Robertson s'interroge: *reuolo*?, une conjecture déjà proposée par Stewech et qui suppose que le *r* initial a été absorbé par le mot qui précède. Mais dans ce contexte, l'idée de «s'enfuir», «s'échapper» semble moins banale que celle de «s'en retourner»: cf. ligne 20 *manu eius uelut catena quadam memet expedio*; cf. aussi dans ce sens 5, 22 (120, 10 ss.) *nisi ferrum ... manibus temerarii<s> delapsum euolasset.*

Comme *festinus, propere* et *perniciter, euolo* traduit la hâte de Lucius. Comparer Sen. *apocol.* 13, 2 *celerius ... et uenire nos nuntia. dicto citius Narcissus euolat*; Val. Fl. 7, 644 *protinus in fluuium ... euolat.*

Ac dum amenti similis celero uestigium: 'Age', inquam, 'o Luci,　29, 22-30, 1
euigila et tecum esto. Habes exoptatam occasionem et uoto diutino poteris fabulis mi[se]ris explere pectus: Et tout en pressant le pas comme un fou: «Allons, Lucius, m'exhortais-je, «montre-toi vigilant et maîtrise-toi! La voici, l'occasion tant attendue qui te permettra, comme tu le souhaitais depuis si longtemps, de rassasier ton coeur de récits extraordinaires.

amenti similis: voir *supra* s.v. *uecors animi*. Cf. 7, 1 (154, 15) *dolentique atque indignanti similis*, avec *GCA* 1981, 83 ad loc. sur ce type de participe substantivé; LHSz 2, 78 y voit un emploi dérivé du grec. Comparer encore Sen. *Phoen.* 427 *uadit furenti similis aut etiam furit.*

celero uestigium: voir comm. ad 29, 19 ss.; Lucius est aussi pressé de quitter Byrrhène qu'il l'était de l'accoster (cf. 2, 2: 25, 12 ss.) *mulierem quampiam ... adcelerato uestigio comprehendo*. L'emploi transitif de *celero* apparaît essentiellement en poésie; cf. Sil. 1, 574 *illi celerant ... gressum;* 7, 719 s. (*uestigia*); Drac. *Orest.* 106 (*uestigia*). Comparer aussi Apul. *met* 6, 14 (138, 15) *illa studiose gradum celerans*, réminiscence de Verg. *Aen.* 4, 641 *illa gradum studio celerabat anili* (voir Kenney 1990, 209 ad loc.).

age - esto: sur les monologues dans les *Met.* et leur rapport avec l'élégie et le roman, voir Bernhard 1927, 272 ss. qui classe cette occurrence parmi les monologues d'exhortation: «der Sprecher spornt sich im Monolog zu einer Handlung an, die hierdurch nach der Absicht des Apulejus psychologisch motiviert werden soll» (p. 273), renvoyant à Catull. 52, 1 *quid est, Catulle? quid moraris emori?* Bernhard l.c. distingue entre monologue à la première personne ou, comme ici, à la deuxième personne («Du-Stil», p. 275). Pour un cas stylistiquement proche, cf. Apul. *met.* 6, 26 (148, 11 ss.) *quid stas, Luci, uel quid iam nouissimum expectas? ... habes summam oportunitatem fugae ...*: voir *GCA* 1981, 35 ad loc., avec littérature supplémentaire. Dans les deux cas, le vocatif *Luci* est absent dans le passage correspondant dans l'*Onos*.

euigila et tecum esto: comparer pour des exhortations similaires avec le verbe *euigilare* également au sens figuré, e.g. Fronto p. 140 vdH *ubi illud acumen tuum? ... euigila et adtente*, etc.; Aug. *in euang. Ioh*. 73, 3 *euigila igitur ... et uigilanter audi* (*ThLL* s.v. *euigilo* 1040, 28 ss. et 70 ss.). Voir Bernhard 1927, 169 sur ce type de redoublement avec climax. Callebat 1968, 503 voit dans l'alternance impératif présent et futur l'influence des comiques. Mais la forme en -*to* est, pour certains verbes, la seule employée: notamment *scito, memento* et *esto* ou *adesto* (voir ETh 253 et LHSz 2, 340 s.). La forme *esto* est peut-être aussi choisie pour des raisons de prosimétrie: avec *tecum*, elle forme quatre syllabes répondant à *euigila*. Comparer *met.* 6, 23 (146, 10 s.) *sume, inquit, Psyche, et immortalis esto*, où la symétrie rythmique, mise en évidence par le chiasme, s'allie à une parodie du langage juridique.

tecum esto: pour Ciaffi 1960, 129 et Pennacini 1979, 69 (qui comparent avec Cic. *Cato* 14, 49 *at illa quanti sunt animum tamquam emeritis stipendiis libidinis ... cupiditatum omnium secum esse secumque, ut dicitur, uiuere*) l'expression ne signifie pas «rassembler ses esprits», mais contient l'idée d'indépendance par rapport à l'influence d'autrui («il sentirsi libero»): Lucius se convaincrait de ne pas suivre les conseils de Byrrhène. Dans le passage de Cicéron, toutefois, la combinaison *secum esse* n'a pas tant à faire avec l'idée d'indépendance qu'avec celle de la solitude physique et mentale, au fait de se retirer en soi-même, comme chez Sen. *epist.* 9, 16; 25, 7 (voir *ThLL* s.v. *cum* 1376, 4 ss.).

exoptatam occasionem: cf. Tert. *castit.* 10, 1 *rape occasionem, etsi non exoptatissimam, attamen opportunam* (cité par *ThLL* s.v. *exopto* 1550, 82 comme seul autre exemple de la combinaison). Comparer Apul. *met.* 9, 27 (223, 11 s.) *res optatissimam mihi ... subministrauit occasionem*.

et uoto diutino: voir *supra* s.v. *artis - nomen* (lignes 15 s.). La proposition émise par Burmann de corriger le *et* des mss. par *ex* est adoptée par Eyssenhardt et Helm. Mais une telle intervention n'est pas nécessaire. Cf. pour l'abl. comitatif (sans préposition) *uoto diutuno* («selon ton voeu ancien») les exemples cités par *OLD* s.v. *uotum* 3d «*uoto*, by one's own wish; in one's heart». La conjonction introduit une phrase développant l'affirmation qui précède (*exoptatam* est repris par *uoto diutino*): voir *OLD* s.v. *et* 11.

fabulis - pectus: Lucius ne croit pas si bien dire. Outre l'histoire de Thélyphron, victime des méfaits de sorcières (2, 21 ss.: 42, 15 ss.), il aura l'occasion d'entendre trois récits de brigands (4, 9 ss.: 81, 6 ss.), l'histoire de l'enlèvement de Charité (4, 26: 94, 17 ss.), le «conte» d'Amour et Psyché (4, 28 ss.: 96, 16 ss.), l'histoire narrée par Tlépolème/Hémus (7, 5 ss.: 158, 3 ss.), celle de la mort tragique de Charité et Tlépolème (8, 1 ss.: 176, 21 ss.), celle de l'esclave livré à la voracité des fourmis (8, 22 ss.: 194, 1 ss.), deux histoires d'adultère (9, 4 ss.: 205, 22 ss.; 9, 16 ss.: 215, 10 ss.), deux de meurtrières-empoisonneuses (10, 2 ss.: 237, 1 ss. et 10, 23 ss.: 254, 21 ss.). Le plaisir que Lucius éprouve à de tels récits est mentionné à diverses reprises: cf. e.g. 6, 25 (147, 4 s.); 9, 4 (205, 23 s.), avec *GCA* 1995, 59 ad loc. Voir encore comm. ad 2, 1 (24, 21 s.) à propos du récit d'Aristomène et Introd. 5.4.

mi[se]ris: *miseris* est la leçon transmise par les mss. et imprimée par Eyssenhardt. Mais seul un «lecteur second» (Introd. 2.2), connaissant la nature des histoires dont Lucius est friand (les acteurs y sont le plus souvent victimes d'un sort épouvantable) goûterait la qualification. Tous les autres éditeurs adoptent la correction *miris* de Wower (déjà envisagée par Beroaldus): cf. ces mots de Lucius sur lui-même: *nimis cupidus cognoscendi quae rara miraque sunt* (2, 1: 24, 18 ss., avec comm. ad loc.). Elle est confirmée par le texte de l'*Onos* 5, 2 τῆς παραδόξου θέας. Comme le souligne Oudendorp, le redoublement syllabique des mots de cette famille est une erreur fréquente dans les mss. D'autres conjectures plus ou moins heureuses furent encore émises pour modifier le texte des mss.: Beroaldus: *Milesiis*; Scriverius: *mulseis*; Rossbach 1895, 137: *mysticis*; Birt 1928, 173: *tibi ueris*; Brakman 1928, 170 s.: *mere miris*.

explere pectus: à la fin du livre 1, Lucius se plaignait pourtant de n'avoir entendu que trop de récits sous le toit de Milon: cf. 1, 26 (24, 14) *cenatus solis fabulis. Explere = satiare*: voir ThLL s.v. *expleo* 1716, 59 ss., qui cite pour cette combinaison de termes notre seul passage (p. 1717, 64). Avec *corda*, cf. Verg. *Aen.* 8, 265, avec *mentem*, *ibid.* 1, 713; cf. aussi Apul. *flor.* 15 (21, 20) *nec his artibus animi expletum.* Avec *implere*, comparer e.g. Sen. *epist.* 23, 3 *ceterae hilaritates non implent pectus. Explere* pourrait bien avoir été choisi pour faire écho à <u>exoptatam</u>.

Aufers formidines pueriles, cominus cum re ipsa nauiter   30, 1-5
congredere et a nexu quidem uenerio hospitis tuae tempera et
probi Milonis genialem torum religios<us> suspice, uerum enim
uero Fotis famula petatur enixe: Bannis les craintes puériles, active-toi,
prends l'affaire à bras le corps! Abstiens-toi seulement de toute liaison amoureuse
avec ton hôtesse et respecte pieusement la couche matrimoniale du brave Milon!
Mais pour ce qui est de la servante Photis, va, conquiers-la résolument!

Lucius poursuit son auto-exhortation en termes militaires, comme un soldat se disposant au combat (Pennacini 1979, 69). Pour un «lecteur second» (voir Introd. 2.2) connaissant la suite de l'histoire, la métaphore prend une dimension comique, puisque la relation amoureuse qu'il nouera avec Photis s'exprime en termes guerriers: cf. 2, 17 (39, 1 ss.), où la servante exhorte Lucius à une vaillance d'un autre type (voir comm. ad loc.). Sur l'emploi du vocabulaire militaire chez Apulée, voir Neuenschwander 1913, 66 ss.; Bernhard 1927, 195 ss.; *GCA* 1977, 208 s. (Append. I); McCreight 1991, 490 ss. Noter la construction de la phrase, où quatre impératifs et un subjonctif jussif dictent la conduite à tenir. Les deux premiers, en position chiastique, se succèdent en asyndète; les deux suivants, plus amples, sont précédés de *et*; le subjonctif est mis en évidence par les adverbes adversatifs. On trouvera une analyse détaillée des réminiscences intertextuelles de cette phrase (et des phrases suivantes) chez Graverini 2001b, 429 ss.

Aufers: la leçon *aufers* de F est corrigée par Helm II et III et par Robertson (le *s* final serait issu de la première lettre du mot suivant), qui impriment celle de φ *aufer*. Mais cf. 1, 23 (21, 21), où F aussi bien que φ ont *profers*, autre exemple d'un impératif en *-fers* (voir Molt 1938, 105 ad loc.) Cf. aussi 6, 13 (138, 12) et 10, 16 (249, 16), où les mss. portent la trace de la présence d'un *s* final. Helm IV revient sur son opinion, imprimant dans les passages des livres 1, 2 et 6 la forme en *-fers* (pour 10, 16, il préfère *offer*, de même que *GCA* 2000, 237 ad loc.). Sur cette forme d'impératif, voir Augello 1977, 37 avec références supplémentaires. La leçon avec *s* final est confirmée par les homophonies. Graverini 2001b, 430 compare avec Verg. *Aen.* 12, 316 *auferte metus*, un écho qui donne un caractère épique au duel imminent.

formidines pueriles: pour la première fois, Lucius fait état de ses craintes vis-à-vis de la magie; cf. 2, 11 (34, 10 ss.); 2, 20 (41, 10 s.), avec comm. ad loc. Ses appréhensions ne l'empêchent pas d'aller se jeter volontairement dans la gueule du loup, contrairement à Aristomène, qui tente (vainement) de s'enfuir.

cominus ... congredere: cette combinaison euphonique, attestée pour la première fois chez Apulée (comparer Liv. 8, 24, 9 *ducem ... comminus congressum obtruncat*), se rencontre encore en 5, 11 (112, 3 ss.) *uelitatur Fortuna eminus ... mox comminus congredietur*; cf. ensuite Lact. *inst.* 5, 19, 8. Dans une exhortation similaire, cf. aussi Apul. *met.* 2, 17 (39, 3) *comminus in aspectum, si uir es, derige*.

cominus: ailleurs chez Apulée, on trouve l'orthographe *comminus*. La graphie *cominus* est attestée selon *OLD* s.v. e.g. chez Cic. *Cato* 19; Liv. 2, 49, 10. Aussi, suivant les règles orthographiques exprimées par *GCA* 1985, 10 et par Hijmans 1995a, 119 ss. (voir Introd. 8), je retiens l'haplographie.

nauiter: sur la forme et l'emploi de cet adverbe, voir *GCA* 1981, 46 ad 4, 27 (149, 21) et 153 ad 7, 11 (162, 19). Tout comme *co(m)minus*, *nauiter* apparaît aussi dans l'exhortation de Photis à Lucius citée plus haut (notice initiale), où il est également revêtu d'une nuance guerrière. Cf. e.g. Liv. 10, 39, 6 *aliquamdiu nec cessatum ab armis est neque nauiter pugnatum*; Fronto p. 196 vdH *gnauiter milites in campo exercere*.

congredere: nouvelle métaphore guerrière dans cette auto-exhortation du soldat Lucius: voir *ThLL* s.v. *congredior* 286, 45 ss. «pedem conferre ... in pugna», au sens propre et figuré.

a nexu - enixe: cette restriction apparaît aussi dans l'*Onos* 5, 2. Comme le remarque Pennacini 1979, 68, Lucius a bien saisi la leçon de Byrrhène, qui l'avertissait des dangers que pouvait entraîner une liaison avec la sorcière Pamphilé. Toutefois, séduire la servante se révélera au moins aussi dangereux, puisque par elle, il sera métamorphosé en âne. Pour Lucius, atteindre à la connaissance des arts magiques, passe par le lit. Sur ces rapports entre magie et érotisme, voir parmi d'autres Sandy 1974a, 237 s.; de Smet 1987a, 615 ss.; Schlam 1992, 67 ss. Le passage n'est pas sans évoquer Hor. *sat.* 2, 7, 46 ss., où Dave sermonne son maître, lui conseillant de mettre un terme à ses liaisons dangereuses avec des femmes mariées; cf. aussi 1, 2, 54 *matronam nullam ego tango* et 116 ss., où le poète déclare préférer les servantes faciles et sans risque aux matrones. Le motif apparaît dans l'*Anth. Graec.* 5, 302, 5 ss. En liant une relation avec la femme de Milon, Lucius pourrait encourir (selon la législation romaine) la peine de stupre et d'adultère. Mais une liaison avec l'esclave d'autrui n'est pas non plus sans danger, car elle est susceptible d'être considérée comme dommage à la propriété: voir Mommsen 1899, 691 note 4; Rousselle 1983, 108; Kroll 1988, 74. Cf. *Anth. Graec.* 5, 302, 17 s. εἰ δε καὶ (sc. μιγῆς θεραπανίδι) ὀθνείη, τότε σοι νόμος αἶσχος ἀνάψει, / ὕβριν ἀνιχνεύων σώματος ἀλλοτρίου. Comparer par ailleurs Ov. *ars* 1, 351 ss., où le poète conseille de s'assurer les bonnes grâces et la complicité de la servante pour mieux atteindre son but (dans ce cas, séduire la maîtresse): *sed prius ancillam captandae nosse puellae / cura sit; accessus molliet illa tuos*. Cette stratégie peut même aller jusqu'à la séduction sexuelle.

a nexu ... tempera: la combinaison paraît unique. *Nexus* au sens d'«embrassement amoureux» se rencontre encore en 10, 22 (254, 6; comparer 6, 23: 146, 11 s. *nec umquam digredietur a tuo nexu Cupido*); cf. Colum. 10, 208 *patitur nexus flammata cupidine tellus*; Claud. *carm. min.* 25, 131 (p. 364 Hall). Dans ce contexte de métaphores guerrières, *nexus* est aussi revêtu d'une nuance belliqueuse: voir *OLD* s.v. *nexus*[3] 5b «a clasp, embrace. b (in wrestling)».

probi Milonis: selon de Jonge 1941, 36, «ironia, quae hic in vocabulo *probi* inest, neminem fugere potest», faisant allusion à l'avarice prétendue de Milon. Cf. le passage correspondant de l'*Onos* 5, 2, où on trouve l'adjectif φίλος et voir comm. ad 2, 3 (26, 21 s.). Au cours du roman, Milon se voit qualifier de manière plutôt positive: cf. 2, 11 (34, 9) *Milonis boni concinnaticiam mensulam*, avec comm. ad loc.; 3, 7 (57, 11) *illum bonum hospitem parentemque meum Milonem*, dans un passage ambigu, oscillant entre ironie et sentimentalisme pleurnichard; 4, 3 (156, 5) *hospitem mihi carissimum*. Cf. en revanche 1, 26 (24, 13) *rancidi senis loquax*; comparer aussi 3, 13 (61, 16) *paupertina Milonis cenula*. Ces variations s'expliquent par la technique narrative adoptée dans les *Met.*, où le récit est narré selon la perspective subjective du «je-narré» (voir Introd. 2.2). Le choix des mots reflète l'état d'esprit de Lucius-acteur, un état d'esprit qui change selon les circonstances et influence sa manière de percevoir le monde autour de lui (voir Van Mal-Maeder 1995). Si Milon apparaît à ce moment de l'histoire comme un brave homme à Lucius, c'est que l'objet de tous ses désirs se trouve dans la maison de son hôte.

genialem torum: ce tour apparaît également à propos d'adultère en 9, 26 (222, 14 s.) *pudore postposito torique genialis calcato foedere* et 10, 34 (265, 11). Il désigne fréquemment le lit matrimonial: voir *ThLL* s.v. *genialis* 1807, 4 ss.; cf. Fest. p. 83 L *genialis lectus, qui nuptiis sternitur in honore genii, unde et appellatus*. Par un jeu de mot typiquement apuléen, *genialis* fait aussi référence au fait que Lucius est l'hôte de Milon: voir *ThLL* l.c. 1807, 39 ss. «i.q. liberalis, hospitalis»; cf. Non. p. 168 L *scis enim geniales homines ab antiquis appellatos qui ad inuitandum et largius adparandum cibum promptiores essent*. Sur *torus* relevant du langage élevé («hohe Sprache»), voir *GCA* 1985, 189 ad 8, 22 (194, 8).

uerum - petatur: cf. le texte d'Ov. *ars* 1, 351 ss. cité plus haut. Pour Sandy 1978, 132, James 1987, 71, de Smet 1987a, 616 ss., Lucius séduit Photis par intérêt, comme dans le passage correspondant de l'*Onos* (cf. 5, 3; voir notice initiale suivante). Mais notre héros ne tardera pas à se faire prendre à ses charmes, au point d'en oublier quelques temps son impatience à connaître les arts magiques (du même avis, Scobie 1969, 60). Dès la phrase suivante, il avoue l'avoir trouvée *forma scitula ... et prorsus argutula* (lignes 5 s.), où les diminutifs traduisent l'éveil de ses émotions; cf. aussi lignes 14 s. *caram meam Fotidem*; comm. ad 2, 7 (30, 23 ss.).

Fotis: l'orthographe de ce nom pose problème. Le plus souvent dans les mss., il est écrit comme ici avec *f*, sauf au livre 1, 24 (22, 5) et 1, 26 (23, 22), où le scribe a corrigé *f* en *ph*; ici en revanche, il a corrigé *p* en *f*. Helm respecte ces variantes orthographiques et imprime ici *Fotis*. Giarratano, Robertson et Hanson impriment systématiquement *Photis*. Solin 1982, 688 cite 14 occurrences (pas toutes certaines) de ce nom dans des inscriptions (dont trois concerneraient des affranchies et des esclaves), où l'on rencontre les deux écritures, ce qui justifie le principe de maintien des variantes orthographiques: voir Introd. 8. Pour les diverses explications étymologiques possibles de ce nom (parmi lesquelles on rappellera les favorites: φῶς et *foueo*/*fotus*) et pour sa signification symbolique dans le récit, voir Scobie 1969, 59 ss. et 1975, 125 s. ad 1, 23 (21, 18) et Van der Paardt 1971, 100 ad 3, 13 (61, 20); Sandy 1978, 136 s.; Alpers 1980, 202 ss.; de Smet 1987a, 617 ss. et 1987b, 40; Krabbe 1989, 84 ss. Sandy 1997, 248 observe que la terminaison en *-is* est typique des *hetairai* et des esclaves dans la littérature grecque: Briseis, Thais, Chrisis, Persis, etc.

petatur enixe: dans ce contexte mêlant tactique militaire et amoureuse (voir *supra* notice introductive), *petatur* possède un double sens: «to attack» (*OLD* s.v. *peto* 2b) ou «to pay amorous attention to, court» (*ibid.* 10b). Sur cette double nuance du verbe dans le vocabulaire sexuel, voir Adams 1982, 157 ss. (*petere* dans l'imagerie guerrière) et 212 note 1 (*petere* au sens obscène). Cf. *CIL* 11, 6721, 5 *peto* [*la*]*ndicam Fuluiae*; 7 *pet*[*o*] *Octauia*(*ni*) *culum*. La nuance érotique trouve son développement dans la phrase suivante.

30, 5-6 Nam et forma scitula et moribus ludicra et prorsus argutula est: Car elle est bien jolie à voir et coquine de ses manières et on ne peut plus piquante.

Premier argument justifiant que Lucius s'attaque à Photis: son aspect physique. Comme le note Pennisi 1970, 62 ss., dans l'*Onos*, le motif pour séduire la servante est moins sentimental: cf. 5, 3 δοῦλοι γὰρ ἐπίστανται καὶ καλὰ καὶ αἰσχρά. Comparer (toujours à propos de Photis) 2, 7 (31, 6) *tunc illa lepida alioquin et dicacula puella*, avec assonances similaires. La phrase contraste avec le ton guerrier de ce qui précède. Noter la cadence régulière du trikôlon (renforcée par la multiliaison), dont les deux premiers membres présentent la même construction grammaticale.

Nam: justifie l'ordre donné dans la phrase précédente (*Fotis ... petatur enixe*): voir *OLD* s.v. *nam* 2b (following a command or request); voir aussi *GCA* 1981, 226 ad 7, 22 (171, 2).

forma - ludicra: cf. 10, 2 (237, 9 s.) *nouerca forma magis quam moribus ... praepollens*, avec *GCA* 2000, 66 ad. loc. sur les liens entre apparence physique (*forma*) et caractère (*mores*) en physiognomonie; cf. aussi 2, 2 (26, 2 ss.), avec comm. ad loc.

forma scitula: cf. 3, 15 (63, 18) *scitulae formulae iuuenem*, avec Van der Paardt 1971, 119 ad loc. Le diminutif *scitulus* est un archaïsme, attesté avant Apulée chez le seul Plaute: voir Molt 1938, 60 ad 1, 7 (7, 10) qui traduit «with sex-appeal». Callebat 1968, 511 compare notre passage avec Plaut. *Rud.* 894 *ambas forma scitula atque aetatula*. Selon le matériel du *ThLL* à Munich, *scitulus* se rencontre ensuite e.g. chez Arnob. *nat.* 5, 6 et 5, 31. Pour l'emploi des diminutifs hypocoristiques dans les contextes érotiques, voir Abate 1978, 41, 49, 68 ss. (ce passage est traité p. 88). Comme le souligne Scobie 1969, 60, les diminutifs traduisent ici l'éveil des émotions de Lucius (cf. aussi 2, 7: 30, 18 ss., avec comm. ad loc.).

moribus ludicra: la correction de Heinsius *lubrica* n'est pas nécessaire, *ludicer* se justifiant parfaitement dans ce contexte érotique. Selon *ThLL* s.v. *ludicer* 1762, 64 ss., cet emploi de l'adjectif «de animantibus ... in uim q.e. ludibundus, lasciuus sim.» apparaît pour la première fois chez notre auteur; cf. *apol.* 9 (10, 11) *at enim ludicros et amatorios* (sc. *uorsus*) *fecit*; Arnob. *nat.* 4, 26 (*Iuppiter*) *conscriptus est, libidinosa ut perficeret furta, modo esse ... uersus ... in satyrum ludicrum*; Aug. *conf.* 9, 8, 18; Porph. Hor. *carm.* 4, 1, 6 *mollia ... Veneris imperia dicit, quasi ludicra ac delicata sint*. Comparer, dans un autre contexte érotique, Apul. *met.* 9, 7 (207, 26 ss.) *illa ... maritum suum astu meretricio tractabat ludicre*, avec *GCA* 1995, 81 ad loc. À propos de notre passage, de Jonge 1941, 37 commente: «ludis amatoriis dedita»; voir Adams 1982, 162 s., 223 et 225 sur la métaphore sexuelle du *lusus* et l'emploi de *ludere* au sens érotique. Sur la réputation qu'ont les esclaves dans l'Antiquité d'être délurées et de posséder une vaste expérience sexuelle, voir Parker 1992, 92 et 105; voir aussi comm ad 2, 17 (39, 5 ss.); Append. III.

prorsus: voir comm. ad 2, 5 (29, 11).

argutula: le mot est rare. En dehors d'Apulée, il n'est attesté que chez Cic. *Att.* 13, 18 (à propos de ses propres écrits) et chez Aug. *c. Iulian.* 2, 9, 31 (d'une doctrine). *Argutula* fait référence à l'esprit dont Photis sait faire preuve (voir comm. ad 2, 7: 31, 6 ss., cité *supra*). Cf. aussi le jeu de mots qu'elle fait en 3, 18 (66, 1 ss.) et dont Lucius apprécie l'humour: *risi lepido sermone Fotidis* (voir pour ce texte Van der Paardt 1971 ad loc.; Helm imprime *<ego plau>si*). L'adjectif traduit aussi l'effet produit sur Lucius, que la servante «titille»: comparer Prop. 1, 16, 16 *arguta referens carmina blanditia*.

Vesperi quoque cum somno concederes et in cubiculum te deduxit   30, 6-10
comiter et blande lectulo collocauit et satis amanter cooperuit et
osculato tuo capite quam inuita discederet, uultu prodidit, denique
saepe retrorsa respiciens substitit: Hier soir, d'ailleurs, quand tu tombais
de sommeil, elle t'a gentiment conduit à ta chambre, t'a mis au lit avec des câlineries, t'a bien tendrement bordé et, après t'avoir baisé sur la tête, s'est éloignée à regret, son visage le trahissait; enfin, elle s'est arrêtée et s'est retournée à plusieurs reprises pour te regarder.

Vesperi: = *heri uesperi*, comme en 1, 4 (3, 22): voir Molt 1938, 42 ad loc. et Van der Paardt 1971, 122 ad 3, 16 (63, 23). Il y a ici une analepse (voir Introd. 2.1.1.2). Le narrateur nous rapporte pour la première fois un événement s'étant produit plus tôt dans l'histoire. Le premier livre s'achevait le soir précédent sur ces mots: *in cubiculum reuersus optatae me quieti reddidi* (1, 26: 24, 14 s.). Ce retour dans le passé s'explique selon le principe d'«économie narrative» (ou déploiement progressif des données du récit) cher à Apulée, principe selon lequel les objets, les personnages et les événements de l'histoire ne sont mentionnés que quand la logique du récit l'exige, au moment où ils ont un rôle à jouer (voir Van Mal-Maeder 1995, 105 ss.). Le rôle de Photis, jusqu'à présent mineur, prend une dimension autrement importante.

quoque: introduit un second argument justifiant une attaque de séduction (le premier était que Photis est désirable), à savoir que la jeune fille s'est elle-même montrée intéressée en Lucius.

somno concederes: datif de but. Cf. 9, 26 (222, 21) *quieti decedere*, avec *GCA* 1995, 229 ad loc.; 6, 10 (135, 16 s.) *cenae nubtiali*[*s*] *concessit*, avec Grimal 1963, 113 ad loc. Cf. Nemes. *ecl.* 2, 43 *nec placido memini concedere somno*.

et in cubiculum - substitit: le polysyndète souligne l'accumulation de signes trahissant l'attirance de Photis pour Lucius (*comiter-blande-satis amanter*).

deduxit comiter et blande ... collocauit: chiasme.

blande lectulo collocauit: les allitérations traduisent la douceur du geste. L'adjectif *blandus* et son adverbe apparaissent souvent dans un contexte érotique (*ThLL* s.v. *blandus*, 2040, 57 ss.). Au vu du contexte, le diminutif *lectulus* est revêtu d'une valeur hypocoristique (cf. aussi 2, 7: 31, 10) et non, comme en 2, 1 (24, 18), d'une valeur minorative (voir comm. ad loc.).

satis amanter: la combinaison se rencontre encore en 10, 31 (262, 1 s.). Comme souvent dans les *Met.*, *satis* = *ualde* (Callebat 1968, 541; les index des *GCA*; LHSz 2, 163).

quam inuita ... uultu prodidit: comparer Ov. *met.* 2, 447 *heu! quam difficile est crimen non prodere uultu!*; Sen. *Phaed.* 363 *proditur uultu furor*. La précision *uultu prodidit* relève du souci du maintien de la perspective. Le récit étant narré selon le point de vue limité de Lucius-acteur (Introd. 2.2), celui-ci ne peut pas connaître les pensées des gens qui l'entourent. Pour ce départ à contre-coeur, Graverini 2001b, 432 compare avec Verg. *Aen.* 6, 460 *inuitus, regina, tuo de litore cessi*; Ov. *met.* 4, 338 ss. *simulatque gradu discedere uerso / tum quoque respiciens*, et avec les poètes élégiaques, e.g. Catull. 66, 39.

osculato tuo capite: *ThLL* s.v. *osculor* 1105, 73 ss. cite cette occurrence comme premier exemple du participe passé de ce déponent avec sens passif. Voir aussi Callebat 1968, 297; Facchini Tosi 1986, 113 souligne l'euphonie de la tournure. Comparer 2, 10 (33, 18) *me deosculato*; 4, 26 (94, 16 s.) *manu<s>que eius exosculata*, avec *GCA* 1977, 191 ad loc. Ce type de construction apparaît de plus en plus fréquemment à partir de Tite-Live (LHSz 2, 139). Avec *caput, osculor* se rencontre au sens actif chez Titin. *com.* 155 *laudor quod osculaui priuignae caput.*

saepe retrorsa respiciens: noter l'alternance euphonique des allitérations (*sa - re - sa - re*). Pour *OLD* s.v. *retrorsus*[1], *retrorsa* est ici un neutre pluriel substantivé, complément de *respiciens*. Il s'agit plutôt d'un adjectif prédicatif se rapportant à *respiciens*, auquel il faut sous-entendre le pronom-complément d'objet *te*. Comparer 4, 3 (76, 24 s.) *me retrorsus ... rursum in stabulum ... recipio*. Cf. Ov. *met.* 4, 338 ss. (cité plus haut).

Quod bonum felix et faustum itaque, licet salutare non erit, Photis illa temptetur': Ainsi, puisse l'affaire avoir une issue heureuse, fortunée et favorable: quitte à ce que l'affaire tourne mal, lançons-nous à l'assaut de cette Photis.»   *30, 10-11*

Quod - erit: cf. 11, 29 (290, 26 s.) *quod felix itaque ac faustum salutareque tibi sit*, avec Fredouille 1975, 135 s. ad loc. sur ces deux phrases exclamatives, imitation des formules solennelles du sénat. Cf. Cic. *div.* 1, 102 *omnibus rebus agendis 'quod bonum, faustum, felix, fortunatumque esset' praefabantur*. Cette formule romaine est placée dans la bouche du Grec Lucius, qui n'est pas encore censé avoir appris le latin (il ne l'apprendra qu'à Rome: cf. 1, 1: 1, 10 ss.). Voir aussi comm. ad 2, 7 (30, 13) *pedibus in sententiam meam uado*; 2, 16 (38, 8) *sine fetiali officio*; Walsh 1970, 61 s. («romanisation» par rapport à la source grecque). *ThLL* s.v. *faustus* 389, 13 ss. commente à propos de notre passage: «parodice» (l. 24; cf. Plaut. *Trin.* 40 s. *ut nobis haec habitatio / bona fausta felix fortunataque eueniat*). De fait, la formulation est modifiée de manière à créer un oxymore comique et à mettre en évidence le terme chargé d'ironie *salutare* (voir *infra*).

itaque: Bernhard 1931, 27 s. signale la place inhabituelle de l'adverbe, qu'il justifie par le fait que les cinq mots la précédant constituent une formule stéréotypée (mais dans le passage du livre 11 cité dans la notice précédente, *itaque* occupe la troisième position). L'adverbe possède ici une valeur conclusive (Callebat 1968, 325 s.).

licet salutare non erit: cette remarque, qui s'oppose à ce qui précède, est absurde (De Jonge 1941, 37 souligne à juste titre l'humour de tout la phrase). Pour un «lecteur second» connaissant la fin de l'histoire (Introd. 2.2), cette phrase est lourde de sens (ironie dramatique). Sa liaison avec Photis provoquera un événement malheureux, sa métamorphose en âne. Mais cette métamorphose le conduira à Isis *sospitatrix*: cf. 11, 15 (277, 5 ss.); voir comm. ad 2, 18 (40, 10); Introd. 5. 10 sur le thème du *salus*. Pour la construction *licet* + indicatif (un emploi tardif), voir KSt 2, 2, 44; ETh 353; LHSz 2, 605 qui signalent aussi le tour chez Hygin.

Photis illa: voir *supra* ad 30, 4. Pour cette valeur anaphorique du démonstratif *ille*, voir comm. ad 2, 1 (24, 22).

temptetur: avec ce verbe revêtu d'une nuance guerrière (voir *OLD* s.v. *tempto* 9 «to make an attempt on (by military force)» et 9b, avec nuance sexuelle), se conclut l'auto-exhortation soldatesque de Lucius.

141

CHAPITRE VII

La danse érotique des casseroles.

Haec mecum ipse disputans fores Milonis accedo et, quod aiunt, pedibus in sententiam meam uado: Dialoguant ainsi avec moi-même, j'arrive à la maison de Milon et, comme on dit, je me range à mon propre avis.   30, 12-13

Haec - disputans: Cf. *Onos* 5, 4 καὶ ταῦτα λέγων πρὸς ἐμαυτόν; Apul. *met.* 3, 1 (52, 19) *haec identidem mecum replicans*. Pour d'autres types de formules après un discours direct permettant l'enchaînement du récit, voir Callebat 1994, 1630.

fores ... accedo: voir comm. ad 2, 2 (25, 20).

quod aiunt - uado: le ton solennel se poursuit (cf. 2, 6: 30, 10 s.). Cf. Ennod. *opusc.* 2 (*CSEL* 6 p. 291) *amamus ... sententiam uestram et, ut aiunt, in ipsam pedibus imus*. Cette formule proverbiale des procédures sénatoriales qui accompagnait à Rome la ratification d'un sénatus-consulte se retrouve travestie au livre 6, 32 (154, 1 s.) des *Met.* d'Apulée: *talibus dictis non pedibus, sed totis animis latrones in eius uadunt sententiam*; *GCA* 1981, 79 ad loc. remarquent à propos de notre passage: «The usual term, in spite of Apuleius» *quod aiunt*, is *pedibus ire in alicuius sententiam*». Comparer toutefois aussi Plin. *nat.* 2, 23 *sedere coepit sententia haec, pariterque et eruditum uulgus et rude in eam cursu uadit*; Gell. 3, 18, 2 *cum senatusconsultum per discessionem fiebat, nonne uniuersi senatores sententiam pedibus ferebant?* Selon Norden 1912, 65 (voir aussi Billotta 1975, 48), l'effet comique provient de ce que Lucius se présente à la fois comme l'orateur ayant proposé un avis à l'assemblée et comme un sénateur y adhérant. À cela, il faut ajouter que cette terminologie proprement romaine est placée dans la bouche d'un Grec qui en souligne le caractère proverbial, alors qu'à ce moment de l'histoire, il n'est pas encore censé savoir le latin; voir aussi comm. ad 2, 6 (30, 10 s.). Enfin, on a là une «concrétisation» d'une formule devenue métaphorique: Lucius se déplace bel et bien (*fores ... accedo et ... pedibus ... uado*) de la maison de Byrrhène à celle de Milon.

Nec tamen domi Milonem uel uxorem eius offendo sed tantum caram meam Fotidem: À la maison, je ne trouve ni Milon, ni sa femme, mais seulement ma chère Photis.   30, 13-15

Nec tamen: *GCA* 1995, 109 ad 9, 4 (211, 9) signalent que la combinaison est très fréquente dans les *Met.* Ici, elle sert de transition; voir *GCA* 1981, 178 ad 7, 15 (165, 13), où *tamen* (sans *nec*) est équivalent à *autem*; LHSz 2, 495 s.

caram meam Fotidem: alors que dans le livre 1, elle n'était qu'une servante anonyme (cf. 1, 22: 20, 5 s. *adulescentula quaedam*; Lucius ne connaît pas encore son nom), Photis apparaît désormais bien chère au coeur de Lucius. La raison en

143

est la décision qu'il a prise de faire d'elle sa maîtresse (cf. 2, 6: 30, 4 ss., avec comm. ad loc.).

30, 15-18   Sui<*s*> parabat uiscum fartim concisum et pulpam frustatim consectam †ambacu pascuae† iurulenta et, quod naribus iam inde ariolabar, tuccetum perquam sapidissimum: Elle préparait pour ses maîtres un plat de chair à saucisse hachée menu et un morceau de viande finement émincée qui mijotaient dans une sauce, et, mes narines le devinaient de loin, des rillettes plus que savoureuses.

Dans l'*Onos* 5 et 6, Loukios trouve aussi la servante à la cuisine, mais le repas qu'elle prépare n'y est pas décrit. La description de la danse érotique des casseroles (lignes 18 ss.) et celle de la chevelure (chapitres 8 et 9) en sont également absentes. Loukios entame directement sa cour, sans état d'âme, avec la seule intention de se servir de Palaistra pour s'initier aux arts magiques.

Bien qu'elle pose un problème de texte insoluble, la phrase présente une symétrie de construction et un mouvement ascendant remarquables (climax): le verbe *parabat* introduit trois (peut-être quatre: voir s.v. †*ambacu pascuae*† *iurulenta*) - compléments d'objets qualifiés de manière similaire (substantif, suivi d'un adverbe et d'un participe passé ou d'un adjectif), dont le dernier est mis en évidence par une relative qui le précède. Noter encore, dans les deux premières suites du verbe, la similitude des sons et des sens: à *fartim* répond *frustatim*, à *concisum, consectam*.

Sui<s>: F a *sui*; un *s* fut ajouté au-dessus par une seconde main; φ et a ont *suis*. *Suis* est généralement compris par les éditeurs et traducteurs comme un pronom au dat. (*suus*) désignant les maîtres de Photis (Hildebrand imprime d'ailleurs *suis dominis*). Dans le passage correspondant de l'*Onos*, on lit ἡμῖν (5, 5). Verdière 1956, 372 y voit le gén. du substantif *sus* et le complément du nom *uiscus-/uiscum* (voir notice suivante); voir les traductions de Hanson («pork innards») et de Walsh («minced pork»).

uiscum: la majorité des éditeurs impriment la leçon transmise par F et φ *uiscum*, supposant qu'il s'agit d'une variante du mot de la 3e déclinaison *uiscus, -eris*. *Viscum* désignerait alors ici, non pas comme son homonyme de la 2e déclinaison, du gui ou de la glu pour attraper les oiseaux, mais les intestins d'un animal. Augello 1977, 45 plaide pour la correction *uiscus* (Saumaise), adoptée parmi les éditeurs par le seul Hanson. Ce dernier suit l'hypothèse de Verdière 1956, 372 qui lit également *suis ... uiscus*, comprenant «un foie de porc» (notice précédente). Robertson et Brandt-Ehlers préfèrent la conjecture *isicium*, «saucisson», «andouille»). De telles corrections ne sont pas nécessaires. La forme *uiscum* = *uiscus* est attestée dans les inscriptions. Voir Renehan 1980, 280, qui signale cinq tablettes magiques (*defixiones*) trouvées à Rome et datées du 1er s. av. J.-C., présentant chacune à peu près le même texte, où on trouve le terme à l'acc.: cf. *CIL* 1, 2, 2520, 25 ss. *Proserpina Saluia, do tibi ... uiscum sacrum, nei possit urinam facere*, où *uiscum* désigne les *genitalia* et *pudenda* (voir *OLD* s.v. *uiscus*[1]; Leumann

1977, 450). Cf. aussi Isid. *orig.* 11, 1, 81 *pulpa est caro sine pinguedine, dicta quod palpitet: resilit enim saepe. Hanc plerique et uiscum uocant, propter quod glutinosa sit.* Cet autre texte, cité par Renehan l.c., garantit la forme livrée par les mss. dans notre passage et la signification *uiscum* = «viande» et confirme la confusion existant entre *uiscum* = «glu» et *uiscus* = «viande». La leçon *uiscum* est en outre confirmée par le jeu des homophonies: comme l'observe Facchini Tosi 1986, 155, à *uiscum ... concisum* répond *pulpam ... consectam.* La signification érotique étudiée par Renehan à propos de ces cinq tablettes (*uiscum* = saucisse = pénis) n'est pas sans intérêt dans un contexte où s'engage la thématique nourriture/sexualité: voir *infra* s.v. *ollulam istam* (31, 2 s.) et s.v. *fartim.* Peut-être le plat mijoté par Photis suggère-t-il une image précise que nous ne sommes plus en mesure de saisir. Pour une allusion sexuelle probable à travers la nourriture, voir comm. ad 2, 11 (33, 25) s.v. *porcum* et *gallinulas. Viscum* (= *uiscus*) désigne les intestins d'un animal, par opposition à *pulpa* (Oudendorp: «[*uiscum*] de carnosis partibus internis, pulpa uero de externis»). Comparer 8, 22 (194, 21 s.) *carnibus atque ipsis uisceribus adesis* (cf. toutefois le texte d'Isidore cité plus haut, où *uiscum* = *pulpa*). Que le repas préparé par Photis soit uniquement constitué de viandes ne représente pas une difficulté, comme le pense Colin 1953, 291. Il n'était pas rare dans l'Antiquité de ne manger que de la viande (voir André 1961, 148 ss.). Cf. à ce propos 4, 7 et 8 (79, 25 s. et 80, 13) et 10, 13 (246, 7 ss. et 18 ss.), où seules des viandes, du pain et des pâtisseries sont mentionnés. Renvoyant à Plin. *nat.* 16, 245 ss., Colin 1953, 286 soutient la lecture *uiscum* au sens traditionnel de «gui», dont les baies serviraient d'assaisonnement à la *pulpa* du «menu de l'avare Milon». Une telle interprétation est basée sur l'idée que Milon est un avare; Mais voir comm. ad 2, 11 (34, 9) et 2, 15 (37, 13 s.). Pline ne fait pas mention d'un emploi culinaire du gui et ne signale son usage interne que pour les animaux. Au livre 24, 12, il signale bien l'usage interne de gui contre les ulcères, mais la plante est seulement mâchée (*commanducato*) et non avalée.

fartim: Mattiacci 1986, 168 compare avec Lucil. 64 ss. K *nam quid moetino subrectoque huic opus signo? / ut lurcaretur lardum et carnaria fartim / conficeret?*, un passage illustrant le lien entre nourriture et sexualité. L'adverbe *fartim* apparaît encore dans les *Met.* d'Apulée en 3, 2 (53, 17), où il signifie «tightly, densely» (Van der Paardt 1971, 36 ad loc.). Ici, sa signification est un peu diverse et le rapproche de *frustatim* (ligne 16) qui lui fait écho: voir *OLD* s.v. *fartim* 2 «like stuffing or mincemeat». Sur l'engouement d'Apulée pour les adverbes en (*t)im*, voir comm. ad 2, 2 (25, 11).

pulpam: selon Colin 1953, 286 s., *pulpa* n'est pas pris ici dans son sens traditionnel de «chair», mais signifierait «poulpe», un sens attesté selon lui chez Prisc. 4, 2. Outre que le mot *pulpa* n'apparaît pas dans ce passage (ni ailleurs chez le grammairien si l'on en croit l'index de l'édition Keil), ce sens n'est signalé ni par Forcellini, ni dans l'*OLD*.[1] Ailleurs chez Apulée, le terme *pulpa* est employé au

---

[1] Le mot usuel pour désigner un poulpe est *polypus*: cf. Apul. *apol.* 39 (46, 1); pour un calamar, *lolligo* ou *lolliguncula*: cf. *apol.* 35 (41, 1). Voir André 1961, 106 s.

pluriel: cf. 4, 14 (85, 26) avec *GCA* 1977, 116 ad loc.; cf. aussi, de la chair humaine, 8, 22 (194, 23). Le singulier s'explique peut-être par une recherche d'euphonie.

pulpam frustatim consectam: comparer Varro *rust.* 3, 10, 6 *nasturtium uiride consectum minutatim*.

frustatim: fait écho à *fartim*. Sur cet adverbe assez rare, voir *GCA* 1995, 309 ad 9, 37 (231, 5).

†*ambacu pascuae*† *iurulenta*: parmi les innombrables conjectures («ex mira confusione», commente Hildebrand) tentant de redonner un sens au texte des mss. *ambacu pascuae*, on citera en premier lieu les conjectures des savants qui veulent rétablir un troisième membre de phrase, calqué sur le mouvement des deux premiers (*uiscum fartim concisum et pulpam frustatim consectam*): une construction qui, comme le remarque Helm Praef. *flor.* LV conviendrait bien au style d'Apulée; Saůmaise: *et bamma compascue iurulentum*; Hildebrand: *et bambatum pascua uinolenta* («dictum sit pro *uinolentorum bambatum pascua*»); Hauler 1907, 329: *et in abaco pascuae iurulenta*; Birt 1928, 173: *et omphacia, pascuae iurulenta*; Capponi 1987, 602 *lumbumque pascua iurulenta*. Sans conjonction de coordination: Rohde 1885, 96: *embractum pascuae iurulentae*; Colin 1953: *ambacti pascuae iurulenta* («pour la pâture servile, des choses mijotant dans leur jus»; *ambacti* était déjà proposé par Helm II dans son apparat). Mais l'asymétrie que produirait un troisième membre relié à ce qui précède par une virgule, alors que le second et le dernier sont introduits par un *et*, n'est pas des plus heureuses. D'autres rapportent *iurulenta* aux substantifs *uiscum* et *pulpam*. Groslot: *in cacabum ad pascua iurulenta*; Lipsius: *in abacum ad pascua iurulenta*; Frassinetti 1960, 120: *ambo compascue iurulenta* (*compascue*, déjà Saumaise). Selon cette conjecture, défendue par Augello 1977, 45 s. et adoptée dans son édition par d'Anna, les deux morceaux de viande (tripes et chair) sont cuits ensemble dans le même jus. *Compascue* serait à prendre au sens métaphorique; cf. 4, 1 (74, 17 s.) *cum asino uel equo meo conpascuus*. Toutefois, il ne s'agit pas là d'une métaphore, mais d'une application concrète et humoristique de l'étymologie du mot. Aussi cet emploi métaphorique d'un adverbe par ailleurs nulle part attesté, semble tout de même très hypothétique dans un contexte comme le nôtre. Helm III isole les mots *ambacu pascuae iurulenta* comme étant une glose à *tuccetum*. Mais le terme *tuccetum* se rencontre ailleurs dans les *Met.* (voir *infra*), sans poser de problème.

iurulenta: cet adjectif («cuit dans son jus», «bouilli») se rencontre encore en 4, 22 (91, 16 s.): voir *GCA* 1977, 169 ad loc.; cf. aussi *apol.* 39 (46, 4); Cels. 2, 18, 10; 2, 25, 1, etc. Selon les diverses interprétations de ce passage (voir *supra*), on le rapporte aux substantifs qui précèdent (Groslot, Lipsius, Birt, Frassinetti), ou on en fait un adjectif substantivé indépendant (Hauler, Colin).

iam inde: Van der Vliet imprime *iam <longius> inde*. Voir *contra* Novák 1904, 17 qui explique: «*inde* locum significat, ex quo primum Fotidem Lucius, cum domum intrasset, animaduertit». La locution *iam inde*, employée le plus souvent dans un sens temporel (*OLD* s.v. *iam* 2 et *inde* 4 ne signale d'ailleurs que cet emploi), se rencontre encore en 5, 29 (126, 13) avec nuance locale. Pour d'autres exemples, cf. *ThLL* s.v. *iam* 113, 53 ss.: e.g. Plaut. *Merc.* 651; Liv. 23, 41, 12.

quod - ariolabar: l'antéposition de la relative met en relief le dernier groupe complément d'objet *tuccetum perquam sapidissimum*, lui-même qualifié de façon superlative.

ariolabar: le terme apparaît au sens premier («être devin», «prédire l'avenir») dans *Socr.* 18 (30, 9). Avant Apulée, on le trouve à plusieurs reprises chez Plaute et Térence, où il possède souvent un sens plus large: voir *ThLL* s.v. *hariolor* 2533, 56 ss. qui signale aussi cet emploi chez Cicéron. Selon Callebat 1968, 76, *hariolari* appartient à la langue familière et est employé par Apulée pour sa force expressive. L'emploi de ce terme relevant du domaine religieux à propos de nourriture produit surtout un effet de dissonance humoristique doublé d'un jeux de mots (cf. **olor, oleo*); comparer Plaut. *Mil.* 1254 ss. - *cur non pultas? / - Quia non est intus quem ego uolo. - Qui scis? - Scio pol ego, olfacio./ nam odore nasum sentiat, si intus sit./ - hariolatur*, avec Lorenz 207 ad loc.

tuccetum: un plat très apprécié par les personnages de l'univers des *Met.*, qui consiste en rillettes de viande hachée, cuites et conservées dans la graisse: voir André 1961, 146; *GCA* 1981, 154 ad 7, 11 (162, 19 s.). Il s'oppose à la viande fraîche: cf. 9, 22 (219, 24) avec *GCA* 1995, 196 ad loc. Si le plat est populaire, il n'est pas pour autant dédaigné par les princesses, puisque Psyché en offre à ses soeurs, parmi d'autres délicatesses (cf. 5, 15: 115, 1 s.).

perquam sapidissimum: qualification hyperbolique développant la relative antéposée. Selon le matériel du *ThLL* à Munich, cet emploi de *perquam* + superlatif est attesté pour la première fois dans notre passage (voir aussi KSt 2, 2, 478; LHSz 2, 164). *Sapidus* apparaît pour la première fois chez Apulée: voir *GCA* 1985, 276 ad 8, 31 (202, 16), où on trouve le superlatif euphonique *sapidissime* (hapax); cf. encore 10, 13 (246, 9).

Ipsa linea tunica mundule amicta et russ[uss]ea fasceola praenitente altiuscule sub ipsas papillas succinctula illud cibarium uasculum floridis palmulis rotabat in circulum et in orbis flexibus crebra succutiens et simul membra sua leniter inlubricans, lumbis sensim uibrantibus, spinam mobilem quatiens placide decenter undabat: Elle-même était gracieusement vêtue d'une tunique de lin, sous laquelle transparaissait le vif éclat d'un soutien-gorge rouge lui enserrant délicatement la poitrine, juste sous les seins. De ses fraîches menottes, elle faisait tourner la poële en rond et, tout en la secouant avec des mouvements circulaires rapides, remuait mollement ses membres: ses reins se balançaient légèrement, elle agitait sa souple échine et doucement, coquinement, elle ondoyait.

30, 18-23

Sur ce magnifique tableau impressionniste, voir Amat 1972, 118 s. Cette description est un exemple de pause descriptive à fonction essentiellement décorative, qui vient étoffer le récit de détails visuels précis et colorés. De même que la description des mets préparés par Photis et, plus loin, celle de la chevelure (chapitres

8 et 9), cette peinture, qui fourmille de réminiscences poétiques (latines), est absente de l'*Onos*. Il s'agit probablement d'une élaboration stylistique proprement apuléenne; voir Introd. 3 et 7.2.

Cette danse érotique fut plus d'une fois interprétée comme une action d'envoûtement de la servante sorcière: voir Nethercut 1969, 99 s.; James 1987, 55; *infra* s.v. *defixus obstupui*. Comparant avec la danse de Vénus au livre 10, 31 (261, 24 ss.), Zimmerman-de Graaf 1993, 151 s. montre quant à elle comment ces deux passages se font écho pour illustrer le pouvoir séducteur de la «fausse» Vénus, la *Venus uulgaria* incitant aux dérèglements de la passion. Mais la danse de Photis, toute en réminiscences intertextuelles, permet surtout de faire apparaître Lucius comme le digne successeur d'une tradition poétique érotique: voir s.v. *lumbis- undabat*; Append. I.

Noter dans ce contexte érotique l'abondance des diminutifs hypocoristiques et leurs effets sonores (*mundule - fasceola - altiuscule - papillas succinctula - uasculum - palmulis - circulum*) qui, tout comme la cascade d'adverbes traduisant l'émotion toute subjective du personnage (*mundule - altiuscule - leniter - sensim - placide - decenter*), révèlent que celui qui voulait séduire est en train lui-même de se laisser séduire (voir comm. ad 2, 6: 30, 4 ss.). Comparer 5, 22 (120, 13 ss.), où, de même, les adverbes et les diminutifs indiquent l'effet produit par le spectacle d'Éros endormi sur l'âme de Psyché, qui, à cet instant, tombe amoureuse. Dans cette description de Photis en train de cuisiner, le regard de Lucius (et, avec lui, celui du lecteur/auditeur) se concentre sur les deux pôles du corps féminin symboles de sexualité, en suivant un mouvement descendant, comme souvent dans la poésie érotique (cf. e.g. Ov. *am.* 1, 5, 19 ss.; Mart. 3, 53; *Anth. Graec.* 5, 48). D'ordinaire dans ce type de descriptions, l'*amator* fait face à la femme. Ici, Photis se tient debout derrière ses fourneaux et Lucius la contemple de dos ou de trois quarts; cf. 2, 8 (31, 11) *haec dicens in me respexit*.

mundule: l'adverbe *mundule* n'est attesté avec certitude que dans ce passage, où il signifie «coquettement», «élégamment» (cf. Acc. *trag.* 656, où Vossius veut lire *mundule* contre la leçon *mundulae* des mss.). Tout comme *mundulus* (attesté chez le seul Plaut. *Truc.* 658 s.), *mundule* dérive de *mundus*, fréquemment employé à propos d'élégance (cf. e.g. Sen. *epist.* 92, 12). Avec sa coquetterie, Photis vérifie ces dires de Lucr. 4, 1280 s.: *facit ipsa suis interdum femina factis ... et munde corpore culto / ut facile insuescat <te> secum degere uitam.*

fasceola ... altiuscule ... succinctula: noter les effets sonores.

russ[uss]ea fasceola praenitente: DSg «fascia», 979-983 [Lafaye] (en particulier p. 980 ss.) signale que les soutiens-gorge dans l'Antiquité pouvaient se porter sous la tunique ou par-dessus (voir aussi Blümner 1911, 230). *GCA* 1981, 269 s. ad 7, 28 (176, 2) remarquent que cet accessoire de séduction apparaît fréquemment chez les élégiaques; voir aussi *GCA* 2000, 273 ad 10, 21 (252, 16: *taenia*). Pour Hildebrand, cette *fasceola* n'est pas véritablement un soutien-gorge, mais une bandelette attachée sur le vêtement «ne in operibus coquinariis veste impediretur». Mais il est plus probable qu'il s'agit d'un accessoire de lingerie faussement dissimulé par coquetterie *sous* le vêtement (cf. le préfixe de *succinctula*:

ligne 20), mais dont l'éclat est tel qu'il transparaît (*praenitente*) sous la blancheur de la tunique de lin. Dans les passages des livres 7 et 10 cités précédemment, les soutiens-gorge sont placés sous les habits, sur la peau. *ThLL* s.v. *fasciola* 302, 15 ss. cite notre passage comme premier emploi du mot au sens de «soutien-gorge». Cf. cependant Cic. *har. resp.* 44 (cité dans la notice suivante), où le terme (au pluriel) pourrait bien faire référence à ce type de lingerie; cf. ensuite Hier. *epist.* 117, 7, 3 *papillae fasciolis conprimuntur*. La *fascia* ou *fasceola* latine correspond aux termes grecs ἱμάς ou στρόφιον, désignant la ceinture d'Aphrodite, celle-là même qu'elle prête à Héra afin d'exciter le désir de Zeus (cf. Hom. *Il.* 14, 214 ss.; *Anth. Graec.* 6, 88 où une certaine Ino reçoit de Cythérée cet accessoire magique ὡς ἂν θελξινόοισιν ἀεὶ φίλτροισι δαμάζῃς / ἀνέρας: comme Lucius, proprement enchanté par Photis, voir s.v. *defixus*); Apul. *met.* 2, 8 (32, 5) (*Venus*) *balteo suo cincta*. Comparer la description détaillée de la ceinture entourant la poitrine de Chariclée chez Hld. 3, 4, 2 ss.

russ[*uss*]*ea*: cette correction de la leçon *rursus se a* des mss. proposée par Beroaldus est adoptée par tous les éditeurs, qui la préfèrent à la conjecture de Spanheim *russeola* (selon Forcellini s.v. *russeolus*, ce diminutif de *russeus* est attesté chez le seul Prud. *perist.* 11, 130). Cf. Cic. *har. resp.* 44 *P. Clodius ... a muliebribus soleis purpureisque fasceolis, a strophio ... est factus repente popularis*, où ces accessoires colorés sont synonymes de débauche.

altiuscule: cet adverbe, issu du très rare *altiusculus* (cf. Suet. *Aug.* 73, 2 et Aug. *in psalm.* 38, 2), est attesté chez le seul Apulée. Cf. encore *met.* 8, 31 (202, 1) et 11, 11 (275, 10). Le suffixe du diminutif ajoute une touche de précision supplémentaire à la description.

sub ipsas papillas succinctula: remarquer la précision descriptive et l'effet rythmique et euphonique obtenus par le pronom *ipse* (<u>*sub ipsas*</u>: 3 syllabes - *papillas*: 3 syllabes - <u>*succinctula*</u>; assonances chiastiques).

papillas: selon Abate 1978, 57 s., *papilla, palmula* et *circulum* (lignes 20 et 21) ne sont plus revêtus d'une valeur diminutive. L'auteur reconnaît pourtant lui-même ailleurs (p. 54 et 71) que, chez Apulée, les diminutifs «usés» peuvent être chargés de leur valeur originelle suivant le contexte. Tel est le cas ici, où ces termes s'inscrivent dans la cascade roucoulante des diminutifs traduisant l'éveil des émotions de Lucius (notice initiale). Pour désigner la poitrine d'une femme, *papilla* apparaît essentiellement en poésie (*OLD* s.v.).

succinctula: ce dérivé de *succinctus*, dont la sonorité fait écho à l'adverbe *altiuscule*, est un hapax; voir Bernhard 1927, 136 s. et Koziol 1988 ([1]1872), 265 pour d'autres exemples de formations nouvelles de ce type. Le préfixe vient appuyer la préposition *sub*, tout en précisant l'emplacement exact du soutien-gorge, *sous* la tunique: voir s.v. *russ*[*uss*]*ea fasceola praenitente*.

illud cibarium uasculum: cf. 2, 17 (38, 15). Le pronom *illud* possède ici une fonction anaphorique et renvoie aux mets décrits aux lignes 15 ss. *ThLL* s.v. *cibarius* 1034, 59 ss. cite pour l'emploi de cet adjectif avant Apulée «ad cibum pertinens» Plaut. *Capt.* 901; Cato *orat.* 27, 5 (= Macr. *Sat.* 3, 17, 13) et Varro *Men.* 360 (= 364 Cèbe). Selon Callebat 1968, 39 le mot relève du *sermo cotidianus*.

uasculum: dans ce contexte érotico-culinaire, le terme est à double entente. Cf. pour un emploi obscène Petron. 24, 7 *mox manum etiam demisit in sinum et pertractato uasculo tam rudi* (Quartilla, tâtant de Giton); *Anth. Graec.* 16, 243, 4, où σκῦεος = *uas* (dans un poème priapique). Voir *infra* s.v. *ollulam istam*. Graverini 2001b, 435 note 29 interprète l'abondance des diminutifs en *-cul-* comme une fixation sur les fesses de Photis (citant Cic. *fam.* 9, 22, 4 *igitur in uerbis honestis obscena ponimus*). Dans le cas de *uasculum*, le jeu phonique ne fait aucun doute; cf. aussi plus loin *foculo* (31, 7).

uasculum - undabat: cette description de Photis en train de cuisiner de tout son corps devant ses casseroles est en étroite correspondance avec une autre danse érotique dont elle régale Lucius la première nuit de leurs amours: cf. 2, 17 (39, 6 ss.) *me ... residens ac crebra subsiliens lubricisque gestibus mobilem spinam quatiens pendulae Veneris fructu me satiauit*. Noter la succession de participes, chacun accompagnés d'un adverbe, les trois derniers se succédant en asyndètes.

floridis palmulis: de Jonge 1941, 40 compare avec Catull. 61, 56 ss. *tu fero iuueni in manus / floridam ipse puellulam / dedis a gremio suae / matris*. Sur l'adjectif *floridus* se rapportant à la fraîcheur de la jeunesse, voir comm. ad 2, 2 (26, 8 s.).

rotabat - succutiens: comparer pour la précision 10, 29 (260, 20 ss.) *puelli puellaeque .... in orbe<m> rotatum flexuosi*.

rotabat in circulum: cf. 8, 27 (199, 1 s.) *crines ... in circulum rotantes*: seuls exemples de cette combinaison cités par *ThLL* s.v. *circulus* 1108, 82 s. Pour cet emploi de *in* + acc. exprimant un mouvement et/ou son résultat, voir Ruiz de Elvira 1954, 104 s.; Callebat 1968, 228 («recherche de vivacité, mais aussi concession à un usage courant et commode»).

crebra succutiens: Apulée joint volontiers cet acc. adverbial à un participe; cf. 2, 17 (39, 6) *crebra subsuliens*, avec comm. ad loc.; 3, 28 (73, 7 s.) *crebra tundentes*, avec Van der Paardt 1971, 201 ad loc., qui cite comme parallèle pour l'adverbe *crebra* Lucr. 2, 359 (voir Bailey 863 ad loc.). Chez un autre poète: Verg. *georg.* 3, 499 s. *equus ... pede terram crebra ferit*; mais aussi Plin. *nat.* 10, 47. Von Geisau 1916, 88 s. cite d'autres exemples d'adjectifs neutres à l'acc. employés comme adverbes, un emploi archaïque, mais aussi poétique, sous l'influence du grec; voir aussi LHSz 2, 40 dont la liste révèle que, comme *crebra*, ces tournures sont appréciées pour leur euphonie (*cetera, acuta, acerba*, etc.). La vivacité avec laquelle Photis remue sa préparation s'oppose à la langueur de sa danse corporelle (ligne 22 *leniter inlubricans*; *sensim*; ligne 23 *placide*).

inlubricans: hapax. En 7, 18 (168, 4), on trouve *lubricans* («glissant»): voir *GCA* 1981, 201 ad loc. Le verbe *illubricare* désigne un mouvement d'ondulation souple et serpentine (*ThLL* s.v. 386, 39 s. «i.q. lubrice mouens»). Comparer 1, 4 (4, 8 ss.) *puer ... flexibus tortuosis eneruam et exossam saltationem explicat ... diceres dei medici baculo ... serpentem generosum lubricis amplexibus inhaerere*; *flor.* 6 (6, 19 s.) *(dracones) lubrico uolumine indepti reuinciunt*; Ov. *hal.* 29 *(muraena) per multos euadit lubrica flexus*. Le verbe est revêtu d'une connotation érotique: voir comm. ad 2, 17 (39, 6), où Photis monte Lucius *lubricis gestibus*. À propos des verbes composés attestés pour la première fois chez Apulée, Bernhard 1927, 120 s. remarque que nombre d'entre eux se rencontrent comme ici sous la seule forme participiale: cf. aussi 2, 27 (48, 1) *emeditatis*; 2, 32 (51, 12) *detunsis*, etc.

lumbis - undabat: cette danse érotique fait écho à un groupe de poèmes décrivant le mouvement lascif de filles suscitant l'excitation des hommes: cf. Ov. *am.* 2, 4, 30 ss. *tenerum molli torquet ab arte latus; / ut taceam de me, qui causa tangor ab omni, / illic Hippolytum pone, Priapus erit*, avec Booth 116 ad loc.; *Priap.* 19, 1 ss. et 27, 1 s., avec Goldberg 159 ss. ad loc.; *Copa* 2; Mart. 5, 78, 26 ss. *nec de Gadibus inprobis puellae / uibrabunt sine fine prurientes / lasciuos docili tremore lumbos*; 6, 71, 2 ss. et 14, 203; Juv. 6, 019, avec Courtney 307 ad loc.; 11, 162 ss.; Auson. 13, 115 Green; *Anth. Graec.* 5, 129, à propos d'une danseuse sachant ressusciter la virilité éteinte d'un vieillard et déjà Hes. *Op.* 373, avec West 250 s. ad loc. Les mouvements de Photis font référence à l'acte sexuel: voir *infra*.

lumbis ... uibrantibus: cf. pour cette combinaison Mart. 5, 78, 26 ss. (ci-dessus); *Priap.* 19, 4 (*fluctuante lumbo*); 27, 2 (*uibratas ... nates*); Juv. 6, 019 (*clunem atque latus ... uibrare*). *Lumbus* est couramment employé dans un contexte sexuel (généralement au pluriel), où il désigne parfois par métonymie les organes sexuels masculins ou féminins: voir Adams 1982, 48 et 194; *ThLL* s.v. *lumbus* 1808, 84 ss. Outre les textes cités ci-dessus, cf. Lucil. 280 K *hunc molere, illam autem ut frumentum uannere lumbis*; Varro *Men.* 409, avec Cèbe 1719 ss. ad loc.; Catull. 16, 11, etc. Adams l.c. note que les reins étaient considérés dans l'Antiquité comme le siège du désir sexuel: cf. e.g. Schol. Pers. 1, 20 *bene dicit lumbum et non animum; dicitur enim libido lumbis immorari*, avec le beau commentaire de Casaubon ad loc.; cf. aussi Isid. *orig.* 11, 1, 98.

spinam mobilem quatiens: en 2, 17 (39, 7), Photis reproduit ce mouvement durant leur nuit d'amour. Le terme *spina* se retrouve dans un contexte érotique au livre 10, 22 (254, 5), où il s'agit des reins de l'âne Lucius.

quatiens placide decenter undabat: chiasme.

decenter: «de façon charmante» ou, mieux, «avec décence», auquel cas il s'agit d'un oxymore non dépourvu d'humour (difficile à rendre en traduction), puisque la description de cette danse s'inscrit dans une tradition poétique priapéenne. Comparer Hor. *epist.* 2, 2, 215 s. *tempus abire tibi est, ne potum largius aequo / rideat et pulset lasciua decentius aetas*, avec Rudd 149 ad loc.

Isto aspectu defixus obstupui et mirabundus steti, steterunt et membra quae iacebant ante: À cette vue, de surprise, je fus cloué sur place et me tins raide d'admiration, comme se raidissaient aussi les parties de moi-même auparavant inertes.

30, 23-31, 1

Au chapitre 6 (30, 4 ss.), Lucius se promettait de séduire Photis. Pris de vitesse, c'est lui qui se laisse envoûter par la servante (voir *infra* s.v. *defixus obstupui*). Cette phrase remarquable, absente de l'*Onos*, combine diverses réminiscences intertextuelles latines, de registres divers (épique et obscène). Le passage de l'*Énéide* où Didon aperçoit Énée pour la première fois y est fondu avec un vers dépeignant la réaction du héros lorsque le fantôme de Créüse lui apparaît: cf. Verg. *Aen.* 1, 613 *obstipuit primo aspectu Sidonia Dido* et 2, 774 *obstipui, steteruntque comae* (cf. aussi 3, 48). L'allusion est repérée par Gatscha 1898, 145; Pennisi 1970, 65 s.; Westerbrink 1978, 65; Finkelpearl 1998, 46 ss. qui compare aussi avec un autre passage de l'*Aen.*: 1, 494 s. *haec dum Dardanio Aeneae miranda uidentur, / dum stupet optutuque haeret defixus in uno.*; Graverini 2001b, 436 ss. (qui cite encore comme parallèle Ov. *met.* 4, 315 ss., avec une formule *makarismos* comparable à ce qu'on lit plus loin [31, 4 s.]). Mais cette utilisation parodique de Virgile dans un contexte sexuel implique aussi une allusion à Pétrone, passée, elle, inaperçue. Cf. 132, 11, où Encolpe exhorte, sans succès, son membre viril à plus de vigueur et où on trouve une contamination de Verg. *ecl.* 5, 16 et *Aen.* 6, 469 s. (cf. aussi Ov. *am.* 3, 7, 65 s. *nostra tamen iacuere uelut praemortua membra / turpiter hesterna languidiora rosa*). Ainsi Lucius se sert de Virgile pour dépeindre le bon fonctionnement de sa virilité, là où Encolpe se servait du poète pour exprimer l'inertie de son insoumis instrument. Au travers de ces allusions, Lucius se présente comme un héros épique pétronien. En même temps, les métaphores érotiques empruntées aux épigrammes et aux élégiaques (voir *infra*), le font apparaître comme un poète facétieux s'inscrivant dans la plus pure tradition poétique érotique latine; voir Van Mal-Maeder 1997a, 187 s.; Append. I.

Isto - obstupui: cf. Verg. *Aen.* 1, 494 s. et 613 (*supra*); Prop. 2, 29, 25 s., où, trouvant Cynthia au lit, le poète confie: *obstipui: non illa mihi formosior umquam / uisa.* Harrison 1990, 197 s. compare cette réaction stupéfaite de Lucius avec celle d'Ulysse apercevant Nausicaa: Hom. *Od.* 6, 149 ss.

Isto aspectu: chez Lucius, l'amour passe par le regard; comparer 2, 8 (31, 13 s.) *cum semper mihi unica cura ... prius intueri.* Cf. aussi 5, 22 (120, 7 ss.) *Psyche tanto aspectu deterrita et impos animi* (au spectacle d'Éros endormi). Pour ce principe, cf. e.g. Ach. Tat. 1, 4, 4 Ὡς δὲ εἶδον, εὐθὺς ἀπωλώλειν· κάλλος γὰρ ὀξύτερον τιτρώσκει βέλους καὶ διὰ τῶν ὀφθαλμῶν εἰς τὴν ψυχὴν καταρρεῖ; 1, 9, 2 ss.

defixus obstupui: voir comm. ad 2, 2 (25, 8). Le terme *defixus* évoque les «defixiones» magiques. Alors qu'il voulait éviter d'avoir maille à partir avec la sorcière Pamphilé (cf. 2, 6: 30, 1 s.), Lucius se laisse enchanter par sa servante qui, par sa danse envoûtante, se révèle une redoutable magicienne (pour cette interprétation, voir Nethercut 1969, 99 s.; James 1987, 53 ss.; Shumate 1988, 57). Sur le motif de la magie amoureuse, voir Fauth 1980.

mirabundus steti: c'est le thème (étroitement lié à celui de la curiosité) du θαῦμα, de l'émotion pour un spectacle merveilleux (*mirum*): voir Schlam 1992, 48 ss.; comm. ad 2, 1 (24, 19) s.v. *rara miraque.*

steti, steterunt et: l'asyndète appuie la gémination. Apulée est friand de ces jeux de sens; cf. e.g. 2, 24 (45, 2) *oleum ad lucem luci sufficiens.*

steterunt ... ante: le rythme régulier de la phrase renforce l'antithèse *steterunt/iacebant*: six syllabes pour la principale, six pour la relative. La danse de

Photis a sur Lucius le même effet que celle des danseuses dont il est question dans le groupe de poèmes cités s.v. *lumbis - undabat*. Lucius se trouve pour ainsi dire métamorphosé en Hippolyte priapéen. Cf. aussi 2, 16 (38, 11 s.), où Lucius dévoile sans pudeur son érection à Photis; voir Introd. 5.7 pour cette insistance du héros sur sa virilité tout au long du roman. Sur le thème du désir (en particulier du désir sexuel), voir encore Shumate 1988, 42 ss. et 1996a, 216 ss.

steterunt et membra: cf. Verg. *Aen*. 2, 774 et 3, 48 *steteruntque comae* (notice initiale). *Stare* dans un emploi érotique se rencontre avant Apulée chez les poètes (*OLD* s.v.): cf. *Priap*. 73, 2 *non stat in inguinibus mentula tenta meis* (avec allitérations similaires); Mart. 2, 45, 1; 3, 73, 2, etc. Le pluriel de *membrum* apparaît fréquemment avec un sens érotique chez les élégiaques: cf. e.g. Tib. 1, 4, 70; Prop. 2, 16, 14; Ov. *am*. 2, 15, 25; etc. (voir Adams 1982, 46).

iacebant: dans ce sens, *iacere* se rencontre chez Ov. *am*. 3, 7, 65 (cité dans la notice initiale; voir Brandt 166 ad loc.); Mart. 10, 55, 5; Juv. 10, 205 s.

Et tandem ad illam: 'Quam pulchre quamque festiue', inquam,   31, 1-4
'Fotis mea, ollulam istam cum natibus intorques. Quam mellitum pulmentum apparas: Enfin, je lui dis: «Quelle grâce et quel charme, ma chère Photis, quand tu remues ta cassolette avec les fesses! Quel plat miellé tu prépares là!

Au contraire de la description des mets préparés par Photis (*supra* lignes 15 ss.) et de la danse érotique des casseroles, cette phrase (et la suivante) trouvent un parallèle dans l'*Onos*.

Et tandem: la durée de la description de Photis dans le récit semble correspondre au temps nécessaire dans l'histoire pour admirer la jeune servante et se remettre de sa stupeur.

Quam - festiue: Callebat 1968, 531 ss. voit dans la tournure *quam* renforçant un adverbe au positif l'influence des comiques. Cf. *Onos* 6, 1 ὡς εὐρύθμως. Comparer Apul. *met*. 3, 23 (69, 14 s.) *quam pulchro enim quamque festiuo matronae perfruentur amatore bubone?* (autre discours enjôleur de Lucius à Photis); *apol*. 63 (71, 23 ss.) *quam lepide ... quam autem festiue*. L'adjectif *festiuus* et son adverbe se rencontrent fréquemment dans de semblables redoublements oratoires: cf. e.g. Plin. *epist*. 5, 16, 1 *qua puella nihil umquam festiuius, amabilius ... uidi*; Auson. 27, 19 a Green *o melle dulcior, o Gratiarum uenustate festiuior*.

ollulam istam: cf. 30, 20 *illud cibarium uasculum*, avec comm. ad loc. Le diminutif *ollula* apparaît aussi en 5, 20 (118, 16), où il possède une valeur minorative et non, comme ici, une valeur hypocoristique (Abate 1978, 70). Avant Apulée, il est attesté chez le seul Varro *rust*. 1, 54, 2; cf. ensuite Arnob. *nat*. 5, 18; 5, 19; 6, 14. Dans un chapitre étudiant la terminologie sexuelle ménagère, Adams 1982, 86 s. montre que *ollula*, comme aussi χύτρα («pot», «marmite») dans le passage correspondant de l'*Onos* 6, 1, possèdent le double sens de *pudenda* (voir aussi *supra* s.v. *uasculum*). *Olla* est employé dans ce sens érotique (= *cunnus*) chez Catull. 94, 2 *Mentula moechatur. Moechatur mentula: certe / hoc est, quod*

153

dicunt, ipsa olera olla legit (voir aussi Vorberg 1965, 407 [¹1929]). Comme le souligne Adams l.c., ça n'est pas seulement la forme de ces instruments ménagers qui est suggestive, mais aussi leur chaleur, thème sur lequel se développe ensuite l'imagerie érotico-culinaire (lignes 6 s.). Avec le terme *ollula* s'engage la métaphore filée de l'amour comme nourriture (cf. Apul. *Plat.* 2, 13: 125, 19, où l'amour est dépeint comme un *appetitus ardens*). Sur la thématique (déjà engagée dans la description de Photis en train de cuisiner: *supra* s.v. *uiscum*) du parallèle entre chair et chère, voir Adams 1982, 138 ss.; Heath 1982b, 69 ss.; Strub 1985, 181. Ce thème est aussi présent chez Pétrone: voir Boldrini 1989 et, pour l'Antiquité de façon générale, Foucault 2, 1984, 60 s.; Parker 1992, 98 et 105 ss. qui, dans une comparaison entre les traités gastronomiques et sexuels, remarque: «Woman is a species of meat. Pornography is a species of cookbook». Voir encore Henry 1992 à propos des *Deipnosophistes* d'Athénée, où l'équivalence femme = nourriture est une constante.

mellitum: dans ce contexte érotico-culinaire, l'adjectif doit être pris au sens propre comme au sens fig (*ThLL* s.v. *mellitus* 622, 61 ss.). Cf. pour cette emploi de *mellitus* dans le *sermo amatorius* 2, 10 (33, 5) *mellitissimum illud saeuium*, avec comm. ad loc. Sur le miel comme assaisonnement ou édulcorant, voir André 1961, 188 ss.

pulmentum: composé à l'aide de la suffixation *-mentum* fréquente dans la langue courante et dans la langue technique (notamment dans le vocabulaire culinaire) et dérivant comme *pulpa* de la racine **pelp-*, ce mot possède un sens d'espèce («plat à base de viande»: voir Perrot 1961, 126 et 261). Plus spécifiquement, il peut désigner une viande saucée, un ragoût: cf. 4, 7 (79, 25) avec *GCA* 1977, 68 ad loc.; 9, 22 (219, 24) avec *GCA* 1995, 196 ad loc. et 10, 13 (246, 9), où la viande est coupée en petits morceaux (*pulmentum* peut aussi s'employer pour un plat de poisson: cf. e.g. *apol.* 30: 35, 20). Ici, le mot désigne le repas préparé par Photis, qui est constitué d'au moins deux plats de viande, et possède probablement le sens plus large de «plat de viande», «nourriture», «pitance». Cf. pour cet emploi élargi déjà Plaut. *Aul.* 316; *Mil.* 349; *Pseud.* 220; Hor. *epist.* 1, 18, 48.

31, 4-5 Felix et *ter* beatus, cui permiseris illuc digitum intingere': Heureux, trois fois béni celui à qui tu auras permis d'y tremper le doigt!»

Felix et ter beatus: les mss. ont *felix et certius beatus*. Helm, Robertson et de Jonge 1941, 42 corrigent avec Oudendorp *felix et <certo> certius beatus*; cf. 9, 41 (235, 7 s.) *denuntiant hospiti nostro nos, quos occultaret apud se certo certius, dedere*; 10, 28 (259, 8 s.) *primum suspicata ... mox ... iam certo certior.* Voir aussi Bernhard 1927, 234 s., qui considère cette gémination comme relevant de la langue vulgaire; Callebat 1968, 524 y voit un emprunt à Plaute (cf. *Capt.* 644, seul exemple de la combinaison avant Apulée). Mais les occurrences de la tournure étymologique *certo certius* citées ci-dessus diffèrent de notre passage: que *certius* y soit adjectif (comme en 10, 28) ou adverbe (comme en 9, 41), l'expression est utilisée de manière absolue, sans venir appuyer un autre adjectif, comme ce serait le cas ici. Armini 1928, 282 s. veut garder la leçon des mss., avançant que *certius* = *certe* ou *certissime*. Mais un tel emploi n'est pas attesté. On pourrait se demander si *certius* est employé comme adverbe d'intensification devant un adjectif, à la place d'un comparatif («heureux, et plus heureux encore»). Löfstedt 1933, 383 s. signale cet emploi en latin tardif avec les adverbes *potius* ou *melius*; chez Apulée, Bernhard 1927, 108 cite dans cette fonction *probe, admodum* et *plane*. Ni l'un, ni l'autre ne mentionnent un emploi similaire de *certius*. Aussi la conjecture de Pricée (adoptée par Van der Vliet, Giarratano et Frassinetti) *ter beatus* paraît-elle la meilleure.; cf. 11, 16 (278, 9 s.) *felix hercules et ter beatus*. Admettant la conjecture de Pricée, Wiman 1927, 11 suppose que le texte contenait *felix et III beatus*. Un copiste peu scrupuleux aurait écrit *tertius*, ce qui, par confusion entre les lettres *c* et *t* (voir sur ce point Helm Praef. *flor*. XLIII), aurait facilement pu donner *certius*. Cf. Verg. *Aen*. 1, 94 *o terque quaterque beati* (exclamation d'Énée; un peu plus haut, d'autres réminiscences transformaient Lucius en héros d'épopée); Ov. *met*. 8, 51 *o ego ter felix* (dans un contexte amoureux). Cette formule *makarismos* rappelle les mots qu'Ulysse adresse à Nausicaa lorsqu'il l'aborde: cf. Hom. *Od*. 6, 153 ss. De telles formules sont courantes en poésie et il est peu probable qu'il y ait un hypotexte unique; voir Graverini 2001b, 439 ss., qui compare encore avec Ov. *met*. 4, 322 ss. Cf. aussi Apul. *met*. 5, 1 (104, 4 s.) et 5, 17 (116, 12 ss.); 11, 22 (284, 6 s.).

illuc digitum intingere: comparer Ov. *ars* 2, 707 s. *inuenient digiti quod agant in partibus illis / in quibus occulte spicula tingit Amor*. La tournure à double sens *digitum intingere* travestit l'expression à caractère proverbial *digito (-is) attingere* ou *contingere*: cf. 4, 21 (90, 21 s.) *bestiam uel digito contingere*; Plaut. *Persa* 793; Cic. *Cael*. 28 *multos uidi ... qui ... genus hoc uitae et extremis, ut dicitur, digitis attigissent*; Otto 1988 ([1]1890), 115. Adams 1982, 208 s. compare avec *Onos* 6, 1 ἐνταῦθα ἐνεβάψατο. Le choix de *intingere* dans notre contexte s'explique du fait que le verbe est parfois utilisé en cuisine, où il équivaut à *condire*: voir *ThLL* s.v. *inting(u)o* 21, 74 ss., qui cite e.g. Plin. *nat*. 20, 185 (*anesum*) *omnibus, quae condiuntur quaeque intinguntur desideratum*. L'emploi du verbe avec un adverbe de lieu est unique (*ThLL* l.c. 21, 67: *intingere* se construit d'ordinaire avec *in* + acc. ou abl., cf. e.g. Vulg. *Lev*. 4, 6 *cumque intinxerit digitum in sanguinem*). Cette construction particulière et ambiguë constitue peut-être une traduction de ἐνταῦθα dans l'*Onos* (ci-dessus). Pour de Jonge 1941, 42, *digitus* possède ici son sens propre et «non pro membro virili adhibetur». Mais *digitus* s'inscrit dans la liste des mots qui, dans ce contexte érotique, sont à double entente. Cf. Mart. 1, 92, 1 s. et 11 ss.; voir Adams l.c. et Vorberg 1965, 149 s. ([1]1929).

Tunc illa lepida alioquin et dicacula puella: 'Discede', inquit, 'miselle, quam procul a meo foculo, discede: Et alors cette délicieuse enfant malicieuse de me répondre: «Va-t-en, malheureux, aussi loin que possible de mon petit foyer, va-t-en! 31, 6-7

Par rapport au passage correspondant de l'*Onos* (chapitre 6), où la servante Palaistra répond aussi de manière enjouée aux avances de Loukios (au discours direct), la tirade de Photis est plus courte et plus percutante. Dans les deux textes, sont développées la métaphore de la brûlure d'amour (prolongée dans l'*Onos* par l'image plus générale de la douleur d'amour) et celle de la cuisine d'amour (avec plus d'insistance dans l'épitomé). Dans l'*Onos*, la tirade de la servante est encore suivie d'une réplique de Lucius, absente de la version latine.

illa - puella: cf. *Onos* 6, 2 σφόδρα γὰρ ἦν ἰταμὸν καὶ χαρίτων μεστὸν τὸ κοράσιον; Apul. *met.* 3, 13 (61, 20 ss.) *Fotis mea ... sui longe dissimilis aduenit; non enim laeta facie nec sermone dicaculo.*

lepida alioquin: *lepidus* qualifie autant l'aspect physique de Photis que son esprit enjoué: cf. 2, 6 (30, 5 s.), avec comm. ad loc. et *infra* s.v. *dicacula puella*. Comparer Plaut. *Poen.* 1198 *est lepida et lauta! Ut sapit! - Ingenium patris habet, quod sapit*, avec Maurach 1975, 365 ad loc. Dans les *Met.*, *lepidus* apparaît fréquemment à propos de récits ou de mots d'esprit: voir comm. ad 2, 20 (42, 3 s.). Cf. Catull. 1, 1 *cui dono lepidum nouum libellum*; 6, 17 *lepido ... uersu*. Pour *alioquin*, voir comm. ad 2, 1 (24, 18 s.).

dicacula puella: diminutifs homophoniques. L'adjectif plautinien *dicaculus* possède chez Apulée le sens de «malicieux», «spirituel»: voir Van der Paardt 1971, 103 ad 3, 13 (61, 22) *sermone dicaculo*. Comme *lepida* (*supra*), *dicacula* trouve sa justification dans la teneur du discours de Photis cité au discours direct. La servante adopte à son tour une posture élégiaque, en reprenant pour les développer le langage à double entente de Lucius, et fait usage de diminutifs hypocoristiques. Dans l'*Onos*, Palaistra n'a pas la langue moins bien pendue, même si elle avoue: οὐδὲ γὰρ γράμματα ἔμαθον (11, 6).

discede ... discede: noter la position chiastique de la gémination, en début et en fin de phrase (cf. aussi 2, 17: 39, 1 s. *proeliare, inquit, et fortiter proeliare*). Voir comm. ad 2, 5 (28, 16). En 2, 10 (33, 8 s.), Lucius reçoit un autre avertissement de Photis: *caue ne nimia mellis dulcedine diutinam bilis amaritudinem contrahas* (voir comm. ad loc.). Photis a beau être une esclave, elle emploie constamment les impératifs quand elle s'adresse à son soupirant: cf. encore 2, 10 (33, 21); 2, 17 (39, 1 s.).

miselle: sur le diminutif *misellus* que l'on trouve à plusieurs reprises dans les *Met.*, voir *GCA* 1985, 30 ad 8, 1 (176, 22). Comparer Catull. 35, 14 s. *misellae / ignes interiorem edunt medullam*, où *misellus* se rapporte également à la brûlure infligée par l'amour; cf. aussi 45, 21 s.

quam procul: Callebat 1968, 531 s. voit dans le tour *quam* renforçant un adverbe une réminiscence de la langue des comiques. L'expression *quam procul* se retrouve en 2, 15 (37, 12); 3, 26 (71, 26); 9, 19 (217, 1). Cf. *supra* ligne 31 *quam pulchre quamque festiue*.

foculo: sur ce diminutif employé encore au pluriel en 7, 20 (169, 17), voir *GCA* 1981, 212 ad loc. Comme Lucius, Photis fait usage de diminutifs hypocoristiques et d'un vocabulaire à double sens, érotico-culinaire (voir *supra* s.v. *ollulam istam*). Le suffixe du mot (*-cul-*) évoque la même image que, plus haut, *uasculum* (voir comm. ad loc.). *ThLL* s.v. *foculus* 987, 61 cite cette seule occurrence du mot «ambigue de amoris foco»; Adams 1982, 86 s. signale le symbolisme du foyer ou du four = *pudenda*. Cf. Ar. *Eq.* 1286 κυκῶν τὰς ἐσχάρας, avec Sommerstein 211 ad loc.; *Pax* 891 ss., où Theoria, nue, est examinée par Trygée et un serviteur: τουτὶ δ'ὁρᾶτε τοὐπτάνιον· - Οἴμ'ὡς καλόν. / διὰ ταῦτα καὶ κεκάπνικεν ἆρ'. ἐνταῦθα γὰρ / πρὸ τοῦ πολέμου τὰ λάσανα τῇ βουλῇ ποτ'ἦν. Parmi la terminologie érotique, Vorberg 1965, 197 (¹1929) cite le mot *focaria*, «die für das Feuer zu sorgen hat, die Küchenmagd', i.e. «concubine». La métaphore sied au nom de Photis: voir Scobie 1969, 59 ss. et de Smet 1987a, 618, qui établissent un lien entre ce *foculus* et le nom de la servante; voir comm. ad 2, 6 (30, 4). Pour le caractère brûlant des *pudenda* féminines, cf. Auson. 18, 110 s. Green *est in secessu, tenuis quo semita ducit, / ignea rima micans; exhalat opaca mephitim* (cité par Adams l.c.). L'image sera reprise plus loin par Lucius: cf. Apul. *met.* 2, 10 (33, 10 ss.) *cum sim paratus ... super istum ignem porrectus assari.*

Nam si te uel modice meus igniculus afflauerit, ureris intime nec   31, 7-10
ullus extinguet ardorem tuum nisi ego, quae dulce condiens et
ollam et lectulum suaue quatere noui': Car si la moindre flamme de mon
petit feu t'effleure, tu t'embraseras au plus profond de toi-même et nul ne saura
éteindre ce brasier, si ce n'est moi qui sais, avec de savoureux assaisonnements,
remuer de manière exquise une casserole et un lit.»

La phrase développe la métaphore classique de la brûlure d'amour (déjà engagée avec le terme *foculus*), renouvelée ici par l'usage d'une terminologie originale (voir *infra*). Cette terminologie du feu de l'amour établit un parallèle entre Photis et Vénus, à laquelle la servante est plusieurs fois comparée dans les *Met.* (cf. e.g. 2, 17: 38, 15 ss.; voir le commentaire de Beroaldus cité pour 2, 8: 32, 6 s. s.v. *nec Vulcano suo*). Comparer Verg. *Aen.* 8, 388 ss., où Vénus use de ses charmes sur Vulcain: *amplexu molli fouet. ille repente / accepit solitam flammam notusque medullas / intrauit calor et labefacta per ossa cucurrit*; notice suivante. Elle rapproche aussi Photis d'une célèbre amoureuse enflammée, Didon (cf. e.g. 4, 1 s.; 4, 66 s.; 4, 101 *ardet amans Dido*). Lucius, précédemment métamorphosé en second Énée (voir ci-dessus) se trouve en quelque sorte face à une seconde Didon.

si ... meus igniculus afflauerit: la combinaison est unique et possède dans ce contexte à la fois un sens concret et abstrait. Si *igniculus* est attesté dès Cic. au sens figuré de «ardor, affectus, stimulus» (*ThLL* s.v. *igniculus* 285, 70 ss.), Apulée semble le seul à l'utiliser au sens d'«ardeur amoureuse» (sens qu'*ignis* revêt fréquemment, chez les élégiaques notamment: voir *ThLL* s.v. *ignis* 295, 32 ss.). Comme *miselle* et *foculo* (ligne 7), le diminutif possède ici une valeur hypocoristique. Pour l'emploi métaphorique de *afflare*, cf. Tib. 2, 4, 57 *indomitis gregibus Venus adflat amores*; Stat. *Theb.* 5, 194 (*Cytherea*) *miseros perituro afflauerat igni*, deux exemples à l'échelle desquels Photis apparaît comme une nouvelle Vénus (notice initiale).

intime: cet adverbe peu fréquent, superlatif de *interior*, est attesté avant Apulée chez Cic. *ad Q. fr.* 1, 2, 4; Nep. *Att.* 5, 4 (voir *ThLL* s.v. *interior*, 2215, 41 ss.). En dehors de notre passage, on le trouve aussi dans l'*apol.* 72 (80, 16) et *Plat.* 2,

23 (136, 23); cf. ensuite Aug. *conf.* 3, 6. Ici, il est à prendre au sens étymologique (*inter*): comparer, à propos d'amour, Catull. 35, 15 *ignes interiorem edunt medullam.*

nisi ego: stratégie du contre-feu. La brûlante Photis (voir s.v. *foculo*) qui a allumé Lucius est seule capable de l'éteindre.

extinguet ardorem tuum: cf. (au sens propre) Hyg. *fab.* 36, 3 *qui (Hercules) cum se in flumen coniecisset ut ardorem extingueret.* Autant *extinguere* que *ardor* sont couramment employés dans les métaphores du feu de l'amour (voir *ThLL* s.v. *ardor* 491, 54 ss. et s.v. *extinguo* 1916, 81 ss.). En revanche, la combinaison des deux termes n'est pas attestée ailleurs dans ce sens (elle l'est pour *ardor = ira*: voir *ThLL* s.v. *extinguo* 1916, 72 s.). Comparer Ov. *met.* 7, 76 s. *et iam ... resederat ardor, / cum uidet Aesoniden, exstinctaque flamma reluxit*; Quint. *decl.* 14, 8 *ut coalescentis ardoris impetus ... extinguatur.*

condiens: le verbe *condire* est fréquemment utilisé métaphoriquement (voir *ThLL* s.v. *condio* 143, 24 ss.). Mais il s'agit du seul exemple d'un tel emploi au sens érotique. Cf. en revanche Plaut. *Cas.* 221 *ubi amor condimentum inierit.* Photis reprend la terminologie à double entente employée plus tôt par Lucius (*intingere = condire: supra*).

et ollam et lectulum ... quatere noui: de fait, comparer les descriptions de la danse de Photis devant ses casseroles (30, 20 ss.) et au lit (2, 17: 39, 6 s.). Comparer Catull. 6, 6 ss. *nam te non uiduas iacere noctes / nequiquam tacitum cubile clamat ... tremulique quassa lecti / argutatio inambulatioque*; Ov. *am.* 3, 14, 25 s., avec Brandt 189 ad loc.; Juv. 6, 21 s. Lucius pourrait faire siens ces vers d'Ov. *am.* 2, 4, 13 s. *capior quia rustica non est / spemque dat in molli mobilis esse toro.* Que Photis est une partenaire active, la description de leur nuit d'amour en témoigne: cf. 2, 17 (39, 5 ss.), avec comm. ad loc. Avec ce zeugma spirituel, qui couronne la thématique du lien entre amour et nourriture, se clôt la série des jeux de mots à double entente (voir comm. ad 2, 1: 24, 17 *et somno simul emersus et lectulo*).

ollam: cf. ligne 2 *ollulam*, avec comm. ad loc.

lectulum: dans ce contexte érotique, le diminutif est revêtu d'une valeur hypocoristique: voir comm. ad 2, 6 (30, 8); 2, 1 (24, 18).

CHAPITRE VIII

Éloge de la chevelure.

Haec dicens in me respexit et risit. Nec tamen ego prius inde   31, 11-13
discessi quam diligenter omnem eius explorassem habitudinem: Sur
ces mots, elle se retourna vers moi pour me regarder et se mit à rire. Cependant, je
ne m'éloignai pas avant d'avoir examiné avec soin toute son apparence.

Haec - respexit: voir comm. ad 2, 7 (30, 12) *haec mecum disputans*.

in me respexit: au moment où Lucius entrait dans la cuisine, Photis se trouvait
debout derrière ses fourneaux (cf. 2, 7: 30, 18 ss.). Ce n'est qu'après un premier
échange de paroles qu'elle se retourne pour faire face à son soupirant. À propos de
la construction *respicere* avec *in* + acc., Callebat 1968, 236 observe qu'elle est
bien attestée dans la latinité tardive. En 2, 24 (45, 9 s.), le verbe est transitif; en 3,
25 (70, 22), on trouve la construction avec *ad*. Le tour avec la préposition *in* réalise ici une suite d'assonances en *i*.

Nec tamen - habitudinem: alors que dans l'*Onos*, Loukios trouve encore de
quoi répliquer aux facéties de la servante, chez Apulée, c'est Photis qui a le dernier mot. La réponse du héros a fait place à une admiration silencieuse de la chevelure de la servante, qui sera suivie d'un baiser, également absent de l'épitomé
(2, 10: 33, 3 ss.). Pour le tour *nec tamen*, voir comm. ad 2, 7 (30, 13).

Vel quid ego de ceteris aio, cum semper mihi unica cura fuerit   31, 13-20
caput capillumque sedulo et puplice prius intueri et domi postea
per*f*rui sitque iudicii huius apud me certa et statuta ratio[ne], uel
quod praecipua pars ista corporis in aperto et perspicuo posita
prima nostris luminibus occurrit et quod in ceteris membris
floridae uestis hilaris color, hoc in capite nitor natiuus operatur:
Mais que dirais-je du reste, quand mon seul intérêt fut toujours la tête et les
cheveux? C'est ce que je regarde d'abord dans la rue avec une grande attention et
ce dont je m'enchante ensuite de retour à la maison. Et ce jugement est fondé chez
moi sur de solides raisons: d'abord sur le simple fait que cette partie éminente du
corps, placée à découvert et bien en vue, frappe la première notre regard; et ce
que le vif coloris d'un vêtement fleuri fait pour les autres parties du corps, c'est à
son éclat naturel que la tête le doit.

Vel quid - perfrui: exorde de l'éloge de la chevelure qui s'étend jusqu'à la fin
du chapitre 9 et qui n'a pas de parallèle dans l'*Onos*. Sur cette longue pause descriptive reproduisant la perspective de Lucius-narrateur, l'orateur enrichi et l'initié
d'Isis (*infra* s.v. *ego ... aio*), voir Introd. 3 et 5. 6. Le thème de la chevelure et de
la coiffure connaît un traitement privilégié à l'époque de la Seconde Sophistique,
c'est en raison de sa valeur métaphorique: cf. Synes. 23: κομμωτικὴ ἄντικρυς ὁ

159

ῥήτωρ ἀπέφηνε τὴν ῥητορικήν. Au travers de cet *enkômion*, Lucius/Apulée se livrent en quelque sorte à une démonstration sur la manière de coiffer un texte. Ce splendide morceau de rhétorique (digne des *Flor.*) est en effet soigneusement bâti sur toute une série d'oppositions, où les assonances succèdent aux allitérations, où les mots rares rivalisent avec les accumulations de synonymes et où le narrateur ne cesse de s'énoncer avec ostentation (*ego ... aio*; *mihi unica cura*; ligne 16 *apud me*; ligne 18 *nostris luminibus*; ligne 24 *quod nefas dicere*; 32, 3 *inquam*). L'équivalence métaphorique entre coiffure et rhétorique est analysée par Finkelpearl 1998, 62 ss., pour qui cet *enkômion* constitue une déclaration stylistique, un plaidoyer pour un style élaboré (voir comm. ad 2, 9: 32, 17 ss.). Il s'agit du second exemple d'*enkômion* dans le livre 2, après la description de Lucius en 2, 2 (26, 2 ss.); cf. aussi 2, 19 (41, 3 ss.), où on trouve un éloge en miniature de la ville d'Hypata. Comme le note Walsh 1970, 152, cette interruption dans le récit des aventures de Lucius rappelle les «digressions» dont les romans grecs abondent, telle celles sur l'importance des yeux et du regard chez Ach. Tat. (1, 9, 2 ss.), sur la puissance d'Éros (1, 17, 1 ss.), ou sur la bouche (2, 8, 2). Voir Introd. point 3.

Vel quid - aio: l'emploi de l'indicatif au lieu du subjonctif n'est pas rare: cf. e.g. 4, 34 (102, 12 ss.) *quid differo*, avec Kenney 1990, 135 ad loc.; 5, 16 (115, 18) *quid, soror, dicimus*. Voir Callebat 1968, 102 sur cet «indicatif de délibération» (qui, dans notre passage, est plutôt un indicatif d'exclamation), attesté depuis le latin archaïque jusqu'en latin tardif; LHSz 2, 308.

Vel quid: ς corrige *sed quid* (Hildebrand et Eyssenhardt maintiennent *uel quid*). Mais la particule *uel* peut introduire soit une correction par rapport à ce qui précède (voir Callebat 1968, 331, pour qui dans notre passage *uel = sed*), soit une gradation dans la pensée et/ou une spécification après une phrase d'ordre général (KSt 2, 2, 107 ss.). Tel est le cas ici: bien qu'il avoue avoir admiré à l'époque (dans le temps de l'histoire: voir Introd. 2.1) toute la figure de Photis (*omnem ... habitudinem*), le narrateur ne parlera dans ce développement que de ce qui le fascine le plus, la chevelure.

ego ... aio: cet *ego*-ci reproduit le point de vue de Lucius-narrateur et non, comme celui de la ligne 11, celui de Lucius-acteur (pour cette distinction, voir Introd. 2.2). *Aio* est le premier d'une série de verbes au présent qui, après les temps du passé dominant dans la description de Photis à ses fourneaux, renvoient au temps du récit; cf. ligne 15 *sitque*; ligne 18 *occurrit*; ligne 20 *operatur*; ligne 21 *exuunt, dimouent*, etc. Avec ce passage au temps du présent, *aio*, marque de l'énonciation, signale l'une des rares intrusions explicites du «je-narrant», Lucius-narrateur. On a affaire à un discours d'opinion semblable à celui que l'on rencontre en 10, 33 (264, 1 ss.), où se produit un changement de perspective explicite entre Lucius-acteur et Lucius-narrateur (voir Zimmerman-de Graaf 1993, 154 s.). L'éloge de la chevelure est donc à mettre non pas au compte du personnage Lucius dans le temps de l'histoire (comme le pensent Singleton 1977, 27, James 1987, 71 note 40 et Fick-Michel 1991a, 75 et 171 s.), mais au compte du Lucius de l'après-initiation (un Lucius qui se confond avec l'auteur Apulée, dont il partage la passion pour les cheveux: voir Introd. 5.6). Sur les conséquences qu'entraînent ce changement de voix narrative, voir Van Mal-Maeder 1997a, 197 ss.; *infra* s.v. *domi postea perfrui*. Cette ample intervention «commentative» de caractère général se termine un chapitre plus loin: cf. 2, 9 (32, 21 ss.), où le changement de perspective est marqué par le retour des temps du passé.

unica cura ... caput capillumque: allitérations en *c* et assonances chiastiques.

unica cura: Lucius n'est pas tout à fait honnête avec lui-même: cf. 2, 7 (30, 18 ss.), où son regard s'appesantit d'abord sur les deux pôles les plus féminins du corps de Photis. La construction *cura (est)* + infinitif, attestée à partir de Virgile, apparaît surtout en poésie: voir *ThLL* s.v. *cura* 1456, 20 ss. et LHSz 2, 349. On la rencontre encore dans l'*apol.* 65 (73, 15).

caput capillumque: cf. aussi 32, 1 *caput capillo*; *apol.* 59 (67, 24 s.). Cette combinaison euphonique est plusieurs fois attestée: cf. Liv. 1, 24, 6; Colum. 1, praef. 5 (*ThLL* s.v. *caput* 386, 63 ss.). Voir Bernhard 1927, 219 ss. pour d'autres exemples d'assemblages de mots avec jeux de sonorités similaires; cf. e.g. 5, 20 (118, 24 s.) *ceruicis et capitis*; *supra* ligne 11 *respexit et risit*. La tournure est la première d'une série de redoublements emphatiques (sans être véritablement synonymiques, *caput* et *capillus* possèdent un sens très voisin: voir *OLD* s.v. *caput* 1c); cf. ligne 16 *certa et statuta*; ligne 17 *in aperto et perspicuo*; ligne 19 *floridae uestis hilaris color*; lignes 25 s. *eximiae pulcherrimaeque*, etc.

sedulo: «avec soin», «attentivement». Pour le sens et l'étymologie du mot, voir *GCA* 1981, 85 ad 7, 1 (155, 2) *sedulo explorauerat*; Van der Paardt 1971, 41 ad 3, 3 (54, 5).

et puplice prius intueri et domi postea perfrui: le parallèle de construction (conjonction - adverbe de lieu - adverbe de temps - verbe), renforcé par le polysyndète, met en relief la double opposition: *puplice prius/domi postea* (noter aussi les allitérations).

prius intueri: cf. la description d'Isis au livre 11, 4 (268, 8 ss.), où la primauté est donnée à la chevelure de la déesse. Mais voir *supra* s.v. *unica cura*. La vue constitue dans cet éloge un motif récurrent dont l'importance a été mise en évidence par de Smet 1987a, 620 s.; cf. ligne 17 *in aperto et perspicuo*; ligne 18 *nostris luminibus*. Voir aussi comm. ad 2, 7 (30, 23 s.).

domi postea perfrui: que faut-il entendre par là? Une fois rentré chez lui, Lucius rêve-t-il des belles chevelues rencontrées dans la rue et qui lui inspirent de tels éloges? Ou ramène-t-il ces belles chevelues à la maison pour en jouir plus pleinement? Dans les *Met.*, *perfrui* est le plus souvent employé avec nuance érotique: cf. 3, 22 (68, 24 s.); 3, 23 (69, 14); 6, 23 (146, 4 s.); 9, 16 (215, 4 s.); 9, 28 (224, 7 s.); voir comm. ad 2, 17 (39, 7) *pendulae Veneris fructu*. Une telle phrase, prononcée par Lucius-narrateur (*supra* s.v. *ego ... aio*), l'initié d'Isis censé avoir renoncé aux voluptés terrestres (selon l'interprétation généralement répandue: e.g. Schlam 1968, 114 ss.; Englert-Long 1972, 239; Smith 1972, 529 s.; Cooper 1980, 464; Schmidt 1982, 277; Hooper 1985, 401; Strub 1985, 179), laisse perplexe. Cf. aussi 2, 9 (32, 14) *amatoris oculis occurrens*, avec comm. ad loc. Tout porte à croire que Lucius, prêtre d'Isis, n'a renoncé à rien du tout et est demeuré aussi

161

lubrique qu'il l'était avant et pendant sa métamorphose: voir Van Mal-Maeder 1997a, 197 ss. et 1997b, 106 ss.; comm. ad 2, 16 (38, 3 ss.) s.v. *alioquin*.

sitque - operatur: après l'exorde, l'éloge se développe en une partie «argumentative» destinée à justifier la préférence de Lucius pour les cheveux et à convaincre le lecteur/auditeur du bien fondé de cette opinion. On trouve chez Petron. 109, 9 ss. une ode similaire dédiée à l'importance de la chevelure dans l'apparence physique.

apud me: voir *supra* s.v. *Vel quid - perfrui* et s.v. *ego ... aio*.

certa et statuta: redoublement emphatique euphonique; voir *supra* s.v. *caput capillumque*. Comparer 9, 18 (216, 17) *statutam decretamque mortem*.

ratio[ne]: F a *ratione*, corrigé dans φ en *ratio*, une leçon que l'on trouve aussi dans a*. La conjecture de Kaibel 1900, 202 *ratione <regula>* n'est donc pas nécessaire.

uel quod: supposant la chute d'un membre de phrase qui aurait été introduit par un premier *uel quod*, Robertson imprime *<uel quod> ... uel quod*. Mais Augello 1977, 46 remarque que *uel quod* n'apparaît pas toujours en relation avec un second *uel quod*. *Vel* possède parfois chez Apulée le sens de *saltem* («à tout le moins», «du moins»), un sens fréquent en latin tardif (voir Médan 1925, 235 s.; Callebat 1968, 330; LHSz 2, 502). KSt 2, 2, 110 signale en outre l'emploi de *uel* au sens de *ueluti*, introduisant après une phrase d'ordre général un exemple particulier. De *uel quod* dépendent *occurrit* (ligne 18) et *operatur* (ligne 20).

praecipua - prima: noter les allitérations de cette phrase où l'idée d'éminence est exprimée avec une richesse verbale remarquable.

in aperto et perspicuo: combinaison quelque peu pléonastique, où l'adjectif neutre substantivé *perspicuum* (seule occurrence signalée par *OLD* s.v. *perspicuus* 2) est joint au tour plus couramment attesté *in aperto* (*ThLL* s.v. *aperio* 223, 34 ss.). Comparer Cic. *nat. deor.* 2, 4 *quid enim potest esse tam apertum, tamque perspicuum*. Pour d'autres exemples d'adjectif neutre substantivé avec préposition en lieu et place d'un adverbe, voir Bernhard 1927, 107 (tour fréquent en latin vulgaire); cf. Apul. *met.* 2, 4 (27, 13) *de proximo*. L'expression *in aperto et perspicuo* développe l'idée d'éminence déjà exprimée dans *praecipua*. Comparer pour l'abondance 11, 21 (283, 14) *perspicua euidentique ... dignatione* (cependant, Griffiths 1975, 281 ad loc. préfère la leçon *praecipua* à *perspicua*).

nostris luminibus occurrit: la combinaison *occurrere luminibus* est unique (*ThLL* s.v. *lumen* 1819, 45 s. et s.v. *occurro* 395, 55 s.). Cf. 2, 9 (32, 14) *amatoris oculis occurrens*. Noter l'emploi du pluriel poétique *lumina* dans ce passage de style élevé. Voir *supra* s.v. *prius intueri* (ligne 15). Outre qu'il constitue une autre marque de l'énonciation (voir *supra* s.v. *ego ... aio*), *nostris* a pour fonction d'engager le narrataire dans la logique de l'argumentation, afin de mieux le convaincre.

et quod - operatur: seconde partie de l'argumentation justifiant la préférence de Lucius pour les cheveux: la chevelure constitue un ornement naturel.

162

quod in ceteris membris ... hilaris color, hoc in capite nitor natiuus: le parallèle de construction dans la relative antéposée et dans la principale (rompu par la seule position chiastique des adjectifs et des substantifs) met en évidence l'opposition entre ornement naturel (la chevelure) et ornement artificiel (les vêtements), i.e. l'opposition entre nature et culture (φύσις/νόμος); voir *infra* s.v. *nitor natiuus*. Ce thème est développé dans la suite de l'éloge: cf. lignes 20 ss. et 32, 17 ss.

floridae - color: noter l'exubérance verbale et les homophonies chiastiques. L'adjectif *floridus* peut désigner autant un motif de fleurs qu'un coloris éclatant, sens qui le rapproche de *hilaris* et de *color*. Cf. 4, 13 (84, 25) *floridae picturae*, avec *GCA* 1977, 107 ad loc. sur ce double sens de l'adjectif; 7, 8 (159, 26) *ueste muliebri florida*; 10, 34 (265, 13) (*torus*) *ueste serica floridus*. Voir aussi *OLD* s.v. *floridus* qui classe notre passage sous 2 «gaily coloured, bright». Cf. Plin. *nat.* 35, 30 *sunt autem colores austeri aut floridi ... floridi sunt ... minium, Armenium ... purpurissimum* (cité par de Jonge 1941, 45 ad loc.) et comparer encore Apul. *mund.* 4 (151, 14) (*terra*) *infinitis coloribus floret*. L'éloge de la chevelure développe l'équivalence métaphorique entre coiffure et rhétorique (voir *supra*); on peut alors penser que *floridus* fait indirectement référence à un style d'écriture, comme en 2, 12 (35, 9: voir comm. ad loc.).

hilaris color: pour la combinaison, cf. Plin. *nat.* 23, 144. Dans les *Met.*, on trouve aussi bien *hilaris* qu'*hilarus* (cf. 2, 31: 50, 25). Voir *GCA* 1977, 32 ad 4, 2 (75, 15) *contra* Médan 1925, 176, pour qui la forme *hilarus* appartient au *sermo cotidianus*.

nitor natiuus: *OLD* s.v. *natiuus* classe cette occurrence sous 4 «acquired by birth, inborn, native». Mais le groupe de mots s'oppose à ce qui précède (l'habillement, ornement artificiel). Le sens donné par *OLD* l.c. 2 «natural (as opp. to artificial)» est plus approprié. Cf. en revanche 32, 2 *natiua specie*, où *natiuus* possède bel et bien le sens de «inné»; Ov. *am.* 1, 14, 56 *natiua conspicere coma*.

operatur: ailleurs dans les *Met.*, *operari* est employé au sens traditionnel de «se livrer à», «s'occuper à», avec un complément au dat.: cf. 3, 3 (54, 16); 9, 5 (206, 5) et 10, 6 (241, 7); cf. aussi Ov. *am.* 2, 7, 23 *ornandis illast operata capillis* (cité par de Jonge 1941, 45). Ici, et pour la première fois, le verbe est transitif (= *efficit*), une construction fréquemment attestée en latin tardif (Callebat 1968, 157 s.; *ThLL* s.v. *operor* 693, 2 ss.).

Denique pleraeque indolem gratiamque suam probaturae lacinias   31, 20-24
omnes exuunt, amicula dimouent, nudam pulchritudinem suam
praebere se gestiunt magis de cutis roseo rubore quam de uestis
aureo colore placiturae: De fait, nombre de femmes, désireuses de faire
approuver leur grâce naturelle, se dépouillent de tous leurs effets, enlèvent leurs
vêtements, veulent offrir aux regards leur beauté nue, souhaitant plaire davantage
par le tendre incarnat de leur teint que par l'éclat mordoré de leur habit.

La phrase développe l'opposition entre beauté naturelle et beauté artificielle. Noter la construction, où trois verbes principaux se succédant par asyndètes sont encadrés par deux propositions participiales au futur: *probaturae ... exuunt ... dimouent ... praebere se gestiunt ... placiturae*.

Denique: l'adverbe n'introduit pas un dernier élément à l'argumentation de Lucius pour prouver sa préférence pour les cheveux, comme le pensent de Jonge 1941, 45 ad loc. ou, parmi les traducteurs, Hanson («finally»). Comme souvent dans les *Met.*, il permet d'enchaîner sur un développement explicatif: cf. e.g. 4, 28 (96, 22); *OLD* s.v. *denique* 5 «in point of fact, indeed». Sur les différents sens que peut posséder *denique* dans les *Met.*, voir Van der Paardt 1971, 42 s. ad 3, 3 (54, 12).

pleraeque: F a *pleraque*; la correction est de ç.

indolem gratiamque: alors que *gratia* est fréquemment employé à propos de la beauté physique (voir *ThLL* s.v. 2212, 65 ss.; cf. 2, 9: 32, 9), *indoles* n'est attesté dans ce sens que dans ce passage et chez Plaut. *Rud.* 423 *tum quae indoles in sauiost* (voir Sonnenschein 116 ad loc.). Comparer *apol.* 92 (102, 12 s.) *affert ... animi indolem, pulchritudinis gratiam, floris rudimentum*.

probaturae ... placiturae: parallèle de construction. Apulée emploie volontiers le participe futur avec nuance finale. Cette construction se développe surtout en poésie et en prose à partir de Tite-Live, probablement sous l'influence du grec (voir Bernhard 1927, 45; *GCA* 1985, 46 ad 8, 4: 178, 22).

lacinias - gestiunt: trikôlon avec asyndètes, dont les deux premiers membres, synonymiques, conduisent par un effet de crescendo au troisième, qui en est le résultat. Cf. 2, 17 (38, 16 ss.), où Photis s'offre à Lucius *laciniis cunctis suis renu[n]data* et 3, 20 (67, 13) *omnibus abiectis amiculis*.

lacinias: selon *ThLL* s.v. *lacinia* 834, 84 ss., Apulée est le premier à employer le mot par synecdoque au sens de «vêtement» (cf. encore 1, 7: 6, 14; 2, 17: 38, 16; 3, 21: 68, 4, etc.). Cet emploi est ensuite attesté chez Amm. 28, 4, 18 et Zeno 2, 2, 6.

nudam pulchritudinem: cf. pour ce *topos* poétique 10, 31 (261, 26 s.) *Venus, cum fuit uirgo, nudo et intecto corpore perfectam formonsitatem professa*; Plaut. *Most.* 289 *pulchrà mulier nuda erit quam purpurata pulchrior*; Ter. *Phorm.* 104 s. *uirgo pulchra et, quo magis diceres, / nil aderat adiumenti ad pulchritudinem: / capillus passus, nudus pes*; Prop. 1, 2, 8 *nudus Amor formae non amat artificem*.

praebere se gestiunt: Lütjohann 1873, 499 corrige *praebere scilicet gestiunt*. Mais de Jonge 1941, 45 signale plusieurs exemples de propositions infinitives introduites par un verbe de volonté, dont le sujet (pronom réfléchi) est le même que celui du verbe principal; voir aussi ETh 329 s.; LHSz 2, 355. Cf. e.g. Plaut. *Pseud.* 167 *magnifice uolo me uiros summos accipere*; Sall. *Catil.* 1, 1 *omnis homines qui sese student praestare ceteris animalibus*, etc.

magis de cutis roseo rubore quam de uestis aureo colore: le parallèle de construction est mis en évidence par l'équilibre rythmique et par les correspondances homophoniques: à *de cutis* répond *de uestis* (3 syllabes), à *roseo rubo-*

164

re, aureo colore (6 syllabes). On retrouve l'opposition entre nature et culture déjà exprimée aux lignes 18 ss. (*supra*).

At uero - quod nefas dicere nec quod sit ullum huius rei tam dirum exemplum! - si cuiuslibet eximiae pulcherrimaeque feminae caput capillo spoliaueris et faciem natiua specie nudaueris, licet illa caelo deiecta, mari edita, fluctibus educata, licet inquam Venus ipsa fuerit, licet omni Gratiarum choro stipata et toto Cupidinum populo comitata et balteo suo cincta, cinnama fraglans et balsama rorans, calua processerit, placere non poterit nec Vulcano suo: Mais - c'est un sacrilège que de prononcer de telles paroles et puisse un fait aussi horrible ne jamais se produire - si l'on dépouillait la femme la plus belle et la plus resplendissante de la chevelure ornant sa tête et si l'on dénudait son visage de son aspect naturel, fût-elle tombée du ciel, née de la mer, issue des eaux, fût-elle, disons-le, Vénus en personne, fût-elle entourée du choeur de toutes les Grâces, accompagnée du peuple entier des Cupidons et ceinte de son baudrier, embaumant le cinnamome et baignée de myrrhe, qu'elle s'avance chauve: elle ne pourrait pas même plaire à son Vulcain de mari.

31, 24-32, 7

L'emphase avec laquelle cette phrase hypothétique débute (exclamation oratoire, redoublements de l'expression) se déroule dans un crescendo superbe d'anaphores, pour atteindre avec Vénus les sommets olympiens et retomber avec l'apodose dans un prosaïsme cocasse. Ce développement évoque l'«éloge funéraire» de la chevelure chez Ov. *am.* 1, 14, où, après un exorde déplorant la chute des cheveux de son amie (v. 2: *iam tibi nulla coma est*), le poète se lance dans une description «posthume» de leur couleur et des diverses manières dont ils étaient arrangés. Cf. aussi *ars* 3, 249 s. *turpe pecus mutilum, turpis sine gramine campus / et sine fronde frutex et sine crine caput.* Lucius adopte la pause d'un poète élégiaque, ce qui surprend de la part d'un initié d'Isis censé avoir renoncé à sa belle chevelure et aux plaisirs terrestres (cf. 11, 28 et 30: 289, 26 s. et 291, 17 ss., où Lucius se rase le crâne): voir *supra s.v. domi postea perfrui* (31, 15).

quod nefas - exemplum!: de telles parenthèses ne sont pas rares chez Apulée (voir Bernhard 1927, 91 ss.; *GCA* 1981, 109 ad 7, 5: 157, 23 ss. et 129 ad 7, 7: 159, 17 s.; les index des autres *GCA*). D'ordinaire, elles renferment une explication, une justification sur ce qui précède ou livrent une information supplémentaire. Ici, il s'agit d'un procédé emphatique destiné à mettre en relief ce qui suit. L'humour de cette parenthèse apparaît avec la mention de Vénus dans la suite de la phrase. Car s'il est un *exemplum* fameux de femme sans cheveux, c'est la *Venus calua*: voir *infra s.v. calua processerit* (32, 6). Voir *supra s.v. ego ... aio* sur l'énonciation insistante du narrateur dans ce morceau épidictique.

quod nefas dicere: comparer pour cette exclamation rhétorique dramatique *apol.* 4 (5, 5) - *pro nefas* - , avec Hunink 1997, 23 ad loc.; *flor.* 3 (4, 6). Sur l'ellipse du verbe, voir *GCA* 1981, 230 ad 7, 23 (171, 9) *nefas, ait, tam bellum asinum sic enecare* et Callebat 1968, 114 (emploi relevant de la «langue du dialogue rapide et de la conversation familière»). Ici, la tournure répond plutôt à une recherche de pathos. *GCA* l.c. observent à propos de notre passage: «there we can still sense some of the religious meaning of *nefas*», ajoutant la traduction de Helm: «es ist schon ein Frevel, es nur zu sagen». Voir aussi Vallette: «par un sacrilège dont la pensée est un blasphème». Pour un lien sémantique éventuel entre *nefas* (< *fari*) et *dicere*, *GCA* l.c. citent Cic. *Cato* 5, 13 *uidetis nefas esse dictu miseram fuisse talem senectutem*. Cf. aussi Verg. *Aen.* 6, 266 *sit mihi fas audita loqui*. LHSz 2, 349 discutent l'étymologie douteuse de l'expression *nefas est* (< *ne fasi est, «man darf es nicht aussprechen»).

nec quod sit ullum: les anciennes éditions corrigent cette leçon des mss. par *neque sit* («fort. recte»: Robertson). Mais dans un chapitre consacré aux emplois pléonastiques des pronoms, Löfstedt 1933, 192 signale que *ullus* peut s'attacher avec une grande liberté à d'autres pronoms et cite d'autres exemples (voir aussi LHSz 2, 801). Cf. e.g. Val. Max. 1, 5, 4 *nec aliqua ulla uox*; Gell. 13, 25, 4; Min. Fel. 11, 8 *quis unus ullus ... remeauit?*; Hist. Aug. *Avid.* 12, 3 *neque quemquam ullum senatus occidat*. Helm compare dans son apparat avec les tournures *nemo quisquam*, *nihil quicquam* et *ulla aliqua*. La particule négative *nec* (= *ne*) apparaît dans des tours formulaires exprimant la volonté que quelque chose ne se fasse pas: voir ETh 149 s., qui cite Verg. *ecl.* 9, 6 *quod nec uertat bene* (Coleman 257 ad loc. donne des exemples supplémentaires; Clausen 270 ad loc.). Par sa position, *nec* possède aussi une fonction copulative: voir ETh 151, qui signale l'emploi copulatif de *neque/nec* avec un subjonctif (= *neue*), après un membre de phrase affirmatif dont le verbe est un impératif ou un subjonctif; KSt 2, 1, 192 s.; LHSz 2, 338, 340 et 450 s. Cf. e.g. Plaut. *Men.* 221. Frassinetti compare dans son apparat avec *Ciris* 275 ss. *ut me ... nec perdere malis ... nec mihi quam merui inuideas ... mortem*.

tam dirum exemplum: cf. 10, 6 (241, 20 ss.) *nec ... tam dirum saeculo proderetur exemplum*, avec *GCA* 2000, 135 sur cette combinaison.

si - nudaueris: dikôlon redondant (où le deuxième membre exprime le résultat du premier).

eximiae pulcherrimaeque: nouveau redoublement emphatique: voir *supra* ligne 16 *certa et statuta* et ligne 17 *in aperto et perspicuo*. Sur la juxtaposition d'un adjectif positif et d'un superlatif synonymiques, voir Bernhard 1927, 167 s. (tendance de la langue vulgaire et non pas «africanisme»). *Pulcherrimus* possède sa pleine valeur superlative, la plus belle femme du monde étant bien sûr Vénus (ligne 3). Le groupe *eximiae pulcherrimaeque* est renforcé dans la suite de la phrase par trois propositions concessives avec anaphores de *licet* (*infra*).

caput capillo spoliaueris: cf. Ov. *met.* 15, 212 s. *senilis hiems ... spoliata ... suos capillos*; Petron. 109, 9 *quod solum formae decus est, cecidere capilli, / uernantesque comas tristis abegit hiemps*. Voir *supra* s.v. *caput capillumque* (31, 14).

natiua specie: voir *supra* comm. ad 31, 19 *nitor natiuus*.

spoliaueris ... nudaueris: *uariatio*.

licet ... licet ... licet: trois *licet* anaphoriques introduisent trois propositions concessives qui renforcent les mots *eximiae pulcherrimaeque feminae*. La première, en forme de trikôlon, conduit à la seconde qui en est l'exégèse, elle-même développée dans un effet de climax par une troisième concessive, en forme de pentakôlon. On a là une description en miniature de la naissance de Vénus et du cortège de la déesse, la première d'une série considérable dans ce roman. Elles témoignent de l'influence des représentations iconographiques ou plastiques, même si Apulée n'avait pas nécessairement une oeuvre d'art précise en tête: cf. 4, 31 (99, 12 ss.); 6, 6 (132, 16 ss.); 10, 31 (261, 24 ss.). Plus loin dans le livre 2, Photis nue est encore comparée à une *Venus pudica*: cf. 2, 17 (38, 15 ss.), avec comm. ad loc. La déesse de l'amour inspire donc à Lucius une verve descriptive remarquable et en cela, elle n'a rien à envier à Isis (pour la description de cette dernière, cf. 11, 3: 268, 1 ss.). Ici, Lucius ne compare pas véritablement Photis à Vénus, mais le rapport est suggéré et il est généralement interprété comme une déification sacrilège (Photis serait l'image de la *Venus uulgaria*, opposée à la *Venus caelestis* représentée par Isis): voir pour cette interprétation e.g. Singleton 1977, 28 ss.; Schlam 1978, 98 ss. et 1992, 71 s.; Alpers 1980, 199s.; Trembley 1981, 95 ss. Mais les descriptions de Photis et les rapports que Lucius entretient avec elle doivent plutôt être lus en termes d'intertextualité poétique. Quand il s'agit de Photis, Lucius adopte la pose d'un poète amoureux. De même, la servante s'adresse à son soupirant dans un vocabulaire tout imprégné d'élégie; voir comm. ad 2, 17 (38, 15 ss.); Append. I.

licet - educata: trikôlon avec asyndètes, bâti sur un exact parallèle de construction, dont chaque membre est la suite chronologique de l'autre. La phrase décrit de manière allusive et poétique les étapes successives de la naissance de la déesse de l'amour selon la tradition mythologique (née de la semence d'Ouranos tombée dans la mer: cf. Hes. *Th.* 178 ss.), ce que confirme la seconde concessive introduite par *licet*. À cette naissance, il est encore fait allusion en 2, 17 (38, 16 ss.); 4, 28 (97, 5 ss.) *deam, quam caerulum profundum pelagi peperit et ros spumantium fluctuum educauit* (voir Kenney 1990, 118 ad loc.); 10, 31 (262, 5 s.) *deae ... corpus candidum, quod caelo demeat, amictus caerulus, quod mari remeat*, où on retrouve le double mouvement ascendant-descendant (*deiecta/demeat - edita/remeat*); voir Introd. 5.10. Comparer pour ce trikôlon Auson. 13, 36 Green *orta salo, suscepta solo, patre edita Caelo ... alma Venus* (cité par Beroaldus).

caelo deiecta: Blümner 1905, 26 s. veut corriger la leçon des mss. *deiecta* en *deuecta*, ce qui constituerait une banalisation inutile. En dépit de ses pudiques objections («An das von Kronos abgeschnittene Glied des Uranos ... darf man doch hier schwerlich denken»), *deiecta* fait bel et bien allusion à la castration d'Ouranos. Voir *OLD* s.v. *deicio* qui classe cette occurrence sous 2c «pass. to fall (usu. with violence)». Le verbe est couramment employé à propos de corps liquides (cf. e.g. Liv. 2, 62, 1 *tempestas cum grandine ac tonitribus caelo deiecta*; 28, 15, 11; voir encore *OLD* l.c. 3: «évacuer», «purger», au sens médical). Il évoque donc sans aucun doute la semence d'Ouranos. Ouranos, le Ciel, *caelum*, un jeu de mots qui ne peut que confirmer cette interprétation. Cf. Enn. *ann.* 27 *Saturno quem Caelus ... genuit* et Cic. *nat. deor.* 2, 63 *exsectum Caelum a filio Saturno* (*ThLL* Onomast. s.v. *Caelus* 26, 58 ss.).

mari edita: cf. Ov. *epist.* 7, 59 s. *mater Amorum / nuda Cytheriacis edita fertur aquis.*

fluctibus educata: cf. 4, 28 (97, 5 ss.: cité plus haut); voir Grimal 1963, 36 ad loc. pour le poétique *educare* au sens de «faire naître» (que l'on trouve encore en 11, 2: 267, 12). Du point de vue du sens, ce troisième participe ne diffère guère de *mari edita*. Il s'inscrit dans la liste des redoublements oratoires de ce morceau épidictique.

inquam Venus ipsa: exégèse des allusions mythologiques de la proposition concessive précédente. Voir *supra* s.v. *ego ... aio* (31, 13).

licet omni - rorans: noter la succession des participes dans ce pentakôlon: trois participes passés passifs avec homéotéleutes (comme plus haut, dans la concessive introduite par le premier *licet*), de sens voisin et reliés par *et*, puis deux participes présents, également reliés par *et.*

omni - comitata: cf. Plin. *nat.* 35, 141 *pinxit ... Nearchus Venerem inter Gratias et Cupidines* et *CIL* 8, 6965 *Veneri Aug(ustae) ... simulacrum aereum Veneris cum aede sua et Cupidinibus* (sur la dimension plastique des descriptions de Vénus chez Apulée, voir comm. ad 2, 17: 38, 15 ss.). Ce type de représentations paraît avoir été très courant: voir *LIMC* 2, 2 «Aphrodite», pl. 1193-1206; 1213-1222; 1193-1206, etc. Noter le parallèle de construction, renforcé par les homéotéleutes des participes. Pour la variation verbale (*omni/toto - choro/populo - stipata/comitata*) comparer 5, 28 (126, 1 ss., cité dans la notice suivante). Cf. Ov. *met.* 2, 441 *ecce suo comitata choro Dictynna*; 10, 9 *dum noua* (sc. *nupta*) *Naiadum turba comitata uagatur*; *fast.* 2, 463, etc. En prose, cf. Cic. *Mur.* 49 *Catilinam ... stipatum choro iuuentutis.*

omni Gratiarum choro: les compagnes habituelles de Vénus, qui ne se déplace jamais seule: cf. 4, 2 (75, 13 s.) *Veneris et Gratiarum lucum*; 5, 28 (126, 1 ss.) *siue de Nympharum populo seu de Horarum numero seu de Musarum choro uel de mearum Gratiarum ministerio*; 6, 24 (146, 19 ss.); 10, 32 (263, 9). Comparer Hor. *carm.* 1, 4, 5 ss. *iam Cytherea choros ducit Venus imminente luna / iunctaeque Nymphis Gratiae decentes / alterno terram quatiunt pede* (avec Heinze 51 ad loc.); 3, 21, 21 s.; 4, 7, 5 s.; Claud. 10, 99 ss. (p. 91 Hall; un passage où les Grâces coiffent Vénus: voir Frings 1975, 57 ss. sur le motif de la chevelure, atout de la séduction). Les Grâces sont au nombre de trois et *omni* est une amplification rhétorique et poétique, à laquelle répond *toto.*

toto Cupidinum populo: le pluriel de *Cupido*, que l'on rencontre encore en 10, 32 (263, 4), est attesté pour la première fois chez Catull. 3, 1 *lugete, o Veneres Cupidinesque.* Son emploi est essentiellement poétique: cf. e.g. Hor. *carm.* 1, 19, 1 *mater saeua Cupidinum*; Mart. 9, 11, 9 (*ThLL* Onomast. s.v. *Cupido* 749, 50 ss.). Comparer Claud. 10, 72 s. (p. 90 Hall) *mille pharetrati ludunt ... fratres ... gens mollis Amorum.* Combiné avec *toto ... populo* (hyperbate), le pluriel n'est pas dépourvu d'un humour quelque peu irrespectueux qui annonce la chute de la phrase (voir *infra*).

balteo: la fameuse ceinture de tous les désirs, entourant la poitrine de la déesse; voir comm. ad 2, 7 (30, 19) *russ[uss]ea fasceola praenitente*. Pour cet emploi de *balteus*, *ThLL* s.v. 1711, 79 ss. cite en dehors de ce passage d'Apulée le seul Mart. 14, 207 *sume Cytheriaco medicatum nectare ceston: / ussit amatorem balteus iste Iouem*.

cinnama fraglans et balsama rorans: parallèle de construction dont l'équilibre rythmique (substantif de 3 syllabes - participe de 2 syllabes - *et* - substantif de 3 syllabes - participe de 2 syllabes) est appuyé par les assonances et les homéotéleutes. *Cinnama* et *balsama*, deux pluriels poétiques (voir *ThLL* s.v. *cinnamum* 1076, 40 s. et s.v. *balsamum* 1710, 34 ss.; von Geisau 1912, 4 et 24, qui, à propos de *cinnama*, signale qu'Apulée est le premier prosateur chez qui ce pluriel soit attesté), sont volontiers associés pour symboliser luxe et volupté. Cf. e.g. Mart. 3, 63, 3 ss. *bellus homo est ... balsama qui semper, cinnama semper olet*; Prud. *cath*. 5, 117 ss. *illic et gracili balsama surculo / desudata fluunt, raraque cinnama / spirant*.

L'odeur suave flottant autour de la Vénus d'Apulée provient de son rayonnement divin (sur ce *topos* de la fragrance exhalée par les dieux, voir Puech 1950), autant que des parfums répandus sur elle lors des banquets qu'elle fréquente assidûment: cf. Apul. *met*. 6, 11 (136, 5 s.) et 6, 24 (146, 19 s.), cités *infra*. Detienne 1972, 117 ss. étudie la fonction érotique des parfums et leur utilisation dans les banquets.

cinnama fraglans: Kenney 1990, 204 ad 6, 11 (136, 6) *fraglans balsama Venus* commente cet emploi du verbe avec l'acc. Cf. Mart. 5, 37, 9; 6, 55, 3 *fragras plumbea Nicerotiana*; Apul. *met*. 10, 29 (260, 11) *spirantes cinnameos odores ... rosae*; 11, 4 (269, 10) *spirans Arabiae felicia ge<r>mina*; Verg. *ecl*. 8, 54 *sudent electra* (cité par ETh 26 comme «acc. de qualification»).

fraglans: alors que F présente cette variante euphonique de *fragrare*, φ a *flagrans*. Cf. 3, 19 (67, 1), où F a *fraglantibus*, φ *flagrantibus*: voir Van der Paardt 1971, 148 ad loc. Sur la confusion orthographique dans les mss. entre les verbes *fraglare* et *flagrare*, voir *GCA* 1977, 210, Append. II (ad 4, 17: 87, 10), qui proposent de conserver les variantes orthographiques (en revanche, Augello 1977, 15 s. préfère réserver à *flagrare* le sens de *ardere* et à *fraglare* celui de *odorare* et corriger la leçon des mss. suivant ce principe). La correction effectuée systématiquement dans les anciennes éditions de toutes les formes du verbe *fraglare* en *fragrare* est une banalisation à éviter, Apulée préférant visiblement la variante euphonique. Le seul exemple de la forme *fragrare* se trouve dans le *spurcum additamentum* transmis dans la marge de φ: cf. 10, 21 (252, 20; mais, selon Robertson *fragrantis* y est une correction d'une seconde main).

balsama rorans: l'odeur enivrante du balsamier est souvent associée à Vénus et à l'amour: cf. 6, 11 (136, 5 ss.) *e conuiuio nuptiali ... fraglans balsama Venus*, avec Kenney 1990, 204 ad loc.; 6, 24 (146, 19 s.) *Gratiae spargebant balsama* (lors du mariage d'Amour et Psyché); 10, 21 (252, 17 ss.) *multo sese perungit oleo balsamo meque indidem largissime perfricat* (de la matrone éprise de l'âne Lucius, avant leurs ébats; voir *GCA* 2000, 254 ad loc.); Detienne 1972, 117 ss.

169

(cité *supra*). *Rorare* apparaît encore en 5, 23 (121, 4), où il est intransitif. L'emploi transitif de ce verbe ressortit à la poésie: cf. Q. Cic. *carm. frg.* 13 (*FPL* Morel-Büchner-Blänsdorf; voir Courtney 179 ss. ad loc.); Ov. *fast.* 4, 728 (*OLD* s.v. *roro*). Voir *supra* s.v. *cinnama fraglans*.

calua processerit: dernière partie de la protase, dont la brièveté résulte en une mise en évidence de *calua* et dont le prosaïsme contraste de façon cocasse avec le ton élevé de ce qui précède. La mise en relief de *calua* a peut-être pour fonction de souligner une allusion à un *exemplum* précis de calvitie féminine, la *Venus calua* dont parle Serv. *Aen.* 1, 720. On trouve d'autres mentions de cette *Venus calua* (dont l'existence est toutefois contestée) chez Lact. *inst.* 1, 20, 32; Cypr. *idol.* 4; Aug. *epist.* 17, 2; Hist. Aug. *Maximin.* 33, 3 (voir sur cette question Latte 1960, 186 note 4; Grimal 1963, 51 s. et Schilling 1982, 65 ss.). Singleton 1977, 27 ss. observe que la mention de la *Venus calua* engage une première comparaison entre Photis et la déesse de l'amour. Pour l'aspect négatif de la calvitie (féminine), cf. Sen. *epist.* 95, 21 *quid ergo mirandum est maximum medicorum ac naturae peritissimum in mendacio prendi, cum tot feminae podagricae caluaeque sint?*; Mart. 2, 33, 1 *cur non basio te, Philaeni? calua es*; et déjà Ov. *am.* 1, 14, un poème sous-jacent à tout cet éloge (voir *supra* comm. ad 31, 24 s.); *ars* 3, 249 s. Sur l'aspect négatif de la calvitie en général, voir Van Mal-Maeder 1997b, 106 ss., avec références supplémentaires.

nec Vulcano suo: le rejet en fin de phrase et l'emploi quelque peu irrespectueux de *suus* (sur l'emploi occasionnel du possessif avec valeur intensive ou affective, voir Callebat 1968, 260 s.), créent par rapport à l'emphase qui précédait un effet de chute non dépourvu d'humour. Voir la note de Vallette ad loc.: «Vulcain, mari trompé, mais très épris, est en général sans défense devant les charmes de sa femme; d'où ici: 'même son Vulcain'» (note 3 p. 36). Selon Walsh (note à sa traduction p. 245), Apulée pense ici en particulier à Verg. *Aen.* 8, 369 ss. Dans son commentaire, Beroaldus remarque: «Merito Venerem Vulcano coniungunt (sc. antiqui), quia sine calore et ignis uiribus res uenerea peragi non potest».

CHAPITRE IX

Suite de l'éloge de la chevelure.

Quid cum capillis color gratus et nitor splendidus inlucet e<t>   32, 7-15
contra solis aciem uegetus fulgurat uel placidus renitet at in
contrariam gratiam uariat aspectum et nunc aurum coruscans in
lene<m> mellis deprimitur umbram, nunc coruina nigredine
caerulus columbarum collis flosculos aemulatur, uel cum guttis
Arabicis obunctus et pectinis arguti dente tenui discriminatus et
pone uersum coactus amatoris oculis occurrens ad instar speculi
reddit imaginem gratiorem?: Que dire quand un coloris gracieux et un éclat
resplendissant illuminent une chevelure et que contre la brillance du soleil, elle
étincelle, fulgurante, ou alors lui renvoie de doux reflets? Mais ce sont des
beautés contraires qu'offrent ces divers aspects: tantôt, scintillante comme l'or,
elle s'incline vers la douceur ombrée du miel, tantôt, bleu sombre comme le
plumage du noir corbeau, elle imite les cous fleuris des colombes. Que dire
encore quand, enduite des parfums d'Arabie, divisée par la dent fine d'un peigne,
puis rassemblée vers l'arrière, elle s'offre aux yeux de l'amant et lui renvoie,
comme un miroir, une image plus gracieuse?

Après une première partie argumentative justifiant la supériorité de la chevelure
sur toute autre partie du corps (chapitre 8), l'éloge se développe en une partie
descriptive, énumérant sous forme d'exclamations rhétoriques anaphoriques les
différentes sortes de chevelures et de coiffures, et leur charme respectif. Cette
construction est calquée sur l'éloge «funéraire» de la chevelure d'Ov. *am.* 1, 14
déjà cité (voir comm. ad 2, 8: 31, 24 s.), où à l'exorde succède également une
partie descriptive traitant de la couleur des cheveux, puis de ses différentes coiffures; cf. aussi *am.* 2, 4, 41 ss. et *ars* 3, 133 ss., deux poèmes traitant des coiffures
féminines, bâtis sur une série d'oppositions similaires. Cette longue phrase constitue une seule question rhétorique, se développant en une série de périodes jointes
les unes aux autres par parataxe, qui décrivent la conséquence de la question initiale et traduisent la multiplicité des chevelures et des coiffures. Noter aussi le jeu
de lumières, de reflets et d'ombres (de même, la chevelure et la parure d'Isis au
livre 11, 3: 268, 8 ss. brillent de mille feux). Comparer pour notre passage Lucr.
2, 795 ss. à propos de l'influence de la lumière sur les couleurs: on y trouve les
mêmes comparaisons avec le plumage des oiseaux (voir *infra* s.v. *columbarum -
aemulatur*).

    Quid - color: allitérations; cf. 2, 8 (31, 14 et 32, 1), deux occurrences où *ca-
pillus* est employé au singulier.

    cum: pour cette correction de la leçon des mss. (*tunc*), cf. ligne 12 *uel cum* et
ligne 15 *quid cum*.

171

color gratus et nitor splendidus: parallèle de construction et homéotéleutes; cf. 31, 19 *hilaris color ... nitor natiuus.*

color gratus: cf. 10, 31 (261, 25 s.) *gratia coloris ambrosei designans Venerem.* La combinaison *color + gratus* se rencontre à propos de la beauté du teint chez Plin. *nat.* 24, 106 et 26, 83. Comparer Stat. *Ach.* 1, 162 *fuluoque nitet coma gratior auro.*

nitor - renitet: noter l'abondance des termes exprimant l'éclat (*uariatio*). Cf. 5, 22 (120, 17 s.) *quorum splendore nimio fulgurante iam et ipsum lumen lucernae uacillabat* (des cheveux d'Éros); Catull. 61, 78 *uiden ut faces splendidas quatiunt comas?*

nitor splendidus: dans cet éloge descriptif, l'exubérance verbale se complaît aux pléonasmes (voir aussi s.v. *pectinis arguti dente tenui*). Comparer (dans deux autres *ekphraseis*) 2, 4 (27, 20) *splendet ... de nitore lapidis*; 11, 3 (268, 18 s.) *palla nigerrima splendescens atro nitore.* Cf. Hor. *carm.* 1, 19, 5 s. *urit me Glycerae nitor / splendentis*; Sen. *Phaedr.* 246 *senectae splendidas ... comas* (à propos d'une chevelure blanche).

inlucet: avant Apulée, *illucere* se rencontre chez le seul Plaut. *Capt.* 597 *pix atra agitet apud carnuficem tuoque capiti inluceat* (*ThLL* s.v. *illuceo*, 387, 56 ss., qui signale encore son emploi dans quelques textes chrétiens).

solis aciem: avant Apulée, le terme *acies* est employé à propos de l'éclat des astres chez Verg. *georg.* 1, 395 *stellis acies obtunsa* et Plin. *nat.* 2, 150. Cf. ensuite Avien. *Arat.* 514; Tert. *nat.* 2, 4 *sol aciem suam extendit.*

uegetus fulgurat uel placidus renitet: le parallèle de construction et l'équilibre rythmique (adjectif de 3 syllabes - verbe de 3 syllabes - *uel* - adjectif de 3 syllabes - verbe de 3 syllabes) renforcent l'opposition. L'emploi des adjectifs au lieu d'adverbes permet un effet d'écho (homéotéleutes) avec *gratus* et *splendidus*. À propos de couleur, *uegetus* se trouve (au superlatif) chez Plin. *nat.* 21, 46.

placidus renitet: «renvoie de doux reflets». *Renitere* est attesté pour la première fois dans ce passage d'Apulée, où il est une combinaison de *renidere* (*OLD* s.v. *renideo* 1 «to shine ... to reflect») et de *reniti* (*OLD* s.v. *renitor* 1 «to offer physical resistance, struggle»), avec idée d'émulation. Selon le matériel du *ThLL* à Munich, *renitere* apparaît à nouveau au 3/4e s., e.g. chez Sol. 33, 22; 38, 11; 52, 55; Zeno *tract.* 1, 1, 4, etc. Ailleurs dans les *Met.*, on trouve le plus traditionnel *renidere*: cf. 3, 19 (66, 18 s.) *renidentibus crinibus*; 4, 2 (75, 12) *fulgentium rosarum mineus color renidebat.*

at: telle est la leçon des mss. En dehors de Valpy qui imprime *ac*, tous les éditeurs admettent la correction *aut* proposée par Groslot. Bernhard 1927, 84, note 34 et 126 préfère lire *atque* (qu'Oudendorp envisageait déjà), argumentant que la particule *aut* est très rare dans les *Met.* Elle n'est en effet attestée avec certitude qu'en 4, 25 (94, 7): voir *GCA* 1977, 187 ad loc. Cf. encore 6, 24 (146, 24), mais il s'agit d'une conjecture: voir Kenney 1990, 224 ad loc. Toutefois, une conjonction adversative pourrait se justifier dans la phrase. Dans la première partie, l'éclat vif d'une chevelure est opposé à une brillance plus douce: deux types de chevelure mis en contraste par *uel*, mais qui possèdent chacun leur propre beauté, si diverse soit-elle: *at in contrariam gratiam uariat aspectum*. La partie justificative qui suit établit l'opposition millénaire entre la blonde possédant l'éclat de l'or (*et nunc ... umbram = uegetus fulgurat*) et la brune aux sombres reflets (*nunc ... aemulatur = placidus renitet*). Voir notice suivante.

in contrariam - aemulatur: cf. Ov. *am.* 1, 14, 9 s. *nec tamen ater erat neque erat tamen aureus ille / sed, quamuis neuter, mixtus uterque color*; *am.* 2, 4, 41 ss. *seu pendent niuea pulli ceruice capilli / Leda fuit nigra conspicienda coma, / seu flauent, placuit croceis Aurora capillis*. L'opposition entre la brune et la blonde apparaît aussi chez Lucianus *Am.* 40. Comparer pour la construction de la phrase Apul. *met.* 11, 3 (268, 15 ss.) *uestis multicolor ... nunc albo candore lucida ... nunc roseo rubore flammida* (du manteau d'Isis).

in contrariam gratiam: la tournure est unique, formée par analogie avec l'expression *in contrariam partem* (voir *ThLL* s.v. *contrarius*, 770, 4 ss.). Callebat 1968, 229 classe cette occurrence, comme aussi *in lenem ... deprimitur umbram* (plus bas), parmi les exemples de *in* consécutif exprimant l'idée de transformation. Cf. Ov. *met.* 2, 541 *qui color albus erat nunc est contrarius albo* (du corbeau). Au sens de *pulchritudo*, *gratia* se trouvait déjà au chapitre 2, 8 (31, 20); cf. ligne 7 *color gratus* et ligne 15 *imaginem gratiorem*; ligne 22.

uariat aspectum: cf. Ov. *medic.* 19 *uultis odoratos positu uariare capillos*; *met.* 2, 412 *uariare comas* (dans les deux cas, il s'agit non de couleur, mais de coiffure).

aurum coruscans in lene<m> ... umbram: comparer pour un contraste similaire Auson. 14, 25 Green *fulgor ... uitale coruscat, / clarum et lene micans*.

aurum coruscans: de Jonge 1941, 47 ad loc. explique: «ut aurum coruscans» (qu'impriment d'ailleurs les anciennes éditions, à l'exception de Hildebrand et Eyssenhardt) et y voit une apposition à *capillis*. Tel est en effet le cas du point de vue du sens. Du point de vue grammatical, le participe se rapporte à *color* et *nitor* (ligne 7). *Aurum* est ici acc. de qualification déterminant l'intransitif *coruscans* («acc. internal» selon *OLD* s.v. *corusco* 3; sur cet acc., voir ETh 25 s.). Comparer 3, 28 (72, 25) *coruscat in modum ortiui solis ignis et mucro*; 5, 1 (104, 6 s.); Verg. *Aen.* 9, 161 *purpurei cristis iuuenes auroque corusci*; Lact. *inst.* 6, 1, 8 *dummodo auro coruscent, argento gemmis uestibus fulgeant*; Mart. Cap. 9, 909.

in lene<m> - umbram: hyperbate poétique. Pricée explique: «quia desuper flaui, intus nigricantes». De Jonge 1941, 47 compare (après Pricée) avec Anacreont. 17, 3 ss. λιπαρὰς κόμας ποίησον, / τὰ μὲν ἔνδοθεν μελαίνας, / τὰ γ'ἐς ἄκρον ἡλιώσας. Il peut aussi s'agir de reflets plus ou moins clairs, variant suivant la lumière. Cf. Ov. *am.* 1, 14, 9 s. (cité plus haut); Philostr. *Im.* 2, 5, 4 (d'une chevelure blonde aux reflets variés); Plin. *nat.* 9, 140 *ut color alius operiretur alio, suauior ita fieri leniorque dictus*. Dans F, la correction *lene<m>* de la leçon *lene* est d'une autre main.

deprimitur: alors que *deprimere* est généralement suivi de *in* + acc. de direction lorsqu'il possède son sens concret (voir *ThLL* s.v. *deprimo*, 612, 70 ss.), cette construction du verbe au sens abstrait (*ThLL* l.c. 614, 41 s. explique «i. mitigatur») paraît unique. Elle s'explique par analogie à la tournure *in contrariam gratiam* (voir *supra*).

coruina - aemulatur: la tonalité poétique de la phrase est renforcée par le jeu d'allitérations. Cf. Verg. *Aen*. 2, 381 (*anguem*) *caerula colla tumentem*; 5, 87; Ov. *met*. 4, 578; Sen. *Phaedr*. 1036 *caerulea taurus colla sublimis gerens* (d'un monstre marin); Auson. 27, 1, 13 ss. Green (*anates*) *lato populantes caerula rostro ... collum columbis aemulas*; Claud. *carm. min*. 27, 21 (p. 370 Hall) *pinnae, quas caerulus ambit / flore color sparsoque super ditescit in auro* (du phoenix).

coruina nigredine caerulus: premier d'une série de termes présentant cette même construction (adjectif/participe en *-us* précédé d'un complément à l'abl. formé d'un adjectif et d'un substantif), se rapportant au sujet grammatical *color* (et *nitor*: ligne 7) et, du point de vue du sens, à *capillus*. Cf. ligne 12 *guttis Arabicis obunctus*; ligne 13 *pectinis ... dente tenui discriminatus*; ligne 15 *frequenti subole spissus*; ligne 16 *prolixa serie porrectus*.

coruina nigredine: abl. de qualité ou abl. de l'apparence extérieure: voir LHSz 2, 115 s. et 117 s. L'adjectif *coruinus* n'est attesté avant Apulée que chez Plin. *nat*. 10, 32 et, après lui, chez quelques auteurs tardifs (voir *ThLL* s.v. 1072, 62 ss.; cf. en particulier Gild. *Brit*. 95 *chron*. III p. 78, 25 *coruino assimilati nigrori*). Le terme *nigredo* apparaît ici pour la première fois. Parmi les auteurs chez lesquels ce néologisme apparaît, selon le matériel du *ThLL* à Munich, on citera *Anth. Lat*. 348, 12 SB; Mart. Cap. 1, 67 (un passage présentant de nombreuses ressemblances avec notre texte); Cassiod. *in psalm*. 146, 9 *corui sunt irreligiosi uiri, qui peccatorum nigredine ... uestiuntur*. Pour la noirceur proverbiale du corbeau, cf. Apul. *Socr. prol*. 4 (5, 3 ss.) et le récit de sa métamorphose chez Ov. *met*. 2, 531 ss.; Petron. 43, 8 *niger tamquam coruus* (Otto 1988 [[1]1890], 95).

caerulus: les anciennes éditions, et plus récemment Helm et Brandt-Ehlers, corrigent cette leçon des mss. en *caerulos*. L'adjectif serait à prendre avec *flosculos* (ligne 12). Mais *caerulus* se rapporte au sujet de la phrase *color*, tout comme *coruscans* dans la période introduite par le premier *nunc* et comme plus bas *obunctus, discriminatus, coactus, spissus* et *porrectus*. Dans sa traduction, Vallette relie l'adjectif par hypallage à *nigredine* («d'un noir bleuâtre»), tandis que Hanson le rapporte à *flosculos* («the dark blue flowerets on pigeons'necks»). Cet adjectif est essentiellement poétique et désigne fréquemment la couleur bleu sombre d'un serpent ou d'un oiseau: voir *ThLL* s.v. 105, 73 ss. et les textes de poètes cités plus haut; André 1949, 162 ss. À propos de la couleur de cheveux si noirs qu'ils offrent des reflets bleus, il apparaît chez Ov. *met*. 11, 158 et, en prose, chez Plin. *nat*. 4, 88; Hyg. *fab*. 14, 18. Cf. encore Apul. *met*. 6, 7 (133, 3) *Iouis caerulum supercilium*, écho d'Hom. *Il*. 1, 528, où on trouve l'adjectif κυάνεος (le parallèle est noté par Kenney 1990, 198 ad loc.).

columbarum - aemulatur: la phrase exprime un lieu commun proverbial concernant le plumage des colombes. Cf. 6, 6 (132, 21 s.) *quattuor candidae columbae ... picta colla torquentes*; Cic. *ac*. 2, 19 et 79; *fin*. 3, 18; Lucr. 2, 801 s. *pluma columbarum quo pacto in sole uidetur, / quae sita ceruices circum collumque coronat*; Plin. *nat*. 37, 72 (*smaragdi*) *coloris incerti et uirentium in caudis pauonum columbarumque e collo plumis similiter*; Nero *carm. frg.* 2 (*FPL* Morel-Büchner-Blänsdorf; voir Courtney 357 ad loc.) *colla Cytheriacae splendent agitata columbae*; Auson. 27, 1 (cité plus haut); Isid. *orig.* 12, 7, 61. Plus récemment, U. Eco, *L'isola del giorno prima*, Milano 1994 (ed. Bompiani), p. 330, dans un superbe développement dissertatif sur la colombe rappelant les «digressions» des romans antiques. Mais notre passage évoque aussi l'opposition entre la pureté de la colombe et la noirceur du corbeau (*coruina nigredine*), autrefois d'une blancheur parfaite: cf. Ov. *met.* 2, 536 s. *nam fuit haec quondam niueis argentea pennis / ales, ut aequaret totas sine labe columbas.*

collis: cette leçon des mss. s'est vue corrigée de diverses manières. Oudendorp préfère le singulier, car «singulae (columbae) habent unum (collum)», comparant avec Plin. *nat.* 37, 72 (cité dans la notice précédente). Mis à part Robertson qui imprime *colli*, la plupart des éditions modernes admettent le pluriel. Il est en effet question de plusieurs colombes. Il est aussi possible de prendre *colla* comme un pluriel poétique: voir comm. ad 32, 23. L'absence de préposition a suscité diverses conjectures: Bursian 1881, 121 *in collis*; Novák 1904, 17 *collis <dispersos>*; Helm, comparant avec le passage de Pline cité ci-dessus imprime *<e> collis*, correction approuvée par de Jonge 1941, 47. De telles adjonctions sont inutiles: voir LHSz 2, 145 s. et ETh 98 s. sur l'abl. locatif attesté dès l'époque classique et que l'on rencontre en particulier chez les poètes. Son emploi dans ce passage de style élevé est tout à fait justifié. Cf. aussi 2, 4 (28, 4) *uestigio*, autre cas d'abl. locatif dans une *ekphrasis*; Médan 1925, 57 pour des exemples supplémentaires.

flosculos: diminutif hypocoristique de *flos*, attesté ici pour la première fois dans un sens imagé «de rebus corporeis» (*ThLL* s.v. *flosculus*, 938, 56 ss.). Au sens premier et concret, cf. 11, 9 (272, 27).

uel cum - gratiorem: deuxième mouvement de cette exclamation oratoire, qui développe le motif de l'éclat de la chevelure tout en engageant celui de la coiffure, selon le modèle de l'éloge «funéraire» de la chevelure d'Ov. *am.* 1, 14 (voir comm. ad 2, 8: 31, 24 s.). Noter la construction participiale précédant le verbe principal, mis en évidence par cet effet de rejet: trois participes passés passifs précédés d'un complément (trikôlon), reliés par deux *et*, suivis d'un participe actif.

guttis Arabicis: l'adjectif se rapporte au parfum précieux que dégage l'onguent. Cf. 11, 4 (269, 10) *spirans Arabiae felicia ge<r>mina* (d'Isis, apparaissant aux yeux de Lucius); Prop. 2, 29, 17 *afflabunt tibi non Arabum de gramine odores* (des cheveux de Cynthia; voir Shackleton Bailey 122 ad loc.); Ov. *epist.* 15, 76 *non Arabum noster dona capillus habet*; Lucianus *Am.* 40. Comparer encore pour le *topos* élégiaque des cheveux odorants de l'aimé(e) e.g. Hor. *carm.* 2, 11, 13 ss.; Tib. 3, 4, 28; Anacreont. 16, 8 s.; Apul. *met.* 5, 13 (113, 21) *istos cinnameos ... crines tuos* (Psyché, à propos des cheveux d'Éros). Face à ces réminiscences élégiaques, on peut dire que Photis a sur Lucius le même effet que l'Élégie sur le poète de l'*ars amatoria*: cf. Ov. *am.* 3, 1, 7 *uenit odoratos Elegia nexa capillos*; voir *infra* s.v. *amatoris oculis occurrens*; Append. I. Cf. Synes. 23 qui, à propos de l'éloge de la chevelure de Dion illustrant l'équivalence métaphorique entre l'art de la rhétorique et celui de la coiffure (voir notice initiale ad 2, 8: 31, 13 ss.), remarque: ἑκάστου τὴν κεφαλὴν ὥσπερ μύρῳ τῷ λόγῳ κατήντλησε. L'adjectif *Arabicus*, attesté pour la première fois chez Plaut. *Mil.* 412 *Arabico ... odore amoeno* (puis chez Quinte Curce et Pline), est encore employé dans l'*apol.* 6 (7, 18 et 8, 4) à propos d'une pâte dentifrice.

obunctus: *ThLL* s.v. *obunctus* 326, 18 ss. ne signale pour l'emploi de cet adjectif (= *unctus*) que ce passage et 8, 27 (198, 12 s.) *oculis obunctis grafice*. Dans les deux cas, le participe est probablement choisi pour des raisons d'euphonie (homéotéleutes): ici, *obunctus* fait écho à *discriminatus* et *coactus*. Sur ce type de recherche euphonique, voir Facchini Tosi 1986; Médan 1925, 140 s. pour d'autres exemples de verbes qu'on ne trouve qu'au participe dans les *Met.*

pectinis arguti dente tenui: cf. Verg. *georg.* 1, 294 *arguto coniunx percurrit pectine telas* (à propos de tissage); *Aen.* 7, 14 (et voir Servius ad loc.); Tib. 1, 9, 68 *tenues denso pectere dente comas*. Le peigne est volontiers mentionné dans la poésie amoureuse: outre Tib. (*supra*), cf. e.g. Ov. *am.* 1, 14, 15; *ars* 3, 147 et 235 s.; *met.* 4, 311 et 13, 738. Finkelpearl 1998, 62 ss. interprète cette phrase comme une déclaration poétique et stylistique métaphorique, *tenuis* relevant du vocabulaire stylistique (voir *OLD* s.v. 12), de même que *argutus* (voir *OLD* s.v. 6b). Voir notice initiale ad 2, 8 (31, 13 ss.) et *infra* ad 32, 17 ss. Pour l'abondance verbale quelque peu pléonastique de ce groupe de mots, voir Bernhard 1927, 176 avec des exemples supplémentaires; *supra* s.v. *nitor splendidus*; ligne 15 *frequenti subole spissus*.

discriminatus: l'emploi de *discriminare* à propos de poils et de cheveux est propre à notre auteur (*OLD* s.v.): cf. encore 6, 28 (150, 11), de la crinière de l'âne, et *apol.* 4 (6, 13), de celle d'Apulée. Le substantif *discrimen* désigne la raie des cheveux (cf. Varro *ling.* 6, 81; *Ciris* 499; Ov. *ars* 2, 303) et *discerniculum* le peigne servant à les séparer (cf. Varro *ling.* 5, 129; Lucil. 1006 K; Non. p. 51 L).

pone uersum coactus: première d'une série de coiffures dont la mention clôt l'éloge de la chevelure. Ici, les cheveux sont rassemblés vers l'arrière, soit en queue de cheval, soit en chignon bas. Cf. Sen. *dial.* 5, 26, 3 *rufus crinis et coactus in nodum apud Germanos uirum dedecet*; *Phaedr.* 401 s. *nodo comas / coegit emisitque*. Sur les coiffures dans l'Antiquité, voir Blümner 1911, 272 ss.; DSg «coma», 1355-1371 [Pottier-Albert-Saglio] et *RE* 7 (1912) «Haartracht und Haarschmuck», 2109-2150 [Steininger]; Schneider 1975, 144 ss. et Krenkel 1984, 59 ss.

amatoris oculis occurrens: allitérations et assonances. Cf. 2, 8 (31, 16 ss.) *praecipua pars ista corporis ... nostris luminibus occurrit*. Les conjectures de Saumaise (*amatoribus*; cf. 5, 24: 122, 8 *istos amatores istos oculos*) et d'Hildebrand (*amatoriis*) ne sont pas nécessaires. Comme *capillis color* et *nitor*, *amatoris* peut être un singulier collectif - à moins qu'il fasse référence au seul Lucius. Ce mot, qui évoque la poésie élégiaque sous-jacente à cet éloge (voir *supra* s.v. *guttis Arabicis*), surprend dans la bouche d'un initié d'Isis, censé avoir renoncé aux plaisirs de la chair; voir Introd. 5.6; comm. ad 2, 8 (31, 15) *domi postea perfrui*.

ad instar speculi: la même comparaison apparaît dans *mund.* 16 (163, 8 ss.). La tournure *ad instar* + gén., issue de la langue familière, est attestée dans la

176

prose littéraire dès le 2e s.; elle est volontiers employée par Apulée: voir *GCA* 2000, 56 ad 10, 1 (236, 21).

imaginem gratiorem: on peut hésiter sur le sens de ce comparatif. Pour Vallette, l'image embellie est celle de l'amant: «elle (la chevelure) lui renvoie comme un miroir une image qui le flatte»; de même Grimal («lui renvoie ... une image embellie de lui-même») et Walsh («and affords him a more flattering reflection»). Mais, dans cet éloge consacré à la chevelure féminine, c'est la beauté et l'apparence de la femme qui sont centrales. L'image plus gracieuse de la femme, mise en valeur par sa coiffure, n'est autre que l'admiration qui se lit dans les yeux de son amant. Voir la traduction de Kelm-Krenkel: «in den Augen des Liebhabers wie in einem Spiegel das Bild schöner erscheinen lässt». Cf. Ov. *trist*. 3, 7, 37 s. *cumque aliquis dicet: 'fuit haec formosa', dolebis / et speculum mendax esse querere tuum.*

Quid cum frequenti subole spissus cumulat uerticem uel prolixa serie porrectus dorsa permanat?: Que dire quand, rassemblée en tresse épaisse, la chevelure couronne le sommet de la tête ou quand, étalée en un flux abondant, elle coule dans le dos?   *32, 15-17*

Nouvelle exclamation rhétorique construite sur le modèle de la phrase précédente et qui développe le motif de la coiffure déjà entamé par les mots *pone uersum coactus* (lignes 12 s.). Le parallèle de construction reprend un mouvement déjà présent dans les lignes précédentes: cf. ligne 11 *coruina nigredine caerulus*, avec comm. ad loc. Le parallélisme, qui renforce l'opposition entre cheveux relevés et cheveux défaits, est rompu par la seule position chiastique des verbes et de leur complément à l'acc. Comparer pour l'opposition Tib. 4, 2, 9 s. *seu soluit crines, fusis decet esse capillis, / seu compsit, comptis est ueneranda comis*; Ov. *ars* 3, 139 ss. et v. 145 s. *huic decet inflatos laxe iacuisse capillos, / illa sit adstrictis impedienda comis*; Sen. *Oed*. 416 s.; *Anth. Lat*. 427, 4 SB. Pour les coiffures dans l'Antiquité, voir les références citées ci-dessus s.v. *pone uersum coactus*.

frequenti subole spissus: cf. Hor. *carm*. 3, 19, 25 *spissa te nitidum coma*, avec Quinn 278 ad loc. Si *frequens* qualifie fréquemment le feuillage des arbres (voir *ThLL* s.v. 1297, 13 ss.), cette occurrence à propos d'une chevelure semble unique. La combinaison s'explique par l'emploi métaphorique du terme *suboles* («jeune pousse»), qui désigne ici une tresse. Cf. aussi Varro *Men*. 375 (= 376 Cèbe) *ante auris modo ex subolibus paruuli intorti demittebantur sex cincinni*, avec Cèbe 1593 ad loc.

prolixa - permanat: allitérations. Cf. 11, 3 (268, 8 ss.) *crines uberrimi prolixique ... per diuina colla passiue dispersi molliter defluebant* (des cheveux d'Isis), avec Fredouille 1975, 50 et Griffiths 1975, 123 s. ad loc.; *flor*. 15 (20, 10 ss.) *pone autem coma prolixior interlucentem ceruicem scapularum finibus obumbrat* (d'une statue de Batylle). Lucius a une faiblesse particulière pour ce type de coiffures relâchées, comme en témoigne sa prière à Photis en 2, 16 (38, 13 s.); *infra* lignes 22 ss. Comparer pour la combinaison des termes (résonnance archaïque)

Pacuv. *trag.* 20b (= 18 d'Anna) *coma prolixa impexa*; Ter. *Haut.* 290 *capillus pexus prolixus circum caput / reiectus neclegenter*; Gell. 15, 15, 3 *'capillo' quoque esse mulier 'passo' dicitur quasi porrecto et expanso.*

dorsa permanat: au sens premier, le verbe *permanare* est employé à propos d'éléments liquides. Il dépeint ici le flux des cheveux détachés s'écoulant dans le dos, comme *defluebant* dans le passage de 11, 3 (268, 8 s.) cité ci-dessus. Pour un emploi figuré avec construction transitive, cf. Plaut. apud Fronto p. 25 vdH *amoris imber grandibus guttis non uestem modo permanauit, sed in medullam ultro perfluit*; Lucr. 1, 494 *permanat calor argentum penetraleque frigus* (cité par Billota 1975, note 18 p. 47). Ici, il s'agit d'un acc. de direction: voir Médan 1925, 28 et 56 ss. et *GCA* 1995, 151 ad 9, 16 (214, 21), avec références supplémentaires. Von Geisau 1912, 24 souligne le pluriel poétique (*dorsa*; cf. plus bas *colla*) et la clausule.

32, 17-20   Tanta   denique   est   capillamenti   dignitas   ut   quamuis   auro   ueste
gemmis   omnique   cetero   mundo   exornata   mulier   incedat,   tamen
nisi   capillum   distinxerit,   ornata   non   possit   audire: Telle est, enfin,
l'importance de la chevelure que, fût-elle couverte d'or, de robes, de bijoux et de
toutes les autres fanfreluches, si une femme s'avançait les cheveux non apprêtés,
on ne pourrait la dire parée.

Cette phrase, qui conclut l'éloge de la chevelure, est interprétée par Finkelpearl 1998, 62 ss. comme une déclaration stylistique métaphorique, écho intertextuel d'Ov. *am.* 1, 14 (voir Holzberg 1997, 61 s.) et de Prop. 1, 2. Là où ces poètes prônaient la simplicité de la coiffure, Apulée proclamerait la nécessité d'un certain ornement dans la coiffure, i.e. dans le style. Cf. Cic. *orat.* 23, 78 *nam ut mulieres esse dicuntur nonnullae inornatae, quas id ipsum deceat, sic haec subtilis oratio etiam incompta delectat.* L'opposition n'est pas tant entre ornement ou absence d'ornement, mais entre ornement *naturel* (la chevelure) et ornement *artificiel* (les vêtements et autres accessoires), un thème déjà développé plus haut dans l'éloge: cf. 2, 8 (31, 20 ss. et 32, 3 ss.). Plus loin (lignes 21 ss.), Lucius décrit avec admiration la coiffure simple et négligée de Photis.

capillamenti ... exornata ... capillum ... ornata: jeu de sons anaphoriques (paronomase), où variations se doublent de géminations; cf. aussi lignes 21 s. *non operosus, sed inordinatus ornatus.* On trouve les termes *capillamentum* et *exornare* assemblés chez Petron. 110, 5 *me non minus decoro exornauit capillamento* (d'une perruque). Le terme *capillamentum* (= *capillus*) se rencontre encore au livre 3, 16 (64, 9) des *Met.* d'Apulée.

quamuis - audire: variante de 2, 8 (32, 3 ss.) *licet ... stipata ... comitata ... cincta ... calua processerit, placere non poterit nec Vulcano suo.*

auro ueste gemmis omnique cetero mundo: noter l'effet de climax: après trois substantifs de même longueur (2 syllabes) se succédant par asyndète, suit un troisième terme (également de 2 syllabes), accompagné de deux adjectifs et mis en relief par la conjonction de coordination (en tout: 8 syllabes). De Jonge 1941, 49 cite (après Beroaldus) Liv. 34, 7, 9 *munditiae et ornatus et cultus, haec feminarum insignia sunt, his gaudent et gloriantur, hunc 'mundum muliebrem' appellarunt maiores nostri.*

incedat: «*incedere* superbiae siue ostentationis et grauitatis uim passim habet» (de Jonge 1941, 49 ad loc.). Cf. Verg. *Aen.* 1, 46 *ego, quae diuum incedo regina*; Liv. 1, 26, 10 *huncine ... quem modo decoratum ouantemque uictoria incedentem uidistis*; Juv. 12, 125 s. *ille superbus / incedet uictis riualibus.*

distinxerit: le verbe *distinguere* est aussi employé à propos de l'action de coiffer une chevelure chez Sen. *Tro.* 885 *crinemque docta patere distingui manu.* Après Apulée, cf. Tert. *paenit.* 11, 2 *acum crinibus distinguendis*; Claud. 10, 284 (p. 98 Hall; *ThLL* s.v. *distinguo*, 1530, 62 ss.).

audire: F a *audire* (une autre main rature **adire*); φ et a* ont *uideri*, qu'Hildebrand considère à juste titre comme une glose. Les corrections de Colvius *abire* et Scioppius *haberi* sont des banalisations inutiles. *Audire* est encore employé au sens passif (= *nominari*) en 5, 16 (116, 4): voir Kenney 1990, 161 ad loc; cf. aussi 6, 9 (134, 25) et 10, 35 (266, 1). Voir *OLD* s.v. *audio* 5a; KSt 2, 1, 15 et 99 s. et ETh 148, pour qui ce sens, rarement attesté, est un hellénisme.

Sed in mea Fot*ide* non operosus, sed inordinatus ornatus addebat   32, 21-22
gratiam: Mais chez ma Photis, point de parements: seul l'ornement d'un savant désordre ajoutait à sa beauté.

Après le discours d'opinion exprimant le point de vue de Lucius-narrateur sur la chevelure, qui instituait une pause dans le récit de ses aventures proprement dites (voir notice initiale ad 2, 8: 31, 13 ss.), on retrouve ici la perspective de Lucius-acteur. Le changement est signalé par le passage des verbes au présent (temps de l'acte narratif) aux verbes du passé (temps de l'histoire). La phrase, qui vient contrebalancer le *nisi capillum distinxerit* qui précède (ligne 19), exprime un *topos* de la littérature poétique: celui de l'esthétique du naturel, préférable à l'artificiel (cf. déjà 2, 8: 31, 22 *nudam pulchritudinem*). Cf. e.g. Ter. *Haut.* 285 ss. *ipsam offendimus ... sine auro, tum ornatam ita uti quae ornantur sibi, / nulla mala re esse expolitam muliebri*; Tib. 1, 8, 15 *illa placet, quamuis inculto uenerit ore / nec nitidum tarda compserit arte caput*, avec Smith 346 ad loc. et Murgatroyd 239 ad loc., qui tous deux citent des parallèles grecs; Prop. 1, 2, 1 *quid iuuat ornato procedere, uita, capillo* et 9; Ov. *am.* 1, 14, 19 ss.; *ars* 3, 153 s.; *fast.* 2, 763 s.; Claud. 10, 103 s. (p. 91 Hall). Cf. aussi Cic. *Att.* 2, 1, 1 *erant ornata hoc ipso, quod ornamenta neglexerant*; Ambr. *virg.* 1, 9, 54 (= p. 29, 11 Cazzaniga in *CSLP*.

non operosus, sed inordinatus ornatus: noter les homophonies de ce groupe de mots («Antitheton»: voir Bernhard 1927, 60 avec nombreux exemples; Callebat 1994, 1661), ainsi que les rimes de l'oxymore, où jeu de mot s'allie à jeu de sons. Cf. *supra* lignes 18 s. *exornata ... ornata*; *mund.* 1 (148, 5 s.) *mundus est ornata ordinatio dei munere.* Comparer Cic. *Att.* 2, 1, 1 et Ambr. *virg.* 1, 9 cités ci-dessus.

ornatus: le verbe *ornare* est couramment employé à propos de coiffure, cf. Prop. 1, 2, 1 (cité *supra*); Ov. *am*. 2, 7, 23; *ars* 3, 244. Voir Booth 116 ad Ov. *am*. 2, 4, 37 *non est culta; subit quid cultae accedere possit. / ornata est; dotes exhibet ipsa suas*.

addebat gratiam: retour des imparfaits qui dominaient dans la description de Photis en train de cuisiner (2, 7: 30, 15 ss.); voir notice initiale. Pour *gratia = pulchritudo*, cf. *supra* ligne 9.

32, 22-33, 2   **Uberes enim crines leniter emissos et ceruice dependulos ac dein per colla dispositos sensimque sinuato patagio residentes paulisper ad finem conglobatos in summum uerticem nodus adstrinxerat:** Car sa luxuriante chevelure s'écoulait doucement, se répandant dans sa nuque, et s'étalant ensuite sur son cou, effleurait un instant légèrement l'ourlet ondoyant de sa robe, avant de se rassembler à son extrémité, attachée par un noeud sur le sommet de sa tête.

Cette peinture par touches successives de la coiffure de Photis (noter la succession de participes), qui développe la phrase précédente, fait écho à la description impressionniste de la servante dansant devant ses casseroles au chapitre 7 (30, 18 ss.). Comme le constate Amat 1972, 116, malgré l'abondance des détails distillés dans une successions de phrases participiales, il n'est pas aisé de se représenter le modèle exact de sa coiffure (voir *infra* s.v. *emissos* et *nodus astrinxerat*). Comparer la description de Circé chez Petron. 126, 14 ss. Ce type de coiffure négligée est cher aux lyriques: cf. e.g. Tib. 3, 4, 27; Prop. 2, 3, 13 ss.; Ov. *ars* 3, 141 et 145; *met*. 3, 169; Anacreont. 17, 6 ss. Cf. aussi X. Eph. 1, 2, 6; Hld. 3, 4, 5. Voir Krenkel 1984, 60 s. sur ce critère esthétique de beauté dans l'Antiquité. Cf. dans notre roman cette prière de Lucius à Photis: *in effusum laxa crinem et capillo fluenter undante red<d>e complexus amabiles* (2, 16: 38, 13 s.), avec comm. ad loc. Comparer surtout la description très proche de la coiffure d'Isis au livre 11, 3 (268, 8 s.) et voir sur cette récurrence thématique Introd. 5.6; Append. I.

L'attirance de Lucius pour la chevelure de Photis n'est peut-être pas simplement esthétique. Les cheveux constituent un élément essentiel des arts magiques, dont se servent les sorcières pour s'attacher l'âme des gens: cf. 3, 16 (64, 2 ss.); Lucianus *DMeretr*. 4, 4 et 4, 5. De même au livre 11 des *Met*. d'Apulée, Isis, la déesse magicienne, s'approprie les cheveux de ses adeptes en exigeant qu'ils se rasent (Van Mal-Maeder 1997b, 106 s.). De Jonge 1921, 57 remarque que les magiciennes se livrent à leurs pratiques les cheveux détachés (cf. e.g. Hor. *epod*. 5, 16 s.; *sat*. 1, 8, 24). Il n'est donc pas innocent que Lucius soit ensorcelé par la chevelure de Photis, l'apprentie-magicienne; voir *infra* s.v. *nodus adstrinxerat*.

leniter ... sensim ... paulisper: l'accumulation d'adverbes souligne la délicatesse de la coiffure de Photis et traduit l'émotion de Lucius-acteur: cf. déjà 2, 7 (30, 22 ss.) *leniter ... sensim ... placide decenter*, avec comm. ad loc.

emissos: Pricée et Groslot corrigent cette leçon des mss. par *demissos* (= *dependulos*); Oudendorp préfère *inmissos*. Hildebrand, pour qui la leçon *emissos* est en contradiction avec la suite de la description, lit *remissos*, supposant que le *r* initial a été absorbé par le mot précédent. Cette belle conjecture, adoptée par Eyssenhardt, Van der Vliet, Frassinetti et Robertson (Hanson hésite), est en effet très attractive: les cheveux de Photis sont ramenés vers l'arrière, puis ramassés et noués sur la tête. Elle n'est toutefois pas indispensable. Tout comme *ceruice dependulos, leniter emissos* développe l'adjectif *inordinatus* (ligne 21): les cheveux tombent souplement et avec une nonchalance recherchée sur le cou, avant d'être rassemblés vers leur extrémité (*ad finem conglobatos*). La leçon *emissos* se justifie d'autant mieux si l'on admet que le noeud qui les attache au sommet de la tête constitue non le détail final de cette coiffure, mais son point de départ: voir *infra* s.v. *nodus adstrinxerat*. Alors que l'emploi de *remittere* à propos d'une coiffure ne paraît pas attesté, *emittere* se rencontre encore e.g. chez Stat. *Theb.* 8, 762 s. *stetit aspera Gorgon / crinibus emissis*.

dependulos: en dehors de ce passage, *dependulus* n'est attesté qu'en 11, 3 (268, 21 s.), à propos de la tunique d'Isis (également avec nuance hypocoristique) et en 3, 2 (53, 18; voir Van der Paardt 1971, 36 ad loc.). Comparer 5, 13 (113, 21) *per istos ... undique pendulos crines tuos* (des boucles d'Éros) et 5, 22 (120, 16 s.) *antependulos ... retropendulos*. Au livre 8, 27 (199, 1) *pendulus* est employé avec une nuance péjorative à propos des cheveux des prêtres de la *Dea Syria* (cf. aussi 8, 24: 196, 1 s.).

colla: pluriel poétique. Cf. 5, 17 (116, 17 s.) *serpentem ueneno noxio colla sanguinantem*; 11, 3 (268, 9) *per diuina colla* (d'Isis); *supra* ligne 16 *dorsa*.

sensimque - residentes: les allitérations traduisent le mouvement serpentin des cheveux.

sensim: le même adverbe apparaît en 11, 3 (268, 8) dans la description de la chevelure d'Isis. On le rencontre encore à plusieurs reprises dans des passages descriptifs chargés de sensualité: e.g. 2, 17 (39, 6).

sinuato patagio: Kronenberg 1892, 15 s. corrige *sinuatos*. Mais outre qu'il pourrait s'agir d'un hypallage, l'adjectif peut se rapporter à la courbe de la bordure de la robe. Le terme *patagium*, attesté avant Apulée chez le seul Naev. *trag.* 43, désigne une bordure décorative au haut de la tunique: cf. Fest. p. 246 L. Selon Non. p. 866 L, il s'agit d'une décoration précieuse, ce qui peut paraître surprenant s'agissant de la robe d'une esclave: *patagium: aureus clauus, qui pretiosis uestibus inmitti solet*. Après Apulée, le terme est encore attesté chez Tert. *pall.* 3, 1.

conglobatos: ThLL s.v. *conglobo* 283, 29 s. ne cite que cette occurrence du verbe à propos d'une chevelure. Cf. 5, 22 (120, 16) *crinium globos decoriter impeditos* (des boucles d'Éros); *apol.* 4 (6, 11 s.) *globosus* (des cheveux d'Apulée).

nodus adstrinxerat: F a *adtraxerat*, corrigé par la même main en *adstrinxerat*. Seul Van der Vliet imprime la leçon primitive. Voir aussi *ThLL*, qui cite ce passage d'Apulée s.v. *attraho* 1159, 73 s., sans cependant donner de parallèle pour l'emploi du verbe à propos de cheveux. La force d'un verbe comme *attraho* paraît peu appropriée dans ce contexte où se succèdent des mots exprimant douceur et délicatesse. Le verbe *adstringere* est attesté ailleurs à propos des cheveux: cf. Ov. *ars* 3, 146; Sen. *Oed*. 555 *mortifera canam taxus adstringit comam; Anth. Lat.* 427, 4 SB. Cf. en outre Apul. *met*. 11, 3 (268, 10) *corona ... destrinxerat uerticem.*

On peut hésiter sur la question de savoir si le noeud est le point d'arrivée de la coiffure, son détail final, comme le traduisent Vallette («ses cheveux ... tombaient sur sa nuque ... puis, légèrement enroulés ... ils étaient ramassés vers leur extrémité et serrés en un noeud sur le sommet de la tête») ou Hanson («they were then ... fastened in a knot to the crown of her head»). C'est ainsi aussi que l'interprètent Amat 1972, 116 et Englert-Long 1972/73, 237. Ou le noeud constituerait-il plutôt le point de départ de la coiffure, comme l'entendent e.g. Helm-Krenkel («[das Haar] war nur oben auf dem Scheitel durch einen Knoten fest zusammengezogen»); voir aussi la traduction de Scazzoso («i suoi capelli folti erano annodati in alto sulla testa donde ricadevano mollemente»). Alpers 1980, 201 et Krenkel 1984, 61 comparent le noeud de Photis à la couronne d'Isis en forme de disque lunaire au livre 11, 3 (268, 10 ss.: *supra*). Au vu de *leniter emissos* et *ceruice dependulos* développant l'adjectif *inordinatus*, cette dernière solution me paraît la meilleure, car elle laisse aux cheveux plus de souplesse et de liberté: du noeud couronnant le sommet de sa tête, les cheveux de Photis s'écoulent sur ses épaules et dans sa nuque, avant d'être rassemblés vers leur extrémité. On trouve une coiffure similaire chez Hld. 3, 4, 5 (description des cheveux de Chariclée), où les cheveux tombent librement, une partie étant toutefois retenue par une couronne de laurier sur la tête pour empêcher qu'ils ne gênent. Cf. aussi Hor. *carm*. 2, 11, 23 s. *incomptum Lacaenae / more comae religata nodum*, avec Niblet-Hubbard 178 s. ad loc., selon qui le *nodus* est un type de coiffure simple (renvoyant à Ov. *met*. 8, 319 *crinis erat simplex, nodum collectus in unum*); Philostr. *Im*. 2, 5, 4. Quoi qu'il en soit de cette coiffure, l'important demeure que Photis porte les cheveux longs selon le mode négligé cher aux poètes et que de la sorte, elle ensorcelle Lucius: cf. Apul. *met*. 3, 23 (69, 9 s.) *adiuro per du<l>cem istum capilli tui nodulum, quo meum uinxisti spiritum* (Lucius à Photis). Cf. aussi 3, 18 (65, 12 s.) *sic illos capillos in mutuos nexus obditos atque nodatos ... dat uiuis carbonibus adolendos* (de Pamphilé, en pleine opération magique); Verg. *ecl*. 8, 77 s. *necte tribus nodis ternos, Amarylli, colores; / necte, Amarylli, modo et 'Veneris' dic 'uincula necto'*, avec Clausen 259 s. ad loc. Sur le rôle des noeuds dans la magie et la médecine, voir *RE* 17, 1 (1936) *«nodus»*, 803-809 [K. Keyssner].

CHAPITRE X

De câlineries en rendez-vous.

Nec diutius quiui tantum cruciatum uoluptatis eximiae sustinere   33, 3-5
sed pronus in eam, qua fine summum cacumen capillus ascendit,
mellitissimum illud sauium impressi: Je ne pus endurer plus longtemps
l'insupportable torture de toute cette volupté et me penchant vers elle, j'imprimai à
l'endroit où ses cheveux remontent vers le sommet de la tête ce baiser miellé, de
tous le plus doux.

Noter l'accumulation d'adjectifs superlatifs. Un brin coquin, de Jonge 1941, 50 se
demande: «potestne fieri ut Apuleius longa laudatione capillorum lectoris quoque
animum intendere ac cruciare conatus sit, qui curiosus est amores Lucii audire?»
L'impatience de Lucius est encore plus rudement mise à l'épreuve (et plus crûment
décrite) quelques chapitres plus loin: cf. 2, 16 (38, 3 ss.). Ce baiser est absent
de l'*Onos*, de même que toute la scène qui suit (taquineries amoureuses et
embrassades).

    tantum cruciatum: hyperbole, renforcée par l'effet sonore des homéotéleutes.

    cruciatum uoluptatis eximiae: voir *GCA* 2000, 52 ad 10, 1 (236, 11 s.) *propter*
eximiam impotentiam pour la combinaison *eximius* + substantif désignant une
qualité négative, attestée chez le seul Apulée. Pour l'emploi de *cruciatus* à propos
d'agonie d'amour, *ThLL* s.v. *cruciatus* 1219, 1 s. cite comme seuls exemples notre
passage et 9, 18 (216, 16). Cf. encore dans une description des symptômes de la
maladie d'amour 10, 2 (237, 23). Comparer pour l'oxymore 2, 2 (25, 8) *cruciabili*
desiderio, avec comm. ad loc.; 5, 6 (107, 13 s.) *nec inter amplexus coniugales*
desinis cruciatum. Vallette note à sa traduction (p. 37): «On retrouve dans l'histoire de Psyché (V, XXVI, 5) cette idée d'une volupté si intense qu'elle devient une
souffrance, tant en raison, comme ici, de ce que s'y mêle de désir, que parce
qu'elle dépasse en quelque sorte ce que les sens ont la force de supporter». La
contemplation d'Isis au livre 11, 24 (286, 12) a un effet similaire sur Lucius: *inex-*
plicabili uoluptate simulacri diuini perfruebar. Pour le thème récurrent de la volupté, voir comm. ad 2, 17 (39, 12 s.); cf. ligne 19 *nec uoluptas nostra differetur*;
Introd. 5.8.

    qua fine - impressi: cf. Hor. *carm*. 2, 12, 25 s. (cité dans la notice initiale sui-
vante).

    summum cacumen: Bernhard 1927, 174 s. dresse une liste d'expressions re-
dondantes avec des adjectifs tels *summus*, *extremus* ou *ultimus*. Autant qu'à «seiner Freude am vollen Ausdruck», c'est souvent au goût d'Apulée pour les homophonies que de telles tournures obéissent (*summum* s'inscrit ici dans une succession d'adjectifs en *-um*). Comparer 8, 18 (191, 11) *de summo cupressus cacumine*.
Cette combinaison poétique apparaît avant Apulée chez Lucr. 2, 1130; 5, 1457.

183

Cf. ensuite Claud. 17, 61 (p. 131 Hall). *ThLL* s.v. *cacumen* 11, 64 s. cite ce seul exemple de la tournure à propos de la tête.

capillus: singulier poétique, comme en 2, 9 (32, 7).

mellitissimum - impressi: allitérations et assonances traduisent la délicatesse du geste («un doux baiser *savouré*»: Callebat 1968, 523). Cf. 4, 27 (95, 7); 6, 8 (133, 22 s.) *ab ipsa Venere septem sauia suauia et unum blandientis adpulsu linguae longe mellitum*; et comparer Catull. 99, 1 s. *surrupui tibi ... mellite Iuuenti, / sauiolum dulci dulcius ambrosia*; *Anth. Graec.* 5, 244, 6. *Mellitus* reprend la métaphore de l'amour comme nourriture, amplement développée dans la scène de la danse des casseroles (2, 7: 30, 12 ss.; en particulier 31, 3). En dehors de ce passage, le superlatif euphonique (assonances en *i*) est attesté chez Fronto p. 63 vdH *Fronto ... mellitissime*; *CIL* 6, 28, 120; 12, 1014 *marito mellitissimo* (*ThLL* s.v. *mellitus* 623, 5 ss.).

illud: Lütjohann 1873, 500 veut corriger cette leçon des mss. en *illuc*. Cette correction est adoptée par Van der Vliet, Giarratano et Scazzoso et est approuvée par Wolterstorff 1917, 218. Médan 1925, 217 s. défend la leçon des mss. en avançant la théorie du même Wolterstorff, selon lequel le pronom *ille* a pris chez Apulée valeur d'article (contre cette théorie, voir Löfstedt 1956, 358 ss.; Callebat 1968, 275 ss. et 1994, 1625). Robertson commente dans son apparat: «de noto sauii genere loquitur»; voir déjà Beroaldus ad loc.: «illud sauium uult intellegi illud dulcissimum, illud quod amator amicae ardenter infigit». *Ille* se rapporte souvent dans les *Met.* à une entité (personne ou objet) déjà mentionnée dans le récit, ou à une réalité extra-textuelle supposée connue du lecteur/auditeur: voir Callebat 1968, 278 s. Pour un cas similaire, cf. 7, 8 (159, 27 s.) *calceis femininis albis illis et tenuibus indutus*, avec *GCA* 1981, 133 s. ad loc.

sauium impressi: le mot *sauium* est un archaïsme fréquemment attesté chez les comiques: voir Van der Paardt 1971, 111 ad 3, 14 (62, 23: dans une scène d'amour entre Lucius et Photis); *GCA* 1981, 220 ad 7, 21 (170, 7) citent Tränkle 1960, 126, selon lequel le terme appartient à l'«ältere Umgangsprache». Le verbe *imprimere* est encore employé à propos de baisers en 5, 6 (108, 1) *imprimens oscula suasoria*; avant Apulée, cf. Val. Max. 7, 3, 2 (*osculum*); Mart. 10, 42, 5 (*basia*).

33, 5-9   Tum illa ceruicem intorsit et ad me conuersa limis et morsicantibus oculis: 'Heus tu, scolastice' ait, 'dulce et amarum gustulum carpis. Caue ne nimia mellis dulcedine diutinam bilis amaritudinem contrahas': Elle, alors, inclinant la nuque, se retourna vers moi, l'oeil canaille et mordillant: «Hé là, jeune écolier!», me dit-elle, «C'est un fruit doux et amer que tu cueilles là. Prends garde que trop de la douceur de ce miel ne te donne l'amertume tenace de la bile.»

Pour le mouvement de Photis sous le baiser de Lucius, comparer Hor. *carm.* 2, 12, 25 s. *cum flagrantia detorquet ad oscula / ceruicem aut facili saeuitia negat / quae poscente magis gaudeat eripi, / interdum rapere occupet*.

limis - oculis: le regard de Photis est malicieux et engageant et correspond à son caractère déluré (cf. 2, 7: 31, 6 *lepida ... et dicacula puella*). Cf. Ov. *am*. 3, 1, 33 (*Elegia*) *limis subrisit ocellis*; Plin. *nat*. 8, 52 (*leones*) *dolis carent ... nec limis intuentur oculis*; Quint. *inst*. 11, 3, 76 (*oculi*) *quadam uoluptate suffusi aut limi et, ut sic dicam, uenerii aut poscentes*.

morsicantibus oculis: le verbe *morsicare* apparaît encore en 7, 21 (170, 8) *imaginem ... sauii ore ... improbo compulsat ac morsicat*, où il est employé au sens propre. En dehors d'Apulée, ce fréquentatif de *mordere* n'est attesté que chez Fest. p. 60 L (s.v. *dagnades*). Mattiacci 1986, 198 souligne la formation populaire en *-ico* et compare avec Sueius *carm. frg.* 2 *labellis morsicatim lusitant*. Ce verbe dépeint l'oeil pétillant de l'espiègle Photis (cf. aussi 3, 19: 66, 18 *micantibus oculis*), mise en appétit par le baiser de Lucius, et s'inscrit dans la liste des métaphores érotico-culinaires (cf. plus haut *melitissimum*). Au livre 10, 22 (253, 22 s.) *commorsicantibus oculis* (de la matrone amoureuse de l'âne Lucius), *commorsicare* est aussi un néologisme (voir *GCA* 2000, 285 ad loc., qui cite le beau commentaire de Beroaldus à notre passage, ainsi que celui d'Oudendorp). Cf. Mart. 1, 96, 12 *spectat oculis deuorantibus draucos / nec otiosis mentulas uidet labris*, avec Howell 307 s. ad loc. Comparer Plaut. *Pseud*. 67 *teneris labellis molles morsiunculae*; Ov. *am*. 2, 19, 43; *epist*. 13, 30 *pectora legitimus casta momordit amor*. Nethercut 1969, 100 établit un parallèle entre les yeux dévorateurs de Photis et les sorcières de Thessalie qui dévorent (*demorsicant*) les cadavres (cf. 2, 21: 43, 8). Mais ces correspondances relèvent simplement de l'idiolecte d'Apulée.

Heus tu - contrahas: comme le premier (2, 7: 31, 1 ss.), ce nouvel échange de paroles amoureuses est basé sur un langage métaphorique à double entente et fourmille de réminiscences poétiques (plautiniennes, notamment; cf. déjà 2, 7: 31, 1 ss.).[1]

Heus tu: les *Met*. contiennent de nombreux exemples d'interjections de ce type, qui relèvent de la langue familière (Bernhard 1927, 129).

scolastice: *OLD* s.v. *scholasticus* 2b cite cette seule occurrence du terme «in quot., as a jocular address to someone young and inexperienced». Selon Robertson 1910, 222, le terme fait référence au statut d'étudiant de Lucius; cf. 1, 24 (22, 10 ss.), où le jeune homme retrouve son *condiscipulus* Pythias, avec lequel il a étudié à Athènes; 3, 15 (63, 6 ss.), où il est fait allusion à son éducation et à sa culture. Dans le même sens, peut-être, Brandt-Ehlers traduisent «Pfiffikus» («petit malin»). Mais Photis fait référence à l'inexpérience amoureuse de Lucius (du même avis, Sandy 1997, 247). Cf. ce que le héros dit de lui-même en 3, 19 (66, 16 s.) *semper alioquin spretorem matronalium amplexuum*. Comparer Plaut. *Merc*. 976 *nouus amator, uetus puer* (ironique). Photis prend la pose d'une experte ès sciences amoureuses. Son rôle est similaire à celui de Lycénion chez

---

[1] Carver 1997, 209 n. 48 signale une réminiscence de cette phrase dans un poème attribué à Sir Philip Sidney: «Faint Amorist: what, do'st thou think / To tast Loves Honey, and not drink / One dram of Gall? or to devour / A world of sweet, and to tast no sour?».

Longus 3, 17 ss., qui initie Daphnis aux mystères de l'amour. Lucius est un apprenti galant, il est aussi un apprenti sorcier et c'est sur ce double sens que joue la phrase entière.

dulce et amarum gustulum: la métaphore de l'amour comme nourriture se poursuit avec le *topos* de l'amour-fiel et miel, que l'on rencontre fréquemment chez Plaute: cf. e.g. *Cas.* 223; *Cist.* 69 ss. *an amare occipere amarum est, obsecro? / - Namque ecastor amor et melle et felle est fecundissumus;/ gustui dat dulce, amarum ad satietatem usque oggerit*, avec Thamm 16 s. ad loc.; *Poen.* 394; *Pseud.* 63 s. *dulce amarumque una nunc misces mihi* (à propos d'une lettre d'amour). Cf. aussi Catull. 99, 1 s.; Ov. *am.* 1, 8, 104, avec McKeown 252 s. ad loc.; mais déjà Sapph. 130, 2, avec Voigt 131 ad loc. Comparer encore Ach. Tat. 2, 7, 6 et Longus 1, 18, 1 (des baisers doux comme le miel et piquants comme le dard d'une abeille). Voir Otto 1988 ([1]1890), 216 ss. Pour le *topos* du miel doux et écoeurant, cf. encore Apul. *flor.* 18 (35, 2 s.; il n'est pas question là d'amour).

gustulum: sur ce néologisme attesté encore au seul livre 9, 33 (228, 10 s.), voir *GCA* 1995, 283 ad loc. Le diminutif s'inscrit dans la métaphore filée de l'amour comme nourriture et possède une valeur hypocoristique.

carpis: par la multiplicité de ses emplois, le verbe *carpere* convient au double sens de cette phrase. À propos de nourriture, *carpere* se trouve e.g. chez Verg. *ecl.* 1, 77 s.; à propos de baisers, e.g. chez Prop. 1, 20, 27; Ov. *met.* 4, 358 (*OLD* s.v. *carpo* 1b et 2c).

Caue - contrahas: un «lecteur second» (voir Introd. 2.2) verra ici davantage qu'une plaisanterie amoureuse, dans la mesure où c'est sa liaison avec Photis qui conduira Lucius à être métamorphosé en âne. C'est la seconde fois que Photis met Lucius en garde (cf. 2, 7: 31, 6 s., avec comm. ad loc.). Avant elle, Byrrhène avait déjà explicitement averti notre héros des dangers de la magie et de ses liens avec l'érotisme (cf. 2, 5: 28, 16 ss., avec comm. ad loc.). La phrase développe le *topos* de la phrase précédente.

nimia - amaritudinem: parallèle de construction (adjectif - substantif complément au gén. - substantif), où les substantifs *dulcedine* et *amaritudinem* reprennent les adjectifs *dulce et amarum*. Pour l'emploi d'un substantif abstrait avec un substantif concret complément au gén., voir Bernhard 1927, 96 ss. (emploi connu en latin classique, se développant en latin post-classique et tardif). Cf. *infra* lignes 14 s. *oris inhalatu* et *linguae inlisu*.

nimia mellis dulcedine: cf. ligne 5 *mellitissimum illud sauium*. Pour le *topos* de la douceur du miel, cf. dans les seules *Met.* d'Apul. 2, 9 (32, 10); 4, 27 (96, 11); 5, 15 (115, 7); 8, 22 (194, 18).

diutinam bilis amaritudinem: l'amertume qui résultera de ses amours avec Photis durera en effet longtemps, puisque Lucius restera métamorphosé en âne pendant près d'une année (voir Van der Paardt 1978, 86). Dans les expressions proverbiales opposant miel et fiel, on trouve d'ordinaire les termes *mel* et *fel*: voir les exemples cités s.v. *dulce et amarum gustulum*; *ThLL* s.v. *fel*, 424, 19 ss. et s.v. *bilis*, 1987, 16 cite notre seul passage pour la combinaison avec *bilis* (l. 52).

'Quid istic', inquam, 'est, mea festiuitas, cum sim paratus uel uno 33, 10-13
sauiolo interim recreatus super istum ignem porrectus assari' et
cum dicto artius eam complexus coepi sauiari: «Qu'est-ce que cela»,
répondis-je, «ô ma joie, alors que je suis prêt - ne serait-ce, si tu veux bien, que
pour un seul petit baiser me rendant un instant à la vie - à rôtir, étendu sur ton
feu!» Et sur ces mots, je la serrai étroitement dans mes bras et me mis à la couvrir
de baisers.

Quid istic ... mea festiuitas: comme celle de Photis, la réplique de Lucius
abonde en réminiscences plautiniennes. Pour la tournure *quid istic* (que l'on retrouve en 9, 6: 206, 21; voir *GCA* 1995, 69 ad loc.), cf. Plaut. *Epid.* 141 *quid istic
uerba facimus?*; *Rud.* 1331; *Trin.* 573; et Ter. *Andr.* 572. Pour *mea festiuitas*, cf.
Plaut. *Cas.* 135 *mea uita, mea mellilla, mea festiuitas* et 577 *quid agis, mea festiuitas?*; *Poen.* 387 s. Les *Met.* abondent en échos intertextuels de ce type «dans le
registre verbal affectif des apostrophes amoureuses - ou bien injurieuses» (Callebat 1968, 499; 1994, 1641).

cum sum paratus: on trouvera chez Bernhard 1927, 15 s. de nombreux exemples de cette position du verbe dans une subordonnée.

uel uno sauiolo: la particule *uel* renforce les nuances restrictives de *unus* et la
valeur minorative de *sauiolus*; voir *OLD* s.v. *uel* 6 «at any rate, even if only». Cf.
6, 15 (139, 18) *uel unam stillam*; 9, 15 (214, 17) *isto tamen uel unico solacio*. La
nuance originelle de *uel* («veux-tu»,«si tu veux»: voir KSt 2, 2, 107s.; LHSz 2,
500 s.) est particulièrement sensible dans cette occurrence. Cf. la traduction de
Hanson: «if you will revive me now with one little kiss».

sauiolo: le diminutif *sauiolum* apparaît encore en 7, 11 (162, 25 s.; voir *GCA*
1981, 155 ad loc.). Avant Apulée, il est attesté chez un autre poète du baiser: cf.
Catull. 99, 2 et 14.

interim: oppose le baiser présent à la punition future. Vallette traduit: «pour
un seul baiser qui m'aura rendu la vie, à me laisser rôtir ensuite».

recreatus: le participe engage la métaphore de la mort d'amour que Lucius
utilise gaiement dans un chantage amoureux: cf. lignes 16 s. *pereo ... perii*. On le
retrouve dans un contexte amoureux en 8, 10 (185, 5 s.); voir aussi comm. ad 2,
11 (34, 13) *respiciens ... Fotidem inibi recreabar animi*.

super - assari: reprise des métaphores érotico-culinaires et de celles de la
brûlure d'amour employées plus tôt: voir comm. ad 2, 7 (31, 2 ss.).

istum ignem: le pronom démonstratif souligne le double sens du terme *ignis*,
désignant à la fois le fourneau sur lequel Photis cuisine et ses *pudenda*. Voir
comm. ad 2, 7 (31, 7) *foculo*.

assari: ce verbe, qui correspond au grec ὀπτῶ et qui désigne une cuisson rôtie
par opposition à une cuisson bouillie (cf. e.g. Gloss. 3, 597, 39 *assatum sine aqua
coctum*), est attesté ici pour la première fois. On le rencontre ensuite fréquemment
chez les auteurs tardifs et chrétiens (voir *ThLL* s.v. *asso* 903, 81 ss.).

et cum dicto - sauiari: cf. Ach. Tat. 2, 7, 7 καὶ ἅμα λέγων τὴν χεῖρα
βιαιότερον περιέβαλλον καὶ ἐφίλουν ἐλευθεριώτερον. La ressemblance entre

ces deux passages est d'autant plus frappante qu'il s'agit aussi d'un débat amoureux entre le héros Clitophon et son aimée Leucippé. Dans les lignes précédentes, Clitophon remarquait à propos des baisers de Leucippé qu'ils étaient aussi doux que le miel, mais plus piquants que le dard d'une abeille (cf. *supra* s.v. *dulce et amarum gustulum*). Voir aussi notice initiale suivante.

Pour cette conjonction d'embrassements et de baisers, cf. dans les seules *Met.* 1, 24 (22, 13 s.); 2, 13 (36, 2); 5, 7 (108, 21 s.). Ces mots constituent, avec la description du baiser qui suit, une manière de réponse à un passage de Lucr. 4, 1079 ss., où le poète dépeint de manière négative les élans furieux de la passion amoureuse: *quod petiere, premunt arte faciuntque dolorem / corporis et dentes inlidunt saepe labellis, / osculaque adfligunt, quia non est pura uoluptas* (voir *infra* s.v. *aemula - mecum* et s.v. *inlisu*). Autre réminiscence de Lucrèce sous-jacente à la description des embrassements de Lucius et Photis, le passage dans lequel le poète décrit la réciprocité du désir charnel chez l'homme et la femme: cf. 4, 1192 ss. *nec mulier semper ficto suspirat amore, / quae complexa uiri corpus cum corpore iungit, / et tenet adsuctis umectans oscula labris* (voir *infra* s.v. *mutua uoluntate* [ligne 19] et *fortiter et ex animo* [ligne 22]).

et cum dicto: l'une des tournures favorites d'Apulée permettant un enchaînement rapide du récit (voir Bernhard 1927, 50); cf. 2, 5 (28, 12); 2, 24 (44, 24); 2, 28 (48, 7).

33, 13-16   Iamque aemula libidine in amoris parilitatem congermanescenti mecum, iam patentis oris inhalatu cinnameo et occursantis linguae inlisu nectareo prona cupidine adl*ibescenti*: Bientôt, rivalisant d'ardeur, son amour s'unissait au mien pour l'égaler; bientôt, le souffle embaumé de sa bouche entrouverte et le glissement suave de sa langue qui venait à ma rencontre la montraient consentante, pleine d'ardente convoitise.

Construction «à retardement», où trois groupes-compléments à l'abl. précèdent le groupe-sujet (*prona*, s.e. *erat*), lui-même suivi d'un dernier complément à l'abl. faisant écho à *aemula libidine*. Cf. Petron. 132, 1 *iam pluribus osculis labra crepitabant, iam implicitae manus omne genus amoris inuenerant, iam alligata mutuo ambitu corpora animarum quoque mixturam fecerant*. La précision détaillée qui résulte de ce découpage en séquences successives (*iamque ... iam ... et*) n'est pas sans évoquer la discussion «scientifique» sur le fonctionnement et les effets du baiser chez Ach. Tat. 2, 37, 8 ss. Là aussi, on trouve la mention de l'éveil du désir chez la femme embrassée, celui de son souffle et du choc des langues. Comparer aussi Lucr. 4, 1192 ss. (ci-dessus) et les exemples cités *infra* s.v. *occursantis - nectareo*. L'éveil du désir chez Photis trouve un parallèle dans le récit d'Amour et Psyché: cf. Apul. *met.* 5, 23 (121, 6 ss.) *magis magisque cupidine fraglans Cupidinis, prona in eum efflictim inhians, patulis ac petulantibus sauiis festinanter ingestis*. Sur le thème du désir dans les *Met.* (en particulier du désir sexuel), voir Shumate 1988, 42 ss.; 1996a, 216 ss.

aemula - mecum: noter l'accumulation de termes exprimant l'équivalence du désir chez Lucius et Photis. La description de cette embrassade s'oppose à celle que l'on trouve chez Lucr. 4, 1079 ss., où le baiser est arraché avec violence. Cf. en revanche Lucr. 4, 1192 ss. (*supra*), où le poète décrit l'éveil du désir chez la femme embrassée. Voir également *infra* s.v. *mutua uoluntate* (ligne 19) et *fortiter et ex animo* (ligne 22).

congermanescenti: avant Apulée, ce verbe n'est attesté que chez Quadrig. *hist.* 93, où il possède le sens de *coalescere, coniungi*. Cf. Varro *frg*. Non. p. 129 L, où on trouve le participe-adjectif *congermanatus*. La correction de Jordan 1879, 354 *congerminascenti* n'est pas nécessaire. Voir LHSz 1, 553 s. pour la formation de ce types d'intensifs. L'emploi de ce verbe rare dans notre contexte s'explique peut-être par réminiscence du baiser chez Ov. *am*. 2, 5, 23 ss. *inproba tum uero iungentes oscula uidi ... qualia non fratri tulerit germana seuero*.

patentis - nectareo: parallèle de construction renforcé par les homéotéleutes et par l'équivalence rythmique (13 syllabes - *et* - 13 syllabes). Noter encore l'usage de substantifs abstraits accompagnés d'un substantif concret au gén. (*oris inhalatu/linguae inlisu*), comme plus haut *mellis dulcedine/bilis amaritudinem*. Cf. *Anth. Graec*. 5, 305 νέκταρ ἔην τὸ φίλημα, τὸ γὰρ στόμα νέκταρος ἔπνει.

patentis - cinnameo: cf. 5, 23 (121, 7 s.) *patulis ac petulantibus sauiis*; Ach. Tat. 2, 37, 8 σὺ δὲ μείζονα ποιεῖς τὴν ἡδονὴν ἀνοίγων τὰ φιλήματα.

oris inhalatu: le terme *inhalatus* est un hapax. En combinaison avec *oris* pour désigner l'haleine de la bouche, on trouve d'ordinaire *halitus* (cf. e.g. Plin. *nat*. 20, 186 et 23, 93; Juv. 10, 238) ou *anhelitus* (cf. Ov. *ars* 1, 519 *neque male odorati sit tristis anhelitus oris*). L'emploi de *inhalatus* s'explique d'une part par les réminiscences poétiques (outre le passage d'Ovide précité, cf. e.g. Tib. 1, 8, 37 [*infra*]; Stat. *silv*. 3, 5, 31 *oscula anhela*; Calpurn. 3, 35), et, d'autre part, par une recherche d'euphonie caractéristique du style d'Apulée. Comme l'observe Facchini Tosi 1986, 131, <u>inhalatu</u> est en correspondance avec <u>inlisu</u>. Cf. 2, 5 (29, 3), où le participe *inhalatis* (unique) est employé pour des raisons similaires.

cinnameo: cet adjectif attesté pour la première fois chez Apulée se rencontre encore en 5, 13 (113, 21); 8, 9 (184, 15 s.) *odor cinnameus ambrosei corporis* (*GCA* 1985, 101 ad loc. signalent qu'on le rencontre ensuite chez le seul Ausone); 10, 29 (260, 11). Cf. 2, 8 (32, 5) *cinnama fraglans* (*Venus*). Comme plus bas *nectareus*, *cinnameus* qualifie les baisers de Photis, la hissant au rang de la déesse d'amour, selon les conventions de la poésie amoureuse; voir aussi ligne 16 *propitiaris*; comm. ad 2, 17 (38, 15 ss.); Append. I.

occursantis - nectareo: pour ce «french-kiss» (καταγλώττισμα et καταγλωττίζω: cf. Ar. *Nu*. 51; *Th*. 131), cf. Apul. *met*. 6, 8 (133, 21 s.) *accepturus ... ab ipsa Venere septem sauia suauia et unum blandientis adpulsu linguae longe mellitum*, avec Kenney 1990, 200 ad loc.; *Anth. Lat*. 712, 6 s. (attribué à Apulée: voir Mattiacci 1985, 267) *olli purpurea delibantes oscula / clemente morsu rosea labella uellicent* (Riese lit *labia*); Plaut. *Poen*. 1235 *dato mihi pro offa sauium, pro osse linguam obicito*; Tib. 1, 8, 37 *et dare anhelanti pugnantibus umida linguis / oscula, et in collo figere dente notas*, avec Murgatroyd 245 ad

189

loc.; Ov. *am.* 2, 5, 23 ss. (cité s.v. *congermanescenti*) et 57 s.; 3, 7, 9 s. Sur ce motif poétique et sa continuation au Moyen Âge et à la Renaissance, voir Perella 1969, 189 s.

inlisu: l'emploi de ce substantif par ailleurs rare (avant Apulée, il n'est attesté que chez Pline et Silius Italicus: *ThLL* s.v. 384, 28 ss.) dans un tel contexte est unique. Peut-être s'agit-il d'une réminiscence de Lucr. 4, 1079 ss. (cité plus haut), où apparaît le verbe *inlidunt*. Mais alors que chez le poète le baiser est obtenu par violence, Photis est tout à fait consentante.

nectareo: avant Apulée, *nectareus* n'est attesté qu'en poésie. Cf. encore 5, 3 (105, 8) à propos de vin; 5, 30 (127, 23) à propos d'une source; *flor.* 20 (41, 5) à propos de philosophie. Selon le matériel du *ThLL* à Munich, on le rencontre en-suite en prose chez le seul Zénon. Comparer *Anth. Graec.* 5, 305 (s.v. *patentis - nectareo*). Cf. Hor. *carm.* 1, 13, 15 s. *oscula, quae Venus / quinta parte sui nectaris imbuit.* Facchini Tosi 1986, 138 souligne les correspondances euphoniques entre *nectareo* et *cinnameo* (*supra*): homéotéleutes, même nombre de syllabes et même *a* tonique.

prona: «disposed to act, eager, willing» (*OLD* s.v. 6b); cf. 3, 14 (62, 22) *prona libidine* (de Photis, sensible aux câlineries de Lucius). Comparer Ov. *fast.* 1, 397 *Panes et in Venerem satyrorum prona iuuentus.* Chez Apulée, l'ellipse du verbe est limitée à quelques passages se caractérisant par une recherche de pathos (voir Bernhard 1927, 157 ss.).

adlibescenti: sur le verbe *adlibescere* attesté avant Apulée chez le seul Plaut. *Mil.* 1004, voir *GCA* 1981, 155 s. ad 7, 11 (162, 25 s.) *non numquam basiare uolenti promptis sauiolis adlubescebat.* Cf. aussi 9, 3 (205, 4), où il présente la même orthographe que dans notre passage.

33, 16-17   'Pereo', inquam, 'immo iam dudum perii, nisi tu propitiaris': «Je meurs», lui dis-je, «ou pire, je suis déjà un homme mort si tu ne te montres pas propice!»

Lucius émettra une supplique du même genre le soir (cf. 2, 16: 38, 7 ss.). Compa-rer les mots par lesquels se clôt la prière de Lucius à Isis au livre 11, 2 (267, 25): *mori saltem liceat, si non licet uiuere;* voir notice suivante.

Pereo - perii: reprise de la métaphore de mort amoureuse, déjà engagée plus haut avec *recreatus*; cf. aussi 2, 17 (39, 4). Même image e.g. en 10, 3 (238, 24; voir *GCA* 2000, 92 ad loc.); Verg. *ecl.* 8, 41 *ut uidi, ut perii, ut me malus abstulit error;* 10, 10; Ov. *epist.* 12, 33 s., etc. L'exclamation évoque en particulier l'uni-vers de la comédie. On ne compte pas les occurrences de *perii!* chez Plaute ou Térence, e.g. Plaut. *Most.* 536 *nunc pol ego perii plane in perpetuum modum;* avec répétition du verbe, *Truc.* 707 *pereo; si non peream, plane <peri>erim,* avec Enk 161 ad loc.; Ter. *Haut.* 404 *disperii! perii misera!*

propitiaris: dans les *Met.*, le verbe *propitiare* (à l'actif ou au passif) est géné-ralement réservé aux divinités: cf. 2, 31 (50, 25 s.) du *deus Risus;* 4, 29 (98, 1) et 10, 32 (263, 10): de Vénus; 6, 1 (129, 5): d'Éros; 11, 2 (267, 15), 11, 9 (273, 8) et

11, 26 (287, 29): d'Isis. Cf. aussi cette réponse d'Isis à la prière de Lucius: *absum fauens et propitia* (11, 5: 270, 3). Lucius s'adresse à Photis comme à une déesse: voir *supra* s.v. *cinnameo*.

Ad haec illa rursum me deosculato: 'Bono animo esto', inquit, 'nam ego tibi mutua uoluntate mancip[i]ata sum nec uoluptas nostra differetur ulterius, sed prima face cubiculum tuum adero: À ces mots, me couvrant à nouveau de baisers, elle me répondit: «Aie bon courage! Tes désirs sont les miens et je suis ton esclave. Nos plaisirs ne seront pas longtemps différés: à l'heure où on allume le premier flambeau, je serai dans ta chambre. 33, 17-20

me deosculato: cf. 2, 16 (37, 20) *me pressim deosculato*. Le participe *deosculatus* est attesté pour la première fois avec sens passif chez Apulée (Callebat 1968, 297; *GCA* 1977, 90 ad 4, 11: 83, 3). En 1, 24 (22, 14), 2, 26 (46, 12), 3, 24 (70, 15), il a le sens actif. Avant Apulée, *deosculari* se rencontre chez le seul Plaut. *Cas.* 136, 453 et 467. Callebat 1968, 515 estime (*contra* Bernhard 1927, 121, qui traite des verbes composés appartenant à la langue vulgaire) que la qualité intensive du verbe est toujours sensible dans les exemples des *Met.* où il apparaît.

Bono animo esto ... nam ... ne ... sed: Callebat 1968, 111 cite cette phrase comme exemple de phrase «à rallonges», «expression spontanée, non logiquement ordonnée et répugnant à la subordination, du parler familier»; opinion similaire chez Mattiacci 1986, 199. Cf. pour un autre cas (également introduit par un impératif) 2, 21 (43, 6 ss.).

Bono animo esto: un impératif de plus dans les réparties de Photis: voir comm. ad 2, 7 (31, 6 s.); *infra* ligne 21 *abi ... ac te compara*. L'expression *bono animo esto* réapparaît en 4, 27 (96, 5 s.); cf. aussi *bono animo es* en 3, 23 (69, 21: Photis à Lucius, après que le jeune homme l'a suppliée de l'initier aux arts magiques) et en 7, 12 (163, 9 s.): *GCA* 1981, 161 ad loc. soulignent la connotation plautinienne de la tournure.

tibi - mancip[i]ata sum: *OLD* s.v. *mancipo* cite cette occurrence sous 2 (transf.) «to make over, surrender». Mais dans la bouche de cette esclave spirituelle, le verbe est revêtu de sa signification première (1 «to dispose of by *mancipium ... transfer, sell*»). À propos d'esclaves, cf. e.g. Tac. *ann.* 2, 30, 3 (*ThLL* s.v. *mancipo* 257, 20 ss.). Photis se vend elle-même à un autre maître et se trouve «divisa tra i servizi diurni ai vecchi padroni di casa e in notturni servizi al nuovo signore di letto» (Gianotti 1986, 11). Si l'esclave Photis se déclare le *mancipium* de Lucius (*OLD* s.v. *mancipium* 3 «a slave»), c'est par jeu avec la métaphore de l'amour-esclavage (cf. e.g. Tib. 2, 4, 1 ss.; Prop. 1, 4, 4; 3, 25, 3, etc.; voir Murgatroyd 1981). Plus loin dans le roman, les rôles seront renversés et c'est Lucius qui se déclarera l'esclave de Photis: cf. 3, 19 (66, 17 ss.) *tuis istis ... hiantibus osculis et fraglantibus papillis in seruilem modum addictum atque mancipatum teneas uolentem*, avec Van der Paardt 1971, 148 ad loc.; 3, 22 (68, 26). Pour l'emploi métaphorique de cette terminologie légale dans les *Met.*, voir Keulen 1997,

208 ss. On trouve ailleurs encore *mancipare* dans un contexte amoureux/sexuel: cf. 2, 29 (49, 10 s.) et 9, 14 (213, 23) avec *GCA* 1995, 141 ad loc.

uoluptas: voir *supra* s.v. *cruciatum uoluptatis eximiae*. Comparer la promesse plus vague d'un fils à sa belle-mère amoureuse: *pollice[re]tur ... impendio suadet, donec ... liberum uoluptati concederetur spatium* (10, 4: 239, 4 ss.).

mutua uoluntate: cf. le passage de 3, 19 (66, 18 ss.) cité ci-dessus, où on trouve *uolentem*; 3, 20 (67, 12 s.) *sic nobis garrientibus libido mutua et animo<s> simul et membra suscitat* (de Photis et Lucius); 7, 11 (162, 27). L'expression rappelle Lucr. 4, 1192 ss. décrivant la réciprocité du désir charnel chez l'homme et la femme: cf. v. 1201 *nonne uides etiam quos mutua saepe uoluptas / uinxit, ut in uinclis communibus excrucientur?* et v. 1208 *quare etiam atque etiam, ut dico, est communi' uoluptas*; voir aussi *infra* s.v. *fortiter et ex animo*; *supra* s.v. *aemula - mecum*.

prima face: cf. Cens. 24, 6 *post id* (sc. *crepusculum*) *sequitur tempus quod dicimus 'luminibus accensis', antiqui 'prima face' dicebant*; Serv. Aen. 3, 587 *noctis septem tempora ponuntur: ... fax, quo lumina incenduntur*; et déjà Gell. 3, 2, 11 et 18, 1, 16. Selon Trembley 1981, 110, la description des amours de Lucius et Photis singe la cérémonie matrimoniale («the love-scene ... perverts the setting of a Roman marriage») et l'expression *prima face* fait allusion à la torche nuptiale allumée lors de la *deductio* de nouvelle épouse à la maison de son mari (cf. e.g. Plaut. Cas. 118 *lucebis nouae nuptae facem*; Verg. *ecl.* 8, 29; Paul. Fest. p. 283 L s.v. *patrimi et matrimi pueri* pour cette coutume lors des cérémonies de mariage). Cette interprétation ne trouve que peu de support dans le texte.

cubiculum ... adero: l'emploi de *adesse* avec l'acc. sans préposition n'est pas attesté avant Apulée. Outre notre passage, cf. 5, 5 (106, 18 s.) *scopulum ... aderunt*. Après Apulée, *ThLL* s.v. *assum* 917, 67 ss. cite le seul *Itin. Alex. 38*.

33, 21-22 Abi ergo ac te compara, tota enim nocte tecum fortiter et ex animo proeliabor': Va-t-en donc et tiens-toi prêt! Car c'est toute la nuit que, vaillamment et de bon coeur, je me battrai avec toi.»

Photis met le point final à cet échange amoureux en usant, une fois de plus, d'un langage impératif témoignant de sa position dominante dans le couple. Ici, elle prend le rôle d'un général exhortant un soldat. On retrouve ce langage militaire dans le passage mettant en scène leurs amours nocturnes, où Photis domine la situation, au propre comme au figuré: cf. 2, 17 (39, 1 s.), avec comm. ad loc. (et 2, 6: 29, 22 ss.; 30, 11). Les *militiae amoris* seront remplacés au livre 11 par les *sanctae militiae* de la religion isiaque: cf. 11, 15 (277, 25 ss.); Append. I.

compara: *comparare* apparaît souvent dans un contexte militaire; cf. e.g. Val. Max. 1, 7, ext. 8. Peut-être y a-t-il ici un jeu de mots, où ce composé de *parare* évoque l'emploi de *paratus* au sens érotique (cf. e.g. Catull. 15, 12; Ov. *fast.* 1, 437 *deus* (sc. Priapus) *obscena nimium quoque parte paratus*; Priap. 46, 7). Vorberg 1965, 99 ([1]1929) cite l'emploi du mot *compar, aris* pour désigner l'un des deux amants dans un couple: cf. e.g. Hor. *carm.* 2, 5, 2; Ov. *ars* 3, 359 *bellator-*

que sua prensus sine conpare bellat. Comparer Cic. *fin.* 2, 116 *artifex callidus comparandarum uoluptatum.*

tota ... nocte: de fait, cf. 2, 17 (39, 10 s.) *his et huius modi conluctationibus ad confinia lucis usque peruigiles egimus.*

fortiter et ex animo: redoublement emphatique, mais certainement pas exagéré (voir notice précédente). *Ex animo* = «de con coeur», «spontanément». Cf. Lucr. 4, 1195 *nam facit ex animo saepe et communia quaerens / gaudia sollicitat spatium decurrere amoris*, dans un passage décrivant l'éveil mutuel du désir chez l'homme et la femme (voir *supra* s.v. *mutua uoluntate*); Ov. *am.* 2, 5, 51; *ars* 3, 472. Pour de telles variations de construction, cf. Apul. *met.* 4, 22 (91, 12 s.) *adfatim et sine ulla mensura (GCA* 1977, 167 ad loc. estiment que la variation est fonctionnelle); 9, 5 (206, 16 s.) *pernox et per diem*, avec *GCA* 1995, 67 ad loc., etc.; Bernhard 1927, 151 (trait caractéristique du latin post-classique).

CHAPITRE XI

Un dîner avec Milon et Pamphilé.

His et talibus obgannitis sermonibus inter nos discessum est: Après   33, 23-24
cet échange de badineries, nous nous séparâmes.

His et talibus: formule-résumé qui a pour effet d'imprimer une accélération au récit: voir Introd. 2.1.2; cf. 9, 28 (224, 5) et 9, 28 (224, 16), avec *GCA* 1995, 243 et 246 ad loc. Cf aussi Cic. *Att.* 14, 10, 1; Liv. 5, 2, 13 *haec taliaque uociferantes*, etc.

obgannitis: sur ce verbe, employé ici à propos d'un échange amoureux, voir comm. ad 2, 2 (25, 19). En 2, 15 (37, 12), on trouve *gannitus* = grognement amoureux ou murmure confidentiel.

Commodum meridies accesserat et mittit mihi Byrrena xeniola   33, 24-34, 1
porcum op[t]imum et quinque gallinulas et uini cadum in aetate pretiosi: Il était à peine midi lorsque Byrrhène m'envoya comme présents de bienvenue un porc bien gras, cinq poulettes et un fût de vin que son âge rendait précieux.

Commodum - accesserat: la première journée de Lucius à Hypata avait commencé à l'aube (cf. 2, 1: 24, 17). Les événements occupant la matinée s'étendent du chapitre 1 à la première moitié du chapitre 11. La seconde partie de la journée jusqu'au repas du soir se déroule du point de vue de la vitesse du récit à un rythme beaucoup plus élevé, puisque l'après-midi est résumée en une phrase (cf. plus bas 34, 8). Le reste du chapitre 11 est consacré à une partie de la soirée. La même soirée (et la nuit) s'étend jusqu'à la fin du chapitre 17 (39, 11). Voir Introd. 1.3 et 2.1.2.

Commodum ... et: Callebat 1968, 434 ss. observe qu'au contraire d'autres tours paratactiques où un adverbe est relié à *et*, *commodum ... et* n'est que peu attesté en dehors des *Met.* Selon Harrauer 1973, 1, *commodum* appartient au *sermo cotidianus*. Mais voir (*contra*) *GCA* 1977, 69 ad 4, 8 (80, 6) et Callebat 1968, 435 note 190: «n'étant caractéristique ni d'un parler vraiment populaire ni d'une langue trop recherchée, (*commodum*) paraît avoir été senti par Apulée comme convenant particulièrement au style narratif».

mittit - xeniola: ce détail est absent de l'*Onos* qui, après la scène de séduction dans la cuisine, enchaîne directement sur la mention du bain précédant le repas du soir. Sur la coutume des présents d'hospitalité, voir Mommsen 1864, 345; DSg «hospitium», 294-302 [Lécrivain] (p. 295) et *RE* 8 (1913) «hospitium», 2493-2498 [Leonhard] (p. 2495), qui citent notre passage. Cf. aussi Vitr. 6, 7, 4 *nam cum fuerunt Graeci delicatiores et fortuna opulentiores, hospitibus aduenientibus instruebant triclinia ... primoque die ad cenam inuitabant, postero mittebant pul-*

los, oua, holera, poma reliquasque res agrestes; Serv. *Aen.* 9, 358; notice suivante. Bien que Lucius ait décliné l'offre de Byrrhène de venir loger chez elle (voir comm. ad 2, 3: 26, 21 ss.), Byrrhène le traite comme son hôte. Ses cadeaux tombent à pic, leur nature convenant parfaitement aux projets amoureux de Lucius: voir s.v. *porcum op[t]imum* et *gallinulas*. Pour d'autres exemples de mise en évidence du verbe par «Anfangstellung» chez Apulée (ici, *mittit* est position chiastique par rapport à *accesserat*), voir Bernhard 1927, 11 ss. (en particulier 13).

xeniola: le diminutif *xeniolum* est attesté pour la première fois ici, comme aussi *gallinulas* qui lui fait écho (*infra*; sur ces correspondances euphoniques, voir Facchini Tosi 1986, 124); *OLD* s.v. cite ensuite le seul Ulp. *dig.* 1, 16, 6, 3. Dans ce contexte où Lucius est d'humeur joyeuse à la perspective de son rendez-vous amoureux, ces diminutifs possèdent une nuance hypocoristique (voir aussi comm. ad 2, 1: 24, 18 s.v. *lectulo*). Au sens premier, *xenium* (ξένιον) désigne un présent d'hospitalité offert par un hôte à son invité. Cf. e.g. Hom. *Il.* 11, 779 ξείνιά τ'εὖ παρέθηκεν, ἅ τε ξείνοις θέμις ἐστίν; Plin. *epist.* 6, 31, 14 *summo die abeuntibus nobis ... xenia sunt missa*; Mart. 13, 3, 1 (à propos de ses poèmes, intitulés *xenia*).

porcum op[t]imum: avec la majorité des éditeurs, j'adopte pour la correction de Stewech et Saumaise *opimum* (seul Hildebrand maintient la leçon *optimum*). Pour un cas semblable, cf. 2, 13 (35, 17; en revanche, au livre 1, 19: 17, 17, la leçon des mss. *optimi casei* échappe à ce mécanisme de correction). Hildebrand a beau commenter «mea enim opinione utrumque uocabulum hoc sententiarum nexu idem significat, si quidem porcorum uirtutes in pinguedine tantum ac nidore cernuntur», *opimum* est moins banal (la confusion entre *optimus* et *opimus* est fréquente dans les mss.: voir *ThLL* s.v. *opimus* 708, 71 s.). *Opimus* apparaît plusieurs fois dans les *Met.* en rapport avec la nourriture: cf. 5, 3 (105, 12) *opimas dapes*; 8, 5 (179, 22) *opimam praedam*; 8, 30 (201, 24); 10, 17 (250, 10).

De même que les *gallinulae* (notice suivante), la mention du porc est peut-être revêtue d'une connotation sexuelle adaptée au contexte. Cf. Varro *rust.* 2, 4, 10 qui nous apprend que les *pudenda* des filles nubiles sont désignées du mot *porcus* (χοῖρος chez les Grecs: pour ce jeu de mots obscène, cf. Ar. *Ach.* 739 ss.). Voir aussi comm. ad 2, 7 (30, 15) s.v. *uiscum*, mot dont le double sens s'accorde avec la thématique de l'amour comme nourriture. Cf. Fest. p. 408 L *suillum genus inuisum Veneri prodiderunt poetae ... quod inmundissimi sint sues ex omni mansueto pecore et ardentissimae libidinis; ita ut opprobrium mulieribus inde tractum sit, cum subare et subire dicuntur.*

gallinulas: ce diminutif euphonique est attesté ici pour la première fois (néologisme); cf. ensuite Arnob. *nat.* 7, 8 et Avien. *Arat.* 1713. Pour sa valeur hypocoristique, voir *supra* s.v. *xeniola*. Le choix de cet animal s'explique peut-être dans ce contexte par sa réputation: cf. *Physiogn.* 83 *insatiabiles esse ueneris ut galli quos* ἀλεκτρυόνας *Graeci uocant*; 131 *gallus ... animal est ineptum, in uenere calidum*; Arist. *Phgn.* 812b; Mart. 13, 63 et 64, avec un jeu de mots sur la verve amoureuse des *galli* et *Galli* (prêtres de Cybèle); Phaedr. *app.* 11, où Vénus, pour démontrer à Junon la nature libidineuse des femmes, prend l'exemple de la poule (*gallina*) qui ne peut s'empêcher de «gratter» (*scalpare*: sens obscène, cf. Pers. 1, 21): *risisse Iuno dicitur Veneris iocos, / quae per gallinam denotauit feminas* (v. 13 s.).

uini - pretiosi: Byrrhène possède sans doute une fort belle cave; cf. aussi 2, 19 (40, 21 s.) *pocula uini uetusti*. Cf. Plaut. *Asin*. 624 *noctem tuam et uini cadum uelim, si optata fiant* et *Stich*. 425 *cadum tibi ueteris uini propino. - Papae, / ducam hodie amicam*: deux occurrences où le *cadus uini* se fait compagnon des plaisirs de la chair.

uini cadum: la combinaison est archaïque et ressortit essentiellement au domaine poétique (*OLD* s.v. *cadus* 1; *ThLL* s.v. *cadus*, 37, 23 ss.). Cf. notice précédente; Plaut. *Aul*. 571; Lucil. 556 K. Dans les *Met*. d'Apulée, cf. encore 8, 28 (200, 4) et 9, 33 (227, 26).

in aetate: voir comm. ad 2, 2 (25, 15 s.) *senex ... grauis in annis*. Comparer Plin. *nat*. 14, 35 *uinis in uetustate rufescentibus*.

Tunc ego uocata Fotide: 'Ecce', inquam, 'Veneris hortator et armiger Liber aduenit ultro: J'appelai alors Photis et lui dis: «Regarde, il est arrivé, celui qui exhorte Vénus, Liber le porteur d'armes, qui a pris l'offensive. **34, 1-3**

Lucius se sert du même langage que Photis et lui démontre qu'il s'entend aussi dans l'emploi des métaphores militaires (cf. 2, 10: 33, 21 s., où la servante s'adressait à lui comme un général à ses troupes avant une bataille). Sous son revêtement métaphorique, la phrase exprime le *topos* du vin, compagnon indispensable de l'amour: cf. Ter. *Eun*. 732 *uerbum hercle hoc uerum erit: 'Sine Cerere et Libero friget Venus'* (cité par Cic. *nat. deor*. 2, 23, 60 et par Serv. *Aen*. 1, 686); Ov. *ars* 1, 232 ss.; 244; 523 ss.; 3, 762; Ach. Tat. 2, 3, 3 et déjà E. *Ba*. 773 (voir Otto 1988 [¹1890], 366). Mais (s'il connaissait déjà le latin), Lucius devrait surtout se méfier de cet adage de Plaut. *Bacch*. 87 s. *quia istoc inlecebrosius / fieri nihil potest: nox, mulier, uinum homini adulescentulo*.

Ecce - hortator: ce tour familier exclamatif avec nom. est également attesté en latin classique (voir Callebat 1968, 115, avec références; LHSz 2, 48). Cf. 2, 24 (44, 20 ss.).

Veneris hortator et armiger Liber: chiasme. Pour ces métonymies, cf. Cic. *nat. deor*. 2, 23, 60 *ut cum fruges Cererem appellamus uinum autem Liberum, ex quo illud Terentii* (suit le vers cité ci-dessus); 2, 23, 61 *quo ex genere Cupidinis et Voluptatis et Lubentinae Veneris uocabula consecrata sunt, uitiosarum rerum neque naturalium*.

Veneris hortator: la combinaison est unique. Comparer Val. Fl. 8, 232 *adsunt unanimes Venus, hortatorque Cupido; / suscitat adfixam maestis Aeetida curis*. Pour l'emploi de *Venus* au sens érotique, voir comm. ad 2, 17 (39, 7) *pendulae Veneris fructu*. Le mot *hortator* est couramment employé dans un contexte guerrier, à propos de combats: cf. e.g. Liv. 21, 11, 7; Ov. *trist*. 4, 2, 32; Stat. *Theb*. 11, 51 s., etc. (voir *ThLL* s.v. *hortator* 3004, 16 ss.).

armiger Liber: la combinaison est unique. Cf. 10, 31 (262, 14 s.) *proeliaris deae (Minervae) comites armigeri, Terror et Metus*; Stat. *Theb.* 3, 425 *frena ministrat equis Pauor armiger* (s.e. *Martis*). Vorberg 1965, 309 (¹1929) remarque à propos de *Liber*: «der Befreier, der Gott der Zeugung. Der Name wird so erklärt, dass die begattungsbedürftigen Männer mit Hilfe des Gottes durch die Wohltat des Beilagers - emissis seminibus - gleichsam befreit wurden». Voir notice initiale suivante.

ultro: l'adverbe renforce la personnification du vin, en même temps qu'il s'inscrit dans la métaphore filée de la guerre amoureuse. Voir *OLD* s.v. 6a pour l'emploi de l'adverbe *ultro* «w. ref. to unprovoked mil. or other offensive action»; cf. e.g. Caes. *Gall.* 6, 24, 1; Verg. *Aen.* 2, 193 s.

34, 3-5   Vinum istud hodie sorbamus omne, quod nobis restinguat pudoris ignauiam et alacrem uigorem libidinis incutiat: Buvons ce vin aujourd'hui, jusqu'à la dernière goutte! Qu'il noie nos lâches pudeurs! Et qu'il insuffle en nous la vigueur et l'énergie nécessaire à nos amours.

La phrase développe sous une forme impérative la métaphore topique qui précède: le vin libère (*Liber*) des inhibitions et donne courage. Cf. Lucr. 3, 476 *hominem cum uini uis penetrauit / acris, et in uenas discessit diditus ardor*; Ov. *am.* 1, 6, 59 *nox et Amor uinumque nihil moderabile suadent; / illa pudore uacat, Liber Amorque metu*, avec McKeown 153 ad loc.; *ars* 1, 237 *uina parant animos faciuntque caloribus aptos*; *met.* 12, 242. Voir comm. ad 2, 19 (40, 22 ss.).

Vinum ... omne: l'hyperbate résulte en une mise en évidence de l'adjectif *omne*. Ces résolutions seront suivies à la lettre: cf. 2, 16 (37, 21 ss.), où apparaît le verbe *sorbillare*.

istud: voir Callebat 1968, 270 sur la présence de *iste* dans un dialogue, «où il constitue une adresse à l'interlocuteur et un moyen de suggérer un geste ou d'intéresser plus intimement à l'énoncé la personne à qui l'on parle».

sorbamus: pour cette forme (au lieu de *sorbeamus*), voir Neue-Wagener 3, 264 ss., où il est traité des verbes de la seconde conjugaison présentant parfois des formes de la troisième (*sorbere*: p. 271 s.); LHSz 1, 592 et 605. Ce type d'alternance n'est attesté avec certitude que tardivement pour le verbe *sorbere*. En dehors de ce passage d'Apulée, on la rencontre chez Commode, Ennode et Prisc. *gramm.* II, 491, 13 *'sorbeo' uel etiam 'sorbo', ut Probo placet, 'sorpsi' uel 'sorbui'*.

quod - incutiat: comparer, dans un discours d'exhortation faisant également usage de la terminologie militaire 3, 5 (55, 24 ss.) *uiribus alacribus ... adgrediamur, omnis cunctatio, ignauia omnis facessat e pectore*.

alacrem uigorem: cette combinaison quelque peu pléonastique, attestée pour la première fois dans ce passage, se retrouve chez Auson. 27, 8, 12 Green et Mart. Cap. 9, 901. Comparer Colum. 11, 1, 17 *uelut in aliquod proelium cum uigore et alacritate animi praecedentem*.

uigorem libidinis incutiat: cf. 2, 17 (39, 12) *libidinem incitantes (uino)*; 10, 21 (253, 11 s.) *prolubium libidinis suscitaram*. *ThLL* s.v. *incutio* 1102, 32 s. ne cite que notre passage pour la combinaison du verbe avec *uigorem* (comparer avec *uim* Verg. *Aen*. 1, 69). Dans F, le groupe de lettres *-cut* est presque invisible. Robertson, pour qui le texte pourrait aussi bien être *-cul*, comme dans les mss. de la classe a, signale l'existence du verbe *culire* attesté par une scholie à Hor. *sat*. 1, 5, 38 *culina id est coquina ab eo quod culiat carbones* et qui semble signifier «réchauffer», «cuire» (*ThLL* s.v. *culio* 1289, 2 ss.). Sur l'emploi du terme *libido* dans le *sermo amatorius* (= *cupido* et/ou *coitus*), voir Adams 1982, 188; Vorberg 1965, 309 s. ([1]1929); cf. 3, 20 (67, 12); 10, 21 (253, 11 s.); Prop. 2, 16, 14 *rumpat ut assiduis membra libidinibus*; Ov. *am*. 2, 15, 25. Pour cet emploi de *uigor*, comparer Ov. *am*. 3, 7, 67 (*membra*) *quae nunc, ecce, uigent intempestiua ualentque*.

Hac enim sitarchia nauigium Veneris indiget sola, ut in nocte   34, 5-7
peruigili et oleo lucerna et uino calix abundet': Car ce sont là les
seules provisions dont il faut charger le navire de Vénus: pour passer la nuit sans
sommeil, il suffit d'une lampe pleine d'huile et d'un calice plein de vin.»

Hac ... sola: l'hyperbate résulte en une mise en évidence de l'adjectif *sola*, comme plus haut *uinum ... omne* (lignes 2 s.).

sitarchia: ce terme, issu du grec σιταρχία est attesté pour la première fois en latin dans ce passage d'Apulée. Vallette note à sa traduction (p. 38) que σιταρχία «désigne en général la charge de σίταρχος ou intendant aux vivres. On trouve, d'autre part, σιταρκία, approvisionnement. Il a pu se produire une confusion semblable à celle qu'on fait souvent de nos jours entre *autarchie* et *autarcie*». Voir cependant LSJ s.v. σιταρχία 3 «generally, provision, maintenance». Le mot appartient à la langue militaire («ravitaillement» ou «paie de soldat») et est associé en particulier à la navigation: cf. Hier. *in Matth*. praef.; schol. Juv. 12, 61; Isid. *orig*. 20, 9, 6.

nauigium Veneris: de Jonge 1941, 55 rejette l'interprétation de Hildebrand pour qui le mot *nauigium* possède ici un sens érotique. Pourtant, de telles métaphores navales apparaissent bel et bien dans le *sermo amatorius*: voir Murgatroyd 1995 pour une étude diachronique exhaustive de la métaphore «Sea of Love» dans la littérature grecque et latine. Cf. en particulier Plaut. *Men*. 344 *in istoc portu stat nauis praedatoria* (d'une courtisane); 401 ss.; *Mil*. 915 ss. et 921 *cito erit parata nauis* (une courtisane parlant de ses tactiques de séduction, comparées à la construction d'un navire). Nethercut 1968, 113 observe que le *nauigium Veneris*, dans lequel Lucius s'embarque au livre 2 est remplacé par le *nauigium Isidis* du livre 11, 5 et 16 (270, 6 ss. et 278, 14 ss.; sur cette cérémonie, voir Griffiths 1975 ad loc.).

ut - abundet: c'est le motif élégiaque de la lampe complice et témoin des amours nocturnes: voir Kenney 1990, 168 ad 5, 22 (120, 1 ss.); *GCA* 2000, 272 ad 10, 20 (252, 14 s.) avec références supplémentaires, qui compare avec notre passage; *GCA* 1995, 76 s. ad 9, 7 (207, 17 ss.). Cf. e.g. Prop. 2, 15, 3; Hor. *carm*. 3, 21, 23 ss.; *Anth. Graec*. 5, 4; et déjà Ar. *Ec*. 1 ss. *Infra* s.v. *lucerna<m>*.

in nocte peruigili: Lucius se souvient ici des mots de Photis: *tota ... nocte te-cum ... proeliabor* (2, 10: 33, 21 s.). Tout comme *peruigilium, peruigil* est fréquemment associé aux débauches nocturnes. Cf. à propos des amours de l'âne Lucius et de sa matrone 10, 22 (254, 9 s.) *operosa et peruigili nocte transacta,* avec *GCA* 2000, 288 ad loc.; cf. Sen. *Thy.* 466 s.; Petron. 21, 7 *etiam dormire uobis in mente est, cum sciatis Priapi genio peruigilium deberi?*; Juv. 15, 43 *pe-ruigili ... toro.* L'emploi de *in* avec un substantif à l'abl. accompagné d'un adjectif attribut pour marquer le temps est contraire à l'usage classique et ressortit à la langue vulgaire: voir Van der Paardt 1971, 72 ad 3, 8 (57, 26 s.) *in primis annis*; LHSz 2, 148 qui signale cette construction chez quelques poètes, e.g. Catull. 21, 3 *aliis ... in annis*; Lucr. 4, 793 *nocturno ... in tempore.*

34, 8   Diem ceterum lauacro ac dein cenae dedimus: Nous consacrâmes le reste de la journée au bain, puis au dîner.

Après ces considérations sur l'effet du vin, dont on ne trouve pas trace dans l'*Onos*, le texte des *Met.* rejoint pour un bref instant celui de l'épitomé avec la mention de ce détail de la vie quotidienne: cf. *Onos* 7, 1 λουσάμενοι ἐδειπνοῦμεν. Van Thiel 1971, 68 ss. est d'avis que la scène du repas et le récit des mésaventures de Diophane (ou un récit similaire) se trouvaient dans l'original grec. Après l'épitomisation, ne demeurèrent que la mention du bain, du repas et d'une conversation: voir notice initiale suivante.

Diem ceterum: voir *supra* s.v. *commodum - accesserat* (33, 24).

ac dein: de Jonge 1941, 56 (qui lit *et dein*) trouve cette précision inutile, car «nemo non intellegit eos non simul lauacro et cenae tempus dedisse». Voir Bernhard 1927, 182 sur ce type de coordination (qu'il classe sous la rubrique «Setzung überflüssiger Worte»), répondant au souci de précision d'Apulée; LHSz 2, 478 signale que la combinaison apparaît souvent en latin tardif. Cf. déjà Sall. *Iug.* 39, 2 *inuidiam ac deinde periculum.*

34, 8-12   Nam Milonis boni concinnaticiam mensulam rogatus adcubueram, quam pote tutus ab uxoris eius aspectu, Byrrenae monitorum memor, et perinde in eius faciem oculos meos ac si in Auernum lacum formidans deieceram: Car j'avais été invité par le brave Milon à prendre place à sa jolie table soigneusement dressée. Me souvenant des avertissements de Byrrhène, je me gardais autant que possible de la vue de sa femme et ce n'est qu'avec crainte que je jetais les yeux sur son visage, comme sur le lac Averne.

Cette phrase, qui développe la mention du dîner, est absente de l'*Onos*, de même que la conversation qui suit (rapportée au discours direct) et qui se prolonge jusqu'au chapitre 15 (37, 9). L'épitomé signale seulement rapidement qu'une conversation a pris place lors du *symposion*: cf. 7, 1 ἐδειπνοῦμεν καὶ πότος ἦν συχνὸς ἡμῶν ὁμιλούντων. Sur ces différences, voir Van Thiel 1971, 68 ss. (*supra*); Introd. 7.2.

Milonis - mensulam: persuadés par les dires de l'hôtelière du livre 1, 21 (19, 15 ss.), selon laquelle Milon est un avare, les commentateurs voient dans cette phrase une ironie profonde et comparent avec le dîner du premier soir, où - nous dit Lucius - Milon n'avait à lui offrir pour toute nourriture que ses bavardages (cf. 1, 26: 24, 12 ss.). Voir e.g. Junghanns 1932, 38, pour qui le dîner est composé des vivres offerts à Lucius par Byrrhène (*supra* 33, 24 ss.). Cependant, en 2, 7 (30, 15 ss.), Photis est en train de cuisiner divers plats, *avant* que Byrrhène n'envoie ses présents. L'interprétation de Junghanns (voir encore e.g. de Jonge 1941, 56; Smith 1968, 12 et 1994, 1585) exige de prendre *bonus* et *concinnaticius* comme des antiphrases et de voir une nuance péjorative dans le diminutif *mensula* (voir *infra*). Pourtant, les reliefs de cette petite table ingénieuse fournissent amplement de quoi sustenter la nuit amoureuse de Photis et Lucius: cf. 2, 15 (37, 9 ss.) *deprehendo epularum dispositiones satis concinnas ... adstitit mensula cenae totius honestas reliquias tolerans*, avec comm. ad loc. Les changements d'humeurs de Lucius-acteur (voir Introd. 2.2) et ses différents états d'esprit (reflétés dans le récit par le choix des mots), expliquent les variations de données apparaissant dans le texte (apparentes contradictions) et interdisent d'affirmer avec certitude que Milon est un avare (voir aussi comm. ad 2, 3: 26, 21 s.; Introd. 5.4; pour une argumentation détaillée, Van Mal-Maeder 1995). L'accumulation de termes positifs dans notre passage est l'expression (hypocoristique) de l'état d'esprit de Lucius à ce moment de l'histoire: notre héros est d'humeur joyeuse à la perspective de son rendez-vous amoureux avec Photis. À la fin du repas, Lucius retrouvera sa mauvaise humeur du soir précédent, car les bavardages humiliants de Milon ont retardé son rendez-vous avec la servante: cf. 2, 15 (37, 1 ss.).

Milonis boni: selon Smith 1994, 1585, *bonus* est ironique, comme dans les passages où il est employé pour qualifier un personnage antipathique ou immoral (cf. e.g. 1, 13: 12, 6 et 18 *bona Panthia* et *Meroe bona*). Je suis d'avis que l'adjectif est ici sincère (voir aussi Roncaioli 1963, 235) et qu'il reflète non pas le cynisme de Lucius-narrateur, mais la bonne humeur de Lucius-acteur. Cf. aussi 2, 6 (30, 3) *probi Milonis*, avec comm. ad loc. Milon est à nouveau qualifié de *bonus* en 3, 5 (55, 16 s.), dans un discours spécieux où la sincérité n'a que peu de place, et en 3, 7 (57, 11 s.), dans un passage ambigu, oscillant entre ironie et sentimentalisme pleurnichard. *Bonus* sincèrement positif se rencontre encore au livre 9, 14 (213, 9) pour qualifier le meunier employant l'âne Lucius.

concinnaticiam mensulam ... adcubueram: GCA 1985, 93 ad 8, 8 (183, 16) *mensam accumbas* signalent que cet emploi de *accumbere* + acc. est attesté avant Apulée chez Lucilius et Accius.

concinnaticiam mensulam: *concinnaticius* est un hapax dérivé de *concinnare* et signifie «bien agencé», «préparé avec art». Selon Callebat 1994, 1622, il appartient à la langue familière. Sur l'étymologie, le sens et l'emploi des mots de cette famille, voir Monteil 1964, 167 ss., pour qui *concinnare* et *concinnus* font référence chez Apulée à la présentation des mets, au service (il traduit notre pas-

201

sage [p. 171] par une «table bien servie», tout en notant que le sens «chargée de bonnes choses» n'est pas à exclure). On trouve à deux reprises dans les *Met.* le verbe *concinnare* dans un contexte culinaire, avec une nuance clairement positive: cf. 7, 11 (162, 20) et 10, 13 (246, 8): voir *GCA* 2000, 201 ad loc. Cf. aussi 2, 15 (37, 10 s., cité *supra*), où *concinnus*, plus courant et sans nul doute laudatif, fait écho à *concinnaticius*. Comme Abate 1978, 51 s. (qui ne souffle mot de la valeur laudative de *concinnaticius*), Smith 1994, 1585 voit dans le diminutif *mensula* une valeur péjorative. Pourtant, *mensula* se rencontre une seconde fois dans le passage décrivant les préparatifs de la nuit amoureuse de Lucius et Photis (2, 15: 37, 13, cité *supra*), une occurrence où il possède clairement une valeur positive. Ces parallèles permettent de penser que l'expression *concinnaticiam mensulam* est sincèrement laudative, expression de la bonne humeur de Lucius à ce moment précis de l'histoire (voir notices précédentes).

quam pote: cf. 1, 11 (10, 14) *aufugiamus istinc quam pote longissime*. Ce type de phrase nominale avec ellipse du verbe après *pote* relève de la langue familière (Callebat 1968, 116; voir aussi *GCA* 1985, 152 ad 8, 16: 189, 17 *quantum pote*).

Byrrenae monitorum memor: cf. 2, 5 (28, 16 ss.). L'attitude craintive dont Lucius fait preuve contraste avec la réaction qu'il avait eue après les révélations de sa parente (cf. 2, 6: 29, 16 ss. et 30, 1 ss. s.v. *formidines pueriles*).

oculos meos - deieceram: Prescott 1911, 345 s. compare avec Herod. 3, 17 κῆν (ἡ δέλτος) μήκοτ'αὐτὴν οἷον Ἀίδην βλέψας / γράψῃ μὲν οὐδὲν καλόν, ἐκ δ'ὅλην ξύσῃ: voir Knox 129 ad loc. avec de nombreux parallèles pour cette expression ressortissant presque exclusivement au domaine grec (Knox cite en latin notre seul passage). Par métonymie, le lac Averne désigne chez les poètes les Enfers, dont il est la bouche chez Verg. *Aen.* 6, 237 ss. et 295 ss. (voir *ThLL* s.v. *Auernus* 1315, 36 ss.; cf. aussi Cic. *Tusc.* 1, 37). Encore une fois, Pamphilé est associée aux Enfers et à la mort (voir comm. ad 2, 5: 29, 4 s. et 2, 6: 29, 16 ss.), par opposition à Photis qui représente la vie: cf. ligne 13 *recreabar animi*. *GCA* 1985, 232 note 1 ad 8, 7 (198, 7) remarquent que le motif du monde souterrain apparaît fréquemment dans les *Met.*, en rapport notamment avec la Thessalie et la magie; aux exemples qui y sont cités, on ajoutera 1, 15 (14, 12 s.); 3, 9 (59, 3 s.); 3, 10 (59, 17 s.).

formidans: comparer pour la combinaison avec *Auernus*, Val. Fl. 4, 700 *discussa ... formidine Auerni*; Sil. 12, 121 ss. (*Auernus*) *tum ... formidatus uolucri*, avec Spaltenstein 157 ad loc.

34, 12-17   Sed adsidue respiciens praeministrantem Fotidem inibi recreabar animi, cum ecce iam uespera lucernam intuens Pamphile: 'Quam largus', inquit, 'imber aderit crastino' et percontanti marito, qui comperisset istud, respondit sibi lucernam praedicere: Mais je regardais fréquemment Photis qui faisait le service et à sa vue, mon âme se réconfortait. Le soir était déjà arrivé quand Pamphilé dit en regardant la lampe: «Quelle pluie abondante nous aurons demain!» Et à son mari qui lui demandait d'où elle tenait cette information, elle répondit que la lampe le lui avait prédit.

recreabar animi: la tournure *recreari animi* réapparaît en 5, 22 (120, 13) à propos de Psyché, perdue dans la contemplation de son divin époux, et en 11, 22 (284, 1 s.) à propos de Lucius, réconforté par Isis (voir Fredouille 1975, 106 ad loc.). Photis possède donc un pouvoir divin sur l'âme de Lucius et, alors que Pamphilé est associée à la mort (*supra*), elle représente la vie; cf. aussi 2, 10 (33, 11) *uel uno sauiolo ... recreatus*. Callebat 1968, 489 voit dans l'emploi du gén. de relation une imitation de la langue des comiques; ETh 56 et LHSz 2, 75 citent toutefois plusieurs exemples tirés de Cicéron et de Tite-Live.

inibi: pour de Jonge 1941, 56 *inibi* possède ici une valeur temporelle (= *statim, ilico*). *OLD* s.v. 1c. interprète cette occurrence au sens de «in that activity», sens qui, au vu de la valeur durative de l'imparfait *recreabar* (cf. *adsidue respiciens*), paraît plus approprié. Dans tous les autres cas où il apparaît chez Apulée, l'adverbe, placé en tête de phrase, est revêtu du sens local habituel.

cum ecce: l'un des nombreux exemples de «*cum inuersum*» chez Apulée (voir Callebat 1968, 433 sur cette forme d' hypotaxe répondant à une recherche de relief et d'intensité), renforcé ici par la particule *ecce*, comme en 2, 25 (45, 15, après un verbe à l'imparfait, comme dans notre passage). *Ecce* est souvent utilisé dans les *Met.* pour introduire un nouvel événement ou un changement de situation: Van der Paardt 1971, 87 ad 3, 11 (60, 1); 3, 25 (65, 20); *GCA* 1981, 242 ad 7, 24 (172, 13). Dans notre passage, le silence du repas est interrompu par Pamphilé, et Lucius est bien obligé de détourner son attention de Photis.

iam - inquit: cf. 2, 19 (40, 22 s.) *iam inlatis luminibus epularis sermo percrebuit*, avec comm. ad loc. pour la conjonction repas (vin) - lampes - conversations.

uespera: Robertson hésite à insérer *<inumbrante> iam uespera*, comparant avec Tac. *hist.* 3, 19 *inumbrante uespera*. Mais cf. 4, 18 (88, 13) et 11, 26 (287, 24), où l'abl. *uespera* est employé au lieu de *uesperi*, et où il s'agit pareillement du soir du même jour. Voir Callebat 1968, 193 s. pour des exemples supplémentaires de cette forme se développant surtout à partir de l'époque impériale.

quam - crastino: cette prédiction météorologique de Pamphilé est couramment interprétée comme un acte de magie, prouvant qu'elle est une sorcière: voir e.g. Lancel 1961, 42 ss.; de Smet 1987b, 33. Mais s'il est vrai que la lykyomancie est attestée dans les Papyri magiques (voir *RE* 13, 2 [1927] «Λυχνομαντεία», 2115-2119 [Granszyniec]; Graf 1994, 224), les prévisions de ce type à l'aide d'une lampe ne sont pas l'apanage des magiciennes «professionnelles». Il s'agit d'une croyance populaire, largement attestée (voir DSg «Diuinatio», 292-319 [Bouché-Leclercq], en particulier p. 299 ss. et 302; Junghanns 1932, 129, note 128; Pack 1956, 190 s.; Van Thiel 1971, 69): cf. e.g. Ar. *V.* 260 ss.; Thphr. *Sign.* 1, 14; 3, 42; Arat. 973 ss.; 999 ss.; 1033 ss.; Verg. *georg.* 1, 390 ss., avec Mynors 183 s. et Thomas 134 ad loc.; Plin. *nat.* 18, 357 s.; 30, 14; *Anth. Graec.* 5, 263; Avien. *Arat.* 1718 ss. (pour des prédictions à l'aide de lampes concernant autre chose que la météorologie, cf. Prop. 4, 3, 60; Ov. *epist.* 19, 151 ss.; *Anth. Graec.* 6, 333). Lucius, pourtant anxieux de découvrir quelque manifestation de magie, n'interprète pas cette prédiction de Pamphilé comme un acte magique. Sa défense de la femme de son hôte (2, 12: 34, 21 ss.) indique sa familiarité avec cette croyance populaire. Pour l'utilisation de lampes en magie, voir Abt 1967, 235 ss. ([1]1908); Apul. *met.* 3, 21 (68, 9), avec Van der Paardt 1971, 160 s. ad loc.

crastino: en dehors d'Apulée, cet adverbe (= *cras*) n'est attesté que chez Gell. 2, 29, 9 et chez quelques auteurs tardifs, voir Callebat 1968, 167 (mot du *sermo cotidianus*).

sibi lucernam praedicere: noter la personnification de la lampe; voir *infra* s.v. *istam lucerna<m> Sibyllam.*

34, 17-20 Quod dictum ipsius Milo risu secutus: 'Grandem', inquit, 'istam lucerna<m> Sibyllam pascimus, quae cuncta caeli negotia et solem ipsum de specula candelabri contuetur': À ces mots, Milon éclata de rire et s'exclama: «Quelle grande Sibylle que cette lampe que nous nourrissons! Toutes les affaires du ciel et le soleil lui-même, elle les regarde du haut de son observatoire de candélabre!»

Pour cette ironie moqueuse, comparer la réaction du compagnon de route de Lucius et Aristomène en 1, 2 (3, 2 ss.). Milon personnifie dans le livre 2 ce que ce compagnon de route anonyme personnifiait au livre 1: voir Introd. 5.3. Plus loin, Milon accueillera avec la même incrédulité (quoique de manière plus retenue) le récit de son hôte concernant les prédictions d'un Chaldéen: cf. 2, 13 (35, 12 ss.).

Quod dictum - secutus: ce type de liaison paratactique, permettant de reprendre le fil de la narration après un discours direct, est fréquent chez Apulée (Bernhard 1927, 50; Callebat 1968, 437). Cf. 1, 26 (24, 1) *et dictum iure iurando secutus*; 3, 16 (64, 10 s.) *et uerbum facto secutus.*

istam lucerna<m> Sibyllam: F a *lucerne*, où le *e* est une substitution par une seconde main de ce qui semble avoir été un *c* ou un *o*. Dans φ, une seconde main a corrigé la leçon primitive *lucerno* en *lucernam*. Walter 1914, 124 propose de lire *ista in lucerna Sibyllam* et cette conjecture est adoptée par Frassinetti, Helm IV et Hanson. Pack 1956, 190 s. préfère *istam <in> lucerna Sibyllam* (cette possibilité est signalée en note par Hanson) et explique que la Sibylle en question serait une sorte d'esprit habitant la lampe. Cf. Petron. 48, 8 *nam Sibyllam quidem Cumis ego ipse oculis meis uidi in ampulla pendere*. Helm III se demande s'il ne faut pas supprimer *lucerna* comme une glose. Toutefois, l'emploi de substantifs attributs d'un autre substantif (un tour archaïque également attesté à la période augustéenne: voir ETh 165 s.; LHSz 2, 157 s.; ThLL s.v. *candelabrum* 233, 39 accepte cette leçon) est fréquent chez Apulée. Cf. e.g. *met.* 2, 20 (41, 15 s.) *in ipso momento chor[o]agi funeris*; 2, 20 (42, 3) *filius meus iste Lucius*; 5, 24 (122, 8) *istos amatores tuos oculos*; 8, 31 (202, 14) *aduenam istum asinum*: autant d'exemples situés dans un dialogue au discours direct et où apparaît le pronom *iste*; voir Callebat 1968, 270 s. sur l'emploi de *iste* «pronom par excellence de la conversation» (p. 271).

L'interprétation de Krabbe 1989, 136 s., qui veut voir dans les occurrences de *lucerna* une signification profonde en rapport avec le thème de la lumière dans les

Met., est exagérée. Le mot est courant et l'utilisation d'une lampe dans le cadre d'un dîner n'a rien que de naturel; voir aussi comm. ad 2, 26 (45, 10).

pascimus: *ThLL* s.v. *pasco* 597, 55 s. cite cette occurrence comme exemple «in imagine, sc. lusu notionum». Le verbe contribue à la personnification de la lampe-Sibylle, qui devient dans la bouche de Milon l'un des convives du dîner.

de specula candelabri: tour emphatique, qui traduit le mépris de Milon. Oudendorp explique «siue excelso loco et quasi de turre». Cf. Varro *ling.* 6, 82 *specula, de quo proscipimus*; Verg. *ecl.* 8, 59 *praeceps aerii specula de montis*; *Paneg.* 111, 19. *Candelabrum* désigne l'objet sur lequel sont posées les bougies ou la lampe (candélabre ou lampadaire): cf. e.g. Varro *ling.* 5, 119 *candelabrum a candela; ex his enim funiculi ardentes figebantur*; Macr. *sat.* 3, 4, 2; Isid. *orig.* 20, 10, 3 (*ThLL* s.v. 233, 1 ss.).

CHAPITRE XII

Opinion de Lucius sur la divination ou: les mirobolantes prédictions de Diophane.

Ad haec ego subiciens: 'Sunt', aio, 'prima huiusce diuinationis   34, 21-35, 1
experimenta. Nec mirum, licet modicum istum igniculum et
manibus humanis laboratum, memorem tamen illius maioris et
caelestis ignis uelut sui parentis, quid <is> esset editurus in
aetheris uertice, diuino praesagio et ipsum scire et nobis
enuntiare: À ces mots, j'intervins: «Ce sont des faits d'expérience
élémentaires dans ce type de divination», dis-je. «Et l'on ne s'étonnera pas de ce
que ce petit bout de flamme, aussi modeste soit-il et même s'il fut conçu par des
mains humaines, se souvienne malgré tout comme de son père de l'autre feu, plus
grand, le feu céleste; et que, par un divin présage, lui-même sache et nous
annonce ce que ce feu s'apprête à émettre dans les sommets éthérés.

Selon Walsh 1970, 178 s., le mauvais temps prédit par Pamphilé annonce la
tourmente dans laquelle la curiosité excessive de Lucius le jettera. Cf. le discours
du prêtre d'Isis en 11, 15 (277, 5 ss.) *multis et uariis exanclatis laboribus magnis-
que Fortunae tempestatibus et maximis actus procellis ad portum Quietis ... uenisti*. Lucius a beau jouer les experts en divination, il n'est pas capable de saisir
l'avertissement et de prédire les dangers qui le guettent.

prima: Colvius corrige cette leçon des mss. par *priua*; Blümner 1896, 344 s.:
plurima; Van der Vliet: *<parua> prima*. Mais *prima* est à prendre non pas au sens
de «éminent» (comme l'entendent Novák 1904, 17 s., Helm et de Jonge 1941, 57;
cf. pour ce sens 2, 5: 29, 1 *maga primi nominis*), mais au sens de «de base»,
«élémentaire» (*OLD* s.v. *primus* 7). Cf. 9, 29 (225, 2) *saga illa ... primis adhuc
armis facinerosae disciplinae suae uelitatur*; 10, 2 (237, 14) *primis elmentis*; Hor.
sat. 1, 1, 25 s. *pueris olim dant crustula blandi / doctores, elementa uelint ut dis-
cere prima* (cité par Pricée); Ov. *met.* 9, 718 s.; Quint. *inst.* 2, 5, 1 *prima rhetori-
ces rudimenta*.

Nec mirum - enuntiare: Vallette note à sa traduction que cette explication «à
prétention philosophique (...) s'inspire de la doctrine du feu céleste et créateur,
origine des choses, que les stoïciens avaient empruntée, avec quelques modifications, à Héraclite» (p. 39). Comparer Marc Aur. 9, 9. Voir Pohlenz 1992, 384 s.
([1]1959) sur la théorie du νοερὸν πῦρ à l'époque de Marc Aurèle; *id.* 232 ss. et 391
ss. sur les rapports entre les principes cosmologiques des Stoïciens et la divination
(au travers de la sympathie); voir aussi de Vogel 1964, 53, 56 s. et 76 ([1]1959).

modicum ... igniculum: l'adjectif renforce la force minorative du diminutif
igniculus et l'opposition entre la petitesse de la flamme de la lampe et la grandeur
du feu céleste (*maioris ... ignis*). En 2, 7 (31, 8), *igniculus* est revêtu d'une valeur
hypocoristique (contexte érotique).

quid <is> esset editurus: F et φ ont *quis esset*. Oudendorp et Eyssenhardt impriment *quid esset*. Rohde 1875, 271 propose de lire *quid is esset*, une correction qui a l'avantage de maintenir la leçon *esset* des mss. Tous les éditeurs préfèrent la conjecture de Van der Vliet *quid is sit*, en raison de la concordance des temps (Hanson note 2 p. 82 hésite). Voir toutefois LHSz 2, 550 ss. et ETh 413 s. pour les nombreuses exceptions à cette règle et notamment pour des exemples de subjonctif imparfait avec nuance modale dans une interrogative indirecte en face d'un verbe principal au présent. Ici, le subjonctif s'explique aussi peut-être par la valeur d'intention que contient la tournure en *-urus* (voir ETh 395; Handford 1947, 158 ss.); cf. Cic. *Cat.* 1, 7 *meministine me ... dicere in senatu fore in armis certo die, qui dies futurus esset a.d. VI Kal. Nov., C. Manlium.* Dans ce passage où il est question de prévision du temps, *edere* doit être pris au sens de «causer», «produire» (des phénomènes physiques: voir *OLD* s.v. *edo*[2] 4), avec un jeu de mots sur le sens d'«annoncer»,«émettre solennellement» (un oracle: *OLD* l.c. 6b).

in aetheris uertice: hyperbole. Les deux substantifs contiennent la notion d'éminence absolue: voir *OLD* s.v. *aether* 1 «the upper regions of space, heaven, the ether» et s.v. *uertex* 3c «the highest point (of the sky), zenith». Selon *OLD* s.v. *uertex* l.c., en dehors de notre passage, *uertex* n'apparaît pour désigner le point le plus haut du ciel qu'en poésie: e.g. Lucr. 2, 210 *sol ... caeli de uertice*; Stat. *Theb.* 3, 218 *sator astrorum ... e uertice mundi / prospectans.* Comparer ensuite pour la combinaison Arnob. *nat.* 3, 31 *Mineruam ... aetherium uerticem*; Rut. Nam. 1, 17 *per aetherios mundani uerticis axes.*

diuino praesagio: peut compléter autant *ipsum scire* que *nobis enuntiare.* Dans le premier cas, *praesagium* est à prendre au sens de «pressentiment», «intuition» (*OLD* s.v. 1), dans le second, au sens de «présage» (*OLD* l.c. 2). La traduction française est dans l'impossibilité de rendre cette double nuance.

et ipsum scire et nobis enuntiare: le parallèle de construction (avec climax), appuyé par la multiliaison, donnent à cette fin de phrase une solennité comique.

35, 1-7 Nam et Corinthi nunc apud nos passim Chaldaeus quidam hospes miris totam ciuitatem responsis turbulenta\<*t*\> et arc[h]ana fatorum stipibus emerendis edicit in uulgum, qui dies copulas nuptiarum adfirmet, qui fundamenta moenium perpetuet, qui negotiatori commodus, qui uiatori celebris, qui nauigiis oportunus: Et d'ailleurs chez nous, à Corinthe, un véritable Chaldéen est maintenant de passage qui, de tous côtés, met la ville entière sens dessus dessous avec ses admirables réponses. Il divulgue à la foule les arcanes du destin pour gagner un peu sa vie et révèle quel jour renforce les liens d'un mariage, quel jour maintient les fondations des villes, quel autre est favorable à un marchand, quel autre offre à un voyageur une bonne compagnie, quel autre est propice à la navigation.

Ici commence l'histoire de Diophane, le devin chaldéen, dans les pouvoirs duquel Lucius croit aveuglément. Au chapitre suivant, Milon adoptera la position adverse, en exprimant son incrédulité. Cet épisode, absent de l'*Onos* (voir Introd.

7.2), illustre l'un des thèmes majeurs du roman: voir Introd. 4.1 et 5.3. Notre passage présente de nombreuses correspondances avec l'épisode des prêtres de la déesse syrienne prédisant l'avenir pour tous les aspects de la vie quotidienne: cf. 9, 8 (208, 7 ss.; voir pour ces correspondances *GCA* 1995 ad loc., en particulier p. 84 et 90). Ici, l'épisode est narré selon le point de vue de Lucius-acteur, qui ne manifeste aucune distance critique par rapport aux prédictions de Diophane. Au livre 9, en revanche, le ton est polémique. L'épisode de la *Dea Syria* est relaté selon la perspective de Lucius-narrateur, l'initié d'Isis, soucieux de décrier les adeptes d'une religion adverse (voir à ce propos l'Append. IV de *GCA* 1985, 287 ss.). Ce changement de vue s'explique aussi peut-être par la démonstration que lui fait Milon de la charlatanerie des devins (voir *infra* s.v. *stipibus emerendis*). Mais au livre 11, 22 (283, 27 ss.), les arguments astrologiques avancés par Isis sont acceptés avec sa foi accoutumée par Lucius: *suum sacerdotem praecipuum diuino quodam stellarum consortio, ut aiebat, mihi coniunctum sacrorum ministrum decernit.*

Corinthi - apud nos: pour cette origine de Lucius, cf. 1, 22 (20, 12) *litteras a Corinthio Demea ... reddo*. Molt 1938, 101 ad loc. s'étonne qu'il ne soit pas fait davantage allusion à cette origine du héros dans les autres passages du roman où il est question de cette ville (voir aussi Butler dans l'introd. à l'*Apol.*, p. X, note 4 «Les Belles Lettres») et suppose que Corinthe ne fut pour Lucius qu'un lieu de séjour pour ses études. Toutefois, au livre 11, 18 (280, 11 ss.), la prompte arrivée à Cenchrée de la famille de Lucius, avertie par la *Fama uolucris* de sa présence dans cette ville, indique qu'elle habite non loin. Voir aussi *GCA* 1981, 89 ad 7, 2 (155, 15) *in patriam Luci*. Cf. par ailleurs 1, 1 (1, 7) *Isth[o]mos Ephyrea*, avec Scobie 1975, 72 ad loc. pour cette métaphore désignant Corinthe, l'une des origines géographiques du «je» du prologue; voir comm. ad 2, 2 (26, 3) s.v. *generosa probitas*. Dans l'*Onos*, le héros est de Patras. Veyne 1965 s'appuie sur cette différence pour interpréter la mention de Corinthe comme un élément autobiographique déguisé. Avec plus de vraisemblance, Mason 1971 est d'avis que le choix de Corinthe chez Apulée s'explique par la mauvaise réputation de la ville dans l'Antiquité (lieu de débauche sexuelle et de décadence morale); voir aussi *GCA* 2000, 259 ad 10, 19 (251, 12) *Corinthum accessimus*.

apud nos: = *domi*. Selon Callebat 1968, 216, cette tournure, fréquente chez Apulée, relève de la langue familière. Mais, comme le notent *GCA* 1995, 344 ad 9, 41 (235, 8), elle apparaît aussi chez des auteurs n'usant pas de ce registre: voir *ThLL* s.v. *apud* 339, 58 ss.

passim: Vallette traduit «journellement». Mais *ThLL* s.v. 610, 39 ss., ne signale aucune occurrence de *passim* employé dans un sens temporel.

Chaldaeus quidam: le nom *Chaldaeus*, à l'origine celui d'un peuple, perd tôt sa signification ethnique pour désigner une caste de prêtres et de docteurs (cf. Cic. *div.* 1, 2 *Chaldaei non ex artis sed ex gentis uocabulo nominati*). Les Chaldéens étaient célèbres dans l'Antiquité pour leurs connaissances astrologiques et leur nom servit à désigner au fil du temps les astrologues, les devins et autres diseurs de bonne aventure, et finit par devenir synonyme de «charlatan». Dans un passage des *Flor.* traitant de la connaissance des astres que Pythagore avait acquise auprès des Chaldéens, ces derniers sont cités en tant qu'ethnie détentrice d'un savoir et d'une sagesse (15: 21, 20 ss.). Dans l'*Apol.*, en revanche, Apulée dénonce les impostures des Chaldéens au sens de devins populaires, inventant des prédictions conformes aux désirs des clients (97: 107, 12 ss.). Cf. aussi Juv. 6, 553 ss.; Cic. *div.* 2, 43 qui s'exclame à propos de leurs calculs astrologiques: *o delirationem incredibilem! non enim omnis error stultitia dicenda est.* La tournure *Chaldaeus quidam* invite aux deux lectures, où *quidam* est employé pour sa capacité d'intensification. *Quidam* se rencontre en effet souvent dans les *Met.* joint à un adjectif sur le sens duquel il agit en le renforçant (= «tout à fait», «extrêmement»; voir Van Mal-Maeder 1994, 216 ss. pour ces effets de sens et ces jeux linguistiques). Dans la bouche de Lucius, qui ajoute foi aux prédictions de Diophane, *Chaldaeus quidam* fait référence à l'origine du devin et/ou à ses capacités divinatoires: «un vrai Chaldéen» = «un excellent Chaldéen». Mais un «lecteur second» (voir Introd. 2.2) connaissant la suite de l'histoire (la révélation de la charlatanerie de Diophane par Milon) pourrait interpréter *Chaldaeus quidam* comme signifiant «un vrai Chaldéen» = «un vrai charlatan». Dans ma traduction, j'ai tenté de respecter l'ambiguïté du texte.

miris ... responsis: la mise en évidence de l'adjectif *miris* par l'hyperbate traduit l'admiration que Lucius éprouve pour la divination des Chaldéens. La prédiction de Diophane concernant l'avenir du héros est qualifiée de *oppido mira* (ligne 8).

turbulenta<t>: la correction *turbulenta<t>* est de ç. Pour la perte du *t* final, cf. 2, 16 (38, 1) et 2, 18 (40, 1). Le verbe *turbulentare* est un néologisme, qui apparaît aussi chez Zénon (*GCA* 1995, 114 ad 9, 11: 211, 21).

arc[h]ana fatorum: cette tournure emphatique témoigne de l'enthousiasme de Lucius pour le devin Diophane. On la rencontre auparavant chez Verg. e.g. *Aen.* 1, 261 s. *fabor enim ... uoluens fatorum arcana mouebo* (Jupiter à Vénus): voir Austin 101 s. ad loc. Cf. ensuite Ov. *met.* 2, 638 s. *non haec artes contenta paternas / edidicisse fuit: fatorum arcana canebat* (de la devineresse Ocyrhoé), avec Bömer 392 ad loc. Comparer encore Verg. *Aen.* 6, 72 *tuas sortis arcanaque fata / dicta meae genti ponam* (la Sibylle à Énée); Hor. *carm.* 3, 2, 26 s. Bernhard 1927, 106 remarque que la construction gén. partitif avec un adjectif neutre pluriel substantivé, peu attestée en latin classique en dehors des poètes, mais fréquente en latin tardif, est volontiers employée par Apulée. Voir aussi *GCA* 1977, 140 ad 4, 18 (88, 19), avec références supplémentaires.

stipibus emerendis: première mention de l'aspect pécuniaire des prédictions de Diophane. Lucius, qui ajoute foi à cette divination, juge la rétribution nécessaire et modeste (*OLD* s.v. *stips* c «a small payment or fee for services rendered»). Milon l'incrédule parlera quant à lui de *non paruas stipes, immo uero mercedes op[t]imas* (2, 13: 35, 16 s.). Cf. aussi 35, 23 ss., où l'importance de l'argent est rendue dans le récit par un mouvement de focalisation sur les piécettes déposées par un client; 2, 14 (36, 21 s.). Par la suite, Lucius paraît admettre le point de vue de Milon, quand il s'écrie: *ferat sua<m> Diophanes ille fortunam et spolia* *populorum ... conferat* (2, 15: 37, 5 ss.). Voir *GCA* 1995, 84 ad 9, 8 (208, 4 ss.) pour une comparaison entre notre passage et la mention des profits que se font les prêtres de la déesse syrienne avec leurs prophéties.

in uulgum: dans F, la leçon *in uulgum* est corrigée par une seconde main en *in uulgus*, correction adoptée par l'index de OCP. En 4, 2 (76, 2) et 4, 14 (85, 14), *uulgus* est en effet neutre. Mais le masculin est également attesté: voir Ernout 1974, 34; *OLD* s.v. 1b, qui cite pour la variante *in uulgum* Caes. *Gall.* 6, 14, 4 et Verg. *Aen.* 2, 99. Comme en 9, 17 (215, 11), *uulgus = populus* et est dépourvu de connotation négative (voir *GCA* 1995, 159 ad loc.); voir en revanche comm. ad 2, 27 (47, 21 s.).

qui ... qui ... qui ... qui ... qui: l'anaphore du pronom dans ce pentakôlon (avec asyndètes) met en évidence la multiplicité du savoir du devin Diophane: ses pouvoirs s'étendent à tous les domaines de la vie quotidienne. Ces cinq subordonnées présentent une construction symétrique et variée tout à la fois. Les deux premières forment une paire, dont les prédicats sont précédés d'un complément d'objet à l'acc. et de son complément du nom au gén. Les trois dernières présentent dans le même ordre un complément au dat. se rapportant à l'adjectif qui suit (noter l'équilibre rythmique), avec ellipse du verbe résultant en une accélération rythmique.

qui dies - adfirmet: cf. 9, 8 (208, 9 ss.), où l'oracle des prêtres de la déesse syrienne est forgé de manière à répondre à toutes les demandes, et tout d'abord à ceux *qui matrimonium forte coaptantes interrogarent*; voir *GCA* 1995, 86 s. ad loc., qui comparent avec *apol.* 97 (107, 12 s.) *nescio quos Chaldaeos consuluerat, quo lucro filiam collocaret.*

copulas ... adfirmet: *ThLL* s.v. *affirmo* 1226, 73 s. ne signale que notre passage pour cette combinaison. L'emploi de *affirmare* au sens de *firmare* (i.q. «rigidum reddere»: *ThLL* l.c. 1227, 53 ss.; *OLD* s.v. 4 «to strengthen») est attesté pour la première fois chez Apulée; cf. encore 7, 22 (171, 2) *corium adfirmatum*; 11, 2 (267, 20) *fortunam conlapsam adfirma. copulas nuptiarum*: dans F, une seconde main a corrigé *nuptiales*, correction adoptée par les anciennes éditions; φ a *nuptialis*. Petschenig 1881, 138 défend *nuptiarum* en avançant le parallèle de construction avec le gén. complément *moenium* et cette leçon est imprimée dès Van der Vliet par tous les éditeurs. Cette combinaison, attestée pour la première fois chez Apulée, se retrouve e.g. chez Hier. *adv. Iovin.* 1, 16 et chez Cassian. *conl.* 21, 32, 2 (*ThLL* s.v. *copula* 917, 67 ss. ne mentionne pas notre passage pour l'emploi de *copula* au sens de «liens du mariage», bien qu'il s'agisse de la première occurrence d'un tel emploi; *copula* est employé à propos des liens d'amour dans une schol. à Hor. *carm.* 1, 13, 18).

qui - perpetuet: cf. 9, 8 (208, 14 s.), où on trouve une demande voisine, concernant une propriété foncière: *si possessiones praestinaturus quaereret.*

fundamenta ... perpetuet: autre combinaison unique. En dehors de notre passage, *OLD* s.v. *perpetuo*[2] 2 «to make permanent or lasting, perpetuate» ne signale que l'emploi de substantifs abstraits comme objets de ce verbe.

qui negotiatori - oportunus: la rupture de construction avec les deux subordonnées qui précèdent et l'accélération du rythme due aux ellipses du verbe résultent en une mise en relief du contenu des trois derniers membres du pentakôlon, en accord avec la suite de l'épisode. Dans la phrase suivante, Lucius rapporte la prédiction qui lui fut faite concernant son propre voyage. Dans l'anecdote narrée par Milon, il est aussi question d'une prédiction concernant un voyage (2, 13: 35, 21 ss.), mais surtout des mésaventures du devin lui-même durant son voyage (cf. 2, 14: 36, 11 ss.). Comme les deux premières, les trois dernières périodes possèdent une contrepartie dans l'épisode des prophéties des prêtres de la déesse syrienne: cf. 9, 8 (208, 16 ss.) *si qui de profectione sollicitus diuinum caperet[ur] auspicium*. Les *Met.* fournissent plusieurs exemples d'ellipse du verbe *esse* dans une interrogative indirecte: cf. e.g. 5, 11 (112, 2 s.; *pace* Kenney 1990, 154 qui propose de rétablir le verbe *minatur*).

celebris: cette leçon des mss. a troublé plus d'un lecteur des *Met.* Nolte 1864, 674 veut corriger *celeris*; Petschenig 1881, 152 et Cornelissen 1888, 49 proposent *salubris*, conjecture adoptée par Van der Vliet et de Jonge 1941, 59 ad loc. Prescott 1911, 346 défend *celeber* comme étant synonyme des deux adjectifs qui l'encadrent, *commodus* et *oportunus*, et compare avec Plaut. *Poen.* 255 *diem pulchrum et celebrem et uenustatis plenum*; 758 *die festo celebri nobilique Aphrodisiis*; Cic. *Lael.* 3, 12; *Paneg.* 2, 1. Mais, comme le souligne de Jonge l.c., dans aucun de ces cas, *celeber* ne possède le sens de *commodus* ou *oportunus*. Le malaise face à la leçon des mss. (notre passage n'est pas traité par *ThLL* s.v. *celeber*) apparaît aussi dans la variété des traductions: Vallette: «bien choisi»; Brandt-Ehlers: «segensreich»; Hanson: «illustrious»; Scazzoso: «(giorno in cui le strade sono) le piu affollate»; Helm-Krenkel: «(welcher Tag dem Wanderer) zahlreiche Begleitung verspricht»; Annaratone: «in buona compagnia». Ces trois dernières traductions, qui attribuent à *celeber* son sens premier («très fréquenté») est attractive dans la mesure où, dans le monde des *Met.* (et dans l'Antiquité de façon générale), les routes sont dangereuses, hantées par des brigands et des animaux sauvages. Voyager seul est une entreprise risquée (cf. e.g. l'histoire de Socrate en 1, 7: 7, 6 ss.; 1, 15: 14, 1 s.; 8, 15: 188, 24 ss.; voir Millar 1981). Dans ce sens, *celeber* en rapport avec les routes se rencontre chez Cat. *agr.* 1, 3 *uia bona celebrisque*, dans un contexte suggérant l'importance d'une voie d'accès fréquentée pour des échanges commerciaux. La même idée pourrait s'appliquer à notre passage, où il est aussi question de commerce (cf. *negotiatori commodus*).

35, 7-11   Mihi denique prouentum huius peregrinationis inquirenti multa respondit et oppido mira et satis uaria; nunc enim gloriam satis floridam, nunc historiam magnam et incredundam fabulam et libros me futurum': Ainsi, à moi qui l'interrogeais sur l'issue de ce voyage, il donna quantité de réponses tout à fait étonnantes et admirablement variées: que je connaîtrai une gloire des plus florissantes, que je serai le héros d'une grande histoire, l'objet légendaire d'une fable incroyable et le sujet de plusieurs livres.»

Cette prédiction flatteuse explique la confiance enthousiaste de Lucius dans les dons du devin. Comme de nombreux lecteurs des *Met.* l'ont déjà noté, elle est d'une remarquable complexité (voir le plus récemment Graverini 2001a). Le récit de la bévue de Diophane, preuve de sa charlatanerie, jette rétrospectivement le discrédit sur la prédiction faite à Lucius (cf. 2, 13: 35, 20 ss. et 2, 14: 36, 26 ss.). Pourtant, le livre que le lecteur tient entre les mains prouve que la prédiction de Diophane s'est bel et bien réalisée: Lucius est en effet le héros des *Met.* Les termes de cette prédiction trouvent leur justification dans la suite des aventures de Lucius (voir *infra* s.v. *gloriam - floridam*). Le jeu entre réalité et fiction, vérité et mensonge, est renforcé par l'emploi ambigu du terme *incredundam* et par la juxtaposition de *historiam* et *fabulam* (voir *infra*).

Cette prédiction de Diophane, oscillant entre réalité et fiction est en étroite correspondance avec le rêve prémonitoire du prêtre d'Osiris au livre 11, 27 (289, 5 ss.), auquel le dieu prédit que lui serait envoyé *Madaurensem, sed admodum pauperem, cui statim sua sacra deberet ministrare; nam et illi studiorum gloriam et ipsi grande compendium sua comparari prouidentia.* Dans ce cas aussi, la frontière entre réalité et fiction se dissout et, avec l'adjectif *Madaurensem*, c'est le réel qui fait irruption dans l'univers romanesque. Une confusion similaire s'observe dans l'oracle d'Apollon: *quanquam Graecus et Ionicus, propter Milesiae conditorem sic Latina sorte respondit* (4, 32: 100, 18 ss.). La prédiction de Diophane trouve un écho dans la promesse que fait Charité à l'âne Lucius, s'il l'aide à échapper aux brigands qui l'ont enlevée: cf. 6, 29 (150, 17 ss.) *sed nec ... deerit tibi dignitas gloriosa ... et in fabulis audietur doctorumque stilis rudis perpetuabitur historia 'asino uectore uirgo regia fugiens captiuitatem'.* Voir *infra* s.v. *historiam magnam et incredundam fabulam.* Cf. aussi 9, 13 (213, 4 ss.), un épisode dans lequel Lucius se compare à Ulysse: *GCA* 1995, 131 s. ad loc. établissent un rapport avec notre passage, en notant: «Lucius is also telling the tale: he is *auctor* like Homer, *actor* like Odysseus».

Comme l'observe Smith 1972, 532, cette prédiction sur le destin littéraire de Lucius n'est pas sans rappeler la *sphragis* qui clôt les *Met.* d'Ovide: cf. en particulier 15, 878 s. *ore legar populi perque omnia saecula fama, / siquid habent ueri uatum praesagia, uiuam,* avec Bömer 490 s. ad loc. (cf. aussi Hor. *carm.* 3, 30; 4, 8, 28). Voir aussi l'analyse de Graverini 2001a, qui démêle un enchevêtrement d'allusions intertextuelles à Ovide (*trist.* 1, 1, 57) et Horace (*epist.* 1, 13, 6 ss.); *infra* s.v. *gloriam - floridam.*[1]

denique: ici *denique* = «par exemple», comme en 1, 4 (3, 22), dans un épisode opposant Lucius à un autre sceptique, et où il avance également comme argument

---

[1] Selon Reitzenstein 1968, 71 ss., la prédiction de Diophane est une allusion déguisée aux antécédents littéraires des *Met.*: Lucius de Patras vs. Aristide, Sisenna et l'auteur de l'épitomé (l'*Onos*). Les trois derniers auraient présenté l'histoire de l'âne comme une *fabula* divertissante et sans prétention stylistique, tandis que Lucius de Patras en aurait fait une historia, un récit littéraire, selon l'interprétation que Reitzenstein donne du terme (voir *infra* s.v. *historiam magnam et incredundam fabulam*). Contre cette interprétation, voir l'argumentation détaillée de Carratello 1973, 209.

sa propre expérience: *ego denique uespera*. Voir Callebat 1968, 325 pour d'autres exemples de cet emploi qui, avant Apulée, n'apparaît que chez Fronton.

prouentum - peregrinationis: au livre 1, Lucius mentionne en passant la raison de son voyage: *Thessaliam ... ex negotio petebam* (1, 2: 2, 5 ss.). De ce motif, il n'est plus question au cours du récit et la curiosité de Lucius semble être la seule raison de son périple (cf. 2, 1: 24, 18 ss.). La question du *negotium* de Lucius est traitée par Drake 1969, dans un article dont l'herméneutique m'échappe totalement.

prouentum: = *euentum*, comme en 4, 27 (96, 10 s.) *lucrosum prosperumque prouentum nuntiant. GCA* 1977, 128 ad 4, 16 (87, 7) étudient les différents sens que revêt *prouentus* dans les *Met.*

inquirenti: la correction de ς *anquirenti* est inutile (Hildebrand, Van der Vliet et Eyssenhardt maintiennent *inquirenti*). *Inquirere* au sens de «interroger», «se renseigner» se rencontre e.g. en 1, 17 (16, 1); 4, 9 (81, 15 s.).

multa respondit et oppido mira et satis uaria: l'effet haché qui résulte de cette construction par accumulation (noter la cadence: 5 syllabes - *et* - 5 syllabes - *et* - 5 syllabes) traduit l'enthousiasme un peu enfantin d'un Lucius prêt à croire aux monts et merveilles qu'on lui a prédits.

oppido mira et satis uaria: l'emploi d'adverbes renforçant un adjectif au positif est un trait caractéristique de la langue parlée apparaissant déjà en latin archaïque et se développant en latin vulgaire et tardif (Bernhard 1927, 108); voir aussi Callebat 1968, 535 s., selon lequel il s'agit moins chez Apulée d' «une concession au parler commun que le choix concerté d'un procédé expressif rappelant la langue des comiques». Cf. 2, 21 (43, 6 s.) *oppido puer et satis peregrinus es*. Van der Paardt 1971, 77 ad 3, 9 (58, 12) remarque que l'adverbe *oppido*, apparaissant comme désuet à l'époque de Quintilien (cf. *inst.* 8, 3, 25), est volontiers employé par Apulée; Callebat 1968, 540 s. souligne la prédilection de notre auteur pour *satis = ualde* (un emploi attesté en latin classique).

nunc ... nunc ... et ... et: l'anaphore des adverbes et des conjonctions développe les adjectifs *multa* et *uaria* qui précédaient.

gloriam ... historiam ... fabulam et libros me futurum: dans F, une main plus récente corrige la leçon *futurum* en *facturum* (voir *infra* s.v. *libros me futurum*). Mais comparer e.g. Hom. *Od.* 8, 579 s. θεοὶ ... ἐπεκλώσαντο δ'ὄλεθρον / ἀνθρώποις', ἵνα ᾖσι καὶ ἐσσομένοισιν ἀοιδή; Ar. *Pax* 146 ss. ἐκεῖνο τήρει, μὴ ... τραγῳδία γένη; Theoc. 12, 11, avec Gow 223 ad loc.; Ter. *Hec.* 620 s. *nos iam fabula / sumus, Pamphile 'senex atque anus'*; Hor. *epist.* 1, 13, 8 s.; Prop. 1, 15, 24 *tu quoque uti fieres nobilis historia*, avec Fedeli 351 ad loc.; 2, 21, 7; Pers. 5, 152 *cinis et manes et fabula fies*, avec Kissel 719 ad loc.; Juv. 10, 166 s. Pour cet emploi de substantifs abstraits attributs d'un sujet personnel, cf. encore Apul. *met.* 2, 19 (41, 6 ss.) *prouinciae uoluptarii secessus sumus* et 3, 13 (61, 25) *ego <origo> tibi huius molestiae fui* (voir Van der Paardt 1971, 104 ad loc.).

gloriam - floridam: le songe prémonitoire du prêtre d'Osiris au livre 11, 27 (289, 5 ss., cité dans la notice initiale) annonce également la gloire que Lucius est appelé à connaître. Comme le remarque Penwill 1990, 5 s. (et avant lui déjà Morelli 1915, 105 note 3), la gloire prédite successivement par Diophane et par Osiris est celle de l'orateur accompli et enrichi que Lucius deviendra à la fin de ses aventures. Cf. 11, 28 (290, 1 ss.) et surtout 11, 30 (291, 9 ss.), où Osiris ordonne à Lucius de poursuivre sa carrière lucrative: *quae nunc, incunctanter gloriosa in foro redderem patrocinia nec extimescerem maleuolorum disseminationes, quas studiorum meorum laboriosa doctrina ibide[serui]<m sustin>ebat. Floridus* doit être lu comme une référence par anticipation au style coloré et fleuri du futur orateur (ἀνθερόν, en grec; voir *OLD* s.v. *floridus* 4 [notre passage est classé sous 2c, comme seule occurrence du mot au sens de «outstanding, glorious»]). Pour cet emploi de *floridus* à propos de caractérisation stylistique chez Cicéron, Quintilien et Macrobe et en rapport avec les *Flor.* d'Apulée, voir Hijmans 1994, 1722 s.; voir aussi Cousin dans l'introd. de l'édition de Quint. *inst.* («Les Belles Lettres»), 46 ss. et note 4 p. 176. En 2, 2 (26, 9), *floridus* apparaît dans la description physique de Lucius qui, en termes de physiognomonie, constitue le portrait d'un homme de lettres (voir comm. ad loc.). À un niveau extra-textuel (hors de l'univers romanesque), cette gloire est aussi celle que connaîtra le héros des *Met.* en tant que création littéraire. Comparer à ce propos la *sphragis* des *Met.* d'Ovide (citée *supra*). *GCA* 1977, 160 ad 4, 21 (90, 18) étudient la notion de *gloria* dans les *Met.* (gloire personnellement acquise ou réputation héritée par son ascendance); voir surtout Graverini 2001a, 186 ss.

historiam magnam et incredundam fabulam: en 6, 29 (151, 4 s., cité plus haut), on observe la même juxtaposition des termes *historia* et *fabula*. Selon Reitzenstein 1968, 144, *fabula* désigne un récit populaire dans une tradition orale, *historia* une composition littéraire. Voir *contra GCA* 1981, 56 s. ad loc., qui renvoient à notre passage, estimant avec Vallette (note 1 p. 40) que les termes y sont pratiquement synonymes (cependant, Vallette note 1 p. 98 est d'avis qu'en 6, 29, la distinction est justifiée). Même opinion chez Carratello 1973, 208 ss., Scobie 1969, 13 ss. et 1973, 42; *ThLL* s.v. *historia* 2840, 18 s., pour qui notre occurrence «dicitur de materia poetica» (sous la rubrique «i.q. fabula, mythus sim.»; cf. e.g. Prop. 1, 15, 23 s. [cité *supra*]; 2, 1, 14 ss., cité *infra* s.v. *historiam magnam*). De fait, rien ne permet de penser que les termes *fabula* et *historia* renvoient à des contenus de qualité littéraire et stylistique différente. Mais le passage du livre 6 établit une distinction entre oral et écrit (*in fabulis audietur / stilis rudis perpetuabitur historia*; comparer Asell. *hist.* 2 *id fabulas pueris est narrare, non historias scribere*). Les correspondances entre la promesse de Charité et la prédiction de Diophane (voir notice initiale) suggèrent que cette distinction est aussi valable pour notre passage. Dans la mesure où le livre des *Met.* (cf. 35, 10 *libros*) fut conçu pour être lu aussi bien en privé (lecture solitaire, silencieuse ou à mi-voix) qu'en public (face à un auditoire; sur ce point voir e.g. Smith 1972, 514; Tatum 1979, 160 s.; Introd. note 88), *historia* pourrait se rapporter à la première situation, *fabula* à la seconde. Cf. 8, 1 (177, 1 ss., cité plus bas), où *historia* est à nouveau employé dans un contexte mentionnant l'écriture. Quant à *fabula*, le mot qualifie le plus souvent dans les *Met.* des récits racontés et entendus: voir comm.

215

ad 2, 1 (24, 21); cf. 6, 25 (147, 3 ss.) *sic ... narrabat anicula; sed astans ego non procul dolebam mehercules, quod pugillares et stilum non habebam, qui tam bel<l>am fabellam praenotarem.* L'ironie de ces passages consiste naturellement dans le fait que nous, lecteurs, prenons connaissance de tous ces récits (prétendument) entendus sous une forme écrite. Ce jeu entre oral et écrit et leur complémentarité est clairement exprimé dans la première phrase du roman: *uarias fabulas conseram auresque tuas ... permulceam - modo si papyrum ... inscriptam non spreueris inspicere* (1, 1: 1, 1 ss.). En 11, 20 (282, 5) *fabula* (au pluriel) désigne les «aventures» de Lucius.

Si les termes *historia* et *fabula* sont ainsi assemblés (leur juxtaposition est mise en évidence par leur position chiastique et par les homophonies), c'est sans doute en raison de leur opposition traditionnelle en rhétorique. *Historia* désigne un récit de faits véridiques, *fabula* un récit de fiction. Cf. e.g. *Rhet. Her.* 1, 8, 13; Cic. *inv.* 1, 27; Quint. *inst.* 2, 4, 2; voir *ThLL* s.v. *historia* 2834, 40 ss. Dans les *Met.* d'Apulée, *fabula* possède parfois le sens de «fable» (poétique ou mensongère): cf. 1, 20 (18, 18) *nihil ... hac fabula fabulosius* et voir comm. ad 2, 1 (24, 21); cf. aussi *apol.* 25 (29, 16; voir Hunink 1997, 87 s. ad loc.); 42 (49, 8); *flor.* 17 (32, 24); *mund.* 17 (165, 6). On rencontre *historia* au sens de «récit de faits historiques» dans les *flor.* 20 (41, 7). Voir en outre le commentaire de *GCA* 1985, 31 ad *met.* 8, 1 (177, 1 ss.) *ut cuncta noritis, referam uobis a capite, quae gesta sunt quaeque possint merito doctiores ... in historiae specimen chartis inuoluere*: «Here *historia* is (within fiction) reality, a piece of history, a true story». Ainsi, tout comme la prédiction de Diophane (à la fois devin véritable et charlatan), les aventures de Lucius (à la fois *historia* et *fabula*) oscillent entre vérité et fiction. L'ambiguïté est encore développée avec *incredundam* (*infra*).[2]

historiam magnam: l'adjectif qualifie autant la forme que le contenu de l'histoire: celle-ci est longue et importante. Reitzenstein 1968, 145 s. compare avec Prop. 2, 1, 14 ss. *tum uero longas condimus Iliadas; / seu quidquid fecit siue est quodcumque locuta, / maxima de nihilo nascitur historia*; voir Camps 67 ad loc.

fabulam ... me futurum: la tournure est ambiguë. Au vu de Sen. *benef.* 3, 23, 3 *nobilis fabula et exemplum duarum urbium fuit* et de Pers. 5, 152 (cité *supra*), *fabula* pourrait être interprété positivement («je deviendrai une légende»). Mais bien souvent chez les poètes faisant aveu de leurs déboires personnels, l'expression revêt une nuance de ridicule ou de scandale: cf. Hor. *epod.* 11, 7 s. *heu me, per urbem (nam pudet tanti mali) / fabula quanta fui!*, avec Heinze 531 ad loc.; *epist.* 1, 13, 8 s.; Tib. 1, 4, 83 s., avec Putnam 98 ad loc.; 2, 3, 31 ss.; Prop. 2, 24, 1 ss. *tu loqueris, cum sis iam noto fabula libro / et tua sit toto Cynthia lecta foro?*; Ov. *am.* 3, 1, 21 s. Voir *ThLL* s.v. *fabula* 25, 41 ss. pour *fabula* = «rumores uulgi

---

[2] Comparer pour l'ambivalence vérité/fiction Ach. Tat. 1, 2, 2, où l'on observe la juxtaposition antinomique μῦθος/λόγος (remontant à Platon: voir Hunter 1983, 47 ss.). Sur ce jeu au seuil des romans grecs (également présent chez Longus), voir Maeder 1991, en part. p. 15 s. Selon Bürger 1888, 495, le terme *historia* chez Apulée = «roman». Voir contra Rohde 1969 (¹1901), 28 ss.

216

et maleuolorum sermo»; cf. pour ce sens chez Apul. *met.* 5, 31 (128, 3 s.); 6, 23 (145, 28); *apol.* 69 (77, 16). Pour l'expression *fabula fieri*, voir encore *ThLL* l.c. 26, 13 ss. et comparer le passage qui fait suite à l'anamorphose de Lucius au livre 11, 16 (278, 8) *omnes in me populi fabulabantur*. Cf. Charito 5, 5, 3 διήγημα καὶ τῆς Ἀσίας καὶ τῆς Εὐρώπης γέγονα (cité par Mason 1978, 9).

incredundam: le mot est attesté chez le seul Apulée. Il est encore employé dans les *flor.* 15 (21, 18) à propos des pouvoirs des rites religieux des prêtres égyptiens et dans l'*apol.* 47 (54, 15) à propos de magie: voir Hunink 1997, 138 ad loc., pour qui dans ces deux passages il signifie «incredibly powerful». L'emploi du gérondif au sens d'un simple adjectif est fréquent chez Apulée: voir Van der Paardt 1971, 117 ad 3, 15 (63, 15) *miranda secreta*. Toutefois, la prédiction de Diophane oscille entre vérité et fiction et l'emploi de *incredundus* pour qualifier *fabula* sert cette ambiguïté. Les aventures de Lucius sont étonnantes, fabuleuses, mais sans doute aussi ne faut-il pas trop y croire (voir ETh 285 s. sur la nuance d'obligation avec adjectif verbal en *-ndus*).

libros me futurum: à propos de cette locution remarquable, Graverini 2001a, 189 ss. note qu'il n'existe aucun exemple dans la littérature grecque et latine d'un personnage s'identifiant ainsi matériellement avec le livre qui en contient les aventures (la particularité de ce tour explique sans doute, dans F, la correction *facturum* par une seconde main). Il compare avec d'autres expressions poétiques similaires («Être un livre»), en part. Ov. *trist.* 1, 1, 57 *tu tamen i pro me, tu, cui licet, aspice Romam: / di facerent, possem nunc meus esse liber!*

libros: le pluriel peut être lu comme une allusion à la division en plusieurs livres de l'histoire. Pour nous, lecteurs modernes situés en dehors de l'univers romanesque, les 11 livres des *Met.* que nous avons en main (voir Introd. note 38).

CHAPITRE XIII

Opinion de Milon sur la divination ou: la déconfiture de Diophane.

À Lucius qui exprimait sa foi en la divination (chapitre 12), Milon oppose son
scepticisme en relatant une mésaventure de Diophane, offrant la preuve de son
charlatanisme. Contrairement au sceptique du livre 1 dont il est le pendant (cf. 1,
3: 3, 9 ss.; 1, 20: 18, 18 ss.; Introd. 4.1; 5.3), Milon ne fait pas part de son incrédulité de manière explicite. Seuls la teneur du récit et son ton ironique en témoignent. Cette manière de narrer permet de maintenir l'effet de surprise (la chute est
d'autant plus drôle qu'elle est inattendue; pour Lucius, elle en est d'autant plus
vexante).

Ad haec renidens Milo: 'Qua', inquit, 'corporis habitudine   35, 12-14
praeditus quoue nomine nuncupatus hic iste Chaldaeus est?': À ces
mots, Milon me demanda avec un sourire: «Quelle allure a-t-il, ton Chaldéen, et
comment s'appelle-t-il?».

Étudiant le problème de l'identification des narrateurs dans les *Met.*, Bitel 2000,
163 compare avec la question programmatique du prologue *quis ille?* (1, 1: 1, 6).

renidens: la suite de l'épisode révélera qu'il s'agit d'un sourire moqueur. *GCA*
2000, 230 ad 10, 16 (248, 27 s.) observe que *renidere* est souvent employé à propos de sourires ironiques ou hypocrites. Un peu plus tôt, Milon avait manifesté
son scepticisme face aux prédictions du temps de sa femme de manière moins
retenue (cf. 2, 11: 34, 17 ss. *risu*).

habitudine praeditus ... nomine nuncupatus: parallèle de construction et homéotéleutes.

quoue: l'emploi copulatif de *-ue* (souvent avec un pronom interrogatif tel
quis/qui) s'observe surtout en poésie: voir Löfstedt 1956, 348 s. note 1 ([1]1928),
qui cite en particulier Plaute, Lucrèce, Virgile; LHSz 2, 503. On le rencontre en
prose dès Tacite.

hic iste Chaldaeus: le tour *hic iste* ne se rencontre que rarement en dehors
d'Apulée et appartient à la langue familière: voir Callebat 1968, 269; *ibid.* 270 s.
sur l'emploi de *iste* dans un dialogue et sur sa valeur proche de celle d'un possessif
de la 2e personne («ton Chaldéen»).

'Procerus', inquam, 'et suffusculus, Diophanes nomine': «Il est   35, 14-15
grand», répondis-je, «et plutôt basané, son nom est Diophane».

suffusculus: ce diminutif, issu de *suffuscus* («sombre»: cf. Tac. *Agr.* 12, 6, à
propos de la couleur de la perle océanique), est attesté pour la première fois chez
Apulée. On le retrouve chez Amm. 22, 16, 23, à propos du teint des Égyptiens.
Les adjectifs diminutifs avec préfixe *sub-* sont rares en latin: voir Hånssen 1951,

219

178; LHSz 2, 772 (qui cite comme autre exemple de «Doppeldeminution» avec *sub-* Cic. *Att.* 4, 5, 1 *subturpicula*).

Diophanes nomine: le nom *Diophanes* (Διοφάνης) se rencontre en Grèce comme à Rome: voir Solin 1982, 42; Fraser-Matthews I, 141 et II, 131 s.; *RE* 5 (1905) «Diophanes», 1048-1049. En latin, on le trouve avec diverses orthographes (e.g. *Tiopanes*; *Diofanes*, cf. 2, 14: 36, 23). Mais la leçon *Dyophanes* transmise dans notre passage par les mss. n'est pas attestée ailleurs. Aussi la correction *Diophanes* paraît-elle préférable. Issu de Διός (gén. de Ζεύς) et du verbe φαίνω, le nom est tout indiqué pour un prophète, qu'on le prenne au sens de «le porte-parole de Zeus» (*GCA* 1977, 114 «through whom Zeus manifests himself») ou au sens de «brillant de l'éclat de Zeus» (Pape-Benseler s.v. «mit Gott Lob erwerbend oder glänzend»; Russel 1942, 49 s.; *GCA* 1977, 114 «he who is famous through Zeus»)[1]. Mais alors qu'il devrait garantir l'authenticité des prédictions du devin et justifier la confiance de Lucius, ce nom se révélera avec la chute du récit être une antiphrase (comparer aussi le cas de *Cerdo*: ligne 21). Pour d'autres cas d'«antiphrases onomastiques» dans les *Met.*, voir Hijmans 1978.

35, 15-19   'Ipse est', ait, 'nec ullus alius. Nam et hic apud nos multa multis similiter effatus non paruas stipes, immo uero mercedes op[t]imas iam consecutus fortunam scaeuam an saeuam uerius dixerim miser incidit: «C'est bien lui», dit-il, «et nul autre. Car ici aussi, chez nous, il émit de même bon nombre de prédictions à bon nombre de gens, non pas pour quelques petits sous; au contraire, il s'était déjà amassé de grasses provisions, lorsqu'il se heurta, le malheureux, à la fatalité - la férocité, devrais-je plutôt dire - d'un triste sort.

et hic - consecutus: dans son exposition, Milon répète en écho les mots de Lucius (cf. 2, 12: 35, 1 ss.), afin de mieux exprimer l'opposition de leur point de vue (*infra*).

et hic apud nos: cf. 2, 12 (35, 1 s.) *Corinthi ... apud nos*.

multa - effatus: cf. 2, 12 (35, 2 s.) *passim ... totam ciuitatem responsis turbulenta<t>* et 35, 8 *multa respondit*. La combinaison est empreinte d'une emphase qui, dans la bouche de Milon, est ironique. Outre ce passage d'Apulée, *ThLL* s.v. (*effor*) 198, 55 s. cite pour cet emploi du verbe avec *multa* Verg. *Aen.* 12, 601 et Sen. *Phaedr.* 1004. Pour l'emploi de *effatus* (*effata*) par imitation du langage épique, voir Kenney 1990, 126 ad Apul. *met.* 4, 31 (99, 12). Sur ce type de juxtaposition (*multa multis*: polyptote), voir Bernhard 1927, 236 s. avec de nombreux exemples (imitation des auteurs archaïques et influence de l'asianisme grec).

---

[1]   Comparer à propos du dieu Φάνης, L. Brisson, «La figure de Chronos dans la théogonie orphique», in *Orphée et l'Orphisme dans l'Antiquité gréco-romaine*, Aldershot, Hampshire 1995, III, 39: «Comme son apparence, son nom est multiple. On l'appelle tout d'abord Phanès, nom dérivé du verbe φαίνω (apparaître, faire paraître), parce que, radieux, il fait apparaître toutes choses en apparaissant lui-même»; cf. e.g. Orph. *Fr.* 56 et 58.

non paruas stipes, immo uero mercedes op[t]imas: figure antithétique chère à Apulée: voir Bernhard 1927, 59 ss. (influence de l'asianisme grec); Callebat 1994, 1655. Comparer avec *immo* (le plus souvent, c'est la conjonction *sed* qui marque l'opposition) 7, 21 (170, 8 ss.) *quae res nobis non mediocris lites atque iurgia, immo forsitan et crimina pariet*. Le chiasme renforce l'opposition. La contradiction entre les dires de Lucius et ceux de Milon concernant le prix des consultations de Diophane est un exemple de variation des données du récit en fonction des différents narrateurs et de leur point de vue subjectif personnel (voir Van Mal-Maeder 1995; Introd. 5.4).

non paruas stipes: cf. 2, 12 (35, 4) *stipibus emerendis*.

immo uero: pour l'emploi de ce tour rhétorique cher à Apulée, voir *GCA* 1981, 93 ad 7, 2 (155, 23).

mercedes op[t]imas: pour Milon, qui ne partage pas le point de vue de Lucius à propos de la divination, les gages exigés par Diophane sont très élevés. Le mot *stips* (*supra*) est remplacé par un terme moins minoratif. La suite du récit semble donner raison à Milon, puisque le prix d'une prédiction est fixé à cent deniers (voir comm. ad 35, 24 s.), et Lucius s'exclamera finalement: *ferat sua<m> Diophanes ille fortunam et spolia populorum ... conferat* (2, 15: 37, 5 s.).

op[t]imas: au vu du contexte, la proposition émise par de Rhoer (dans l'apparat de Helm; Beroaldus lit aussi *opimas*) de corriger la leçon des mss. *optimas* en *opimas* (il s'agit d'une banalisation fréquente) est, sinon indispensable, du moins séduisante. Voir comm. ad 2, 11 (33, 25).

fortunam ... incidit: pour l'emploi transitif de *incidere*, cf. encore 2, 14 (36, 12); 6, 8 (134, 6) avec Kenney 1990, 201 ad loc.; 6, 14 (138, 23); 9, 22 (219, 18), avec *GCA* 1995, 194 ad loc. (qui signalent plusieurs exemples de *incidere + in*). L'emploi transitif de *incidere* avec le mot *fortuna* se rencontre encore plus tard chez Plin. *med.* 1, 26 *eos qui fortunam inciderint* (*ThLL* s.v. *incido* 905, 80). Comparer avec la préosition *in* e.g. Petron. 140, 15 *incidere ... in malam fortunam* (*ThLL* l.c. 898, 69 s.).

fortunam scaeuam an saeuam uerius dixerim: paronomase, qui ne fut pas sans occasionner quelques problèmes de texte. Dans F, on lit *seuam*; le *s* est un ajout d'une autre main, de même que le groupe *an saeuam uerius dixerim*; dans φ, la même main ajoute un *c* au-dessus du *e* de *seuam*. La lecture *scaeuam* est confirmée par a. Comparer pour cette juxtaposition euphonique 9, 14 (213, 16) (*femina*) *saeua scaeua uir[i]osa ebriosa peruicax pertinax*. De tels jeux de mots sont fréquents chez Apulée: voir Médan 1925, 310 ss.; Bernhard 1927, 228 ss. et Callebat 1968, 470 s. pour d'autres exemples. Comparer encore 3, 14 (62, 15) *<saeuientis fortunae> scaeuitas*, avec Van der Paardt 1971, 108 ad loc. sur cette leçon; 7, 20 (169, 8 s.) *in rebus scaeuis adfulsit Fortunae nutus hilarior*. Voir le comm. de *GCA* 1977, 142 ad 4, 19 (88, 27) *scaeuus euentus* concernant le mot *scaeuus*, peu fréquent en dehors d'Apulée; voir aussi Mattiacci 1994, 58, qui signale encore son emploi chez Salluste. Sur le thème de la Fortune dans les *Met.*, voir Monteduro Roccavini 1979; Steinmetz 1982, 257 ss.; Fry 1984 remarque que celui qui livre les arcanes de la Fortune est puni par elle; Fick-Michel 1991a, 367 ss.; Schlam 1992, 58 ss.; *GCA* 2000, 19.

an - dixerim: pour d'autres exemples de parenthèses avec verbe du dire dans les *Met.*, voir Bernhard 1927, 51 qui y voit un emprunt à la langue vulgaire. Dans notre passage, il s'agit plutôt d'un artifice rhétorique servant à souligner le jeu de mots.

miser: l'ambiguïté du mot, perceptible pour un «lecteur averti» (voir Introd. 2.2), n'apparaîtra clairement qu'avec la révélation de la charlatanerie de Diophane à la fin du récit de Milon. On peut y voir une antiphrase (comme *egregius* au chapitre 2, 14: 36, 10), ou l'expression du mépris de Milon («le misérable»: *OLD* s.v. 4). Pour cet emploi attributif du mot, voir comm. ad 2, 14 (36, 20) *miser iugulatus est*.

35, 20-23   Nam die quadam cum frequentis populi circulo conseptus coronae circumstantium fata donaret, Cerdo quidam nomine negotiator accessit eum, diem commodum peregrinationi cupiens: Car un jour qu'il était entouré d'une foule de gens faisant cercle autour de lui et qu'il distribuait les destins à une couronne d'assistants, un marchand nommé Cerdon s'approcha de lui, désireux de connaître le jour propice à un voyage.

die quadam: pour l'utilisation de *quidam* comme mise en relief d'un nouvel épisode, voir Van Mal-Maeder 1994, en particulier p. 219 ss.; voir aussi *infra* s.v. *Cerdo quidam nomine*.

circulo - circumstantium: noter l'exubérance verbale avec laquelle les notions de foule (*frequens, populus, circulus*) et de cercle (*circulus, con-, corona, circum*: allitérations) sont exprimés. Comparer e.g. Liv. 28, 29, 10 *exercitus corona contionem circumdederat*; Plin. *epist.* 6, 33, 3; Suet. *Aug.* 93 *dimisso consilio et corona circumstantium*; Amm. 21, 9, 7, etc.

fata donaret: d'ordinaire, on trouve l'expression *fata dare*: cf. Verg. *Aen.* 1, 383 *fata data*; Sen. *Herc. f.* 497 *nunc solita nostro fata coniugio date* (prière aux ombres de Créon et aux pénates de Labdacus); *Tro.* 986 ss.; Val. Fl. 1, 534, etc. (*ThLL* s.v. *fatum* 363, 52 ss.). Comparer Apul. *met.* 11, 27 (289, 6 s.) *de eius ore, quo singulorum fa[c]ta dictat* (d'Osiris). *Donare* (< *donum*) est probablement choisi par contraste avec la mention du prix exigé pour son travail (ligne 17 *mercedes op[t]imas*); voir *OLD* s.v. *dono* 2 «to present, grant, give (to)». Cf. Hor. *carm.* 4, 8, 11 s. *carmina possumus / donare et pretium dicere muneri*. À l'inverse de notre passage, cf. Ter. *Hec.* 849 *ego pro hoc te nuntio qui donem?* Les corrections de Wower *enodaret* et de Blümner 1905, 27 *sonaret* ne sont pas nécessaires.

Cerdo quidam nomine: le nom *Cerdo* est attesté en latin comme en grec (Κέρδων); voir Solin 1982, 1286 ss.; Fraser-Matthews I, 254 et II, 257. Issu de κέρδων («gain», «profit»), le nom est tout indiqué pour un marchand. Cf. Herod. 7, 74 ss. où le cordonnier Κέρδων s'adresse à ses divinités titulaires: Ἑρμῆ τε Κερδέων καὶ σὺ Κερδείη Πειθοῖ (voir Knox 351 s. ad loc.). Le nom *Cerdo* s'accorde également à la nature de son aventure avec Diophane. À première vue, sa signification peut paraître «antiphrastique», puisqu'en échange d'une prédiction, *Cerdo* doit débourser une somme rondelette (voir comm. ad lignes 24 s.). Mais la chute de l'histoire, qui voit *Cerdo* ramasser ses piécettes et s'enfuir lorsque Diophane se trahit (2, 14: 36, 20 ss.), rétablit la pertinence de son nom (pour cette interprétation du nom, voir Russel 1942, 34; *GCA* 1977, 102; Fick-Michel 1991a, 318). Dans les *Met.*, le pronom/adjectif *quidam* sert fréquemment à introduire un nouveau personnage appelé à jouer un rôle dans l'histoire (cf. aussi 35, 25 s.). De plus, Apulée tire volontiers parti de la capacité emphatique de *quidam* déterminant d'un nom ou joint à un adjectif («tout à fait», extrêmement»: voir Van Mal-Maeder 1994, 216 ss.). Ici, le terme renforce la signification du nom *Cerdo*: «un vrai gagne-sous»; comparer e.g. 4, 9 (81, 16) *Chryseros quidam nummularius* («un de ces Richards»); 9, 17 (215, 10) *nosti quendam Barbarum* («un véritable Barbare»).

accessit eum: dans F, *eum* est une adjonction d'une autre main; dans φ, une seconde main a ajouté au-dessus du complément à l'acc. *eo*. Pour *accedere* avec acc. sans préposition, voir comm. ad 2, 2 (25, 20).

diem - cupiens: voir comm. ad 2, 12 (35, 6 ss.) s.v. *qui negotiatori - oportunus*.

Quem cum electum destinasset ille, iam deposita crumina, iam profusis nummulis, iam dinumeratis centum denarium, quos mercedem diuinationis auferret, ecce quidam de nobilibus adulescentulus a tergo adrepens eum lacinia prehendit et conuersum amplexus exosculatur artissime: Il lui en choisit un et le lui désigna. Déjà Cerdon avait posé la bourse, déjà il avait répandu les piécettes, déjà il avait compté les cents deniers que coûtait la prophétie, lorsque qu'un jeune homme de bonne famille se glissa derrière le dos du devin, le saisit par son vêtement et, quand il se fut retourné, le prit dans ses bras et l'embrassa étroitement.

35, 23-36, 2

La profusion des détails distribués en séquences successives donne à la scène une remarquable vivacité. Le lecteur a l'impression d'assister lui-même à l'événement, comme à un mime qui se déroulerait sous ses yeux. Cette précision relève aussi d'une stratégie narrative «authentifiante» (effet de réel). Les détails que donne Milon sont la preuve de la véridicité de son histoire, c'est-à-dire finalement du charlatanisme de Diophane.

iam - denarium: noter le parallèle de construction dans ce trikôlon et le mouvement de gradation (8, 7 et 12 syllabes; le dernier membre est encore complété par une relative), ainsi que l'anaphore des *iam* et les asyndètes. Ce découpage en séquences successives correspond à une focalisation progressive sur l'argent, dont l'importance est ainsi soulignée. Comme Cerdon et Diophane à l'intérieur du monde romanesque, le lecteur/auditeur voit d'abord la bourse contenant la somme, assiste ensuite au déversement des piécettes et au comptage des cent deniers. La succession de participiales introduites par des *iam* «d'ouverture» (ou «de préparation»; voir Chaussery-Laprée 1969, 479 s.) a pour résultat une mise en évidence de la principale par un effet de retardement. Cette insistance sur l'argent prépare à la chute de l'histoire (voir *infra* s.v. *profusis nummulis*). Pour une construction similaire en étapes successives avec anaphore de *iam*, cf. e.g. 2, 10 (33, 13 ss.); 2, 19 (40, 22 ss.); 2, 29 (48, 26 ss.).

crumina: terme de la langue familière (Callebat 1968, 26). Il apparaît encore dans l'*apol.* 42 (49, 21), où il désigne comme ici une bourse contenant les pièces d'argent; cf. Fest. p. 53 L *crumina sacculi genus*; Non. p. 109 L (s.v. *bulga*). Dans ce sens, *crumina* est attesté avant Apulée chez Plaut. *Asin.* 590; cf. aussi Gell. 20, 1, 13. Chez Hor. *epist.* 1, 4, 11 (voir Mayer 135 ad loc.) et Juv. 11, 38, le mot désigne par métonymie l'argent-même.

profusis nummulis: le détail est d'importance; cf. 2, 14 (36, 21 s.) *Cerdo ... correptis nummulis suis ... protinus aufugit*. Le diminutif *nummulus* (attesté auparavant selon *OLD* s.v. chez le seul Cicéron au sens de «petite pièce») apparaît encore en 1, 24 (22, 4). Pour Callebat 1968, 378, il «trahit une intervention discrète, souriante et souvent ironique de l'auteur». De fait, le terme contraste de manière comique avec l'énormité de la somme exigée par Diophane pour le prix de sa prophétie; voir notice suivante.

centum - auferret: en comparant le prix de cette consultation avec d'autres prix mentionnés dans les *Met.*, on s'apercevra que les cachets du devin sont astronomiques et qu'ils justifient l'opinion de Milon (lignes 16 s.). Dans un beau chapitre consacré aux prix dans les romans latins, Duncan-Jones 1982, 251 ([1]1974) remarque pour notre passage: «the sum offered may thus have been pitched high in order to emphasise his fraudulence». De fait, le prix mentionné par Milon répond à sa rhétorique euphonique et emphatique (*centum denarium*, comme aussi dans les deux premiers membres du trikôlon *deposita crumina* et *profusis nummulis*). Pour ce type de manipulation du langage et de l'information par les personnages des *Met.* au service de leurs intentions et de leur subjectivité, voir Van Mal-Maeder 1995; Introd. 5.4. Voir *GCA* 1995, 71 ad 9, 6 (206, 26 s.) sur la valeur du *denarius* à l'époque d'Apulée et sur la mention de cette monnaie romaine dans l'univers grec des *Met.*

denarium: le gén. *denarium* apparaît encore en 1, 24 (23, 2) et 8, 25 (197, 11 s.). Sur ce type de gén. en *-um*, voir *GCA* 1977, 143 ad 4, 19 (88, 28) avec de nombreux exemples. Dans l'*apol.* 97 (107, 21) on trouve *denariorum*.

ecce - adulescentulus: souvent placée en tête de phrase ou en tête de période (ici, au début de la proposition principale), la particule *ecce* a pour fonction d'attirer l'attention sur un nouvel élément du récit et de signaler un tournant dans l'histoire narrée (Callebat 1968, 422 ss.; comm. ad 2, 4: 27, 7; voir aussi les index des *GCA*). Ici, *ecce* met en relief l'entrée d'un nouveau personnage appelé à jouer un rôle déterminant dans la chute de l'histoire, renforçant ainsi la fonction de *quidam* (voir *supra* comm. ad ligne 21). Cette occurrence de *quidam* constitue l'un des nombreux exemples des *Met.* où se vérifie explicitement la définition que donne Serbat 1984, 344 de ce pronom/adjectif: «unité/dans un ensemble d'êtres (approximativement) analogues».

de nobilibus adulescentulus: un détail caractéristique du style d'Apulée, qui donne au récit sa couleur et sa saveur. Comme le note Callebat 1968, 372, *adulescentulus* appartient à la catégorie des diminutifs choisis pour la valeur propre du suffixe (ici, il insiste sur la qualité de la jeunesse) et contribue «à la vivacité et à l'intensité de la narration» (p. 371). Surtout, le mot répond au goût de Milon pour une rhétorique sonore: allitérations et assonances du groupe *de nobilibus adulescentulus*; voir *supra* s.v. *circulo - circumstantium* et *centum - auferret*. Le diminutif se retrouve à plusieurs reprises dans l'*Apol.*: e.g. 66 (75, 4); 76 (85, 9), etc. Plus loin, Photis avertit Lucius de se méfier d'une bande de jeunes voyous nobles d'Hypata: voir comm. ad 2, 18 (39, 22 s.).

a tergo - artissime: noter la précision descriptive (5 verbes), où chaque mouvement est découpé avec soin selon une succession chronologique. De Jonge 1941, 62 compare avec Ter. *Phorm.* 862 *puer ad me adcurrit Mida, / pone reprendit pallio, resupinat.*

conuersum - artissime: un assemblage de termes chers à Apulée (idiolecte); cf. 2, 10 (33, 12 s.), avec comm. ad loc.

At ille ubi primum consauiatus eum iuxtim se ut adsidat effecit, attonitus [et] repentinae uisionis stupore et praesentis negotii quod gerebat oblitus infit ad eum: "Quam olim equidem exoptatus nobis aduenis?": Lui alors, lorsqu'il eut rendu ses baisers, le fit asseoir à ses côtés. Frappé de stupeur par cette vision imprévue et oubliant l'affaire qui l'occupait en ce moment, il lui dit: «Depuis quand es-tu là? Je me languissais tant de ta venue!»

consauiatus: dans F, le second *a* fut ajouté par la même main et le *u* fut corrigé en *b* par une autre main. Ce composé du verbe *sauiari* ne se retrouve en latin que dans un autre passage des *Met.*, où il présente la forme active: cf. 6, 22 (145, 6) *consauiat* (Kenney 1990, 220 ad loc. hésite à lire *consauiatur*). Le roman abonde en néologismes composés à l'aide du préfixe *cum* (Médan 1925, 127 s.); cf. e.g. 7, 1 (154, 22) *commentitus*; 10, 22 (253, 22) *commorsicantibus*; 9, 27 (223, 21) *commulcens*, etc.

iuxtim se: d'ordinaire, *iuxtim* est adverbial; cf. *flor.* 3 (43, 24 s.) *iuxtim consedit.* Dans notre passage, il est employé comme préposition, comme chez Sisenna *hist.* 3 *iuxtim Numicium flumen obtruncatur*; cf. ensuite *Itin. Alex.* 23 et 54 (en 49, *iuxtim* possède le sens de *prae*). Pour Callebat 1968, 477 s., il s'agit d'un emprunt conscient à Sisenna, conférant au style une couleur archaïque et un caractère littéraire. On trouve cependant d'autres exemples d'adverbes employés comme préposition chez Apulée (voir Médan 1925, 223 s.); cf. e.g. *longe* (1, 19: 17, 18 s.), avec Scobie 1975, 119 ad loc. et *retro* (6, 8: 133, 20 s.).

ut adsidat effecit: ce type de concordance libre (présent avec un verbe principal au passé) est connu des classiques, mais se répand surtout en latin tardif: voir Callebat 1968, 361 avec littérature; Van der Paardt 1971, 90 s. ad 3, 11 (60, 15 s.) *ut in aere stet imago tua decreuit.*

attonitus - oblitus: construction «chiastique», où les participes se font écho en tête et en fin des deux participiales (homéotéleutes). En 2, 14 (36, 10 s.) *mente uiduus necdum suus*, Milon insiste à nouveau sur l'état d'esprit de Diophane, cause de sa bévue.

attonitus [et]: la position inusuelle du *et* a suscité diverses conjectures. Colvius corrige *est*, imprimé par Hildebrand; Petschenig 1888, 76 propose *ex*. Robertson et Brandt-Ehlers déplacent *attonitus* après *stupore*. Frassinetti et Hanson maintiennent la leçon des mss., où la multiliaison appuierait la position chiastique des deux participes et de leur groupe complément. Mais cette construction paraît très artificielle et peu conforme au style d'Apulée. Il vaut mieux opter pour la suppression du premier *et* proposée par Lütjohann 1873, 495 note 1 (parmi d'autres cas similaires), adoptée par Van der Vliet, Helm, Giarratano et défendue par Augello 1977, 48 et Magnaldi 2000, 59 s. (cette dernière livre une explication relative au mécanisme de ce type de faute dans F). Pour le thème récurrent de la stupeur dans les *Met.*, voir comm. ad 2, 2 (25, 8 s.).

repentinae uisionis: même combinaison en 4, 16 (87, 1 s.).

infit: mot de la langue poétique à connotation archaïque: voir *GCA* 1977, 186 ad 4, 25 (94, 5) et *GCA* 1981, 251 ad 7, 25 (173, 16).

Quam olim - aduenis: premier indice de la charlatanerie de Diophane. En bon devin, il n'aurait pas eu besoin de poser cette question.

Quam olim: la combinaison est attestée pour la première fois dans ce passage d'Apulée (*ThLL* s.v. *olim* 562, 49 ss.). On la retrouve chez Cassian. *inst.* 11, 16 et chez Tert. *adv. Marc.* 4, 23. Le tour *quam* + adverbe dans une phrase interrogative rappelle la langue des comiques (Callebat 1968, 531 s.); cf. e.g. 2, 19 (41, 3 s.) *quam commode*; comparer *quam dudum* chez Plaut. *Amph.* 692 ou *quam mox* dans *Rud.* 342; voir aussi LHSz 2, 589.

equidem: le mot a une fonction emphatique (*OLD* s.v. 2) et renforce *exoptatus*; *GCA* 2000, 53 ad 10, 1 (236, 13) observe que l'emploi de *equidem* au sens de *quidem*, fréquent en comédie, se limite chez Apulée aux *Met*.

nobis: cf. 11, 22 (284, 10) *adest tibi dies uotis adsiduis exoptatus*. Voir Médan 1925, 46 et Callebat 1968, 104 s. pour d'autres exemples de dat. éthique chez Apulée (trait de la langue familière).

36, 6-10   Respondit ad haec ille alius: "Commodum uespera oriente. Sed uicissim tu quoque, frater, mihi memora quem ad modum exinde ut de Euboea insula festinus enauigasti et maris et uiae confeceris iter": À ces mots, l'autre répondit: «À l'instant, au coucher du soleil. Mais toi, mon frère, à ton tour, raconte-moi comment s'est passé ton voyage sur terre et sur mer, depuis ton départ précipité de l'île d'Eubée.»

ille alius: Callebat 1968, 280 s. souligne que la valeur démonstrative et emphatique du pronom *ille* demeure sensible dans notre passage. Pour *alius = alter*, voir *ibid.* 286 («confusion particulièrement fréquente dans la latinité impériale et tardive»).

Commodum uespera oriente: la majorité des traducteurs traduisent par «hier soir». Pourtant, la présence de *commodum* suggère que le jeune homme vient d'arriver, le soir-même (Milon ne précise pas l'heure à laquelle Diophane tient consultation: cf. seulement la formule générale *die quadam*: 35, 20). Voir les traductions de Grimal: «juste depuis ce soir» et de Helm-Krenkel: «soeben bei Anbruch des Abends». En 1, 5 (5, 11 s.), la combinaison *commodum uespera oriente* fait sans aucun doute référence au soir-même.

uespera oriente: avant Apulée, la combinaison apparaît chez Atta *com.* 24. Comparer pour d'autres indications temporelles similaires dans notre roman 4, 16 (86, 23 s.) *prouecta uespera*, avec *GCA* 1977, 126 ad loc., qui commentent l'emploi chez Apulée de *uespera* au lieu de *uesper*; 5, 21 (119, 16) *uespera ... iam noctem trahente*; 8, 15 (188, 22 s.) *iam uespera semitam tenebrante*. Cf. Hor. *carm.* 2, 9, 10 s. *uespero / surgente*.

Sed uicissim tu - iter: Graverini 1998, 139 voit avec raison un écho de Verg. *Aen.* 6, 531 *sed te qui uiuom casus, age fare uicissim, / attulerint. Pelagine uenis erroribus actus / an monitu diuom?*; ces vers font eux-mêmes allusion à Hom. *Od.* 11, 155.

frater: pour cet emploi affectif et familier du mot, voir *GCA* 1985, 77 ad 8, 7 (181, 18); Callebat 1968, 74 et 1994, 1638 (mot expressif du *sermo cotidianus*).

exinde ut: au sens de *ubi primum*, cette combinaison est attestée pour la première fois chez Apulée: voir *GCA* 2000, 164 ad 10, 9 (244, 1). Cf. 1, 24 (22, 15) *exinde cum*, avec Scobie 1975, 128 ad loc.

de Euboea - enauigasti: analepse extradiégétique (voir Introd. 2.1.1.2). La phrase évoque des événements qui se sont produits dans une autre histoire et un autre univers, connus du seul Diophane et de son jeune ami; voir aussi notice suivante. Cette précision géographique constitue un détail «crédibilisant» («effet de réel»).

festinus: cette précision évoque un univers et un passé auxquels le lecteur/auditeur n'a pas accès (ni les personnages de l'histoire assistant à cette scène de retrouvailles) et suscite une question: pourquoi Diophane a-t-il quitté l'Eubée précipitamment? Le mot *festinus* crée un horizon d'attente (devin en fuite = devin malhonnête?) et prépare à la chute de l'histoire. Rétrospectivement, on peut penser que la mésaventure de Diophane à Hypata explique son déplacement à Corinthe (cf. 2, 12: 35, 1 s. et 35, 16). Sur l'emploi prédicatif de *festinus*, plusieurs fois attesté dans les *Met.*, voir *GCA* 2000, 126 ad 10, 6 (241, 4).

et maris et uiae ... iter: *ThLL* s.v. *iter* 545, 37 mentionne la combinaison *iter uiae* sous les jonctions «abundantiae» et cite avant Apulée Lucr. 2, 626 *iter ... uiarum* et 5, 1124. Comparer surtout Prop. 2, 27, 6 *et maris et terrae caeca pericla uiae*. Cette double précision, renforcée par la multiliaison, se justifie par la suite du récit, exposant les péripéties maritimes et terrestres de Diophane (chapitre 14).

CHAPITRE XIV

Le périple de Diophane (Malheureux qui, comme Ulysse ...)

Ad haec Diophanes ille Chaldaeus egregius mente uiduus necdum   36, 10-12
suus: "Hostes", inquit, "et omnes inimici nostri tam diram, immo
uero Ulixeam peregrinationem incidant: À cela, Diophane, cet excellent
Chaldéen, qui avait perdu ses esprits et n'avait pas encore repris possession de lui-
même, répondit: «Puissent nos ennemis et tous nos adversaires endurer un voyage
aussi épouvantable, ou, pour mieux dire, aussi odysséen.

Ici commence, enchâssé dans celui de Milon, le récit de Diophane, narré par le
devin lui-même (Diophane est un narrateur au troisième degré, homodiégétique
actoriel: voir Introd. 2.2). Son récit, dans lequel tout est poussé aux extrêmes
degrés du malheur, appartient à la tradition des récits de voyage narrés à la première personne, dont l'*Odyssée* est le modèle et dont les romans antiques fournissent plusieurs exemples; voir notice initiale suivante. L'épisode s'inscrit aussi
probablement dans une tradition d'histoires drôles visant les voyants et les diseurs
de bonne aventure: voir Introd. 4.1. Le comique tient au contexte: tout occupé à
relater ses malheurs, Diophane oublie le client qui l'interrogeait à propos d'un
voyage (cf. 2, 13: 35, 22 s.). Rétrospectivement, sa bévue jette un doute sur la
mirifique prédiction qu'il avait faite à Lucius concernant l'issue de son voyage (cf.
2, 12: 35, 6 s.).

    Cet épisode présente plusieurs ressemblances avec les mésaventures de
Thélyphron et de Lucius. Comme eux, Diophane subit une humiliation publique,
qui suscite le rire sonore des auditeurs (comparer en particulier 2, 30: 50, 13 ss.;
3, 10: 59, 11 ss.; voir Introd. 5.5); comme eux, il est contraint à une manière d'exil
(voir comm. ad 2, 13: 36, 7 ss. s.v. *festinus*).

    Diophanes: voir comm. ad 2, 13 (35, 14 s.).

    ille: le pronom possède ici une valeur emphatique et ironiquement laudative,
venant appuyer *egregius* (*infra*). Sur les divers emplois de *ille* dans les *Met.*, voir
Callebat 1968, 275 ss.

    Chaldaeus: voir comm. ad 2, 12 (35, 2).

    egregius: l'adjectif est employé par antiphrase, comme souvent dans les *Met.*:
cf. e.g. 2, 29 (49, 12: d'une meurtrière); 5, 9 (109, 19) et 5, 24 (122, 10: des soeurs
de Psyché); 9, 23 (220, 12: d'une épouse infidèle). *Egregius* fait référence à la
profession du devin («cet excellent Chaldéen», s.e. qui ne voit pas plus loin que le
bout de son nez).

    mente - suus: cf. 2, 13 (36, 4 s.) *attonitus ... stupore* (de Diophane).

    mente uiduus: la combinaison est unique. De Jonge 1941, 64 paraphrase:
«mente priuatus» et compare pour cet emploi de *uiduus* au sens de *sine* Hor.
carm. 1, 10, 11 *uiduus pharetra / risit Apollo*; Stat. *Theb.* 10, 13 *uiduae mode-*

229

rantibus alni. Cet emploi apparaît aussi en prose: cf. e.g. Colum. 2, 14, 7 *uiduus pecudibus ager*; Plin. *nat*. 3, 2 (*OLD* s.v. *uiduus* 4).

necdum suus: pour cette tournure, cf. avant Apulée Ov. *met*. 8, 35 *uix sua, uix sanae uirgo Niseia compos / mentis erat*, avec Bömer 26 ad loc.; 14, 166 *iam suus*.

hostes ... et omnes inimici nostri: redoublement emphatique avec climax.

tam diram ... peregrinationem incidant: voir comm. ad 2, 13 (35, 18 s.).

immo uero: voir comm. ad 2, 13 (35, 17).

Ulixeam: l'adjectif, qui fait référence au *nostos* d'Ulysse, est attesté pour la première fois dans ce passage. Le matériel du *ThLL* à Munich cite ensuite Drac. *Orest*. 76 *fraudis Ulixeae formatur epistola mendax*. En grec, on trouve une fois Ὀδυσήϊος (cf. Hom. *Od*. 18, 353 Ὀδυσήϊον ἐς δόμον ἵκει) et trois fois Ὀδύσσειος, mais ce mot est plus tardif (cf. Theognost. *Can*. p. 105, 34; 106, 1; Tz. ad Lyc. 1030). Les *Met*. fournissent plusieurs exemples de tours emphatiques de ce type (adjectif en lieu et place du substantif au gén.): cf. 2, 32 (52, 3) *Geryoneae caedis*; voir *GCA* 2000, 218 ad 10, 14 (247, 25) *Eteocleas ... contentiones*; *infra* ligne 18 *latrocinalis ... manus*. Cf. Plaut. *Mil*. 1413 *Venerium nepotulum*; *Truc*. 562 *partem Herculaneam* (deux exemples cités par Bernhard 1927, 111, qui souligne pour ces tournures l'influence de la langue des poètes mêlée à celle de la langue vulgaire). Diophane a beau comparer ses épreuves à celles d'Ulysse, il ne fera pas preuve de la même prudence que le héros de l'*Od*.: voir comm. ad 35, 22 s. *imp<r>udentiae suae*.

36, 13-16   Nam et nauis ipsa *<qua>* uehebamur uariis turbinibus procellarum quassata utroque regimine amisso aegre ad ulterioris ripae marginem detrusa praeceps demersa est et nos omnibus amissis uix enatauimus: Car le navire qui nous transportait, secoué dans les tourbillons de plusieurs tempêtes, perdit ses deux gouvernails, fut jeté tant bien que mal sur le bord de la rive opposée, s'abîma et sombra; et quant à nous, nous nous en sortîmes de justesse à la nage, mais en perdant tous nos biens.

La tempête suivie ou non d'un naufrage est un *topos* de l'épopée et des romans antiques (voir Billault 1991, 195 ss.), dont l'*Odyssée* fournit le modèle.[1] Cf. Hom. *Od*. 3, 286 ss.; 5, 291 ss. et 7, 270 ss., où l'épisode est également narré à la première personne. Cf. encore Verg. *Aen*. 1, 81 ss.; Petron. 114, 1 ss. avec perte similaire du mât et du gouvernail; Ach. Tat. 3, 1, 1 ss. où, comme ici, à la tempête succède une attaque de brigands; Hld. 1, 1, 1 ss.; 1, 22, 4 et surtout 5, 22, 3 ss.: un passage dans lequel Calasiris rapporte une malédiction qui lui fut lancée en songe par Ulysse, le héros lui prédisant les pires malheurs pour son voyage (cf. en particulier τῶν ὁμοίων ἐμοὶ παθῶν αἰσθήσῃ, θαλάττῃ τε ἅμα καὶ γῇ πολεμίοις

---

[1]   Il s'agit aussi d'un passage obligé dans les déclamations: cf. e.g. Sen. *contr*. 7, 1, 4; *suas*. 1, 15 ss.; 3, 2 *describe nunc tempestatem*.

ἐντυγχάνων: comparer ligne 12 *Ulixeam peregrinationem*). Le navire de Calasiris essuie peu après une terrible tempête, qui arrache l'un des deux gouvernails (voir *infra* s.v. *utroque regimine amisso*), suivie d'une attaque de pirates. Ce qui fut prédit à Calasiris, Diophane aurait dû, en bon devin, le prévoir pour lui-même. Du moins aurait-il dû avoir la prescience de l'un ou de l'autre de ces malheurs successifs.

et nauis ipsa ... demersa est et nos ... enatauimus: Bernhard 1927, 48 s., puis Callebat 1968, 438 s. observent que cette construction paratactique (caractéristique de la langue vulgaire) avec changement de sujet répond à une recherche d'effet dramatique (*pathos*). L'accumulation des catastrophes résultant les unes des autres est rendue par une succession de participiales précédant les verbes principaux.

ipsa <qua>: dans les mss., *qua* est une adjonction d'une seconde main. Oudendorp, Hildebrand et Van der Vliet impriment *ipsa in qua*; Bursian 1881, 123 corrige *ipsa* en *in qua*. Cependant, comme l'a montré Novák 1904, 18, de telles interventions ne sont pas nécessaires. Le pronom relatif *qua* est soit un abl. locatif (cf. 1, 2: 2, 10 *equo indigena peralbo uehens*; 11, 8: 272, 15 s. *ursam ... <quae> sella uehebatur*), soit un abl. instrumental (cf. 1, 20: 19, 3 ss. *me ... non dorso illius, sed meis auribus peruecto*). Voir ETh 101 sur la confusion d'emploi entre ces deux types d'abl.

uariis turbinibus procellarum: cf. Catull. 68, 63 *in nigro iactatis turbine nautis*. Accumulant les désastres (voir aussi notice suivante), Diophane n'essuie pas une seule tempête, mais plusieurs. Le gén. *procellarum* précise le plus général *turbinibus*. Voir LHSz 2, 62 sur le gén. «inhaerentiae» ou «identitatis», qui, bien qu'attesté en latin archaïque et classique dans quelques combinaisons (e.g. *mens animi*), se développe surtout à partir de Vitruve et Apulée, pour devenir fréquent dans la latinité tardive.

quassata: Callebat 1968, 58 voit dans cet emploi du verbe au sens de «ébranler» une réminiscence de Verg. *Aen.* 1, 551 *quassatum uentis ... subducere classem*.

utroque regimine amisso: tout va au plus mal dans ce voyage. Ce sont pas moins des deux gouvernails qui sont arrachés et non un seul, comme dans le passage précité du roman d'Héliodore (*supra* notice initiale); *infra* s.v. *unicus frater meus* (ligne 19). En guise de gouvernail, les navires étaient équipés dans l'Antiquité d'une paire de grandes rames placées de chaque côté de la poupe: voir DSg «nauis», 24-40 [Torr] (p. 37); de Saint-Denis 1935 s.v. *gubernalculum*; Casson 1971, 224 ss. De Saint-Denis l.c. signale à propos du terme *regimen* qu'il se rencontre avant tout dans la poésie impériale comme substitut de *gubernaculum* ou de *clauus* (p. 96). *OLD* s.v. *regimen* cite pour cet emploi métonymique du mot au sens de «gouvernail» Ov. *met.* 3, 593 et 11, 552; Petron. 123 v. 235 (dans le poème d'Eumolpe).

ripae marginem: la combinaison apparaît souvent chez Ovide e.g. *epist.* 5, 27; *fast.* 2, 222 (*riparum*); *met.* 1, 729; cf. ensuite e.g. Sil. 6, 165 avec Spaltenstein 402 ad loc. En prose, avant Apulée: Curt. 7, 9, 5. L'emploi de *margo* au sens de frontière entre terre et eau est poétique: voir Bömer 21 ad Ov. *met.* 1, 13 s. *longo / margine terrarum.*

praeceps demersa est: pour de Jonge 1941, 65, *praeceps* est ici acc. neutre adverbial, comme il l'est aussi au livre 4, 12 (84, 6). Il s'agit plutôt d'un adjectif prédicatif (c'est ainsi que le prend l'index d'OCP), comme on en trouve de nombreux exemples dans les *Met.*: cf. e.g. 5, 25 (122, 18) *praecipitem sese dedit* (voir Kenney 1990, 174 ad loc., qui compare avec Laevius et Virgile); 5, 27 (124, 18); 7, 13 (164, 10); 10, 4 (239, 16); comm. ad 2, 6 (29, 19 s.). Cf. encore Sil. 14, 331 s. *tanta praecipitem reddebant mole profundo, / ut totam haurirent undae cum milite puppem.*

36, 16-20   Quodcumque   uel   ignotorum   miseratione   uel   amicorum beniuolentia contraximus, id omne latrocinalis inuasit manus, quorum audaciae repugnans etiam Arignotus unicus frater meus sub istis oculis miser iugulatus est": Tout ce que nous avons pu recueillir, autant grâce à la miséricorde de gens que nous ne connaissions pas qu'à la bonté de nos amis, tout cela, une bande de pillards nous le déroba; et tandis qu'il tentait de repousser leur audace, ne voilà-t-il pas qu'Arignotus, mon unique frère, fut égorgé, le malheureux, sous mes propres yeux.»

Le motif des brigands ou des pillards, souvent lié à celui de la tempête et du naufrage, apparaît fréquemment dans les romans antiques: cf. Petron. 114, 14 où, après avoir secouru les rescapés, des pêcheurs s'en prennent à leurs biens; Ach. Tat. 3, 9, 2 ss.; Hld. 5, 22, 7 ss.; voir Billault 1991, 197 ss. Dans l'univers des *Met.*, les brigands pullulent: cf. 1, 7 (7, 7 s.); 1, 15 (14, 1 ss.); 3, 28 ss. (72, 21 ss.); voir Millar 1981.

uel ignotorum - beniuolentia: parallèle de construction et équilibre rythmique. Pour l'opposition, cf. Sen. *benef.* 3, 12, 1 (*beneficia) quaedam amicis data sunt, quaedam ignotis.* Comparer aussi pour la juxtaposition des mots *Rhet. Her.* 4, 39, 51 *amicos atque inimicos, notos atque ignotos* (*ThLL* s.v. *ignotus* 321, 37 ss. avec exemples supplémentaires).

latrocinalis: cet adjectif est attesté pour la première fois chez Apulée; *GCA* 1977, 138 ad 4, 18 (88, 8) signalent ensuite son emploi chez Ammien Marcelin. Comparer pour cet emploi d'un adjectif en lieu et place d'un substantif au gén. e.g. 4, 8 (81, 4 s.) *aniles cellulas*, avec *GCA* 1977, 74 s. ad loc.; 4, 23 (92, 11) *asinali uerecundia*; 6, 31 (153, 11) *uirginalis fugae*; *supra* s.v. *Ulixeam* (ligne 12).

manus, quorum: syllepse de genre et de nombre. Cf. 4, 14 (85, 14 ss.) *uulgus ignobile, quos inculta pauperies ... cogit.* Voir LHSz 2, 435 ss. pour ces constructions relevant de la langue vulgaire et familière.

etiam Arignotus: apogée des malheurs de Diophane, soulignée par *etiam*. Dans les mss., on lit *Arisnotus*, tandis qu'une seconde main a ajouté en marge *Trisnotus.* Tous les éditeurs optent pour la correction *Arignotus*, proposée par Jungermann (Robertson hésite: *Aristonus*?). Formé de la particule ἀρι- et de γιγνώσκω («bien connu», «célèbre»), le nom est couramment attesté en Grèce comme à Rome: voir *ThLL* s.v. *Arignotus* 574, 71 ss. qui, outre ce passage d'Apulée, cite diverses inscriptions; Solin 1982, 24; Fraser-Matthews I, 58 et II, 50. Dans le domaine littéraire, cf. Ar. *Eq.* 1278; Lucianus *Philops.* 29 ss. Selon Russel 1942, 16 s. (qui compare avec Hom. *Od.* 17, 375, où ἀρίγνωτος est employé ironiquement), le nom *Arignotus* constitue une antiphrase, puisqu'il s'applique à un personnage inconnu. Le choix de ce nom obéit surtout à un soucis de «vraisemblabilisation». L'existence d'*Arignotus* est garantie par son nom, qui garantit du même coup l'authenticité du récit de Diophane (et celui de Milon dans lequel il est enchâssé). L'interprétation de Fick-Michel 1991a, 318 («Arignotus ignorait, en bonne logique, l'art d'Arès») me paraît étymologiquement infondée.

unicus frater meus: comme tout est au pire dans les malheurs de Diophane, il fallait qu'il perde le seul frère qu'il possédait. Voir notice suivante; *supra* s.v. *uariis turbinibus procellarum* et s.v. *utroque regimine amisso*.

sub istis oculis: même le spectacle de la mort de son frère n'est pas épargné à notre pauvre devin. Sur la présence de *iste* dans les dialogues, suggérant un geste ou ayant pour fonction «d'intéresser plus intimement à l'énoncé la personne à qui l'on parle», voir Callebat 1968, 270 ss.

miser iugulatus est: Leky 1908, 14 remarque que *miser* est fréquemment employé de façon similaire chez les comiques. Voir aussi Callebat 1968, 512 sur cette fonction attributive de *miser, misera* dans les *Met.*, qui cite e.g. Plaut. *Amph.* 1039 *perii miser*; *Most.* 543, etc. (voir aussi *ThLL* s.v. *miser* 1106, 14 ss.). Cf. encore 2, 13 (35, 18 s.) *miser incidit*; 2, 30 (50, 9).

Haec eo adhuc narrante maesto Cerdo ille negotiator correptis nummulis suis, quos diuinationis mercedi destinauerat, protinus aufugit: Il n'avait pas encore achevé son lamentable récit que Cerdon, notre marchand, saisissant les pièces destinées au paiement de la prédiction, s'enfuit à toutes jambes.   36, 20-22

Haec - narrante: cf. 1, 11 (10, 15) *haec adhuc me suadente*; 3, 12 (61, 8) *haec adhuc me loquente*, un type de formule permettant un enchaînement rapide du récit.

Cerdo ille negotiator: voir comm. ad 2, 13 (35, 21 s.); notice suivante. Pour la valeur anaphorique de *ille*, voir comm. ad 2, 1 (24, 22).

correptis - destinauerat: cf. 2, 13 (35, 24) *profusis nummulis ..., quos ... auferret*, avec comm. ad loc. Ce détail donne à la signification du nom *Cerdo* sa pleine justification.

protinus: comme souvent dans les *Met.*, *protinus* = *statim, ilico*: voir Van der Paardt 1971, 106 ad 3, 13 (62, 6).

Ac dehinc tunc demum Diofanes expergitus sensit imp.<r>udentiae suae labem, cum etiam nos omnis circumsecus adstantes in clarum cachinnum uideret effusos: Et c'est alors seulement que Diophane sortit de   36, 23-25 sa torpeur et prit conscience de sa désastreuse imprudence, en nous voyant tous autant que nous étions, debout autour de lui, éclater d'un rire sonore.

dehinc tunc demum: pour d'autres exemples de groupement d'adverbes synonymes (abondance rhétorique), voir Callebat 1968, 528 ss. qui souligne l'influence de la comédie («procédé expressif caractéristique du style scénique des vieux poètes comiques»).

Diofanes: voir comm. ad 2, 13 (35, 14 s.); Introd. 8.

expergitus: sur l'origine de ce participe (< *expergere* plutôt que de *expergiscor*) et son emploi dans les *Met.*, voir *GCA* 1977, 170 ad 4, 22 (92, 3).

imp<r>udentiae suae labem: Löfstedt 1936, 101 explique: «se imprudentia lapsum esse». Selon lui, le terme *labes* ne possède pas son sens classique («Sturz», «Fall»), mais est pris au sens de *labi* («dahingleiten», «ausgleiten», «zuweit gehen»); voir aussi *ThLL* s.v. *labes* 769, 38 ss. «i.q. error, lapsus». Cf. 8, 8 (182, 20), où on retrouve la combinaison *imprudentiae labe* (*GCA* 1985, 86 ad loc. préfèrent cette leçon à la correction *imp[r]udentiae* imprimée par Helm); 5, 8 (109, 16) *ne qua sermonis procedentis labe consilium tacitum proderetur*. Cet emploi du mot, attesté pour la première fois chez Apulée, se retrouve chez *Iren.* 1, 16, 1 (*ThLL* l.c.). Le contexte impose la correction *imp<r>udentiae*. Bien qu'il se compare à Ulysse (voir s.v. *Ulixeam*: ligne 12), Diophane se révèle le contraire du parangon de la prudence. Cf. 9, 13 (213, 4 ss.), un passage dans lequel Lucius rapproche implicitement ses aventures de celles d'Ulysse: *ipse gratas gratias asino meo memini, quod me ... etsi minus prudentem, multiscium reddidit* (voir *GCA* 1995, 131 ad loc.). La confusion entre les mots de la famille *imprudentia* et ceux de la famille *impudentia* se produit souvent dans les mss. (*ThLL* s.v. *imprudens* 702, 24 s. et s.v. *impudentia* 709, 24 ss.).

cum - cachinnum: cf. 8, 24 (195, 20 s.) *cachinnos circumstantium commouebat*, avec jeu similaire d'allitérations claquantes; 2, 13 (35, 20 s.). *Circumsecus* se rencontre dans les seules *Met.*; cf. encore 5, 17 (116, 21; Kenney 1990, 163 ad loc. hésite à y apposer une *crux*); 11, 16 (278, 18), où les mss. donnent *circumsectus*. Voir Médan 1925, 119 s. pour d'autres exemples d'adverbes rares en -*um* ou en -*us*; cf. notamment *uaricus* en 1, 13 (12, 24); *imitus* en 4, 12 (84, 10) et 9, 34 (228, 21).

in clarum cachinnum: Diophane subit la même humiliation que Thélyphron (cf. 2, 20: 41, 21, avec comm. ad loc.) et que Lucius (cf. 3, 10: 59, 11 ss.); voir Introd. 4.1 et 5.5. Cf. encore 6, 9 (134, 11) *laetissimum cachinnum* (Kenney 1990, 201 préfère lire avec Robertson *latissimum*); 10, 15 (248, 20) *liberalis cachinnus*. Selon Van der Paardt 1971, 67 ad 3, 7 (57, 10) *risu cachinnabili*, le terme *cachinnus* s'applique à un rire sonore, plus bruyant et/ou plus malveillant que celui désigné par *risus*; voir aussi *GCA* 1985, 203 ad 8, 24 (195, 20 s.: cité plus haut); Fick-Michel 1991a, 398. Mais le *cachinnus* dans les *Met.* n'est pas forcément sarcastique ou malveillant: cf. 1, 2 (3, 2), où il est tout au plus incrédule (et exutoire: voir Fick-Michel 1991a, 399 ss.); 10, 15 (248, 20), où il est tout à fait bienveillant. À l'inverse, *risus* s'applique aussi fréquemment à un rire sonore, moqueur ou malveillant: cf. 2, 30 (50, 14); 3, 2 (53, 6); 3, 7 (57, 10: *supra*); 3, 10 (59, 11 s.); 6, 9

(134, 21); 6, 29 (151, 24 s.); 9, 42 (236, 6); 10, 15 (248, 17); 10, 16 (248, 24 s.). Dans les deux récits enchâssés du livre 2, le personnage central est l'objet du rire public, anticipant ainsi le sort de Lucius durant le festival du Rire; voir Introd. 5.5.

Sed tibi plane, Luci domine, soli omnium Chaldaeus ille uera dixerit, sisque felix et iter dexterum porrigas': Mais à toi, Monsieur Lucius, oui, à toi seul entre tous, notre Chaldéen aura dit la vérité, je le souhaite; et puisses-tu être heureux et poursuivre ta route avec félicité.» 36, 26-28

Sous son apparente bienveillance, cette conclusion ironique jette le discrédit sur la prédiction faite à Lucius (cf. 2, 12: 35, 7 ss.). Cependant, tout comme la prédiction de Diophane, le triple souhait de Milon se réalisera bel et bien: voir *infra*. Noter la position chiastique des verbes (recherche d'effets rhétoriques: Bernhard 1927, 33).

Sed ... plane: voir comm. ad 2, 3 (26, 22).

sis - porrigas: et de fait, si Lucius subit une désastreuse métamorphose suivie d'un voyage éprouvant, son périple le conduira finalement sur le droit chemin, vers le salut d'Isis et la félicité de sa religion. Cf. le discours du prêtre d'Isis en 11, 15 (277, 5 ss., en particulier 10 ss.): *sed utcumque Fortunae caecitas, dum te pessimis periculis discruciat, ad religiosam istam beatitudinem improuida produxit malitia.*

sisque felix: la formule est poétique: *ThLL* s.v. *felix* 444, 24 ss. cite avant Apulée Catull. 68, 157 s. *sitis felices et tu simul et tua uita / et domus* et 100, 8; Hor. *carm.* 3, 27, 13; Lygd. 6, 30 *sis felix et sint candida fata tua*; Mart. 5, 6, 5; cf. aussi *CIL* 13, 10018, 84 *felix sis*.

iter dexterum: *ThLL* s.v. *dexter* 925, 18 ss. cite notre passage comme seule occurrence de l'adjectif avec *iter*.

CHAPITRE XV

Préparatifs d'une nuit d'amour.

Haec Milone diutine sermocinante tacitus ingemescebam mihique   37, 1-4
non mediocriter suscensebam quod ultro inducta serie
inoportunarum fabularum partem bonam uespera<e> eiusque gratissimum fructum amitterem: Tandis que Milon discourait ainsi sans fin, je
gémissais en silence et ne pestais pas peu contre moi-même qui, pour avoir
engagé ce flot de récits inopportuns, étais en train de gaspiller une bonne partie de
la soirée et son fruit le plus aimable.

Vexé par le récit de Milon qui jette le discrédit sur la belle prédiction qui lui fut
faite (cf. 2, 12: 35, 7 ss.), Lucius éprouve à l'issue de ce dîner autant d'irritation
envers son hôte que le soir précédent (1, 26: 24, 12 ss.). La situation se reproduira
lors d'un troisième dîner, également suivi d'un intermède amoureux avec Photis
(cf. 3, 13: 61, 16 ss.). Sur ces structures parallèles dans les trois premiers livres,
voir Sandy 1973, 232 ss. Dans notre passage, notre héros ne se plaint pas d'être
privé de nourriture (comme le soir précédent), mais de sexe. Du moins est-ce le
motif qu'il invoque pour sa mauvaise humeur. Dans l'épisode correspondant de
l'*Onos*, où on ne trouve qu'une rapide mention de la conversation du dîner (voir
comm. ad 2, 11: 34, 8 ss.; Introd. 7.2), il n'est pas non plus question d'un mouvement de mauvaise humeur du héros. Loukios feint d'être fatigué pour se retirer
plus vite (*Onos* 7, 1).

Haec ... sermocinante: le verbe s'applique ordinairement à une conversation
familière, à des bavardages «à bâtons rompus». Il est choisi en raison de la teneur
du récit de Milon qui «constitue une véritable scène de comédie: 'Le Chaldéen
confus'» (Callebat 1968, 409 s.). *Sermocinari* est à l'origine un terme de l'argot
théâtral: cf. Cato *orat.* 116 (Malcovati); Apul. *flor.* 18 (34, 8) *mimus halucinatur,
comoedus sermocinatur, tragoedus uociferatur* (voir Mignot 1969, 347 ss.; Flobert 1975, 99). Peut-être faut-il y voir une nuance négative suggérée par le
contexte (l'agacement et la mauvaise humeur de Lucius): comparer à ce propos 9,
17 (215, 20) *illa sermocinatrix inmodica. OLD* s.v. *sermocinor* cite notre seul
passage pour l'emploi transitif du verbe («with internal acc.»). Selon le matériel
du *ThLL* à Munich, cet emploi se retrouve en latin tardif: cf. e.g. Mar. Merc. *Nest.
serm.* 4, 6; Macr. *Sat.* 3, 16, 14. Chez Apulée comparer encore *met.* 2, 3 (26, 25)
dum hunc ... sermonem altercamur, avec comm. ad loc.

diutine: l'adverbe, qui apparaît encore en 2, 24 (44, 17) et dans l'*apol.* 47 (54,
27), est un archaïsme. Avant Apulée, il est attesté chez le seul Plaut. *Rud.* 1241;
cf. ensuite Rufin. *hist.* 10, 15 (*diutino*).

ultro: la correction de la leçon *ultra* des mss. est de ç. Elle se justifie par le fait que c'est Lucius qui avait engagé la conversation sur Diophane (cf. 2, 12: 34, 21 ss.).

serie inoportunarum fabularum: le pluriel est une exagération qui traduit la mauvaise humeur de Lucius. Comparer pour cette amplification rhétorique 1, 26 (24, 8 s.) *me ... fabularum ... serie fatigatum* et *non cibo grauatus, cenatus solis fabulis*. Vexé du récit de Milon qui le couvre de ridicule, Lucius est bien loin de ce qu'il se disait à lui-même un peu plus tôt dans la journée: *ex uoto diutino poteris fabulis mi[se]ris explere pectus* (2, 6: 29, 24 s.).

inoportunarum: ce mot peu fréquent apparaît encore en 8, 29 (200, 26) *inoportuno plane tempore*. Robertson et Hanson impriment *inopportun- (-arum/ -uno)*. Mais les deux graphies sont attestées et la variante est maintenue conformément aux principes orthographiques exposés dans l'Introd. 8. *ThLL* s.v. *inopportunus* 1752, 35 ss. signale encore l'emploi du mot chez Afric. *dig.* 46, 3, 39 (où il s'agit peut-être d'une interpolation), Augustin et Orosose.

partem bonam ... gratissimum fructum: le chiasme renforce le climax. Cf. 2, 17 (39, 7) *pendulae Veneris fructu me satiauit*, avec comm. ad loc..

uespera<e>: la correction est de ç.

37, 4-9 Et tandem denique deuorato pudore ad Milonem aio: 'Ferat sua<m> Diophanes ille fortunam et spolia populorum rursum conferat mari pariter ac terrae; mihi uero fatigationis hesternae etiam nunc saucio da ueniam, maturius concedam cubitum': À la fin, je ravalais mes scrupules et dis à Milon: «Au diable ce Diophane et sa fortune! Et qu'il verse seulement à nouveau son tribut de dépouilles ravies aux populations à la mer autant qu'à la terre! Pour moi, je suis encore épuisé de la fatigue d'hier: permets-moi d'aller me coucher.»

Dans le passage correspondant de l'*Onos* (7, 1), on ne trouve ni discours direct, ni mention de la conversation de table (voir notice initiale précédente). Loukios prétend être fatigué pour pouvoir se retirer: τοῦ ὕπνου καταψευσάμενος ... ἀπῄειν ἔνθα ᾤκουν.

tandem denique: sur ce tour apparaissant à trois reprises dans les *Met.*, voir *GCA* 2000, 214 ad 10, 14 (247, 8 s.).

deuorato pudore: cette combinaison, attestée chez le seul Apulée, apparaît encore au livre 9, 19 (217, 10 s., dans un passage posant un problème de critique textuelle: voir *GCA* 1995, 177 ad loc.). Cf. Ov. *met.* 13, 539 s. *uocem lacrimasque ... deuorat ipse dolor* (cité par de Jonge 1941, 67 ad loc.); *fast.* 4, 845 s. *lacrimas ... deuorat*; Sen. *dial.* 6, 1, 2 *gemitus deuorasti*. Comparer encore Apul. *met.* 9, 41 (234, 23 s.) *tacitus iniuriam deuorans* et 11, 24 (286, 19) *lacrimis obortis ... uerba deuorans aio*.

ad Milonem aio: la construction *aio + ad* apparaît pour la première fois chez Apulée; on la retrouve en 5, 18 (117, 17). Voir Callebat 1968, 211 (emploi fré-

238

quent en latin tardif). Cf. 10, 26 (258, 4: avec *enarrare*); 11, 23 (285, 19 s.: avec *enuntiari*).

ferat sua<m> ... fortunam: cf. 2, 13 (35, 18) *fortunam scaeuam an saeuam ... miser incidit* (de Diophane). L'hyperbate traduit l'agacement de Lucius. La combinaison *fortunam ferre* est fréquente, où *ferre* = *tolerare*, «supporter»: voir *ThLL* s.v. *fortuna*, 1184, 42 ss. Mais le contexte suggère un autre sens du verbe *ferre*, convenant mieux à la mauvaise humeur de Lucius et à la position en tête de phrase du subjonctif: «s'en aller et emporter», «aller au diable» (voir *OLD* s.v. *fero* 35). Le mot *fortuna* peut être pris au sens de «destinée personnelle» (*OLD* s.v. *fortuna* 8; voir *GCA* 2000, 193 ad 10, 12: 245, 26), ou au sens de «biens», «richesses» (*OLD* s.v. 12, au pluriel le plus souvent; mais cf. *apol.* 75: 84, 13): voir notice suivante. Après Pricée, de Jonge 1941, 67 compare avec Cic. *Att.* 7, 11, 1 *sibi habeat suam fortunam!* (s.e. «je n'en veux pas»).

ferat ... fortunam et spolia ... conferat: le chiasme, mis en relief par l'emploi de deux verbes de la même famille, renforce le jeu de mots avec *fortuna* (notice précédente). Lucius se range à l'avis de Milon et reconnaît l'énormité des gages exigés par Diophane (cf. 2, 13: 35, 16 s.).

spolia - terrae: Vallette traduit: «qu'il amasse à nouveau, en parcourant la terre et l'onde, les dépouilles des populations». Selon cette interprétation, *conferat* est pris au sens de «collecter» (*OLD* s.v. *confero* 8; comparer la traduction de Grimal: «qu'il entasse à nouveau ...»). *Terrae* serait alors un locatif (sur l'emploi du dat. *terrae* à fonction de locatif, voir KSt 2, 1, 484 s. et LHSz 2, 149 s.). Au vu du contexte, je préfère prendre le verbe *conferre* au sens de «verser» (quelque chose à quelqu'un), «verser un tribut» (*OLD* s.v. 9 «to supply as one's share to a common fund or stock, contribute. b. to pay [tribute]»). La phrase fait allusion aux malheurs de Diophane sur terre et sur mer (*rursum*: cf. 2, 14: 36, 12 ss.). Beroaldus expliquait déjà: «cum ait *mari*, refertur ad naufragium, quo mari Diophanis nauis turbinibus procellarum quassata, rebus omnibus amissis demersa est. *terrae* uero inquit, propter latrocinalem manum, quae in terra inuasit reliquias Diophanis bonorum». C'est ainsi que l'entendent Helm-Krenkel («was er den Leuten abgenommen hat, wieder an Meer und Land zugleich abgeben»), Hanson («let him gather folks» loot again and consign it to sea and land alike») et Annaratone («e versi pure di nuovo nel seno del mare e nei pericoli della terraferma quei denari che carpisce alla gente»). *Terrae* est alors dat. final de lieu, comme en 9, 37 (231, 2) *terrae prosternitur* (voir *GCA* 1995, 308 ad loc.).

mari pariter ac terrae: variante retentissante de l'expression *mari terraque*, où les sonorités se succèdent (-*ri*- / -*ri*- / -*ter*- / -*ter*-). Avant Apulée, le groupe *pariter ac* est essentiellement attesté en latin archaïque (Plaute, Térence, Salluste; mais aussi chez Tite-Live et Pline l'Ancien: voir *ThLL* s.v. *par* 278, 77 ss.); cf. encore Apul. *Plat.* 2, 13 (125, 9), avec jeu sonore similaire.

fatigationis hesternae ... saucio: cf. 1, 26 (24, 8 s.) *post itineris tam saeui uexationem*. En dehors de ce passage, *saucius* («accablé», «souffrant de») accompagné d'un gén. est attesté chez Auson. 11, 5, 17 s. Green *clientibus / famae et salutis sauciis*. Comparer aussi Apul. *apol.* 69 (77, 17) *diutino situ uiscerum sau-*

239

cia. Pour d'autres exemples d'adjectif avec gén. de cause dans les *Met.*, voir Médan 1925, 34 ss.

da - cubitum: pour la combinaison des termes, cf. 1, 26 (24, 12) *tandem patitur cubitum concederem* et 3, 13 (61, 18 s.) *concedo uenia facile tributa cubitum* (l'ordre des mots est incertain, voir Van der Paardt 1971, 100 s. ad loc.). Ces deux passages décrivent également le retrait de Lucius dans sa chambre, après un dîner décevant. *ThLL* s.v. *concedo* 7, 84 ne cite pour l'emploi de ce verbe avec l'acc. *cubitum* (*cubitus* «action de se coucher», «couche», «lit») que le seul Apulée. Cf. encore 5, 4 (105, 17) et comparer 2, 16 (37, 18 s.) *domina cubitum reddita*. Bien qu'attesté dans toute la latinité, ce tour paratactique avec ellipse de *ut* se rencontre en particulier en latin pré-classique et, plus tard, chez les archaïsants. Il est très fréquent chez Apulée. Cf. e.g. 2, 16 (37, 22); 2, 18 (39, 16); 2, 21 (43, 2 s.), etc. La conjecture de Walter 1934, 1327 qui propose de rétablir un *si* n'est donc pas nécessaire.

37, 9-11   **Et cum dicto facesso et cubiculum meum contendo atque illic deprehendo epularum dispositiones satis concinnas:** Et sur ces mots, je me retire pour gagner ma chambre, où je trouve les préparatifs d'un repas des plus engageants.

Le parallèle avec l'*Onos* reprend ici. La conversation du dîner rapportée au discours direct dans les *Met.* (cf. 12 à 14) en était absente: voir comm. ad 2, 11: 34, 14 ss.; Introd. 7.2. La scène qui suit est en étroite correspondance avec le passage du livre 10, où l'âne Lucius a un rendez-vous amoureux avec une matrone tombée amoureuse de lui: cf. 10, 20 (252, 3 ss.) *iam denique cenati ... et iam dudum praestolantem cubiculo meo matronam offendimus. Dii boni, qualis ille quamque praeclarus apparatus!*, etc. Voir *GCA* 2000, 26 et 68 ss. ad loc. sur les échos (terminologiques et thématiques) entre ces deux épisodes; Introd. 5.10. Un repas est aussi amoureusement préparé par la meunière du livre 9 quand elle attend la visite de son amant (9, 22: 219, 23 ss.). Hofmann 1993, 137 établit un parallèle entre ce passage, où Lucius s'enfuit de la table de Milon dans les bras de Photis, et le passage du livre 10, 35 (265, 22 ss.), où le héros asinien s'enfuit loin du théâtre pour trouver refuge auprès d'Isis (cf. aussi Winkler 1985, 43). La première fuite le conduirait aux faux mystères de la magie, la seconde aux vrais mystères d'Isis; mais voir Introd. 5 et 5.1; Append. I.

Comme Photis était chargée de faire le service pendant le dîner (cf. 2, 11: 34, 13), il faut supposer que ces apprêts, composés des restes du repas (lignes 13 s.), furent mis en place après le dîner, durant la conversation portant sur la divination (2, 12: 34, 21 ss.). L'ellipse n'aurait pas d'intérêt, si le lecteur ne s'était pas entendu dire que la maison de Milon était minuscule. Car comment Photis a-t-elle pu tout mettre en place sans qu'on s'en aperçoive? Voir *infra* s.v. *extra limen ... quam procul* (lignes 11 s.).

Et cum dicto facesso: le tour *et cum dicto* (essentiellement attesté chez Apulée: voir Van der Paardt 1971, 104 ad 3, 13: 61, 25 s.) est employé pour sa capa-

240

cité d'imprimer une accélération au récit. Il apparaît souvent comme ici avec un verbe de mouvement: cf. e.g. 2, 24 (44, 23) *et cum dicto ... facessit*; 1, 16 (14, 23 s.); 8, 19 (192, 5 s.). Le verbe *facessere*, volontiers employé dans les *Met.* au sens de *abire*, est archaïque et poétique: voir Van der Paardt 1971, 55 s. ad 3, 5 (55, 25), où le verbe est suivi de *e(x)* + abl.; en 4, 20 (89, 12), il est accompagné de l'abl. seul. Ici, comme en 10, 20 (252, 13), le verbe est employé sans complément; cf. aussi 2, 24 (45, 11 s.).

cubiculum meum contendo: sur l'acc. de direction, voir *GCA* 1995, 151 ad 9, 16 (214, 21). Apulée emploie *contendere* aussi bien avec un simple acc. (cf. 5, 11: 111, 25 s.; 8, 13: 187, 9; *apol.* 58: 66, 3 s.) qu'avec une préposition (cf. 10, 28: 259, 9 s.; 11, 22: 284, 3).

epularum - concinnas: selon Junghanns 1932, 39 note 56, Milon est le modèle de l'avare et ce souper est constitué des présents d'hospitalité que Byrrhène avait offerts à Lucius (2, 11: 33, 24 s.). Pourtant, les restes dont il est question plus loin (*honestas reliquias*: ligne 13) révèlent que le dîner de Milon était plus copieux qu'il n'est généralement admis. Au chapitre 7 (30, 15 ss.), Lucius décrit les préparatifs de ce repas, constitué de plusieurs plats de viande odorants. Voir aussi comm. ad 2, 11 (34, 9) *Milonis boni ... concinnaticiam mensulam rogatus adcubueram*. Les échos verbaux entre ce passage et le nôtre (*concinnus - concinnaticius*: deux adjectifs peu fréquents) indiquent que les apprêts du souper que Lucius trouve dans sa chambre sont bel et bien (en partie tout au moins) les *honestas reliquias* du dîner de Milon. *Concinnus* (développé dans la phrase suivante) s'applique non seulement à l'aspect culinaire, mais à l'ensemble des préparatifs de ce souper en tête à tête.

Nam et pueris extra limen, credo ut arbitrio nocturni gannitus ablegarentur, humi quam procul distratum fuerat et grabattulum meum adstitit mensula cenae totius honestas reliquias tolerans et calices boni iam infuso latice semipleni solam temperiem sustinentes et lagoena iuxta orificio caesim deasceato patescens facilis <h>auritu, prorsus gladiatoriae Veneris antecenia: Car la couche des esclaves avait été disposée hors de la pièce sur le sol, le plus loin possible, afin sans doute d'écarter tout témoin de nos susurrements nocturnes. Auprès de mon lit se dressait une petite table chargée des restes honnêtes de tout le dîner; des calices de bonne dimension étaient déjà à moitié remplis d'un vin qui n'attendait que l'eau pour le tempérer; à côté, une cruche dont l'orifice, débouché d'un coup de doloire, s'ouvrait commodément à qui voulait y puiser*; en un mot, tout ce qu'il fallait pour mettre en appétit avant les combats de la Vénus des gladiateurs.

37, 11-17

* La traduction est en partie empruntée à Vallette.

Nam et ... et ... et ... et: cette description, rythmée par le polysyndète, développe le qualificatif *satis concinnas* (lignes 10 s.). La phrase épouse le regard de Lucius qui découvre l'un après l'autre les préparatifs de l'orgie nocturne. Son attention se concentre finalement sur les verres et la carafe de vin, essentiels à la réussite de cette nuit amoureuse (voir *infra*). Comparer pour une liste similaire d'éléments composant un *symposion* amoureux Prop. 4, 8, 35 ss.; *Copa* 7 ss. Dans l'*Onos*, il est question du lit, de la table, des gobelets, de l'eau et du vin, ainsi que de roses jonchant le lit (7, 2 s.). Dans les *Met.*, ce dernier élément n'apparaît qu'avec l'entrée en scène de Photis (2, 16: 37, 18 ss.).

pueris - distratum fuerat: d'ordinaire, les esclaves dorment dans la même chambre que leur maître: voir Bradley 1991, 9. Dans la scène parallèle du livre 10, 20 (252, 12 ss.), les esclaves se retirent également.

pueris: s.e. *grabattulum* (cf. ligne 13 *grabattulum meum*). Le dat. adnominal au lieu du gén. possessif est un tour de la langue familière (LHSz 2, 94 ss.; Callebat 1968, 490 s.). La question du nombre d'esclaves accompagnant Lucius dans son voyage fut souvent débattue. Ici, comme en 11, 20 (282, 3 s.), Lucius emploie le pluriel. Un seul esclave est mentionné en 2, 31 (51, 6 s.), ainsi qu'aux livres 3, 27 (72, 10 s.) et 7, 2 (155, 10). Helm, Praef. *flor*. XVI, Perry 1926, 248 note 11, Mazzarino 1950, 109 ss. et Van der Paardt 1971, 74 sont d'avis qu'il s'agit d'une contradiction, d'une des «res neglegenter compositae» que le roman contiendrait. Voir aussi Vallette ad loc. (note 1 p. 42), qui remarque toutefois qu'il faut se garder de tirer de cette «simple inadvertance» des conclusions excessives quant aux procédés de composition d'Apulée; de Jonge 1941, 69: «Apuleius tamen mathematica non exercet». Ces variations des données du récit relèvent d'un procédé de composition caractéristique des *Met.*, qui consiste à mentionner un élément de l'histoire (personnage ou objet) au moment où la logique du récit l'exige ou en fonction des intérêts subjectifs du narrateur. La maisonnée de Milon semble d'abord composée de la seule Photis (cf. 1, 21: 19, 22 s.). Plus tard elle grouille de serviteurs (cf. 3, 28: 72, 23; 4, 9: 81, 8; sur ces variations, voir Van Mal-Maeder 1995, 104 ss.). Il se pourrait fort bien que Lucius soit accompagné d'au moins deux serviteurs, chacun revêtu d'une tâche particulière. La mention de l'un ou de l'autre dépend du contexte. Le singulier n'a rien de surprenant si seul l'esclave chargé d'escorter son maître est mentionné quand Lucius est de sortie le soir (2, 31: 51, 10 ss.) ou si le soin du cheval de Lucius se trouve confié à un (autre ?) serviteur spécialement chargé de cette fonction (3, 27: 72, 10 s.). Ailleurs, aucun serviteur n'est mentionné et tout se passe comme si Lucius voyageait complètement seul. Dans le livre 1, un seul passage évoque discrètement qu'il est accompagné (1, 24: 22, 7: *nobis*), mais il ne permet pas de déterminer le nombre d'esclaves. Ici, comme en 11, 20 (282, 3 s.), le pluriel englobe ces différents esclaves. Plus simplement, il peut s'agir d'un pluriel général (le lit des esclaves, par opposition au lit des maîtres).

extra limen ... quam procul: malgré ce que disait la *caupona* du livre 1, 21 (19, 20 s.) affirmant à propos de Milon qu'il était *exiguo Lare inclusus*, la maison ne cesse de s'agrandir au fur et à mesure que le récit avance. Au livre 4, 9 (81, 6 ss.), elle a atteint les dimensions d'une vaste demeure. À son arrivée, Lucius avait été logé dans une petite chambre attenante au séjour (cf. 1, 23: 21, 19). Elle est maintenant suffisamment éloignée pour que Photis puisse y disposer tous les pré-

242

paratifs pour leur nuit d'amour, sans se faire remarquer. Sur ces métamorphoses du récit provenant des techniques narratives mises en place, voir Van Mal-Maeder 1995, 104 ss. (déploiement progressif des données du récit).

credo - ablegarentur: cette parenthèse est l'expression du point de vue limité du narrateur actoriel (Lucius-acteur: voir Introd. 2.2). Incapable de lire dans les pensées des personnages qu'il côtoie, Lucius ne peut qu'émettre des suppositions quant aux motifs régissant leurs actes. Cf. e.g. 1, 13 (12, 16 s.); 1, 17 (15, 15 s.); 4, 3 (76, 6 s.); 8, 1 (176, 16); 10, 1 (236, 14), avec *GCA* 2000, 54 ad loc. La supposition exprimée par Lucius reflète ses expectatives. Malgré ces précautions, les amours de Lucius et Photis ne demeureront pas secrètes, si l'on en croit les paroles du brigand du livre 7, 2 (155, 1 s.).

arbitrio - gannitus: en dehors d'Apulée, l'emploi d'*arbitrium* au sens de *inspectio, auditio, testimonium* (*OLD* s.v. 8 «a looking, witnessing, observing») n'apparaît qu'en poésie (*ThLL* s.v. *arbitrium* 410, 12 ss.). Cf. *Aetna* 194 s. *diuinaque rerum / cura sine arbitrio est*; Sen. *Herc. O.* 484 *locus ab omni tutus arbitrio uacat*; *Phaed.* 601. Chez Apulée, cf. encore 2, 26 (46, 13) *sub arbitrio luminis*, où le mot (au figuré) est accompagné d'un gén. subjectif; *apol.* 53 (60, 17).

gannitus: le mot apparaît également dans la scène érotique parallèle du livre 10, 22 (253, 22) *dulces gannitus*; *GCA* 2000, 285 ad loc. observe qu'Apulée est le premier auteur à l'employer à propos d'un bruit de provenance humaine. Cf. aussi *Anth. Lat.* 712, 15 (Riese) *inter gannitus et subantis uoculas*, un poème attribué à Apulée (sur la question de son authenticité, voir Mattiacci 1985, 261 ss.). En 2, 11 (33, 23), on trouve le verbe *obgannire* à propos d'un échange de taquineries amoureuses entre Lucius et Photis.

quam procul: voir comm. ad 2, 7 (31, 7).

distratum fuerat: dans F, le texte primitif *distrato* ou *distracto* est raturé; φ et a* ont *distractum*. Beroaldus propose de lire *distratum*, participe du verbe *disterno* et cette conjecture (qui constitue la *lectio difficilior*) est adoptée par tous les éditeurs. Cf. dans le passage correspondant de l'*Onos* 7, 2 τῷ μὲν παιδὶ ἔξω ὑπέστρωτο, où le verbe ὑποστρώννυμι («étendre», «préparer un lit») est également employé de manière absolue. Cf. en outre Apul. *met.* 10, 34 (265, 12) *disternebatur lectus*.

grabattulum ... adstitit: pour cette construction du verbe *adstare* avec un acc., cf. 9, 20 (217, 25 s.); Prisc. III, 309, 27 *nos quoque: 'adstitit illum locum' et 'illo' et 'illi' et 'circa illum'*. Comparer avec *adsidere* 1, 22 (20, 18) et 4, 24 (93, 7). Le diminutif *grabattulus* apparaît exclusivement dans les *Met.* d'Apulée qui l'emploie à plusieurs reprises dans les deux premiers livres. Cf. e.g. 1, 11 (10, 18); 1, 12 (11, 7); 1, 13 (12, 4); 2, 17 (39, 5). Tout comme *mensula*, il possède ici une nuance hypocoristique (contexte érotique).

adstitit - patescens: dans la seconde partie de la phrase, chaque élément de la description est distribué selon une construction parallèle (trois substantifs se succédant, accompagnés chacun d'une participiale). La précision descriptive est obtenue par la cascade d'adjectifs qualificatifs accompagnant chaque substantif et par les deux abl. absolus.

cenae - reliquias: preuve que le dîner offert par Milon ne fut pas celui d'un avare. Voir *supra* s.v. *epularum -concinnas* (lignes 10 s.). Cf. 2, 24 (45, 3 s. *cenarumque reliquiis discus ornatus*; 4, 22 (92, 1) *panes reliquiae totius multitud<in>is*. Ce dernier parallèle rend inutile la conjecture de Leo 1901, 95 qui veut corriger *totius* en *lotioris* (comparatif de *lautus*).

honestas: ThLL s.v. *honestus* 2913, 27 ss. cite pour cet emploi de l'adjectif avant Apulée («spectat ad quantitatem») le seul Lucil. 115 K *spatium curando corpori honestum / sumemus*. Cf. encore chez notre auteur *met*. 11, 18 (280, 17), où *honestus* = «abondant», «généreux», un sens non signalé par *OLD*.

tolerans: pour *tolerare* = *gerere*, *ferre*, voir Van der Paardt 1971, 71 ad 3, 8 (57, 19). Cf. aussi 2, 4 (27, 4) *ac tolerabant*.

et calices - <h>auritu: l'énumération de Lucius culmine avec la description des verres à vin déjà à moitié pleins et d'une carafe prête à l'emploi. Comparer 2, 19 (40, 18 et 20 ss.). Cette focalisation met en relief l'importance du vin dans les joutes amoureuses: voir comm. ad 2, 11 (34, 1 ss.); cf. 2, 16 (37, 2 ss.); 10, 21 (253, 10 s.). L'*Onos* 7, 2 ne fait pas montre de la même précision descriptive.

iam infuso latice: il s'agit du vin remplissant à moitié les verres (*semipleni*), auquel sera mélangée l'eau chaude au moment voulu. Van der Paardt 1971, 136 ad 3, 18 (65, 10) signale que le terme *latex* peut désigner toutes sortes de liquides (en 2, 1: 25, 3, il est employé au pluriel à propos de fontaines d'eau).

solam temperiem sustinentes: Leo 1901, 95 veut corriger cette leçon des mss. par *solitam temperiem sustinente*, rapportant le participe non pas à *calices*, mais à *latice*. Une telle correction est inutile. Oudendorp explique qu'il s'agit de calices remplis de vin «exspectantes aquam iniiciendam». Voir aussi de Jonge 1941, 69 s., qui compare avec 11, 21 (282, 25 s.) *cuncta nos quoque obseruabili patientia sustinere censebat* et 11, 21 (283, 13 s.) *caeleste sustinere praeceptum*. Mais dans ces deux passages, *sustinere* possède son sens courant de «supporter». Alors qu'*OLD* s.v. ne signale pas le sens de *sustinere* = *expectare*, Forcellini s.v. 2. 4 ne cite pour cet emploi du verbe que des textes tardifs. Armini 1928, 283 compare avec *Ant. Lat.* 1567, 10 *sustineo in aeterno toro aduentum tuum*. Il est un autre sens du verbe, couramment attesté, qui pourrait convenir ici: voir *OLD* l.c. 8b «to put off, to differ». Le vin est déjà versé, seul le mélange avec l'eau chaude est repoussé à plus tard; voir notice suivante. Dans l'*Onos* 7, 2, on lit ὕδωρ ἕτοιμον καὶ ψυχρὸν καὶ θερμόν.

temperiem: *OLD* s.v. *temperies* 2b ne cite pour ce sens («température modérée», «tiédeur») que *flor*. 16 (26, 19) et auparavant Ov. *met*. 4, 344 *temperie blandarum captus aquarum*. Cf. encore 1, 51 avec Bömer ad loc. pour d'autres occurrences; Hor. *epist*. 1, 16, 8; Plin. *nat*. 16, 54. Ce substantif abstrait est employé par métonymie, pour désigner l'eau chaude (ou tiède) que Photis ajoutera au vin, selon la coutume antique: cf. 2, 16 (37, 21 s.); voir *GCA* 1981, 161 ad 7, 12 (163, 12) *uinum iam inmixtum, sed modico tepefactum uapore*.

lagoena - patescens: cf. Colum. 12, 47, 2 *in lagoena noua, quae sit patentissimi oris*. Issu du grec ὁ (ἡ) λάγυνος, *lagoena* (*lagena*, *laguna*) désigne une bouteille dotée d'un étroit goulot, une flasque. L'emploi du verbe *patescere* pour une bouteille paraît unique (*ThLL* s.v. *patesco* 702, 38 s.). Comparer avec *patere* e.g. Colum. 12, 4, 5 *uasa ... patenti ore*; Fest. p. 168 L *nassiterna est genus uasi aquari ansati et patentis.*

orificio caesim deasceato: aucun détail ne manque dans cette description, qui se fait de plus en plus précise. Le terme *orificium* est un néologisme; Apulée l'emploie à quatre reprises: voir *GCA* 2000, 153 ad 10, 8 (243, 9). Sur le goût d'Apulée pour les adverbes en *-(t)im*, voir comm. ad 2, 2 (25, 11).

deasceato: dans F, on lit *deascento*, où le *n* semble être une substitution d'un *a* primitif (selon Robertson et Frassinetti, c'est le *a* qui est une correction du *n* primitif); dans φ, on lit *de ascento*, une seconde main ayant ajouté un *d* au-dessus du *t*. Oudendorp, Hildebrand et Eyssenhardt impriment *dehiscente*, Van der Vliet *deascento*, en y apposant une *crux*. La correction *deasceato* est de Lütjohann 1873, 472. Le verbe *deasciare* («racler avec une doloire», «raboter»), dérivé de *ascia* («doloire»), est attesté avant Apulée au sens figuré chez Plaut. *Mil.* 884 *tibi dixi, miles quemadmodum potisset deasciari* (voir Hammond 151 ad loc.). Cf. encore *CIL* 6, 24799; 14, 1153; Prud. *perist.* 10, 381. Callebat 1968, 483 voit dans notre passage un emprunt à Plaute.

facilis <h>auritu: la correction *facili* proposée par Lütjohann 1873, 472 n'est pas nécessaire. Voir *ThLL* s.v. *facilis* 59, 48 ss. pour des exemples de l'adjectif accompagné d'un supin; LHSz 2, 382. Cf. 1, 3 (3, 21 s. *factu facilia*; 8, 3 (178, 18 s.) *facile ... effectu*; *apol.* 2 (2, 17 s.) *facile intellectu.*

prorsus - antecenia: cf. ce que Lucius disait à propos des vivres offerts en présent d'hospitalité par Byrrhène: *ecce ... Veneris hortator at armiger Liber; hac enim sitarchia nauigium Veneris indiget sola* (2, 11: 34, 2 ss. et 5 s.).

prorsus: l'adverbe résume l'énumération qui précède («all in all»: *OLD* s.v. 4b), comme aussi en 10, 7 (242, 4). *GCA* 2000, 141 ad loc. signale que cet emploi, attesté pour la première fois chez Salluste, est très rare dans les *Met.* d'Apulée.

gladiatoriae Veneris: pour ce vocabulaire, voir comm. ad 2, 11 (34, 2: *supra*); 2, 17 (39, 1 ss.). Comparer pour la combinaison avec un adjectif de ce type 8, 3 (178, 11) *adulterinae Veneris.*

antecenia: ce mot, qui résume les préparatifs décrits plus haut, est un néologisme. Cf. Isid. *orig.* 20, 2, 12 *merenda est cibus qui declinante die sumitur ... proximo cenae; unde et antecenia a quibusdam uocantur.* Il s'inscrit dans la liste des mots à double entente (vocabulaire érotico-culinaire), dont la scène de la cuisine avait déjà fourni quelques exemples (voir comm. ad 2, 7: 31, 1 ss.). Les *antecenia* («amuse-gueule») mettent en appétit Lucius et le lecteur, qui attendent désormais le plat de résistance (*et ecce Fotis mea ...*: 2, 16: 37, 18). Beroaldus ad loc.: «Nouator uerborum non minus eleganter quam licenter appellat lagenam Veneris antecoeniam tanquam praegustatio quaedam sit et praeludium ac praeparatio ad palaestram Veneream exercendam».

CHAPITRE XVI

Fleurs et vin: les atouts de la séduction.

Commodum cubueram et ecce Fotis mea, iam domina cubitum red- 37, 18-20
dita, laeta proximat rosa serta et rosa soluta in sinu tuberante: Je
venais de me coucher, quand ma Photis, qui déjà avait mis sa maîtresse au lit,
s'approcha, épanouie, couronnée de roses et des pétales de roses dans son décolleté florissant.

Commodum - et ecce: pour cette tournure sonore, cf. 1, 11 (10, 21) *com-
mo[do]dum quieueram et repente ...*; 4, 8 (80, 6) *commodum cubuerant et ecce*.
Voir comm. ad 2, 11 (33, 24). D'ordinaire, le groupe *et ecce* (comme aussi *cum
ecce* ou *ecce* seul: voir comm. ad 2, 13: 35, 25) introduit un événement ou un
élément inattendu. Ici *et ecce* met en relief ce que Lucius et le lecteur attendent
avec impatience. Après la description des *antecenia* amoureux, le fil du récit reprend avec l'arrivée du plat de résistance. Comparer pour cette entrée de l'amante
Ov. *am.* 1, 5, 9 ss. *ecce Corinna uenit, tunica uelata recincta, / candida diuidua
colla tegente coma*, avec jeu similaire d'assonances.

Fotis - proximat: cf. 3, 13 (61, 20 ss.) *Fotis mea dominae suae cubitu procu-
rato sui longe dissimilis aduenit; non enim laeta facie ...*, etc.

Fotis mea: pour ce possessif amoureux, voir comm. ad 2, 7 (30, 14 s.) *caram
meam Fotidem*. Cf. ces mots de Photis à Lucius au moment de leur rendez-vous:
ego tibi mutua uoluntate mancip[i]ata sum (2, 10: 33, 18 s., avec comm. ad loc.).

iam: l'adverbe est peut-être une indication de l'impatience de Photis à rejoin-
dre son amant; cf. 2, 10 (33, 19 s.) *nec uoluptas nostra differetur ulterius, sed
prima face cubiculum tuum adero*; comm. ad 2, 17 (38, 15) *nec mora, cum*. Pour
l'acc. *cubitum*, voir comm. ad 2, 15 (37, 8 s.).

laeta: dans les mss., on lit *lacta* (*iacta* selon Eyssenhardt, qui y voit une
glose). Schickeradus propose de corriger *tacita* (i.e. *suspensis pedibus*), approuvé
par Oudendorp; Hildebrand: *lecto*. Mais c'est la conjecture *laeta*, émise par Haupt
1872, 261 et par Lütjohann 1873, 487, qui est admise par l'ensemble des éditeurs.
Elle trouve une confirmation dans le passage du livre 3, 13 (61, 20: cité *supra*) et
correspond à la description que Lucius donne de Photis en 2, 6 (30, 5 s.) *et moribus ludicra et prorsus argutula est* et en 2, 7 (31, 6) *illa lepida alioquin et dicacula puella*.

proximat: après la pause descriptive servant à mettre en place le décor des
amours de Photis et Lucius (et à mettre en appétit le lecteur: cf. 2, 15: 37, 11 ss.),
le récit des événements reprend, relancé par un présent historique. Sur cet usage
du présent, voir Pinkster 1990, 224 s. Le verbe *proximare* est attesté avec certitude pour la première fois chez Apulée: voir *GCA* 1985, 172 ad 8, 19 (192, 11).
Ici, comme en 2, 32 (51, 13 s.) et en 3, 26 (71, 25), il a le sens de *appropinquare*.

rosa - tuberante: Photis est couverte de fleurs comme Vénus en 6, 11 (136, 6 s.) *Venus ... totum ... reuincta corpus rosis micantibus* et comme Isis en 11, 4 (268, 26 s.) *indiuiduo nexu corona totis floribus totisque constructa pomis adhaerebat*. Dans l'*Onos* 7, 3, les roses jonchent déjà le lit au moment où Loukios entre dans sa chambre; voir *infra* s.v. *rosa serta et rosa soluta*. Selon Trembley 1981, 110, Photis apparaît dans sa robe de roses comme une mariée et ses amours avec Lucius singent la cérémonie du mariage; cf. 6, 24 (146, 19), où, lors du mariage d'Éros et Psyché, *Horae rosis et ceteris floribus purpurabant omnia*. De façon plus générale, la rose, chère à Aphrodite-Vénus, apparaît (en poésie notamment) comme la fleur de la séduction et de l'amour: voir Grigson 1976, 190 ss. Cf. e.g. *apol.* 9 (11, 19 s.: dans un poème); Ov. *am.* 1, 2, 39 s. *laeta ... mater ... adpositas sparget in ora rosas* (de Vénus); *fast.* 4, 138, avec Bömer 216 ad loc.; Stat. *silv.* 1, 2, 19 ss.; *Anacreont.* 6; 55, 4 ss. et v. 30 ss., où le poète raconte comment l'apparition de la rose est liée à la naissance d'Aphrodite (Photis, qui est ici habillée de roses, apparaîtra ensuite à Lucius comme une Vénus sortie des eaux: cf. 2, 17: 38, 15 ss.). À propos de *Anth. Graec.* 5, 55, 1 s. Δωρίδα τὴν ῥοδόπυγον, Baldwin 1980, 357 signale la signification sexuelle de ῥόδον et de ῥοδωνία (= *cunnus*): cf. Hsch. s.v.; schol. *Theoc.* 11, 10. Symbole de la jeunesse et de la jouissance de l'instant présent, la rose est aussi compagne des *symposia* et de Bacchus. Cf. e.g. *Copa* 13 s.; Hor. *carm.* 2, 11, 13 ss.; *epist.* 1, 5, 14; Ov. *fast.* 5, 340 ss., avec Bömer 311 ad loc.; Mart. 8, 77, 2; *Anacreont.* 43; 44, 1 ss. La rose accompagnera encore d'autres séances amoureuses de Photis et Lucius et son absence peut se révéler catastrophique: cf. Apul. *met.* 3, 25 (71, 2 s.) *utinam uesperi de more nobis parassem corollas aliquas, ne moram talem patereris uel noctis unius* (Photis, le soir de la métamorphose de Lucius en âne). Fick-Michel 1991a, 386 ss. et Witte 1997, 54 s. étudient le motif de la rose dans les *Met.*; voir aussi les remarques de Trembley 1981, note 125 p. 126 s. sur le rôle de la rose en magie. Cf. encore 10, 29 (260, 8 ss.), où sont décrites les roses printanières annonciatrices de l'anamorphose de Lucius; 11, 13 (275, 17 ss.).

rosa serta et rosa soluta: dans les mss., on lit *rosae serta et rosa soluta*, qu'impriment Eyssenhardt et Hildebrand. Après Oudendorp, Leo veut supprimer le second *rosa*. Cette conjecture est approuvée par de Jonge 1941, 71, qui compare avec 4, 29 (98, 2) *floribus sertis et solutis* et avec 10, 32 (263, 10) *iaculis floris serti et soluti* (voir *GCA* 2000, 387 ad loc.). Dans un paragraphe consacré aux répétitions de mots dans une phrase, Koziol 1988 (¹1872), 10 s. défend la lecture *rosa serta et rosa soluta*. L'adjonction du *e* final au premier *rosa* proviendrait d'une tentative de correction du singulier collectif. Cette conjecture (défendue aussi par Bursian 1881, 123 s. et Magnaldi 2000, 72 s.) est confirmée par l'effet sonore et rythmique de la phrase. Le parallèle de construction avec répétition euphonique du mot *rosa* renforce l'opposition *serta/soluta*. Le singulier collectif de *rosa* est très fréquent, en prose comme en poésie: cf. Cic. *Tusc.* 3, 43; *Copa* 14 (cité *infra*); *Ciris* 98; Hor. *carm.* 2, 11, 14, etc.

Outre les deux passages des *Met.* cités ci-dessus, cf. pour la combinaison des deux verbes Min. Fel. 38, 2 *his (floribus) enim et sparsis utimur mollibus ac solutis et sertis colla complectimur.* Comparer aussi *Onos* 7, 3, où il est question des roses jonchant le lit de Lucius: τῶν δὲ στρωμάτων ῥόδα πολλὰ κατεπέπαστο, τὰ μὲν οὕτω γυμνὰ καθ'αὑτά, τὰ δὲ λελυμένα, τὰ δὲ στεφάνοις συμπεπλεγμένα. Par rapport à l'*Onos*, l'ordre des mots dans le texte des *Met.* est inversé: à *serta* correspond στεφάνοις συμπεπλεγμένα à *soluta* γυμνὰ καθ'αὑτά et λελυμένα. L'opposition *serta/soluta* se retrouve plus bas, dans un autre double abl. absolu: cf. lignes 20 s. La tournure *rosa soluta* désigne des fleurs coupées ou des pétales détachés, destinés à être répandus en pluie (Oudendorp ad loc.: «ad spargendum»); cf. ligne 21 *flore persperso*; Min. Fel. 38, 2 (cité ci-dessus); Prop. 4, 8, 40 *facilis spargi munda sine arte rosa*. Le groupe *rosa serta* désigne des guirlandes de roses ou des couronnes tressées, compagnes habituelles des réjouissances (Oudendorp: «ad coronandum»; Plin. *nat.* 21, 3 *cum uero e floribus* [sc. *stroppi*] *fierent, serta a serendo serieue appellabantur*); cf. ligne 20 *corollis reuincto*; Apul. *apol.* 9 (11, 11 ss.) *florea serta, meum mel, et haec tibi carmina dono ... serta autem, ut laeto tibi tempore tempora uernent* (sur ce poème, voir Mattiacci 1985, 250 ss.); Plaut. *Asin.* 803; Lucr. 4, 1177 s.; *Copa* 14 *sertaque purpurea lutea mixta rosa*; mais déjà Sapph. 83, 13 ss.

in sinu tuberante: la majorité des traducteurs prennent *sinus* au sens de «pli de la tunique», et rapportent le participe *tuberante* à *rosa*: ainsi e.g. Vallette («des guirlandes de roses gonflant le pli de sa robe», Helm-Krenkel («lose Rosen im Bausch ihres Gewandes zitterten»), Hanson («roses swelling in the fold of her gown»). Voir aussi Grimal 1958 note 1 p. 1440 «Le *sinus* de la tunique, pli formé par la ceinture qui fait «blouser» celle-ci, sert de poche aux femmes et aux hommes». Plus charnels, les Italiens prennent *sinu* au sens de «sein», «décolleté», et en font le sujet de *tuberante*: la gorge de Photis est pigeonnante, que ce soit naturellement ou du fait des roses qui y sont blotties. Augello traduit fort élégamment: «se ne veniva con una sua ghirlandetta di rose e sparsa di rose anche il turgido seno»; voir encore les traductions de Carlesi, Annaratone, mais aussi de Brandt-Ehlers «mit Rosenschütte im schwellenden Busen». Cf. *Anth. Lat.* 427 SB *tumidis Arethusa papillis*; *Anth. Graec.* 5, 84 εἴθε ῥόδον γενόμην ὑποπόρφυρον, ὄφρα με χερσὶν / ἀρσαμένη χαρίστῃ στήθεσι χιονέοις. *OLD* s.v. *tubero* ne signale que cette occurrence du verbe.

Ac me pressim deosculato et corollis reuincto ac flore persperso adripit poculum ac desuper aqua calida iniecta porrigit bibam, idque modicum prius quam totum exsorberem clementer inuadit ac relictum pullulatim labellis minuens meque respiciens sorbilla<t> dulciter: Me couvrant de baisers pressants, elle m'enchaîna de ses couronnes et me parsema de fleurs, saisit une coupe qu'elle m'offrit à boire après y avoir versé de l'eau chaude. Peu avant que je ne l'aie entièrement bue, doucement, elle s'en empara et tout en me regardant, suçota le reste, comme un oiseau du bout de son bec, à petits coups de langues, délicatement.

Ac me ... deosculato et ... reuincto ac ... persperso: noter la brièveté des abl. absolus, le parallèle de construction (3 participes passés passifs précédés d'un adverbe ou d'un complément et reliés par des conjonctions de coordination) et le rythme décroissant du trikôlon (*pressim deosculato*: 7 syllabes; *corollis reuincto*: 6 syllabes; *flore persperso*: 5 syllabes). Facchini Tosi 1986, 113 observe l'emploi euphonique du participe à sens passif *deosculato*, attesté pour la première fois chez Apulée (voir comm. ad 2, 10: 33, 18), par rapport aux autres participes: répétition du phonème *e* dans la première syllabe et homéotéleutes, le tout «rende ritmicamente l'*iter* dei vari approcci amorosi». Comparer pour cette recherche euphonique 3, 24 (70, 5) *amplexus ac deosculatus prius*; 4, 11 (83, 3 s.) *sumptum gladium suum diuque deosculatum per medium pectus ... transadigit.*

pressim: en dehors d'Apulée, cet adverbe qui apparaît encore en 2, 30 (50, 18) n'est attesté avec certitude que chez Iul. Vict. *rhet.* 97, 3 *pressim et aequaliter et leniter* (ThLL s.v. 1 *premo* 1185, 40 ss. signale encore Serv. *Aen.* 1, 256 *summum osculum ... id est non pressum sed summa labella contingens*, où, à la place de *pressum*, Saumaise veut lire *pressim*). Cette variante de l'adverbe *presse* répond au goût d'Apulée pour les adverbes en -*(t)im*: voir comm. ad 2, 2 (25, 11). Comparer pour le contexte 4, 31 (99, 12 s.) *o<s>culis hiantibus filium diu ac pressule sauiata* (de Vénus); 2, 10 (33, 5); Lucr. 4, 1108 s. *iunguntque saliuas / oris et inspirant pressantes dentibus ora*; Hor. *carm.* 1, 13, 12 et Ov. *am.* 1, 7, 41 s. (avec *impressere*).

et corollis - persperso: voir *supra* s.v. *rosa serta et rosa soluta*.

corollis: ces couronnes de roses qui, après sa métamorphose, feront si cruellement défaut à Lucius (cf. 3, 25: 71, 2 ss.; 3, 27: 72, 5 ss.), jusqu'au moment de l'intervention d'Isis (cf. 11, 6: 270, 13 et 11, 12: 275, 17 ss. *sacerdos ... mihi coronam - et hercules coronam consequenter, quod tot ac tantis exanclatis laboribus, tot emensis periculis deae maximae prouidentia adluctantem mihi saeuissime Fortunam superarem*). La couronne est un motif récurrent dans les *Met.*: voir GCA 1995, 383 (Append. V). Le diminutif *corolla* n'apparaît jusqu'au 1er s. de notre ère qu'en poésie (Abate 1978, 72 et note 13 p. 92).

flore persperso: alors que *flos* (au pluriel le plus souvent) est fréquemment employé avec le verbe *spargere* (cf. e.g. Verg. *Aen.* 6, 884; Ov. *fast.* 4, 346; Plin. *nat.* 18, 258, etc.), la combinaison avec le composé euphonique *perspergere* (répétition de sonorités) paraît unique. Pour le singulier collectif de *flos* qui, jusqu'au 1er s. de notre ère, ressortit au domaine poétique, voir Fedeli 345 ad Prop. 3, 10, 16.

desuper - iniecta: cf. 2, 15 (37, 14 s.), où sont mentionnées les coupes déjà à moitié remplies de vin, *solam temperiem sustinentes*; voir comm. ad loc. pour la coutume de mélanger de l'eau généralement tiède ou chaude au vin. Cf. *Anth. Graec.* 11, 49.

porrigit bibam: pour l'ellipse du *ut*, voir comm. ad 2, 15 (37, 8) *da ueniam ... concedam cubitum.*

modicum: à cette lecture des mss., la majorité des éditeurs préfèrent la correction de Brantius *modico*. Cf. 1, 7 (7, 5) *modico prius (quam)*, une tournure qui apparaît encore dans l'*apol.* 17 (20, 8), mais qui, en dehors d'Apulée, n'est pas attestée; cf. aussi *met.* 1, 22 (20, 15) *modico deinde*. Hildebrand commente toutefois («facetissime», selon de Jonge 1941, 16): «Ego velim *modicum* c. Mss. retineatur dictum de poculo, qua in re non solum Lucii verba me confirmant, tria et plura exsorbuisse pocula se dicentis, quae inde colligi potest non admodum vasta fuisse, sed quod etiam impatientia libidinosae Fotidis exprimitur, quae Lucium ne modicum quidem exhaurire poculum passa est». Cf. toutefois 2, 15 (37, 14), où les verres à boire sont qualifiés de *calices boni*. Si Lucius et Photis boivent plusieurs coupes (cf. 38, 2 s.), ça n'est pas parce qu'elles sont petites, mais pour stimuler leurs ardeurs en s'enivrant. Cf. 2, 11 (34, 3 ss.) *uinum istud hodie sorbamus omne, quod nobis ... alacrem uigorem libidinis incutiat.* Avec Armini 1928, 283, il vaut mieux prendre *modicum* comme un acc. adverbial. Cf. 8, 21 (193, 10 s.) *ille modicum commoratus*, où *modicum = paulisper*, un emploi attesté pour la première fois chez Apulée, comme le remarquent *GCA* 1985, 182 ad loc.; cf. aussi 6, 19 (142, 16) *transito fluuio modicum te progressa<m>*, où *modicum* est employé dans un sens temporel ou local.

clementer - dulciter: l'accumulation des adverbes et des diminutifs dans cette phrase mélodieuse (homéotéleutes) traduisent la douceur du rituel de séduction, auquel Photis se livre (Abate 1978, 72 étudie l'emploi des diminutifs hypocoristiques dans ce contexte érotique). Comparer la description de la danse érotique en 2, 7 (30, 18 ss.), où l'accumulation d'adverbes et de diminutifs hypocoristiques traduisent l'état d'esprit de Lucius-acteur, tombé sous le charme de la servante (voir comm. ad loc.). Noter la position chiastique des deux verbes principaux et des adverbes qui les modifient. Pour ces minauderies de Photis (jeu de séduction avec des coupes de vin), cf. Ov. *am.* 1, 4, 31 *quae tu reddideris, ego primus pocula sumam / et, qua tu biberis, hac ego parte bibam*; *ars* 1, 573 ss.; *epist.* 17, 79 ss. *cum modo me spectas oculis lasciue proteruis ... modo pocula proxima nobis / sumis, quaque bibi, tu quoque parte bibis*; Lucianus *DDeor.* 8 (5) 214; Ach. Tat. 2, 9, 2 s.

clementer inuadit: oxymore cher à Apulée: cf. 2, 21 (42, 13 s. [*digitos*] *infesto pollice clementer subrigens*; 3, 10 (59, 20) *clementi uiolentia*, avec Van der Paardt 1971, 85 ad loc.; 9, 21 (219, 2 s.) *inuadit ... Myrmecem pugnisque malas eius clementer obtundens* (voir *GCA* 1995, 188 s. ad loc.); *Anth. Lat.* 712, 7 *clemente morsu rosea labella uellicent* (Riese lit *labia*; pour l'attribution de ce poème à Apulée, voir Mattiacci 1985).

L'emploi transitif du verbe *inuadere* à propos de nourriture ou de boisson («saisir avec avidité», «se jeter sur») est attesté dès Sen. *epist.* 104, 6 dans un sens figuré: *in pascuum emissus cibum meum inuasi* (voir *ThLL* s.v. *inuado* 112, 60 ss.). Pour la combinaison avec *poculum*, cf. Arnob. *nat.* 5, 1 *cum ... offendissent ... pocula ... inuadisse auiditer* (de Faunus et Picus). Avec sa connotation belliqueuse, le verbe s'inscrit dans une série de termes décrivant la relation amoureuse de Lucius et Photis selon la métaphore du combat: cf. 38, 8 ss.; 2, 17 (39, 1 ss.) et déjà 2, 10 (33, 21 s.) et 2, 11 (34, 2 ss.).

pullulatim: telle est la leçon transmise par les mss. Cf. aussi 5, 20 (118, 20 s.), où cet adverbe modifie également le verbe *minuere*: *pensilem gradum pullulatim minuens*. Hildebrand, Helm II et III[1], Giarratano, Robertson, Carlesi, Brandt-

Ehlers et Scazzoso corrigent dans les deux cas *p<a>ullulatim* (diminutif de *paulatim*). Voir aussi Funck 1892, 495; de Jonge 1941, 72 ad loc.; Abate 1978, 72 et Kenney 1995, 165 ad 5, 20 qui, sans plus de commentaire, y appose une *crux*; *ThLL* s.v. *?paululatim*, 827, 2 ss. commente «i.q. paulatim». Cf. Ter. *Ad.* 591 *cyathos sorbilans paullatim hunc producam diem* (comparer *sorbilla<t>* dans notre passage). Toutefois, il paraît peu probable que la même erreur se soit produite à deux reprises. Aussi la leçon *pullulatim* est-elle adoptée par Van der Vliet, Eyssenhardt, Gaselee, Helm III[2] (qui explique pour notre passage «more pullulorum, *i. e. haustibus minimis*», comparant avec *bouatim* et *suatim*; Helm 1943, 150 ajoute *capreolatim*), Frassinetti et Hanson. Voir aussi l'argumentation détaillée d'Augello 1977, 48 s. en faveur de cette leçon. Il s'agit d'un adverbe archaïque relevant du *sermo amatorius*, du type de ceux remis à la mode par les *neoteroi*: cf. Mat. *carm. frg.* 12 *sinuque amicam refice frigidam caldo / columbulatim labra conserens labris* (parallèle également avancé pour la défense de cette leçon par Mattiacci 1986, 179 s.). Dans notre passage, *pullulatim* dépeint une manière de boire à petits coups, comme un oiseau qui becquette, et évoque l'image de petits baisers, des bécots (comme chez Mattius *columbulatim*: voir Courtney 103 ad loc.; cf. Mart. 1, 109, 2[1]). Cf. Plaut. *Asin.* 209 s. *ubi quid dederam, quasi columbae pulli in ore ambae meo / usque eratis*; Catull. 68b, 125 ss. (sur les baisers des pigeons); *infra* s.v. *sorbilla<t>*. L'imagerie animale se retrouve dans un contexte érotique chez Apul. *met.* 8, 26 (197, 25): *tam bellum scilicet pullulum* et en 10, 22 (253, 21 s.) *teneo te, inquit, teneo, meum palumbulum, meum passerem*. Sur les adverbes en *-(t)im* chez Apulée, voir comm. ad 2, 2 (25, 11).

labellis: ce diminutif hypocoristique relevant du *sermo amatorius* apparaît presque exclusivement en poésie (*ThLL* s.v. *labellum* 767, 23 ss.; Abate 1978, 73 et note 14 p. 92). Chez Apulée, on le rencontre encore dans l'*apol.* 6 (7, 23: dans un poème); *flor.* 15 (21, 1: dans une *ekphrasis* poétique); cf. aussi *Anth. Lat.* 712, 7 (*supra* s.v. *clementer inuadit*).

sorbilla<t>: en 2, 11 (34, 3), on trouve le verbe *sorbere*. Ce diminutif, attesté avant Apulée chez Ter. *Ad.* 591 (cité *supra* s.v. *pullulatim*), se rencontre encore en 3, 14 (62, 23) *sorbil<l>antibus sauiis*. Voir Callebat 1968, 516 ss. («mot ... de caractère familier» mais apparaissant surtout «comme une création affective de Térence reprise par Apulée»); Abate 1978, 45 et 73. Dans les deux passages des *Met.*, le verbe se rapporte autant aux baisers qu'à l'acte de boire. Ici, les mimiques de Photis lapant le vin à petites gorgées sont comme des baisers sur le rebord de

---

[1] Pour un développement de ce motif, voir U. Eco, L'isola del giorno prima, Milano 1994 (ed. Bompiani), p. 322 ss. dans une dissertation sur la colombe très érudite, du type de celles que l'on trouve dans les romans grecs antiques: «Ma, puri come sono, i colombi sono anche un simbolo assai malizioso, perché si consumano per la gran lussuria: essi passano il giorno a baciarsi (raddopiando i baci per farsi tacer a vicenda) e incrociando le lingue, da cui molte espressioni lascivette come colombar con le labbra e baci colombini, per dirla come i casuisti. E colombeggiare dicevano i poeti per far l'amore come le colombe, e tanto quanto esse».

la coupe: voir *supra* s.v. *clementer - dulciter*. Pour la perte du *t* final, voir comm. ad 2, 18 (40, 1).

Sequens et tertium inter nos uicissim et frequens alternat poculum, cum ego iam uino madens nec animo tantum, uerum etiam corpore ipso ad libidinem inquie[n]s alioquin et petulans et iam saucius, paulisper inguinum fine lacinia remota inpatientiam ueneris Fotidi meae monstrans: Une seconde, puis une troisième coupe circulent ainsi entre nous, passant d'une main à l'autre, suivies de plusieurs autres, quand, déjà tout imbibé de vin, plein de cette ardeur qui excitait à la volupté mon esprit autant que mon corps, et déjà grisé par ces tourments, je remontai un instant ma tunique jusqu'à l'aine et dévoilai à ma Photis l'impatience de mon désir. [38, 2-7]

Lucius et Photis mettent consciencieusement à exécution ce qu'ils s'étaient promis de faire en 2, 11 (34, 3 ss.) *uinum istud hodie sorbamus omne, quod nobis restinguat pudoris ignauiam et alacrem uigorem libidinis incutiat.* Beroaldus observe à propos de notre passage: «prima uiri cratera ad sitim pertinet, secunda ad hilaritatem, tertia ad uoluptatem, quarta ad insaniam». Le vin est employé comme stimulant d'amour dans une autre scène érotique qui, à plus d'un point de vue, fait pendant à celle-ci (voir Introd. 5.10): cf. 10, 21 (253, 10 ss.: *infra* s.v. *uino madens*). Voir aussi comm. ad 2, 15 (37, 14 ss.). Pour l'effet aphrodisiaque du vin, cf. Mart. 4, 66, 11 s. Dans l'épitomé (*Onos* 8, 1), il y a également échauffement préliminaire à coup de coupes de vin, mais la description y est beaucoup plus sèche: pas de mention de la montée de l'ivresse et de la tension, pas trace non plus du geste impudique du héros.

sequens ... frequens ... alternat: dans l'index d'OCP, *sequens* et *frequens* sont classés comme nom. féminins, ce qui fait de Photis le sujet du verbe *alternat*. Même interprétation chez de Jonge 1941, 72, qui traduit «she exchanges»; *ThLL* s.v. *alterno* 1753, 31 s. et *OLD* s.v. 6 classent notre passage parmi les exemples de l'emploi transitif du verbe (dont le complément d'objet serait *tertium ... poculum*). Il me semble plutôt que cette phrase décrivant la succession des rasades de vin présente un mouvement répétitif et progressif: tout comme *tertium*, *sequens* et *frequens* se rapportent à *poculum*, sujet de *alternat*, employé ici intransitivement. Voir les traductions de Vallette («une seconde, une troisième coupe, suivie de plusieurs autres, fait ainsi la navette») ou Helm-Krenkel («ein zweiter und dritter Becher wechselt so zwischen uns und noch andere mehr»). Comparer pour cette phrase Ach. Tat. 2, 9, 3 (à propos d'un échange de coupes similaire entre amoureux) καὶ τρίτον ἐγένετο τοῦτο καὶ τέταρτον καὶ τὸ λοιπὸν τῆς ἡμέρας οὕτως ἀλλήλοις προεπίνομεν τὰ φιλήματα.

sequens: l'emploi de *sequens* au sens de *secundus* n'est pas attesté en latin classique: *OLD* s.v. 1b cite pour cet emploi Plin. *nat.* 7, 211 et 37, 108. Cf. aussi Quint. *inst.* 4, 3, 9 *est hic locus uelut sequentis exordii*. Le mot permet un effet sonore euphonique (homéotéleutes).

inter nos uicissim ... alternat: l'exubérance verbale traduit la répétition du mouvement.

poculum, cum ego: alors que les anciennes éditions mettent un point après *poculum*, Helm II ponctue avec un point-virgule et corrige *cum* par *tum* (*tum* aussi Petschenig 1888, 764). Helm III rétablit le *cum* des mss. et imprime une virgule après *poculum*, comme le font aussi l'ensemble des éditeurs modernes. Le *cum inuersum* est un tour fréquent chez Apulée, répondant à une «recherche de relief et d'intensité» (Callebat 1968, 433).

uino madens: cf. dans la scène d'amour parallèle du livre 10 *uino pulcherrimo atque copioso memet madefeceram* (10, 21: 253, 10 s.).

nec animo - inquie[n]s: cf. 3, 20 (67, 12 s.) *libido mutua et animo<s> simul et membra suscitat* (de Photis et Lucius). F et φ ont *inquiens*, imprimé par le seul Eyssenhardt. Beroaldus propose de lire *inquietus* ou *inquies*; Petschenig 1888, 764 hésite à lire *inclinans* (approuvé par Blümner 1905, 28). Mais l'ensemble des éditeurs opte pour la correction moins importante *inquies*. Cf. 9, 42 (235, 24) *inquieti procacitate praeditus* (de Lucius; *GCA* 1995, 350 ad loc. remarquent que *inquies* est attesté pour la première fois chez Salluste). Bursian 1881, 124 intervertit l'ordre de la phrase: *cum ego, ad libidinem inquies alioquin et petulans, uerum etiam corpore iam saucius* (négligeant *ipso* et transformant le *etiam* des mss. en *iam*: voir *infra*). Cette proposition est adoptée par Van der Vliet, qui supprime totalement le second *etiam*. Helm II et III[1] rapporte *inquies* à la suite de la phrase, adoptant une conjecture de Leo *corpore ipso <pronus> ad libidinem, inquies alioquin et petulans*. De manière similaire, Walter 1934, 1326: *corpore ipso <ardens> ad libidinem*. Toutefois, si l'on rattache *inquies* non à ce qui suit, mais à ce qui précède, on peut conserver le texte des mss., comme le font Helm III[2] et les autres éditeurs modernes. Le groupe de mots *nec animo tantum, uerum etiam corpore ipso ad libidinem* dépend de *inquies* (et, du point de vue du sens, peut-être aussi de *petulans*: voir notice suivante). Voir *ThLL* s.v. *inquies* 1798, 51 ss., qui compare avec la construction plus fréquente *inquietus ad quid* (cf. 1807, 30 ss.). Callebat 1968, 212 s. observe à propos de l'emploi modal de *ad* auprès d'un adjectif qu'il ne relève pas exclusivement de la langue vulgaire, mais qu'il apparaît autant dans des passages de caractère familier que dans des passages stylistiquement plus élaborés. Cf. 8, 25 (196, 16 s.) *asinum ... ad usus omnes quietum* (de Lucius). Récemment, Magnaldi 2000, 62 s. a défendu une autre lecture, ingénieuse, et qui a le mérite de conserver le *etiam* des mss. (voir ci-dessous): *iam uino madens nec animo tantum, uerum etiam <saucius> corpore ipso, ad libidinem inquies alioquin et petulans [etiam saucius] paulisper.*

alioquin: Helm III[2], Helm IV et Giarratano-Frassinetti placent une virgule avant *alioquin*, faisant porter l'adverbe sur *petulans*. *Alioquin* précédant le mot sur lequel il porte se rencontre e.g. en 1, 11 (10, 24); 8, 7 (182, 6); 9, 38 (232, 6); 11, 21 (282, 17). Mais le plus souvent l'adverbe est employé avec deux adjectifs qu'il relie: cf. 2, 1 (24, 18) *anxius alioquin et nimis cupidus ...*, avec comm. ad loc. sur ce tour dévoilant par touches successives la personnalité de Lucius. De même ici, *alioquin* pourrait se rattacher autant à *inquies* qu'à *petulans*. Plutôt que de décrire l'état mental et physique actuel (momentané) de Lucius, la phrase *nec animo tantum ... inquies alioquin et petulans* révèle un nouveau trait de sa personnalité: le héros est, par nature, porté sur les plaisirs de la chair. Hanson traduit ainsi: «I was naturally both mentally and physically restless and eager with desire».

petulans: l'adjectif apparaît encore dans une autre scène décrivant la montée du désir charnel: cf. 5, 23 (121, 6 ss.) *tunc magis magisque cupidine fraglans Cupidinis, prona in eum ... patulis ac petulantibus sauiis festinanter ingestis* (à propos de Psyché). Même sens lascif dans l'*apol.* 9 (10, 22) *quid tam petulans habent omnes uersus mei?*

et iam: les mss. ont *etiam* qu'impriment Hildebrand et Eyssenhardt. Bursian 1881, 124 corrige *iam* (voir *supra*); Van der Vliet le supprime comme une répétition erronée du *etiam* de la ligne 4. La majorité des éditeurs opte pour la correction de Blümner 1905, 28 *et iam*, qui s'accorde avec le sens (Lucius est déjà *saucius*, avant même que la bataille n'ait commencé) et avec le mouvement de cette phrase, structurée par une succession de conjonctions de coordination.

saucius: l'adjectif possède un double sens correspondant au contexte. Voir *OLD* s.v. 4 «affected by wine, tipsy» (cf. ligne 3 *iam uino madens*); pour ce sens, cf. 7, 12 (163, 13), avec *GCA* 1981, 161 ad loc.; 9, 5 (206, 20), où ivresse et sexe sont également associés. Mais *saucius* est aussi à prendre au sens premier («blessé»: *OLD* s.v. 1). Cf. *infra* lignes 7 ss., où Lucius engage la métaphore du combat amoureux et se déclare blessé par une flèche de Cupidon, avant le début de la bataille. L'image se retrouve à propos de Psyché, dans le passage qui décrit la naissance de l'amour dans son âme (ci-dessus, s.v. *petulans*), après qu'elle s'est blessée en se piquant à l'une des flèches de Cupidon: cf. 5, 23 (121, 9) *saucia mente*. Employé à propos de la blessure infligée par le dieu d'amour, *saucius* apparaît essentiellement en poésie: cf. e.g. Plaut. *Persa* 24 ss. *saucius factus sum in Veneris proelio: / sagitta Cupido cor meum transfixit*, avec Woytek 152 ss. ad loc.; Cic. *Cael.* 18 (dans un vers cité *infra* s.v. *saeui Cupidinis*: ligne 10); Lucr. 4, 1048; Verg. *Aen.* 4, 1; Tib. 2, 5, 107 ss. *postquam sumpsit sibi tela Cupido ... iaceo dum saucius annum / et faueo morbo*; Ov. *am.* 2, 1, 7 *aliquis iuuenum ... saucius arcu*. Pour la métaphore de la blessure d'amour, voir Adams 1982, 152; dans les romans grecs: Rohde 1960, 167 ss. ([1]1876).

paulisper: le sens et la place de cet adverbe dans la phrase posent problème. Helm ponctue d'une virgule après *paulisper*, le rattachant ainsi à ce qui précède (voir aussi e.g. Giarratano-Frassinetti, Hanson). Plusieurs traducteurs le prennent au sens - non signalé par les dictionnaires - de «depuis un instant»: ainsi Helm-Krenkel: «schon eine Weile sehr erregt»; Hanson: «I had been feeling the wound for some time»; Walsh: «for some little time now I had felt my wound swelling». *ThLL* s.v. *paulisper* 826, 32 ss. signale un emploi non temporel et tardif de l'adverbe, avec force restrictive (= «i.q. *modice, temperate, leuiter*», citant parmi quelques exemples ambigus Apul. *met.* 3, 12 (60, 21) *paulisper hilaro uultu* et 7, 17 (167, 20) *leuata paulisper pressura sanare me*. Cependant, Van der Paardt 1971, 93 et *GCA* 1981, 197 ad loc. prennent *paulisper* au sens traditionnel de «un bref instant». Bursian 1881, 124 propose de ponctuer avant *paulisper*, rattachant l'adverbe à l'abl. absolu qui suit (*inguinum fine lacinia remota*). Cette conjecture est acceptée par de Jonge 1941, 72 s., selon lequel l'adverbe est synonyme de *paulum* («a little»), ici, comme en 2, 17 (38, 18) *paulisper etiam glabellum feminal rosea palmula ... obumbrans* (de Photis imitant une *Venus pudica*). Mais ce parallèle permet d'interpréter *paulisper* au sens traditionnel et confirme la proposition de Bursian. Alors qu'ici, Lucius dévoile un instant sa nudité, Photis adoptera par jeu la pose opposée, en feignant un instant de voiler la sienne. Carlesi traduit: «mi tirai su, un momentino, la camicia fin sull'inguine». Si Robertson ponctue d'une virgule avant *paulisper*, Vallette évite de traduire l'adverbe, de même d'ailleurs que Grimal, Scazzoso ou Annaratone.

inguinum - monstrans: cf. 1, 6 (6, 7 ss.) *sutili centu<n>culo faciem suam iam dudum punicantem prae pudore obtexit ita, ut ab umbilico pube tenus cetera corporis renudaret* (Socrate, dans un mouvement inverse de pudeur maladroite); Lucianus *Symp.* 16 (signalé dans son apparat par Helm) ἅμα παρεγύμνου ἑαυτὸν μᾶλλον ἄχρι πρὸς τὸ αἴσχιστον (d'un convive ivre).

inguinum fine: cf. pour cette combinaison Sall. *hist. frg.* 3, 52 *fine inguinum ingrediuntur mare.*

inpatientiam ueneris: ThLL 527, 8 ss. s.v. *inpatientia* classe cette occurrence sous la notice «nota fere i.q. incontinentia, libido», citant ensuite Arnob. *nat.* 4, 22 *an uxore contentus haud una concubinis, pelicibus ... delectatus inpatientiam suam spargebat passim?* (de Jupiter). Cf. encore Tert. *patient.* 5 *quis adulterium sine libidinis impatientia subiit?* et *Physiogn.* 40 *inpatientia libidinum.* Pour cet emploi de *inpatientia* («impatience», «incontinence») avec gén. subjectif, comparer 10, 3 (238, 4) *inpatientia furoris altius agitata* (d'une femme, prise de passion pour son beau-fils); *flor.* 17 (30, 24) *inpatientia linguae.*

38, 7-12   'Miserere', inquam, 'et subueni maturius. Nam, ut uides, proelio quod nobis sine fetiali officio indixeras iam proximante uehementer intentus, ubi primam sagittam saeui Cupidinis in ima praecordia mea delapsam excepi, arcum meum et ipse uigorat<e> tetendi[t] et oppido formido ne neruus rigoris nimietate rumpatur: «Aie pitié», lui dis-je, «et viens vite à mon secours. Car, comme tu vois, je suis violemment tendu à l'approche de ce combat, que tu as engagé sans procéder comme il se doit à une déclaration de guerre. Sitôt que j'ai reçu au tréfonds de mon coeur la première flèche décochée par le cruel Cupidon, j'ai moi aussi vigoureusement bandé mon arc et je redoute fort que, sous l'effet d'une trop forte tension, le nerf ne se rompe.

Cette réplique est absente de l'*Onos*, où Palaistra engage le combat tout de suite après l'échange des coupes de vin (*Onos* 8, 2 = Apul. *met.* 2, 17: 39, 1 ss.). La description de la servante se dénudant avant la bataille (2, 17: 38, 15 ss.) n'a pas non plus de parallèle dans l'épitomé. Or le passage fourmille de réminiscences (poétiques surtout) latines: autant de broderies sans doute proprement apuléennes (voir Introd. 7.2). Comparer pour cette prière de Lucius Prop. 2, 16, 13 s. *at tunc nostro, Venus, o! succurre dolori, / rumpat ut assiduis membra libidinibus.*

Miserere: cf. dans un contexte similaire 10, 3 (238, 24) *miserere tua causa pereuntis*, avec *GCA* 2000, 92 ad loc., qui cite de nombreux parallèles poétiques.

subueni: ce verbe, qui apparaît souvent dans un contexte militaire (voir *OLD* s.v. 1), réengage la métaphore du combat amoureux employée par Photis quand, capitulant devant les avances de Lucius, elle lui promettait de le retrouver la nuit.

proelio: cf. 2, 10 (33, 21 s.) *abi ergo ac te compara ... fortiter et ex animo proeliabor* (Photis à Lucius). Pour cette métaphore, voir comm. ad 2, 17 (39, 1 ss.).

sine fetiali officio: allusion à l'une des fonctions des féciaux, prêtres magistrats chargés dans les conflits de déterminer la gravité de l'offense et, si nécessaire, d'en demander réparation. Dans le cas où le *bellum* était considéré comme *iustum*, les féciaux procédaient à sa déclaration en lançant un javelot ou une hache sur le sol ennemi, accompagnant ce geste d'hostilité d'un défi solennel: cf. Liv. 1, 32, 12; 1, 24, 4 ss.; Gell. 16, 4, 1. Voir DSg «fetiales, ius fetiale», 1095-1101 [A. Weiss]; Vallette note 1 p. 43 ad loc. avec références supplémentaires. La combinaison *fetialis + officium* n'est pas attestée ailleurs (d'ordinaire, l'adjectif accompagne *ius*: voir *ThLL* s.v. *fetialis* 634, 25 ss.; cf. par ailleurs Cic. *rep.* 2, 31 [*Tullus*] *constituit ... ius, quo bella indicerentur, quod ... sanxit fetiali religione*; Liv. 9, 11, 8 *fetialibus caerimoniis*). Cette allusion à une coutume romaine est placée dans la bouche du grec Lucius (Lucius-acteur: voir Introd. 2.2), qui à ce moment de l'histoire n'a pourtant pas encore appris le latin, mais dont les références culturelles et juridiques sont plus d'une fois celles de Lucius-narrateur, ou de l'auteur Apulée: voir Introd. 7.2.

indixeras: Callebat 1968, 103 s. signale que le plus-que-parfait est plusieurs fois employé dans les *Met.* au lieu du parfait (caractéristique du parler familier); voir aussi Van der Paardt 1971, 83 ad 3, 10 (59, 15).

intentus: ce mot ambigu introduit la métaphore filée de l'arc bandé: cf. Ov. *Pont.* 1, 2, 19 *intentus neruo leuis arcus* (sens propre); Priap. 68, 35 s. cité *infra* s.v. *arcum - rumpatur*, où apparaît le verbe *intendere*; Ter. *Eun.* 312 *digna rest ubi tu neruos intendas tuos* (à propos d'une jeune fille). Cf. encore Hor. *sat.* 1, 5, 83 s. *somnus tamen aufert / intentum Veneri*; 2, 7, 47 s. Voir Adams 1982, 21 et 46 sur l'emploi des composés de *tendere* dans le vocabulaire érotique.

ubi - excepi: *topos* de l'élégie sur lequel vient se greffer, dans la suite de la phrase, une autre image traditionnelle de la poésie érotique, celle de l'arc bandé (*infra*). Lucius prend la pose du poète frappé - et inspiré - par les flèches de Cupidon: cf. e.g. Ov. *am.* 1, 1, 21 ss.; 2, 9, 35 ss.; 3, 9, 5 ss.; *ars* 1, 21 ss.; Pichon 1966 ([1]1902), 88 avec nombreux exemples supplémentaires; *supra* s.v. *saucius*. Dans les *Met.* d'Apulée, cette métaphore topique est «concrétisée», dans le passage qui voit Psyché se piquer d'amour aux flèches de Cupidon (cf. 5, 23: 120, 25 ss.).

sagittam ... delapsam: l'emploi de *delabi* à propos d'une arme pénétrant dans le corps est attesté pour la première fois chez Apulée, comme le note *GCA* 2000,

91 ad 10, 3 (238, 21 s.) *isti enim tui oculi ... ad intima delapsi praecordia* (également un contexte érotique).

saeui Cupidinis: l'image est traditionnelle, mais la combinaison (*saeuus* adjectif qualificatif portant sur *Cupido*) est unique (cf. *saeua cupido* chez Stat. *silv.* 2, 1, 214; Juv. 14, 175). Cf. Apul. *met.* 8, 2 (178, 6) *flamma saeui amoris*; Plaut. *Bacch. fr.* 14 *Cupidon tecum saeuust anne amor?*; Ennius chez Cic. *Cael.* 18 *Medea animo aegra, amore saeuo saucia* (= *scaen.* 254); chez Hor. *carm.* 1, 19, 1 et 4, 1, 5, c'est Vénus qui est la *mater saeua Cupidinum*.

arcum - rumpatur: pour cette métaphore érotique s'emboîtant dans celle de l'archer divin, cf. Ov. *am.* 1, 8, 47 ss. *Penelope iuuenum uires temptabat in arcu; / qui latus argueret corneus arcus erat*, avec McKeown 226 s. ad loc.; Priap. 68, 33 ss. *nemo meo melius neruum tendebat Ulixes / siue illi laterum siue erat artis opus. / qui quoniam periit, uos nunc intendite, qualem / esse uirum sciero, uir sit ut ille meus*; Ath. *Deipn.* 10, 437e οὐ δύναμαι τανύσαι, λαβέτω δὲ καὶ ἄλλος, allusion à Hom. *Od.* 21, 152, où, parmi les prétendants de Pénélope, Liodès tente le premier de tendre l'arc d'Ulysse; voir Adams 1982, 21 ss.

C'est la seconde fois que Photis produit un tel effet sur Lucius, qui se plaît tout au long du récit à insister sur sa virilité: cf. déjà 2, 7 (30, 24 s.), effet de la danse érotique des casseroles; 3, 24 (70, 16 ss.); 10, 22 (253, 12 ss.). Cette insistance sur sa virilité en fait un motif récurrent du roman: voir Introd. 5.7.

uigorat<e> tetendi[t]: les mss. ont *uigor attetendit*, leçon imprimée par Hildebrand et Eyssenhardt (voir aussi *ThLL* s.v. *arcus* 477, 48). L'édition d'Aldus a *uigore tetendi*. Bien que la leçon des mss. fasse sens, la conjecture émise par Bursian 1881, 124 *uigorat<e> tetendi*, admise par l'ensemble des éditions modernes, est préférable. Elle évite un changement de sujet qui viendrait interrompre la succession des verbes à la première personne (*excepi - tetendi - formido*) et permet de rendre tout son sens à *ipse*, souligné par *et* (= *etiam*). Après l'attaque qu'il a subie (*ubi primam sagittam ... excepi*), Lucius-Ulysse riposte en tendant à son tour vigoureusement son arc: cf. ligne 9 *uehementer intentus*. Si l'on admet cette correction, *uigorate* est un hapax, comme l'est aussi *uigoratus* au livre 9, 21 (219, 10) *fallacia uigorati iuuenis*. Cf. 2, 11 (34, 3) *uinum ... quod nobis ... alacrem uigorem libidinis incutiat*; Ov. *am.* 3, 7, 67 (*membra*) *quae nunc, ecce, uigent intempestiua ualentque*. Pour cet emploi du verbe *tendere* dans un sens obscène, cf. Mart. 6, 71, 3; Priap. 68, 33 (cité plus haut); *supra* s.v. *intentus*; Adams 1982, 21 et 46.

oppido formido: cette combinaison euphonique (homéotéleutes) ne se rencontre en latin que dans trois passages du livre 2 des *Met.* d'Apulée: cf. encore 2, 20 (41, 11) et 2, 25 (45, 17: *formido* y est un substantif). Sur l'adverbe *oppido*, voir comm. ad 2, 12 (35, 8).

ne - rumpatur: cf. Plaut. *Cas.* 810 *illo morbo quo dirrumpi cupio, non est copiae*; Lucr. 4, 1115 *ubi se erupit neruis collecta cupido*; Hor. *sat.* 1, 2, 118 *malis tentigine rumpi*; Prop. 2, 16, 14 (cité dans la notice initiale); Priap. 23, 4 s.; 33, 5; voir Adams 1982, 150 s.

neruus: comme *tetendi* (*supra*), le terme est à double entente. Il apparaît fréquemment en poésie pour désigner, au sens propre, la corde d'un arc ou un arc, souvent aussi accompagné de *tendere*: cf. e.g. Acc. *trag.* 545 *reciproca tendens neruo equino concita / tela*; Lucan. 8, 383, etc. Au sens de *mentula*, on le rencontre e.g. chez Lucr. 4, 1115 (ci-dessus); Hor. *epod.* 12, 19; Juv. 9, 34; voir Adams 1982, 38 et 224. Cf. aussi pour ce jeu de mots Priap. 68, 33 (cité s.v. *arcum - rumpatur*); Ter. *Eun.* 312 (*supra* s.v. *intentus*).

rigoris nimietate: la combinaison est unique. Les *Met.* fournissent plusieurs exemples de substantifs abstraits accompagnés d'un autre substantif au gén. (trait de la langue vulgaire: voir Bernhard 1927, 99 s.; Väänänen 1964, 90). Cf. 9, 18 (216, 9) *insignis tutelae nimietate*: GCA 1995, 167 s. ad loc. signalent que le mot *nimietas* est attesté pour la première fois chez Apulée. Cette occurrence de *rigor* pour désigner l'érection du pénis paraît unique (en revanche, *rigor* est couramment attesté avec *neruus* dans le vocabulaire médical pour désigner un état d'immobilité ou de rigidité physique: voir *OLD* s.v. *rigor* 1b). Cf. Catull. 56, 6 s. *hunc ego ... protelo rigida mea cecidi*; Priap. 45, 1 *rigidus deus*; Petron. 134, 11 *illud tam rigidum reddidero quam cornu* (du membre d'Encolpe).

Sed ut mihi morem plenius gesseris, in effusum laxa crinem et capillo fluenter undante red<d>e complexus amabiles': Mais si tu veux me faire encore davantage plaisir, détache tes cheveux et laisse-les couler, et que ta chevelure ruisselante ondoie sur tes douces étreintes.»

38, 12-14

ut mihi morem ... gesseris: Adams 1982, 164 signale l'emploi dans le vocabulaire sexuel de l'expression *morem gerere* (parmi les métaphores «duty, service»). Cf. Enn. *scaen.* 207 *quae tibi in concubio uerecunde morem gerit*; Plaut. *Most.* 189. La tournure s'applique ici à une esclave: cf. ces mots de Photis à Lucius en 2, 10 (33, 18 s.) *ego tibi ... mancip[i]ata sum*, avec comm. ad loc. Voir en outre comm. ad 2, 5 (29, 9 s.) *minus morigeros ... reformat* (Pamphilé, de ses amants).

in effusum - undante: noter l'abondance des termes dans cette métaphore poétique. Cf. 11, 3 (268, 8 s.) *crines ... per diuina colla passiue dispersi molliter defluebant* (d'Isis) et voir comm. ad 2, 9 (32, 16 s. et 22 ss.); Append. I. Dans un contexte similaire (avant l'acte d'amour), cf. Ov. *ars.* 3, 783 ss. *nec tibi turpe puta crinem, ut Phylleïa mater, / soluere et effusis colla reflecte comis* et Ov. *am.* 1, 5, 10 *ecce Corinna uenit ... candida diuidua colla tegente coma*. Photis a les cheveux attachés sur le sommet de la tête par un noeud: voir comm. ad 2, 9 (32, 22 ss.). Le verbe *effundere* apparaît fréquemment en poésie à propos des cheveux longs et détachés: cf. e.g. Catull. 64, 391; Prop. 2, 13, 56 (de Vénus); Ov. *ars* 3, 784 (ci-dessus); *ThLL* s.v. *effundo* 221, 73 ss. Pour l'emploi de la préposition *in* + acc. exprimant un mouvement ou le résultat de ce mouvement, voir comm. ad 2, 7 (30, 20 s.).

crinem ... capillo: *uariatio*.

capillo fluenter undante red<d>e complexus amabiles: F et φ ont *fluenter undanter ede*. Helm III, Giarratano, Robertson et Terzaghi impriment *capillo fluente* *undanter ede*, qui est également la leçon de l'édition d'Aldus (voir aussi *ThLL* s.v. *fluo* 971, 17 ss.; un adverbe *undanter* est attesté chez Mart. Cap. 2, 138). Van der Vliet suit Colvius et lit: *fluenter undante ede*. Wiman 1927, 26 propose de lire *fluenter undante redde* et cette belle conjecture, qui explique que le *r* initial de *redde* ait pu être accolé à *undante*, est adoptée parmi les éditeurs par Frassinetti, Helm IV et Hanson. Voir aussi Armini 1932, 68, qui signale un autre cas d'haplographie avec *reddere* en 8, 6 (181, 11), où F a *redidit* (voir *GCA* 1985, 73 ad loc.); de Jonge 1941, 74 ad loc.; Augello 1977, 50, chez lequel on trouvera une argumentation détaillée. La conjecture de Wiman est renforcée par *apol.* 9 (11, 19) *pro implexis sertis complexum corpore redde* (dans un poème d'amour présentant de nombreuses ressemblances avec notre chapitre: voir *supra* s.v. *rosa serta et rosa soluta* [ligne 19]). Avant Apulée, cette combinaison est attestée chez Sen. *Thy.* 508 s. *complexus mihi / redde expeditos.*

fluenter: en dehors de ce passage, cet adverbe, qui prolonge la métaphore de la cascade de cheveux, est attesté à deux reprises chez Lucrèce: cf. 4, 225 (= 6, 931) *res quaeque fluenter / fertur.* Tout comme *effundere* (*supra*), le verbe *fluere* apparaît dans cet emploi métaphorique en poésie: cf. e.g. Verg. *Aen.* 4, 147 s. *mollique fluentem / fronde premit crinem fingens*; [Tib.] 3, 4, 27 *intonsi crines longa ceruice fluebant*; Prop. 2, 3, 13, etc. (voir *ThLL* s.v. *fluo* 971, 13 s.) Cf. aussi, à propos d'Isis, Apul. *met.* 11, 3 (268, 8: cité s.v. *in effusum - undante*).

undante: ce participe clôt la métaphore filée de la fluidité de la chevelure. Cet emploi de *undare* à propos d'une chevelure ne semble pas attesté ailleurs. Cf. toutefois dans un sens imagé similaire e.g. Plaut. *Epid.* 436 *undantem chlamydem*; Verg. *Aen.* 5, 146 *undantia lora*; *Pervig. Ven.* 14 (*pontus*) *fecit undantem Dionem de marinis fluctibus*: de la naissance de Vénus, issue des eaux (dans le chapitre suivant, Photis se dénude pour apparaître comme la Vénus *quae marinos fluctus subit*: cf. 2, 17: 38, 15 ss.). Comparer 2, 7 (30, 23) *spinam mobilem quatiens placide decenter undabat* (Photis).

CHAPITRE XVII

Bataille d'amour.

Nec mora cum omnibus illis cibariis uasculis raptim remotis   38, 15-39, 1
laciniis cunctis suis renu[n]data crinibusque dissolutis ad hilarem
lasciuiam in speciem Veneris quae marinos fluctus subit, pulchre
reformata, paulisper etiam glabellum feminal rosea palmula potius
obumbrans de industria quam tegens uerecundia: Aussitôt, elle se hâta
d'enlever tous les plats de nourriture, se dépouilla entièrement de ses vêtements,
et détachant ses cheveux pour le plaisir de nos ébats, elle apparut, splendide,
métamorphosée en une image de Vénus émergeant des flots marins, ombrageant
même un instant de sa petite main rose la lisse blancheur de son sexe, plus par
coquetterie que par pudeur et pour le dissimuler*.

* pour la dernière partie de la phrase, la traduction est inspirée de celles de Vallette et de Grimal

Selon Vallette (note 1 p. 44), cette description évoque à la fois la *Venus pudica* de
Praxitèle et la Vénus anadyomène peinte par Apelle; voir aussi Schlam 1992, 72;
infra comm. s.v. *quae - subit*. Sur ces deux types de représentation et leur influence dans les arts et les lettres (souvent en combinaison, comme la Vénus de
Botticelli), voir Grigson 1976, 162 ss.; Havelock 1995, 9 ss.; 86 ss.; 117 ss.;
LIMC 2, 1 «Aphrodite» 49 ss. et 54 ss.; *LIMC* 2, 2, 36 ss. «Aphrodite» (fig. 391
ss.) et 40 ss. (fig. 423 ss.).

La description de Photis se dénudant et détachant ses cheveux pour apparaître
à Lucius comme une Vénus sortie des eaux n'a pas de parallèle dans l'*Onos* (cf. 9,
1 ἡ δὲ ἀποδυσαμένη τὴν ἐσθῆτα καὶ στᾶσα ὅλη γυμνὴ). Elle rappelle l'éloge de
la chevelure au chapitre 8 (31, 20 ss.), où apparaît également le motif de la nudité
dévoilée et où est évoquée l'image de la naissance de la déesse d'amour (2, 8: 32,
2 ss.). Cf. aussi 10, 31 (261, 24 ss.) *qualis fuit Venus, cum fuit uirgo, nudo et
intecto corpore perfectam formonsitatem professa, nisi quod tenui pallio
bombycino inumbrabat spectabilem pubem.* Dans les trois cas, l'image est liée au
désir physique et à l'érotisme (voir Murgatroyd 1995 sur l'association entre Vénus
et la mer: métaphore «Sea of Love»; cf. Fulg. *myth.* 2, 1 [p. 40 Helm] *hanc etiam
in mari natantem pingunt, quod omnis libido rerum patiatur naufragia*). Pour le
motif de la nudité féminine (dé)voilée, cf. encore *apol.* 33 (39, 22 s.: cité *infra* s.v.
etiam - uerecundia); Introd. 5.10. Au cours du roman, l'image de Vénus et de son
cortège est encore évoquée dans d'autres *ekphraseis* probablement inspirées des
arts plastiques: cf. 4, 31 (99, 12 ss.); 6, 6 (132, 15 ss.).

L'apparition de Photis trouve encore un écho dans l'épiphanie d'Isis émergeant
des flots au livre 11, 3 (267, 28 ss.). Ces deux figures féminines répondent à une
prière de Lucius, qui les supplie de le délivrer de ses maux (cf. 2, 16: 38, 7 ss.; 11,

2: 267, 4 ss.); voir pour ce parallèle Nethercut 1969, 127 s.; Trembley 1981, 98; Penwill 1990, 11. La comparaison établie par Lucius entre Photis et Vénus est généralement interprétée comme une déification sacrilège. Photis représenterait une anti-Isis, la *Venus uulgaria* par opposition à la *Venus caelestis*: voir pour cette interprétation e.g. Singleton 1977, 28 ss.; Schlam 1978, 98 ss. et 1992, 71 s.; Alpers 1980, 199 ss.; Trembley 1981, 95 ss. Plus nuancé, Laird 1997, 64 ss., établit un rapport entre Photis et Psyché, elle aussi une mortelle usurpant (involontairement) la place de Vénus. Mais ici, la pose prise par Photis est une imitation volontaire, coquette et comique du type de la *Venus pudica*, qui contraste avec l'attitude délurée de la servante: voir *infra* s.v. *pendulae Veneris fructu*.

À ces interprétations symbolisantes et moralisantes, on objectera que la comparaison de la bien-aimée (ou de l'héroïne) avec une divinité est un *topos* (critiqué par Lucr. 4, 1168 ss.), remontant à Homère et apparaissant notamment dans la poésie amoureuse et le roman (Rohde 1960 [¹1876], 166 note 2): cf. e.g. Hom. *Il.* 19, 282; *Od.* 6, 149 ss.; Plaut. *Rud.* 421 ss.; Catull. 61, 16 ss.; Tib. 2, 3, 3 s.; Prop. 2, 2, 5 ss.; Ov. *am.* 2, 17, 15 ss.; Petron. 126, 16, où Circé est comparée par Encolpe-Polyaenos à Diane, telle que l'imagina Praxitèle; Charito 1, 14, 1; Hld. 1, 2, 1 et 6; *Anth. Graec.* 5, 70; 5, 75, etc.; voir Append. I. Se faisant l'écho de la théorie platonicienne de la *mimesis*, Lucien soutient dans le traité *Pro Im.* 17 ss. que la comparaison d'une femme avec l'Aphrodite de Cnide ou de Praxitèle n'est pas sacrilège, puisque ces oeuvres ne constituent pas la véritable image de la divinité (cf. *ibid.* 23). Comparer pour notre passage ces vers de Th. Gautier dans le *Poème de la femme: marbre de Paros* (str. 5-6):

> Glissant de l'épaule à la hanche,
> La chemise aux plis nonchalants,
> Comme une tourterelle blanche
> Vint s'abattre sur ses pieds blancs.

> Pour Apelle ou pour Cléomène,
> Elle semblait, marbre de chair,
> En Vénus Anadyomène
> Poser nue au bord de la mer.

Nec mora cum: ce tour, qui permet un enchaînement rapide des événements, est volontiers employé dans les *Met.* (voir Van der Paardt 1971, 29 ad 3, 2: 52, 21; *GCA* 1977, 46 ad 4, 4: 77, 7). Ici et comme plus loin *raptim*, il traduit l'impatience amoureuse de Photis, qui répond à celle de son amant (cf. 2, 16: 38, 7 *subueni maturius*).

omnibus ... cunctis: *uariatio*.

omnibus - uasculis: ce sont les *Veneris antecenia* décrits en 2, 15 (37, 13 ss.). Pour l'emploi anaphorique de *ille*, voir comm. ad 2, 7 (30, 20) *illud cibarium uasculum*.

laciniis - renu[n]data: cf. aussi 3, 20 (67, 13 s.) *omnibus abiectis amiculis ... nudati bacchamur in Venerem* (de Photis et Lucius, lors d'une autre nuit d'amour); 10, 21 (252, 15 s.) *cuncto prorsus spoliata tegmine, taenia quoque, qua decoras deuinxerat papillas* (de la matrone, amante de Lucius). Pour *lacinia* = «vêtement», voir comm. ad 2, 8 (31, 21).

renu[n]data: la leçon de F *renundata* est corrigée dans φ. La même erreur se produit en 8, 30 (201, 10 s.), où F[1] a *renundatum*, corrigé en *renudatum* par la même main (ou par une seconde main): voir *GCA* 1985, 265 ad loc., qui signalent que *renudare* est attesté pour la première fois chez Apulée. Selon le matériel du *ThLL* à Munich, le verbe se rencontre encore e.g. chez Non. p. 147 L; Aug. *serm.* 133, 8; Cypr. Gall. *iud.* 580; Mart. Cap. 1, 40, etc.

crinibusque - Veneris: cf. Charito 1, 14, 1 où Callirhoé, les cheveux détachés, apparaît aux yeux de ses admirateurs comme la déesse Aphrodite. Photis obéit au voeu de Lucius: cf. 2, 16 (38, 13 s.).

crinibusque dissolutis: Hildebrand plaide pour le maintien de la leçon des mss. *crinibus quam dissolutis*, imprimée par Eyssenhardt et Van der Vliet (KSt 2, 2, 480 cite notre passage comme exemple de l'emploi de *quam* intensifiant) et compare avec 8, 1 (176, 22), où il lit *fuit Charite nobis quam misella* (= *miserrima*); mais voir *GCA* 1985, 30 ad loc., qui impriment *nobisque*. Outre que l'emploi d'un *quam* intensifiant avec *dissolutus* paraît peu approprié, une conjonction de coordination reliant la période gouvernée par *renuda[n]ta* à celle se terminant avec *reformata* est préférable à une asyndète. En dehors d'Apulée, *dissoluere* est employé à propos des cheveux chez Tib. 1, 10, 62.

ad hilarem lasciuiam: aux traductions de Vallette («dans le plus galant abandon»), Grimal («dans une liberté joyeuse»), Hanson («with joyous wantonness»), qui ne rendent pas le *ad* final, on préférera celle de Clouard («pour de joyeux ébats») ou de Helm-Krenkel («zu heiterem Liebesspiel»). *Lasciuia* fait référence à l'acte d'amour, comme chez Ov. *am.* 1, 4, 21 *cum tibi succurrit Veneris lasciuia nostrae*; *epist.* 15, 47; voir Pichon 1966, ([1]1902), 184 pour d'autres exemples avec des mots de la même famille. Cf. Colum. 6, 24, 2 *pecudes exhilaratae lasciuiunt in uenerem*; Mart. 9, 67, 1 ss. d'une *lasciua puella*, se prêtant à divers jeux sexuels. Le terme est dépourvu de la connotation négative qu'il présente ailleurs dans les *Met.* (cf. 7, 23: 171, 10 s. et 9, 5: 206, 2 où *lasciuia* = «débauche sexuelle»). L'expression *ad hilarem lasciuiam* fait écho à la prière de Lucius: *capillo ... undante redde <u>complexus amabiles</u>* (2, 16: 38, 14). Au livre 10, 31 (262, 1 s.), *lasciuiens* apparaît dans un contexte similaire avec la même nuance de coquinerie enjouée: face à une autre Vénus, *laciniam curiosulus uentus ... lasciuiens reflabat.*

in speciem Veneris: sur la comparaison entre Photis et Vénus, voir la notice initiale. Dans les *Met.*, les divinités féminines du Panthéon gréco-romain sont souvent l'objet d'imitation de la part des mortelles. Comme dans notre passage, l'artefact est toujours souligné: cf. dans la description d'un pantomime 10, 30 (261, 19 s.) *puella ... in deae Iunonis speciem similis* et 261, 21 s. *alia, quam putares Mineruam*; 10, 31 (261, 25 s.) *alia ... designans Venerem*. Voir Zimmerman-de Graaf 1993, 148; Laird 1997, 67 ss.

quae - subit: la phrase fait allusion à la naissance de Vénus (Vénus anadyo-mène: mouvement asendant), plus d'une fois évoquée dans le roman. Voir les traductions de Vallette («quand elle émerge des flots»); Carlesi («uscente dai flutti marini»); Brandt-Ehlers («wie sie aus den Meeresfluten taucht»); Hanson («rising from the ocean waves»); notice initiale et *infra* s.v. *subit*. Pour d'autres, le mouvement est descendant (comme dans la *Venus pudica* de Praxitèle se dénu-dant pour prendre son bain). Ainsi Helm-Krenkel: «die in die Meeresfluten taucht»; d'Anna: «che si immerge nelle acque del mare»; Walsh: «treading the ocean waves» (Walsh commente cependant: «rising from the waves» [p. 245]); voir aussi Penwill 1990, 11 et note 56 p. 23.

marinos fluctus: cette combinaison poétique se retrouve dans deux passages descriptifs des *Met.*: cf. 5, 28 (125, 9); 11, 1 (266, 13). En dehors d'Apulée, elle est attestée chez Lucr. 5, 1079 s.; Prop. 2, 32, 49 et, en prose, chez Mela 1, 32. Comparer Verg. *georg.* 2, 160 *fluctibus et fremitu ... marino*.

subit: telle est la leçon de φ; F a *subita*, où le *a* final est raturé; les mss. de la classe a ont *subita*. Oudendorp propose de lire *subitat* «seu frequenter ire». Mais s'il est vrai que Vénus voyage volontiers entre ciel et mer (cf. 4, 31: 99, 13 ss.; 5, 29: 126, 11 s.), ce passage fait référence au moment de sa naissance (voir *supra*). Le présent traduit l'intemporalité ou l'éternité du mythe. Pour cet emploi transitif de *subire* avec mouvement ascendant, cf. Hirt. *Gall.* 8, 15 (*collem*); Plin. *nat.* 31, 57 *aqua subit altitudinem exortus sui*.

reformata: pour l'emploi de *reformare* (*reformari*) à propos de métamor-phoses, voir *GCA* 1995, 39 ad 9, 1 (203, 15).

etiam - uerecundia: comme la déesse d'amour sculptée par Praxitèle, Photis se voile le pubis d'une main; cf. Ov. *ars* 2, 613 *ipsa Venus pubem, quotiens uelami-na ponit, protegitur laeua semireducta manu*; Lucianus *Am.* 13; notice initiale. Dans l'*apol.* 33 (39, 22 s.) est citée une phrase tirée d'une autre oeuvre d'Apulée et dépeignant ce même geste: *interfeminium tegat et femoris obiectu et palmae ue-lamento*. Ce passage est interprété par Todd 1940, 60 comme une allusion aux *Met.* et une preuve que le roman est une oeuvre de jeunesse, composée avant l'*Apol.* (voir *contra* Krabbe 1989, 85; Penwill 1990, 22 note 55[1]). Selon Walsh 1970, 60, qui compare avec ce même passage de l'*Apol.*, Apulée attendait de son audience qu'elle reconnaisse dans sa description de Photis une *Venus pudica* dé-crite dans une autre de ses oeuvres (une allusion autotextuelle, donc). Krabbe 1989, 114 note 7 remarque qu'au moment où il retrouve forme humaine, c'est au tour de Lucius de se montrer *pudicus*: cf. 11, 14 (276, 25 ss.), où, nu comme un ver, il serre comiquement les cuisses en voilant sa nudité de ses deux mains (voir Introd. 5.7).

---

[1] Dowden 1994 défend l'idée que le roman des *Met.* est une oeuvre de jeunesse, écrite à Rome vers 150 ap. J.-C. Notre passage n'est pas mentionné dans le paragraphe intitulé «Reflections of the *Metamorphoses* in the *Apologia*».

glabellum feminal rosea palmula: noter l'euphonie rythmique (3 + 3 + 3 + 3 syllabes) et sonore.

glabellum feminal: le substantif *feminal* est attesté chez le seul Apulée; cf. encore *apol.* 33 (39, 20: *supra*), avec Hunink 1997, 109 ad loc.; Adams 1982, 93 s. *Glabellus* est un néologisme. Outre notre passage, où il possède une valeur hypocoristique, on le rencontre dans deux autres passages descriptifs: cf. 5, 22 (120, 21 s.) et *flor.* 3 (4, 17), à propos du corps de deux divinités masculines (respectivement Éros et Apollon). Qu'elle soit ou non artificiellement rasée, Photis-Vénus présente donc une caractéristique divine, conforme à l'esthétique de la statuaire antique. Après Apulée, *glabellus* se retrouve chez Mart. Cap. 2, 132 (*ThLL* s.v. 1998, 19 ss.).

Sur l'habitude de se raser le pubis dans l'Antiquité, voir Blümner 1911, 138 s. (sans citer d'exemple et plutôt à propos des hommes; cf. Pers. 4, 37 ss.); Kilmer 1982; Richlin 1983, 123; 245 note 23. Cf. *CE* 230 (= *CIL* 4, 1830 add. p. 212) *futuitur cunnus [pil]osus multo melius [qu]am glaber*. D'un autre avis et moins cru, Andrea Sperelli dans *Il Piacere* de Gabriele d'Annunzio (1, 5 p. 119 et 3, 1 p. 240 éd. Mondadori): «o il ventre incomparabile di Giulia Moceto, polito come una coppa d'avorio, puro come quel d'una statua, per l'assenza perfetta di ciò che nelle sculture e nelle pitture antiche rimpiangeva il poeta del *Musée secret*». Allusion aux vers de Th. Gautier:

> Des déesses et des mortelles
> Quand ils font voir les charmes nus,
> Les sculpteurs grecs plument les ailes
> De la colombe de Vénus.
>
> Sous leur ciseau s'envole et tombe
> Ce doux manteau qui la revêt,
> Et sur son nid froid la colombe
> Tremble sans plume et sans duvet.
>
> (...)
>
> Ô douce barbe féminine
> Que l'Art toujours voulut raser
> Sur ta soie annelée et fine
> Reçois mes vers comme un baiser!
>
> Car il faut des oublis antiques
> Et des pudeurs d'un temps châtré
> Venger par des stances plastiques
> Grande Vénus, ton mont sacré.
>
> (*Musée secret*, str. 1-2, 21-22)

rosea palmula: cf. 2, 7 (30, 20) *floridis palmulis* (des mains de Photis). De Jonge 1941, 75 cite Neuenschwander 1913, 84: «In der Sprache Verliebter ist alles rosig; sogar die Hände einer Küchenfee werden von ihrem Anbeter so genannt. *Roseus* ist überhaupt das Symbol der anmutigen Farbe der Glieder». Cf. 2, 8 (31, 23) *de cutis roseo rubore*; 4, 31 (99, 13) *plantis ... roseis* (de Vénus). *Roseus* appartient à la langue poétique; en dehors d'Apulée, il n'est attesté en prose que chez Plin. *nat.* 10, 3 (*OLD* s.v.).

potius - uerecundia: cf. Lucianus *Am.* 13. Dans le passage du livre 10, 31 (261, 28 s.: cité ci-dessus s.v. *ad hilarem lasciuiam*), on trouve le verbe *inumbrare* (*spectabilem pubem*). Noter le parallèle de construction et l'équilibre rythmique des compléments (*de industria - uerecundia*: 5 et 5 syllabes). Cf. 9, 12 (212, 4) *magis inumbrati quam obtecti*.

39, 1-5   'Proeliare', inquit, 'et fortiter proeliare, nec enim tibi cedam nec terga uortam; comminus in aspectum, si uir es, derige et grassare nauiter et occide moriturus. Hodierna pugna non habet missionem': «Au combat!», me dit-elle, «Sus! courage, au combat! Car je ne reculerai pas devant toi ni ne tournerai le dos. En position, au corps à corps et face à face, si tu es un homme! De l'ardeur dans tes attaques! Frappe à mort et sois prêt à mourir! La bataille d'aujourd'hui est sans quartier».

Ce vocabulaire belliqueux contraste de manière surprenante avec la douceur de la description qui précède: métamorphosée en Vénus, Photis s'exprime dans un langage convenant à un amant martial. La métaphore du combat amoureux avait déjà été employée par la servante au moment où elle fixait son rendez-vous nocturne avec Lucius (cf. 2, 10: 33, 21 s.; cf. aussi 2, 6: 30, 1 ss., dans le monologue exhortatif de Lucius; 2, 16: 38, 8 s.). Ailleurs dans les *Met.*, cf. 5, 21 (119, 18); 9, 5 (206, 5) avec *GCA* 1995, 63 ad loc. Pour cette métaphore érotique, voir Spies 1930; Murgatroyd 1975; Adams 1982, 157 ss. et cf. Lucr. 4, 1112 ss., qui remarque à propos des amants passionnés: *nam facere interdum uelle et certare uidentur*.

Dans l'*Onos* 8, 2 ss., c'est la métaphore de la lutte qui est employée, en accord avec le nom de l'esclave. Sur cette modification par rapport à la version grecque, en accord avec le changement de nom (Photis pour Παλαίστρα: voir comm. ad 2, 6: 30, 4), voir Bernhard 1927, 195, selon lequel la métaphore de la guerre est plus proprement latine (elle n'est toutefois pas absente de l'*Onos*: cf. 11, 4 αἰχμάλωτον ἔχεις ἐρωτικῷ πολέμῳ ψυχαγωγοῦσα); Junghanns 1932, 33 ss.; Scobie 1969, 58 ss.; Walsh 1970, 61; Trembley 1981, 103, qui établit un parallèle entre ces *militia Veneris* et les *sancta militia Isidis* du livre 11, 15 (277, 27); Adams 1982, 157 ss.; Krabbe 1989, 84 ss.; Fick-Michel 1991a, 48 et 323 s. Outre cette différence terminologique, la version latine diffère de la version grecque en ce qu'elle est plus courte. Chose remarquable pour un épitomé, la scène occupe dans l'*Onos* trois longs chapitres (8-10) et elle est principalement constituée de dialogues, qui brodent longuement sur la métaphore de la lutte et tiennent lieu de description de l'acte amoureux.[2] Il est toutefois aisé de se représenter le type d'exercice auxquels Loukios et Palaistra se livrent durant cet échange verbal (voir notice initiale suivante). La servante y tient le rôle du maître de gymnastique distillant ses ordres à son élève dans un langage à double entente. Dans les *Met.*, une phrase suffit pour exploiter la plaisanterie et elle constitue seulement un préliminaire à la bataille proprement dite, qui sera décrite dans la phrase suivante. Photis s'y présente non comme un maître, mais comme un adversaire. Mais la cascade d'impératifs témoigne de sa position supérieure (*infra*; contrairement à la version latine, Loukios donne aussi quelques ordres à sa maîtresse: cf. 8, 3 et surtout 10, 5).

Proeliare - proeliare: cf. 2, 10 (33, 21 s.). Pour la gémination chiastique et le langage impératif de la servante, voir comm. ad 2, 7 (31, 6 s.) *discede ... discede.* Dans sa relation avec Lucius, Photis occupe une position dominante, au propre comme au figuré: voir *infra* s.v. *pendulae Veneris fructu.*

nec - uortam: redoublement euphonique: noter les assonances, l'équilibre rythmique (*tibi cedam/terga uortam*: deux fois 2 et 2 syllabes). Pour ces expressions appartenant au vocabulaire militaire, voir *OLD* s.v. *cedo* 3 «(of soldiers, etc.) to give ground, fall back» ou 10 «to give in, yield, submit (to an enemy)»; *ibid.* s.v. *uerto* 9 «to direct backwards in flight or retreat». Dans l'*Onos* 8, 3, c'est Loukios qui dit à Palaistra: ἀλλ'οὐκ ἂν ἴδοις φεύγοντά με τὸν ἔλεγχον τοῦτον. Dans la version latine, Photis se présente non comme un maître de lutte, mais comme un ennemi (notice initiale).

comminus in aspectum ... derige: Colvius supprime *in aspectum* comme étant une glose à *comminus*. Elmenhorst veut lire: *comminus in os spatham.* Damsté 1928, 7: <*in scopum*> *inaspectum.* De telles interventions ne sont pas nécessaires. Le groupe complément *comminus in aspectum* reprend (dans l'ordre) les mots qui précèdent: *nec tibi cedam nec terga uortam. In aspectum* («de face, que je te voie»; cf. 1, 24: 22, 23 *in aspectum planiorem*) équivaut ici à *in frontem* (cf. Liv. 37, 23, 10 *in frontem derigere iussi erant*). Carlesi traduit: «corpo a corpo, faccia a faccia»; Brandt-Ehlers: «Im Handgemenge, Aug in Auge»; Hanson: «close in and make a frontal assault». Peut-être l'expression suggère-t-elle une position sexuelle (*conuersus*, les amants se font face, plutôt qu'*auersus*, où Photis aurait le dos tourné: sur ces *figurae Veneris*, voir Krenkel 1985 et 1987). Pour l'emploi de *comminus* dans le vocabulaire guerrier, voir comm. ad 2, 6 (30, 1). Dans un sens érotique, cf. aussi Claud. 14, 5 (p. 105 Hall) *ne cessa, iuuenis, comminus adgredi (nuptam).* Pour *derigere* dans les tactiques militaires, voir *ThLL* s.v. *dirigo* 1235, 81 ss. et 1250, 38 ss. («intransitiue»).

grassare nauiter: outre notre passage, *ThLL* s.v. *grassor* 2202, 1 ss. cite pour cet emploi absolu du verbe au sens imagé («obscene») Fulg. *aet. mund.* (p. 157 Helm) *glandula libidinosi adulteri alieno grassatur in lecto.* Sur *nauiter* dans le vocabulaire militaire, voir comm. ad 2, 6 (30, 2).

---

[2] Selon De Martino 1996, 326 s., ce passage de l'*Onos* (où se succèdent les injonctions) pourrait parodier les manuels pornographiques à fonction éducative.

occide moriturus: Oudendorp explique: «ait Fotis: Fortem te gere et interfice me telo tuo, dum ipse morieris. Eo enim peracto opere iacet uterque animasque alter in alterius ore deponunt et ambo corruunt animam anhelantes»; voir *infra* s.v. *usque - [h]anhelantes* (lignes 8 ss.). Cf. pour cette double mort (au sens propre) e.g. Verg. *Aen*. 9, 443 *et moriens animam abstulit hosti*; Sil. 14, 553 s. *iaculis cessantibus hostem / morte sua perimant*; (au sens imagé) Ov. *am*. 3, 14, 37 ss. *mens abit et morior ... tunc ego, sed tecum, mortuus esse uelim*. La métaphore de la mort d'amour avait été utilisée par Lucius en 2, 10 (33, 16 s.). Comparer e.g. Prop. 1, 10, 5 s.; Petron. 79, 8 (dans un poème). Chez un autre poète, en d'autres temps: Baudelaire, *La mort des amants*. Dans ce combat amoureux, *moriturus* rappelle le fameux *haue, imperator, morituri te salutant!* (Suet. *Claud*. 21, 13); voir notice suivante. Selon Trembley 1981, 106, qui oppose la relation de Lucius et Photis à celle de Lucius et Isis (initiation aux faux mystères de la magie vs. initiation aux vrais mystères), cette mort amoureuse pervertit la mort symbolique par laquelle Lucius passera lors de son initiation (11, 23: 285, 14 ss.). Sur ce type d'interprétation binaire, voir Introd. point 5; Append. I.

hodierna - missionem: il s'agit donc d'un combat *sine missione*. L'expression se rapporte à l'origine aux gladiateurs condamnés à se battre à mort: cf. e.g. Liv. 41, 20, 12 (*gladiatorum munus*) ... *modo uolneribus tenus, modo sine missione*; Suet. *Aug*. 45, 6. Comparer pour cette métaphore Apul. *met*. 2, 15 (37, 17) *gladiatoriae Veneris antecenia*; Petron. 9, 8 ss. Le terme *missio* est aussi employé dans le langage militaire: voir *GCA* 1977, 49 ad 4, 4 (77, 19). Grimal 1958, 1140 insiste sur la couleur romaine de l'expression (comparer 2, 16: 38, 8 *sine fetiali officio*, avec comm. ad loc.) et du passage tout entier par rapport à l'épisode correspondant de l'*Onos*.

39, 5-10   Haec simul dicens inscenso grabattulo super me sensim residens ac crebra subsiliens lubricisque gestibus mobilem spinam quatiens pendulae Veneris fructu me satiauit, usque dum lassis animis et marcidis artibus defatigati simul ambo corruimus inter mutuos amplexus animas [h]an*h*elantes: Tout en prononçant ces mots, elle monta sur le lit, s'assit sur moi avec sensualité et, agitant sa souple échine, avec des secousses rapides et des mouvements lascifs, elle me rassasia des jouissances de la Vénus voltigeuse, jusqu'à ce que, l'esprit épuisé et les membres éreintés, nous nous abattîmes tous les deux ensemble, étroitement enlacés, en exhalant nos âmes.

Après ses plaisanteries à double entente, Photis passe à l'action, vérifiant ces dires d'Ov. *am*. 2, 4, 13 s. *procax aliqua est, capior quia rustica non est / spemque dat in molli mobilis esse toro*. Alors que ce qui précède (harangue au discours direct) trouve un parallèle dans l'*Onos*, la description de cette gymnastique amoureuse en est absente. Dans l'épitomé, le lecteur est informé du type d'exercice auquel se livre le couple au travers des plaisanteries échangées. La position adoptée par Loukios et Palaistra est l'inverse de la *Venus pendula*. Cf. ce que Palaistra ordonne à Loukios (*Onos* 9, 2): δύο μηρῶν σπάσας κλῖνον ὑπτίαν, ἔπειτα ἀνώτερος ὑποβάλλων διὰ μηρῶν, etc. (cf. toutefois *ibid.* 10, 5). Sur ces différences, voir Pennisi 1970, 72 s.; Append. II.

Haec simul dicens: voir comm. ad 2, 7 (30, 12).

inscenso grabattulo: cf. 5, 4 (106, 1) *maritus ... torum inscenderat* (d'Éros, lors de sa première nuit d'amour avec Psyché). Callebat 1968, 185 observe que le verbe *inscendere* apparaît le plus souvent dans les *Met.* au sens de «monter» un animal (l'âne Lucius: cf. e.g. 6, 27: 149, 21; 7, 25: 172, 23) ou, au sens érotique, une femme (cf. 7, 21: 170, 13 s.; 10, 22: 253, 14, avec *GCA*, 282 ad loc.). Ici, c'est Photis qui joue la cavalière: voir *infra* s.v. *pendulae Veneris fructu*. Pour le diminutif *grabattulum*, voir comm. ad 2, 15 (37, 13).

super me ... residens ac ... subsuliens: selon Schwartz 1979, 465, la position adoptée par Photis anticipe la métamorphose du héros et les termes de cette phrase sont signifiants. Il souligne en effet d'une part que *residere* est employé à propos de personnages montant l'âne Lucius (cf. 9, 33: 228, 1; 10, 18: 251, 7) et, d'autre part, que *subsiliens* fait écho au passage où Lucius descend de sa monture (cf. 1, 2: 2, 13 *in pedes desilio*) et au prologue, qui décrit le roman comme une *desultoria scientia* (cf. 1, 1: 2, 2). Mais le verbe *residere* est trop commun pour être chargé d'une signification particulière: OCP signale 17 autres occurrences dans les *Met.*, autant de cas où il ne s'agit pas de monter un animal. Quant à *subsiliens*, il relève simplement de l'idiolecte d'Apulée; voir aussi s.v. *lubricisque gestibus*. Cette combinaison de termes répond à une recherche d'euphonie. Contre l'interprétation moralisante et symbolisante de la position de la *Venus pendula* (*infra*), voir Append. II.

sensim - quatiens: comparer la description de la danse de Photis devant ses casseroles (2, 7: 30, 21 ss.). Les deux passages présentent une étroite correspondance grammaticale (succession de participes, précédés d'un adverbe ou d'un complément) et terminologique, ce qui confirme les mots de la servante: *ego, quae ... et ollam et lectulum suaue quatere noui* (2, 7: 31, 9 s.). Cf. aussi la description de l'apparition d'une Vénus (comme ici Photis) dans la pantomime du livre 10, 32 (263, 14 ss.) *longe suauior Venus placide commoueri cunctantique lente uestigio et leniter fluctuante spi[n]nula[s] et sensim adnutante capite.* Pour une comparaison entre ces deux épisodes, voir Zimmerman-de Graaf 1993, 151 s.

sensim: telle est la leçon des mss. Gruter veut lire *cossim* (cf. 3, 1: 52, 11 *grabattum cossim insidens*). Hildebrand imprime *sensim*, mais avoue: «mihi quoque ingenue confitendum est, lectionem *sensim* displicere. Erat quum ego coniicerem *super meam coxam residens ... Coxa* etiam esse potest membrum uirile propter magnitudinem»; Hildebrand propose *encore festim* ou *fertim* (= *confestim*; cf. 38, 15 *raptim*). Bursian 1881, 125 corrige *sessim*, qui constituerait un hapax «étymologisant» et de style plautinien (*sessim residens*: cf. e.g. *statim stare*: Plaut. *Amph.* 276). Cette conjecture est adoptée par Giarratano, Helm III et de Jonge 1941, 77. Giarratano-Frassinetti et Helm IV reviennent à la leçon des mss., défendue par Weyman 1885, 266, qui compare avec Plin. *nat.* 36, 96 *paulatim exinaniens imos, ut sensim opus in loco sederet.* La leçon *sensim* est confirmée par les passages des livres 2, 7 et 10, 32 (cités dans la notice précédente). *Sensim* est encore employé pour décrire un mouvement lent et sensuel en 2, 9 (33, 1) et 11, 3 (268, 8). Ici, son origine étymologique est particulièrement sensible (< *sentire*). Voir Ernout-Meillet pour l'évolution de la signification de l'adverbe: «de manière à être senti» puis, par restriction, «à peine senti», «légèrement», «lentement», «insensiblement» (cf. Cic. *Cato* 11, 38 *sensim sine sensu aetas senescit*).

crebra subsiliens: voir comm. ad 2, 7 (30, 21) *crebra succutiens*. Cf. dans un contexte similaire Ov. *epist.* 15, 47 s. *te ... iuuabat ... crebra ... mobilitas aptaque uerba ioco*.

lubricisque gestibus: cf. Ov. *am.* 2, 4, 29 ss. *illa placet gestu ... et tenerum molli torquet ab arte latus*. Voir comm. ad 2, 7 (30, 22) *inlubricans*. Les échos verbaux que notre passage présente avec 1, 4 (4, 12) et 10, 4 (239, 20), où *lubricus* est également employé, ne sont pas intentionnels ou porteurs d'un sens particulier (*pace* Smith 1993, 82). Ils relèvent simplement de l'idiolecte d'Apulée; voir *supra* s.v. *super me ... residens ac ... subsiliens*.

mobilem spinam quatiens: cf. 2, 7 (30, 23) *spinam mobilem quatiens*, avec comm. ad loc.; Ov. *am.* 2, 4, 13 s. (cité dans la notice initiale); 3, 14, 26 *spondaque lasciuua mobilitate tremat*. Beroaldus commente: «In re uenerea exigitur motus et agitatio: ut illae merito damnentur, quae immobiles iacent. habet enim mobilitas nescio quid incentium et illicium, efficitque uenerem uiris concinniorem».

pendulae Veneris fructu: sur la position de la *Venus pendula*, voir Append. II. La combinaison *Venus pendula* est unique; cf. Juv. 6, 320 s. *Saufeia ... tollit pendentis praemia coxae*; *Anth. Lat.* 427, 7 ss. SB *semisupina ... lateri pendeat illa meo*. À propos de *pendulus*, volontiers employé par Apulée, *GCA* 1995, 265 ad 9, 31 (226, 12) remarquent qu'il ne s'agit pas d'un mot poétique (*pace* Médan 1925, 191), mais d'un mot du *sermo cotidianus* également attesté en poésie. *ThLL* s.v. *fructus* 1393, 25 ss. («fructus *amoris*») cite pour la combinaison *Veneris fructus* Lucr. 4, 1073 *nec Veneris fructu caret is, qui uitat amorem* (voir Bailey 1305 ad loc.) et Ov. *rem.* 103 *delectat Veneris decerpere fructum*. Pour cet emploi des termes *Venus* et *fructus* (*frui*) au sens érotique (= *coitus*), voir Pichon 1966 (¹1902), 156 et 289 s. et Adams 1982, 188 s. et 199; cf. Apul. *met.* 5, 10 (110, 19 s.).

fructu - satiauit: la métaphore évoque le chapitre 7 (31, 1 ss.), où le lien amour-cuisine était amplement développé. Pour l'emploi de *satiare* au sens érotique, cf. Catull. 68, 83; Mart. 1, 57, 4; 4, 38, 1 (deux exemples où *satiare* est revêtu d'une nuance négative [= écoeurer] absente de notre passage); Juv. 6, 130. Voir *GCA* 1985, 255 s. ad 8, 29 (200, 14), où *satiare* présente ce double sens érotico-culinaire.

usque - [h]anhelantes: cette «petite mort», qui exauce le voeu de Photis (voir *supra* s.v. *occide moriturus*), est traitée par Arist. *Pr.* 4, 21. Cf. aussi Tert. *anim.* 27 *in illo uoluptatis ultimae aestu quo genitale uirus expellitur, nonne aliquid de anima quoque sentimus exire atque adeo marcescimus et deuigescimus cum lucis detrimento?*; Cael. Aurel. *chron.* 1, 128. Chez les poètes, cf. Lucr. 4, 1112 s.; Ov. *am.* 1, 5, 25; *rem.* 414; *epist.* 15, 49 s., etc.; *infra* s.v. *animas [h]anhelantes*.

lassis - defatigati: parallèle de construction, appuyé par les assonances. Cette phrase contraste avec 2, 16 (38, 3 ss.) *nec animo tantum, uerum etiam corpore ipso ad libidinem inquie[n]s* (avant les ébats). Pour l'emploi de *lassus* à propos de fatigue amoureuse, cf. les passages cités dans la notice précédente; Plaut. *Asin.* 873; Tib. 1, 9, 55; Ov. *am.* 3, 7, 80; Petron. 87, 8, etc.; voir Adams 1982, 196. Cf. encore *Anth. Lat.* 712, 20 (Riese; le poème est attribué à Apulée: voir Mattiacci 1985, 273) *anima fessula*. Cf. plus bas (ligne 12) *lassitudinem refouentes*. Pour *marcidus*, cf. 3, 20 (67, 16 s.) *luminibus nostris uigilia marcidis* (de Photis et Lucius, après d'autres ébats: voir Van der Paardt 1971, 154 ad loc.); Drac. 6, 19 (*Veneri*) *militat omnis / marcidus* (*Mars*).

defatigati: F a *defetigati*, corrigé en *defatigati* par la même main, selon Helm; selon Robertson et Frassinetti, qui impriment la leçon de F[1], la correction est d'une autre main; φ et a* ont *defatigati*. *Defatigare* est employé à propos des soldats épuisés par les marches et la guerre e.g. chez Caes. *civ.* 3, 85, 2; *Gall.* 1, 40, 8 (*ThLL* s.v. *defatigo* 286, 16 ss.).

simul - amplexus: noter l'exubérance verbale pour exprimer l'étroitesse des embrassements du couple; Ov. *ars* 2, 727 s. *tum plena uoluptas, / cum pariter uicti femina uirque iacent*.

corruimus: de même que *defatigatare*, *corruere* apparaît fréquemment à propos des soldats tombés au combat: cf. e.g. Verg. *Aen.* 10, 488; Liv. 1, 25, 5 *duo Romani super alium alius exspirantes corruerunt*; 24, 26, 14 (*ThLL* s.v. *corruo* 1061, 14 ss). Comparer Apul. *met.* 10, 28 (259,17) *exanimis corruit*.

animas [h]anhelantes: «à bout de souffle» (cf. Pers. 1, 14 s. *grande aliquid quod pulmo animae praelargus anhelet*), mais aussi «exhalant notre âme»; cf. Prop. 1, 13, 15 ss. *uidi ego te toto uinctum languescere collo ... et cupere optatis animam deponere labris*; *supra* s.v. *usque - [h]anhelantes*. Sur le motif du transfert de l'âme au travers des baisers, voir Gaselee 1924 et Perella 1969, 7 s. et 189 s.; Petron. 79, 8. Pour l'emploi de *anhelare* (et les mots de cette famille) dans un contexte érotique, cf. Tib. 1, 8, 37 *dare anhelanti* (*puero*) *pugnantibus ... umida linguis / oscula* (même métaphore de l'amour-combat); Petron. 87, 8 *inter anhelitus sudoresque tritus*; Juv. 6, 37; Claud. 14, 24 (p. 106 Hall). Le verbe est employé à propos de combattants e.g. chez Apul. *met.* 2, 23 (52, 1); Plin. *nat.* 35, 71; cf. aussi Lucan. 9, 587 s. *praecedit anheli / milites ora pedes*. Noter encore l'euphonie de cette combinaison (répétition de la syllabe *-an-* et assonances en *a*).

His et huius modi conluctationibus ad confinia lucis usque   39, 10-13
peruigiles egimus poculis interdum lassitudinem refouentes et
libidinem incitantes et uoluptatem integrantes: C'est à ce genre de
luttes que nous passâmes la nuit sans dormir, jusqu'aux confins de l'aube, nous
servant parfois de vin pour ranimer notre fatigue, exciter notre désir et rétablir
notre plaisir.

His - conluctationibus: comparer pour ce type de formules-résumés transitoires 2, 11 (33, 23) *his et talibus obgannitis sermonibus*, avec comm. ad loc.; voir *infra* comm. ad lignes 13 s.

conluctationibus: cf. pour cette métaphore 9, 5 (206, 5) *Veneris conluctationibus ... operantur*. Selon Scobie 1969, 59, ce terme est la seule trace de la terminologie de l'original (cf. *Onos* 10, 5 παλαίσματα; voir notice initiale ad 39, 1 ss.).

ad confinia lucis usque: pour cette combinaison poétique (ailleurs dans les *Met.*, *confinium* est employé au singulier), cf. Ov. *met.* 4, 401; 7, 706 (*Aurora*) *quod teneat lucis, teneat confinia noctis*; 13, 592; puis Amm. 19, 6, 11; 27, 2, 8 (*ThLL* s.v. *confinium* 217, 1 ss.). Avec cette indication temporelle, se clôt la première journée de Lucius à Hypata qui avait commencé au début de livre: cf. 2, 1 (24, 17); voir Van der Paardt 1978, 85; Introd. 1.3.

peruigiles egimus: cf. 2, 10 (33, 21 s.) *tota ... nocte tecum ... proeliabor*; 2, 11 (34, 6) *in nocte peruigili*. Comparer 10, 22 (254, 9 s.) *peruigili nocte transacta* (nuit d'amour de l'âne Lucius avec une matrone: voir *GCA* 2000, 288 ad loc.).

poculis - integrantes: cf. 2, 11 (34, 2 ss.) *ecce ... armiger Liber ... uinum ... quod ... alacrem uigorem libidinis incutiat*.

lassitudinem - integrantes: noter l'équilibre rythmique de ce trikôlon relié par des conjonctions (*lassitudinem refouentes*: 9 syllabes - *et libidinem incitantes*: 9 syllabes - *et uoluptatem integrantes*: 9 syllabes), ainsi que l'euphonie des homéotéleutes (soulignée par Facchini Tosi 1986, 157).

lassitudinem refouentes: en dehors d'Apulée qui l'utilise à plusieurs reprises, la combinaison n'est pas attestée. Cf. 5, 2 (104, 24 s.) *lassitudinem refoue*; au passif, 5, 15 (114, 24 s.) *eas lassitudine ... refotas* et 9, 3 (204, 17) *refota lassitudine*; 10, 35 (266, 6 s.) *lassum corpus ... refoueo*. Comparer pour ce tour poétique e.g. Ov. *met.* 8, 537 *corpus refouentque fouentque*; *Culex* 213 *tu lentus refoues iucunda membra quiete*; Stat. *Theb.* 6, 521 *dat uires refouetque deus*.

libidinem incitantes: cf. 2, 11 (34, 4 s.: cité plus haut), avec comm. ad loc.; Cic. *Cato* 39 *uoluptatis auidae libidines temere et effrenate ad potiendum incitarentur*; Ov. *ars* 3, 473 s. *mora semper amantes / incitat, exiguum si modo tempus habet*.

uoluptatem integrantes: *ThLL* s.v. *integro* 2087, 28 cite ce seul exemple de la combinaison. Pour le terme *uoluptas* dans le vocabulaire érotique, voir Pichon 1966 (^{1}1902), 300. Sur le thème récurrent de la *uoluptas*, voir Introd. 5.8.

39, 13-14 Ad cuius noctis exemplar similes adstruximus alias plusculas: À l'exemple de cette nuit, nous en passâmes plusieurs semblables.

Comparer 3, 21 (67, 19) *ad hunc modum transactis uoluptarie paucis noctibus*. Dans les deux cas, Lucius oublie pour quelques temps ses projets dans les bras de Photis. Le récit subit ici une accélération remarquable: alors que les chapitres 1 à 17 occupaient une seule journée (la première de Lucius à Hypata), cette phrase en résume plusieurs; voir Introd. 2.1.2.

Avec cette phrase, se termine la correspondance entre le livre 2 et l'*Onos* (11, 1 τοιαύταις ἡδοναῖς ... νυκτερινοὺς ἀγῶνας ἐστεφανούμεθα). Le parallèle reprend en 3, 21 (67, 19 ss.), avec les métamorphoses de Pamphilé et de Lucius.

Ad cuius exemplar: pour cette expression plusieurs fois attestée dans les *Met.*, voir Van der Paardt 1971, 144 s. ad 3, 19 (66, 6 s.) *ad exemplum duodeni laboris Herculei.*

plusculas: le diminutif est revêtu d'une nuance hypocoristique (contexte éroti-que). Van der Paardt 1971, 130 ad 3, 17 (64, 22) signale l'emploi du mot chez les poètes comiques (Plaute, Térence); voir aussi *GCA* 2000, 59 ad 10, 2 (237, 1) *post dies plusculos.*

CHAPITRE XVIII

Une invitation à dîner.

Forte quadam die de me magno opere Byrrhena contendit apud   39, 15-17
eam cenulae uel interessem, et cum impendio excusarem, negauit
ueniam: Or un jour, Byrrhène me pria avec insistance de venir chez elle au
moins pour dîner et comme je déclinais son invitation avec force prétextes, elle
refusa de les entendre.

Depuis le moment où il a rencontré Byrrhène, Lucius repousse ses invitations, lui
préférant à chaque fois la compagnie de Milon et de sa femme ou de Photis: cf. 2,
3 (26, 21 ss.), où il refuse son hospitalité; 2, 6 (29, 15 ss.), où il rejette ses
conseils protecteurs; 3, 12 (61, 2 ss.), où il refuse une autre invitation à dîner.
James 1987, 241 ss. voit en Byrrhène une figure divine préfigurant Isis, que Lucius rejetterait jusqu'au livre 11 (du même avis, Van der Paardt 1990, 39); mais
voir Introd. 5. Le repas chez Byrrhène et le récit de Thélyphron qui y prend place
sont absents de l'*Onos*; voir comm. ad 2, 17 (39, 13 s.); Introd. 7.2.

quadam die: comme souvent, une indication temporelle souligne l'ouverture
d'un nouvel épisode (Gülich 1976; Callebat 1994, 1630). L'expression *quadam
die* (ou *quadam nocte*) apparaît à plusieurs reprises dans les *Met.* avec pour seule
fonction la mise en évidence de la suite du récit (Van Mal-Maeder 1994, 219). Cf.
notamment 3, 21 (67, 20), après une autre description des ébats amoureux auxquels Lucius et Photis se livrent. Dans les deux cas, la tournure *quadam die* vient
relancer la tension en introduisant deux épisodes, où il est question de magie: le
repas chez Byrrhène, suivi de la bataille avec les outres enchantées, puis la métamorphose de Pamphilé, suivie de celle de Lucius. Voir Introd. 1.3.

de me - contendit: d'ordinaire, *contendere*, se construit avec *ab* (*ThLL* s.v.
contendo 664, 31 ss. cite exclusivement des exemples de la construction avec *ab*).
Cette construction relève de la langue familière (Callebat 1968, 203; LHSz 2,
263); voir aussi Grimal 1963, 123 ad 6, 16 (140, 19) *petit de te Venus* (cf. *infra*
ligne 18 *deque nutu ... petendum*).

contendit - interessem: construction paratactique, voir comm. ad 2, 15 (37, 8).
ThLL s.v. *contendo* 664, 76 s. mentionne comme seul exemple de cette construction Cic. *Att.* 9, 17, 1 («nota»), ajoutant: «fort. *ut* excidit». Notre passage devrait
confirmer le texte de Cicéron.

apud eam: la substitution d'un démonstratif à un réfléchi indirect est un trait
de la langue vulgaire fréquent en latin tardif (Bernhard 1927, 112 s.; Callebat
1968, 256). Voir comm. ad 2, 3 (26, 24).

cenulae uel: F et φ ont *cenulaeue* (dans φ, le *n* est un ajout d'une autre main);
ς corrige *cenulae eius*, Eyssenhardt *cenulae suae*. Mais la présence d'un second
pronom après *apud eam* n'est pas très heureuse. Rohde 1885, 96 propose *cenulae*

275

ut, imprimé par Van der Vliet. Mais *ut* n'est d'ordinaire pas placé en postposition. Blümner 1894, 298: *cenae lautae*; Helm: *<festi>uae*, une conjecture qu'aucun autre éditeur n'adopte (elle est acceptée par Bernhard 1927, 52 et citée par *GCA* 1981, 221 ad 7, 21: 170, 12). Plus attractive, quoiqu'un peu longue, la correction de Chodaczek 1936, 232 *ue<spertinae>*, approuvée par de Jonge 1941, 78 s. et Augello 1977, 51. Cf. 11, 10 (274, 4 s.) (*lucernae*) quae *uespertina<s> illuminant epulas* (mais là, la présence de l'adjectif est justifiée par le contexte, où les lumières s'opposent à l'obscurité de la nuit). Avec Novák 1904, 18, Giarratano, Robertson, Terzaghi, Frassinetti et Hanson suppriment les lettres *ue* (Hanson note 2 p. 92 hésite à retenir la conjecture de Rohde). Pour ma part, je préférerais lire *uesperi* ou, mieux, *uel*. Si la phrase reproduit au discours indirect les paroles de Byrrhène, ce *uel* (= *saltem*: voir *OLD* s.v. *uel* 6; cf. 2, 10: 33, 11 *uel uno sauiolo*) pourrait faire référence au refus de Lucius de venir loger chez elle (cf. 2, 3: 26, 20 ss.). Byrrhène ordonnerait ici à Lucius d'«au moins venir dîner chez elle».

Au chapitre suivant, la *cenula* de Byrrhène se révélera être un véritable festin. Si la phrase reproduit les paroles de Byrrhène, le diminutif pourrait être une litote. Plus loin, Lucius emploie le mot *cena* (cf. 40, 11). Comparer pour un cas de modestie coquette similaire 1, 23 (21, 11), un passage dans lequel Milon désigne sa maison du terme *gurgustiolum*, alors que ses dimensions sont plus que respectables (voir Van Mal-Maeder 1995, 104 ss. et 144 note 31). En 8, 29 (200, 15), le diminutif *cenula* est employé avec une valeur affective à propos d'un autre dîner copieux: voir *GCA* 1985, 256 ad loc.

cum - excusarem: Blümner 1911, 29 corrige *cum <me> impendimento excusarem*. Mais outre qu'il n'est pas rare de rencontrer *excusare* au sens de «se libérer» (d'une obligation, d'une invitation) avec omission du pronom réfléchi (voir *ThLL* s.v. *excuso* 1304, 8 ss.), le verbe est employé ici de manière intransitive au sens de «refuser», «décliner»: voir *ThLL* l.c. 1306, 23 ss. et 35 ss. («a cena», qui cite encore Ennod. *opusc.* 3, 92 [*CSEL* 6 p. 354]; Amm. 28, 4, 17, etc.). La correction *impendimento* n'est pas non plus nécessaire. L'adverbe *impendio* («avec force», «énormément») apparaît ailleurs chez Apulée: cf. e.g. *met.* 10, 4 (239, 6), avec *GCA* 2000, 97 ad loc. L'auteur signale que l'emploi de ce terme au sens de *ualde* auprès d'un verbe n'est attesté avant Apulée que chez Laev. *carm. frg.* 9 (mais le texte n'est pas certain). Cf. encore Apul. *apol.* 3 (4, 14); 15 (17, 17), etc.

negauit ueniam: l'expression apparaît chez Sen. *dial.* 4, 34, 4 *quam saepe ueniam, qui negauit, petit!*; Plin. *epist.* 9, 2, 5 *habes ... iustam excusationem, quam tamen dubito an tibi probari uelim. Est enim summi amoris negare ueniam breuibus epistulis amicorum.*

39, 17-19 **Ergo igitur Fotis erat adeunda deque nutu eius consilium uelut auspicium petendum**: Il me fallait donc aller trouver Photis pour obtenir son consentement, en lui demandant conseil comme à un augure.

Dans la relation de Lucius et Photis, les rapports sociaux sont renversés: Photis est la maîtresse, Lucius est son esclave, suivant le schéma élégiaque (Append. I;

voir comm. ad 2, 10: 33, 18 ss.). James 1987, 52 compare la position du héros face à sa maîtresse avec celle de Socrate, esclave de la sorcière Méroé (livre 1). Schlam 1992, 7 établit un parallèle avec 3, 22 (68, 23 ss.), où Lucius supplie Photis de l'aider à se métamorphoser en hibou, demande à laquelle elle n'accède qu'à contre-coeur (voir notice initiale suivante). Sur la position dominante de Photis, voir encore comm. ad 2, 17 (39, 1 ss. et 7 s.v. *pendulae Veneris fructu*).

Ergo igitur: sur cette combinaison très fréquente dans les *Met.*, voir *GCA* 2000, 80 ad 10, 3 (238, 4).

Fotis: voir comm. ad 2, 6 (30, 4).

deque nutu - petendum: cf. 9, 8 (208, 16 s.) *si qui de profectione sollicitus diuinum caperet[ur] auspicium*. Annaratone note à la traduction de notre passage (note 1 p. 141) «Fotide è la dea di cui Lucio vuol chiedere il consenso». Dans les *Met.*, *nutus* est en effet le plus souvent employé à propos de divinités (féminines): e.g. de la Fortune en 4, 12 (83, 10) et 10, 24 (255, 18 s.); de Junon en 6, 4 (131, 19); de Vénus en 6, 16 (140, 11); d'Isis en 11, 21 (282, 22) et 11, 25 (287, 1). Cf. Verg. *Aen.* 9, 106 *adnuit (Jupiter) et totum nutu tremefecit Olympum*. Pour la déification de l'aimée (*topos* élégiaque), voir notice initiale ad 2, 17 (38, 15 ss.). Pour l'emploi d'*auspicium* dans notre contexte (où la vie privée de Lucius est une *amatoria militia*), cf. e.g. Cic. *div.* 1, 95 *omitto nostros, qui nihil in bello sine extis agunt, nihil sine auspiciis domi externa uideamus*; Liv. 6, 41, 4 *auspiciis hanc urbem conditam esse, auspiciis bello ac pace, domi militiaeque omnia geri, quis est qui ignoret?* (Walsh note à sa traduction p. 246: «Just as a Roman commander consulted the gods before battle by taking the auspices, so Lucius consults Photis before departure»).

Quae quamquam inuita quod a se ungue latius digrederer, tamen comiter amatoriae militiae breuem commeatum indulsit: Bien qu'elle ne me voie qu'à contre-coeur m'éloigner d'elle de plus d'un doigt, elle eut cependant la bonté d'accorder à nos amours un court congé militaire.

39, 19-21

ungue latius: on trouve encore cette expression proverbiale à deux reprises dans les *Met.*: cf. 10, 26 (257, 25), avec *GCA* 2000, 329 ad loc.; 11, 17 (280, 5 s.) *nec tamen me sinebat animus ungue latius indidem digredi* (Lucius, collé à l'image d'Isis): voir Griffiths 1975, 269 ad loc. De même que Lucius dépend de Photis comme un esclave, de même il sera plus tard inexorablement attaché à Isis.

amatoriae militiae: cf. Prop. 4, 1, 137 *militiam Veneris blandis patiere sub armis*; Ov. *am.* 1, 9, 1 s. *militat omnis amans et habet sua castra Cupido* (cité déjà par Beroaldus); *ars* 2, 233 *militiae species amor est*. Voir comm. ad 2, 17 (39, 1 ss.). Trembley 1981, 103 établit un parallèle entre cette *militia Veneris* et la *militia Isidis* à laquelle Lucius se consacre au livre 11: cf. 11, 15 (277, 25 s.) *da nomen sanctae huic militiae*; voir Append. I.

breuem commeatum indulsit: avant Apulée, la combinaison *commeatum indulgere* est attestée chez Plin. *epist.* 10, 8, 4; cf. ensuite Hyg. *fab.* 257, 5; *Cod. Theod.* 6, 30, 16 *indultum commeatum*. *Commeatus* ici = «congé militaire» (*ThLL* s.v. *commeatus* 1825, 81 ss.). Cet emploi métaphorique de *commeatus* dans le *sermo amatorius* n'est pas attesté en dehors d'Apulée.

39, 21-40, 3 'Sed heus tu', inquit, 'caue regrediare cena maturius. Nam uesana factio nobilissimorum iuuenum pacem publicam infesta<t>; passim trucidatos per medias plateas uidebis iacere, nec praesidis auxilia longinqua leuare ciuitatem tanta clade possunt: «Mais attention», me dit-elle, «veille à rentrer bien vite de ton dîner. Car une bande enragée de jeunes gens de la plus haute noblesse harcèle la paix publique; de tous les côtés, tu le verras, des corps trucidés gisent au beau milieu des places et les troupes du gouverneur de la province, trop éloignées, ne peuvent rien faire pour libérer la ville de ce terrible fléau.

Sed heus tu: contrairement à Helm, Robertson, Giarratano-Frassinetti ou Hanson, je préfère inclure la conjonction *sed* au discours de Photis. Cf. 2, 23 (43, 30 s.) *sed heus iuuenis, caue ... custodias*; 8, 10 (185, 16). Dans leur traduction, Vallette et Helm-Krenkel mettent d'ailleurs ce *sed* dans la bouche de la servante. Ce type d'exclamation relève du langage familier (Bernhard 1927, 129); voir aussi *GCA* 1985, 227 ad 8, 26 (197, 24) *heus ... caue ne ... exedas*.

caue - maturius: Stewech corrige *immaturius*. Mais *caue* + subjonctif seul est employé ici au sens «positif» (= *obserua, cura ut*). ThLL s.c. *caueo* 634, 12 s. ne cite pour cet emploi que notre passage et 2, 23 (43, 30 s.: cité ci-dessus); voir aussi LHSz 2, 530 (tour de la langue familière déjà attesté en latin archaïque); Löfstedt 1936, 103. À ces deux exemples, Callebat 1968, 505 ajoute 1, 13 (12, 22 s.) *heus tu ... spongia, caue ... transeas*, où il ne faut pas lire avec Vallette «garde-toi-de passer», mais «fais en sorte de passer». Molt 1938, 79 ad loc. compare avec l'emploi positif de *cauere + ut* chez Cic. *off.* 1, 39, 141. Cf. encore Liv. 3, 10, 14; dans un contexte très similaire Plaut. *Stich.* 604 ss. *caue sis tu tibi* (le parasite Gelasimus tente de dissuader Pamphilippus d'aller manger dehors, invoquant les dangers de la nuit).

Nam - possunt: dans un article traitant de l'existence de collèges de *iuuenes* dans le monde romain, Veyne 1991, 85 ss. fait allusion à notre passage en notant que «Non, tout n'est pas fantaisie dans Les *Métamorphoses* d'Apulée» (p. 87). Après de Jonge 1941, 80 ad loc., il cite plusieurs auteurs mentionnant des bandes de jeunes gens se livrant à de semblables frasques nocturnes, e.g. Tac. *ann.* 13, 47, 2; Suet. *Nero* 26; Juv. 3, 278 ss. Cf. aussi Plaut. *Amph.* 153 ss., avec Thierfelder 226 s. ad loc.; *Dig.* 48, 19, 28, 3 (cité par Gianotti 1986 note 7 p. 13). L'avertissement de Photis suscite certaines attentes, qui seront déçues. Cf. 2, 32 (51, 14 ss.), où Lucius rencontre trois personnages, qui, loin de s'en prendre à lui, assaillent la maison de Milon. À première vue, il ne sont donc pas des nobles voyous, mais des voleurs. Plus tard, Lucius découvrira qu'il s'agissait «en réalité» d'outres gonflées par la magie de Pamphilé et obéissant à son appel: cf. 3, 9 (59, 6 ss.) et 3, 18 (65, 14 ss.). La *uesana factio* dont parle Photis ne se manifeste donc jamais et l'on peut se demander si elle n'est pas une invention destinée à ramener Lucius plus tôt à la maison. Du moins, l'emphase dramatique de son discours sert sans aucun doute ses propres intérêts (voir Introd. 5.4). Cette interprétation est préférable à celle de Stockin 1954, 107 s. qui parle d'inconsistance caractéristique d'Apulée. Comparer Plaut. *Stich.* 606 ss. et 612 ss., où le parasite Gelasimus tente de dissuader Pamphilippus d'aller dîner dehors, en évoquant les dangers nocturnes qui le menacent. Dans les *Met.*, le seul jeune noble semant le carnage autour de lui à Hypata n'est autre que Lucius, tout au moins si l'on en croit l'accusation du veilleur de nuit: cf. Apul. *met.* 3, 3 (54, 15 ss.) *conspicio istum crudelissimum iuuenem ... passim caedibus operantem iamque tris numero saeuitia eius interemptos*, etc.

uesana factio: cf. 3, 28 (72, 23) *armata factio* (*latronum*). Pour la connotation négative du mot *factio*, voir Van der Paardt 1971, 75 ad 3, 8 (58, 10); *GCA* 1977, 120 ad 4, 15 (86, 1).

factio nobilissimorum iuuenum: superlatif ironique; cf. 10, 35 (266, 1 s.) *nobilissimae coloniae Corinthiensium*, avec *GCA* 2000, 414 ad loc., qui cite Cic. *Verr.* 5, 79 *Nico, ille nobilissimus pirata*.

infesta<t>: les mss. ont *infecta*. Beroaldus corrige *infecit*; Hildebrand: *infectat*, un verbe attesté avec certitude chez le seul Sen. *contr.* 2, 4, 12 (*ThLL* s.v. *infecto* 1356, 63 ss. «i.q. *maculare*»). Mais cf. 1, 15 (14, 1 s.) *ignoras latronibus infestari uias*; 8, 15 (188, 27 s.) (*lupos*) *saeuientes passim rapinis adsuetos infestare cunctam illam regionem*. La perte du *t* final avec un verbe en *-are* s'observe encore e.g. en 2, 12 (35, 3) et 2, 16 (38, 1).

passim - iacere: même emphase descriptive en 4, 14 (85, 13 s.) *passim per plateas plurimas ... iacere semiuiuorum corporum ferina naufragia*.

trucidatos: au vu des exemples cités par *OLD* s.v. *trucido*, Apulée est le seul auteur employant *trucidatus* comme adjectif substantivé. Cf. encore 3, 17 (65, 8) *trucidatorum ... cruor*; avec d'autres participes exprimant ce même concept, 3, 3 (54, 17) *interemptos*; 3, 8 (57, 22) *peremptorum*; 3, 9 (58, 17) *necatorum*, etc.

per medias plateas: cf. 6, 31 (153, 13) *per mediam aluum*, avec *GCA* 1981, 73 ad loc., qui commentent la vivacité de ce tour. Le pluriel fait écho à *passim* (allitérations), comme aussi dans le passage du livre 4, 14 (*supra*).

praesidis: après Beroaldus, de Jonge 1941, 80 cite *Dig.* 1, 18, 13 *congruit bono et graui praesidi, curare ut pacata atque quieta prouincia sit quam regit. Quod non difficile obtinebit, si sollicite agat, ut malis hominibus prouincia careat eosque conquirat. Nam et sacrilegos, latrones, plagiarios, fures conquirere debet et prout quisque deliquerit, in eum animaduertere*. Sur le titre et la fonction du *praeses*, voir *GCA* 1995, 327 ad 9, 39 (233, 12). Voir aussi Bowersock 1965, pour qui la mention de ces forces de l'ordre correspond à la réalité historique et permet une datation approximative des *Met.* (avec comme *terminus post quem* 177 ap. J.-C.).

Tibi uero fortunae splendor insidias, contemptus etiam peregrinationis poterit adferre': Et toi, l'éclat de ta situation, sans compter

40, 3-5

le mépris dans lequel on tient les étrangers, pourraient te faire tomber dans une embuscade.»

fortunae - peregrinationis: le texte fut plus d'une fois suspecté d'être corrompu, le noeud du «problème» résidant dans le mot *contemptus*. Pricée lit *contemptum etiam peregrinatio*; Lütjohann 1873, 479 s. interprète *contemptus* comme un acc. pluriel et y voit le second complément d'objet de *adferre* («fort. recte»: Robertson): *fortunae splendor insidias, contemptus etiam peregrinationis <fama>*. D'autres prennent *contemptus* comme un nom., tout en cherchant également à rétablir un équilibre dans la construction. Van der Vliet: *fortunae splendor insidias, contemptus etiam peregrinationis <periculum>*; Novák 1904, 19: *contemptus peregrinationis etiam <uitae periculum>*; Helm propose dans son apparat de déplacer le complément d'objet: *fortunae splendor, contemptus etiam peregrinationis insidias*; Frassinetti (approuvé par Augello 1977, 51 s.): *fortunae splendor insidias, <insidias> contemptus etiam peregrinationis*. Signalons encore les conjectures de Damsté *peregrinae nationis* et de Jonge 1941, 80 *contemptu etiam peregrinationis*. Pourtant, il n'est pas indispensable de modifier le texte des mss. (la majorité des éditeurs l'impriment d'ailleurs tel quel): *insidias* est le seul complément d'objet de la phrase, situé entre deux groupe-sujet (sujet et complément du nom en position chiastique; climax souligné par *etiam*). Oudendorp, notait déjà: «nihil mutatu est opus ... ut sensus sit: contemptus etiam, in quo uulgo sunt peregrini, poterit insidias tibi parare».

fortunae splendor: cf. pour la combinaison 4, 13 (84, 18). *Fortuna* désigne ici le statut social (*OLD* s.v. 11b). La haute naissance et la noblesse de Lucius sont mentionnées à plusieurs reprises dans les *Met.*, par différents personnages: voir comm. ad 2, 2 (26, 2 ss.). Au livre 11, Lucius connaîtra les bienfaits d'un autre type de *fortuna splendida*: cf. 11, 15 (277, 19 s.) *in tutelam iam receptus es Fortunae ... quae suae lucis splendore ... deos illuminat*.

contemptus peregrinationis: le terme *peregrinatio* fait référence au statut de voyageur (i.q. *peregrinitas*), un emploi attesté pour la première fois chez Apulée (*ThLL* s.v. *peregrinatio* 1303, 7 ss.); cf. aussi 11, 28 (289, 12); Vet. Lat. *Sirach*. 29, 30; Ruric. *epist*. 1, 11. Le statut d'étranger de Lucius sera invoqué lors de son procès par l'accusation: cf. 3, 3 (54, 25 s.) *habetis ... reum ... impiatum ... reum peregrinum*. Dans l'*Onos*, Abroia avertit aussi Loukios que son statut d'étranger pourrait lui valoir des ennuis: cf. 4, 7 καὶ ξένος πρᾶγμα εὐκαταφρόνητον. Gianotti 1986 note 7 p. 13 observe que le motif de la *peregrinitas* apparaît à plusieurs reprises dans les deux romans de l'âne; voir aussi Schmidt 1979. Chez Virgile, Énée est à deux reprises l'objet d'un commentaire xénophobe: cf. *Aen*. 4, 591 (voir Austin 174 ad loc.) et 12, 261. Pour l'attitude des Anciens vis-à-vis des voyageurs et des étrangers (en Grèce classique), voir Baslez 1984, 41 ss.; Dihle 1994, *passim*.

40, 6-8   'Fac sine cura', inquam, 'sis, Fotis mea. Nam praeter quod epulis alienis uoluptates meas anteferrem, metum etiam istum tibi demam maturata regressione: «Ne te fais pas de souci, ma Photis», lui répondis-je. «Car outre le fait qu'à un dîner chez autrui j'aurais préféré mes voluptés, je balaierai tes craintes par un prompt retour.

Fac sine cura ... sis: cf. 2, 23 (44, 13) *sine cura sis*. Voir Callebat 1968, 107 sur ce type de parataxe relevant du langage familier; 1, 23 (21, 13) *fac ... deuerseris*; 6, 7 (133, 10 s.).

praeter quod: la combinaison est attestée pour la première fois chez Apulée: voir *GCA* 1977, 205 ad 4, 27 (96, 7).

epulis alienis uoluptates meas: Lucius a beau dire, il ne se décidera à quitter le banquet de Byrrhène qu'au moment où son esclave lui fera signe: cf. 2, 31 (51, 6 ss.).

uoluptates meas: voir comm. ad 2, 17 (39, 12 s.); Introd. 5.8.

maturata regressione: noter la pompe de l'expression (qui n'est pas attestée ailleurs). Ces mots font écho à ceux de Photis (*regrediare ... maturius*: 39, 21 s.). Cf. 9, 22 (219, 21) *uespertina regressione* (comme dans notre passage, 4 et 4 syllabes), avec *GCA* 1995, 195 ad loc., qui commentent l'origine et l'emploi du terme *regressio*. Ce parallèle confirme la leçon *maturata* (F et φ; F¹ a *maturante*; la correction est de la même main).

Nec tamen incomitatus ibo. Nam gladiolo solito cinctus altrinsecus ipse salutis meae praesidia gestabo'. Sic paratus cenae me committo: Et d'ailleurs, je n'irai pas seul. Car avec l'épée dont je ceins toujours mes flancs, je porterai sur moi le rempart de ma vie.» Ainsi paré, je me lance à l'assaut de mon dîner.   40, 8-11

Nec tamen incomitatus: cf. 8, 1 (176, 22 s.) *nec uero incomitata* (dans un autre discours direct). Comme Lucius l'explique avec humour, ce *comes* n'est autre que son fidèle *gladiolus*. En 2, 31 (51, 6) et 2, 32 (51, 10 et 13), on apprend qu'il est escorté d'un esclave. Mais ce dernier n'intervient pas dans la bataille que son maître livre contre les agresseurs nocturnes. Pour la combinaison *nec tamen*, voir comm. ad 2, 7 (30, 13).

gladiolo solito: Vallette: «avec le fidèle poignard». C'est la première fois qu'il est fait mention de l'épée de Lucius. Cf. 2, 32 (51, 19 s.) *gladium, quem ... ad hos usus extuleram*. Le mot *gladiolus* (rare et tardif) apparaît encore en 3, 5 (56, 4): voir Van der Paardt 1971, 57 s. ad loc., qui commente la force diminutive du mot. Le choix du diminutif est peut-être dû à l'euphonie de la combinaison (*gladiolo solito*: assonances et allitérations). En dehors d'Apulée, *ThLL* s.v. 2010, 76 ss. signale pour l'emploi de *gladiolus* = «gladius paruus» Gell. 10, 25, 3; Itala *iud.* 3, 22, etc.

altrinsecus: cet adverbe peu fréquent (avant Apulée, il est attesté chez le seul Plaute: *ThLL* s.v. 1771, 49 ss.) se rencontre à plusieurs reprises dans les *Met.*, le plus souvent dans la description d'un espace: cf. 1, 16 (15, 1); 1, 21 (19, 16); 3, 17 (65, 1); 5, 2 (104, 16). Le mot apparaît ensuite chez Sol. 27, 5 et devient plus fréquent chez les auteurs tardifs (*ThLL* l.c.).

salutis - gestabo: périphrase grandiloquente, où *praesidia* répond aux mots de Photis (*praesidis auxilia*: ligne 2). Cf. 3, 27 (72, 6) *adgnito salutari praesidio*; 6, 28 (150, 6) *praesidium ... meaeque salutis*; 8, 17 (190, 12 ss.) *canes ... quos ad tutelae praesidia ... fuerant alumnati*. En dehors d'Apulée, la combinaison *praesidium salutis* est attestée e.g. chez Cic. *Planc*. 90; *Phil*. 4, 4 *quod autem praesidium erat salutis libertatisque uestrae, si C. Caesaris fortissimorum sui patris militum exercitus non fuisset?* Le verbe *gestare* est souvent employé au sens concret avec pour objet un terme désignant une arme (e.g. *pharetra, hasta, arma*: voir *ThLL* s.v. *gesto* 1963, 27 ss.). L'emphase provient de ce qu'il est accompagné d'un substantif abstrait. Comparer Val. Max. 2, 8, 5 *humeris suis salutem patriae gestantes*.

Tatum 1969, 83 ss. souligne l'importance du thème du *salus* dans les *Met*. Au cours de ses aventures, Lucius encourt toutes sortes de dangers, jusqu'à arriver dans les bras salutaires d'Isis: cf. en particulier 11, 5 (270, 4 s.) *iam tibi prouidentia mea inlucescit dies salutaris* (Isis à Lucius); 11, 21 (283, 6 ss.), où le terme *salus* apparaît à trois reprises: voir Gwyn Griffiths 1975, 280 ad loc.; *id*. 1978, 153 s. et 158. Voir aussi sur ce thème *GCA* 2000, 23 et 178 ad 10, 11 (244, 30 s.); Introd. 5.10. Un «lecteur second» (voir Introd. 2.2) notera l'ironie de la phrase: cette épée, avec laquelle Lucius défendra son salut et celui de son hôte, le conduira à encourir la peine de mort dans le procès de la Fête du Rire (cf. 3, 3: 54, 3 ss.).

cenae - committo: *OLD* s.v. *committo* cite notre passage sous 5 «to engage (forces) in battle». Le complément au dat. attendu (*pugnae, proelio*) est remplacé par *cenae*. Cf. dans un mouvement inverse 7, 24 (172, 17) *me ... fugae committo* (de l'âne Lucius devant une ourse).

CHAPITRE XIX

Le festin de l'opulente Byrrhène.

La première partie du chapitre est constituée de la description du décor dans lequel prend place le dîner de Byrrhène et durant lequel Lucius entendra le récit de Thélyphron. Outre sa fonction ornementale, cette *ekphrasis* est un nouvel indice de l'aisance de Byrrhène ; voir Introd. 3. La situation évoque d'autres repas en poésie, où un étranger est accueilli dans une riche demeure: cf. e.g. Hom. *Od.* 4, 43 ss. (Télémaque chez Ménélas); *Od.* 7, 81 ss. (Ulysse chez Alkinoos); Verg. *Aen.* 1, 697 ss. (Énée chez Didon; pour une comparaison détaillée entre les deux épisodes, voir Graverini 1998, 135 ss.); Lucan. 10, 111 ss. (César chez Cléopâtre); Stat. *Theb.* 1, 514 ss. (Tydée et Polynice chez Adraste). Cf. aussi chez Catull. 64, 45 ss. la description du repas de noces de Thétis et Pélée.

Les somptuosités de ce dîner sont détaillées selon un catalogue topique qui n'est pas sans évoquer les textes moralisateurs, en particulier la tradition satirique du festin décadent. Cf. aussi le festin de Trimalcion (Petron. 28, 6 ss.; voir Ciaffi 1960, 58 ss.). Mais contrairement à cette tradition, notre passage est dépourvu de tout jugement négatif (le narrateur des *Met.* ne fait pas sienne la tirade contre ce luxe superficiel d'Apul. *Socr.* 22: 35, 9 ss.) et la nourriture n'y est pas décrite. Seul le décor est dépeint. Cette description s'inscrit dans une tradition poétique et rhétorique, où les mots rivalisent en abondance avec le festin décrit. Notre passage se rapproche ainsi de la littérature symposiaque, où nourriture et boisson comptent moins que les conversations occasionnées par le *symposion* (voir Anderson 1993, 176 ss.).

Cette description du somptueux dîner de Byrrhène confirme ces mots qu'on lit chez Ath. *Deipn.* 4, 137d μεγαλείως δέ ... εὐτράπεζοι δ'εἰσὶν ὄντως οἱ Θετταλοί. Cf. aussi 10, 418c-d sur la réputation de la Thessalie comme pays d'excès et d'abondance (notamment en matière de nourriture).

Frequens ibi numerus epulonum et utpote apud primatem feminam flos ipse ciuitatis, <orbes> opipares citro et ebore nitentes, lecti aureis uestibus intecti, ampli calices uariae quidem gratiae sed pretiositatis unius: hic uitrum fabre sigillatum, ibi crustallum inpunctum, argentum alibi clarum et aurum fulgurans et sucinum mire cauatum et lapides ut bibas et quicquid fieri non potest ibi est: Il y avait là de nombreux convives et, comme il est normal chez une femme du meilleur rang, la fine fleur de la cité, d'opulents guéridons en thuya et en ivoire qui miroitaient, des lits recouverts d'étoffes brochées d'or, d'amples coupes à boire, diverses dans leur splendeur, mais également précieuses: ici, le verre ciselé avec art, là la pureté du cristal, ailleurs la blancheur de l'argent et l'éclat de l'or, l'ambre merveilleusement taillé et des pierres précieuses, dans lesquelles on pouvait boire. Tout s'y trouvait, même l'impossible.

40, 12-19

Toutes les éditions ponctuent d'un point après *ciuitatis*, certaines aussi d'un autre point après *unius*. Mais l'absence d'un verbe dans cette énumération suggère qu'elle constituait à l'origine une seule phrase. Pour d'autres exemples d'énumération descriptive avec ellipse du verbe, voir Bernhard 1927, 158 s.; Callebat 1968, 447 («vivacité du mouvement dramatique»; «pittoresque de l'expression»).

epulonum: pour cet emploi de *epulo* au sens peu courant de «convive», voir *GCA* 1995, 320 ad 9, 38 (232, 19).

utpote apud primatem: si l'on admet que la description énumérative de Lucius constitue une seule phrase, cette parenthèse ne porte pas seulement sur ce qui suit directement (*flos ipse ciuitatis*), mais sur l'ensemble du catalogue des somptuosités, qui relèvent d'une tradition intertextuelle topique.

primatem feminam ... ciuitatis: Bremmer 1998, 168 compare ce tour (cf. aussi 1, 21: 19, 11) avec les expressions du type πρῶτος (πρώτη) τῆς πόλεως qu'on trouve dans les romans grecs de Chariton et Achille Tatius. Ces parallèles suggèrent selon lui que le modèle des *Met.* d'Apulée fut écrit dans la même région (ouest de l'Asie mineure).

primatem: = *primariam*. En dehors de notre passage, *primas, atis* (adjectif et substantif) est attesté chez Fest. p. 298 L (s.v. *Penatis*); on retrouve le mot plus fréquemment à partir du 4e s. (voir *ThLL* s.v. 1237, 65 ss.).

flos ipse ciuitatis: malgré ce que pense Lucius (*Milonem quendam e primoribus*: cf. 1, 21: 19, 11), Milon ne prend pas part à ce dîner mondain.

ciuitatis, <orbes>: F a *ciuitatisae*, où la diphtongue finale est raturée; ç lit *ciuitatis. et*, rapportant l'adjectif qui suit (*opipares*) à *lecti* (Eyssenhardt n'imprime pas de conjonction); Lütjohann 1873, 473 hésite: *ciuitatis suae* ou *ciuitatis. at*. Interprétant la rature comme le reste d'un substantif disparu auquel se rapporterait *opipares*, Rohde 1875, 271 propose de rétablir *<mens>ae*. Sa conjecture est défendue par Chodaczek 1936, 234 et adoptée par tous les éditeurs modernes. Avec Purser 1906, 37 (qu'Helm ne mentionne pas dans son apparat critique), je préfère lire *<orbes>*. Cet emploi particulier du mot (voir notice suivante et s.v. *citro et ebore*) et la similitude des sons avec la suite de la phrase ont aisément pu conduire à son absorption. Assonances, allitérations et homéotéleutes soutiennent la lecture *<orbes> ... nitentes*. Cf. la construction parallèle de la suite de la phrase avec jeu similaire de sonorités: *lecti ... intecti*. *Orbis* désigne un plateau rond ou un guéridon. Ce meuble est fréquemment mentionné chez les écrivains de l'Empire parmi d'autres objets de luxe. Le plus souvent, il est en cèdre ou thuya et monté sur des pieds en ivoire: cf. e.g. Lucan. 10, 144, avec Schmidt 226 ad loc.; Mart. 2, 43, 9; 9, 22, 5; 9, 59, 7 s.; Juv. 1, 137 s. avec Courtney 112 s. ad loc. et 11, 122 s.

opipares: dans les *Met.*, on trouve autant l'adjectif de la 2e déclinaison que celui de la 3e (attesté pour la première fois chez Apulée): voir *GCA* 2000, 206 ad 10, 13 (246, 16). Ici, la forme *opipares* fait écho à *nitentes* et à *<orbes>* (si l'on accepte la conjecture de Purser). La correction d'Oudendorp *opipare* (adoptée par Clouard) n'est pas nécessaire. Le plus souvent, *opiparus/-is* se rapporte à la nourriture (*ThLL* s.v. 729, 28 ss.): cf. dans notre roman e.g. 1, 24 (22, 8); 7, 11 (162,

15). Ici, l'adjectif se rapporte par métonymie à la table. Comparer *Socr.* 22 (35, 18) *opiparam supellectilem* (dans une liste de somptuosités).

citro et ebore: on retrouve cette combinaison topique synonyme de luxe en 5, 1 (103, 15 s.) *summa laquearia citro et ebore ... cauata*. Cf. Cato *orat.* 36, 1 *uillae atque aedes ... expolitae ... citro atque ebore*; *Hist. Aug. Alb.* 8, 4; Plin. *nat.* 5, 12 *luxuriae, cuius efficacissima uis sentitur atque maxima, cum ebori, citro siluae exquirantur*. En particulier à propos de tables rondes posées sur des pieds d'ivoire, cf. Mart. 10, 80, 2; 10, 98, 6; 14, 89. Sur la faiblesse des Romains pour les tables en bois de thuya, cf. encore Cic. *Verr.* 4, 37; Plin. *nat.* 13, 91 ss. avec les notes d'Ernout 99 s. ad loc. Tout comme *citrum*, *ebur* est symbole de luxe et il apparaît fréquemment dans des énumérations: cf. *Rhet. Her.* 4, 32, 43 (*denominatio est*) *si quis aurum et argentum aut ebur nominet, cum diuitias uelit nominare*; ce que confirment e.g. Plaut. *Caec. frg.* 1; Catull. 64, 45; Hor. *epist.* 2, 2, 180 s.; *sat.* 2, 6, 103; Plin. *nat.* 36, 5; Lucan. 10, 119; Juv. 14, 308. Comparer déjà Hom. *Od.* 4, 72 s.

lecti - intecti: noter l'alternance des assonances et les homéotéleutes du substantif et du participe (comme avant <*orbes*> ... *nitentes*). De riches courtepointes (le plus souvent teintées de pourpre) font partie des catalogues traditionnels de somptuosités: cf. Catull. 64, 46 s.; Verg. *Aen.* 1, 639; *Ciris* 440; Hor. *epist.* 2, 2, 181; *sat.* 2, 6, 103 et 106; Lucan. 10, 123 ss., avec Schmidt 206 ad loc.

ampli - unius: tout comme les lits, les tables et les étoffes rutilantes, les coupes à boire précieuses apparaissent fréquemment dans les énumérations d'objet de luxe: cf. e.g. Verg. *Aen.* 1, 728 ss.; Sen. *epist.* 119, 3 (cité *infra* p.); Plin. *nat.* 33, 5; Lucan. 10, 160 s.; Mart. 9, 59, 13 ss.; Stat. *Theb.* 1, 541 ss.; Juv. 5, 37 s. et déjà Hom. *Od.* 4, 65 ss. L'attention de Lucius se concentre particulièrement sur cet élément du festin, puisque les différentes sortes de coupes font ensuite l'objet d'un soigneux détail. Comparer 2, 15 (37, 14 ss.).

uariae ... gratiae, sed pretiositatis unius: le chiasme renforce l'opposition. Ce trait rhétorique est développé dans la suite de la phase. Après Oudendorp, Hildebrand commente: «materia calicum non unius erat pretiositatis sed calices, in quibus, quod pretii deerat materiae, compensabat ars et materiam superans opus uariae speciei»; voir *infra* s.v. *uitrum ... sigillatum ... crustallum inpunctum*.

pretiositatis: avant Apulée, *pretiositas* est attesté chez le seul Ateius Capito apud Macr. *Sat.* 7, 13, 14 *anuli pretiositas*. On le rencontre ensuite chez les auteurs chrétiens, e.g. Tert. *cult. fem.* 2, 10, 16 ss.; *pall.* 5, 6, etc. (*ThLL* s.v. 1200, 9 ss.).

hic ... ibi ... alibi ... et ... et ... et ... et: aux adverbes de lieu succède un polysyndète développant l'adjectif *uariae*. Pour une description énumérative similaire avec succession d'adverbes et de conjonctions et ellipses des verbes, cf. 3, 17 (65, 7 ss.). Noter encore l'euphonie de cette énumération (alternance d'assonances en *i*, *a* et en *u*) et la succession de substantifs en *-um*, accompagnés pour la plupart d'un participe passé passif ou d'un adjectif de la 2e décl. (homéotéleutes, à l'exception de *fulgurans*). Cette cadence est brisée dans les deux derniers membres par un effet de *uariatio* ascendant (climax).

285

La phrase développe l'élément du catalogue de somptuosités topiques qui précède. Chacune de ses parties relève d'un répertoire traditionnel: or, argent, verre ciselé, pierres précieuses et surtout cristal sont les matières mentionnées pour les coupes et les vases à boire luxueux (seuls manquent dans notre passage les *murrina*): cf. e.g. Sen. *epist.* 119, 3 *utrum sit aureum poculum an crustallinum an murreum an Tiburtinus calix an manus concaua, nihil refert*; Plin. *nat.* 33, 5; 36, 1; Mart. 3, 82, 25; 9, 59, 13 ss.; 14, 109-115; Juv. 5, 37 ss. et 6, 155 s., etc.

uitrum ... sigillatum ... crustallum inpunctum: en matière de beauté, l'art rivalise avec la nature. À la pureté naturelle du précieux cristal est opposé le travail de ciselure du verre, rendu ainsi aussi précieux (voir le commentaire d'Hildebrand cité ci-dessus s.v. *uariae ... gratiae, sed pretiositatis unius*). Cf. Plin. *nat.* 37, 29 *mire his (crystallis) ad similitudinem accessere uitrea, sed, prodigii modo, ut suum pretium auxerint, crystalli non deminuerint.* Martial consacre sa verve autant aux coupes précieuses en verre ciselé (cf. 14, 115) qu'à celles de cristal pur (cf. 14, 111). Cf. encore *Copa* 29 s.

uitrum ... sigillatum: Cic. *Verr.* 4, 32 *scyphos sigillatos* (objets de luxe, convoités par Verrès); *Att.* 1, 10, 3 *putealia sigillata duo.* L'adjectif *sigillatus* («orné de reliefs», «ciselé») est d'abord attesté chez Varro *Men.* 434 à propos d'étoffes précieuses: *eburneis lectis et plagis sigillatis* (cf. Hor. *epist.* 2, 2, 180 s. *Tyrrhena sigilla*, dans un catalogue d'objets luxueux); dans ce sens aussi *Hist. Aug. trig. tyr.* 16 *sigillata tentoria*; *Cod. Theod.* 15, 7, 11. Pour la préciosité du verre et de la vaisselle en verre ciselé, cf. Prop. 4, 8, 37; Plin. *nat.* 36, 195 ss.; Mart. 11, 11, 1 ss.

crustallum inpunctum: parmi les objets de luxe, la vaisselle en cristal occupe une place d'honneur. Outre les textes déjà cités plus haut, mentionnant presque tous cette matière, cf. Petron. 64, 10; Plin. *nat.* 33, 5 *crystallina ... quibus pretium faceret ipsa fragilitas*; 37, 29 sur le goût excessif (*furor*) des Romains pour la vaisselle en cristal; *ibid.* 37, 30 sur la fonction du cristal convenant aux boissons fraîches. En raison de son prix, Paul. *dig.* 33, 10, 3, 4 hésite à considérer les objets en cristal comme vaisselle.

Issu de *punctum* au sens de «tache», «éraflure» (*OLD* s.v. *punctum* 3), l'adjectif *impunctus* («i.q. sine punctis uel maculis»: *ThLL* s.v. 719, 53 s.) est un hapax. Cf. Fronto p. 213 vdH *calicem uero 'sine delatoria nota' cum dico, sine puncto dico. Neque me decet ... uolgi uerbis ... calicem acentetum appellare*; Plin. *nat.* 37, 28 *infestantur (crustalla) plurimis uitiis, scabro ferumine, maculosa nube ... Est et rufa aliquis robigo ...; hoc artifices caelatura occultant. Quae uero sine uitio sint, pura esse malunt, acenteta appellantes*; Mart. 9, 59, 13.

argentum ... clarum: pour la blancheur de l'argent, cf. e.g. Plin. *nat.* 33, 127; Mart. 1, 115, 2 s. *loto candidior puella cycno, / argento, niue, lilio, ligustro.*

sucinum mire cauatum: cf. 11, 11 (275, 8) *urnula faberrime cauata*, une occurrence de *cauare* qu'*OLD* s.v. *cauo* classe sous 4 «to carve in relief» (cf. aussi. 5, 1: 103, 16). Ici, le verbe est à prendre au sens premier (*OLD* l.c. 1 «to make concave or hollow, hollow out»; cf. Cic. *Verr.* 4, 62 *ex una gemma pergrandi trulla excauata*; Plin. *nat.* 36, 60; 36, 159 *lapis ... qui cauatur tornaturque in uasa*

... uel ad esculentorum usus). Les coupes incrustées d'ambre mentionnées chez Juv. 5, 37 s. *capaces / Heliadum crustas ... phialas* sont peu de chose en comparaison des coupes de la riche Byrrhène, chez qui *quicquid fieri non potest ibi est* (lignes 18 s.). Plin. *nat.* 37, 30 mentionne le succin (ambre jaune) parmi les pierres précieuses après le cristal et le murrhin; mais alors que ceux-ci trouvent une fonction parmi les objets luxueux (*in deliciis*), *in sucinis causam ne deliciae quidem adhuc excogitare potuerunt*; cf. aussi 37, 50; Juv. 14, 307.

et lapides ut bibas: cette leçon des mss. fut plus d'une fois corrigée (Gruter proposait *in capides*; d'autres *in lapides*; Roaldus exprimait ses doutes sur l'existence de succin suffisamment grand pour être taillé en coupe). Mais, comme la conclusion de cette description le souligne, chez Byrrhène, rien n'est impossible. Cf. ligne 21 *gemma<s> formatas [s]in pocula*. Comparer Verg. *georg.* 2, 506 *ut gemma bibat*; Prop. 3, 5, 4; Plin. *nat.* 33, 5 *turba gemmarum potamus et zmaragdis teximus calices*; Lucan. 10, 160 s. *gemmaeque capaces / excepere merum*; Mart. 14, 110, 1 s. Il s'agit de merveilles plus grandes que les pierres précieuses simplement incrustées dans l'or des coupes, dont il est question chez Verg. *Aen.* 1, 728, Mart. 14, 109 (*calices gemmati*) ou Juv. 5, 37 ss. Les corrections de Van der Vliet (*unde bibas*, défendue par Damsté 1928, 8), de Brakman 1928, 171 (*ut bibas <inuitantes>*), de Kronenberg 1928, 30 (*ubiuis*) et de Castiglioni 1930, 107 (qui hésite entre *ut bibas <splendore suo inuitantes>* et *iaspides fuluidae*), qui affaiblissent l'effet rhétorique de la phrase, ne sont pas non plus nécessaires.

et quicquid - ibi est: la demeure de Byrrhène n'a rien à envier au palais divin de Cupidon: cf. 5, 2 (104, 17 s.) *nec est quicquam, quod ibi non est*. Ce parallèle rend inutile les corrections de Seyffert (*nec quicquid fieri potest ibi non est* ou *et quicquid fieri potest ibi est*), de Van der Vliet (*quicquid fieri <potest et> non potest ibi est*) ou de Kirchhoff 1903, 36 (*et quicquid fieri <paene> non potest. ibi et*). À propos de cette phrase, Gianotti 1986, 13 note 6 observe que la maison de Byrrhène constitue un univers en miniature à l'image de l'univers des *Met.*, où les frontières entre possible et impossible, entre réalité et rêve ou fiction sont des plus floues (cf. 1, 20: 18, 22 *nihil impossibile arbitror*).

Dir*i*bitores plusculi splendide amicti fercula copiosa scitule subministrare, pueri calamistrati pulchre indusiati gemma<s> formatas [s]in pocula uini uetusti frequenter offerre; Plusieurs maîtres d'hôtel splendidement vêtus présentaient avec une habileté gracieuse des plats copieusement garnis, de jeunes garçons frisottés et joliment parés passaient et repassaient, offrant du vin vieux dans des gemmes taillées en forme de coupes.   40, 19-22

Comme tout ce qui précède, la mention d'une nombreuse troupe d'esclaves appartient aux catalogues traditionnels de richesses: cf. *Socr.* 22 (35, 18: cité s.v. *calamistrati*); Hor. *sat.* 2, 8, 10 ss. et 85 ss.; Lucan. 10, 127 ss.; Petron. 27, 2 et 31 ss. (chez Trimalcion); 119, 28; Mart. 3, 82, 18 ss.; 9, 22, 9 ss.; 10, 80, 2; Juv. 5, 49 ss.; 11, 135 ss. et 147 ss. Comparer aussi Sen. *epist.* 47, 5 s., où on trouve une description détaillée des différents esclaves servant à table. Noter le parallèle de construction: deux sortes d'esclaves sont décrits (d'abord leur apparence, puis leur fonction), dans deux périodes présentant une succession grammaticale pratiquement identique.

Diribitores - subministrare: Hildebrand identifie ces *diribitores* aux découpeurs de viande (*scissores, structores*) chez Petron. 36, 6 ss.; 40, 5; Mart. 10, 48, 15; Juv. 5, 120 ss.; 9, 110 (*carptores*) et 11, 136 ss. Vallette note à notre passage (note 3 p. 45): «il s'agit probablement d'esclaves chargés non seulement de découper les viandes, mais de faire les portions et de les répartir entre les convives» (voir aussi Blümner 1911, 394). De fait, le terme *diribitor* (attesté avant Apulée chez Cic. *Pis.* 36 pour désigner un scrutateur chargé de compter les bulletins des votants) a le sens de «celui qui distribue» (< *diribere*, au sens premier: voir *ThLL* s.v. *diribeo* 1231, 77 ss. «i.q. distribuere»). Les *diribitores* sont les sommeliers chargés de servir les plats de nourriture, tandis que les *pueri calamistrati* sont les échansons. *Diribitor* se rencontre ensuite chez Amm. 18, 5, 6 au sens de «distributeur» (mais non pas à propos de nourriture). Bernhard 1927, 104 s. signale la prédilection d'Apulée pour les substantifs en *-tor* (type de substantif déjà présents en latin classique, mais se développant surtout en latin tardif).

plusculi: dans F, un *s* final (peut-être issu du mot suivant) fut raturé par la première main. Cette confusion dans la division des mots se poursuit dans la suite de la phrase. Pour ce diminutif, voir comm. ad 2, 17 (39, 14). Abate 1978, 66 remarque que les passages descriptifs des *Met.* contiennent de manière générale un nombre élevé de diminutifs.

fercula copiosa: la combinaison se retrouve lors du premier repas de Psyché dans le palais d'Éros: cf. 5, 3 (105, 8 s.), avec Kenney 1990, 142 ad loc.; *GCA* 2000, 231 ad 10, 16 (249, 2) *inlibata fercula* remarque que le terme *fercula* au sens de «plats de nourriture», «mets» apparaît fréquemment dans des contextes de (critiques de) dîners luxueux (voir aussi *OLD* s.v. *ferculum*). Sur la réputation d'abondance de la Thessalie, voir notice introductive.

scitule subministrare: l'adverbe *scitule* apparaît encore en 7, 11 (162, 19 s.) *uerrit, sternit, coquit, tuc<c>eta concinnat, adponit scitule.* Le terme fait référence à l'habileté des maîtres d'hôtel (sens étymologique: *scitulus < scitus* = «expérimenté», «adroit») et à leur grâce féminine (voir *infra* s.v. *pueri - offerre*). Cf. aussi (dans une autre *ekphrasis*) 10, 30 (261, 18). Confondant réalité historique et fiction, Dosi-Schnell 1984 note 5 p. 127 affirment que «dall'abilità dei coppieri qui descritta, si può dedurre che anche in questa casa ci doveva essere, come era frequente durante l'Imperio nei palazzi dei ricchi, un *paedagogium*, cioè una scuola per preparare il personale di servizio ai suoi compiti precipui».

subministrare: le verbe est encore employé dans les *Met.* à propos des invisibles servantes d'Éros: cf. 5, 3 (105, 8 s.) *fercula copiosa ... impulsa subministrantur*. D'après les exemples cités par *OLD* s.v., il s'agit des deux seules occurrences de ce dérivé de *ministrare* au sens de «servir à table». Il n'est pas impossible qu'une recherche d'euphonie explique cette utilisation particulière du composé (répétition des sons *s* et *u*). Sur l'emploi de l'infinitif historique, voir *GCA* 2000, 133 s. ad 10, 6 (241, 17 s.); LHSz 2, 367 souligne la nature descriptive de l'infinitif historique («schildernd und malend»), convenant particulièrement à une *ek-phrasis* comme la nôtre. Le verbe (qui correspond à un imparfait descriptif) imprime un mouvement à la description; voir aussi s.v. *frequenter offerre* (ligne 22).

pueri - offerre: le catalogue des splendeurs du dîner s'achève avec la description des échansons servant avec générosité du vin dans des coupes précieuses; voir plus haut s.v. *ampli - unius* (lignes 14 s.). Après le vin suivront les conversations, comme aussi e.g. chez Verg. *Aen.* 1, 723 ss.; voir comm. ad lignes 22 ss.

Cette description évoque les jeunes esclaves efféminés servant à table lors de dîners luxueux, dont parlent avec désapprobation Sen. *epist.* 47, 7 *uini minister in muliebrem modum ornatus*; 119, 13 s.; Lucan. 10, 133 ss. *nec non infelix ferro mollita iuuentus / atque execta uirum*. Cf. aussi les *pueri capillati* de Trimalcion chez Petron. 27, 2 et 70, 8, ainsi que son *puer speciosus* servant du raisin à table (41, 6). Le rôle de ces jeunes Ganymèdes (qui à leur tâche d'échansons devaient parfois ajouter celle d'amant: cf. la crue description de Sénèque l.c.) est peut-être un héritage lointain de la tradition des *symposia* de la Grèce archaïque et classique: voir Bremmer 1994 (en particulier p. 139 ss. sur le rôle des jeunes échansons en relation avec la pédérastie).

calamistrati: cf. Isid. *orig.* 10, 57 *calamistratus a calamistro, i.e. aco ferreo in calami similitudinem facto, in quo crines obtorquentur, ut crispi sint* (Varro *ling.* 5, 129 *calamistrum, quod his calfactis in cinere capillus ornatur*). L'adjectif *calamistratus* est attesté pour la première fois chez Plaut. *Asin.* 627, où il qualifie de manière négative un mignon efféminé à la coiffure artificiellement bouclée. Cf. ensuite, avec la même nuance péjorative, Cic. *p. red. in sen.* 13; *Sest.* 18 (cf. Serv. *Aen.* 12, 100 *Cicero calamistratam comam appellat frequenter, quae etiam uituperationi est*; les cheveux frisés sont encore synonymes de luxe et de futilité chez Sen. *dial.* 10, 12, 3; Quint. *inst.* 12, 10, 47). Chez Apulée, l'adjectif *calamistratus* apparaît encore une fois dans un contexte similaire, d'où il ressort que les esclaves bouclés sont traditionnellement signes de luxe: cf. *Socr.* 22 (35, 18) *familias numerosissimas et calamistratas* (au milieu d'un catalogue de somptuosités). Pour ce *topos*, cf. Sénèque, Lucain et Pétrone (notice précédente); Mart. 1, 31; 2, 57, 5; 3, 58, 30 s. (*lasciui ... capillati*), etc.; Ambr. *epist.* 4, 15, 7 *hoc ad luxuriam deriuandum putant, ut calamistratos et torquatos habeant in ministerio*; Hier. *epist.* 130, 19 *cincinnatulos pueros et calamistratos*. À l'opposé, les esclaves rasés sont symboles de simplicité: cf. e.g. Mart. 10, 98, 9; 11, 11, 3; Juv. 11, 149 s.

pulchre indusiati: cf. 10, 30 (261, 9) *pulchre indusiatus adulescens* (d'un pseudo-Paris). L'adjectif *indusiatus* (issu de *indusium*, désignant une sorte de vêtement de femme: voir *ThLL* s.v. *indusium* 1273, 42 s.) apparaît encore en 8, 27 (198, 11), à propos des prêtres efféminés de la déesse syrienne; *GCA* 1985, 235 s. ad loc. signalent qu'il est attesté avant Apulée chez Plaut. *Epid.* 231.

gemma<s> formatas [*s*]*in pocula*: voir *supra* s.v. *plusculi*. Callebat 1968, 229 cite cet exemple parmi les emplois de *in* consécutif, exprimant une idée de transformation (souvent avec les composés de *formare*); cf. 2, 4 (27, 7 s.) *lapis Parius in Dianam factus*.

uini uetusti: autre *topos* dans les descriptions de repas luxueux, la qualité du vin qui se doit d'être vieux: cf. e.g. Sen. *dial.* 7, 17, 2; *epist.* 114, 26; Lucan. 10, 160 ss.; Petron. 34, 6; Mart. 3, 62, 2; Juv. 5, 30 ss. Cf. 2, 11 (34, 1) *uini cadum in aetate pretiosi* (cadeau de Byrrhène à Lucius).

frequenter offerre: assonances et allitérations. Voir *supra* s.v. *subministrare*. Ce détail final, qui conclut la description du dîner, sert aussi d'indication temporelle. Depuis le début de la description (correspondant au moment de l'arrivée de Lucius), le repas s'est déroulé et il fut copieusement arrosé. Sous l'effet du vin, les conversations s'échauffent, les plaisanteries fusent.

40, 22-41, 2 Iam inlatis luminibus epularis sermo percrebuit, iam risus adfluens et ioci liberales et ca*u*illus hinc inde: Bientôt, on apporta les lumières et la rumeur des conversations entre convives s'amplifia, bientôt les rires fusèrent et, de tous côtés, on s'adonna librement aux mots d'esprit et aux plaisanteries.

Les conversations qui s'allument après le dîner en même temps que les lumières et les plaisanteries qui fusent sous l'effet du vin (cf. 2, 31: 50, 20 s. *conpotores uino madidi rursum cachinnum integrant*) sont la conclusion logique d'un banquet; cf. e.g. 1, 7 (6, 20 ss. cité *infra*); 2, 11 (34, 14 ss.); 4, 8 (80, 12 ss.); Varro *Men.* 111; Cic. *Cael.* 67; Verg. *Aen.* 1, 723 ss. (voir notice initiale suivante); Petron. 64, 2; Gell. 19, 9. Sur le *conuiuium*, sphère de l'otium où règne l'*hilaritas*, voir La Penna 1995, 271 ss.; D'Arms 1995, 306 ss.; notice suivante.

Iam ... iam ... et ... et: cf. 1, 7 (6, 20 s.) *iam adlubentia procliuis est sermonis et ioci et scitum et\<iam\> cauillum, iam dicacitas timida* (après un repas bien arrosé). L'échange de plaisanteries est le propre du *symposion* (voir Cameron 1995, 97 ss.; Bremmer 1997, 18 ss.): cf. (avec accumulation rhétorique similaire) Pl. *Lg.* 671a-b; *GLP* 103, 3 ss. (Page 444); Plaut. *Stich.* 655 ss.; Plin. *epist.* 1, 15, 4, etc.

epularis: l'adjectif apparaît encore en 3, 12 (61, 7) *epulare uadimonium*. Avant Apulée, cf. Cic. *de orat.* 3, 73; *Cato* 45 *bene ... maiores accubitionem epularem amicorum ... 'conuiuium' nominauerunt*. On le retrouve chez Cyprien, Ambroise et Ammien Marcelin (*ThLL* s.v. 702, 24 ss.).

percrebuit: dans φ, une seconde main a ajouté un *r* au-dessus du *u* (*percrebruit*: cf. 1, 10: 9, 12); voir *ThLL* s.v. *percrebesco* 1224, 75 ss. sur ces deux formes possibles du parfait.

risus ... ioci ... cauillus: cette atmosphère bon enfant se fera moins aimable ou plus inquiétante lorsqu'il sera question de sorcellerie: cf. 2, 20 (41, 21) *in licentiosos cachinnos*; 2, 31 (50, 20 s.).

risus adfluens: seule occurrence de cette combinaison signalée par *ThLL* s.v. *affluo* 1244, 42; cf. 3, 7 (57, 10) *risu cachinnabili diffluebant*.

adfluens: dans F, on lit *affluens*, où un *d* fut ajouté au-dessus du premier *f* par la même main; φ a *affluens*. Helm, Giarratano et Robertson impriment la correction *adfluens*, Frassinetti et Hanson conservent *affluens*. Ailleurs, F présente l'orthographe *affl-* pour les mots de cette famille: cf. 2, 31 (51, 5) et 4, 7 (80, 1) *af-*

fluenter; 6, 24 (146, 13) *affluens*. La situation est différente dans *Socr.* 17 (29, 15) et 22 (35, 11 et 19), où une main postérieure corrige dans B les leçons *afluere* et *afluentia* en *affluere* et *affluentia* (Thomas, Beaujeu et Moreschini impriment dans les trois cas *adf-*).

ioci liberales: cette combinaison est attestée avant Apulée chez Plin. *paneg.* 49, 8, à propos des plaisanteries de bon ton à l'honneur lors des dîners impériaux. Il s'agit du *genus iocandi non profusum nec immodestum, sed ingenuum et facetum* dont parle Cic. *off.* 1, 103; cf. aussi 1, 104 *duplex omnino est iocandi genus: unum illiberale, petulans, flagitiosum, obscenum; alterum elegans, urbanum, ingeniosum, facetum*; Quint. *inst.* 2, 5, 8; 6, 3, 14 et 35. Cf. par ailleurs Apul. *met.* 10, 15 (248, 20) *liberalis cachinnus*, où l'adjectif *liberalis* désigne un éclat de rire sonore et non retenu (*GCA* 2000, 226 ad loc.). Dans notre passage, *liberalis* fait référence à *Liber*: cf. Naev. *com.* 113 *libera lingua loquemur ludis Liberalibus*; Hor. *carm.* 3, 21, 14 ss.; *epist.* 1, 5, 16 ss.; Gell. 15, 2, 5 *libertate per uinum data*; mais déjà Pl. *Lg.* 1, 649b; voir Rösler 1995, 106 ss.

cauillus: selon *ThLL* s.v. *cauilla* (*cauillum*; *cauillus*) 647, 40 ss., le masculin de ce mot est attesté pour la première fois dans notre passage; Apulée l'emploie en alternance avec le neutre *cauillum* (cf. 1, 7: 6, 21, cité plus haut). La forme du masculin permet ici un effet d'écho euphonique avec *risus* (noté par Facchini Tosi 1986, 103). Avant Apulée le mot apparaît (au féminin) chez Plaut. *Aul.* 638; on le retrouve e.g. chez Prudence ou Martianus Capella (*ThLL* l.c.).

hinc inde: voir Van der Paardt 1971, 197 ad 3, 28 (72, 23) pour la combinaison *hinc inde* = *undique* qu'on trouve à plusieurs reprises dans les *Met*. Cf. 2, 23 (44, 10); 2, 30 (50, 17); 3, 29 (73, 19), etc.

Tum infit ad me Byrrhena: 'Quam commode uersaris in nostra patria? Quod sciam, templis et lauacris et ceteris operibus longe cunctas ciuitates antecellimus, utensilium praeterea pollemus adfatim: Alors Byrrhène s'adressa à moi: «Comment te plais-tu dans notre pays? Pour autant que je sache, avec nos temples, nos bains et nos autres édifices publics, nous sommes bien supérieurs à toutes les cités et nous l'emportons aussi par l'abondance des provisions dont nous regorgeons. | 41, 3-6

Comme Didon invite Énée à raconter ses malheurs (Verg. *Aen.* 1, 753 ss.: ce parallèle est exploité par Graverini 1998, 135 ss.), Byrrhène interroge Lucius et leur conversation conduit également à un récit rétrospectif (narré toutefois par un troisième personnage). Cf. aussi Hom. *Od.* 7, 232 ss. (Arété interrogeant Ulysse après le repas); Lucan. 10, 172 ss. (César chez Cléopâtre).

Byrrhène se lance dans un éloge en miniature de la ville d'Hypata, derrière lequel on perçoit l'influence des entraînements à la rhétorique: voir Pernot 1993, 45 et 178 ss. sur les *enkômia* de cités. Elle détaille en premier lieu les avantages concrets et pratiques de la ville (édifices publics, commodités), pour terminer avec des qualités plus abstraites (lignes 6 ss.). Cf. 2, 2 (26, 3 ss.), où elle faisait un éloge de Lucius, se limitant à son apparence extérieure; voir Pernot 1993, 195 ss.

sur le bon éloge, qui se reconnaît par l'importance accordée aux qualités morales et aux vertus de l'objet de l'*enkômion*, homme ou cité); Introd. 3.

Au livre 1, 25 (23, 9 s.), Pythias disait déjà d'Hypata qu'elle était la fleur de la Thessalie. Vallette remarque (note 3 p. 26) «les habitants d'Hypata sont très fiers de leur ville», comparant ces passages des *Met.* avec Hld. 2, 34, 2, où cette fierté des habitants d'Hypata est aussi mentionnée; voir *infra* s.v. *cunctas ciuitates antecellimus*. Sur Hypata, voir Gianotti 1986, 12, note 4; Koutroubas 1991.

Tum: Kronenberg 1892, 17 ponctue d'une virgule après *hinc inde* et corrige par *cum* (cette conjecture est mentionnée favorablement par Hanson note 1 p. 96 ad loc.); cf. 1, 7: 6, 20 ss. *iam ... cauillum, iam dicacitas <in>timida, cum ille ... infit*. Mais le parallèle ne suffit pas pour corriger une leçon qui fait sens.

quam commode: voir comm. ad 2, 13 (36, 5 s.).

templis - operibus: noter la progression régulière dans cette liste (climax): *templis* (2 syllabes) - *et lauacris* (4 syllabes) - *et ceteris operibus* (8 syllabes). Les édifices publics font partie des éloges de cité: les temples, parce qu'ils témoignent de sa piété envers les dieux, les bains, parce qu'ils sont signe de sa salubrité et de son confort (voir Pernot 1993, 191 ss. et 215 ss.).

lauacris: derrière la rhétorique de Byrrhène se cache une réalité historique: non loin d'Hypata se trouvaient des sources d'eau chaude et des bains fréquentés pour leurs vertus curatives: voir *RE* 9, 1 (1914) «Ὑπάτα», 236-240 (en particulier p. 236 s.) [Stählin].

cunctas ciuitates antecellimus: allitérations. Rohde 1885, 96 remarque: «Das scheint denn doch über den erlaubten Localpatriotismus hinauszugehen»; et de rétablir après *ciuitates* le complément *Thessaliae*, qu'il suppose être tombé. De Jonge 1941, 84 commente: «sine dubio Byrrhena cunctas ciuitates Thessaliae in mente habet». Mais derrière cette fière déclaration de Byrrhène se cache un jeu de mots (dont on peut supposer qu'il se trouvait déjà dans l'original grec). Hypata est, en grec, ὑπάτη, la meilleure, la supérieure. Cf. Hld. 2, 34, 2, où ce rapprochement étymologique est établi entre le nom de la ville et ὑπατεύειν. Pour Byrrhène, cette suprématie ne se limite pas à la seule Thessalie; cf. *Romana frequentia* (ligne 7).

utensilium ... adfatim: ς corrige *utensilibus* (Hildebrand, Eyssenhardt et Van der Vliet maintiennent la leçon des mss.). La tournure *adfatim* + gén. est attestée chez Plaut. *Mil.* 980 *tibi diuitiarum adfatimst*; *Men.* 457; *Cist.* 231 et chez Liv., e.g. 10, 25, 7; 23, 5, 15; 27, 17, 7 (*ThLL* s.v. *adfatim* 1174, 4 ss. omet de signaler notre passage, citant encore pour cette construction Justin et Martianus Capella). Voir LHSz 2, 52 sur la construction gén. partitif avec un adverbe de quantité; cf. Apul. *apol.* 28 (32, 22 s.) *largiter aquae.* Il est possible que la phrase fasse référence à la réputation de la Thessalie comme pays d'abondance et d'excès: cf. Plat. *Crit.* 53e; Ath. *Deipn.* 4, 137d (cité dans la notice introductive); 10, 418c-d. L'adjectif substantivé *utensilis* au neutre pluriel est souvent employé au sens de «nourriture», «provisions» (*OLD* s.v. b). Voir *GCA* 1977, 26 ad 4, 1 (75, 2) sur l'étymologie de l'adverbe *adfatim* et sur son emploi dans les *Met.* (souvent à propos de nourriture).

pollemus: Vallette traduit un peu faiblement: «nous en sommes pourvus (à souhait)»; ainsi aussi Grimal, Hanson («we are amply provided»). Mais le verbe contient la même notion de supériorité que *antecellimus* (*supra*); voir *OLD* s.v. *polleo* 2b «to be predominant». Cf. dans ce sens e.g. 11, 1 (266, 15); *flor.* 2 (2, 7).

Certe libertas otiosa et negotioso quidem aduenae Romana   41, 6-8
frequentia, modesto uero hospiti quies uillatica: omni denique
prouinciae uoluptarii secessus sumus': Assurément, ici règnent liberté et
loisir: l'étranger affairé y trouve l'animation de Rome, l'hôte sans prétention la
paix d'un village. Nous sommes, en un mot, pour toute la province une retraite
pleine de voluptés.»

Après avoir loué les biens matériels de la ville, Byrrhène mentionne trois qualités moins concrètes, qui concernent également un confort superficiel (voir notice initiale précédente). Pour Callebat 1968, 116, l'absence de verbes dans ce type de dialogues reproduit «dans son naturel le mouvement rapide de la conversation».

libertas otiosa: Beroaldus corrige la leçon *otiosa* des mss. en *otioso* et cette conjecture est adoptée par Oudendorp, Hildebrand et, plus récemment, par Hanson (voir aussi Bernhard 1927, 99; poussant encore plus loin le souci de symétrie, Van der Vliet ajoute: *libertas otioso et negotioso <pariter, et pecunioso> quidem aduenae*); Kronenberg 1928, 30: *libertas otioso et negotioso, <et honesto> quidem aduenae*. Haupt 1876, 627: *copiosa*; Helm (dans son apparat): *speciosa*; Robertson hésite à déplacer *libertas otiosa et* après *hospiti*. De telles corrections ne sont pas nécessaires. L'opposition que Beroaldus veut rétablir n'est pas entre les adjectifs *otiosus* et *negotiosus*, mais entre *negotioso ... aduenae* et *modesto ... hospiti*; voir *infra*. L'adjectif *otiosa* est juxtaposé à *negotioso* dans un jeu de mots doublé d'un oxymore caractéristique d'Apulée (comparer 2, 9: 32, 21 s. *inordinatus ornatus*; 5, 1: 104, 6 *domus sine pretio pretiosae*). Cf. 4, 9 (81, 22 ss.) *ut ... nullo negotio cunctis opibus otiose potiremur*; Cic. *Lael.* 86 *ei qui suum negotium gerunt otiosi* («ceux qui, libérés des contraintes publiques, s'occupent de leurs propres affaires»).

Gianotti 1986, 12 suggère que l'expression *libertas otiosa* pourrait faire allusion au statut de ville libre et autonome, dont Hypata jouit à l'époque impériale (*ciuitas libera*: voir à ce propos Colin 1965, 338 s.). Il établit un lien avec le thème récurrent de la liberté dans le roman (où l'histoire de l'homme-âne est l'histoire de la liberté perdue); cf. 2, 20 (41, 9 s.), avec comm. ad loc. Même interprétation chez Fick-Michel 1991a, 248 ss., qui établit en outre un rapport entre notre passage et Plat. *Crit.* 53d, où Socrate dit de la Thessalie: ἐκεῖ γὰρ δὴ πλείστη ἀταξία καὶ ἀκολασία. Dans une interprétation platonicienne, la liberté thessalienne ici vantée équivaut à la licence (cf. aussi Xen. *Mem.* 1, 2, 24; Tac. *dial.* 40, 2 *eloquentia alumna licentiae, quam stulti libertatem uocant*). *Otiosa* serait alors à prendre dans un sens négatif. Mais dans la bouche de Byrrhène, cette qualification n'est pas péjorative. Le mot fait référence à une absence de contraintes politiques ou publiques, permettant de se livrer librement aux occupations de son choix: cf. Cic. *Lael.* 86 (cité plus haut); *OLD* s.v. *otium* 2 «freedom from business or work, leisure, leisure-time, esp. as devoted to cultural pursuits»; b «a rest or relaxation from work, a holiday». Voir la traduction de Brandt-Ehlers qui maintiennent l'oxymore: «bestimmt gibt es Freiheit ohne Geschäfte, für den geschäftigen Ankömmling ...».

negotioso - uillatica: noter le parallèle de construction dans ces deux périodes et l'opposition de chacun de ses membres (*negotioso ... aduenae/modesto ... hospiti - Romana frequentia/quies uillatica*).

negotioso ... modesto: le contraste oppose un visiteur actif ou occupant sur la scène sociale un rôle important et un étranger sans prétention ou de position sociale moins importante. Cf. Fronto p. 46 vdH *me laborum tuorum parciorem et occupationum tuarum modestiorem esse oportet.*

aduena ... hospiti: *uariatio.*

Romana frequentia: Bernhard 1927, 21 s. remarque que les adjectifs des noms propres précèdent généralement le substantif chez Apulée, tout comme chez les écrivains post-classiques; cf. e.g. 1, 1 (1, 3) *argutia Nilotici calami*; 2, 29 (48, 28 s.) *Lethaea pocula ... Stygiis paludibus*; 2, 32 (52, 3) *Geryoneae caedis*, etc. Cette construction résulte en un chiasme, qui interrompt le strict parallélisme de la phrase. La correction *urbana* proposée par Petschenig 1888, 764 est inutile.

uillatica: voir *GCA* 1995, 304 ad 9, 36 (230, 20). Cf. Colum. 8, 16, 2 *si urbanae uitae comparetur uillatica.*

uoluptarii secessus: Byrrhène ne croit pas si bien dire, puisque en Photis, Lucius a trouvé sa Volupté: cf. 2, 10 (33, 19); 2, 17 (39, 12 s.) et 2, 18 (40, 7); Introd. 5.8. L'adjectif *uoluptarius* apparaît encore en 10, 35 (265, 25) à propos d'un spectacle érotique et dans *Plat.* 2, 6 (109, 12). D'Hypata, Lucius pourrait faire siens ces mots: *liberum ... locum et uoluptarium, / ubi ames, potes, pergraecere* (Plaut. *Poen.* 602; cf. ligne 6 *libertas otiosa*).

secessus sumus: allitérations. Le terme est lié à l'*otium*: voir *OLD* s.v. *secessus* 1b «(spec.) withdrawal from Rome into the country, etc. (esp. as implying withdrawal from public life)»; *supra* s.v. *libertas otiosa*. Sur cette tournure où un substantif abstrait est attribut du sujet, voir comm. ad 2, 12 (35, 9 s.). Pour d'autres exemples de substantifs verbaux abstraits employés au pluriel (une construction très fréquente dans les *Met.*, déjà présente en latin classique, mais se développant surtout en latin tardif), voir Bernhard 1927, 101 ss.; Väänänen 1963, 90.

CHAPITRE XX

Où il est question des méfaits des sorcières et où Thélyphron entre en scène.

Ad haec ego subiciens: 'Vera memoras nec usquam gentium magis me liberum quam hic fuisse credidi. Sed oppido formido caecas et ineuitabiles latebras magicae disciplinae: À ces mots, je répondis: «C'est bien vrai ce que tu dis et je crois qu'il n'est nul lieu au monde où je me suis senti plus libre qu'ici. Mais je redoute fort les repaires ténébreux et inéluctables des arts magiques.

41, 9-12

Vera - credidi: après *memoras*, Van der Vliet imprime *<inquam>*, selon une construction plusieurs fois attestée dans les *Met.* (e.g. 1, 21: 19, 25; 2, 12: 34, 21). Cf. toutefois 10, 14 (247, 19), où un discours direct est introduit par *subicit*, sans autre verbe de dire. L'ellipse du verbe déclaratif n'est pas rare dans les *Met.*: voir Callebat 1968, 448, qui souligne à ce propos le rapport avec la comédie («volonté de mise en oeuvre dramatique qui transforme «un art narratif en art théâtral»).

De l'éloge d'Hypata que lui faisait Byrrhène, Lucius ne retient que l'élément *libertas otiosa* (2, 19: 41, 6). Walsh 1970, 179, Gianotti 1986, 12 s. et James 1987, 75 signalent l'ironie de la phrase: Lucius se croit (*credidi*: il souligne lui-même son erreur) plus libre que jamais, alors qu'il est esclave de la délicieuse Photis (cf. 2, 18: 39, 17 ss. avec comm. ad loc.) et de sa curiosité (cf. 2, 6: 29, 15 ss.). Pendant tout son séjour à Hypata et jusqu'à son départ sous sa peau d'âne, Lucius est littéralement pris en main ou soumis à la poigne de tierces personnes, qui lui imposent leur volonté: cf. 1, 25 (23, 3 ss.); 1, 26 (23, 25 s.); 3, 2 (52, 24 s.); 3, 9 (58, 22 ss.); 3, 10 (59, 18 ss.); 3, 12 (61, 8 ss.); 3, 28 (73, 2 ss.).

nec usquam gentium: sur cet emploi archaïsant du gén. partitif avec un adverbe de sens local, voir Callebat 1968, 488; *ThLL* s.v. *gens* 1857, 4 ss. cite pour la tournure *usquam gentium* avant Apulée Plaut. *Aul.* 411; *Mil.* 685.; *Poen.* 825; *Pseud.* 98; Fronto p. 43 vdH. Le gén. partitif *gentium* apparaît encore chez Apulée avec *uspiam* dans *flor.* 14 (19, 5), avec *ubi* dans *apol.* 39 (46, 3) et 59 (67, 5), avec *quo* dans *met.* 6, 26 (148, 23).

oppido - disciplinae: ces mots de Lucius rappellent le portrait que Byrrhène dressait de Pamphilé en 2, 5 (28, 14 ss.). S'ils ont éveillé une certaine crainte (cf. 2, 6: 30, 1; 2, 11: 34, 10 s.), ces avertissements n'ont pas refroidi son désir de goûter au fruit de la magie. L'obsession de Lucius pour les arts magiques est plus forte que sa peur et les mots qu'il prononce seront démentis par son attitude dans la suite de l'histoire (cf. notamment 3, 19: 66, 9 ss., après le récit inquiétant que Photis lui fait de l'épisode des outres ensorcelées). Sur ces différentes attitudes de Lucius face à la magie, voir Heine 1962, 215; Walsh 1978, 30 (il est inutile de parler de contradiction ou d'inconsistance, comme le fait Stockin 1954, 109 s.). Comme le remarque Vallette ad loc. (note 2 p. 46), cette déclaration permet à Lucius d'engager la conversation sur son terrain de prédilection et d'entendre une nouvelle *fabula mira* (cf. 2, 6: 29, 24 s. avec comm. ad loc.). Ses mots seront comme répétés en écho dans le récit enchâssé de Thélyphron (cf. 2, 21: 43, 6 ss.; *infra* s.v. *caecas* ... *latebras*; s.v. *dicuntur* [ligne 13] et s.v. *ad exitiabiles - fortunas* [ligne 14]).

oppido formido: cf. 2, 6 (30, 1) *formidines pueriles*; voir comm. ad 2, 16 (38, 11 s.).

caecas - disciplinae: cf. 3, 18 (65, 14 s.) *inexpugnabili magicae disciplinae potestate et caeca numinum coactorum uiolentia*; *apol.* 26 (31, 13 s.) *perniciem caecam et ineuitabilem* (également à propos de magie).

caecas ... *latebras*: la combinaison *latebrae* (au pluriel) + *caecae* est poétique. Cf. Lucr. 1, 408, où *latebrae* («repaire», «refuge») est employé pour la première fois au sens figuré; Verg. *Aen.* 3, 232 et 424 (*latebrae*: sens propre); Ov. *met.* 1, 388 s. (sens imagé, voir Bömer 128 ad loc.); Sil. 1, 366 (sens propre). *ThLL* s.v. *latebra* 993, 44 ss. (qui signale encore pour cette combinaison en prose Rufin. *hist.* 4, 11, 3) cite notre passage sous 1 «de loco latendi / b translate». Voir les traductions de Helm-Krenkel («unsichtbar ... Versteck»), Hanson («dark ... lairs»), Walsh («dark dens»). D'autres traducteurs voient dans cette occurrence du mot *latebra* un emploi élargi (*ThLL* l.c. 994, 7 ss. «usu secundario: a. de statu latendi / b. de ipsa re latenti»; les exemples cités là ne sont pas toujours convaincants et plusieurs peuvent aussi bien être pris au sens premier [local]): ainsi Vallette («pièges invisibles»), Carlesi («tenebrosi ... maneggi»), Grimal («manoeuvres secrètes»), Scazzoso («oscure ... insidie»), d'Anna («tenebrosi ... misteri»). Cependant, dans les textes poétiques cités en début de notice, *latebrae* possède son sens premier («antre», «repaire», au propre ou au figuré). Ces échos intertextuels invitent à interpréter de même notre passage. Cf. en outre 2, 22 (43, 20), où le terme *latebrae* est employé à propos des différentes peaux dans lesquelles les sorcières ont coutume de se glisser pour mieux se dissimuler (*latere*); 8, 23 (195, 1), où *latebrae* = «retraite», «refuge».

caecas: les diverses nuances dont l'adjectif *caecus* est revêtu ne peuvent être rendues par une seule traduction:
- «sombre», «ténébreux», «impénétrable» (*OLD* s.v. 5 et 6), car les magiciennes agissent d'ordinaire de nuit (cf. 1, 11: 10, 15 ss.; 2, 25: 45, 13 ss.; 3, 16: 63, 23 ss.; 3, 21: 67, 19 ss.). Dans ce sens aussi, les parallèles poétiques cités dans la notice précédente.
- «caché», «invisible», «secret» ou «obscur», «mystérieux», au sens propre comme au sens figuré, (*OLD* s.v. 9 et 10), car la magie est une science occulte pratiquée à l'insu du commun des mortels.
- «aveuglant» (avec force active: *OLD* s.v. 5), au figuré: prisonnier de son obsession pour les arts magiques, Lucius est incapable de voir le danger et de saisir les divers avertissements qui lui sont donnés (cf. Cic. *inv.* 1, 2 *caeca ac temeraria dominatrix animi cupiditas*).

ineuitabiles: l'ambiguïté du mot est remarquable et difficilement traduisible («nécessaire» s'en rapproche du point de vue du sens, mais est un peu faible). Voir *OLD* s.v. *ineuitabilis* «that cannot be avoided or dodged» (dans ce sens, cf.

296

6, 5: 132, 7 s.), mais aussi «that one cannot avoid using, indispensable» (*OLD* l.c. b), un sens convenant bien à l'irrésistible attraction de Lucius pour la magie.

Nam ne mortuorum quidem sepulchra tuta dicuntur sed et bustis et rogis reliquiae quaedam et cadauerum praesegmina ad exitiabiles uiuentium fortunas petuntur: Car les sépultures mêmes des morts, dit-on, ne sont pas en sûreté, mais on va quérir autant sur les tertres que dans les flammes des bûchers certains débris et des rognures de cadavres pour le plus grand malheur des vivants.   41, 12-15

L'horreur des débris humains arrachés aux tombeaux est l'un des thèmes favoris de la poésie latine, quand elle traite de magie: cf. e.g. Tib. 1, 2, 46 ss.; Hor. *epod.* 17, 47 s.; *sat.* 1, 8, 20 ss.; Ov. *epist.* 6, 89 s.; Lucan. 6, 533 ss.; Stat. *Theb.* 3, 144 s. Voir Tupet 1976, 82 ss., qui explique l'intérêt des sorcières pour les cadavres encore tièdes par le fait que ces fragments leur permettent de s'asservir l'âme du mort encore rattachée au corps, et de s'en servir contre les vivants. Voir aussi Van der Paardt 1971, 134 ad 3, 17 (65, 5 ss.), qui renvoie à Abt 1967, 215 ss. ([1]1908) pour l'emploi de débris humains dans la magie «sympathique»; *RE* 14, 1 (1928) «Mageia», 330 ss. [Hopfner]; Bernand 1991, 149 ss. De telles pratiques ne relèvent pas que du domaine de la poésie: cf. Tac. *ann.* 2, 69, 3; Plin. *nat.* 28, 45 ss., qui signale l'effet thérapeutique de certaines parties de cadavres humains dans la médecine populaire.

ne mortuorum quidem sepulchra: manière elliptique de dire que, non contentes de s'attaquer aux vivants (cf. 1, 8: 8, 20 ss.; 2, 5: 29, 5 ss.), les sorcières tourmentent même les morts. Dans un mouvement inverse, un convive renchérit: *ne uiuentibus quidem ... parcitur* (lignes 18 s.).

dicuntur: ces on-dit seront, sinon vérifiés, du moins répétés par d'autres personnages du roman: cf. 2, 22 (43, 6 ss.); 2, 30 (49, 21 ss.) et 3, 17 (65, 3 ss.). À propos des rumeurs concernant la magie, voir comm. ad 2, 5 (29, 1 s.) *maga ... creditur*.

sed et ... et ... petuntur: *sed* introduit une amplification par rapport à l'énoncé premier *ne ... quidem sepulchra*. Voir pour cette fonction de *sed* dans les *Met.*, parfois suivi d'un *et*, Callebat 1968, 91 et 326 (usage du parler familier, fréquent en latin tardif); LHSz 2, 487 et 483. La correction *ex* (*sed ex*), mentionnée par Oudendorp et adoptée par Van der Vliet, Helm, Giarratano-Frassinetti, Robertson, Terzaghi et de Jonge 1941, 85 est inutile, comme l'est aussi celle de Pricée *et <a>*. Le verbe *petere* (au sens d'«aller chercher», «prendre», «tirer de») est parfois accompagné comme ici de l'abl. simple: cf. 10, 27 (258, 20 s.) *domo petita<m> ... pyxidem*; Hor. *sat.* 2, 2, 120; Prop. 2, 23, 2; Juv. 12, 104; en prose, cf. aussi Val. Max. 8, 10, 2. Cette construction, qui appartient essentiellement à la langue poétique (KSt 2, 1, 361 s. et LHSz 2, 103), est de mise dans une phrase riche en réminiscences intertextuelles poétiques. Avec Oudendorp, Hildebrand, Eyssenhardt et plus récemment Hanson, on maintiendra la leçon des mss., où la multiliaison renforce le climax de la phrase.

et bustis et rogis: «abundantia», selon de Jonge 1941, 85. Cependant, pour la majorité des traducteurs, les termes ne sont pas exactement synonymes: voir e.g. Vallette («aux tertres et aux bûchers»), Helm-Krenkel («aus Grabmälern und Scheiterhaufen»), Scazzoso («dalle tombe e dai roghi»); Hanson («at graves and pyres»); *OLD* s.v. *bustum* classe cette occurrence sous 2 «a grave-mound, tomb». DSg «funus» 1367-1409 [E. Cuq] établit une distinction entre *bustum* et *rogus*, deux termes se rapportant à l'incinération (p. 1394 ss.). Le premier désigne l'emplacement du bûcher sur lequel le tertre funéraire est ensuite élevé, le second le bûcher proprement dit (amas de bois; les cendres sont ensuite récoltées dans une urne, déposée dans une tombe ou dans le *columbarium*); voir la traduction de Grimal («aux lieux d'incinération et sur les bûchers»). Cf. Cic. *leg.* 2, 24, 61 '*rogum bustumue nouum' uetat ... adigi aedes* (citation de la Loi des XII Tables; *ThLL* s.v. *bustum* 2256, 41 ss. cite cette occurrence sous «I proprie: 1 rogus deflagratus, i.q. τύμβος»). Selon *GCA* 1985, 278, les *Met.* font allusion à la seule pratique de l'inhumation et, dans notre passage comme ailleurs, *bustum* et *rogus* désignent les tombes plutôt que les bûchers funéraires (conformément aux pratiques contemporaines: voir Toynbee 1971, 39 ss.; Prieur 1986, 24 ss.; Morris 1992, 31 ss.). Cf. cependant *flor.* 19 (40, 2 ss.), où Apulée décrit une cérémonie d'incinération. Je suis d'avis que l'emploi de ces deux termes relève ici moins de la réalité historique que d'une intertextualité (poétique). Cf. pour la juxtaposition (synonymique ou non) des termes *bustum* et *rogus* e.g. Ov. *Pont.* 3, 2, 31 s.; Lucan. 5, 670; 7, 803 s.; 9, 3 s. Comparer encore Lucan. 6, 533 s. *fumantis iuuenum cineres ardentiaque ossa / e mediis rapit illa rogis* (d'Erictho).

reliquiae - praesegmina: la description que Photis fait des débris humains servant aux agissements de Pamphilé est plus détaillée: cf. 3, 17 (65, 5 ss.), où sont énumérés avec une horreur complaisante nez, doigts, morceaux de chair, sang et crânes de suppliciés.

praesegmina: terme rare, dérivé de *praesecare* et attesté avant Apulée chez le seul Plaut. *Aul.* 313 à propos de rognures d'ongles (cf. Plin. *nat.* 28, 5 *resegmina ungium*). Ici, il désigne divers segments corporels, tels ceux décrits en 3, 17 (notice précédente). Cf. Fulg. *serm. ant.* 48 (p. 124 Helm) *praesegmina sunt partes corporis incisae, ut Tages in aruspicinis ait: 'praesegminibus amputatis'*.

ad exitiabiles - fortunas: cf. 2, 22 (43, 21 s.) *huius tam exitiabilis operae merces* (discours d'avertissement à Thélyphron concernant les dangers d'une veillée funéraire). Noter la juxtaposition antinomique des termes *exitiabiles* (< *exitium*) et *uiuentium*.

41, 15-17   Et cantatrices anus in ipso momento chor[o]agi funeris praepeti celeritate alienam sepulturam anteuortunt': Et de vieilles enchanteresses, au moment même du cortège des funérailles, volent pour arriver les premières à une sépulture qui leur est étrangère.»

cantatrices anus: la combinaison se retrouve en 2, 30 (49, 22). Alors que le masculin *cantator* («musicien», «chanteur») est attesté chez Varron, Martial et Aulu-Gelle, le féminin *cantatrix* apparaît pour la première fois dans ces deux passages d'Apulée, où il fait référence aux *cantamina* des sorcières (cf. 2, 1: 24, 21, avec comm. ad loc.). Cf. ensuite Claud. 15, 448 (p. 124 Hall) *cantatrices ... choreas*. Il pourrait s'agir ici non d'un adjectif, mais d'un substantif attribut: voir notice suivante. Le substantif («musicienne») se rencontre dans la *Vulgate*.

chor[*o*]*agi funeris: funeris* est la leçon des mss. Helm (et, avec lui, la presque totalité des éditeurs modernes) imprime la correction de Wower *fune<b>ris*, mais se demande dans son apparat s'il ne faut pas supprimer *funeris* comme une glose. Cf. Fulg. *serm. ant.* 36 (p. 121 Helm) *coragium dicitur uirginale funus, sicut Apuleius in metamorfoseon ait: 'coragio itaque perfecto omnes domuitionem parant'*. Ce passage fait allusion à Apul. *met.* 4, 33 (101, 9 s.) *feralium nuptiarum miserrimae uirgini choragium struitur*; cf. aussi Fulg. *myth.* 3, 6 (p. 67 Helm). Comme Hildebrand et Eyssenhardt, Hanson maintient la leçon des mss., où *funeris* est substantif attribut de *choragi*. On trouve dans les *Met.* de nombreux exemples de substantif en fonction d'adjectif: cf. e.g. 1, 4 (4, 11) *dei medici baculo*; 1, 9 (8, 21) *in feram castorem*; 2, 4 (28, 7 s.) *Actaeon simulacrum*; 2, 21 (41, 8) *sagae mulieres*; 2, 30 (49, 22); 3, 29 (73, 24) *rosae urigines*, avec Van der Paardt 1971, 205 s. ad loc. Bien que rare, cette tournure est attestée dès Plaute (ETh 165 s.; LHSz 2, 157). Au sens de «cortège», «pompe», *choragium* apparaît avant Apulée dans *Rhet. Her.* 4, 50, 63; cf. ensuite Fulgence (ci-dessus); Amm. 22, 14, 7. Dans l'*apol.* 13 (15, 19), le mot est employé dans son sens premier («accessoire de théâtre»).

praepeti - anteuortunt: sur le motif de la hâte et de la précipitation dans le roman, généralement associés au danger et à la destruction, voir comm. ad 2, 6 (29, 19 ss.). Il ressortira du récit de Thélyphron que les sorcières ont coutume d'accomplir leur macabre récolte encore plus tôt, la nuit précédant la cérémonie funèbre: cf. 2, 22 (43, 6 ss.).

praepeti celeritate: le terme *praepes*, qui appartient au *sermo auguralis*, fut souvent mis en rapport dans l'Antiquité avec la notion de voler et de vitesse: cf. e.g. Gell. 7, 6, 3; 7, 6, 11; Serv. *Aen.* 3, 246 *praepites ... dictae uel quod priora petant, uel summi uolatus, uel quae praepetit uolatum, uel quae secundum auspicium facit* (voir *ThLL* s.v. *praepes* 763, 50 ss. sur la racine et le sens douteux du mot). Le terme est aussi employé en dehors de la langue augurale à propos de mouvements ou d'actions rapides, le plus souvent liés au vol (*ThLL* l.c. 764, 55 ss.; *OLD* s.v. 2); cf. e.g. Plin. *nat.* 7, 4 *praepetes uolatus*; Stat. *Theb.* 6, 298; *praepete cursu / confligant ... uolucres*. La même notion de vol est présente dans notre passage (*contra ThLL* l.c. 764, 68, qui cite cette occurrence sous la rubrique «mero respectu temporis»):

- au figuré: cf. Sen. *Phaedr.* 1061 *praepeti cursu euolat* (*monstrum*); Stat. *Ach.* 2, 113 *gradu ... praepete*; voir la traduction de Vallette: «promptes comme l'oiseau».
- au propre, s'il est vrai que les sorcières ont coutume d'emprunter les voies aériennes pour se déplacer. Cf. 2, 22 (43, 17 s.) *aues ... induunt* (*sagae*); 3, 21 (68, 4 ss.), où Pamphilé se métamorphose en hibou; cf. aussi Ov. *am.* 1, 8, 13 ss.; Petron. 63, 3 ss., où Trimalcion raconte comment le cadavre d'un jeune esclave fut vidé de ses organes par des sorcières ayant revêtus la forme de striges (cf. Ov.

fast. 6, 141 s. *seu carmine fiunt / naeniaque in uolucres Marsa figurat anus*). On pense enfin à Médée ou Séléné volant dans les airs sur leurs chars. *Praepes* apparaît encore à deux reprises chez Apulée, également à propos d'oiseaux, cf. *mund.* 28 (177, 18) et *Socr.* 6 (16, 5).

alienam sepulturam anteuortunt: tournure remarquablement ramassée et difficilement traduisible (plusieurs traducteurs usent de deux verbes pour rendre le sens de *anteuortunt*: ainsi e.g. Grimal, «se précipitent et devancent»; Hanson «arrive before ... and forestall»). Quand il n'est pas purement omis (e.g. chez Scazzoso et Grimal), l'adjectif *alienam* est diversement interprété. Dans la traduction de Vallette («ceux qui procèdent à la sépulture»), le terme correspond au sens signalé par *OLD* s.v. *alienus* 1d «done or made by others». Pour Carlesi («prevengono il seppellimento del morto e lo portan via»), *alienam* possède un sens local (*OLD* l.c. 4) et implique un déplacement du cadavre (ainsi aussi d'Anna). Mais c'est l'interprétation donnée par Hildebrand qui convient le mieux: «*alienus* in re funebri de eo dicitur, cui nullo nec amicitiae nec consanguinitatis uinculo sumus coniuncti» (voir *OLD* l.c. 6). Les sorcières se hâtent d'arriver les premières aux funérailles, non pas parce que le mort était un proche, mais pour procéder à leur pillage quand le cadavre est encore tiède. Voir les traductions de Helm-Krenkel («Beisetzung ihnen ganz Fremder») et Hanson («arrive before the family»). Comparer pour cet emploi de *alienus* Sen. *epist.* 12, 3 *quid te delectauit alienum mortuum tollere*; Petron. 54, 1; Paul. *sent.* 1, 21, 6 *qui sepulcrum alienum effregerit ... eoque mortuum suum alienumue intulerit*. Cf. à l'inverse Lucan. 6, 564 ss. où - comble de l'horreur - une sorcière mutile le cadavre d'un parent: *saepe etiam caris cognato in funere dira / Thessalis incubuit membris*.

sepulturam: *GCA* 2000, 316 ad 10, 25 (256, 17) note que *sepultura* est toujours employé dans les *Met.* au sens abstrait de «enterrement».

41, 18-20   His meis addidit alius: 'Immo uero istic nec uiuentibus quidem ullis parcitur. Et nescio qui simile passus ore undique omnifariam deformato truncatus est': À ces mots, un autre ajouta: «J'irai jusqu'à dire qu'ici, pas même un seul vivant n'est épargné. Et quelqu'un, je ne sais qui, a subi un sort similaire; il fut mutilé et son visage entièrement et totalement défiguré.»

Cette remarque du convive suscite chez le lecteur/auditeur un horizon d'attente quant à l'issue tragique du récit de Thélyphron (voir James 1987, 77; Append. III). Noter l'abondance emphatique de l'expression: *immo uero* - *nec ... quidem* - *ullis* - *undique omnifariam* - *deformato/truncatus*. Comparer ce que Sénèque rapporte de Telesphore, mutilé par Lysimaque: *amicum suum undique decurtatum, cum aures illi nasumque abscidisset ... cum oris detruncati mutilatique deformitas humanam faciem perdidisset (dial.* 5, 17).

Immo uero: voir comm. ad 2, 2 (25, 8).

nec uiuentibus quidem ullis: cf. *ne mortuorum quidem sepulchra* (ligne 12). Parmi les traductions que j'ai pu consulter, seule celle de Brandt-Ehlers rend l'adjectif *ullis*. Si tous les habitants d'Hypata ne subissent pas la même défiguration que Thélyphron, auquel il est fait allusion dans la suite de la phrase, tous souffrent de la présence de la magie; cf. 1, 10 (9, 11 ss.) *quae cum subinde ac multi nocerentur, publicitus indignatio percrebruit* (à propos des méfaits de la magicienne Méroé).

nescio qui: «hic valet *nonnemo*; non enim aperte quemquam designare uult» (de Jonge 1941, 86). La réaction des convives révèle qu'ils savent très bien à qui il est fait allusion (lignes 21 ss.). Le personnage est nommé plus loin par Byrrhène: cf. 42, 1 *Thely<ph>ron*. Pour Bitel 2000, 191 ss., toutefois, *Thely<ph>ron* n'est pas un nom propre (voir *infra*) et le narrateur de ce récit enchâssé demeure anonyme, comme celui du récit-cadre: cf. 1, 1 (1, 6) *quis ille*.[1]

À propos de l'emploi de *qui* comme substitut de *quis* (également attesté en latin classique), Callebat 1968, 289 s. observe qu'on le rencontre chez Apulée dans des contextes de style familier; cf. e.g. (également dans un dialogue au discours direct) 2, 22 (43, 23) *siqui*.

ore ... deformato truncatus est: la correction de Blümner 1905, 29 *ore ... truncato deformatus est* constitue une banalisation inutile. Le convive ne précise pas la nature de la mutilation de Thélyphron, qui ne nous sera révélée qu'à la fin du récit (2, 30: 50, 4 ss.). Au livre 1, 6 (5, 12 ss.), il est dit de Socrate, également victime d'une magicienne, qu'il est *ad miseram maciem deformatus*. Sur le motif récurrent de la *deformitas* dans les *Met.*, voir Heine 1962, 150 s.

undique omnifariam: pléonasme adverbial emphatique; voir *GCA* 1985, 156 ad 8, 16 (190, 5) *nequicquam frustra*, avec littérature.

omnifariam: attesté en dehors d'Apulée chez Gell. 12, 13, 20, Tertullien, Ambroise, etc., cet adverbe relève de la langue familière (Callebat 1968, 137). On le retrouve chez notre auteur dans *flor.* 7 (9, 8); *Socr. pr.* 1 (1, 5); cf. aussi *Ascl.* 16, 5 (54, 21). Cf. 8, 18 (191, 16) *plurifariam uulnerati*; *multifariam* en 9, 7 (207, 15).

truncatus est: le verbe est employé à deux reprises à l'actif chez Lucain, à propos d'Erictho mutilant des cadavres: cf. 6, 566 *truncauit ... caput*; 6, 584 *caesorum truncare cadauera regum*. Comparer Sen. *dial.* 5, 17 (cité plus haut: *detruncati*).

Inter haec conuiuium totum in licentios*os* cachinn*os* effunditur 41, 21-23
omniumque ora et optutus in unum quempiam angulo secubantem
con*f*eruntur: À ces mots, l'assemblée entière s'esclaffa d'un rire frénétique, tandis que tous les visages et les regards convergeaient vers un homme couché à l'écart dans un coin.

Inter haec - effunditur: cf. 10, 16 (249, 8 s.) *interim conuiuium summo risu personabat*, avec *GCA* 2000, 234 ad loc., qui commente cet emploi métonymique

---

[1] Bitel 2000, 145 ss. distingue le «je» du prologue («ego-narrator») du «je» de Lucius («ego-protagonist»), qui n'est dès lors pas le narrateur principal des *Met.*: voir Introd. 2.2 note 16.

de *conuiuium* («salle de banquet», assemblée de convives»). Là, c'est l'âne Lucius qui tient le rôle de l'amuseur de service.

in licentiosos cachinnos: correction de Philomathes de la leçon des mss. *inlicentiosus cachinnus*. Cf. 2, 14 (36, 25) *in clarum cachinnum*. Moins aimable qu'il n'était auparavant (cf. 2, 19: 41, 1 s., avec comm. ad loc.), le rire se fait lazzi aux dépens d'une personne. Cf. aussi, à la fin du récit de Thélyphron *conpotores uino madidi rursum cachinnum integrant* (2, 31: 50, 21). Plusieurs textes antiques mentionnent l'évolution des plaisanteries durant un *conuiuium* ou *symposion*, qui peuvent devenir, sous l'effet du vin, des railleries blessantes: cf. Quint. *inst*. 6, 3, 28; Sen. *dial*. 5, 37, 1; Plu. *Moralia* 621e; Macr. *sat*. 7, 3, 3 ss., qui conseille d'éviter des railleries trop mordantes, *quia dicta huius modi risum praesentibus mouent, quo uelut adsensus genere confirmatur iniuria*; voir Bremmer 1997, 18 ss. La réaction des convives indique qu'ils connaissent déjà l'histoire de Thélyphron (voir *infra* s.v. *fabulam - remetire*). Mais on peut hésiter sur la nature de leur rire: voir Introd. 5.5. Bitel 2000, 197 cite Quint. *inst*. 6, 3, 7 s. *neque enim ab ullo satis explicari puto, licet multi temptauerint, unde risus ... ideoque anceps eius rei ratio est, quod a derisu non procul abest risus. 'Habet', enim, ut Cicero dicit, 'sedem in deformitate aliqua et turpitudine', quae cum in aliis demonstrantur, urbanitas, cum in ipsos dicentes recidunt, stultitia uocatur*. Si, comme le pense Bitel, le narrateur du récit enchâssé occupant les chapitres 21 à 30 est un narrateur hétérodiégétique, relatant la déformation d'une tierce personne à la première personne (Introd. 2.2 note 16 et 4.2 note 32), il fait preuve d'*urbanitas* (voir *infra* 42, 2). Mais si, comme on l'admet généralement, le narrateur et le protagoniste ne font qu'un (narrateur homodiégétique), le narrateur est ridicule à double titre: du fait de sa difformité et parce qu'il rapporte sa propre mésaventure. Le rire encadrant l'entrée en scène de Thélyphron et sa sortie une fois son récit terminé, prépare le lecteur au rôle que Lucius jouera pendant le festival du Rire: cf. (respectivement avant et après la défense de Lucius lors de son procès théâtral) 3, 2 (53, 5 ss.) et 3, 10 (59, 11 ss.). Ciaffi 1960, 63 ss. compare pour cette atmosphère d'hilarité avec le repas de Trimalcion chez Pétrone (en particulier 57, 1 ss.).

ora - conferuntur: cf. 2, 2 (26, 2) *optutum in me conuersa*, avec comm. ad loc. Noter l'opposition (*totum-*)*omnium*/*unum*. De Jonge 1941, 86 compare (après Pricée) avec Hor. *epod*. 5, 3 *quid iste fert tumultus? et quid omnium / uoltus in unum me truces?*; Graverini 1998, 136 établit un parallèle entre cet épisode et le récit d'Énée à la cour de Didon et compare avec les vers qui l'introduisent: *conticuere omnes intentique ora tenebant* (Verg. *Aen*. 2, 1 ss.; les correspondances sont davantage d'ordre thématique que verbal).

ora et optutus: cf. Verg. *Aen*. 7, 249 ss. *defixa Latinus / obtutu tenet ora ... intentos uoluens oculos*. On trouve plus fréquemment la juxtaposition de *ora* et *oculi*, e.g. chez Plaut. *Poen*. 1113; Cic. *Catil*. 4, 1 *uideo ... in me ora omnium uestrum atque oculos esse conuersos*; Verg. *Aen*. 2, 531, etc.

secubantem: d'ordinaire, *secubare* est employé au sens de «dormir seul», «faire chambre à part», notamment chez les élégiaques. Voir *OLD* s.v. *secubo*, qui cite cette seule occurrence du verbe au sens de «être couché à l'écart des convives» (= *cubantem*).

Qui cunctorum obstinatione confusus indigna murmurabund*us* cum   41, 23-42, 4
uellet exsurgere: 'Immo mi Thely<*ph*>ron', Byrrhena inquit, 'et subsiste paulisper et more tuae urbanitatis fabulam illam tuam remetire, ut et filius meus iste Lucius lepidi[s] sermonis tui perfruatur comita*r*e': Celui-ci, confus de l'insistance avec laquelle tous le dévisageaient, grommela quelques paroles indignées et voulut se lever. «Non, mon cher Thélyphron», dit Byrrhène, «reste encore un peu et avec ta civilité accoutumée raconte encore une fois ton histoire, afin que mon fils Lucius que voici goûte lui aussi à l'agrément et à la grâce de ta parole.»

obstinatione: *ThLL* s.v. *obstinatio* 241, 33 ss. ne cite aucun parallèle pour cet emploi du terme = «perseuerentia adspectus» (paraphrase de Hildebrand reprise par de Jonge 1941, 86 qui rejette à juste titre la conjecture de Damsté 1928, 8 *obstin<ata cachinna>tione*).

indigna murmurabundus: *indigna* est complément à l'acc. de *murmurabundus*: voir comm. ad 2, 5 (28, 11) *haec ... rimabundus*; cf. Heges. 1, 41, 9 *Volumnius funesta murmurat*. *ThLL* s.v. *indignus* 1192, 58 ss. explique «i. uoces indignationis plenas». D'autres prennent *indigna* au sens de *non digna*: ainsi Hildebrand («i.e. secum ruminans quae proferri publice non poterant»); Augello («borbottando tra i denti qualche improprio»); Annaratone («mormorò una parolaccia»). Cf. Plaut. *Asin.* 698 *tam indignum dictum*; Ter. *Phorm.* 376 *indignas seque dignas contumelias / numquam cessauit dicere hodie*; Verg. *Aen.* 9, 595 s. *digna atque indigna relatu / uociferans*; Tac. *hist.* 4, 2, 3; Gell. 1, 5, 1. Mais dans tous ces cas, *indignus* qualifie un substantif ou est lui-même précisé par un supin. De plus, il est peu probable que l'homme courtois qu'est Thélyphron (cf. 42, 2 ss.) grommelle des grossièretés. D'Anna rapporte *indigna* à *obstinatione* et imprime le groupe *cunctorum ... indigna* entre deux virgules: «e poiché quello, confuso per quella indiscreta insistenza di tutti, si stava alzando per andarsene borbottando»; voir aussi Walsh: «muttering at this unkind treatment». La correction de Rohde 1885, 97 '*indignum!*' (Robertson: «fort. recte») n'est pas indispensable. Helm IV imprime: '*indigna*' *murmurabundus* et traduit: «'Abscheulich!' murmelnd». Mais pour de telles tournures exclamatives, *ThLL* l.c. 1193, 31 ss. ne cite que des exemples du mot au neutre singulier ou comme adjectif qualificatif (cf. *met.* 9, 10: 210, 3 *en ... indignae rei scaeuitatem!*). Weyman 1894, 1076 (et de Jonge 1941, 86) interprète *indigna* comme un acc. neutre en fonction d'adverbe (= *indignanter, indigne*), comparant avec Prud. *perist.* 5, 417 *malignum murmurans*. Voir les traductions de Vallette («grommela quelque chose avec dépit»; «avec colère»: Grimal), Scazzoso («brontolando con indignazione»). Toutefois, un tel emploi de *indigna* n'est pas attesté ailleurs.

murmurabundus: F et φ ont *murmurabundas*, corrigé par ς en *murmurabundus* par une main postérieure. Robertson se demande s'il ne faut pas lire *murmurabundus et murmurans*, comparant avec Suet. *Aug.* 40, 8 *indignabundus et cla-*

mitans. Hanson imprime *murmurabundus*, mais constate: «further corruption is likely» (note 1 p. 98). On trouve dans l'oeuvre d'Apulée plusieurs exemples de dérivés en *-bundus* non attestés ailleurs ou rarement attestés: voir comm. ad 2, 5 (28, 11: cité *supra*). Callebat 1994, 1645 cite le terme *murmurabundus* comme exemple de dérivé de forme originale (hapax). *ThLL* s.v. *murmurabundus* 1677, 51 ss. signale encore l'occurrence du mot chez Ps.Ioh. Med. *hom.* 1 p. 894c.

Immo - comitate: soulignant les analogies entre cet épisode et le récit d'Énée chez Didon, Graverini 1998 compare ces mots de Byrrhène avec les encouragements de la reine de Carthage (Verg. *Aen.* 1, 753 ss.).

Thely<ph>ron: les mss. hésitent sur l'orthographe de ce nom. Ici, ils ont *theliron*; en 2, 21 (42, 14) *thlesron*; en 2, 31 (50, 20) *theliphron*. Beroaldus et Oudendorp lisent *Telephron*; Colvius et Elmenhorst: *Thelyphron* et cette conjecture est généralement adoptée. Le nom propre Thelyphron n'est pas attesté ailleurs, mais l'adjectif θηλύφρων («à l'âme féminine», «efféminé») se rencontre chez Ar. *Ec.* 110 et Vett. Val. 104, 21 (LSJ s.v.). Hildebrand explique: «ipsa uoce mores accuratius illustrantur hominis, qui mulierum ritu ira facili accensus, statim remollescit dictisque et blanditiis citius permulcetur». Dans la même voie, Helm, Praef. *flor.* XXXIII établit un rapport avec l'ensemble de l'histoire de Thélyphron: «adulescens ille ignauus ... a magis deceptus»; Brotherton 1934, 49: «a man with weak wits» («Spottname») signale le jeu de mots avec 2, 23 (43, 27) *animum conmasculo* (comparer 6, 5: 132, 8 s. *quin igitur masculum tandem sumis animum* [Psyché à elle-même]); *GCA* 1977, 102; Tatum 1979, 39: «Thelyphron ('weakwit') personifies *tolma* and is an implicit warning about that particular faiting in Lucius»; Fick-Michel 1991a, 318. Selon Ingenkamp 1972, *Thelyphron* serait à prendre au sens de *cinaedus*, «adultère» (voir comm. ad 2, 30: 50, 5 s.v. *prosectis - auribus*). L'interprétation *Thelyphron* = l'Efféminé est rejetée par Russel 1942, 110 ss., pour qui ce personnage est le contraire d'un être faible et peureux. Lui-même préfère lire *Theleron*, «touched by magic power», «enchanted» (l'étymologie m'est peu claire). Mais la lecture *Thelyphron* est préférable. Le signifié de ce nom se révèle multiple au cours du récit (comme souvent dans les *Met.*: voir Hijmans 1978). D'abord, Thélyphron apparaît comme le contraire de ce que son nom pourrait laisser croire: un homme résolu et courageux qui ne se laisse pas effrayer par des racontars de sorcières (cf. 2, 22: 43, 10 ss.; 2, 23: 43, 27 ss.). Plus tard, quand il se trouve seul avec le cadavre qu'il doit garder, son courage cède à la peur (cf. 2, 25: 45, 13 ss.). Pour des références supplémentaires, voir Stramaglia 1990, 205 note 178. La signification de ce nom ne paraît en revanche pas s'appliquer au deuxième Thélyphron de l'histoire (cf. 2, 30: 50, 1 s.: voir comm. ad loc.). Selon Bitel 2000, 191 ss., *thelyphron* n'est pas un nom propre, mais un adjectif employé comme substantif au vocatif (cf. 5, 6: 108, 3 *mi mellite, mi marite*) et signifierait, dans la bouche de Byrrhène, «froussard». Lucius se méprendrait sur ce mot (et en effet, pourquoi Byrrhène n'aurait-elle employé un adjectif comme *femineus* ou *pauidus*?), pensant que tel est le nom du personnage. Selon lui, autant le narrateur du récit enchâssé occupant les chapitres 21 à 30 que son protagoniste (car pour

Bitel, ce sont deux personnages distincts) demeureraient anonymes; voir Introd. 2.2 note 16 et 4.2 note 32; Append. III; *supra s.v. nescio qui.*

tuae urbanitatis: à propos du terme *urbanitas*, Quint. *inst.* 6, 3, 105 cite une définition de Domitius Marsus inspirée de Caton, convenant à notre passage: *urbanus homo erit cuius multa bene dicta responsaque erunt et qui in sermonibus, circulis, conuiuiis, item in contionibus, omni denique loco ridicule commodeque dicet. Risus erit quicumque haec faciet orator.* Au moment de faire son récit, Thélyphron adopte la position d'un orateur (cf. 2, 21: 42, 10 ss.) et lorsqu'il achève, ses auditeurs éclatent de rire (cf. 2, 31: 50, 20 ss.). Cependant, *urbanitas* ne désigne pas seulement l'art du bon mot et de la causticité, mais (comme chez Cicéron et Quintilien) une attitude civile générale: élégance mondaine dans la pensée, dans le choix des mots, dans la diction, mais aussi dans le maintien physique: cf. Quint. *inst.* 6, 3, 107 *illa est urbanitas, in qua nihil absonum, nihil agreste, nihil inconditum, nihil peregrinum neque sensu neque uerbis neque ore gestuue possit deprendi, ut non tam sit in singulis dictis quam in toto colore dicendis.* Cette qualité de l'*urbanitas* est développée dans la suite de la phrase: voir s.v. *lepidi[s] sermonis ... comitate.* Bitel 2000, 197 compare quant à lui (de manière fort judicieuse) avec Quint. *inst.* 6, 3, 7 s. (cité ci-dessus s.v. *in licentiosos cachinnos*). Pour l'évolution sémantique du terme *urbanitas (urbanus),* voir de Saint-Denis 1965, 141 ss.; voir aussi Celentano 1997.

fabulam - remetire: cette prière de Byrrhène évoque un épisode situé dans un univers (spatio-)temporel autre que le récit premier, dont Lucius est le centre (analepse extradiégétique: voir Introd. 2.1.1.2). Thélyphron a déjà eu l'occasion de narrer ses malheurs en présence de Byrrhène et, comme l'indique leur réaction (*supra*), en présence des autres convives. Cf. 1, 4 (4, 13), où Lucius demande à Aristomène de répéter le récit qu'il vient de faire à son compagnon de route (*fabulam remetire*). Ce dernier est, comme Byrrhène et ses invités, un «auditeur second», tandis que Lucius est un «auditeur premier»: voir Hofmann 1997, 166 s.; Introd. 2.2. Sur le mot *fabula*, voir comm. ad 2, 1 (24, 20) et 2, 12 (35, 7 ss.); sur la valeur anaphorique de *ille*, voir comm. ad 2, 1 (24, 21 s.).

filius meus iste Lucius: la combinaison *iste meus* apparaît à dix reprises dans les *Met.* dans des phrases de dialogue (Callebat 1968, 271). *Iste* établit un rapport visuel entre celui dont il est question (Lucius) et l'interlocutaire de Byrrhène (Thélyphron). *Meus* souligne le lien affectif et familial existant entre Lucius et Byrrhène (cf. 2, 3: 26, 10 ss.).

lepidi[s] sermonis ... comitate: la formule désigne une qualité de la parole répondant au critère de l'*urbanitas* (ligne 2). L'adjectif *lepidus* peut faire référence au style d'un discours (cf. 1, 1: 1, 2 *lepido susurro,* avec Scobie 1975, 69 ad loc.) ou à son humour (cf. 3, 19: 66, 4 *risi lepido sermone Fotidis,* avec Van der Paardt 1971, 143 s. ad loc.; 2, 7: 31, 6, avec comm. ad loc.); voir aussi Monteil 1964, 148. *Comitas* désigne une qualité de la parole oratoire (*ThLL* s.v. *comitas* 1792, 19 ss. «i.q. benignitas, liberalitas, humanitas, hilaritas»), plusieurs fois mentionnée par Cicéron: e.g. *Brut.* 132; *off.* 1, 109; *de orat.* 2, 182; cf. ensuite Plin. *epist.* 1, 8, 12; Gell. 2, 22, 27 *haec nobis Favorinus ... apud mensam suam summa cum*

305

elegantia uerborum totiusque sermonis comitate atque gratia denarrauit. Comparer pour l'adjonction erronée du *s* final à *lepidi* 2, 5 (28, 13) *sermone[s] secreto*; 2, 19 (40, 19 ss.).

42, 5-7   At. ille: 'Tu quidem, domina', ait, 'in officio manes sanctae tuae bonitatis, sed ferenda non est quorundam insolentia': Mais lui répondit: «Toi, ma dame, tu es toujours la même, d'une bonté irréprochable, mais il y a des gens dont l'insolence est intolérable.»

Sandy 1974b, 468 s. observe que le motif du narrateur peu enclin à relater ses aventures est une technique destinée à faire naître le suspense, remontant à Hom. *Od.* 11, 328 ss.; voir aussi Ciaffi 1960, 61 ss.

Tu quidem - bonitatis: cf. 5, 19 (117, 18 s.) *uos quidem, carissimae sorores ... in officio uestrae pietatis permanetis*, où le tour *in officio manere* (couramment attesté dès *Rhet. Her.* 4, 9, 13; voir *ThLL* s.v. *maneo* 289, 44 ss.) est aussi précisé par un substantif au gén.

domina: ce titre de déférence apparaît plusieurs fois dans les discours directs: cf. e.g. 2, 24 (44, 24); 2, 26 (46, 21); 5, 2 (104, 23). Avant Apulée, cet emploi du mot au féminin est attesté chez Petron. 20, 1; 24, 1 (*ThLL* s.v. *dominus/domina* 1938, 47 ss.).

42, 7-9   Sic ille commotus. Sed instanti<a> Byrrhenae, quae eum adiuratione suae salutis ingratis cogebat effari, perfecit ut uellet: Il était tout retourné. Mais à force d'insister, Byrrhène, qui le pressait à parler malgré sa répugnance en l'adjurant sur sa vie, finit par obtenir ce qu'elle voulait.

Sic ille commotus: sur ce type de phrase nominale avec participe parfait, voir Callebat 1968, 447 (effet de brièveté et d'intensité).

instanti<a>: F et φ ont *instanti*; la correction est de ς. Même erreur en 7, 12 (163, 11).

adiuratione suae salutis: expression emphatique. Cf. 9, 36 (230, 6) *suam suorumque carorum salutem quam sanctissime adiurans*. Le mot *adiuratio* est attesté pour la première fois dans ce passage; cf. ensuite Lact. *inst.* 2, 17, 11 *adiuratione diuini nominis*, Zénon, Fulgence de Ruspe, etc. (*ThLL* s.v. 712, 60 ss.). Voir Bernhard 1927, 100 pour d'autres exemples de substantifs abstraits en -(a)*tio*, attestés pour la première fois chez Apulée et se retrouvant en latin tardif.

ingratis: sur l'adverbe *ingratis* = *ingratiis*, voir Van der Paardt 1971, 80 ad 3, 9 (59, 1).

CHAPITRE XXI

Début du récit de Thélyphron.

Sur le récit enchâssé de Thélyphron, voir Introd. 4.2. et Append. III. Il s'inscrit dans une tradition de récits (à la première personne), narrés à l'occasion d'un banquet: cf. e.g. Hom. *Od.* 9, 1 ss.; Ach. Tat. 8, 4, 2; Hld. 2, 23, 4 ss.; 5, 16, 1. Pour Ciaffi 1960, 168 ss., le récit de Thélyphron et le cadre dans lequel il prend place rappellent le récit de Trimalcion chez Petron. 61, 6 ss., qui concerne également le pillage d'un cadavre lors d'une veillée mortuaire. Plus attentif aux échos épiques, Graverini 1998 compare avec le récit d'Énée à la cour de Didon et avec l'épisode de la descente aux Enfers et de la rencontre avec Déiphobe (Verg. *Aen.* 2, 1 ss. et 6, 494 ss.).

La conversation rapportée au chapitre précédent portait sur les méfaits des sorcières. Le lecteur/auditeur et, à l'intérieur du monde romanesque, Lucius peuvent s'attendre à ce que le récit de Thélyphron porte sur ce sujet. Cet horizon d'attente est renforcé par la mention de Larissa, décor de la mésaventure de Socrate avec la sorcière Méroé (cf. 1, 7: 7, 5 ss.). Le même Socrate faisait le récit de ses malheurs à Hypata (cf. 1, 5: 5, 5 ss.).[1] Sur le parallèle entre les différents personnages masculins des premiers livres et Lucius (Aristomène, Socrate et Thélyphron), voir Paratore 1942, 169 ss.; Introd. 1.3.

Ac sic aggeratis in cumulum stragulis et efful*tus* in cubitum suberectusque in torum porrigit dexteram et ad instar orator[i]um conformat articulum duobusque infimis conclusis digitis ceteros eminus porrigens et infesto pollice clementer subrigens infit Th*elyph*ron: Et c'est ainsi qu'ayant amoncelé les couvertures en un tas, il s'appuya sur son coude et se redressa à demi sur le lit; avançant sa main droite, il contrefit le geste des orateurs, les deux derniers doigts fermés, allongeant les autres et, tandis que le pouce est menaçant, les dépliant doucement. Après quoi, Thélyphron commença.

Comme souvent chez Apulée, la précision de la description a entraîné un certain nombre de problèmes de textes (comparer 2, 4: 27, 3 ss.). Malgré l'abondance des détails distillés dans une cascade de participes, les opinions divergent quant à la position exacte de la main et des doigts. Un problème similaire se pose dans une autre description impressionniste (la coiffure de Photis): voir comm. ad 2, 9 (32, 22 ss.).

---

[1] Aristomène tombe sur son ami Socrate à Hypata. Dans son récit, ce dernier ne fait pas mention d'un déplacement de Larissa à Hypata. Méroé semble chez elle dans les deux villes.

Pour de Jonge 1941, 87, cette description est comique: «homo simplex, ut est Thelyphron (...) cuius os praeterea dolis sagarum deformatum est, grauitate magni oratoris fabulam suam incipit». Cette interprétation est caractéristique d'un «lecteur second», connaissant le «clou» de l'histoire. À première vue, il n'y a rien d'amusant, si ce n'est le contraste avec la mauvaise humeur que Thélyphron affichait un peu plus tôt (2, 20: 41, 23 ss.; Winkler 1985, 111). La pose qu'il adopte donne tout son sens aux mots de Byrrhène (*more tuae urbanitatis fabulam ... remetire*: 42, 2 s., voir comm. ad loc.). Thélyphron se montre un orateur aussi accompli que Lucius plus tard, appelé comme lui à devenir un λογοποιός (voir comm. ad 2, 2: 26, 8 s. et 2, 12: 35, 9 ss.; Introd. 4.2).

aggeratis - in torum: parallèle de construction, où une série de participes passés passifs sont suivis de *in* + substantif masculin singulier à l'acc. (homéotéleutes). Cette succession régulière plaide pour le maintien de *in torum*, supprimé par Van der Vliet, qui déplace même *in cumulum* après *suberectusque*. Apulée a une prédilection pour la tournure *in* + acc. marquant la conséquence, un mouvement ou le résultat d'une transformation, ce qui l'amène à préférer l'acc. à l'abl. (voir Callebat 1968, 197 et 227 ss.; cf. 2, 7: 30, 20 s.; 2, 16: 38, 13; 6, 10: 135, 9 s. *confusis in unum grumulum*, etc.). Graverini 1998, 136 (voir notice introductive) compare avec Verg. *Aen.* 2, 2 *inde toro pater Aeneas sic orsus ab alto*.

aggeratis - stragulis: en dehors de 9, 24 (221, 11 s.) *uiminea cauea ... in rectum aggerata cumulum*, ThLL s.v. *aggero* 1311, 27 ss. ne cite aucun autre exemple du verbe *aggerare* avec *in* consécutif (voir notice précédente). Une recherche dans PHI et CTDOC indique que la combinaison *aggerare* + *stragulum* est unique.

et effultus in cubitum: les mss. ont *effultis*, corrigé en *effultus* par Fulvius et Pricée et cette correction est admise par l'ensemble des éditeurs modernes. Avec Blümner 1894, 298 s., Van der Vliet supprime le *et* précédant le participe, mais cette intervention est inutile. Oudendorp défend la leçon *effultis*, où *cubitum* = «le lit», en comparant avec 10, 20 (252, 6 ss.) *puluillis ... cubitum praestruunt*. Cependant, la correction *effultus* se justifie par le sens même du mot (seule forme usitée du verbe **effulcire < ex + fulcire*, «soutenir»). *Cubitum* doit être pris dans son sens premier («le coude»). Avant Apulée, *effultus* ne se rencontre qu'en poésie, et avec l'abl.: cf. Verg. *Aen.* 7, 94 *effultus tergo stratisque iacebat / uelleribus*; 8, 368; Sil. 7, 293; Mart. 3, 82, 7 *effultus ostro Sericisque puluillis*; Stat. *Theb.* 1, 526 *solio ... effultus eburno*. La construction avec *in* + acc. dans notre passage s'explique par un souci de parallélisme et par la prédilection d'Apulée pour ce genre de tournures (*supra*). Cf. en outre Nep. *Att.* 21, 5 *in cubitum innixus*, en prélude à un discours direct; Hor. *sat.* 2, 4, 39; Petron. 132, 9 *erectus ... in cubitum hac fere oratione contumacem uexaui*, suivi d'une apostrophe au discours direct.

suberectusque in torum: après Van der Vliet, Robertson, Brandt-Ehlers et Van Thiel 1972 suppriment *in torum*. Robertson y voit une correction marginale de la leçon *oratorium* des mss., insérée par erreur dans le texte. Nolte 1864, 674 corrige *in toro*. Mais voir *supra* s.v. *aggeratis - in torum*. L'acc. *in torum* s'explique par analogie à *in cumulum* et *in cubitum* (contre ces interventions, voir aussi Augello 1977, 52; Graverini 1998, 136 note 33). Le verbe *suberigo* est peu fréquent. Cf. avant Apulée, Liv. 8, 8, 10 (*suberecta*); Sil. 15, 154. Forcellini s.v. cite ensuite Marcell. *med*. 20.

porrigit dexteram: appuyé sur le coude gauche, Thélyphron avance la main droite en exorde à son discours. Cf. Quint. *inst*. 11, 3, 159 *dextra, cum iam incipiendum erit, paulum prolata ultra sinum gestu quam modestissimo*. Voir Maier-Eichhorn 1989, 114 ss. sur l'emploi de la main droite (de préférence à la gauche) dans la gestuelle oratoire.

ad instar - pollice: on a coutume de comparer cette description gestuelle avec Quint. *inst*. 11, 3, notamment § 92, où est décrit le geste le plus commun, convenant particulièrement aux exordes: *est autem gestus ille maxime communis, quo medius digitus in pollicem contrahitur explicitis tribus, et principiis utilis* (...). Comme le note Maier-Eichhorn 1989, 64 ss., la position des doigts dans les deux passages n'est pas exactement la même. Cf. Quint. *inst*. 11, 3, 85: *manus uero, sine quibus trunca esset actio ac debilis, uix dici potest quot motus habeant, cum paene ipsam uerborum copiam persequantur*. Parmi la vingtaine de variantes mentionnées par Quintilien, la position décrite chez Apulée correspond le mieux à celle dont il est question au § 98: *binos ... digitos distinguimus, sed non inserto pollice, paulum tamen inferioribus intra spectantibus, sed ne illis quidem tensis qui supra sunt*. Toutefois, selon Maier-Eichhorn l.c. 81 ss. et l'illustration qu'elle donne de cette position (fig. 8, p. 140), dans ce passage de Quintilien, la main est légèrement tournée vers le haut, alors que chez Apulée, elle serait dirigée vers le bas: voir *infra* s.v. *infesto pollice*. K. Gross dans *RAC* 7 (1969) «Finger», 909-946, identifie le geste de Thélyphron avec le geste le plus courant des orateurs et le plus souvent représenté dans l'art (l'inclinaison exacte des doigts et la position du pouce peuvent varier), qui devint chez les Chrétiens le geste de bénédiction ou de la «Trinité» (p. 923 et 941 ss.). Voir aussi Sittl [2]1970, 302 ss. et 304 s. (qui ne mentionne pas notre passage) et Brilliant 1963, 206 s., avec illustrations et littérature. Selon MacKay 1972, 55, il s'agit d'un geste d'injure à l'adresse des convives se moquant de Thélyphron. Mais outre que cette interprétation ne tient pas compte des mots *ad instar orator[i]um*, un tel geste ne siérait pas à celui que Byrrhène décrit comme un homme raffiné (2, 20: 42, 2). Ottria 1997, 180 compare quant à elle avec Quint. *inst*. 11, 3, 119 *fit et ille qui, inclinato in umerum dextrum capite, bracchio ab aure protenso, manum infesto pollice extendit*. Sur la gestuelle oratoire (et ses rapports avec la gestuelle théâtrale), voir encore Graf 1991, avec références supplémentaires. On trouve d'autres descriptions de gestes des mains et des doigts dans les *Met*.: cf. 1, 8 (8, 3); 4, 28 (97, 1 s.), avec Kenney 1990, 117 s. ad loc.

ad instar: voir comm. ad 2, 9 (32, 14).

conformat articulum: noter l'utilisation concrète et étymologique du verbe dans notre passage. *Articulus* est ici singulier collectif métonymique («les articulations des doigts de la main» = «la main»), un emploi pour lequel *OLD* s.v. *arti-*

culus cite avant notre passage Petron. 96, 3. L'expression est développée dans la suite de la phrase. La correction de Leo 1905, 606 s. *articulatim* est inutile.

eminus porrigens: F a *eminens* (où le *en* fut raturé par une seconde main dans une tentative de le corriger en *eminus*) *porrigens* (correction par la même main ou par une seconde main de *porrigit*); φ a *eminens porrigens* et a* *eminus porrigens*. Suivant l'opinion de Leo pour qui *eminere* est employé transitivement, Helm, puis Giarratano, Robertson, Terzaghi et Brandt-Ehlers impriment *eminens* [*porrigens*] (ainsi aussi de Jonge 1941, 87). Cependant *ThLL* s.v. *emineo* 493, 3 ss. ne cite pour l'emploi transitif du verbe («*porrigere* ... de corporibus animantium») que Manil. 5, 581 *caput eminet undas* (là, l'objet du verbe est *undas*) et Apulée. Outre notre passage, cf. *flor.* 2 (2, 20 s.) *pinnarum eminens indefessa remigia*, où *eminens* est une conjecture de Helm pour *eminus* des mss. Pour notre passage, Helm cite encore dans son apparat *eminentes* de ς, *eminulos* d'Oudendorp, et s'interroge: «*eminans*? ... an *emicans*?». Mais à ces conjectures on préférera *eminus*, défendu par Lütjohann 1873, 451 s. et Augello 1977, 53, et adopté par Van der Vliet, Frassinetti et Hanson. Comme le notait déjà Hildebrand, *eminus* doit être pris au sens étymologique de *e manus* (par opposition aux *conclusis digitis*, repliés à l'intérieur de la main). Hanson note ad loc. (note 1 p. 100): «The difficulties of this sentence arise from the fact that Apuleius is using military metaphors to describe a standard rhetorical pose»; voir notice suivante. Pour la défense de *porrigens*, on notera avec Augello l.c. que la répétition d'un même mot n'est pas rare chez Apulée (cf. ligne 11 *porrigit*); voir Bernhard 1927, 153 ss. pour de nombreux exemples. Cette lecture est soutenue par le parallélisme de construction et l'effet sonore de la phrase: le groupe adverbial + participe *eminus porrigens* correspond à *clementer subrigens*, qui lui fait écho (homéotéleutes).

infesto pollice: après Volkmann 1963 (¹1855), 577 note 2, Blümner 1894, 299 s. corrigent *iniecto pollice*. Mais la même expression se trouve chez Quint. *inst.* 11, 3, 119 dans la description d'un geste oratoire. Voir Maier-Eichhorn 1989, 125 s., pour qui elle relève originellement du vocabulaire des gladiateurs (cf. *Anth. Lat.* 413, 27 s. SB *sperat et in saeua uictus gladiator arena / sit licet infesto pollice turba minax*) et indique probablement que le pouce est pointé vers le bas (Maier-Eichhorn l.c. 65). Selon elle, chez Quintilien autant que chez Apulée, l'expression est dépourvue de la nuance d'hostilité que semble y voir *ThLL* s.v. *infestus* 1407, 27 ss., où ces exemples sont classés sous «usu latiore de quolibet impetu uel gestu minaci» (voir comm. ad 2, 26: 46, 26 s. *palmis infestis*). Mais s'il n'est pas hostile, le geste n'en est pas moins énergique, comme chez Cic. *de orat.* 3, 220 *bracchium procerius proiectum quasi quoddam telum orationis*; voir notice suivante.

clementer subrigens: avec Pricée, Oudendorp et Hildebrand corrigent cette leçon des mss. en *clementer subridens*; Terzaghi imprime *subrigens*, tandis que Carlesi traduit: «con un bonario sorriso» (dans ce sens aussi la traduction d'Augello). Hildebrand corrige *subringens* («i.e. *irascens*»); Van der Vliet intervertit l'ordre des mots: *subrigens clementer*, où *clementer* porterait sur *infit*. Cependant la leçon des mss. fait sens et elle est maintenue par la majorité des éditeurs modernes. Dans sa traduction, Walsh rapporte *clementer subrigens* au pouce («with the thumb gently but accusingly pointed upward»). Mais il est préférable de rapporter le groupe à *ceteros (digitos)*, au même titre que *eminus porrigens*: voir e.g. les traductions de Vallette («les deux autres doigts ouverts et allongés sans raideur») ou de Brandt-Ehlers («die übrigen gestreckt und mit aufrechtem Daumen gelinde emporgehoben»). Cf. Quint. *inst.* 11, 3, 98 (cité *supra* s.v. *ad instar - pollice*). *Clementer subrigens* s'oppose à *infesto pollice*. Le geste de Thélyphron est modéré tout en étant énergique. Quint. *inst.* 11, 3, 159 et 161 conseille à l'orateur d'adopter avant de commencer son discours une attitude modeste et retenue: l'attitude noble de l'homme de bien (voir sur cette question Graf 1991, 44 ss.).

infit: voir comm. ad 2, 13 (36, 2 ss.).

Thelyphron: voir comm. ad 2, 20 (42, 1).

'Pupillus ego Mileto profectus ad spectaculum Olympicum cum haec etia\<m\> loca prouinciae famigerabilis adire cuperem, peragrata cuncta Thessalia fuscis auibus Larissam accessi: «J'étais encore mineur lorsque, parti de Milet pour assister aux jeux Olympiques, il me prit l'envie de visiter également cette illustre province, et, ayant parcouru toute la Thessalie, c'est sous de sombres auspices que j'arrivai à Larissa.

42, 15-18

Pupillus: dans le vocabulaire légal, ce terme désigne un jeune garçon encore sous tutelle (Summers 1967, 110 s.). Mis en évidence en tête de phrase, il situe le récit dans un passé plus ou moins lointain. Cette précision souligne aussi que l'innocence ou l'inexpérience de Thélyphron est à l'origine de ses ennuis, ce qui peut être compris comme un avertissement à Lucius. La jeunesse de ce personnage secondaire est mentionnée à plusieurs reprises (cf. 43, 6; 2, 23: 43, 31) et illustrée par son impétuosité et par son manque de tact (cf. 43, 4 s.; 2, 23: 44, 1; 44, 13 s.; 2, 24: 44, 24 ss.; 2, 26: 46, 21 ss.).

ego: valeur affaiblie du pronom personnel, selon de Jonge 1941, 88 (qui renvoie à Bernhard 1927, 111 s.). Mais Callebat 1968, 94 note avec raison que le pronom *ego* apparaît souvent en prélude à un récit (homodiégétique) ou à une réplique au discours direct, donnant à l'ouverture une certaine emphase; cf. 1, 1 (1, 1); 5, 24 (122, 1 ss.); 7, 5 (158, 10), avec *GCA* 1981, 115 ad loc.

Mileto profectus: Mazzarino 1950, 79 s. interprète cette indication géographique comme un signal générique, le récit de Thélyphron contenant tous les éléments caractéristiques d'une Milésienne (notamment l'utilisation du «je-narrant»); même interprétation chez Ciaffi 1983, 3 ss.; Fick-Michel 1991, 38; Walsh note à sa traduction p. 246; Lefèvre 1997, 54; Harrison 1998, 69. Voir aussi Bitel 2000, 273 ss., qui offre quelques développements nouveaux sur cette question. L'origine milésienne du protagoniste apparaît aussi dans son langage, entaché de connotations sexuelles, et dans son attitude libertine; voir comm. ad 2, 23 (44, 13) s.v. *corollarium idoneum*; 2, 24 (45, 2 ss.) s.v. *lucerna - ornatus*; 2, 25 (46, 6) s.v. *indigens - custode*; 2, 26 (46, 22) s.v. *operam - desiderabis*. Comme le récit principal, qui a ses racines à Milet (cf. 1, 1: 1, 1 *sermone isto Milesio*), «this tale has undergone a metamorphosis of genre: it has moved from Miletus, although it has not entirely forgotten its roots» (p. 275 s.).

ad spectaculum Olympicum: à l'origine des malheurs de Thélyphron, il y a son désir d'assister à un spectacle, comme c'était aussi le cas de Socrate en 1, 7 (7, 3 ss.; *infra* s.v. *famigerabilis*). Sur le thème du spectacle dans les *Met.*, voir Schlam 1992, 48 ss. (chapter 5: «curiosity, spectacle, and wonder») et 54; Teuber 1993, 215 ss. (spectacle et carnaval).

haec - famigerabilis: comparer pour la périphrase 2, 1 (24, 20) *me media Thessaliae loca tenere*. Vallette (note 1 p. 48) remarque que la province en question peut être l'Achaïe, à laquelle la Thessalie appartenait depuis Auguste, ou la Macédoine, à laquelle elle fut rattachée par les Antonins. Pour Mazzarino 1950, 126 s., Thélyphron veut parler de l'Achaïe, province où se déroulent les Jeux Olympiques (ainsi aussi Grimal 1958, note 1 p. 1444). Il y voit la preuve que le récit de Thélyphron se trouvait dans les *Métamorphoses* grecques, cette donnée s'adaptant mieux à «Lucius de Patras» qu'à Apulée, dont les *Met.* sont une composition tardive (Millar 1981, 67 note aussi qu'à l'époque où Apulée écrit les *Met.*, la Thessalie appartenait à la Macédoine). Sur la prudence avec laquelle de tels arguments doivent être manipulés, voir les remarques de Ciaffi 1960, 186 s. et Walsh (note à sa traduction p. 246). Le premier note pourtant à propos de Thélyphron: «tornando col ricordo a trenta o quaranta anni prima [cf. *pupillus*], egli ripensi con una punta di nostalgia alla Tessaglia della giovinezza, quella che allora faveca certo ancora parte dell'Acaia, *prouincia* senz'altro *famigerabilis* a confronto dell'attuale Macedonia».

famigerabilis: en 1, 7 (7, 2 s.), le mot apparaît à propos d'un spectacle de gladiateurs donné à Larissa en Thessalie. GCA 1995, 62 ad 9, 5 (206, 2) signalent qu'en dehors d'Apulée (qui l'emploie à quatre reprises) le mot est attesté chez le seul Var. *ling.* 6, 55 et chez Zénon.

fuscis auibus: ThLL s.v. *fuscus* 1654, 47 s. cite ce seul exemple de l'emploi du mot «de omine»; cf. Ov. *am.* 3, 12, 1 s. *tristia ... omina non albae concinuistis aues*; Apul. *met.* 3, 23 (69, 15 ss.) *nocturnas aues (bubones) ... infaustis uolatibus*. Les anticipations proleptiques, qui provoquent une attente chez le lecteur/auditeur, ne sont pas fréquentes dans les *Met.* C'est que, de manière générale, les «je-narrant» maintiennent la perspective limitée qui était la leur au cours de leurs aventures (perspective du «je-narré»), sans faire usage de leur connaissance postérieure; voir Introd. 2.1.1.1 et 2.2. Comparer dans un autre récit enchâssé, où il est question des méfaits de sorcières: *sinistro pede profectum me* (1, 5: 5, 9). Cette anticipation (qui concerne l'achat manqué de fromage en gros, mais un «lecteur second» y verra une allusion à la suite de l'aventure d'Aristomène) est développée dans la phrase qui suit. Sa fonction est essentiellement rhétorique (mise en relief de la suite immédiate du récit), comme c'est le plus souvent le cas dans notre roman. Cf. 2, 13 (35, 18 s.); 4, 2 (75, 18 ss.); 7, 16 (166, 3 ss.); 8, 24 (195, 21 ss.); 9, 1 (203, 12 ss.); 9, 39 (232, 28 s.); 10, 24 (255, 17 ss.). Ici, elle anticipe la fin tragique de l'histoire de Thélyphron, narrée en 2, 30 (49, 21 ss.; comparer 8, 11: 185, 23 *placuit Thrasyllo scaena feralium nuptiarum*, où l'adjectif *feralis* anticipe un événement narré en 8, 14). Voir aussi les remarques de *GCA* 2000, 32 concernant une prolepse en 10, 15 (248, 10).

Larissam accesi: voir comm. ad 2, 2 (25, 20).

Ac dum singula pererrans tenuato admodum uiatico paupertati meae fomenta conquiro, conspicor medio foro procerum quendam senem: Mes provisions de voyage ayant considérablement diminué, j'errais ici et là à la recherche d'un moyen pour remédier à ma pauvreté, quand j'aperçois au beau milieu du forum un vieillard très grand. *42, 18-43, 1*

dum singula - senem: cf. 2, 2 (25, 10 ss.) *dum ... singula pererro ... forum intuli, et ecce mulierem ... comprehendo*. Alors que Lucius errait en vain à la poursuite de quelque manifestation magique, Thélyphron est immédiatement confronté, et sans l'avoir cherché, avec les retombées de la magie sur la vie quotidienne en Thessalie (le parallèle est noté par Pennacini 1979, 76).

fomenta conquiro: seul exemple de cette combinaison. À première vue, *fomenta* («pansement», «compresse», «remède») est employé au sens imagé. Seul un «lecteur second» (Introd. 2.2), qui connaît la chute de l'histoire, décèlera l'ironie du mot: le séjour de Thélyphron en Thessalie lui vaudra de subir une défiguration qu'il cachera à l'aide d'un bandage, *linteolum* (voir comm. ad loc. 2, 30: 50, 18). Pour cette métaphore médicale, comparer l'expression *remedia ... conquirere*, utilisée au sens propre dans *apol.* 40 (46, 13). De Jonge 1941, 88 commente: «Thelyphron igitur eo morbo laborabat, qui Bataue 'pijn in de portemonnaie' dicitur». Le verbe *conquirere* est employé à propos d'argent et de richesses e.g. chez Cic. *fam.* 12, 30, 4; Plin. *nat.* 36, 82; Tac. *hist.* 3, 76.

medio foro: cf. 2, 1 (24, 20); 2, 18 (40, 1 s.).

procerum - senem: l'un des nombreux cas où *quidam* sert à renforcer la valeur de l'adjectif: voir Van Mal-Maeder 1994, 216 ss. Si le vieillard paraît aussi grand à Thélyphron, c'est peut-être qu'il se tient debout sur une pierre (*infra*).

Insistebat lapidem claraque uoce praedicabat, siqui mort\<u\>um seruare uellet, de pretio liceretur: Il se tenait debout sur une pierre et d'une voix forte annonçait son intention, au cas où quelqu'un voulait garder un mort, de proposer son prix. *43, 1-3*

Insistebat lapidem: cette construction transitive, essentiellement attestée en poésie, se retrouve en 2, 29 (48,25) et 3, 2 (53, 1): voir Van der Paardt 1971, 30 ad loc.; *ThLL* s.v. *insisto* 1922, 43 ss. Ailleurs, Apulée emploie le dat.: cf. 6, 13 (138, 7 s.); 8, 21 (193, 13 s.).

praedicabat ... liceretur: pour l'ellipse de *ut*, voir comm. ad 2, 15 (37, 8).

siqui: pour *qui* au lieu de *quis* après *si*, voir Callebat 1968, 289 s. (tendance de la langue familière).

de pretio liceretur: Oudendorp commente «debet hic sensus esse: pactionem de pretio faciat» (explication reprise par de Jonge 1941, 89), mais se demande s'il ne faut pas corriger *de pretio diceret*; «coniectura frigidissima», selon Hildebrand, qui corrige *se pretio locaret*. *ThLL* s.v. *liceor* 1358, 24 s. cite notre passage comme seul exemple du verbe au sens de *contendere* = «discuter», «négocier» (*de pretio*). Mais *liceretur* peut être pris au sens traditionnel («offrir un prix»; *OLD* s.v. ne réserve pas à cette occurrence une place à part). Le héraut offre d'acheter les services de qui voudrait bien se risquer à garder un mort. Cf. 2, 23 (43, 30), où le vieillard offre à Thelyphron *mille nummum*, sans qu'il n'y ait la moindre discussion quant au prix. L'abl. *de pretio* est à prendre comme un complément quelque peu redondant. Apulée emploie volontiers la tournure *de* + abl. en locutions absolues ou avec des verbes construits d'ordinaire sans préposition ou avec *de* ou *ex* (Callebat 1968, 205 ss.). Voir la traduction de Helm-Krenkel («so solle er wegen des Preises seine Forderung stellen»). Cf. Mart. 6, 66, 4 *paruo cum pretio diu liceret*.

43, 3-5 Et ad quempiam praetereuntium: "Quid hoc", inquam, "comperior? Hicine mortui solent aufugere?": «Qu'est-ce que j'apprends là?», demandai-je alors à un passant; «Est-ce que les morts ici ont l'habitude de se sauver?»

Thélyphron fait preuve de la même ironie incrédule que Milon (cf. 2, 11: 34, 17 s.; 2, 13 s.: 35, 12 s.; 2, 14: 36, 26 ss.), que le compagnon de route de Lucius et Aristomène (1, 3: 3, 2 s.; 1, 20: 18, 18 ss.) et qu'Aristomène lui-même (1, 8: 8, 13 s.). Son scepticisme, exprimé avec plus de force en 2, 23 (44, 1), l'oppose à Lucius, qui avouait à Byrrhène sa crainte des méfaits des sorcières (2, 20: 41, 10 ss.); voir Introd. 5.3.

Quid hoc ... comperior: tour familier et spontané dont on trouve de nombreux exemples dans les *Met.* (Callebat 1968, 114). Cf. 2, 10 (33, 10). Le déponent *comperior* est rare et archaïque, et n'apparaît qu'à la 1° personne du singulier au présent de l'indicatif ou du subjonctif. Cf. Ter. *Andr.* 902; Sall. *Iug.* 45, 1; Tac. *ann.* 4, 20, 2; Gell. 3, 3, 1. Chez notre auteur, cf. encore *apol.* 8 (9, 20); 37 (42, 23); *flor.* 9 (12, 14); *met.* 11, 27 (288, 8).

Hicine: combinaison vive de la langue familière, attestée en particulier chez les comiques (*ThLL* s.v. *hic* 2752, 47 ss.): cf. Naev. *com.* 81; Plaut. *Merc.* 602; *Truc.* 719; Ter. *Ad.* 183; cf. aussi Quint. *decl.* 333, 15.

43, 6-9 "Tace", respondit ille. "Nam oppido puer et satis peregrinus es meritoque ignoras Thessaliae te consistere, ubi sagae mulieres ora mortuorum passim demorsicant, eaque sunt illis artis magicae supplementa": «Tais-toi!», répondit l'homme, «car tu n'es qu'un gamin et un étranger, c'est sûr; et c'est pourquoi tu ignores que tu te trouves en Thessalie, là où des sorcières, déchirent partout les visages des morts à coup de dents: voilà ce qui sert à leurs pratiques magiques.»

Tace - supplementa: pour ce type de phrases relevant de la langue familière, où un impératif initial est suivi de relances explicatives (*nam*, *que*, *ubi*, *que*), voir comm. ad 2, 10 (33, 18 ss.).

Tace - peregrinus es: Helm compare dans son apparat avec Hom. *Od.* 9, 273 νήπιός εἰς, ὦ ξεῖν’, ἢ τηλόθεν εἰλήλουθας (le Cyclope à Ulysse).

Tace: même ton effrayé de Socrate au livre 1, 8 (8, 4: *tace, tace*), quand Aristomène se met à injurier la magicienne Méroé.

respondit ille: comme le note KSt 2, 2, 533, il est rare qu'un verbe autre que *inquit* soit inclus à l'intérieur d'un discours direct. Cf. encore 2, 22 (43, 11: également *respondere*) et, avant Apulée, Petron. 67, 3.

oppido - peregrinus: cf. en effet 42, 15 ss. avec comm. ad loc. Voir comm. ad 2, 12 (35, 8) *oppido mira et satis uaria*.

oppido puer: cf. 9, 28 (224, 12) *tam mollis ac tener et admodum puer*; Plaut. *Trin.* 366 *admodum adulescentulus*.

satis - supplementa: au contraire de Lucius qui, bien qu'étranger, n'ignore rien de la réputation de la Thessalie: cf. 2, 1 (24, 19 ss.) et 2, 20 (41, 10 ss.).

meritoque: Pricée corrige *medioque*, comparant avec 2, 1 (24, 20). Mais *merito* indique la conséquence de *puer* et *peregrinus* («il est naturel que»; voir *ThLL* s.v. 824, 68 ss. «fere i.q. consequenter, ... ut consentaneum est»); cf. aussi 10, 3 (238, 26).

Thessaliae: le loc. *Thessaliae* apparaît aussi chez Plin. *nat.* 34, 68 *quoniam Thessaliae habitauerit* et Lucan. 8, 108; pour le loc. des noms de pays, voir KSt 2, 1, 481.

ubi sagae ... supplementa: le passant répète comme en écho les mots de Lucius en 2, 20 (41, 9 ss.).

sagae mulieres: voir comm. ad 2, 20 (41, 15 s.). Sur l'étymologie du mot *saga*, voir *GCA* 1995, 254 ad 9, 29 (225, 2). Sur le rôle des femmes dans la magie antique, voir comm. ad 2, 5 (29, 1 ss.).

ora - demorsicant: écho de Lucan. 6, 565 ss. *oscula figens / trucauitque caput compressaque dentibus ora / laxauit siccoque haerentem gutture linguam / praemordens* (Erictho). Un «lecteur second» (voir Introd. 2.2) notera l'ironie de la situation. Au moment où il rapporte cet échange de paroles, Thélyphron est déjà *ore undique omnifariam deformato truncatus* (2, 20: 41, 20 s.). Il sait donc que les paroles de son interlocuteur anticipaient sinistrement son affreuse mutilation (*passim // undique omnifariam*). Mais jusqu'à la fin de son récit, il évite toute anticipation susceptible d'en dévoiler le «clou»; voir aussi comm. ad 2, 26 (46, 13 ss.).

demorsicant: en dehors de notre passage, ce verbe n'est attesté qu'au livre 3, 25 (71, 1) des *Met.*: voir Van der Paardt 1971, 183 ad loc. Cf. aussi 2, 10 (33, 7), où on trouve *morsicare*, autre néologisme de la même famille.

supplementa: au vu de *demorsicant*, l'emploi de ce terme pour désigner les fragments arrachés aux cadavres résonne comme un oxymore (étymologiquement, *supplementum* = «le fait de compléter», «un complément»). Bitel 2000, 190 ss. souligne la place centrale que le motif des «parties manquantes» ou «à remplacer» occupe dans ce récit enchâssé; cf. encore 2, 22 (43, 25 s.); 2, 30 (50, 5 s.) avec comm. ad loc.

CHAPITRE XXII

Les principes d'une veillée funèbre

Contra ego: "Et quae, tu", inquam, "dic sodes, custodela ista   43, 10-11
feralis?": Je lui répliquai alors: «Et dis-moi, si tu veux bien, en quoi consiste
cette faction funèbre?»

    tu ... dic sodes: formule caractéristique de la conversation familière, où *sodes*
sert à adoucir un impératif (Callebat 1968, 88; Cic. *orat*. 45, 154 *libenter ... uerba
iungebant, ut sodes pro si audes, sis pro si uis*); cf. 1, 4 (4, 13); Plaut. *Bacch*. 837,
etc.

    custodela: archaïsme; cf. Fest. p. 44 L *custodelam dicebant antiqui quam
nunc dicimus custodiam*. Avant Apulée, qui l'emploie à six reprises, le mot est
attesté chez Plaut. *Merc*. 233; *Most*. 406; *Rud*. 625; 696 et chez Gaius *inst*. 2,104.

"Iam primum", respondit ille, "perpetem noctem eximie   43, 11-18
uigilandum est exertis et inconiuis oculis semper in cadauer
intentis nec acies usquam deuertenda, immo ne obliquanda
quidem, quippe cum deterrimae uersipelles in quoduis animal ore
conuerso latenter adrepant, ut ipsos etiam oculos Solis et Iustitiae
facile frustrentur; nam et aues et rursum canes et mures, immo
uero etiam muscas induunt: «D'abord», me répondit-il, «il faut demeurer
parfaitement éveillé toute la nuit, les yeux écarquillés et constamment fixés sur le
cadavre, sans un battement de cils. Jamais il ne faut détourner son regard, ne
serait-ce même que pour jeter un coup d'oeil de côté. Tant il est vrai que d'affreu-
ses créatures sachant changer de peau et prenant la forme de n'importe quel
animal se glissent subrepticement, de sorte qu'elles trompent facilement les yeux
mêmes du Soleil et de la Justice. Car elles revêtent l'enveloppe d'oiseaux ou
encore de chiens et de souris, voire même de mouches.

L'emphase de la phrase, avec son accumulation de termes superlatifs (*perpetem*;
eximie; *semper*; *nec ... usquam*; *immo ne ... quidem*; *deterrimae*; *immo uero*), a
pour fonction de mettre en relief les dangers de la tâche et de créer un suspense
narratif. Elle prépare l'arrivée de la belette, que le lecteur identifiera comme une
magicienne (cf. 2, 25: 45, 17 ss.)

    perpetem noctem: cf. 3, 3 (54, 21) *perpetem noctem delituit*; au singulier et à
l'abl. 9, 11 (210, 19 s.) *perpeti ... nocte ... lucubrabant peruigilem farinam*. Avant
Apulée, la combinaison apparaît chez Plaut. *Amph*. 732. Cf. aussi (au pluriel)
Calp. *decl*. 48.

    uigilandum est: ici, à la fois «demeurer éveillé» (*OLD* s.v. 1) et «surveiller»,
«être sur ses gardes» (*OLD* s.v. 4). Sur le motif de la veillée et du sommeil dans

317

les *Met.* (présent dans les récits enchâssés des livres 1 et 2 et dans le «conte» d'Amour et Psyché), voir Dowden 1998 (*AAGA* II), 12 s.

exertis et inconiuis oculis: redoublement emphatique avec combinaison de termes originale (comparer e.g. 9, 30: 225, 19 *nudis et intectis pedibus*). De Jonge 1941, 90 explique pour *exertis ... oculis*: «dicitur de oculis qui e capite exeruntur (ut pisces nonnulli habent)». Cf. 2, 30 (49, 22) *exertam ... uigiliam* (de la garde de Thélyphron). *Inconiuus* (i.q. *non coniuentes*; cf. e.g. Cic. *nat. deor.* 2, 143 *oculis ... somno coniuentibus*) est attesté pour la première fois chez Apulée; cf. encore 6, 14 (139, 2 s.) *dracones inconiuae uigiliae luminibus addictis et in perpetuam lucem pupulis excubantibus*; *ThLL* s.v. 1007, 45 ss. cite ensuite Amm. 29, 2, 20 *inconiuus Iustitiae oculus ... uigilauit adtente* (mais il s'agit d'une conjecture).

quippe cum: pour cette combinaison, fréquente chez Apulée, voir *GCA* 1981, 86 ad 7, 2 (155, 5).

deterrimae: la conjecture de Kroll *taeterrimae* (pour la leçon *deterrinae*, déjà corrigée dans les mss.) est superflue. Cf. e.g. 3, 6 (56, 22); 9, 26 (223, 3) *deterrimae feminae*.

uersipelles: le terme *uersipellis* (masculin ou féminin; issu du participe de *uerto + pellis*) est attesté chez Plaut. *Amph.* 123 (de Jupiter); *Bacch.* 657; Lucil. 670 M. Chez Petron. 62, 13 et Plin. *nat.* 8, 80, il est employé à propos d'un loup-garou. On le retrouve ensuite fréquemment chez les auteurs chrétiens (comme adjectif ou substantif). Cf. e.g. Arnob. *nat.* 4, 14 (de Circé); 5, 31; Prud. *cath.* 9, 92. Dans notre passage, le féminin renvoie aux magiciennes, capables aussi bien de métamorphoser autrui (cf. 2, 5: 29, 9 ss. avec comm. ad loc.) que de se transformer elles-mêmes (cf. lignes 17 ss.; Pamphilé au livre 3, 21: 68, 1 ss.); voir *infra* s.v. *mulieres* (ligne 20).

adrepant: le verbe traduit l'image des sorcières s'insinuant sous la peau d'un animal. Cf. Hld. 3, 16, 3, où il est question de la magie noire, science vulgaire qui rampe par terre: Ἡ μὲν γάρ τις ἐστὶ δημώδης καὶ ὡς ἄν τις εἴποι χαμαὶ ἐρχομένη; cf. aussi 6, 14, 7 (dans une scène de nécromancie).

ut ipsos - frustrentur: la proposition développe l'adverbe *latenter*. Cf. 3, 7 (57, 7 s.) *Solis et Iustitiae testatus oculum*, avec Van der Paardt 1971, 66 ad loc., qui renvoie entre autres à Otto 1988 (¹1890), 180 s.v. *Iustitia* (aucun exemple de la combinaison *Iustitia-Sol* n'y est cité). La mention de la Justice dans cette expression de type proverbial trouve sans doute une explication dans la suite du récit. Le méfait commis par les sorcières sur Thélyphron serait en effet passé inaperçu, si la fourberie de la veuve empoisonneuse n'avait pas été révélée à l'occasion d'un procès en justice improvisé (cf. 2, 27: 47, 10 ss.). Pour l'idée du soleil témoin de toutes choses et auquel aucun crime ne saurait échapper (non mentionnée dans Otto s.v. *sol*), cf. encore 1, 5 (4, 18 ss.) *tibi ... deierabo solem istum <omni>uidentem deum*; Enn. *scaen.* 284 *Iuppiter tuque adeo, summe Sol, qui res omnis spicis ... inspice hoc facinus*; Ov. *met.* 4, 226 ss. *ille ego sum ... omnia qui uideo ... mundi oculus*; Tac. *ann.* 15, 74, etc. (*OLD* s.v. *sol* 6b).

et aues et ... canes ... et mures, immo uero etiam muscas induunt: la multiliaison souligne la multiplicité des ruses des sorcières. Noter la mise en évidence, après trois substantifs de deux syllabes avec terminaison en -es, du terme *muscas* (voir ci-dessous). La brachylogie (notée par *OLD* s.v. *induo* 3) développe l'étymologie du terme *uersipelles*. Voir Van der Paardt 1971, 172 s. ad 3, 23 (69, 12) *cum semel auem ... induero* (Lucius à propos de sa métamorphose). Comparer e.g. Ov. *met.* 1, 87 s. *tellus / induit ignotas hominum conuersa figuras.*

aues ... canes ... muscas: s'il est vrai que Pamphilé se métamorphose en oiseau (hibou) au livre 3, 21 (68, 4 ss.) et que le chien joue un rôle en magie (voir comm. ad 2, 4: 27, 11), la mention de ces animaux dans notre passage tient surtout à leur caractère familier. Métamorphosées en animaux communs, les sorcières sont d'autant plus redoutables qu'elles passent inaperçues. Le comble de la banalité, c'est la mouche (noter la mise en évidence de *musca* en fin de période). Voir à ce propos, dans un exercice relevant du défi, l'*Éloge de la mouche* de Lucien; cf. Petron. 42, 4 *minoris quam muscae sumus, <muscae> tamen aliquam uirtutem habent, nos non pluris sumus quam bullae.*

Tunc diris cantaminibus somno custodes obruunt. Nec satis quisquam definire poterit, quantas latebras nequissimae mulieres pro libidine sua comminiscuntur: Alors, par de terribles incantations, elles ensevelissent les gardiens dans le sommeil. Et on ne saurait déterminer avec précision combien de stratagèmes ces horribles femmes imaginent pour satisfaire leurs passions.   43, 18-21

diris cantaminibus: cf. 2, 1 (24, 19 s.) *artis magicae natiua cantamina*, avec comm. ad loc.

somno ... obruunt: comparer Lucan. 9, 672 *sopor ... obruit (Medusam)*; Stat. *Theb.* 8, 267 *uno ratis obruta somno / conticuit*; 10, 194 *stupet obruta somno / Aonidum legio*. Pour l'image de l'ensevelissement, cf. 2, 25 (46, 2 ss.), où Thélyphron raconte avoir été plongé dans un sommeil de mort; 2, 30 (50, 1); *supra* s.v. *uigilandum est.*

latebras: voir comm. ad 2, 20 (41, 11).

mulieres: pour le rôle des femmes en magie, voir comm. ad 2, 5 (29, 1 ss.).

pro libidine sua: voir notice introductive ad 2, 5 (29, 5 ss.).

comminiscuntur: l'indicatif dans une interrogative indirecte se rencontre à plusieurs reprises dans des discours directs. Cf. e.g. 5, 9 (110, 5); voir Callebat 1968, 356 ss. (imitation de la langue des comiques et liberté caractéristique de la langue familière).

Nec tamen huius tam exitiabilis operae merces amplior quam quaterni uel seni ferme offeruntur aurei: Et pourtant, pour prix d'un travail aussi funeste, on n'offre d'ordinaire pas plus de quatre ou six pièces d'or.   43, 21-23

Nec tamen: voir comm. ad 2, 7 (30, 13).

tam exitiabilis: cf. 2, 20 (41, 14). Le passant exagère à peine, puisque, après avoir été plongé dans un sommeil de mort durant sa veillée funèbre (cf. 2, 25: 46,

1 ss.; 2, 30: 49, 28 ss.), Thélyphron subira une mutilation atroce (cf. 2, 30: 50, 4 ss.).

operae merces: pour une analyse de l'aspect légal de ce passage, voir Summers 1967, 111, qui y voit une référence à la procédure de la *locatio conductio operarum* (voir déjà Norden 1912, 174 s.).

quaterni - aurei: voir comm. ad 2, 23 (43, 30) *mille ... nummum.*

43, 23-26   Ehem, et, quod paene praeterieram, siqui non integrum corpus mane restituerit, quidquid inde decerptum deminutumque fuerit, id omne de facie sua desecto sarcire compellitur”: Ah! Et j'allais presque oublier: si quelqu'un ne rend pas le corps dans son intégrité au matin, tout ce qui en aura été enlevé et retranché, il est forcé d'en donner réparation en le découpant dans son propre visage.»

Dans ce récit fantastique, la magie à Larissa apparaît comme une réalité quotidienne, institutionnalisée et sujette à une législation modelée sur la loi du talion. À Rome, la loi réprime la profanation de tombeaux et l'atteinte aux restes humains: cf. Ulp. *dig.* 47, 12, 3, 7 (édit sous Septime Sévère). Dans notre passage, la peine ne s'adresse pas aux magiciennes profanatrices, mais aux gardiens défaillants.[1] Cette précision a pour effet de modifier l'horizon d'attente que le lecteur a déjà pu se former. S'il pensait que Thélyphron avait été victime des atrocités commises par des sorcières, sa mutilation (cf. 2, 20: 41, 19 s.) peut apparaître désormais comme la conséquence du fait qu'il a failli à sa tâche; voir Append. III.

Ehem: mot de la langue des comiques, attesté avant Apulée chez les seuls Plaute et Térence, dont l'un des emplois consiste à introduire une idée, une pensée subite (*ThLL* s.v. 296, 75 ss.). Cf. e.g. Plaut. *Poen.* 118 *ehem, paene oblitus sum relicuom dicere*, avec Maurach 154 ad loc.; cf. aussi Apul. *apol.* 98 (108, 7); Callebat 1968, 87 s. sur ce type d'interjection familière dans les *Met.*

quod - praeterieram: la parenthèse sert à mettre en évidence l'élément le plus important pour le suspense de l'histoire; voir comm. ad 2, 8 (31, 24 ss.). Comparer 3, 23 (69, 18 s.) *sed, quod sciscitari paene praeteriui*, avec Van der Paardt 1971, 174 ad loc. Voir aussi *GCA* 2000, 248 ad 10, 18 (250, 16 ss.).

siqui ... restituerit ... compellitur: pour l'alternance du futur et du présent dans des conditionnelles (également dans un discours direct), cf. 5, 10 (111, 7 s.); 5, 11 (112, 14); voir Callebat 1968, 352 (emprunt au parler commun); LHSz 2, 661

---

[1]   Selon Plin. *nat.* 7, 187, Sylla, qui avait fait déterrer le cadavre de Marius, se fit incinérer par peur du talion; cf. aussi Cic. *leg.* 2, 57. Dans l'univers des déclamations, proche du roman, la loi du talion est plusieurs fois mentionnée: cf. e.g. Sen. *contr.* 10, 4, 9; Ps. Quint. *decl.* 7, 4; Quint. *decl.* 297; 358 et 372; Calp. *decl.* 9, avec Sussman 120 ad loc. Bonner 1949, p. 106 note 7 signale une inscription du 4e ou 5e s. ap. J.-C. (*CIL* 5, 8761), mentionnant la peine de l'amputation des mains en cas de violation de tombeau. Dans le *Roman d'Alexandre* du Pseudo-Callisthène, il est question des gardiens du tombeau de Darius, auxquels Alexandre fait couper le nez et les oreilles, suivant les coutumes du pays (II, 23).

(tour attesté dès Plaute, fréquent chez les auteurs de la langue vulgaire et en latin tardif).

siqui: voir comm. ad 2, 20 (41, 19).

integrum corpus: GCA 1981, 240 ad 7, 24 (172, 8 s.) *moriturus integer* remarquent que *integer* est toujours employé dans les *Met.* dans son sens original de «entier», «intact».

inde decerptum deminutumque ... de facie ... desecto: voir comm. ad 2, 21 (43, 9) s.v. *supplementa*. Malgré ce tableau horrifiant (redondances, répétition emphatique de *de* préposition/préfixe), Thélyphron ne se laissera pas décourager. L'emploi de la préposition *de* avec *desecare* est rare (*ThLL* s.v. 668, 9 ss. ne signale que notre passage et Firm. *math.* 1, 7, 31). Au livre 1, 13 (12, 6 ss.), le verbe est absolu: *quin ... hunc primum bacchatim discerpimus uel membris eius destinatis uirilia desecamus?* (une sorcière à propos d'Aristomène).

sarcire: «réparer», «restaurer», «recoudre». Le verbe évoque une opération chirurgicale. Cf. pour cet emploi dans le vocabulaire médical Cels. 7, 8, 4; Larg. 206 (*OLD* s.v.).

CHAPITRE XXIII

Thélyphron se porte volontaire pour garder le mort

His cognitis animum meum conmasculo et ilico accedens   43, 27-29
praeconem: "Clamare", inquam, "iam desine. Adest custos
paratus, cedo praemium": Muni de ces renseignements, j'arme mon âme
d'un courage viril* et me dirige aussitôt sur le crieur: «Cesse de crier», lui dis-je,
«le voici, le gardien prêt à la tâche. Amène la récompense!».

* Traduction reprise de Vallette

animum meum conmasculo: malgré ses fanfaronnades, Thélyphron n'est pas
insensible aux avertissements qui lui sont donnés; cf. aussi plus loin pendant la
veillée funèbre *animum meum permulcebam cantationibus* (2, 25: 45, 14). Le
verbe *conmasculo* est un néologisme, qui réalise un jeu de mot avec l'étymologie
du nom du personnage (*Thelyphron*: «à l'âme féminine», «l'efféminé»: voir
comm. ad 2, 20: 42, 1). Après Apulée, on le retrouve chez Macr. *Sat.* 7, 11, 2 et
dans deux scholies à Térence (*ThLL* s.v. 1821, 81 ss.). Voir la note de *GCA* 1985,
116 s. ad 8, 11 (186, 6) *Charite masculis animis*, sur la masculinité des personnages féminins dans les *Met.*

accedens praeconem: voir comm. ad 2, 2 (25, 20).

Adest custos paratus: cf. par contraste 2, 25 (46, 5 s.) *indigens alio custode
paene ibi non eram* (Thélyphron, après une attaque de sommeil). L'antéposition
traduit le mouvement plein d'assurance du soldat volontaire. Le verbe apparaît
fréquemment dans un contexte militaire (*ThLL* s.v. *assum* 914, 46 ss.). Cf. e.g.
Lucan. 5, 742 *iam totus adest in proelia Caesar*; Flor. 1, 23, 8 *aderat sponte in
auxilium*. De même, la veillée mortuaire est décrite en termes militaires (cf. 2, 25:
45, 13 ss., en particulier s.v. *obarmatis*).

cedo: cette formule de la langue familière, fréquente chez les comiques (voir
Callebat 1968, 87), se retrouve dans un discours direct au livre 6, 15 (140, 2) *sed
cedo istam urnulam*; cf. aussi e.g. *apol.* 94 (104, 22); Plaut. *Men.* 544 *cedo aurum*; Ter. *Phorm.* 935; Tac. *ann.* 1, 23, 3 *centurio ... cui militaribus facetiis uocabulum 'cedo alteram' indiderant*.

"Mille", inquit, "nummum deponentur tibi. Sed heus iuuenis, caue   43, 30-32
diligenter principum ciuitatis filii cadauer a malis Harpyis probe
custodias": «Mille sesterces te seront versés», me répondit-il. «Mais attention,
jeune homme: veille scrupuleusement à bien protéger des Harpies malfaisantes le
cadavre du fils d'un de nos principaux citoyens.»

Mille - tibi: ce prix est plus élevé que celui mentionné par le passant en 2, 22
(43, 22 s.) *quaterni uel seni ... aurei*; car 1000 *nummi*, i.e. *nummi sestertii* = ca. 10
aurei (voir *GCA* 1995, 270 ad 9, 31: 226, 25; Duncan-Jones 1982, 251). Cette

323

hausse s'explique par le fait que le mort est le fils d'un citoyen important (*infra*). En même temps, la tension narrative est rehaussée. Si le prix est plus élevé, c'est que la tâche est particulièrement dangereuse. Voir comm. ad 2, 13 (35, 24 s.). Summers 1967, 112 identifie le contrat que Thélyphron et le vieillard s'apprêtent à conclure comme une *locatio conductio operarum*.

nummum: pour ce type de gén., voir *GCA* 1977, 143 ad 4, 19 (88, 28); en 4, 8 (80, 9), on trouve le gén. *nummorum*.

Sed heus iuuenis ... caue custodias: voir comm. ad 2, 18 (39, 21) *sed heus tu ... caue ... regrediare*. La jeunesse de Thélyphron est à nouveau soulignée; cf. 2, 21 (42, 15 et 43, 6).

diligenter ... probe: accumulation emphatique.

principum - cadauer: cette précision donne au récit davantage de couleur et renforce le suspense.

malis Harpyis: l'image renvoie à 2, 22 (43, 17) *et aues ... induunt*; cf. aussi 2, 20 (41, 16) *praepeti celeritate*, avec comm. ad loc. Cette désignation des sorcières pilleuses de cadavre (*Harpyia*, du grec ἁρπάζω, «voler») paraît unique. Pour un autre exemple de l'emploi métaphorique de *Harpya* (évoquant la description saisissante qu'en donne Verg. *Aen.* 3, 225 ss.), cf. Hor. *sat.* 2, 2, 40.

44, 1-3   "Ineptias", inquam, "mihi narras et nugas meras. Vides hominem ferreum et insomnem, certe perspicaciorem ipso Lynceo uel Argo et oculeum totum": «Sottises!», répondis-je, «Tu me racontes de pures bêtises. Tu vois là un homme de fer, inaccessible au sommeil, dont la vue est certainement plus perçante que celle de Lyncée lui-même ou d'Argus: un homme qui est tout yeux.»

Thélyphron exprime à nouveau son incrédulité vis à vis des histoires de magiciennes, mais de manière plus explicite; cf. 2, 21 (43, 4 s.), avec comm. ad loc. Lorsqu'il se retrouvera seul avec le cadavre, il ne fera pas preuve de la même assurance (2, 25, 13 ss.).

Ineptias ... nugas: cf. Plaut. *Capt.* 531 s. *maxumas / nugas, ineptias incipisse* (mais le texte est peu sûr). Chez Sen. *benef.* 1, 4, 5, les légendes mythologiques sont qualifiées de manière similaire: *istae ... ineptiae poetis reliquantur*; cf. encore *dial.* 7, 26, 6 (à propos des légendes sur Jupiter).

nugas meras: au livre 1, 8 (8, 18), la combinaison désigne les tours des sorcières qui, pour elles, sont des jeux d'enfant. Le terme *nugae* au sens de «idle tale», «nonsense» (*OLD* s.v. 1b) se rencontre chez les comiques (cf. e.g. Plaut. *Amph.* 604; *Aul.* 830) et chez Gell. 15, 30, 2. Chez Petron. 63, 1, le mot est employé à propos du récit de Nicéros: *scio Niceronem nihil nugarum narrare*. Malgré ce que peut dire Thélyphron, ce sont ses fanfaronnades qui sont de vraies fadaises (notice suivante).

hominem ferreum et insomnem: appliqué à un homme, *ferreus* (= *constans, pertinax*) apparaît encore chez Juv. 1, 31 *quis ... tam ferreus, ut ...* (*ThLL* s.v. *ferreus* 574, 67 ss.). Cf. Verg. *Aen.* 10, 745 s. (= 12, 309 s.) *olli dura quies oculos*

324

et ferreus urget / somnus, in aeternam clauduntur lumina noctem, imitation d'Hom. *Il.* 11, 241. Dans la tradition épique, le sommeil de fer (ou de bronze) est une métaphore pour la mort (voir Graverini 1998, 134 avec références), ce qui ne présage rien de bon pour Thélyphron. Ce dernier a beau se venter, il sera bien vite plongé dans un sommeil de mort: cf. 2, 25 (46, 1 ss.).

perspicaciorem - totum: à la métaphore mythologique employée par le héraut à propos des sorcières pilleuses de cadavres (*malis Harpyis*), Thélyphron répond par une comparaison hyperbolique avec d'autres références légendaires. La vue perçante de Lyncée est proverbiale: cf. Pind. *N.* 10, 61 s.; Ar. *Pl.* 210; Cic. *fam.* 9, 2, 2; Hor. *sat.* 1, 2, 90, etc. Pour Argus, cf. Prop. 1, 3, 20, avec Fedeli 123 s. ad loc. et surtout Plaut. *Aul.* 555 *Argus ... oculeus totus fuit*. Les comparaisons mythologiques dans les *Met.* abondent, qui hissent les personnages, le plus souvent de manière ironique, au rang de héros mythologiques; voir *GCA* 1985, 153 ad 8, 16 (189, 22 ss.; sur l'assimilation entre l'âne Lucius et Pégase). L'effet comique de telles comparaisons provient généralement de ce qu'elles ont pour cadre un contexte burlesque (effet de contraste entre une situation basse et une référence élevée: e.g. 2, 26: 47, 2 ss.), ou de ce qu'elles apparaissent après-coup déplacées (e.g. 2, 14: 36, 12, avec comm. ad loc.) Ici, la comparaison avec Argus est de mauvais augure, puisque ce géant, malgré ses cent yeux, est endormi par la flûte d'Hermès et décapité (même observation chez Graverini 1998, 133 s.; voir comm. ad 2, 25: 45, 13 s.). Au vu du sort que connaîtra Thélyphron, endormi par les sorcières et le visage mutilé (cf. 2, 30: 49, 21 ss.), le lecteur s'apercevra qu'il exagérait à peine. Après sa bastonnade, Thélyphron se comparera encore à deux célèbres victimes de Dionysos (2, 26: 47, 2 ss.). À la fin du livre 2, c'est au tour de Lucius de se prendre pour Hercule (cf. 2, 32: 52, 3).

perspicaciorem: «à la vue perçante»; dans ce sens, cf. aussi *Socr. prol.* 4 *oculis perspicax* (du corbeau, flatté par le renard). Au sens de «attentif» ou «perspicace», on le rencontre dans l'*apol.* 53 (59, 25).

oculeum: archaïsme; cf. Plaut. *Aul.* 555 (cité *supra*); Mart. Cap. 8, 811.

Vix finieram et ilico me perducit ad domum quampiam, cuius ipsis
foribus obseptis per quandam breuem posticulam intro uocat me et
conclaue quoddam <*reserans*> obseratis luminibus umbrosum
demonstrat matronam flebilem fusca ueste contectam, quam
prop<*t*>er adsistens: "Hic", inquit, "auctoratus ad custodiam
mariti tui fidenter accessit": J'avais à peine terminé qu'aussitôt il me
conduit vers une maison dont l'entrée principale était fermée. Il m'invite à entrer par une petite porte de derrière et, ouvrant l'accès à une pièce que des volets clos plongeaient dans l'obscurité, il me désigne une femme en pleurs, couverte de vêtements sombres. S'arrêtant auprès d'elle, il lui dit: «Voici celui qui s'est engagé à garder ton mari et qui s'est présenté, plein d'assurance.»

44, 4-10

Vix ... ilico: dans l'univers des *Met.*, tout le monde est pressé. Voir comm. ad 2, 6 (29, 19 ss.). Ce tempo rapide sert l'intérêt du récit.

325

ipsis foribus: la porte principale, par opposition à l'entrée secondaire, *posticula*.

per quandam breuem posticulam: par un procédé de précision verbale typique d'Apulée, *quidam* vient renforcer la force de *breuis* («extrêmement étroite»: voir pour cet emploi de *quidam* Van Mal-Maeder 1994, 216 ss.), qui lui-même renforce le diminutif *posticula*. Loin d'être un signe d'affaiblissement de la langue (ainsi Bernhard 1927, 137), cette abondance verbale obéit à une recherche de visualisation par le détail. La phrase se caractérise par une succession d'adjectifs et de verbes destinés à faire voir la scène. Le terme *posticula* est un hapax. Cf. 9, 2 (203, 21) *postica*, également attesté pour la première fois chez notre auteur. Chez Plaut. *Trin.* 194 et 1085, on trouve le diminutif *posticulum* («petit quartier de derrière», «cabanon»).

intro uocat me et: le verbe *introuocare* apparaît à quatre reprises chez Apulée, sans nuance légale: voir *GCA* 1985, 116 ad 8, 11 (186, 6).

<reserans>: l'adjonction d'un mot dont puisse dépendre le groupe à l'acc. *conclaue ... umbrosum* est souhaitable. Hanson ad loc. p. 104 note que le plus simple serait d'ajouter *-que* à *matronam* (conjecture de Floridus, imprimée par Giarratano), mais la précision descriptive du passage plaide en défaveur de cette solution. Avec de Jonge 1941, 93 ad loc., Giarratano-Frassinetti, Augello 1977, 53 et Hanson, j'opte pour la conjecture de Walter 1934, où *reserans* précède directement *obseratis luminibus*. De tels jeux de mots et de sons (paronomases) abondent dans les *Met.* (voir Koziol 1988 [¹1872], 202 s.). Robertson et Terzaghi adoptent la conjecture de Van der Vliet, qui ajoute *intrans* devant le verbe principal *demonstrat*. Helm III préfère celle de Leo *<aperiens> demonstrat*; Helm IV: *<recludens> demonstrat* (conjecture imprimée par Van Thiel 1972). On pourrait aussi lire: *intro uocat me et intra conclaue quoddam ... umbrosum*.

luminibus: Blümner veut corriger *luminaribus*. Mais outre que *luminare* est rare et douteux, *lumen* au sens de «fenêtre» est attesté e.g. chez Cicéron et Vitruve (*ThLL* s.v. *lumen* 1814, 1 ss.).

matronam - contectam: les correspondances entre notre passage et 7, 27 (175, 1 ss.) *mater ... fleta et lacrimosa fuscaque ueste contecta* sont dues à l'idiolecte d'Apulée.

matronam flebilem: l'affliction de la veuve est plusieurs fois soulignée (cf. plus bas 44, 11; 2, 24: 44, 17 s.; 2, 26: 46, 11), de sorte que le retournement de situation, qui fera d'elle une meurtrière, apparaît comme une surprise: cf. 2, 27 (47, 13 ss.); 2, 29 (49, 12 s.); Append. III. Ciaffi 1960, 100 compare avec Petron. 111, où le chagrin de la matrone d'Ephèse est longuement décrit ; voir *infra* s.v. *crinibus - dimotis*. Appliqué à des personnes, *flebilis* («tearful, weeping») est poétique (*OLD* s.v. 4); cf. aussi 3, 8 (57, 17 s.) *mulier ... lacrimosa et flebilis*.

fusca ueste: cf. 7, 27 (175, 2: cité *supra*). Outre ces deux passages, l'emploi de *fuscus* à propos de vêtements est attesté chez Cic. *Sest.* 19 et Mart. e.g. 14, 129 (*ThLL* s.v. *fuscus* 1654, 36 ss.). Pour les vêtements de deuil sombres dans l'Antiquité, voir la note de Antolin 173 ad Tib. 3, 2, 18; *RE* 26 (1926), «luctus», 1697-

1705 [Kübler], en particulier p. 1698; Maurin 1984, 193 s.; Scheid 1984, 119; Deschamps 1995, 174 ss.

quam prop<t>er adsistens: pour la correction (F a *proper*; φ *prope*), cf. 5, 28 (125, 11) *Venerem ... propter assistens*. Dans les deux cas, on peut hésiter à prendre *propter* comme un adverbe (ainsi de Jonge 1941, 94 ad loc.) ou comme une préposition (OCP; Koziol 1988 [¹1872], 338 s.). Selon Bernhard 1927, 28 s., les *Met.* ne contiennent pas de telles anastrophes. Cependant, les exemples avec *propter* ne manquent pas: voir *GCA* 1985, 28 ad 8, 1 (176, 19); *GCA* 1995, 262 s. ad 9, 30 (225,27); *GCA* 2000, 273 s. ad 10, 21 (252, 17) *lumen propter adsistens* note que l'anastrophe de la préposition (en particulier de deux ou trois syllabes) est de plus en plus fréquente en poésie dès Lucrèce et en prose dès Tacite.

hic ... auctoratus: pour l'emploi déictique de *hic*, voir comm. ad 2, 2 (25, 17). Dans cette mise en scène d'une procédure de droit fictive (voir comm. ad 2, 22: 43, 23 ss.; 2, 24: 44, 16 ss.), le verbe *auctorare* (*auctorari*) «se louer», «s'engager» (le terme s'applique en particulier aux gladiateurs) est revêtu d'une couleur légale. Voir Norden 1912, 175 (et Summers 1967, 112), qui le met en relation avec la *locatio conductio operarum*. Cf. Pompon. *dig.* 26, 8, 4 *si tutor auctoretur, cui administratio tutelae concessa non est ...*, où le verbe a le sens de «se porter garant» (*OLD* s.v. 3 «to give authorization [for transactions on behalf of a ward-]»); cf. aussi Ulp. *dig.* 27, 6, 9.

fidenter accessit: aux yeux des habitants de Larissa, pour qui les méfaits des sorcières sont de tristes réalités, le courage de Thélyphron (cf. plus haut 44, 1 ss.) est remarquable. Il est possible aussi que ces mots soient ironiques: le vieillard est amusé par l'assurance naïve du jeune Thélyphron.

At illa crinibus antependulis hinc inde dimotis etiam in maerore luculentam proferens faciem meque respectans: "Vide oro", inquit, "quam expergite munus obeas": Celle-ci, écartant d'un côté et de l'autre ses cheveux qui tombaient en avant, découvrit un visage qui, même dans la douleur, resplendissait; et en me regardant, elle me dit: «Veille bien», je t'en prie, «à être tout à fait éveillé pour te charger de ta tâche.»

44, 10-12

At illa: comme souvent dans les *Met.*, *at*, suivi du pronom *ille*, marque un changement d'interlocuteur et introduit un passage au style direct (Callebat 1968, 422 s.).

crinibus - dimotis: selon Ciaffi 1960, 100, ce passage est un écho de Petron. 111, 2 *funus passis prosequi crinibus*. Mais les cheveux détachés sont un signe de deuil traditionnel, mentionné chez bien d'autres auteurs. Cf. e.g. Verg. *Aen.* 3, 65; Tib. 3, 2, 9 ss.; Prop. 1, 15, 11; *RE* 26 (1927) «*luctus*», 1697-1705 [Kübler], en particulier p. 1699; Maurin 1984, 193 s. Le verbe *dimouere* se rencontre à propos de cheveux chez Lucan. 2, 372 (*Cato*) *nec horrificam sancto dimouit ab ore / caesariem*.

antependulis: l'adjectif est attesté chez le seul Apulée. On le retrouve en 5, 22 (120, 16), où, avec *retropendulus*, il décrit le mouvement des boucles de la cheve-

327

lure d'Éros. Ici, les cheveux recouvrent le visage en signe de deuil. Cf. 2, 9 (32, 22 s.) *crines ... dependulos*.

hinc inde: voir comm. ad 2, 19 (41, 2).

etiam - luculentam: selon Lefèvre 1997, 55, la beauté de la veuve est un indice qu'Apulée s'est servi d'une milésienne semblable à l'épisode de la matrone d'Éphèse chez Pétrone (où le gardien du mort a une aventure avec la veuve; voir Append. III). Ciaffi 1960, 100 (*supra* s.v. *crinibus - dimotis*) comparait déjà notre passage avec Petron. 111, 7 et 112, 4. Mais là, il n'est pas question de beauté sublimée par le chagrin. Cf. en revanche e.g. Ter. *Phorm.* 96 ss. et 104 ss.; Ov. *ars* 1, 531 s.; *met.* 7, 730 (de Procris, pleurant son mari), avec Bömer 378 s. ad loc.; Charito 5, 10. En se montrant sensible au charme féminin, Thélyphron est comme Socrate, comme Lucius aussi (sur les parallèles entre Thélyphron et Lucius, voir Append. III). Cf. 1, 7 (7, 10) *anum, sed admodum scitulam* (de la magicienne Méroé); 4, 23 (92, 18 ss.) *puellam mehercules et asino tali concupiscendam, maerentem et crines cum ueste sua lacerantem*.

luculentam: à propos de beauté physique, *luculentus* se retrouve en 4, 25 (94, 3): voir *GCA* 1977, 185 ad loc.; 5, 22 (120, 22) et 10, 30 (261, 11). Avant Apulée, cet emploi paraît exclusivement poétique (*ThLL* s.v. 1748, 50 ss.). Voir aussi comm. ad 2, 4 (27, 9).

respectans: dans F, les lettres *c* et *n* sont un ajout de la même main; φ donne *respiciens*. Mais cf. 3, 10 (59, 14) *meque respectantes*.

Vide ... obeas: pour ce tour paratactique, voir comm. ad 2, 15 (37, 8). Krabbe 1989, 133 compare notre passage avec 11, 30 (291, 19 s.) *munia ... gaudens obibam* (de Lucius s'acquittant de ses fonctions de pastophore) et voit dans cet écho verbal une signification profonde (qu'elle ne précise pas autrement; mais la veuve louant les services de Thélyphron serait une image inversée d'Isis). Cependant, tout comme le tour *munia obire* (cf. e.g. Tac. *hist.* 1, 77 *munia imperii obibat*; voir *OLD* s.v. *obeo* 5), l'expression *munus obire* est commune: cf. e.g. Cic. *amic.* 7, 12; Liv. 3, 6, 9 *munus uigiliarum senatores ... per se ipsi obibant*.

quam expergite: voir comm. ad 2, 7 (31, 7). *Expergite* est attesté chez le seul Apulée; cf. encore 8, 31 (202, 13 s.). Le terme («de manière vigilante, attentive»; < *expergere*, «se réveiller») est remarquable dans ce passage où il est question de veiller un mort sans s'endormir. Cf. 2, 26 (46, 8) *tandem expergitus* (de Thélyphron émergeant de son profond sommeil).

44, 13-14   "Sine cura sis", inquam, "modo corollarium idoneum compara": «Ne te fais pas de souci», répondis-je, «prépare-moi seulement la gratification qui convient.»

corollarium idoneum: au sens premier, *corollarium* est une guirlande de fleurs (*corolla*). Au sens imagé, le terme désigne une gratification, un pourboire «aliquid supra constitutum adiectum» (*ThLL* s.v. 976, 69 ss.; le terme s'emploie en particulier à propos des acteurs). Cf. Varro *ling.* 5, 178 *corollarium si additum praeter quam quod debitum, eius uocabulum fictum a corollis, quod eae, cum placuerant actore, in scena dari solitae. Corollarium* apparaît généralement dans un contexte de plaisir ou de divertissement. Au livre 3 des *Met.* d'Apulée, on le trouve dans un emploi érotique: *de propria liberalitate Fotis puerile obtulit corollarium* (3, 20: 67, 16). Ce mot, peu approprié à la situation, trahit les origines milésiennes de Thélyphron (voir comm. ad 2, 21: 42, 15), qui semble oublier qu'il se trouve dans une maison endeuillée; cf. 2, 24 (45, 2 ss.). L'adjectif *idoneus* se rencontre fréquemment dans la langue du droit, à propos de sommes d'argent «sufficiens ad soluendum uel satisfaciendum» (*ThLL* s.v. 235, 24 ss.); cf. 6, 26 (147, 23) *idonei lucri*.

compara: F et φ ont *comparas Ic*. La correction est de Hildebrand (*compara. Sic placito*: cf. 2, 24: 44, 15).

CHAPITRE XXIV

Un procès-verbal mortuaire

Sic placito oci*us* surrexit et ad aliud me cubiculum inducit: 44, 15-16
L'affaire ainsi décidée, elle se leva rapidement et me conduisit dans une autre
chambre.

    Sic placito: cf. 9, 4 (205, 8) *isto placito*; Hor. *epod.* 16, 23 *sic placet?* Dans
notre contexte, l'expression a peut-être une couleur juridique (*placitum*, «an
agreed condition» [*OLD* s.v. 2], apparaît dans les textes de droit). Pour la leçon
sic, voir comm. ad 2, 23 (44, 14) s.v. *compara*.

    ocius surrexit: les mss. donnent *ocin surrexit*; le *n* est corrigé en *u* par la
même main. Les éditeurs modernes adoptent la conjecture de Leo *consurrexit* (le
o serait issu du mot précédent). Mais, comme le note Hijmans 1995a, 120, la
correction *ocius surrexit* (ç), plus proche des mss., est préférable. La veuve a hâte
que la veillée commence: cf. plus bas *confestim, protinus* (45, 11); 2, 23 (44, 4)
Vix ... et ilico. Ocius apparaît en 8, 5 (179, 23) et 10, 5 (240, 15). De Jonge 1941,
21 ad loc. opte pour (*sic placito*) <*h*>*oc insurrexit*, proposé par Beyte 1925, 638.

    inducit: un présent après un parfait, comme souvent dans les *Met.*: voir
comm. ad 2, 2 (25, 12 ss.).

Ibi corpus splendentibus linteis coopertum introductis quibusdam   44, 16-20
septem testibus manu reuelat et diutine <*in*>super fleto obtestata
fidem praesentium singula demonstrat anxie, uerba concepta de
industria quodam tabulis praenotante: Après y avoir introduit sept
témoins, de sa main elle découvre le corps recouvert de draps splendides, pleure
longuement dessus puis, en appelant à la bonne foi des assistants, elle désigne
avec minutie chaque partie, tandis que quelqu'un notait soigneusement les
formules sur des tablettes.

À Larissa, la magie fait à tel point partie du quotidien que toute une législation a
été mise en place pour dédommager les familles des victimes, au cas où un cadavre devait être mutilé. De ce contraste entre le pragmatisme du procès-verbal et le
surnaturel naît l'effet de comique absurde (voir Append. III). Soulignant la couleur romaine de ce passage et sa précision, Norden 1912, 151 s. note 5 est d'avis
qu'il fournit de précieux renseignements sur les procédures juridiques faisant
intervenir des témoins (e.g. pour la rédaction d'un testament); voir aussi Summers
1967, 113 ss. et 1970, 522 ss. S'il est vrai que le chapitre abonde en termes techniques de la langue du droit (voir *infra*), il ne faut pas perdre de vue qu'on a affaire à une fiction; voir s.v. *quibusdam septem testibus*.

    splendentibus linteis: des exemples cités par *OLD* s.v. *splendeo*, il apparaît
que le verbe est toujours employé au sens de «briller, être lumineux, éclatant»

(sens propre ou figuré). Cf. 11, 9 (272, 24) *mulieres candido splendentes amicimine*; *flor*. 23 (43, 15 s.) *splendentibus uelis* et comparer Prud. *cath*. 10, 49 ss. *candore nitentia claro / praetendere lintea mos est* (*corpus*). Le terme fait probablement aussi référence à la magnificence des draps, témoignant du statut du mort (cf. 2, 23: 43, 31; 2, 27: 47, 9 s.); comparer 2, 19 (40, 19) *diribitores ... splendide amicti*; 10, 13 (246, 16) *post opiparas cenas earumque splendidissimos apparatus*.

quibusdam septem testibus: selon Norden (voir notice introductive), ce chiffre pourrait bien correspondre à la réalité des vrais procès-verbaux. Mais comme le remarque Vallette ad loc. (note 1 p. 50), «ce nombre consacré ajoute à la solennité de l'acte»; voir aussi Bernhard 1927, 118 avec exemples supplémentaires. Cf. les sept baisers de Vénus en 6, 8 (133, 22); les sept immersions de Lucius avant sa prière à Isis en 11, 1 (266, 25 s.) *septiesque summerso fluctibus capite, quod eum numerum praecipue religionibus aptissimum diuinus ille Pythagoras prodidit* (voir Griffiths 1975, 113 ad loc.). Voir comm. ad 2, 32 (51, 14: sur l'utilisation stratégique du nombre 3).

diutine <in>super fleto: le chagrin de la dame est plusieurs fois souligné (cf. encore 2, 26: 46, 10 ss.), afin de rendre plus surprenante la révélation finale qui fera d'elle la meurtrière de son mari (2, 27: 47, 16 ss.). Les mss. ont *usu perfleto*; ς corrige *uisu perfleto* ou *praefleto* (Hildebrand: *diutino usu perfleta*). Après Heinsius qui hésite à lire *eo* (ou *uiro*) *insuper* (ou *super*) *fleto*, Gaselee propose *insuper fleto*. En dehors de Helm III, qui adopte la conjecture de Leo *superfleto*, cette leçon est imprimée par tous les éditeurs modernes, ainsi que par Helm IV et Augello 1977, 54. Blümner 1894, 300 corrige encore *diutino nisu prae fletu*, Castiglioni 1930, 107 s. *diutino super fletu*; mais voir comm. ad 2, 15 (37, 1).

fidem: dans les mss., *fidem* est corrigé en *fide*. Mais la leçon première peut être maintenue (*pace* Hildebrand). Cf. 9, 42 (235, 22) *deum numen obtestantis*; Cic. *Mur*. 86 *uestram fidem obtestatur*; Liv. 2, 10, 3 *obtestans ... deum et hominum fidem*; 8, 33, 23.

singula: le terme est développé dans la phrase suivante.

anxie ... de industria: la solennité et le sérieux de ce procès-verbal mortuaire sont abondamment soulignés. *Anxie* est à prendre au sens de «avec un soin méticuleux» (en 2, 5: 28, 15, il signifie «avec anxiété»). Au sens de «avec diligence», le tour adverbial *de industria* apparaît encore chez Plaut. *Asin*. 212 (*OLD* s.v. *industria* 1c); en 2, 17 (39, 1), il signifie «de manière délibérée, calculée».

uerba concepta: l'expression désigne une formule solennelle, consacrée (cf. e.g. Plaut. *Asin*. 562 *ubi uerbis conceptis sciens libenter periuraris*; Gaius *inst*. 4, 30 *ut per concepta uerba, id est per formulas litigaremus*; *OLD* s.v. *conceptus*[1]). Les procès-verbaux de ce type sont courants à Larissa, conséquence de la quotidienneté de la magie (notice initiale).

praenotante: sur ce verbe attesté pour la première fois chez Apulée (qui l'emploie à quatre reprises), voir *GCA* 2000, 163 ad 10, 9 (243, 29); *ThLL* s.v. 735, 49 ss. remarque que la force du préverbe n'est pas présente dans notre passage.

"Ecce", inquit, "nasus integer, incolumes oculi, saluae aures, inlibatae labiae, mentum solidum. Vos in hanc rem, boni Quirites, testimonium perhibetote", et cum dicto consignatis illis tabulis facessit: «Regardez», dit-elle, «le nez est intact, les yeux indemnes, les oreilles bien conservées, les lèvres non détériorées, le menton bien accroché. Vous, honorables Quirites, rendez témoignage de cette situation.» Et sur ces mots, une fois que tout le monde a scellé les tablettes, elle se retire.

44, 20-23

L'usage du discours direct met en évidence l'absurdité de la situation. Walsh 1970, 154 juge la scène peu motivée. Mais outre qu'elle est un des éléments qui font de ce récit une tragi-comédie, elle a pour effet de focaliser l'attention sur le mort, amenant le lecteur à penser que des sorcières ne vont pas tarder à le défigurer (voir Append. III). Noter dans ce catalogue développant *singula* (ligne 18) la variation des adjectifs synonymiques et leur arrangement «chiastique» (le premier et le dernier suivent le substantif, les trois du milieu le précèdent).

Ecce - solidum: cf. 1, 18 (16, 11) *ecce Socrates integer, sanus, incolumis* (après avoir subi les atrocités de deux sorcières).

nasus integer: voir comm. ad 2, 22 (43, 24).

incolumes oculi: cf. Quint. *decl.* 297, 11 *aequom est saluos esse hos oculos et incolumes* (dans une déclamation envisageant de punir une mutilation par la loi du talion).

Vos - perhibetote: cf. Gaius *inst.* 2, 104 *haec ita ut in his tabulis ... scripta sunt ... ita testor itaque uos, Quirites, testimonium mihi perhibetote*; Ulp. *reg.* 20, 9 *Quirites, testimonium perhibetote*. La formule juridique *testimonium perhibere* se retrouve chez Apul. *met.* 7, 25 (173, 20 s.) *utinam ipse asinus ... meae ... testimonium innocentiae perhibere posset*. Des exemples cités par *ThLL* s.v. *perhibeo* 1441, 46 ss. (qui omet notre passage), il apparaît que ce tour avec la construction *in* + acc. est unique (*in hanc rem*: «concernant cette affaire»).

boni Quirites: cette appellation spécifiquement romaine se retrouve en 2, 27 (47, 14); 3, 3 (54, 4 s.: voir Van der Paardt 1971, 41 ad loc.); 3, 5 (56, 2) et 8, 29 (200, 23: voir *GCA* 1985, 259 ad loc.), à chaque fois dans un discours direct et dans un contexte judiciaire. Il s'agit de l'un des nombreux cas de «romanisation» que contiennent les *Met.* (voir Introd. 7.2).

et cum dicto ... facessit: voir comm. ad 2, 15 (37, 9). Un terme de la langue élevée clôt la description de ce cérémonial.

consignatis - facessit: le relevé de l'état du cadavre constitue désormais un document légal. Cf. Cic. *Quinct.* 25 *tabulae maxime signis hominum nobilium consignantur, disceditur*; Liv. 29, 12, 15; Gaius *inst.* 2, 181 *tabulas proprio lino propriaque cera consignamus*; Apul. *apol.* 67 (75, 26 s.) *quod ... tabulae nubtiales sint consignatae*, avec Hunink 1997, 178 ad loc. Pour une description détaillée de la manière dont un procès-verbal était consigné puis scellé, voir la note de Vallette à notre passage (note 3 p. 50 s.). La correction *illi[s] ... facessunt* de Rohde 1885, 97 est inutile.

333

44, 24-45, 4   At ego: "Iube", inquam, "domina, cuncta quae sunt usui necessaria nobis exhiberi." "At quae", inquit, "ista sunt?" "Lucerna", aio, "praegrandis et oleum ad lucem luci sufficiens et calida cum oenophoris et calice cenarumque reliquiis discus ornatus": Mais je lui dis: «Donne l'ordre, ma dame, que tout ce qui est nécessaire à mes besoins me soit fourni.» «Et de quoi s'agit-il?», me demanda-t-elle. «Une lampe», répondis-je, «la plus grande qu'il se puisse trouver, et de l'huile en quantité suffisante pour que sa lueur se répande jusqu'aux lueurs du jour, de l'eau chaude avec des cruches à vin et un calice, et un plateau orné des restes du repas.»

At ego: voir comm. ad 2, 6 (29, 15). Dans notre passage, la conjonction s'explique par le fait que Thélyphron arrête la veuve (cf. *facessit*), pour lui réclamer ce dont il a besoin.

domina: voir comm. ad 2, 20 (42, 5).

usui necessaria: Vallette semble entendre *usus* au sens de *officium* («ce qui est nécessaire à mon office»; voir aussi Grimal: «ce qui est indispensable pour mon service»). Cependant, un tel emploi n'est pas signalé par *OLD* s.v. Le tour est commun; cf. e.g. Liv. 7, 26, 14 *praeter cetera necessaria usui*; 22, 12, 8; Sen. *epist.* 90, 15 *nos habere usibus nostris necessaria*.

Lucerna - ornatus: ces éléments sont ceux nécessaires à une nuit d'amour: cf. 2, 11 (33, 24 ss.). Il n'est donc pas étonnant que la veuve s'offusque des exigences du gardien (originaire d'une région de la Grèce connue pour son libertinage: voir comm. ad 2, 21: 42, 15) et prenne ses dispositions pour éloigner sa servante, dont le nom est trop engageant (*infra*).

ad lucem luci sufficiens: l'abondance de l'expression a plus d'une fois été suspectée. Faber estime que *luci sufficiens* est une glose; du même avis, Nolte 1864, 674 veut supprimer *ad lucem* ou *luci*, tandis que Damsté 1828, 8 corrige (après Heinsius) *ad diluculum sufficiens*. Mais les juxtapositions de mots à double sens ou d'homonymes ne sont pas rares dans les *Met.*: cf. 2, 7 (30, 24 s.); 6, 13 (138, 2 s.) *secundi laboris periculum secundum*; 10, 25 (257, 2 s.) *potio, quam sacram doctiores nominant, sed in eius uice<m> subditur alia Proserpinae sacra*, etc. (Callebat 1968, 472). Comme l'expliquait déjà Beroaldus, le premier *lux* désigne la lumière du jour, le second, qui dépend de *sufficiens*, fait référence à la lumière artificielle de la lampe («une lampe capable d'éclairer jusqu'au jour»). Comparer Plaut. *Curc.* 182 *nam hoc quidem edepol haud multo post luce lucebit*; Hor. *carm.* 3, 8, 14 s. *uigiles lucernas / perfer in lucem*; Plin. *nat.* 2, 43 *qui labore curaque lucem nobis aperuere in hac luce* (i.e. la lune); Mart. 1, 68, 5 s. (jeux sur *lux/lumen*) et encore Apul. *Plat.* 1, 14 *oculorum acies gemellas perlucidas et quadam luce uisionis inlustres noscendi luminis officium tenere*.

cum oenophoris: Callebat 1968, 199 note que l'emploi de *cum* + abl. au lieu d'une conjonction de coordination s'observe dans des contextes de caractère familier (dans notre passage, il y aussi peut-être recherche de variation et de sonorité par les sons *c*). Sous-estimant les capacités d'ingurgitation du jeune Thélyphron, Leo corrige *oenophoro* (Robertson hésite à lire *oenophorio*), ce qui constitue une

334

banalisation inutile. La veuve ne s'y trompe d'ailleurs pas, qui reproche au jeune homme de vouloir faire la fête (cf. phrase suivante). *Oenoforum* est attesté (avec l'orthographe *f*) en 8, 11 (186, 1). En dehors de ces deux passages d'Apulée, ce terme de la langue quotidienne est confiné à la littérature satirique (*ThLL* s.v. 482, 78 ss. cite Lucilius, Horace, Perse, Martial et Juvénal).

discus: *ThLL* s.v. 1370, 61 ss. cite notre passage comme première occurrence du terme au sens de «plateau de nourriture» (*Gloss.* 5, 618, 21 *dapifer discus. uasculum, fasculum*). Sur cet emploi familier, voir Callebat 1968, 63.

Tunc illa capite quassanti: "Abi", inquit, "fatue, qui in domo **45,5-9** funesta cenas et partes requiris, in qua totiugis iam diebus ne fumus quidem uisus est ullus. An istic comisatum te uenisse credis? Quin sumis potius loco congruentes luctus et lacrimas?": Elle alors, secouant la tête: «Hors de ma vue, espèce de fou, qui réclames une part de repas dans une maison endeuillée, où, depuis plusieurs jours déjà, on n'a même pas vu la moindre fumée. Crois-tu que tu es venu pour faire bombance en ce lieu? Tu devrais plutôt adopter l'attitude qui convient à la circonstance, la douleur et les larmes.»

capite quassanti: F et φ ont *quassato*, mais dans la marge de F, la même main corrige *quassanti*; a* a *quassanti*. Cf. 3, 26 (71, 13), avec Van der Paardt 1971, 187 ad loc. pour l'emploi intransitif du verbe dans cette expression, commune à Apulée et Plaute (*OLD* s.v. *quasso* 1d signale aussi Caecil. *com.* 271); 4, 29 (98, 6); 8, 19 (192, 3).

Abi: exclamation familière propre à la langue des comiques; voir *ThLL* s.v. 66, 76 ss. et 67, 15 ss. «cum improbatione» (en dehors de notre passage, on ne la trouve que chez Plaute et Térence).

fatue: exclamation propre aux comiques; voir *ThLL* s.v. *fatuus* 370, 74 ss., qui cite avant Apulée Plaut. *Amph.* 1026; Ter. *Eun.* 604 et Pomp. *Atell.* 108.

domo funesta: expression consacrée pour désigner une demeure entachée par un décès (on trouve aussi *familia funesta*): cf. e.g. Cic. *leg.* 2, 55 (*familia*); Varro *ling.* 5, 23; Sen. *dial.* 7, 28, 1 (*domus*); Gaius *dig.* 45, 3, 28, 4 (*familia*); voir Scheid 1984, 118 s.

totiugis: l'adjectif *totiugus* est attesté chez le seul Apulée. Cf. aussi (au sens de «varié») *flor.* 18 (35, 20) *haec tanta ac totiuga inuitamenta*; *Socr.* 8, 7. Dans les *flor.* 9 (13, 7), on trouve la forme *totiugis, -is, -e.* Cf. *met.* 4, 13 (84, 20) *apparatus multiiugi*.

istic: Oudendorp corrige *istuc*. Mais, outre que les confusions d'emploi dans la désignation du lieu où l'on est et du lieu où l'on va ne sont pas rares dans les *Met.* (voir Callebat 1968, 195 s.), l'adverbe dépend de *comisatum* plutôt que de *uenisse*.

comisatum te uenisse: dans F, un *s* paraît avoir été effacé aprrès le *u* de *comisatum*; φ a *comesatum*. Cf. pour ce supin (*comissor*, du grec κωμάζω) avec verbes de mouvement e.g. Plaut. *Most.* 317; *Persa* 568 *uenient ad te comissatum*, avec

Woytek 349 ad loc., qui commente «ein fröhliches Gelage mit Hetären»; *Rud.* 1422; Liv. 40, 9, 11 (*ThLL* s.v. *comissor* 1790, 29 ss.). La *comissatio* est souvent associée avec l'idée de débauche (voir *ThLL* s.v. 1788, 55 s.); cf. Suet. *Vit.* 13, 1; *Tit.* 7, 1.

Quin - lacrimas: cf. 6, 5 (132, 8 s.) *quin igitur masculum tandem sumis animum?*

luctus et lacrimas: redoublement emphatique et pathétique fréquent dans les *Met.* (où les termes ne sont toutefois pas synonymes): cf. e.g. 8, 13 (187, 13 ss.) *fletus uberes et lamentationes uarias ... importunas lacrimas ... luctum ... alienum*. Comparer Cato *orat.* 58 M *quantum luctum, quantum gemitum, quid lacrimarum, quantum fletum factum audiui!*; Cic. *Verr.* 2, 1, 76; 2, 3, 207, etc. Contrairement à ce que suggère de Jonge 1941, 97 s., le pluriel *luctus* n'est pas l'apanage de la poésie. Cf. 5, 6 (107, 18); Sen. *epist.* 99, 11; Quint. *decl.* 321, 31 *praeter luctus et lacrimas*; Ps. Quint. *decl.* 10, 1 *luctibus ac lacrimis*; 10, 10.

45, 9-12   Haec simul dicens respexit ancillulam et: "Myrrhine", inquit, "lucernam et oleum trade confestim et incluso custode cubiculo protinus facesse": En disant ces mots, elle se retourna vers une petite esclave: «Myrrhine», lui dit-elle, «apporte vite une lampe et de l'huile et quand tu auras enfermé le gardien dans la chambre, dépêche-toi de t'en aller.»

Haec - ancillulam: cf. 2, 7 (31, 11) *haec dicens in me respexit*.

ancillulam: ce diminutif hypocoristique, très fréquent chez les comiques (*ThLL* s.v. 28, 69 ss.), apparaît encore en 1, 21 (19, 23) et 1, 23 (21, 18).

Myrrhine: *Myrrhine* est une correction de Beroaldus pour la leçon *myrrhene* des mss. Le nom *Myrrhine* (grec Μυρρίνη) est bien attesté en Grèce et en Italie, avec différentes orthographes: voir Fraser-Matthews I, 322, II, 323 et III, 307. On le rencontre notamment dans la comédie: cf. Ar. *Lys.*, en particulier 864 ss., où le personnage excite violemment les désirs de son mari; Men. *Her.*; *Georg.*; *Dysk.* *Myrrhine* paraît avoir été un nom de courtisane: cf. Ath. 13, 593a; 13, 567f.; schol. Ar. *Nu.* 109; Alciphr. 4, 5; 4, 10; 4, 14. Le nom évoque aussi peut-être les plaisirs de la *comissatio* (voir *supra* s.v. *comisatum te uenisse*), à travers sa parenté avec le mot *murrina* (vin parfumé de myrrhe: cf. Gell. 10, 23, 2; Ael. *VH* 12, 31); cf. enfin Ar. *Eq.* 964 où le terme μύρρινον possède un sens obscène. La jeune servante porte donc un nom prometteur, et on ne s'étonnera pas que la veuve la presse de ne pas s'attarder auprès de Thélyphron le Milésien; voir *supra* s.v. *Lucerna - ornatus*. Cette explication me paraît plus vraisemblable que celle avancée par Krabbe 1989, 99 et 111 note 33, qui établit une opposition entre *Myrrhine*, symbole de la «fausse lumière» (voir notice suivante) et la vraie lumière d'Isis[1]; voir Introd. 5.

---

[1]   Cette théorie se base sur celle de F. Ahl, *Metaformations: Soundplay and Wordplay in Ovid and Other Classical Poets*, Ithaca/New York 1985, 217, qui (à propos de l'histoire de Myrrha chez Ov. *met.* 10, 298 ss.) émet la supposition qu'il existe un lien («perhaps a

lucernam: Krabbe 1989, 99 et 136 s. voit dans cette lampe (comme dans les autres lampes apparaissant dans le roman) une signification symbolique. La lampe apportée par Myrrhine aurait un aspect magique, sinistre, et représenterait «la fausse lumière» par opposition à la vraie lumière d'Isis. Mais qu'y a-t-il de plus normal que d'allumer une lampe le soir, et certainement un soir de veille? Sur la coutume de placer des lumières autour du lit du mort dans l'Antiquité, voir Scheid 1984, 121 ss.

confestim ... protinus: *uariatio*. La veuve a hâte de se débarrasser de Thélyphron en faisant débuter la veillée funèbre (cf. *ocius* au début du chapitre). Elle se méfie qu'il puisse pousser plus loin ses envies d'une *comissatio*, en compagnie féminine (voir *supra* s.v. *comisatum te uenisse*). Pour l'adverbe *protinus*, voir comm. ad 2, 14 (36, 22).

incluso custode cubiculo ... facesse: dans la Larissa des *Met.*, les sorcières sont une telle menace que, pour protéger les morts, il faut les enfermer avec leur gardien. Dans l'Antiquité, les morts étaient en réalité exposés avant d'être enseveslis: voir Maurin 1984, 193 s.; Scheid 1984, 120. Pour Callebat 1994, *cubiculo* dépend de *facesse* (Vallette traduit: «tu enfermeras le gardien et sortiras aussitôt de la chambre»; voir aussi Helm-Krenkel). Je préfère le rapporter à *incluso* (ainsi e.g. Grimal, Hanson); voir comm. ad 2, 15 (37, 9) pour l'emploi absolu de *facessere*.

---

deadly one») entre les noms *MYR(R)Hine* et les lampes. Notant que Thélyphron se compare à Adonis et Orphée (cf. 2, 26: 47, 2 ss.), Ahl s'émerveille de ce qu'Orphée est chez Ovide le narrateur de l'histoire de Myrrha et de ce que l'enfant que celle-ci aura de Cinyras se nomme Adonis. Ces méandres hermétiques m'échappent. Non moins douteuse, l'explication de Drake 2000, 10 pour qui Myrrhine représente Nephthys, déesse de la nuit et de la mort: tant il vrai que les Égyptiens utilisaient de la myrrhe pour embaumer les corps (!).

CHAPITRE XXV

La veillée funèbre

Sic desolatus ad cadaueris solacium perfrictis <o>culis *et* obarma- **45, 13-17**
tis ad uigilias animum meum permulcebam cantationibus, cum
ecce crepusculum et nox prouecta et nox altior et dein concubia
altiora et iam nox intempesta: C'est ainsi que je me retrouvai en solitaire
pour consoler le cadavre. Je me frottais les yeux et les armais en vue de cette
veille, je m'encourageais en chantant, quand arriva le crépuscule, que la nuit s'a-
vança, suivie d'une nuit plus profonde et des heures plus profondes encore où tout
dort, et quand déjà ce fut la nuit épaisse.

desolatus ... solacium: pour ce jeu de mots, cf. 3, 8 (57, 25 s.) *solitudini de
uindicta solacium date*; 5, 4 (106, 6 s.) *sonus uocis ... solitudinis erat solacium*;
flor. 17 (32, 22 ss.) *in solitudine cantilauit Orpheus ... Orpheus exilio desolatus*.
Dans notre contexte, la pompe de l'expression revêt une dimension comique.

desolatus: «laissé seul», «abandonné». Le verbe peut être utilisé à propos de
personnes endeuillées, privées de la compagnie de la personne morte: cf. e.g. *CIL*
6, 10703; 13, 2221; 13, 2299; *carm. epigr.* 1109, 1 ss. *cum ... me desolatum, me
desertum ac spoliatum / clamarem largis saxa mouens lacrimis* (*ThLL* s.v. *desolo*
734, 14 ss.).

ad cadaueris solacium: la traduction de Vallette «pour tenir compagnie au
mort» (ainsi aussi Carlesi-Terzaghi, Grimal, Scazzoso) est trop faible. L'humour
de cette tournure réside dans le fait que la consolation (*solacium*) s'adresse nor-
malement aux personnes endeuillées, non pas aux morts. Alors que pour la majorité des traducteurs, c'est Thélyphron qui console le mort (e.g. Helm-Krenkel:
«um den Leichnam zum trösten»; Annaratone: «rimasi solo a consolare il morto»;
Hanson: «left alone to console a corpse»), Augello comprend l'inverse: «con la
consolante compagnia di quel morto». Mais dans cette traduction, *ad* demeure
inexpliqué.

perfrictis - uigilias: Thélyphron tente de résister au sommeil, comme Argus
auquel il se comparait en 2, 23 (44, 3). Cf. Ov. *met.* 1, 685 ss. (parallèle noté par
Graverini 1998, 134).

perfrictis <o>culis et: F a *perfrictisculi. sed* (dans la marge, une main a inscrit
perfricatis oculis). La correction est de ç. La forme du participe passé passif *per-
frictus* est rare (*ThLL* s.v. *perfrico* 1402, 9 ss. signale encore son emploi chez
Marcellus). Elle est probablement choisie pour des raisons sonores (suite de terminaisons en *-is*).

obarmatis: le verbe est rare et appartient à la langue poétique: voir *GCA*
1985, 155 ad 8, 16 (189, 27), où il est employé au sens concret, comme aussi en
9, 1 (202, 23). *ThLL* s.v. *obarmo* 35, 75 ss. cite notre seul passage pour l'emploi
figuré du verbe. La métaphore militaire se poursuit tout au long du chapitre: voir

notice suivante; *infra* s.v. *contra me constitit* (ligne 18); *terga uortit* (46, 1); cf. 2, 23 (43, 28 s.) *adest custos paratus*.

animum - cantationibus: cf. 11, 21 (282, 20 s.) *spei melioris solaciis alioquin anxium mihi permulcebat animum*. Le verbe *permulcere* apparaît fréquemment dans des contextes guerriers, où il est question d'apaiser les esprits des soldats ou de les encourager: cf. e.g. *Socr.* 17; Caes. *Gall.* 4, 6, 5 *animis permulsis et confirmatis ... bellum ... gerere constituit*; Liv. 36, 12, 6; Curt. 6, 2, 20; Tac. *hist.* 3, 57, 2; Sil. 11, 289 s. *obtusas immiti murmure saeuae / inter bella tubae per-mulcet cantibus auris* (*ThLL* s.v. *permulceo* 1570, 35 ss.). Une fois qu'il se trouve seul avec le mort et à l'approche de la nuit, le soldat Thélyphron n'est pas aussi rassuré qu'il le prétendait (cf. 2, 23: 44, 1 s.). Comparer 2, 23 (43, 27) *animum meum conmasculo*, avec comm. ad loc. Krabbe 1989, 13 ss. étudie la notion de *permulcere* dans les *Met.*

cantationibus: le mot *cantatio* est rare, attesté avant notre passage chez Varro *ling.* 6, 75. On le trouve ensuite fréquemment chez les auteurs chrétiens (*ThLL* s.v. 279, 34 ss.).

cum ecce - intempesta: cette succession de courtes séquences, dont la régula-rité rythmique est soulignée par les conjonctions et par les répétitions de mots, rend de façon remarquable l'écoulement rapide du temps et la montée de la tension dramatique. L'absence de verbe traduit la brusque arrivée du soir aux yeux d'un Thélyphron inquiet. Cf. 2, 32 (51, 14 s.), où on trouve un autre exemple de phrase nominale introduite par *ecce*, réalisant «un effet d'imprévu et de soudai-neté» (Callebat 1968, 446). Vallette signale (note 1 p. 51) que les grammairiens anciens distinguent sept phases dans le cours de la nuit: *crepusculum, fax* (cf. 2, 10: 33, 20 *prima face*), *concubium, nox intempesta, gallicinium, conticinium, aurora* ou *crepusculum matutinum* (cf. Gloss. 5, 658, 2; la précision de cette divi-sion ne correspond probablement pas à l'usage courant). Les cinq phases mention-nées par Thélyphron dépeignent simplement la progression des ténèbres jusqu'au plus profond de la nuit.

cum ecce: voir comm. ad 2, 11 (34, 14).

et nox prouecta et nox altior: dans un article où elle étudie les mécanismes d'erreurs dans F, Magnaldi 2000, 64 s. propose de corriger *et nox <altior> prouecta [et nox altior]* (*altior* aurait d'abord été omis, puis rajouté avec la répéti-tion des «mots-signaux» («parole-segnale») *et nox*. La conjecture est ingénieuse, mais le texte des mss. est maintenu selon les principes des *GCA* (voir Introd. 8).

nox prouecta: cf. 5, 4 (105, 17) *prouecta nocte*. En dehors d'Apulée, l'expres-sion est attestée chez Tac. *ann.* 13, 20, 1 et 15, 69, 3.

concubia altiora: après Oudendorp, Novák 1904, 20 s. veut supprimer *altio-ra*, estimant que *concubia* est adjectif (s.e. *nox*). Robertson se demande s'il ne faut pas rétablir le substantif: *(dein) nox concubia*. Toutefois, *concubia* peut être le neutre pluriel du substantif (ainsi *ThLL* s.v. *concubius* 101, 4 ss. et OCP), choisi par souci de variation. Au singulier, il est attesté chez Plaut. *Trin.* 886 *concubium ... noctis*; Varro *ling.* 6, 7 *concubium appellarunt, quod omnes fere tunc cubarent*;

7, 78 *concubium a concubitu dormiendi causa dictum*; Cens. 24, 6 et Serv. *Aen.* 3, 587.

et iam: les mss. ont *etiam*. La correction est de ç. Cf. pour un cas semblable 2, 16 (38, 5), où *iam* a le sens de «déjà». Van der Vliet déplace *iam* (voir ci-dessous *s.v. Mihique - quidem*). Mais la présence de cet adverbe à la fin de l'énumération des différentes phases nocturnes se justifie parfaitement.

nox intempesta: pour cette expression désignant «the dead of night» (*OLD s.v. intempestus* 1), cf. 1, 10 (10, 1: dans un passage décrivant les méfaits de la sorcière Méroé); 6, 30 (151, 26) *nec noctis intempestae manes laruasque formidatis?*; Lucr. 5, 986 s. *atque intempesta cedebant nocte pauentes / hospitibus saeuis instrata cubilia fronde*. Cette heure de la nuit est celle de tous les dangers et le lecteur peut s'attendre à ce que quelque chose de terrible se produise.

Mihique oppido formido cumulatior quidem, cum repente introrepens mustela contra me constitit optutumque acerrimum in me destituit, ut tantillula animalis prae nimia sui fiducia mihi turbarit animum: Une peur terrible s'insinuait en moi, de plus en plus forte, lorsque tout à coup une belette se glissa à l'intérieur, s'arrêta en face de moi et planta sur moi le regard le plus aigu qu'il fût, si bien que l'extrême confiance de cette bestiole de rien du tout vint ébranler mon courage.
45, 17-20

Mihique - quidem: la structure de cette phrase a troublé plus d'un savant. La correction de Van der Vliet <*iam*> *oppido* <*formidanti*> *formido* n'apporte que lourdeur. Celle d'Elmenhorst *cumulatur* (cf. 1, 19: 17, 14 *breuitas ... commeantium metum mihi cumulabat*) n'est pas plus utile. Le comparatif *cumulatior* dépeint l'accroissement progressif de la peur de Thélyphron au fur et à mesure de l'avancée de la nuit, selon le mouvement de la phrase précédente, dans laquelle il n'y a pas non plus de verbe (recherche d'intensité dramatique: voir *supra s.v. cum ecce - intempesta*). Quant à la conjecture de Novák 1904, 21 *oppido forti cumulatior quidem* <*constantia*>, elle renverse complètement le sens de la phrase et la dépouille de son humour. Il apparaît désormais que Thélyphron n'est pas le brave qu'il prétend être: cf. *supra s.v. animum - cantataionibus*.

Mihi ... contra me ... in me ... mihi: l'accumulation traduit la force des émotions de Thélyphron.

oppido formido cumulatior: cf. pour cette combinaison sonore (avec le verbe *formido, are*) 2, 16 (38, 11 s.). D'ordinaire, *cumulatus* (au positif ou au comparatif) accompagne des substantifs abstraits de valeur positive (e.g. *gloria, gratia, gaudia*).

cum repente: la conjecture de Lütjohann 1873 *tum repente* n'est pas nécessaire. Cf. plus haut *cum ecce*.

introrepens: ce verbe remarquablement expressionniste est attesté chez le seul Apulée, qui marque une prédilection pour ce type de formation (cf. 2, 24: 44, 16 s. *introductis*; 2, 26: 46, 11 *introrumpit*; 7, 5: 158, 3 *introgressus*; 8, 11: 186, 6 *introuocata*). *Introrepere* apparaît encore en 9, 18 (216, 20), où il est employé à propos d'un amant se faufilant de nuit dans la maison de sa maîtresse. Le mot fait écho aux paroles du passant en 2, 22 (43, 14 ss.) *cum ... uersipelles in quoduis animal ore conuerso latenter adrepant.*

mustela: le choix de cet animal n'est pas insignifiant et suggère plusieurs niveaux de lecture. Dans l'Antiquité, la belette était un animal familier, qui chassait les souris et les rats hors des maisons. Cf. e.g. Aristoph. *V.* 363 s. et 1182, avec Sommerstein 179 ad loc.; Ov. *met.* 9, 323; Aesop. 174 Hausrath; Phaedr. 1, 22; Plin. *nat.* 29, 60 distingue deux types de belettes: la *mustela siluestris* et celle *quae in domibus nostris oberrat et catulos suos ... cottidie transfert mutatque sedem, serpentes persequitur.* Voir *RE* 31 (1933) «*mustela*», 902-908 [Steier], en particulier p. 904; Keller 1909, 164 ss. Par sa petite taille et sa capacité à se glisser partout, elle va et vient à sa volonté. Cela explique qu'elle puisse entrer dans la chambre mortuaire, pourtant soigneusement fermée à clef (cf. 2, 24: 45, 11 s.). Par ailleurs, selon une croyance antique, rencontrer une belette était de mauvais augure. Cf. e.g. Aristoph. *Ec.* 792; Theophr. *Char.* 16, 3; Plaut. *Stich.* 460, avec Petersmann 165 ad loc.; Apul. *met.* 9, 34 (229, 1 s.), avec *GCA* 1995, 289 ad loc. Le lecteur antique pouvait donc s'attendre à ce que la veillée funéraire s'achève de manière tragique pour Thélyphron (voir Append. III), et cela d'autant plus que la belette était associée aux métamorphoses magiques et religieuses. Cf. en particulier Ael. *NA* 15, 11, où une sorcière intempérante en amour est condamnée par Hécate à prendre la forme d'une belette (chez Anton. Lib. *Met.* 29, 4, la belette est l'animal d'Hécate).[1] Chez Aesop. 50 Hausrath et Babr. 32, Aphrodite transforme une belette en jeune femme pour lui permettre de se marier avec l'homme dont elle est tombée amoureuse. Ces exemples révèlent que les métamorphoses des belettes sont liées au désir amoureux (*libido*). De la même façon, les sorcières des *Met.* se livrent essentiellement à la magie amoureuse: voir comm. ad 2, 22 (43, 19 ss.). Le lecteur est ainsi amené à soupçonner la belette d'être une sorcière déguisée. Cf. 2, 22 (43, 17 s.), où il était déjà question des magiciennes sachant prendre la forme de toutes sortes d'animaux familiers. Ce soupçon (que Thélyphron-acteur ne semble pas partager) est confirmé par les révélations du mort lors de la scène de nécromancie (cf. 2, 30: 49, 22). Sur l'aspect mystico-religieux de la belette et ses qualités de psychopompe, voir Poli 1986, 255 ss. (l'argumentation n'est pas toujours convaincante en ce qui concerne le récit de Thélyphron); Keller 1909, 166 s.; Paratore 1942.

contra me constitit: des exemples signalés par *ThLL* s.v. *consisto* 465, 35 ss., la construction du verbe avec la préposition *contra* se rencontre surtout dans un contexte militaire (position de combat): cf. Caes. *Gall.* 7, 51, 3 *infestis contra hostes signis consisterunt*; *ciu.* 3, 89, 2; Quadrig. *hist.* 10; voir *supra* s.v. *obarmatis* (ligne 14).

---

[1] Toujours selon Élien, la belette s'attaque aux morts s'ils ne sont pas gardés pour leur arracher les yeux; cf. aussi Lucianus *Tim.* 21.

optutum ... destituit: au sens premier, *destituere* = «placer», «fixer» (sens concret). Notre passage paraît être le seul exemple de l'emploi du verbe dans un sens dérivé (*ThLL* s.v. *destituo* 761, 77 ss. «i.q. defigere»).

tantillula animalis: noter les homophonies et le rythme de la combinaison (deux fois 4 syllabes). Le triple diminutif *tantillula* est un hapax (Abate 1978, 47 note 21 établit la dérivation suivante: *tantillulus < tantillus < tantulus < tantus*). En 2, 32 (51, 16), on trouve *tantillus*. Le mot *animalis* est rare. En dehors d'Apulée (cf. encore *Ascl.* 21 et *mund.* 28), il apparaît chez Varro *ling.* 9, 101 et Vitr. 8 pr. 3; cf. ensuite Aug. *ciu.* 16, 4.

prae ... fiducia: *prae* = *ob, propter*, comme en 1, 6 (6, 8) *punicantem prae pudore* et en 9, 17 (215, 11) *prae morum acritudine*; *GCA* 1995, 159 ad loc. signalent que cet emploi, caractéristique de la langue familière, s'observe également chez Pétrone, dans les discours de Trimalcion (*prae* y est suivi de l'acc.); voir aussi KSt 2, 1, 598 s. (emploi fréquent en latin post-classique).

sui fiducia: l'emploi du gén. d'un pronom personnel et réfléchi à la place d'un possessif est fréquent dans les *Met.* Cf. e.g. 3, 16 (64, 16) *tui contemplatione*; 4, 3, (76, 17) *sui ... miseratione*: voir *GCA* 1977, 41 ad loc.; 10, 19 (251, 14); Callebat 1968, 262 s. (tour de plus en fréquent dès l'époque impériale).

Denique sic ad illam: "Quin abis", inquam, "inpurata bestia, teque   45, 20-23
ac tui similes musculos recondis, antequam nostri uim
praesentariam experiaris? Quin abis?": Enfin, je lui parlai en ces termes:
«Veux-tu t'en aller, sale bête, va te cacher avec tes semblables, les souris, avant
que tu n'éprouves ma force, là, sur-le-champ! Veux-tu t'en aller?»

Quin abis ... quin abis: voir comm. ad 2, 5 (28, 16) *caue tibi, sed caue fortiter*; 2, 7 (31, 6 s.) *discede ... miselle ... discede*.

inpurata bestia: *impuratus* appartient à la langue des comiques et est attesté avant Apulée chez Plaute e.g. *Rud.* 543 *impurata belua* (également dans une apostrophe; cf. 751; *Aul.* 359), Térence et Lucilius. Voir *GCA* 1995, 100 ad 9, 10 (210, 1), qui signalent son emploi chez Tertullien et Prudence dans des contextes similaires.

ac tui similes musculos: dans F, on lit *ac tui similes* (le *e* est une correction de la même main) *mosculos* (F[1] a *maculos*). La majorité des éditeurs imprime la correction de ç *ad tui similes musculos*; voir aussi *ThLL* s.v. *musculus* 1699, 54 s.; Augello 1977, 54, qui s'appuie pour son argumentation sur Armini 1932, 68. Pourtant, le savant suédois plaide pour le maintien de la conjonction *ac*, comme aussi de Jonge 1941, 100. Cf. Cic. *nat. deor.* 2, 17 *an uero, si domum magnam pulchramque uideris, non possis adduci ut, etiam si dominum non uideas, muribus illam et mustelis aedificatam putes*. Comme Floridus le notait déjà, *musculus* est une injure dans la bouche de Thélyphron: la belette n'est pas une souris, elle chasse les souris (voir *supra* s.v. *mustela*). Peut-être le terme évoque-t-il aussi la curiosité: chez Fronton p. 19, 21 vdH, il sert à désigner une personne curieuse et fouineuse (par confusion avec *musca*? Cf. Plaut. *Merc.* 361 *muscast meus pater, nil potest clam illum haberi*). Scriver corrige *mustelas*; Blümner 1896, 345: *in angulos* (maintenant la leçon *ac* des mss.). Helm propose *ad tuos similes in hortulos* (Helm III² p. 297 renvoie à une liste d'exemples d'erreurs d'écriture ou de confusion de lettres expliquant que *inhortulos* ait pu donner *mosculos*; Helm IV lit *ad tui similes in hortulos*). Mais, comme le note Augello l.c., cette conjecture force par trop la leçon des mss. Seul Walsh l'adopte dans sa traduction.

nostri uim praesentariam: voir *supra* s.v. *sui fiducia* (il s'agit ici d'un gén. subjectif, comme en 1, 20: 19, 3 *sine fatigatione sui*; 6, 27: 149, 12, etc.). *Praesentarius* apparaît chez Plaute, qui l'emploie surtout à propos d'argent payé comptant. Dans notre passage, il possède le sens de «immédiat», «qui a lieu sur-le-champs» (cf. Plaut. *Poen.* 793 *si quid boni promittunt* [sc. *harioli*], *perspisso euenit; / id quod mali promittunt, praesentarium est*). Au livre 10, 4 (239, 25) et 10, 9 (243, 18) *uenenum praesentarium*, le mot signifie «dont l'effet est immédiat»: voir *GCA* 2000, 157 ad loc.

46, 1   Terga uortit et cubiculo protinus exterminatur: Elle tourne le dos et est bien vite boutée hors du territoire de la chambre.

Terga uortit: l'expression *terga uertere* (*conuertere*) se rencontre d'ordinaire à propos de troupes armées (*OLD* s.v. *tergum* 4a). Le vaillant soldat Thélyphron (voir *supra* s.v. *obarmatis*: 45, 14) pense avoir remporté la bataille face à l'ennemi.

exterminatur: ce verbe peu fréquent, attesté en dehors d'Apulée chez Cicéron, Columelle et Fronton, apparaît encore à trois reprises dans les *Met.*, dans des emplois divers. Au passif et dans un sens figuré, cf. 3, 22 (68, 19) *exterminatus animi* (Vallette: «ravi à moi-même»); au sens premier et concret, 9, 35 (229, 22) *glebulis exterminare gestiebat*; dans un sens voisin, 5, 16 (116, 1) *opibus istis ... exterminanda est*. *OLD* s.v. interprète notre occurrence comme un passif à sens moyen (seul cas signalé). Cependant, le sens passif convient également. Parmi les traducteurs, Hanson est à ma connaissance le seul qui ait cherché à rendre l'étymologie du verbe: «(it) left the confines of the room». Le lecteur apprendra ensuite que cette fuite n'est qu'une feinte: les sorcières accomplissent leur méfait hors des limites de la chambre, à travers les fentes de la porte (cf. 2, 30: 50, 1 ss.).

46, 1-5   Nec mora cum me somnus profundus in imum barathrum repente demergit, ut ne deus quidem Delficus ipse facile discerneret duobus nobis iacentibus, quis esset magis mortuus: L'instant d'après, un profond sommeil me plonge brusquement au fin fond de l'abîme, si bien que même le dieu de Delphes en personne aurait eu de la peine à discerner lequel des deux gisants était le plus mort.

Nec mora cum ... repente: la soudaineté de cette attaque de sommeil après la visite de la belette rappelle les avertissements du passant en 2, 22 (43, 18 s.). Cette phrase renforce les attentes du lecteur, que plusieurs indices ont amené à penser que les sorcières s'attaqueront au cadavre et que Thélyphron subira la punition conséquente à son inattention (voir comm. ad 2, 24: 44, 16 ss.; Append. III). Pour le tour *nec mora cum*, voir comm. ad 2, 17 (38, 15).

me somnus - demergit: le sommeil dans lequel Thélyphron est plongé est si profond, qu'il est comme une mort (narcolepsie). *Barathrum* est associé avec l'idée de mort: voir comm. ad 2, 6 (29, 18) *in ipsum barat<h>rum ... praecipitare* (à propos de Lucius et de son désir de s'initer coûte que coûte à la magie; sur les parallèles entre Thélyphron et Lucius, voir Append. III). Pour l'image du sommeil-mort, cf. 2, 22 (43, 18 s.); 2, 30 (49, 25 s.); 2, 30 (50, 1). Sommeil et mort entretiennent dans l'Antiquité des liens étroits, étudiés par Mainoldi 1987 (cf. en particulier p. 39 ss. sur le sommeil porteur de dangers mortels, avec des exemples mythologiques tels Nisus, Polyphème ou Argus, auquel Thélyphron a eu l'imprudence de se comparer en 2, 23: 44, 3). Dowden in *AAGA* 2, 1998, 11 ss. étudie le motif du sommeil dans les *Met.* (en particulier dans le «conte» d'Amour et Psyché) et le lien entre sommeil et magie (p. 12). Cf. 10, 26 (258, 3) *grauedine somnulenta iam demersus*; Keulen in *AAGA* 2, 1998, 174 signale que *demergere* apparaît souvent dans un contexte de désastre ou de mort.

ut ne deus - mortuus: cette phrase, apparemment humoristique, anticipe la terrible confusion entre le gardien et le cadavre (cf. 2, 30: 49, 25 ss.); voir notice initiale suivante.

deus ... Delficus: la périphrase apparaît encore en 10, 33 (264, 15) avec l'orthographe *Delphicus* (l'orthographe *Delficus* étant couramment attestée [*ThLL* onom. s.v. *Delphi* 91, 69 ss.], la leçon des mss. peut être maintenue; voir Introd. 8). Cf. Cic. *leg.* 1, 58; Nep. *Paus.* 5, 5; Sen. *Oed.* 214, etc. Apollon, en tant que dieu de la prophétie et de la divination, est évoqué comme le détenteur suprême du savoir.

duobus - iacentibus: Lipsius corrige *e duobus ... iacentibus*, «fort. recte» selon Robertson; Van der Vliet: *<de> duobus*. Mais l'abl. absolu fait sens.

Sic inanimis et indigens alio custode paene ibi non eram: C'est ainsi que privé de vie et ayant besoin d'un autre gardien, je n'étais pour ainsi dire pas là.
46, 5-6

Ces précisions sur l'état de Thélyphron sont un indice de la véritable chute de l'histoire; voir aussi *supra* s.v. *ut ne deus - mortuus*; Append. III. Rétrospectivement, elles expliquent aussi qu'il ne se soit rendu compte de rien. Entre le moment où il s'endort et son réveil le lendemain matin, il existe un vide, une ellipse qui sera remplie par le témoignage du mort en 2, 30 (49, 21 ss.). Avec de Jonge 1941, 100, Callebat voit dans cette phrase un souvenir de Plaut. *Cist.* 209 s. *ita nubilam mentem animi habeo; / ubi sum, ibi non sum, ubi non sum, ibist animum.*

inanimis: cf. 1, 3 (3, 11 s.) *uentos inanimes exspirare* (dans une discussion portant sur la magie); 1, 14 (13, 6) *humi proiectus inanimis* (d'Aristomène, maltraité par des sorcières). Dans notre passage, l'adjectif n'est pas seulement hyperbolique, puisqu'il s'agit d'une narcolepsie. En dehors d'Apulée, la forme *inanimis* (pour *inanimus*) est attestée plusieurs fois chez les auteurs chrétiens (*ThLL* s.v. *inanimus* 819, 58 ss.)

345

indigens - custode: de fait, comme la suite de son récit le révélera, Thély-phron subira une mutilation à la place du mort qu'il gardait (cf. 2, 30: 50, 1 ss.). Bitel 2000, 274 compare avec Juv. 6, 347 s., où il est question de garder la vertu des femmes: *sed quis custodiet ipsos / custodes? Cauta est et ab illis incipit uxor.* Cet écho donne une dimension érotique à la veillée de Thélyphron le Milésien: voir comm. ad 2, 21 (42, 15).

ibi non eram: ce qui révèle la vanité des mots de Thélyphron en 2, 23 (43, 28 s.) *adest custos paratus.*

CHAPITRE XXVI

La récompense de Thélyphron

Commodum noctis indutias cantus perstrepebat cristatae cohortis.   46, 7-10
Tandem expergitus et nimio pauore perterritus cadauer accur<r>o
et a<m>moto lumine reuelataque eius facie rimabar singula, quae
cuncta conuenerant: Le chant de la tribu crêtée faisait retentir la trêve
nocturne, quand enfin je me réveillai; saisi de terreur, épouvanté, je cours au
cadavre et approchant la lampe, découvrant son visage, je scrutais un à un tous les
points convenus.

Commodum - cohortis: cf. 3, 1 (52, 6 s.) *commodum punicantibus phaleris
Aurora roseum quatiens lacertum caelum inequitabat* (voir Van der Paardt 1971,
23 s. ad loc.); 7, 1 (154, 5 ss.) *ut primum... candidum solis curriculum cuncta
conlustrabat*, où on observe le même jeu d'allitérations. Pour ces parodies de descriptions épiques du lever du jour, voir comm. ad 2, 1 (24, 17 ss.). Cette indication temporelle devrait clore l'épisode de la veillée funèbre, qui prend fin avec la
nuit. En réalité, elle prélude à un nouveau chapitre, riche en rebondissements, des
aventures de Thélyphron; voir comm. ad 2, 1 (24, 17 ss.).

Commodum... tandem: ce type de construction paratactique dans l'expression
des notions temporelles abondent dans les *Met.*; voir Callebat 1968, 439 s. et
1994, 1632 (procédé narratif répondant à une recherche dramatique plutôt que
trait du *sermo cotidianus*).

noctis indutias: le mot *indutia* s'inscrit dans la liste des métaphores guerrières
décrivant la veillée de Thélyphron (cf. 2, 23: 43, 28 s.v. *adest custos paratus*; 2,
25: 45, 13 s. s.v. *obarmatis*). Cf. Cic. *off.* 1, 33 *ille qui, cum triginta dierum essent
cum hoste indutiae factae, noctu populabatur agros, quod dierum essent pactae,
non noctium indutiae*. Comme le récit du mort nous l'apprendra, cette nuit fut
pour Thélyphron tout sauf une trêve.

perstrepebat: ce verbe peu fréquent apparaît avant Apulée essentiellement en
poésie (*ThLL* s.v. 1753, 55 ss.). On le rencontre à cinq reprises chez notre auteur,
avec différentes constructions. En 5, 9 (109, 20 s.), il est employé à propos des
jacassements des soeurs de Psyché, avec un acc. «interne»: *multa secum sermonibus mutuis perstrepebant*; en 11, 20 (282, 1 ss.), il est intransitif: *inchoatae
lucis salutationibus religiosi primam nuntiantes horam perstrepunt*; cf. aussi *flor.*
12 (17, 21) *conuiciabitur diebus ac noctibus perstrepens maledictis* (un perroquet). Pour la construction transitive avec acc. «externe» («faire résonner»), cf.
met. 3, 1 (52, 20 s.) *frequenti clamore ianuae nostrae perstrepi*; *Pervig. Ven.* 85
loquaces ore rauco stagna cygni perstrepunt; Avien. *Arat.* 1075; Claud. 3, 213
(*ThLL* l.c. 1755, 12 ss.).

cristatae cohortis: les coqs. Le mot *cohors* désigne à l'origine la cour de la
ferme. *Cohortis aues* se dit de la volaille chez Ov. *fast.* 4, 704 *abstulerat multas*

347

illa cohortis aues; Mart. 7, 31, 1 *raucae chortis aues*; 7, 54, 7; cf. aussi Apul. *met.* 9, 33 (228, 6) *una de cetera cohorte gallina... personabat. Cristatus* qualifie un coq dans d'autres métaphores comparables: cf. Ov. *fast.* 1, 455 *deae Nocti cristatus caeditur ales*, avec Bömer 51 ad loc.; Mart. 9, 68, 3 *nondum cristati rupere silentia galli*; Mart. 14, 223, 2 *cristataeque sonant undique lucis aues.*

Tandem - singula: noter la construction parallèle de ces deux phrases (Dikôlon: voir Bernhard 1927, 57), où les principales (*cadauer accur<r>o*: 6 syllabes; *rimabar singula*: 6 syllabes) sont précédées de deux participiales.

expergitus: voir comm. ad 2, 14 (36, 23).

\ *nimio pauore perterritus*: l'abondance verbale (*terreo*, renforcé par le préverbe *per-*, est appuyé d'une précision supplémentaire) traduit l'intensité de l'angoisse de Thélyphron.

cadauer accur<r>o: F[1] a *accuro*, corrigé par la même main (une autre selon Robertson). Cf. 8, 6 (181, 9) *ecce mariti cadauer accurrit*, avec *GCA* 1985, 72 ad loc., qui commentent l'emploi du mot *cadauer* dans les *Met.* En dehors d'Apulée, l'emploi transitif du verbe s'observe chez Tac. *ann.* 15, 53 *iacentem... adcurrerent trucidarentque* (Koestermann 279 ad loc. l'explique par l'emploi conjugué des deux verbes). Ce type de construction abonde dans les *Met.*: voir comm. ad 2, 32 (51, 10) *plateam uadimus.*

accur<r>o... rimabar: l'alternance du présent et de l'imparfait est fréquente dans les *Met.*; cf. 2, 29 (48, 24 ss.) *immito... arbitrabar*; 4, 1 (75, 1 ss.) *hortulum inuado et... cuncta prospectabam loca*: autant d'exemples où un verbe de mouvement au présent, imprimant à la phrase une certaine vivacité, est suivi d'un verbe de perception à l'imparfait, qui ralentit le mouvement en suggérant la durée du processus d'observation (voir Callebat 1968, 427 s.; *id.* 1994, 1631).

a<m>moto lumine: la correction est de Van der Vliet; F a *amoto*, où une main (la même ?) a jouté *d* au-dessus du *a*. Le coq a chanté, mais il fait encore sombre et Thélyphron doit se servir d'une lampe pour distinguer quelque chose. Cf. *infra* ligne 13.

reuelataque eius facie: le mort est recouvert d'un drap: cf. 2, 24 (44, 16 ss.).

singula - conuenerant: chacun des points consignés dans le procès-verbal, à savoir le nez, les yeux, les oreilles, les lèvres et le menton: cf. 2, 24 (44, 18) *singula demonstrat...*, etc.

quae cuncta: la correction de Cornelissen 1888, 56 *quaecumque* n'est pas indispensable. Cf. 5, 15 (115, 4); 11, 21 (282, 25); Catull. 64, 142; Cic. *Planc.* 21, etc.

46, 10-13   Ecce uxor misella flens cum <*h*>esternis testibus introrumpit anxia et statim corpori superruens multumque ac diu deosculata sub arbitrio luminis recognoscit omnia: Et voici que la malheureuse épouse, en larmes, fait irruption dans la pièce avec les témoins d'hier, pleine d'anxiété; elle se rue aussitôt sur le corps et, après l'avoir longuement couvert d'une multitude de baisers, elle passe tout en revue avec la lampe comme témoin.

La précision descriptive (5 verbes, dont 4 avec préfixes) donne à cette scène un caractère visuel remarquable.

Ecce ... statim: en arrivant brusquement, la veuve interrompt Thélyphron dans son examen du cadavre. Son impatience accroît le suspense.

Ecce: voir comm. ad 2, 4 (27, 7).

misella flens ... multumque ac diu deosculata: voir comm. ad 2, 23 (44, 7) *matronam flebilem*; 2, 24 (44, 17 s.) *diutine <in>super fleto*; 2, 7 (31, 6 s.) s.v. *miselle*.

<h>esternis testibus: F a *externis*, qu'une autre main corrige en *hesternis*. Bien que la leçon première fasse sens (voir Hijmans 1995a, 119), j'opte pour la correction. Il s'agit des sept témoins du procès-verbal mentionnés en 2, 22 (44, 16 s.).

introrumpit: verbe peu commun, également employé de manière absolue en 1, 17 (15, 10) *ianitor introrumpit*. Voir comm. ad 2, 25 (45, 18).

superruens: ce verbe, employé ici avec un dat., est attesté chez le seul Apulée. Cf. 1, 16 (15, 7 s.) *ego de alto recidens Socraten ... superruo*, où il est transitif.

deosculato: voir comm. ad 2, 10 (33, 18).

sub arbitrio luminis: l'expression est remarquable, qui fait de la lampe un témoin supplémentaire. Pour *arbitrium* au sens de *inspectio, testimonium*, voir comm. ad 2, 15 (37, 11) *arbitrio nocturni gannitus*, avec gén. objectif (dans notre passage, *luminis* est gén. subjectif). Norden 1912, 151 note 1 signale que le mot est un terme technique de la langue du droit. Comme Thélyphron (voir *supra* s.v. *a<m>moto lumine*), la veuve se sert d'une lampe pour s'assurer que le mort n'a subi aucune mutilation. On apprendra plus tard que les sorcières sont expertes dans le camouflage de leurs méfaits: cf. 2, 30 (50, 6 ss.).

Et conuersa Philodespotum requiri*t* actorem, ei praecipit, bono custodi redderet sine mora praemium: Et se retournant, elle réclame son intendant Philodespote, lui ordonnant que la récompense soit versée tout de suite au bon gardien. 46, 13-15

Pas plus que pour celui de Thélyphron (*supra* lignes 9 s.), le résultat de l'examen de la veuve n'est précisé. Mais la phrase indique que, contre toute attente, le cadavre est intact. Apparemment, donc, tout est bien qui finit bien. Cette bonne fortune ne tardera pas à se révéler illusoire, puisque Thélyphron sortira doublement *laceratus atque discerptus* de cette demeure: cf. 47, 4; 2, 30 (50, 5 s.). Après Schlam 1992, 58 ss., Shumate 1999, 120 remarque que d'autres récits enchâssés présentent ce schéma de renversement, qui illustre le caractère chimérique du vrai bonheur (cf. la fausse résurrection de Socrate au livre 1, 17: 15, 12 ss.; l'infortune de Charité après qu'elle a retrouvé son fiancé en 8, 1: 176, 15 ss.). Avec Winkler 1985, 112, il faut souligner la remarquable maîtrise du narrateur qui, même à cet endroit du récit, évite toute anticipation susceptible de dévoiler le «clou» de l'histoire, afin de surprendre une nouvelle fois son auditoire (voir Append. III). Les sorcières ont bel et bien frappé, mais le mutilé n'est pas celui qu'on croit.

Philodespotum: «celui qui aime son maître». Ce nom, fort approprié pour un esclave ou un affranchi, est plusieurs fois attesté dans le monde gréco-romain (Fraser-Matthews I-III s.v.; LSJ) Le substantif Φιλοδέσποτος est le titre de pièces de Timostrate, Théognète et Sogènes. Philodespote est le second personnage secondaire (dans ce récit enchâssé) affublé d'un nom de comédie grec; cf. *Myrrhine* en 2, 24: 45, 10 ss. En évoquant l'esprit de la comédie, ce nom prépare la chute burlesque de l'épisode.

requirit actorem: correction de ç pour la leçon de F *requiri cactorem*. Le mot *actor* désigne un intendant ou un trésorier privé. Cf. Tac. *ann.* 2, 30, 3; Plin. *epist.* 7, 18, 2; Suet. *Dom.* 11, 1, où il fait référence à une fonction publique (*actor publicus*; *actor summarum*). Voir *RE* 1 (1894) «actor», 329 ss. [Habel], avec références à des inscriptions; DNP s.v. *actor* 2, 97.

praecipit ... redderet: voir comm. ad 2, 15 (37, 8).

bono custodi: selon de Jonge 1941, 102 ad loc., l'adjectif est ironique, puisque, comme la suite le révélera, Thélyphron ne s'est pas montré un bon gardien. Mais l'appréciation contenue dans l'adjectif reproduit les paroles de la veuve, qui a constaté que rien ne manque au cadavre (Vallette traduit: «de compter à ce bon gardien, dit-elle, le prix qui lui revient»). Le mort, sorti indemne de l'affaire, partage d'ailleurs l'avis de sa femme: cf. 2, 30 (49, 21 ss.) *custos hic sagacissimus*.

46, 15-18   Et oblato statim: "Summas", inquit, "tibi, iuuenis, gratias agimus et Hercules ob sedulum istud ministerium inter ceteros familiares dehinc numerabimus": Aussitôt, on l'apporta. Et elle ajouta: «Notre reconnaissance à ton égard est grande, jeune homme, et puisque tu t'es acquitté de ta tâche avec diligence, nous te compterons désormais parmi nos autres proches.»

oblato: ce genre d'ellipse, fréquent dans les *Met.*, est bien attesté dans toute la latinité (Callebat 1968, 451 s.).

statim: plutôt que de porter sur *inquit* (ainsi Grimal: «elle ajouta aussitôt»), l'adverbe fait écho au groupe *sine mora* qui précède (Vallette «ce fut fait sur-le-champ»).

inter ceteros - numerabimus: Helm hésite à imprimer <*te*> *dehinc*. Mais l'omission du pronom personnel est fréquente dans les *Met.*: voir Van der Paardt 1971, 90 ad 3, 11 (60, 15 s.); Bernhard 1927, 159 s.; Callebat 1968, 112 s. (trait de la langue familière). Cf. 7, 1 (154, 23 s.) *inter familiaris intimos haberetur*.

familiares: comme l'indique la réponse de Thélyphron dans la phrase suivante, le mot est à prendre au sens d'«ami», «familier» (*OLD* s.v. 4).

46, 19-23   Ad haec ego insperato lucro diffusus in gaudium et in aureos refulgentes, quos identidem manu mea uentilabam, attonitus: "Immo", inquam, "domina, de famulis tuis unum putato, et quotiens operam nostram desiderabis, fidenter impera": Sur quoi, débordant de joie devant ce gain inespéré et ébloui à la vue des pièces d'or étincelantes que je faisais sauter et ressauter dans ma main, je lui dis: «Considèremoi plutôt, ma dame, comme l'un de tes serviteurs et chaque fois que tu auras besoin de nos services, n'hésite pas à commander.»

insperato: le contrat stipulait pourtant que le gardien recevrait 1000 sesterces pour veiller le mort (cf. 2, 23: 43, 30). Le gain paraît *insperatus* à Thélyphron parce que le travail n'était pas bien difficile, ou plus probablement parce que, ayant cédé au sommeil, il craignait d'avoir failli à sa tâche.

diffusus in gaudium: cf. Petron. 10, 3 *ex turpissima lite in risum diffusi ... secessimus*. Les tournures avec *in* + acc. (*in* final, *in* consécutif, *in* exprimant un mouvement, son résultat ou une métamorphose) abondent dans les *Met.*: voir Callebat 1968, 227 ss. (tendance de la langue vivante, mais aussi recherche de vivacité). Cf. Apul. *met.* 8, 26 (197, 18) *exultantes in gaudium*. Comparer Varro *ling.* 6, 50 *latius gaudium ... diffusum*.

in aureos ... attonitus: la construction *attonitus* + *in* + acc. apparaît chez le seul Apulée (*ThLL* s.v. 1154, 74). Cf. 11, 14 (277, 3) *in aspectum meum attonitus*, avec Médan 1975, 82 ad loc. Callebat l.c. (notice précédente) classe cette occurrence parmi les exemples du tour *in* + acc. expression du «point de vue explicatif (...) où le rapport établi par la préposition *in* correspond à la notion marquée par le français *devant, en présence de*»; voir aussi Van der Paardt 1971, 81 ad 3, 9 (59, 4 s.) *in contrariam faciem obstupefactus*, pour qui l'acc. s'explique peut-être par l'idée de mouvement des yeux.

uentilabam: cf. Juv. 1, 26 ss. *cum uerna ... Crispinus ... uentilet aestiuum digitis sudantibus aurum*. L'emploi du verbe *uentilare* («to expose to a draught ... ventilate» [*OLD* s.v. 1]) à propos de pièces d'argent que l'on fait sauter dans l'air paraît unique. L'image évoque une scène de comédie ou de mime.

domina: voir comm. ad 2, 20 (42, 5).

de famulis - putato: Damsté 1928, 9 veut rétablir *me* après *unum*. Voir *supra* s.v. *inter ceteros - numerabimus*.

unum: = *aliquis*, comme en 2, 27 (47, 9) *unus de optimatibus* ou en 3, 10 (59, 16 s.) *una de ceteris theatri statuis*: voir Van der Paardt 1071, 84 ad loc. (trait du latin post-classique et tardif) et Callebat 1968, 289. Ce dernier observe que l'évolution qui conduit *unus* d'une valeur proprement numérale à une valeur d'indéfini n'est pas encore achevée chez Apulée (la valeur numérale y est encore sensible).

putato ... impera: l'alternance de l'impératif futur et présent n'est pas remarquable ici (*pace* de Jonge 1941, 103 et Callebat 1968, 503), puisque la forme *putato* est la seule qui soit en usage pour le verbe *putare* (ETh 253); voir aussi comm. ad 2, 6 (29, 23) *euigila et tecum esto*.

operam ... desiderabis: Heine 1962, 278 (et Bitel 2000, 274 s.) remarque que cette phrase peut être comprise de différentes manières. Les mots de Thélyphron peuvent être interprétés comme une allusion de mauvais augure au(x) prochain(s) mari(s) mort(s) qu'il aurait à garder, ou dont la mort comblerait les voeux de cette veuve joyeuse (*desiderabis*; cf. 2, 27: 47, 16 ss.; voir *infra* s.v. *me ... nefarium*). On peut encore y voir une allusion d'ordre sexuel, trahissant l'origine de Thélyphron (voir comm. ad 2, 21: 42, 15). *Opera* possèderait alors un sens obscène,

351

comme chez Plaut. *Bacch.* 74 s. *equidem tibi do hanc operam. - Ah, nimium pretiosa es operaria* (voir *ThLL* s.v. *opera* 662, 70 ss. «mercedis ... quaerendi causa; B de quaestu meretricio», avec de nombreux exemples tirés de Plaute; Adams 1982, 157).[1]

46, 24-47, 2
Vix effatum me statim familiares omnes nefarium exsecrati raptis cuiusque modi telis insecuntur; pugnis ille malas offendere, scapulas alius cubitis inpingere, palmis infestis hic latera suffodere, calcibus insultare, capillo<s> distrahere, uestem discindere: À peine avais-je fini de parler qu'aussitôt tous les gens de la maison, maudissant le sacrilège que j'étais, s'emparent d'armes de toutes sortes et se jettent sur moi; avec ses poings, l'un m'assène un coup dans la mâchoire, l'autre frappe mes omoplates avec ses coudes, de l'arête de ses mains un troisième défonce mes côtes, on me piétine à coups de pieds, on me tire les cheveux, on déchire mes vêtements.

La première partie du récit de Thélyphron s'achève sur une bastonnade, qui fait de lui un bouffon de comédie. Cette chute correspond si peu aux attentes des lecteurs (appâté par les mots du convive en 2, 20: 41, 20 *ore undique omnifariam deformato truncatus est*), qu'elle fut considérée comme une transformation maladroite de l'original dont Apulée se serait servi: voir *contra* Append. III. La seconde partie du récit se termine aussi de manière inattendue et drolatique.

effatum: voir comm. ad 2, 13 (35, 16).

me ... nefarium: dans la traduction de Helm-Krenkel, *nefarium* semble être un adjectif substantivé et *me* dépendre de *insecuntur*: «sofort fallen die Hausangehörigen sämtlich unter Flüchen gegen den Frevler mit Waffen aller Art, die sie irgendwo aufrafften, über mich her». On peut aussi prendre le groupe *me ... nefarium* ensemble, comme complément d'objet de *insecuntur*, ou, mieux, de *exsecrati*. Le verbe *insequor* au sens de «se lancer sur», «attaquer» est employé intransitivement en 3, 26 (71, 25 s.) *deiectis auribus iam furentes infestis calcibus insecuntur*; cf. aussi 9, 2 (204, 3 ss.) *ratique me ... peste infectum ferocire ... persecuntur*. Le jugement contenu dans *nefarius* est celui des proches de la veuve, peut-être aussi celui de Thélyphron lui-même; cf. 2, 27 (47, 5 s.), où il reconnaît après-coup la légèreté de sa réponse. Ses paroles sont sacrilèges, car elles équivalent au souhait qu'il puisse y avoir dans la maisonnée d'autres décès nécessitant les services d'un gardien (voir ci-dessus).

familiares: les parents et amis de la veuve (voir ligne 17), ainsi que les serviteurs assistant à la scène, tel Philodespote (ligne 13).

---

[1] Selon Lefèvre 1997, 54 s. (qui ne s'appuie pas sur ce passage précis), l'une des sources à l'origine du récit de Thélyphron était une «milésienne» du type de la «matrone d'Ephèse», racontant l'aventure amoureuse entre la veuve et le gardien du mort; Ciaffi 1960, 63 ss. voit même une imitation directe du roman de Pétrone; voir Append. III.

omnes: dans F, une autre main corrige cette leçon en *omnem*; dans φ, on lit *omnes*, où le *s* paraît être une adjonction d'une autre main. Gruter corrige *omen*, ce qui fait de *nefarium* son adjectif. Cette belle conjecture est adoptée par l'ensemble des éditeurs modernes (voir aussi Van Thiel 1972, de Jonge 1941, 103), à l'exception de Helm. La conjecture de Walter 1916, 126 *ominis* est également digne de considération. Cependant, comme le souligne Hijmans 1995a, 120, la leçon *omnes* fait sens. Elle trouve sa justification dans la suite de la phrase, qui décrit les multiples coups et blessures infligés à Thélyphron.

raptis - telis: Graverini 1998, 126 compare avec Verg. *Aen.* 7, 520 s. *raptis concurrunt undique telis / indomiti agricolae* et souligne l'effet comique du contraste (référence élevée dans un contexte burlesque; voir Introd. 7.1). Chez Apulée, les serviteurs ne s'emparent pas véritablement d'armes. Les gens assaillent Thélyphron à main nue, en se servant de leurs pieds et de leurs mains. *OLD* s.v. *telum* 4 ne cite pour l'emploi du mot à propos d'armes naturelles que des exemples concernant des animaux ou des plantes (aiguillons d'insectes, cornes ...). Comparer 9, 2 (204, 4 ss.) *arreptis cuiusce modi telis ... persecuntur ... lanceis ... uenabulis ... bipennibus*; Plaut. *Capt.* 796 ss. *meus est ballista pugnus, cubitus catapultast mihi, / umerus aries.*

offendere ... inpingere ... suffodere ... insultare ... distrahere ... discindere: pour cette cascade d'infinitifs historiques, cf. 8, 7 (181, 14 ss.), avec *GCA* 1985, 75 ad loc. Voir comm. ad 2, 19 (40, 20).

scapulas - inpingere: Nolte 1864, 674 corrige *scapulis alius cubitos inpingere*. Bien que l'emploi de *inpingere* avec abl. de moyen ne soit pas attesté ailleurs (*ThLL* s.v. 617, 12), cette intervention n'est pas nécessaire. Dans cette énumération, les autres termes à l'abl. (*pugnis, palmis infestis, calcibus* et donc aussi *cubitis*) sont des compléments circonstanciels de moyen développant les mots *raptis cuiusque modi telis* de la phrase précédente. Comparer 9, 40 (233, 28 ss.) *qua pugnis qua cubitis qua morsibus ... latera conuerberat.*

infestis palmis: cette combinaison apparaît encore en 4, 25 (94, 2). D'ordinaire, on trouve *manibus infestis*: cf. 3, 25 (70, 24), avec Van der Paardt 1971, 183 ad loc., qui cite pour ce tour (au singulier ou au pluriel) Ov. *am.* 3, 9, 10 et Sen. *Phoen.* 42. En prose, cf. Sen. *clem.* 1, 15, 1 et Curt. 7, 1, 23. *Infestus* indique l'hostilité du geste. Les mains sont menaçantes, brandies comme une arme; cf. Caes. *ciu.* 3, 93, 1 *cum infestis pilis procucurrissent*; Suet. *Cal.* 25, 8 *ut infestis digitis ... oculos incesseret.*

calcibus insultare: cf. Ter. *Eun.* 285 *ne tu istas faxe calcibus saepe insultabis frustra.*

capillo<s> distrahere: la correction est de ς. Cf. 8, 8 (182, 18) *adhuc capillos distrahentem* (Charité, en signe de deuil); 8, 21 (192, 28: *caniticm*); Ov. *am.* 1, 8, 110 ss. *nostrae uix se continuere manus / quin ... comam ... distraherentque genas* (de colère, comme dans notre passage).

47, 2-4   Sic in modum superbi iuuenis A[d]oni uel Mus*ici* uatis Piplei[is] laceratus atque discerptus domo proturbor: C'est ainsi que, semblable à l'orgueilleux jeune homme d'Aonie ou au chantre inspiré de Pimpla, déchiré et mis en pièces, je suis jeté hors de la maison.

Noter le parallèle de construction (adjectif de trois syllabes, substantif, adjectif poétique de lieu de trois syllabes). Comme le révèle l'état du texte, ces périphrases mythologiques ont posé des problèmes aux copistes. Pour la seconde fois, Thélyphron se compare à des figures mythologiques: cf. 2, 23 (44, 3), avec comm. ad loc. Dans cette scène de bastonnade de comédie, la référence à des *exempla* mythologiques élevés (Penthée et Orphée) produit par contraste un effet comique. Un «lecteur second» (voir Introd. 2.2) s'apercevra qu'il ne s'agit pas seulement de rhétorique hyperbolique. Thélyphron sort bel et bien en morceaux de cette funeste demeure, victime non pas de Bacchus, mais de sorcières malfaisantes (cf. 2, 30: 50, 3 ss.). On trouve dans le livre 1 une autre allusion aux Bacchantes, dans un passage mettant en scène deux sorcières s'en prenant à deux personnages masculins: cf. 1, 13 (12, 6 ss.) *quin igitur, inquit, soror, hunc primum bacchatim discerpimus uel membris eius destinatis uirilia desecamus?*

superbi - A[d]oni: Penthée, roi de Thèbes, déchiré par les Bacchantes pour avoir voulu s'opposer à l'introduction du culte de Dionysos, et dépeint chez E. *Ba.* et chez Ov. *met.* 3, 511 ss. (voir Bömer 570 ss. ad loc.) comme un être orgueilleux et arrogant. Cf. aussi Sen. *Oed.* 618 *Pentheus tenetque saeuus etiam nunc minas.*

A[d]oni: F a *adoni*, corrigé en *Edoni* par Markland (i.e. *Thracii*, Orphée; mais cette figure est évoquée dans la suite de la phrase). Hildebrand, Eyssenhardt, Giarratano, Carlesi-Terzaghi, Scazzoso et d'Anna adoptent la conjecture de Heinsius et Salmasius *Aonii*. Helm imprime *Aoni*. Cette conjecture trouve sa justification dans la seconde partie de la comparaison, où il est question d'Orphée (autre victime des Bacchantes) et où apparaît le gén. *Piplei* (également un nom de lieu poétique). L'Aonie, qui est une partie de la Béotie, désigne par synecdoque l'ensemble de cette région; cf. Ov. *met.* 3, 339; Gell. 14, 6, 4; *ThLL* s.v. *Aon - Aonia* 204, 53 ss. L'adjectif *Aonius* est poétique (*ThLL* l.c. 204, 58 ss.).

Musici - Piplei[is]: cette périphrase poétique et pléonastique désigne Orphée, mis en pièces par les Ménades pour avoir refusé d'honorer Bacchus: cf. Ov. *met.* 11, 1 ss., avec Bömer 237 ss. ad loc.

Musici uatis: F a *mustejuatis*. Lipsius proposait de lire *Musaei* (uel *Musici*) *uatis*; Hildebrand: *miselli uatis*; Dylthey *apud* Eyssenhardt *mystae uatis*, imprimé par Van der Vliet; Rohde 1885, 97: *mystici uatis*. La conjecture *Musici uatis* (où *Musicus*, de la première déclinaison, répond à *superbus*) est adoptée par l'ensemble des éditeurs modernes. Cette combinaison redondante (caractéristique du style d'Apulée) n'est pas attestée ailleurs. Orphée est *Musicus* à plus d'un titre: fils de la muse Calliope, il est le poète-musicien inspiré des dieux et des muses; voir aussi notice suivante.

Piplei[is]: F a *pipletis*, mais le terme n'est pas attesté ailleurs. À la correction de Van der Vliet *Pimplei*, l'ensemble des éditeurs préfèrent celle de Purser *Piplei*, plus proche des mss. (Purser lit en fait *Piplei dislaceratus*; d'Anna imprime *Pipleii*). Pimpla (Πίμπλεια) est un endroit en Piérie consacré aux Muses et à Orphée, où se trouve une source, également appelée *Pimpleia* ou *Pimpleis*; cf. Call. *Del.* 7; Hor. *carm.* 1, 26, 9; Catull. 105, 1; Mart. 11, 3, 1; 12, 11, 3; Stat. *silv.* 1, 4, 26; 2, 2, 37. L'adjectif poétique *Pi(m)ple(i)us* indique l'origine d'Orphée (fils d'une muse) et dépeint l'activité poétique du chantre inspiré des muses.

laceratus atque discerptus: redoublement emphatique. En 1, 13 (12, 7), on trouve *discerpere*, dans un passage faisant allusion à Penthée: voir *supra* notice initiale. Cf. Verg. *georg.* 4, 522 *discerptum latos iuuenem sparsere per agros*, où le même verbe est employé à propos d'Orphée.

domo proturbor: cf. 9, 28 (224, 21) *de sua proturbauit domo*, avec *GCA* 1995, 249 ad loc. pour les différentes constructions du verbe dans les *Met.*

CHAPITRE XXVII

Un vieillard interrompt le cortège funèbre

Ac dum in proxima platea refouens animum infausti atque inprouidi sermonis mei sero reminiscor dignumque me pluribus etiam uerberibus fuisse merito consentio, ecce iam ultimum defletus atque conclamatus processerat mortuus rituque patrio, utpote unus de optimatibus, pompa funeris publici ductabat<ur> per forum: J'étais en train de reprendre mes esprits dans la rue voisine et me remémorais trop tard mes paroles funestes et imprévoyantes, reconnaissant que j'aurais bien mérité encore davantage de coups, quand arriva le mort, qui s'était mis en marche après les dernières lamentations et les derniers appels. Et, selon le rituel ancestral, comme il s'agissait d'un membre de l'aristocratie, on conduisait le cortège des funérailles publiques à travers le forum.

refouens animum: l'expression ne paraît pas attestée ailleurs; cf. 2, 17 (39, 12) *lassitudinem refouentes*; Plin. *nat.* 20, 12 *cucumis defectum odore animi refouet.*

infausti: «de mauvais présage» (*OLD* s.v. *infaustus* 2b; cf. 3, 23: 69, 17 *infaustis uolatibus*; voir comm. ad 2, 26: 46, 24 s. *uix effatum me ... nefarium exsecrati*), mais aussi, au vu de la correction que Thélyphron s'est vu administrer, «qui porte malheur» (*OLD* s.v. 2a).

inprouidi: les paroles de Thélyphron étaient «imprévoyantes», «aveugles», «stupides» (*ThLL* s.v. *improuidus* 699, 72).

reminiscor ... consentio ... processerat ... ductabat<ur>: noter la variation des temps. Thélyphron est si occupé avec lui-même (phase marquée par les temps du présent), qu'il n'a pas vu le cadavre arriver. Voir Callebat 1968, 104 sur cet emploi du plus-que-parfait qui souligne «un effet de surprise».

dignum ... uerberibus: cf. Plaut. *Mil.* 341 ss. *si ea domist ... dignun es uerberibus multis? - dignus.*

ecce iam: ces mots indiquent qu'entre le moment où il a été jeté hors de la maison et celui de la procession funèbre, peu de temps s'est écoulé. Pour l'emploi du mot *ecce* marquant une nouvelle phase dans la dynamique du récit, voir comm. ad 2, 4 (27, 7).

ultimum: *OLD* s.v. *ultimus, a, um* 6c «marking the end of life» ne signale que ce passage pour l'emploi adverbial de l'acc. neutre au sens de «pour la dernière fois». Comparer Liv. 1, 29 *nunc errabundi domos suas ultimum illud uisuri peruagarentur*; Curt. 5, 12, 8.

defletus atque conclamatus: cf. 1, 6 (5, 19) *iam defletus et conclamatus es* (de Socrate, tenu pour mort par sa famille). Une recherche dans PHI indique qu'en dehors d'Apulée, cette combinaison n'est pas attestée; cf. *Plat.* 2, 18 *conclamatis desperatisque corporibus.*

conclamatus: il s'agit du rite de la *conclamatio* consistant à appeler le mort par intervalles pendant sept ou huit jours, peut-être pour s'assurer que le décès n'est pas qu'apparent. Cf. Serv. *Aen.* 6, 218; Schol. Ter. p. 59, 10 (*ThLL* s.v. *conclamare* 71, 23 ss.); Ov. *trist.* 3, 3, 40 ss. *depositum nec me qui fleat ullus erit ... nec cum clamore supremo*; Ps. Quint. *decl.* 8, 10 *ad uitam post conclamata suprema redeuntes*; Amm. 30, 10; DSg «funus» 1387.

processerat mortuus: cette expression métonymique pour désigner la procession funèbre est remarquable; voir *infra* s.v. *ductabat<ur>*.

rituque - per forum: la scène a beau se dérouler à Larissa, le rituel est romain: cf. e.g. Hor. *sat.* 1, 6, 43; D. H. 5, 17, 2; Plb. 6, 53. Voir Introd. 7.2.

unus de optimatibus: voir comm. ad 2, 26 (46, 21 s.) *de famulis ... unum*.

pompa funeris publici: à Rome, le *funus publicum* est un type de funérailles exceptionnel, réservé à un citoyen ayant bien mérité de la patrie et aux membres de la famille impériale. Les frais sont assumés par le Trésor public (voir DSg «funus» 1406 ss.). Ici, l'expression désigne simplement des funérailles publiques par opposition à une cérémonie intime, même si les frais sont pris en charge par la cité, comme l'entend Grimal («le cortège de ses funérailles, célébrées aux frais de la cité»). Plus important, ce détail a pour fonction de souligner le haut statut du défunt, l'importance du crime commis et l'intérêt financier que la veuve a pu trouver dans la mort de son époux.

ductabat<ur>: F a *ductabat*, corrigé en *ductabatur* par une main plus récente; φ a le passif, et cette leçon est imprimée par la majorité des éditeurs; voir aussi Augello 1977, 54. Wiman 1925, 187 tente de défendre *ductabat* en comparant notamment avec l'emploi intransitif de *ducere* chez Liv. 1, 23 *ducit quam proxime ad hostem potest*; mais là, le substantif *exercitum* est sous-entendu. Comparer pour notre passage e.g. Cic. *de orat.* 2, 283 *cum funus quoddam duceretur*; Quint. *decl.* 329, 15 *ducatur ingens funeris pompa*. Surtout, l'emploi intransitif du verbe *ductare*, mot de la langue archaïque, n'est attesté nulle part; cf. Apul. *apol.* 82 (90, 16) *Pontianum ... per forum ductans*. Giarratano et Terzaghi corrigent *pompa<m> funeris publici ductabat*, ce qui fait de *mortuus* le sujet des deux verbes. Il est vrai qu'à Rome et en Étrurie, la pompe funèbre peut être mise en scène de telle sorte que le défunt paraît jouer un rôle actif dans ses propres funérailles et conduire lui-même le cortège (voir DSg «funus» 1383 et 1399; Polyb. 6, 53; Suet. *Vesp.* 19). Toutefois, au vu des mss., la correction *ductabat<ur>* paraît tout de même préférable.

47, 10-16   Occurrit *atratus* quidam maestus in lacrimis genialem canitiem reuellens senex et manibus ambabus inuadens torum uoce contenta quidem, sed adsiduis singultibus impedita. "Per fidem uestram", inquit, "Quirites, per pietatem publicam perempto ciui subsistite et extremum facinus in nefariam scelestamque istam feminam seueriter uindicate: Voici qu'accourt un homme vêtu de sombre, un vieillard affligé, en larmes, qui s'arrache ses splendides cheveux blancs et saisit le lit de ses deux mains; d'une voix forte, bien qu'entrecoupée de sanglots fréquents, il s'écrie: «Au nom de votre bonne foi, Quirites, au nom de la piété publique, venez au secours d'un citoyen assassiné et exercez une vengeance sévère contre cette femme sacrilège et meurtrière, qui a commis le dernier des forfaits.

Occurrit: l'antéposition du verbe réalise une mise en relief de ce nouveau personnage, qui joue un rôle important dans la suite de l'épisode.

atratus - senex: noter l'abondance des termes juxtaposés par asyndète.

atratus: les mss. ont *adhsatus*. Aux corrections de ς (*adanxius* ou *ad latus*) et de Haupt 1876, 643 (*anhelus*), les éditeurs modernes préfèrent la conjecture de Hildebrand *atratus*. L'adjectif est couramment employé à propos de vêtements de deuils (*ThLL* s.v. *atratus* 1093, 57 ss.) et forme avec les mots *genialem canitiem* un contraste caractéristique du style d'Apulée. Cf. 3, 8 (57, 18) *lacrimosa et flebilis atra ueste contecta ... decurrit* (dans un contexte similaire: une femme endeuillée vient demander justice pour un assassinat).

quidam: avant qu'il ne révèle son identité (47, 17 s.), le vieillard apparaît comme un *quidam*. Sur l'emploi du pronom/adjectif *quidam* servant à introduire de nouveaux personnages et permettant de renforcer la force d'un adjectif (ici *atratus* ou *maestus*), voir Van Mal-Maeder 1994.

maestus in lacrimis: après Pricée, de Jonge 1941, 105 compare avec Verg. *Aen.* 5, 37 *horridus in iaculis*; Callebat 1968, 223 signale également ce type de construction en latin tardif.

genialem - senex: cf. (également dans un contexte de deuil) 7, 27 (175, 1 s.) et 10, 6 (241, 2 ss.) *senex infelix ... trahensque cinere sordentem canitiem*, avec le commentaire de *GCA* 2000, 125 ad loc. sur ce geste de deuil.

genialem canitiem: plusieurs traducteurs voient dans *genialis* l'idée de noblesse (e.g. Vallette: «sa noble chevelure blanche»; Carlesi: «i bianchi e venerandi capelli»; Helm-Krenkel: «sein ehrwürdiges Haar»). Cette signification particulière n'est pas signalée par *ThLL* ou *OLD*, à moins de prendre le mot dans son sens premier, ce qui, étant donné le goût d'Apulée pour les jeux étymologiques, est envisageable: Annaratone traduit ainsi «i bianchi capelli sacri al suo Genio» (*ThLL* s.v. *genialis* 1806, 59 ss.). On remarquera aussi que la combinaison des termes (unique, selon PHI) contraste avec le reste de la phrase. Au noir d'*atratus* s'oppose la blancheur de *canities*, à la tristesse de *maestus* l'éclat de *genialis* (*ThLL* s.v. *genialis* 1807, 79 «i.q. quasi laetus [= uber], uenustus, pulcher)»; cf. 5, 22 (120, 14) *capitis aurei geni<a>lem caesariem*. Quoi qu'il en soit du sens exact du terme *genialis*, ce détail descriptif a pour fonction de donner à la figure du *senex* un aura de respectabilité et plus de poids à ses accusations. Un autre vieillard respectable et pourfendeur du crime intervient au livre 10, 8 (243, 7 ss.): voir *GCA* 2000, 151 ss. ad loc.; cf. Cic. *Cato* 61 *apex est autem senectutis auctoritas*.

uoce ... quidem, sed: type de construction antithétique cher à Apulée (voir Bernhard 1927, 60 s. avec exemples supplémentaires; Callebat 1994, 1653).

uoce contenta: cf. *met.* 4, 10 (82, 11) *contentissima uoce*; *flor.* 9 (11, 11) *contentissime clamitat*; Cic. *de orat.* 3, 219 (*uocis genus*) *contentum, uehemens, imminens quadam incitatione grauitatis*; *or.* 17, 56 *contenta uoce atrociter dicere et summissa leniter.*

Per fidem - uindicate: comparer pour la construction de cette requête 8, 20 (192, 14) *per Fortunas uestrosque Genios ... seni subsistite meumque paruulum ... reddite* (voir *GCA* 1985, 174 ad loc.). Cf. encore 2, 28 (48, 11 ss.); 4, 31 (99, 2 ss.) et 6, 2 (130, 6 ss.), avec anaphores de *per* + substantif.

Per fidem ... per pietatem publicam: pour ces exclamations rhétoriques et pathétiques, cf. e.g. Cic. *Deiot.* 8; Petron. 24, 3; Ps. Quint. *decl.* 2, 11; 2, 12; 14, 1.

Quirites: voir comm. ad 2, 24 (44, 22).

per pietatem - subsistite: cf. Ulp. *dig.* 37, 15, 1, 2 *praefectus urbis delictum ad publicam pietatem pertinens ... uindicat.* Pour obtenir satisfaction, le vieillard fait de ce crime familial un crime intéressant l'ensemble de la communauté (*OLD* s.v. *publicus* 3 «of or affecting everyone in the state, communal, public»), en insistant sur le fait qu'il a été commis sur un citoyen, qui plus est, un citoyen éminent (47, 9: *unus de optimatibus*); comparer 10, 6 (241, 9 ss. cité *infra*).

perempto ciui subsistite: l'emploi du verbe *subsistere* au sens de «aider» (avec dat.) n'est pas attesté avant Apulée. On le rencontre à plusieurs reprises dans les *Met.*, toujours dans un discours direct et le plus souvent sous la forme de l'impératif: cf. 3, 23 (69, 25), avec Van der Paardt 1971, 174 s. ad loc.; 4, 26 (94, 18); 5, 19 (118, 3); 6, 2 (130, 14); 11, 2 (267,20). La formulation du vieillard qui, dans son élan rhétorique, demande de l'aide pour un homme déjà mort est assez amusante.

extremum - feminam: comparer pour l'abondance verbale 9, 23 (220, 21 s.) *nefarium ... et extremum facinus perditae feminae*; 10, 2 (237, 1 s.); 10, 5 (240, 9 s.).

extremum facinus in ... feminam uindicate: outre notre passage, *OLD* s.v. *uindico* 5 cite pour l'emploi transitif de *uindicare* avec objet à l'acc. + *in* + acc. de la personne contre laquelle s'exerce la vengeance Flor. *epit.* 1, 22, 55 *Italiae ... clades in Africam uindicare.* Avec *in* + abl., cf. Calp. *decl.* 23 *liceat in matribus adulteria uindicare.* Ailleurs chez Apulée, on trouve la construction *de* + abl.: cf. 9, 37 (231, 11) *uindicarent de pollutissimo diuite mortem fratris*, avec GCA 1995, 310 ad loc. Cf. encore dans un emploi intransitif 4, 31 (99, 5 s.); 8, 13 (187, 16) *uindicaui in mei mariti cruentum peremptorem.*

istam: comme souvent dans les *Met.*, *iste* apparaît dans un discours direct et suggère un geste du locuteur, le vieillard dénonçant publiquement la femme du défunt (Callebat 1968, 270 s.).

seueriter uindicate: la combinaison de termes se retrouve en 3, 3 (54, 28 s.) dans le discours de l'accusateur de Lucius et en 4, 31 (99, 6) dans la prière de Vénus à son fils. L'adverbe *seueriter* est rare: avant Apulée, il est attesté selon *OLD* s.v. chez Plaute (cité par Prisc. 15, 1010) et chez Titin. *com.* 67.

47, 16-19   Haec enim nec ullus alius miserum adulescentem, sororis meae filium, in adulteri gratiam et ob praedam hereditariam extinxit ueneno": Car c'est elle et nul autre qui, pour complaire à un amant et afin de s'emparer de l'héritage, a tué le malheureux jeune homme, le fils de ma soeur, en l'empoisonnant.»

Ces chefs d'accusation et la situation, où un homme fait appel à la justice publique, ne sont pas sans évoquer l'univers des déclamations: les conflits privés et les drames familiaux concernant des questions d'héritage et d'adultère ou des assassinats y abondent. Cf. e.g. Sen. *contr.* 6, 4; 6, 6; 9, 5; 9, 6; Ps. Quint. *decl.* 1 et 2; Quint. *decl.* 319; 321. Voir *infra* s.v. *extinxit ueneno*; Van Mal-Maeder, à paraître. Les aspects légaux de ce passage sont commentés par Summers 1967, 119 ss. Le motif du procès public apparaît à plusieurs reprises dans les *Met.*: voir Introd. 5.10.

sororis - filium: comme le souligne Stramaglia 1990, 161 note 6, le vieillard est l'oncle maternel du défunt et non pas son père, comme on le lit parfois. Sur les rapports étroits qui existent à Rome entre *auuculus* et *nepos* («piccolo nonno») et qui peuvent expliquer l'intervention de ce personnage, voir Bettini 1986, 50 ss.; comm. ad 2, 28 (48, 3 ss.) s.v. *iam dudum*.

in adulteri - hereditariam: selon l'oncle du défunt, la femme avait deux motifs pour éliminer son mari: un amant et l'appât du gain. Norden 1912, 151 est d'avis que le deuxième motif est un ajout d'Apulée, le droit grec ne reconnaissant à la veuve aucun droit d'héritage; *infra* s.v. *extinxit ueneno*.

in adulteri gratiam: la construction *in gratiam* + gén. (*OLD* s.v. *gratia* 1 c «in order to please or oblige someone») est attestée pour la première fois chez Tite-Live et elle est courante dans la prose de l'époque impériale. Apulée marque une prédilection pour les constructions avec *in* final (tour fréquent en latin post-classique et tardif: voir Callebat 1968, 227).

Dans ce roman, les adultères foisonnent (voir Tatum 1979, 74 ss.; Hofmann 1993, 113 ss.). Au livre 1, 6 ss. (5, 12 ss.), on trouve l'histoire de Socrate, qui délaisse sa famille pour vivre avec une sorcière une aventure cauchemardesque. Au livre 2, 5 (28, 14 ss.), Byrrhène révèle à Lucius les frasques extra-conjugales de Pamphilé. Cf. surtout la série d'histoires d'adultères qui s'enchaînent dès le livre 8, 22 (194, 1 ss.); 9, 4 ss. (205, 23 ss.); 9, 14 ss. (213, 6 ss.: deux récits d'adultères enchâssés dans un troisième); 10, 2 ss. (237, 1 ss.); 10, 23 ss. (254, 23 ss.). À cette liste, on ajoutera les aveux de Zeus dans le «conte»: 6, 22 (145, 6 ss.).

ob praedam hereditariam: lorsque le cadavre confirmera les accusations de son oncle en 2, 29 (49, 9 ss.), il ne fera pas mention de ce motif, insistant davantage sur le fait d'avoir été trompé (voir comm. ad loc.). L'expression *praeda hereditaria* n'est pas attestée ailleurs. *Praeda* est à prendre au sens de «butin de pillage» (*OLD* s.v. 1b), de même que *praedo* peut désigner un *iniustus possessor qui mala fide pro possessore et pro praedone possidet*: cf. Ulp. *dig.* 5, 3, 13; 5, 3, 25; Apul. *apol.* 93 (103, 10) et 100 (110, 17), où *praedo* est employé dans ce sens technique à propos de captation d'héritage. Cf. 9, 31 (226, 22) *ad hereditariam ... auctionem*; comme le notent *GCA* 1995, 268 ad loc. (cf. aussi *ibid.* 233), l'emploi d'un adjectif en fonction de gén. objectif est fréquent chez Apulée. Un autre

361

exemple de meurtrière intéressée apparaît au livre 10, 28 (258, 26 ss.): voir *GCA* 2000, 342 s. ad loc.

extinxit ueneno: cette veuve noire fait partie de la population des empoisonneuses qui sévissent dans le roman: cf. 10, 4 ss. (239, 24 ss.); 10, 25 ss. (256, 22 ss.); Fick 1991b. Le vieillard accusateur applique ici le principe évoqué par Sen. *contr.* 7, 3, 6, selon lequel un grief permet d'en prouver un autre: *tamquam cum dicimus adulteram fuisse, ut credatur propter hoc etiam uenefica*; cf. aussi *contr.* 6, 6; Quint. *decl.* 319, 8 et déjà Caton chez Quint. *inst.* 5, 11, 39 *si causam ueneficii dicat adultera, non M. Catonis iudicio damnanda uideatur, qui nullam adulteram non eandem esse ueneficam dixit?*

47, 20-21 Sic ille senior lamentabiles questus singulis instrepebat: Telles étaient les plaintes lamentables que le vieillard faisait retentir auprès de chacun.

ille: pour l'emploi anaphorique de *ille* permettant de réintroduire avec force un objet ou un être mentionné plus haut dans le récit, voir Callebat 1968, 278 s.

lamentabiles questus: ces plaintes sont à la fois pitoyables et entrecoupées de sanglots (*OLD* s.v. *lamentabilis* 1 et 2); cf. plus haut *uoce contenta quidem, sed adsiduis singultibus impedita* (47, 13).

singulis: cette leçon a plus d'une fois été suspectée, e.g. par Scioppius: *singultim*, «fort. recte» selon Helm, qui se demande s'il ne faut pas lire *<supplicans> singulis* (*singultim* est adopté e.g. par Giarratano et de Jonge 1941, 107); Stewech: *singultibus*; Van der Vliet: *singultis <cunctis>*. Mais le texte fait sens et n'exige aucune correction. Bien qu'elle rende la scène très vive, la traduction de Vallette «(le vieillard) allait de l'un à l'autre en faisant éclater des plaintes lamentables» (voir aussi Grimal) décrit plus que le texte ne dit.

instrepebat: verbe peu fréquent, attesté avant Apulée chez Verg. *georg.* 3, 173, qui l'emploie intransitivement (*ThLL* s.v. *instrepo* 2006, 49 ss.). On le rencontre encore avec un objet à l'acc. chez Aug. *conf.* 8, 2, 5.

47, 21-23 Saeuire uulgus interdum et facti uerisimilitudine ad criminis credulitatem impelli. Conclamant ignem, requirunt saxa, paruulos ad exitium mulieris hortantur: La foule entre-temps se déchaînait et la vraisemblance des faits la poussait à croire au crime. On réclame le feu, on cherche des pierres, on exhorte les enfants à mettre la femme à mort.

Comparer 10, 6 (241, 9 ss.), où un vieillard, père d'un enfant qu'il croit mort par la faute de son demi-frère, en appelle à la justice publique. Son discours produit un tel effet sur la foule *ut ... cuncti conclamarint lapidibus obrutum publicum malum publice uindicari*. Dans cet épisode, le lecteur sait (grâce aux informations livrées par Lucius-narrateur: cf. 10, 2 ss.: 237, 3 ss.) que l'accusé est innocent, victime d'un complot. La réaction partiale et brutale des juges et de la foule lui apparaît dès lors dans toute son injustice. Dans notre passage, le lecteur ne jouit pas d'un savoir supérieur aux personnages de l'histoire: le récit est narré selon la perspective limitée de Thélyphron-acteur. Mais les termes employés font que la réaction de la foule n'en paraît pas moins sauvage: voir notice suivante; *infra* s.v. *uulgus*; *ad criminis credulitatem impelli*.

Saeuire - saxa: cf. Verg. *Aen.* 1, 149 s. *saeuitque animis ignobile uulgus, / iamque faces et saxa uolant, furor arma ministrat*; il s'agit là d'une comparaison (v. 148: *ac ueluti*) décrivant un fait courant. L'instabilité, le caractère influençable et la violence de réaction de la foule sont fréquemment dépeints dans la littérature antique: cf. e.g. Cic. *Brut.* 188, 3; *de orat.* 2, 178; 185; Tac. *hist.* 1, 69 *ut est mos, uolgus mutabile subitis et tam pronum in misericordiam quam immodicum saeuitia fuerat* (autant d'exemples où il est question de foules manipulées par un orateur habile); Verg. *Aen.* 11, 451 ss.; Sen. *dial.* 5, 2, 3 *saepe in iram uno agmine itum est: uiri, feminae, senes, pueri, principes uulgusque consensere et tota multitudo paucissimis uerbis concitata ipsum concitatorem antecessit: ad arma protinus ignesque discursum est ...*; Ps. Quint. *decl.* 11, 7; Curt. 4, 10, 7.

Saeuire ... impelli: dans les *Met.*, l'infinitif historique apparaît dans des passages descriptifs (cf. 2, 19: 40, 19 ss.) ou dans des épisodes dramatiques; voir Callebat 1968, 426 s. (tour qui, chez Apulée ne relève pas de la langue populaire, mais possède «un caractère essentiellement littéraire»). Souvent, il s'agit d'une série de verbes, introduits par un imparfait et décrivant des actions simultanées, qui, comme ici, sont des réactions à un événement dramatique. Ce type de construction permet d'exprimer la hâte, l'inquiétude, l'agitation: voir la note exhaustive de *GCA* 2000, 133 ad 10, 6 (241, 17 ss.).

uulgus: le terme possède ici une connotation négative; cf. aussi 4, 2 (76, 2); 4, 14 (85, 14 s.); Verg. *Aen.* 1, 149 s. (*supra*).

interdum: cet emploi de *interdum* au sens de *interim* s'observe aussi en 3, 1 (52, 20) *quati fores interdum et frequenti clamore ianuae nostrae perstrepi* (cf. encore 8, 7: 181, 19): voir Van der Paardt 1971, 28 ad loc. Selon Callebat 1968, 323 s., cet emploi de l'adverbe (fréquent dans les *Met.* et en latin tardif) est probablement un fait de langue populaire.

uerisimilitudine: en dehors de notre passage, *uerisimilitudo* apparaît chez Sen. *suas.* 3, 7, mais il s'agit probablement d'une faute des mss. Après Apulée, le mot se retrouve plusieurs fois chez les auteurs chrétiens. Dans l'*apol.* 30 (35, 1); 58 (66, 9) et 87 (96, 5), on trouve un néologisme de la même famille, *uerisimiliter*, également attesté chez Augustin.

ad criminis credulitatem impelli: pour de Jonge 1941, 107, qui paraphrase «ut crimen credere», *credulitas*, employé comme substantif verbal du verbe *credere*, est dépourvu de la connotation négative qu'il a d'ordinaire. L'allusion à Verg. *Aen.* 1, 149 s. (*supra*) dément cette interprétation. L'emploi du mot *credulitas* (qui, dans un sens positif, ne se rencontre pas avant Arnobe: *ThLL* s.v. *credulitas* 1151, 31 ss.) renforce la connotation négative de la phrase. Cf. 9, 21 (219, 11) *ad credulitatem delapsus*, dans un passage où il est question de tromperie et de mensonge; Ov. *am.* 3, 3, 24 *stulta populos credulitate mouet (deus)*; *met.* 15, 498, etc. La construction avec gén. objectif est attestée pour la première fois dans notre passage; cf. ensuite Schol. Stat. *Theb.* 7, 116 et Cassiodore (*ThLL* l.c. 1151, 24 ss.).

conclamant - hortantur: noter le crescendo de ce Trikôlon: trois phrases (avec asyndètes), dont les deux premières présentent la même construction et le même nombre de syllabes; la troisième se distingue par sa longueur et par la position chiastique du verbe (pour d'autres exemples, voir Bernhard 1927, 68).

conclamant ignem: en 4, 3 (76, 18 s.) *conclamant canes* (un passage où la foule est excitée par une femme endeuillée, désireuse de se venger), le verbe signifie «appeler». Dans toute la phrase, il n'est question que d'exécution. Plutôt que du feu de la torture destiné à soumettre l'accusée à la question (cf. 10, 10: 244, 23; Sen. *contr.* 2, 5, 5 et 6; Quint. *decl.* 272, 10; 305, 18), il s'agit donc du châtiment consistant à brûler vif la criminelle. Voir Mommsen 1899, 923 sur ce type d'exécution attesté dès la loi des XII Tables et couramment en vigueur sous l'Empire; Elster 1991, 149; *GCA* 1995, 228 ad 9, 26 (222, 17 s.), où une adultère s'écrie avec hypocrisie que les adultères méritent d'être brûlées vives.

requirunt saxa: on trouve d'autres mentions de lapidation dans les *Met.*: cf. 1, 10 (9, 11 ss.); dans un contexte proche du nôtre, 10, 6 (241, 9 ss.: cité *supra*): voir *GCA* 2000, 131 ad loc. sur cette forme de supplice répondant à la colère populaire; Elster 1991, 149 pour qui cette forme de châtiment appartient au droit grec et judaïque.

paruulos: cette leçon de F et φ n'a pas trouvé grâce auprès de quelques savants réfractaires à l'idée que des enfants puissent mettre à mort une femme (voir aussi la traduction de Vallette: «on ameute les marmots, on veut la mettre à mort»). Petschenig corrige *populos*; Castiglioni: *pars mutuo*; Giarratano: *famulos* (Frassinetti rétablit la leçon des mss.). Helm II propose dans son apparat *catulos*: cf. 4, 3 (76, 18 ss.), 8, 17 (190, 12 ss.) et 9, 36 (230, 19 ss.), autant de passages où des chiens sont poussés à attaquer des humains. Armini 1928, 283 s. et de Jonge 1941, 107 hésitent à prendre *paruulos* au sens de *catulos = canes infantes*, mais finissent par rejeter cette interprétation trop recherchée. Armini l.c. se demande encore si *paruulos* pourrait avoir le sens de *seruulos*, et c'est ainsi que le traduit e.g. d'Anna. Quant à la conjecture de Helm III, qui imprime la proposition complétive (sans *ut*) *parent lora ... hortantur*, elle n'est adoptée par personne (même Van Thiel 1972 préfère *paruulos*); Helm III[2] et IV revient d'ailleurs au texte des mss., qu'impriment la majorité des éditeurs (Robertson compare dans son apparat avec Malespini, *Ist. Flor.* 139 «fu lapidato vilmente per gli fanciulli»); voir aussi Augello 1977, 55. Le mot *paruuli* est couramment employé au sens de «infantes», «pueri» (*ThLL* s.v. *paruulus* 548, 78 ss.). Cette leçon fait parfaitement sens: l'image d'enfants poussés par leurs aînés à bouter le feu au bûcher ou à lapider la femme représente la forme la plus extrême de cruauté populaire (cf. Sen. *dial.* 5, 2, 3 cité plus haut s.v. *saeuire - saxa*). Le terme est d'ailleurs mis en évidence par l'inversion, que renforce l'asyndète. Comparer pour la construction Suet. *Claud.* 46, 1 *multum ad concordiam liberos suos cohortatus*.

48, 1-2   Emeditatis ad haec illa fletibus quamque sanctissime poterat adiurans cuncta numina tantum scelus abnuebat: Elle, alors, avec des pleurs étudiés et en adjurant toutes les divinités le plus religieusement possible, niait avoir commis un tel crime.

La veuve tente à tout prix de parer à des accusations qui pourraient lui valoir la peine capitale (voir Mommsen 1899, 635 s. et 639 ss.; Summers 1967, 122; Rousselle 1983, 112 ss.; 122 ss.). Mais ses paroles ne sont pas reproduites au discours direct, comme le sont celles du vieillard, ce qui peut être pris comme un signe de la partialité de Thélyphron; voir notice suivante.

Emeditatis ... fletibus: l'emploi du verbe *emeditari* avec un sens passif est rare. Outre notre passage, *ThLL* s.v. cite Carm. *de sept. sap.* (p. 137 *FPL* Morel = Hyg. *fab.* 221, 2) *cuncta emeditanda* (mais Rose imprime *et meditanda*). Le choix de ce terme indique que, même s'il ne partage pas l'emportement de la foule (voir notice initiale ad 47, 22 s.), Thélyphron s'est laissé convaincre par les accusations du vieillard. Mieux, on peut y voir une intervention «commentative» du «je-narrant» (voir Introd. 2.2), qui connaît toute la vérité: voir comm. ad 2, 29 (49, 12 s.) et 2, 30 (49, 17 ss.).

quamque sanctissime ... adiurans: l'expression se retrouve en 9, 36 (230, 6 s.); cf. Plaut. *Cist.* 569 *sancte adiurabat mihi*; Ter. *Hec.* 268.

adiurans ... numina: Apulée emploie tantôt la construction transitive (cf. e.g. 3, 14: 62, 16; 9, 41: 235, 14), tantôt la construction avec *per* (e.g. 3, 12: 61, 4 s.).

CHAPITRE XXVIII

Zatchlas ex machina

On trouvera chez Stramaglia 1990 une analyse fine et détaillée de cet épisode, dont le personnage central est Zatchlas, prophète et nécromant. De cette étude (à laquelle le commentaire de ce chapitre et du chapitre suivant doit beaucoup), il ressort que Zatchlas présente de nombreux traits qui font de lui non pas la préfiguration d'Isis qu'on a voulu y voir (e.g. Scobie 1978, 52; Griffiths 1978, 143 ss.; voir s.v. *Zatchlas*), mais un praticien ambivalent des arts magiques, à mi-chemin entre théurgie et goétie.

Selon Morenz 1948 (qui signale de nombreux parallèles égyptiens), le motif de la déposition d'un défunt dans le but de résoudre une controverse d'ordre juridique est d'origine égyptienne. Ce motif existe également en Grèce et à Rome, comme le note Stramaglia l.c., 179 note 3; voir aussi Raffaelli 1995. Ailleurs dans le roman d'Apulée, deux morts apparaissent à des vivants pour témoigner du meurtre dont ils ont été victimes: cf. *met.* 8, 8 (183, 8 ss.) et 9, 31 (226, 11 ss.); cf. aussi Sen. *Oed.* 530 ss.

Ergo igitur senex ille: "Veritatis arbitrium in diuinam | 48, 3-10
prouidentiam reponamus. Zatchlas adest Aegyptius propheta primarius, qui mecum iam dudum grandi praemio pepigit reducere paulisper ab inferis spiritum corpusque istud postliminio mortis animare", et cum dicto iuuenem quempiam linteis amiculis iniectum pedesque palmeis baxeis inductum et adusque deraso capite producit in medium: Le vieillard dit alors: «Remettons le jugement de la vérité à la divine providence. Voici Zatchlas, prophète égyptien de premier rang, qui a convenu avec moi il y a quelques temps déjà, contre forte rétribution, de ramener un instant un esprit des enfers et de ranimer ce corps d'au-delà du seuil de la mort.» Et sur ces mots, il fait avancer au milieu de la foule un jeune homme enveloppé de vêtements de lin, les pieds enserrés dans des sandales en fibre de palmier et la tête complètement rasée.

Ergo igitur: voir comm. ad 2, 18 (39, 17).

senex ille: voir comm. ad 2, 27 (47, 20) *ille senior*. Pour l'ellipse du verbe déclaratif, voir comm. ad 2, 20 (41, 9).

Veritatis arbitrium: ici, *arbitrium* est employé au sens «jugement», «arbitrage», «décision», avec gén. objectif (*ThLL* s.v. 410, 19 ss.; *OLD* s.v. 1 et 2). En 2, 15 (37, 11 s.) et 2, 26 (46, 13), il signifie *inspectio, auditio, testimonium* (*ThLL* s.v. 410, 1 ss.).

diuinam prouidentiam: en dehors d'Apulée qui l'emploie à maintes reprises (cf. e.g. 5, 3: 105, 3; 6, 29: 151, 1; *apol.* 49: 56, 13 s.; *Plat.* 1, 12), la combinaison n'apparaît que chez Val. Max. 1, 5, 1 et chez Zénon e.g. 1, 3, 5, 3. Pour une analyse du concept *diuina*/*caelestis prouidentia* dans les *Met.*, voir *GCA* 2000, 194 ad 10, 12 (245, 27); voir aussi *GCA* 1985, 275 ad 8, 31 (202, 12) *deum prouidentia*. Avec cette formule, le vieillard prend soin de placer Zatchlas et son opération magique (une nécromancie, acte répréhensible s'il en est) du côté du divin et du droit. Sa précaution rhétorique a eu son effet, puisque les philologues ont coutume de voir dans Zatchlas une figure préfigurant l'intervention de la déesse Isis au livre 11 (voir notice initiale).

Zatchlas: l'étrangeté de ce nom a suscité de nombreuses hésitations. Gruter corrige *Calchas*, Salmasius *Tachos*; Rohde 1885, 97 hésite entre *Zach*(*th*)*alias* ou *Zalachtes*: deux personnages (ou serait-ce le même?) qui, selon Plin. *nat*. 37, 169 et Alex. Trall. 1, 15 (éd. Puschmann 1, 567), ont écrit des traités sur la vertu des pierres précieuses. D'autres savants (dont Souter 1936, Walsh 1970, 179, Griffiths 1975, 29 et Drake 1977, 11) ont voulu reconnaître dans ce nom une origine égyptienne ou une signification en relation avec la religion égyptienne: tentatives toutes spéculatives et très peu convaincantes. Comme le souligne Stramaglia 1990, 171, ce nom exotique a pour fonction de renforcer le caractère mystérieux et impressionnant de ce praticien des arts magiques.

propheta primarius: les opinions divergent quant à la question de savoir si cette formule constitue un simple jugement de valeur (cf. e.g. les traductions de Augello «profeta di gran vaglia»; Annaratone «un profeta assai valente»; Graverini 1998, 133 compare avec Verg. *Aen*. 6, 77 s., où la Sibylle est qualifiée de *immanis uates* et avec Hom. *Od*. 11, 99, où Tirésias est μάντις ἀμύνων), ou si elle traduit une fonction sacerdotale précise (pour Morenz 1948, 299, Grimal 1971, 346 et Griffiths 1975, 136, Zatchlas serait un grand prêtre occupant le haut de l'échelle dans la hiérarchie sacerdotale). Mais l'essentiel est que cette précision constitue en quelque sorte un label de qualité. Le vieillard doit convaincre l'assistance des pouvoirs magiques de Zatchlas et de sa respectabilité. C'est pourquoi je me rallie aux traductions de Vallette («prophète de premier ordre»), Helm-Krenkel («ein ägyptischer Prophet ersten Ranges») et Hanson («prophet of the first rank»), qui rendent l'ambivalence des mots *propheta primarius*. Pour une argumentation détaillée avec littérature exhaustive, voir Stramaglia 1990, 173 ss.

iam dudum: la mort du jeune homme étant récente, l'accord conclu entre le vieillard et Zatchlas ne peut pas remonter bien loin dans le temps (un jour, si Thélyphron est le seul gardien qui a été engagé pour surveiller le mort pendant la nuit). Cf. 7, 4 (157, 11) avec *GCA* 1981, 106 s. ad loc., où *iam dudum* signifie probablement «récemment». Pourtant, dans notre passage, le sens de «il y a quelque temps déjà» (cf. e.g. 1, 6: 6, 8; 2, 10: 33, 16 s.) conviendrait aussi. *Iam dudum* obéit à la rhétorique du vieillard, soucieux de présenter son nécromant comme un personnage d'importance. Ces mots indiquent qu'il a dû réserver bien en avance les services de ce *propheta primarius*. Selon Drake 2000, 10, *iam dudum* trahit le fait que l'oncle est le véritable assassin du jeune homme, qui avait prémédité son assassinat pour des questions d'héritage. Rien dans le texte n'autorise une telle extrapolation, qui suscite plus de questions qu'elle n'en résout.[1]

grandi praemio: dans le discours du vieillard, la mention d'une forte somme à verser en échange des services du nécromant constitue un gage supplémentaire de son art: Zatchlas est un *propheta primarius*, il coûte donc cher. Mais, comme le signale Stramaglia 1990, 176 ss., la rétribution financière est un trait de la magie goétique, populaire, qui l'oppose à la magie théurgique, toute désintéressée. Cf. 2, 13 (35, 16 s.), où sont critiqués les cachets du devin Diophane; 9, 29 (224, 27), où sont mentionnés les gages offerts à une magicienne; Lucianus *Philops*. 14 et 16 et déjà S. *Ant*. 1055. La mention d'un *praemium* - et qui plus est d'un *grande praemium* - n'honore pas Zatchlas. Elle est un premier signe de l'ambivalence du personnage, que l'on ne saurait ranger trop rapidement du côté de la «magie blanche».

reducere ... spiritum corpusque ... animare: le chiasme souligne la juxtaposition antithétique *spiritum/corpus* (un tour qu'il est difficile de maintenir en français). *GCA* 1977, 158 ad 4, 21 (90, 14) étudient les différents sens que le mot *spiritus* revêt dans les *Met*. et comparent pour notre passage avec 6, 17 (141, 14 s.) *si spiritus corpore tuo semel fuerit seiugatus*.

ab inferis: l'emploi métonymique de *inferi* au sens de «les enfers», «les régions infernales» est poétique. En dehors d'Apulée (cf. encore 3, 2: 53, 3; 3, 10: 59, 17 *ab inferis emersi*, où l'expression est imagée; 6, 20: 144, 2, dans un emploi concret), on le rencontre chez les tragiques (e.g. Sen. *Herc. O.* 15) et les auteurs chrétiens (e.g. Tert. *anim*. 57, 11; *ThLL* s.v. *inferus* 1390, 27 ss.).

corpus ... animare: cf. Stat. *Theb*. 1, 308 *exsanguis animare assueuerat umbras*; Sedul. *carm. pasch*. 5, 269 *corpora ... fractis abiere sepulchris in cineres animata suos*.

postliminio mortis: l'expression se retrouve en 10, 12 (245, 17), un passage dépeignant la résurrection d'un garçon qu'on croyait mort. *GCA* 2000, 189 ad loc. signale que le tour *postliminio* (= *rursus, retro*) + gén. est attesté chez le seul Apulée. Ce dernier joue avec l'étymologie du mot et le gén. est le complément du nom *limen* dans *postliminium*. Ce mot, qui appartient à la langue juridique («droit de retour dans sa patrie»), est volontiers employé par notre auteur (ici et au livre 10, il l'est dans un contexte judiciaire); voir encore Van der Paardt 1971, 184 ad 3, 25 (71, 2) et *GCA* 1977, 189 ad 4, 25 (94, 10 s.) *postliminio pressae quietis*.

et cum dicto: voir comm. ad 2, 10 (33, 12).

iuuenem: comme le remarque Stramaglia 1990, 179 ss. (avec parallèles), la mention de la jeunesse de Zatchlas détonne dans la description par ailleurs cano-

---

[1] E. Champlin, *Final Judgments. Duty and Emotion in Roman Wills, 200 B.C.-A.D. 250*, Berkeley/Los Angeles/Oxford 1991, 127 ss. nous apprend que l'héritage ne revient que rarement à l'ascendance et que les oncles sont particulièrement mal lotis. Ce qui complique les choses, c'est que si Apulée s'amuse à faire des références au droit romain, nous sommes en Thessalie; voir comm. ad 2, 27 (47, 18) s.v. *in adulteri - hereditariam*.

nique de son aspect extérieur: traditionnellement, les prêtres égyptiens de la littérature antique (e.g. Calasiris chez Héliodore, Paapis chez Antonius Diogène) sont d'un âge avancé, qui accroît leur caractère vénérable ou redoutable. Comme plus haut la mention du salaire exigé par Zatchlas (s.v. *grandi praemio*), cette précision vient jeter une ombre sur la respectabilité du personnage.

linteis amiculis: en raison de sa pureté, le lin est la matière dont sont faits les vêtements des adeptes d'Isis et ceux de la déesse: cf. 11, 3 (268, 15 s.); 11, 10 (273, 18 ss.) *uiri feminaeque ... linteae uestis candore puro luminosi*, avec Griffiths 1975, 192 ad loc. (avec parallèles chez Plutarque et Hérodote). Dans l'*Apol.*, Apulée oppose la laine d'origine animale à la pureté de cette matière végétale et signale que le lin sert à la confection des vêtements des prêtres égyptiens et à la protection d'objets sacrés (56: 63, 12 ss.: voir Hunink 1997, 151 ad loc.); *RE* 14, 1 (1928) «mageia», 301-393, en particulier p. 362 ss. [Hopfner].

iniectum: la correction de Beroaldus *intectum* n'est pas nécessaire; cf. 8, 27 (198, 13 ss.) *mitellis et ... bombycinis iniecti* (dans une description de l'appareil des prêtres de la déesse syrienne); 9, 12 (212, 4 s.) *tegili ... pubem iniecti*; 11, 27 (288, 15).

pedes ... inductum: pour cette construction avec acc. de relation, cf. Verg. *Aen.* 8, 457 *tunica inducitur artus* et comparer Apul. *met.* 9, 12 (212, 4 s.: ci-dessus).

palmeis baxeis: cf. 11, 4 (269, 9 s.) *pedes ambroseos tegebant sol<e>ae palmae uitricis foliis intextae* (d'Isis); voir Griffiths 1975, 135 s. ad loc. (qui commente longuement notre passage) sur ce type de chaussures et sur la symbolique du palmier dans la religion égyptienne. Le terme *baxea* apparaît encore en 11, 8 (272, 13) et dans les *flor.* 9 (13, 12); avant Apulée, on le trouve chez Plaut. *Men.* 391. Il désigne un type de sandales en fibre végétale (en feuille de palmier ou en papyrus), portées par les femmes ou par les philosophes en raison de leur simplicité et de leur confort. *RE* 3 (1899) «Baxeae», 176-177 [Mau.] signale qu'on en a trouvé beaucoup en Egypte (cf. Hdt. 2, 37, 3 avec Lloyd ad loc.), mais qu'elles étaient également fabriquées à Rome: cf. *CIL* 6, 9404 *collegi perpetuo fabrum soliarium baxiarium*.

adusque - capite: pour l'obligation des prêtres égyptiens de se raser la tête, cf. Hdt. 2, 36, avec Lloyd ad loc.; Plu. *Moralia*. 352 c-d, avec Griffiths ad loc.; Apul. *met.* 11, 10 (273, 21), avec Griffiths 1975, 192 s. ad loc. Dans les *Met.*, la représentation d'une calvitie dictée par des motifs religieux est ambivalente. Dans le passage du livre 11 précité, les têtes chauves des prêtres sont comparées de manière pompeuse et drolatique aux astres célestes. Quant à Lucius, emporté par son enthousiasme fanatique, il se fait raser à deux reprises et exhibe avec fierté (11, 30: 291, 19) une caractéristique qui fut plus d'une fois l'objet de railleries: cf. Mart. 12, 28, 19; Juv. 6, 532 ss.; Prud. *c. Symm.* 1, 630. Sur cette ambiguïté, voir Winkler 1985, 224 ss.; Van Mal-Maeder 1997b, 106 s., où l'appropriation par Isis des cheveux de ses adeptes est mise en parallèle avec les pratiques des magiciennes.

adusque: seule occurrence de l'emploi absolu de *adusque*. Elmenhorst corrige *adusque* <*ad cutem*>; Van der Vliet: *adusque* <*cutem*>, approuvé par Augello 1977, 55. Mais cf. Plaut. *Bacch.* 1125 *attonsae hae quidem ambae usque sunt.*

Huius diu manus deosculatus et ipsa genua contingens: 48, 10-14 "Miserere", ait, "sacerdos, miserere per caelestia sidera, per inferna numina, per naturalia elementa, per nocturna silentia et adoperta Coptitica et per incrementa Nilotica et arcana Memfitica et sistra Fariaca: Lui baisant longuement les mains et touchant ses genoux, il lui dit: «Aie pitié, ô prêtre, aie pitié par les étoiles célestes, par les divinités infernales, par les éléments naturels, par les silences nocturnes et les secrets de Coptos et par les crues du Nil, les mystères de Memphis et les sistres de Pharos.

Huius - deosculatus: cf. pour ce geste de supplique 4, 26 (94, 16 s.); 11, 6 (270, 16) *uelut manum sacerdotis osculabundus*; Sittl 1970, 41 ss. L'adverbe *diu* renforce l'aspect cérémonial de la scène.

deosculatus: voir comm. ad 2, 10 (33, 18).

ipsa genua contingens: cf. Plin. *nat.* 11, 250 *hominis genibus quaedam et religio inest obseruatione gentium. Haec supplices attingunt, ad haec manus tendunt, haec ut aras adorant, fortassis quia inest iis uitalitas.* Voir Sittl 1970, 147 ss. et 160 ss. pour des références concernant de semblables marques d'adoration à l'égard des thaumaturges. Ce geste de supplique apparaît à plusieurs reprises dans les *Met.*: cf. 8, 19 (192, 12 s.), avec *GCA* 1985, 172 ad loc.; 9, 40 (233, 25 s.), *GCA* 1995, 332 ad loc.; 10, 6 (241, 5 s.) *genua etiam decurionum contingens.* Selon Hammer 1925, 75, les correspondances verbales que ce passage du livre 10 présentent avec le nôtre sont un indice qu'Apulée a inséré après-coup des éléments de cette histoire (la «Phèdre» apuléenne) dans le récit de Thélyphron. Plus simplement, ces ressemblances relèvent de l'idiolecte d'Apulée; voir *GCA* 2000, 126 s. ad loc.

Miserere - Fariaca: la requête du vieillard débute par une *captatio beneuolentiae* d'une remarquable solennité, rythmée par les anaphores, par le parallèle de construction (quatre fois un adjectif précédant le substantif, puis quatre fois un substantif suivi d'un adjectif de lieu [homéotéleutes]; alternance de mots à 3 ou 4 syllabes) et par les assonances (prédominance des sons *a* et *i*). Stramaglia 1990, 186 remarque qu'une telle supplique n'aurait pas dû être nécessaire, puisque Zatchlas a déjà accepté de procéder à l'opération contre forte rétribution (cf. 48, 5). Du même avis, Graverini 1998, 132 voit dans cette prière un souvenir de l'invocation qu'Énée adresse à la Sibylle chez Virgile, pour qu'elle lui ouvre la porte de l'au-delà et le renseigne sur son destin (Verg. *Aen.* 6, 56 ss. et 103 ss.).

Les interprètes isiaques ont tenté de dégager la signification profonde de cette supplique. Pour Grimal 1971, 350, la mention de ces quatre éléments sont à rapporter aux différents moments de l'initiation isiaque et «la prière du vieillard fait donc intervenir l'ensemble de la doctrine révélée égyptienne - dans le syncrétisme final de son temps - et la totalité de l'Univers». Les analyses de Griffiths 1978, 143 ss. et Fick 1985, 140 s. diffèrent quelque peu dans le détail, mais,

371

pour ce qui est de l'hermé(neu)tique, reviennent au même. Pourtant, il est vain de chercher une signification précise dans cette énumération. Il s'agit d'un catalogue volontairement ésotérique, obéissant à la rhétorique sonore du vieillard, dont chaque élément a pour fonction de renforcer le caractère mystique et exotique du nécromant. Tandis que les quatre premiers sont de nature générale et universelle, les quatre derniers se rapportent plus précisément à l'Égypte, pays d'origine de Zatchlas. Cette liste n'est pas placée dans la bouche du prêtre, mais dans celle d'un simple habitant de Larissa, dont rien n'indique qu'il soit initié aux mystères de la religion égyptienne. Comparer la supplique de Psyché en 6, 2 (130, 6 ss.), avec succession d'éléments ésotériques similaires.

nocturna silentia: le pluriel *silentia* est poétique: cf. e.g. Lucr. 4, 460 *seuera silentia noctis*; Verg. *Aen.* 2, 255; *Ciris* 210 *nocturna silentia*. Comparer encore Apul. *met.* 4, 14 (86, 5) *per opportuna noctis silentia*; 11, 1 (266, 14) *opacae noctis silentiosa secreta* (dans le passage précédant l'apparition d'Isis).

Coptitica ... Nilotica ... Memfitica ... Fariaca: succession d'adjectifs désignant par métonymie l'Égypte (cf. Mart. 6, 80, 1 ss.), employés par souci de variation et pour les effets de sons (adjectifs isosyllabiques et homéotéleutes: voir Facchini Tosi 1986, 138).

adoperta Coptitica: F a *adepaco* (ou *adepcaco*) *o eptitica*; a* a *adepta cooeptitica*. La majorité des éditeurs (e.g. Van der Vliet, Giarratano-Frassinetti, Robertson, Brandt-Ehlers et Hanson; voir aussi OCP; Stramaglia 1988/89, 9, après examen de F sur microfilm) adoptent la correction de Scaliger *adyta*. Mais avec Helm et de Jonge 1941, 110, je préfère la conjecture de Roaldus *adoperta* (qui constitue le seul exemple attesté du neutre pluriel substantivé de l'adjectif *adopertus*), i.e. «les mystères», «les secrets». Le terme possède une signification voisine d'*arcana* (ligne 14), ce qui, étant donné le style redondant de cette prière, n'est pas un obstacle. Dans la seconde partie de cette énumération, on a deux fois un élément abstrait et mystérieux (*adoperta*, *arcana*; cf. 6, 2: 130, 8 *per tacita secreta cistarum*) suivi d'un élément concret et connu (*incrementa*, *sistra*). Au vu du texte des mss. (F et a*), la conjecture d'Hildebrand *Coptitica* (admise par Helm et Hanson) est préférable à celle de Beroaldus *Coptica*, imprimée par la majorité des éditeurs (e.g. Van der Vliet, Giarratano-Frassinetti, Robertson, Brandt-Ehlers; voir aussi *ThLL* s.v. *Coptos* 78 ss.; OCP). L'adjectif *Coptiticus* (ou *Copticus*) n'est pas attesté ailleurs (chez Pline, on trouve *Coptites* et *Coptitidis*: cf. *nat.* 5, 49 et *nat.* 36, 52).

per incrementa Nilotica: les crues du Nil sont un phénomène bien connu dans le monde antique. Cf. pour le seul domaine latin e.g. Lucr. 6, 712; Plin. *nat.* 5, 51 ss.; Lucan. 10, 216. Le mot *incrementum* est employé à propos du Nil e.g. chez Plin. *nat.* 5, 58; 36, 58; Sen. *epist.* 104, 15; Ulp. *dig.* 43, 12, 1, 5. Comme les autres adjectifs de lieu dans ce passage, *Niloticus* désigne par métonymie l'Égypte; cf. 1, 1 (1, 3); Lucan. 9, 130; Mart. 6, 80, 1.

Memfitica: adjectif poétique: cf. Ov. *ars* 1, 77; Lucan. 10, 5; Mart. 6, 80, 3; 7, 30, 3; 14, 38, 1.

sistra Fariaca: le sistre instrument du culte d'Isis, apparaît à quelques reprises dans le dernier livre: cf. 11, 6 (270, 13); 11, 10 (273, 23); 11, 12 (275, 18). Comme les crues du Nil (*supra*), il est un élément bien connu du monde égyptien, dont les poètes se servent pour désigner métaphoriquement l'Égypte et la religion égyptienne: cf. e.g. Ov. *am.* 2, 13, 11 *per tua sistra precor*; Lucan. 8, 832; Juv. 13, 93. L'adjectif *Fariacus* est un hapax. Il s'agit sans doute d'un néologisme (au lieu du plus courant *Pharius*: cf. Tib. 1, 3, 32; Ov. *Pont.* 1, 1, 38 *Pharia tinnula sistra manu*), forgé par Apulée par souci d'harmonie avec les autres adjectifs de la phrase (Facchini Tosi 1986, 138).

Da breuem solis usuram et in aeternum conditis oculis modica<*m*> lucem infunde: Accorde-lui une brève jouissance du soleil et, dans des yeux fermés pour l'éternité, répands une fugitive lumière. 48, 14-16

Da ... infunde: chiasme.

Da - usuram: cf. *apol.* 18 (22, 23 ss.) *si denique omnes illae ueteres prosapiae ... breui usura lucis ad iudicium istud remissae audirent*, avec Hunink 1997, 73 ad loc. Ce genre d'expression pompeuse (où *lux*, *sol*, etc. = «la vie») apparaît fréquemment dans les discours judiciaires: e.g. Cic. *Sull.* 90; *Verr.* 2, 5, 75 *cur ... piratis lucis usuram tam diuturnam dedisti?*; Calp. *decl.* 26. Cf. aussi Acc. *trag.* 507 (= *Oen.* 9 Dangel) *hanc postremo solis usuram cape*.

breuem ... modica<m>: ces adjectifs contrastent avec l'emphase de l'expression et avec l'importance de la demande.

Non obnitimur nec terrae rem suam denegamus, sed ad ultionis solacium exiguum uitae spatium deprecamur": Nous ne résistons pas, nous ne refusons pas à la terre ce qui lui appartient, non: nous demandons la consolation de la vengeance et pour cela un tout petit espace de vie.» 48, 16-18

obnitimur: après Rohde 1875, 271, qui veut ajouter *fato* ou *neci* et Purser 1906, 39, qui propose *Libitinae*, Robertson lit *non obnitimur <necessitati>*, renvoyant à *mund.* 38; cette conjecture est adoptée par Frassinetti. Mais Augello 1977, 56 remarque que l'emploi absolu de *obnitimur* dans notre passage renforce le caractère solennel du discours. Cet emploi du verbe (au sens propre ou au sens figuré) n'est pas unique: voir *ThLL* s.v. *obnitor* 121, 69 ss. et 122, 45 ss., qui cite notamment Vell. 2, 89, 5; Sil. 13, 518; Tac. *ann.* 13, 12, 2 et compare pour notre passage («sc. *morti*») Cypr. *mortal.* 18 p. 308, 16 *obnitimur et reluctamur*.

rem suam: cet emploi du pronom possessif s'observe à plusieurs reprises chez Apulée: voir Bernhard 1927, 113 et Callebat 1968, 257 s. (trait de la langue familière, fréquent en latin tardif).

ad ultionis solacium: comparer pour ce tour final avec gén. explicatif e.g. 5, 12 (112, 17) *diuinae subolis solacio*; 6, 14 (139, 9) *lacrumarum ... solacio*. Cf. Sen. *clem.* 3, 19 *ultio duas praestare res solet: aut solacium adfert ei qui accepit iniuriam, aut in relictum securitatem*; Ps. Quint. *decl.* 7, 5 *tu mihi solacium ultionis imples?*

exiguum - spatium: cf. 7, 6 (158, 16) *exiguo temporis ... spatio*, où *GCA* 1981, 117 ad loc. comparent avec Gell. 14, 1, 5 *in tam breui exiguoque uitae spatio*.

48, 19-20 Propheta sic propitiatus herbulam quampiam ob os corporis et aliam pectori eius imponit: Le prophète, rendu ainsi favorable, dépose un brin d'herbe sur la bouche du mort et un autre sur sa poitrine.

La scène qui suit a été mise en relation avec la cérémonie funèbre égyptienne dite «de l'ouverture de la bouche», consistant à réintégrer le défunt dans ses facultés organiques (voir e.g. Grimal 1971, 349 ss.; Drake 1977, 9 s.; Griffiths 1978, 143 s.). Mais les interprètes isiaques ne s'accordent pas sur la signification des trois gestes du nécromant (pose d'une herbe sur la bouche et sur la poitrine, prière muette au soleil levant), qui n'apparaissent pas ensemble dans le rituel égyptien. Mettant en évidence les différences existant entre la procédure de la cérémonie égyptienne et cette description (la moindre n'étant pas le but du rituel), Stramaglia 1990, 182 ss. souligne qu'il faut se garder de voir dans notre passage une description réaliste d'une cérémonie précise: «Apuleio ha corredato il suo Zatchlas di connotati egizi piuttosto 'decorativi' che non significativamente (o melio, 'tecnicamente') preordinati» (Griffiths l.c. parle lui de «description impressionniste»: p. 145).

herbulam ... imponit: Griffiths 1978, 144 signale que l'usage d'une herbe dans cette cérémonie n'est pas attesté; Fick 1985, 141 mentionne l'utilisation d'une herbe sacrée dans la cérémonie d'«union au disque», qui, d'après la description qu'elle en donne, est voisine de celle de l'«ouverture de la bouche». Comparer Plin. *nat.* 25, 14; Lucan. 6, 681 ss.

ob os ... pectori: variation de construction. Pour cet emploi de *ob* marquant la direction, voir comm. ad 2, 32 (51, 12); cf. *apol.* 89 (98, 10 s.) *tabulae ... tibi ob os obiciuntur*; Plaut. *Most.* 619.

48, 20-23 Tunc orientem obuersus incrementa solis augusti tacitus imprecatus uenerabilis scaenae facie[s] studia praesentium ad miraculum tantum certatim adrexit: Puis, se tournant vers l'orient, il adresse aux lueurs grandissantes de l'auguste soleil une prière muette, et par l'apparence de cette mise en scène vénérable, excite à l'envi dans l'assistance l'attente d'un si grand miracle.

orientem - imprecatus: les prières au soleil levant sont bien attestées en Égypte et ailleurs: voir Griffiths 1978, 144; *RE* 14, 1 (1928) «mageia», 301-393, en particulier p. 307 s. [Hopfner].

orientem obuersus: outre notre passage, *ThLL* s.v. *obuerto* signale pour cette construction avec acc. de direction Colum. 8, 3, 1 (*orientem*), mais hésite à voir ici une occurrence de l'adjectif *obuersus, a, um* accompagné de l'acc. (seul exemple de cette construction); voir aussi LHSz 2, 223, 1; Callebat 1994, 1645.

incrementa solis augusti: la scène a lieu au petit matin, peu après le chant du coq: cf. 2, 26 (46, 7 ss.) et 2, 27 (47, 5 ss.). D'ordinaire, les cérémonies magiques de la littérature antique se déroulent la nuit, plus rarement au lever du jour: voir Tupet 1976, 9; *RE* 14, 1 (1928) «mageia», 301-393 [Hopfner], en particulier p. 353 et p. 373; Graf 1994, 163, 182, 223 et 230 sur le rôle d'Hélios dans les papyri magiques. *ThLL* s.v. *incrementum* 1046, 14 ss. ne signale pas d'autre exemple de l'emploi du mot à propos du soleil. À propos de la lune, cf. e.g. *met.* 11, 1 (266, 19); Plin. *nat.* 2, 221; de la lumière croissante: Plin. *nat.* 18, 220 (*lucis*). Une recherche dans PHI révèle que la combinaison *sol augustus* est unique. Cet adjectif est probablement choisi pour réaliser un jeu de mot redondant avec *incrementa* (*augustus* < *augere*: «les lueurs grandissantes du grand soleil»).

tacitus imprecatus: cette prière muette ajoute au mystère de Zatchlas. Mais elle renvoie à nouveau le personnage du côté de la goétie, s'il est vrai que les prières muettes ou inaudibles sont le propre des magiciens. Apulée le savait trop bien, qui fut accusé d'avoir adressé aux dieux de telles prières: cf. *apol.* 54 (61, 20 s.) *tacitas preces in templo deis allegasti: igitur magus es*, avec Hunink 148 ad loc.; Stramaglia 1990, 185 ss. avec références supplémentaires. L'emploi de *imprecari* au sens de *inuocare, implorare, adorare* est attesté pour la première fois dans notre passage; il est courant chez les auteurs chrétiens (*ThLL* s.v. *imprecor* 676, 6 ss.).

uenerabilis - facie[s]: l'emploi des mots *scaena* et *facies* est remarquable. *OLD* s.v. *scaena* classe cette occurrence sous 5 «a piece of artificial or melodramatic behaviour designed to impress, charade, theatricals». *Facies* met en relief l'importance de l'apparence dans cette mise en scène vénérable (si elle est qualifiée de *uenerabilis*, c'est parce qu'elle montre Zatchlas en train de prier). Comme l'exprime Fick 1985, 143 tout se passe «comme si le côté théâtral de cette scène l'emportait sur l'atmosphère religieuse». Voir aussi Stramaglia 1990, 186 sur l'élément théâtral caractéristique du γόης. À l'époque impériale, les magiciens s'exhibent volontiers sur les places publiques et dans les théâtres devant un public crédule.

facie[s]: la correction est de Colvius.

studia - adrexit: la curiosité de la foule pour un spectacle ou un événement hors du commun est un motif récurrent dans les *Met.*, comme le signalent Shumate 1988, 43 ss. et 1999, 120 (qui y voit un reflet de la curiosité déplacée de Lucius) et Hijmans in *GCA* 1995 (Appendix III), 366 ss.; voir Slater, à paraître.

ad miraculum ... adrexit: Van der Paardt 1971, 79 ad 3, 9 (58, 18 s.) *ad iustam indignationem arrecti* note que l'emploi de *arrigere* au lieu de *erigere*, peu courant en prose, apparaît fréquemment chez Virgile. *Miraculum* (de *mirari* + *culum*) fait référence à l'événement étonnant dont la foule va être témoin, une nécromancie (chapitre 29). Le terme désigne couramment un fait surnaturel et apparaît notamment en poésie à propos d'actes magiques: cf. e.g. Hor. *epist.* 2, 2, 208 ss. *terrores magicos, miracula, sagas*; Lucan. 9, 923; cf. aussi Apul. *apol.* 43 (50, 4) *magorum miracula*. Il n'est pas employé ailleurs à propos d'une nécromancie (*ThLL* s.v. *miraculum* 1056, 41 ss.; de la résurrection du Christ: cf. Aug. *ciu.* 10, 32; Sedul. *carm. pasch.* 5, 363).

CHAPITRE XXIX

Les accusations du mort

Immitto me turbae socium et pone ipsum lectulum editiorem quendam lapidem insistens cuncta curiosis oculis arbitrabar: Je m'avance pour me mêler à la foule et, grimpant sur une pierre assez élevée, derrière le lit même, j'observe toute la scène avec des yeux curieux. 48, 24-26

Immitto ... arbitrabar: variation de temps. L'usage du présent permet de ramener l'attention sur Thélyphron, qui ne va pas tarder à troquer son rôle de spectateur pour retrouver celui d'acteur. L'imparfait introduit la scène descriptive qui suit. Cf. 2, 26 (46, 9 s.).

Immitto me turbae socium: noter l'abondance de l'expression. Dans les *Met.*, *se immitere* est toujours employé avec le dat., au lieu de la construction habituelle *in* + acc.: voir *GCA* 2000, 126 ad 10, 6 (241, 4), qui signale cette construction chez Virgile et Ovide; cf. 7, 24 (172, 19) *immito me campis*. Jusqu'ici, Thélyphron s'est tenu un peu à l'écart (cf. 2, 27: 47, 5 ss.). Poussé par la curiosité, il se rapproche afin de mieux voir. Il est l'un des nombreux témoins oculaires de la scène; voir notice suivante.

pone - arbitrabar: Thélyphron prend grand soin de souligner qu'il se trouvait aux premières loges: juste derrière le lit du mort, dans un lieu surélevé. C'est que la scène à laquelle il assiste relève du domaine du surnaturel. Ces précisions ont pour but de garantir l'authenticité de son récit.

lectulum: le mot apparaît plusieurs fois dans les *Met.* pour désigner un lit mortuaire: cf. plus bas 49, 8; 3, 8 (57, 21); 3, 9 (58, 21); Ps. Quint. *decl.* 18, 17; 19, 4; Tac. *ann.* 16, 11, 1; Amm. 19, 1, 10, etc.

lapidem insistens: voir comm. ad 2, 21 (43, 1 s.) *insistebat lapidem*.

curiosis - arbitrabar: le verbe *arbitrari* au sens de «regarder», «assister» n'est attesté avant Apulée que chez Plaute (e.g. *Aul.* 605; *Capt.* 220: *ThLL* s.v. 415, 64 ss.). On le rencontre à plusieurs reprises dans les *Met.*, en particulier à propos de personnages remplis de curiosité. Cf. 1, 18 (16, 8) *curiose sedulo arbitrabar iugulum* (Aristomène contemplant la gorge de Socrate maltraité par des sorcières); 3, 21 (68, 3 s.: Lucius regardant la sorcière Pamphilé se métamorphoser en hibou); 9, 12 (211, 29 ss.) *familiari curiositate attonitus ... arbitrabar* (Lucius, encore). La curiosité pour un spectacle hors du commun est un trait que Thélyphron partage avec le héros et narrateur principal du roman. Cf. 10, 29 (260, 18 s.) *curiosos oculos ... spectaculi prospectu gratissimo reficiens*; mais aussi 1, 12 (12, 2: curiosité d'Aristomène); 2, 4 (28, 8: curiosité d'Actéon). Voir Introd. 5.2; Append. III.

377

48, 26-28 Iam tumore pectus extolli, iam salubris uena pulsari, iam spiritu corpus impleri: et adsurgit cadauer et profatur adulescens: Déjà la poitrine se gonfle et se soulève, déjà la veine vitale se met à vibrer, déjà le corps s'emplit du souffle de vie: et voilà que le cadavre se redresse et que le jeune homme parle.

Iam ... extolli, iam ... pulsari, iam ... impleri: trikôlon (parallèle de construction, anaphore de *iam*; cf. 2, 13: 35, 23 ss.), qui a pour effet de découper la description du retour à la vie du cadavre en séquences. Sur l'infinitif historique, voir comm. ad 2, 19 (40, 19 ss.); 2, 27 (47, 21 s.).

tumore: il s'agit du gonflement de la poitrine se soulevant sous l'effet de la respiration, seul exemple de cet emploi signalé par *OLD* s.v. 1 «swollen or distended condition» (cf. Prop. 2, 30, 18: du gonflement des joues d'une joueuse de flûte; Ov. *fast*. 2, 171: du ventre de Callisto enceinte).

salubris uena: la combinaison *salubris uena* n'est pas attestée ailleurs. À la suite de Collins 1909, 280 (et de Prescott 1911, 90), Robertson corrige *salebris*; cf. 1, 26 (24, 11) et *flor*. 21 (42, 4), où on trouve le mot (rare) *salebra*, «aspérités», «difficultés». Cette conjecture (de loin préférable à celles de Sopingius, *scatebris*, et de Damsté 1928, 9, *saltibus*) est admise par de Jonge 1941, 112, Brandt-Ehlers (qui traduit «jetzt schlägt pochend der Puls»), Frassinetti, Grimal («la veine du bras se met à battre convulsivement») et Augello 1977, 56. Cf. Val. Max. 9, 12, ext. 6 *senile guttur salebris spiritus grauauit* et Ov. *met*. 10, 289 *saliunt temptatae pollice uenae* (*salebris* < *salire*). Il est indéniable qu'un substantif à l'abl. réaliserait une continuité grammaticale parfaite dans le trikôlon (*iam* + abl. + nomin. + infinitif passif, où chacun des termes correspondants possède le même nombre de syllabes). Mais *salebris* devrait être pris comme un abl. de manière, alors que *tumore* et *spiritu* sont des agents du passifs. Non sans hésitation, je retiens le texte des mss., qui fait sens. Le tour *salubris uena* fait référence au signe de vie que constitue le battement du sang dans les veines. Cf. Plin. *nat*. 2, 218 *extrema pulsum uenarum, id est spiritus, magis sentiunt*; 11, 219. L'adjectif *salubris* est peut-être choisi pour des raisons euphoniques (assonances avec *pulsari*). Peut-être aussi faut-il voir dans cette expression une variante de la *uena animalis* dont parle Scrib. Larg. 84.

pulsari: employé à propos des battements du coeur ou des veines, le verbe *pulsare* est poétique (*OLD* s.v. *pulso* 3 cite en particulier Ov. *ars* 3, 722 *pulsantur trepidi corde micante sinus*); cf. aussi *apol*. 51 (57, 26) *caput graue, ceruix torpens, tempora pulsata*.

spiritu: «souffle de vie»; voir comm. ad 2, 28 (48, 6).

et adsurgit ... et profatur: après la description en séquences de l'éveil du cadavre, l'antéposition des verbes et l'usage du présent impriment à la phrase un effet de vitesse, souligné par le double *et*. Tout à coup, le mort se redresse et se met à parler, spectaculaire conséquence des phénomènes physiques décrits précédemment.

profatur: ce mot de la langue poétique apparaît encore à trois reprises dans les *Met.*: cf. 3, 4 (54, 30) *sic profatus*, avec Van der Paardt 1971, 48 ad loc., qui souligne la couleur poétique de l'expression; 3, 7 (57, 3) *haec profatus* et 4, 35 (102, 15) *sic profata*. Le verbe introduit de manière tout à fait appropriée le discours du mort, truffé de réminiscences poétiques.

"Quid, oro, me post Lethaea pocula iam Stygiis paludibus innatantem ad momentariae uitae reducitis o<f>ficia? Desine iam, precor, desine ac me in meam quietem permitte": «Pourquoi, je vous prie, alors que j'avais bu à la coupe du Léthé et que je voguais déjà sur les marais du Styx, me ramener aux soucis d'une vie qui ne dure qu'un instant? Arrête, je t'en supplie, arrête et renvoie-moi à mon repos.» **48, 28-49, 3**

La résistance du mort lors d'une opération de nécromancie n'est pas un phénomène unique: cf. e.g. Lucan. 6, 720 ss; Hld. 6, 15, 1 s.; Rufin. *hist. mon.* 8 *quid me reuocas, pater? Melius enim est mihi redire et esse cum Christo* (cités par Stramaglia 1990, 189).

Lethaea pocula: cf. Hor. *epod.* 14, 3 *pocula Lethaeos ... ducentia somnos*; Ov. *trist.* 4, 1, 47 *utque soporiferae biberem si pocula Lethes*. L'adjectif *Lethaeus*, qui n'est pas attesté en prose avant Apulée, fait référence à l'oubli procuré par les eaux du fleuve des enfers e.g. chez Verg. *Aen.* 6, 714; Lucan. 3, 28; Sil. 13, 555 (*ThLL* s.v. 1185, 62 ss.). Comparer pour l'emploi métaphorique de *pocula* Apul. *met.* 1, 19 (18, 3) *in genua adpronat se auidus adfectans poculum* (de Socrate s'abreuvant à la rivière); Verg. *ecl.* 8, 28.

Stygiis paludibus innatantem: ce tour poétique rappelle l'épisode de la descente aux Enfers chez Virgile, lorsqu'Énée s'apprête à monter sur la barque de Charon: cf. *Aen.* 6, 369 *flumina tanta paras Stygiamque innare paludem* (cf. aussi *ibid.* 6, 134). Les correspondances entre ces deux passages sont étudiées (entre autres) par Graverini 1998, 127 ss., qui souligne l'importance de l'hypotexte virgilien dans le récit de Thélyphron, en particulier dans la scène de nécromantie (voir aussi s.v. *Desine - permitte*; plus loin, s.v. *uxor egregia*: 49, 12). En dehors d'Apulée (cf. encore *met.* 6, 13: 138, 9 s.), les *Stygiae paludes* (ou, au singulier, *Stygia palus*) appartiennent à la géographie des poètes: cf. e.g. Verg. *Aen.* 6, 323; Ov. *met.* 1, 737; Lucan. 6, 378, etc.

ad - o<f>ficia: il n'est pas aisé de déterminer ce que signifie exactement l'expression. Vallette traduit: «aux fonctions d'une vie qui ne doit durer qu'un instant»; Helm-Krenkel: «zu den Verrichtungen des Lebens»; Hanson: «to the functions of life». Dans ce sens, *officia* fait référence aux fonctions des organes du corps (*OLD* s.v. *officium* 4b). Cf. 1, 16 (15, 5 s.) *ut ... adstricta spiritus officia discluderet*. Pour d'autres, *officia* signifie «les devoirs», «les obligations»; ainsi Carlesi-Terzaghi: «ai doveri d'un' effimera vita» ou Walsh: «to life's duties». Cf. Cic. *Verr.* 2, 2, 98 *ne tum quidem potuit ... salutis tuae ratio ad officium sanitatemque reducere?*; Sen. *epist.* 77, 19. Le terme pourrait aussi faire référence aux soucis de la vie par opposition à la paix procurée par les eaux du Léthé (cf. plus loin *quietem*): voir les traductions de e.g. Augello «alle cure»; d'Anna «agli affanni».

momentariae uitae: l'expression (qui n'est pas attestée auparavant) fait référence aux paroles du vieillard priant Zatchlas de ramener le mort à la vie pour un court instant: cf. 2, 28 (48, 14 s.). Pour l'adjectif *momentarius = breuiculus*, voir *GCA* 1995, 39 s. ad 9, 1 (203, 16).

Desine - permitte: Lazzarini 1985, 133 s. et Graverini 1998, 127 comparent avec l'épisode de la *nekyia* virgilienne, lorsque le cadavre de Palinure, aspirant au repos éternel (cf. *Aen.* 6, 370 *sedibus ut saltem placidis in morte quiescam*), demande à Énée de l'emmener sur la barque de Charon (cf. *Aen.* 6, 376 *desine fata deum flecti sperare precando*; là, c'est la Sibylle qui s'oppose au désir sacrilège du mort); ci-dessus s.v. *Stygiis paludibus innatantem*.

Desine ... desine: redoublement emphatique (ou pathétique); cf. aussi plus loin 2, 30 (49, 18 s.) *dabo ... dabo*.

in meam - permitte: le verbe *permitte* est à prendre au sens propre, étymologique: voir *ThLL* s.v. *permitto*, 1553, 14 s. («notione mouendi seruata»), qui signale encore pour la construction avec *in* + acc. Nemes. *cyn.* 121 *acrem in uenerem permitte marem* (le verbe est plus fréquemment construit avec *ad* ou avec le dat.; cf. Apul. *met.* 7, 16: 166, 6 s.).

49, 4-7   Haec audita uox de corpore, sed aliquanto propheta commotior: "Quin refers", ait, "populo singula tuaeque mortis illuminas arcana? An non putas deuotionibus meis posse Diras inuocari, posse tibi membra lassa torqueri?": Telles furent les paroles que le mort fit entendre. Le prophète reprit alors avec un vif emportement: «Comment? Tu ne rapporterais pas au peuple tous les détails et tu n'éclairerais pas le mystère de ta mort? Penses-tu que mes imprécations n'ont pas le pouvoir d'invoquer les Furies, qu'elles n'ont pas le pouvoir de tourmenter tes membres épuisés?»

Chez Lucan. 6, 730 ss., Erictho profère à l'encontre du mort qui lui résiste des menaces semblables. L'utilisation de prières et de menaces est une pratique courante dans la magie antique: voir Tupet 1976, 14; Bernand 1991, 61; Graf 1994, 241 ss. et 249 ss.

Haec audita uox: voir comm. ad 2, 20 (42, 7) *sic ille commotus*.

de corpore: Callebat 1968, 200 s. signale l'emploi fréquent dans les *Met.* de *de* + abl. marquant la provenance ou l'origine d'une action, d'un événement, d'un objet (construction de la langue vivante).

deuotionibus: le mot *deuotiones* («imprécations», «invocations») est encore employé dans un contexte de magie en 1, 10 (9, 17) et 9, 29 (224, 25 s.): voir *GCA* 1995, 251 ad loc.

Diras: cette appellation pour les Furies se trouve avant Apulée exclusivement en poésie: e.g. Verg. *Aen.* 4, 473; Stat. *Theb.* 11, 106; cf. Schol. Stat. *Ach.* 1, 2, 14 *diris Furiis, unde et Furiae Dirae sunt appellatae*.

membra lassa: cf. Sen. *Herc. O.* 533 s. *uerba deprendit quies / mortemque lassis intulit membris sopor*; Lucan. 3, 622 s. *uulnere multo / effugientem animam lassos collegit in artus*.

380

Suscipit ille de lectulo et imo *cum que*stu populum sic adorat: 49, 8-11
"Malis nouae nuptae peremptus artibus et addictus noxio poculo
torum tepente<*m*> adultero mancipaui": Reprenant la parole, de son lit et
avec une plainte profonde, le mort s'adresse ainsi au peuple: «Ce sont les
maléfiques artifices de ma nouvelle épouse qui m'ont tué et, condamné à avaler
un breuvage pernicieux, j'ai laissé un amant maître de ma couche encore tiède*.»

* Traduction en partie reprise de Vallette

> *Suscipit ... adorat*: chiasme.

> *ille*: voir comm. ad 2, 27 (47, 20).

> *de lectulo*: voir ci-dessus s.v. *de corpore*.

> *imo cum questu*: les mss. ont *imo cum gestu*, dont le sens n'est pas clair; Schikeradus corrige *imo cum gemitu*, conjecture admise par l'ensemble des éditeurs modernes (Hanson ad loc. note tout de même qu'elle est «far from certain»); cf. 2, 30 (49, 18) *rursus altius ingemescens*. Cependant, avec Augello 1977, 57 (et Novák 1904, 21), je préfère la correction de Hildebrand *imo cum questu*, plus satisfaisante d'un point de vue paléographique. Pour la confusion entre les lettres *qu* et *g*, cf. 4, 22 (91, 16). Du point de vue de son sens, *questus* est proche de *gemitus* (cf. Acc. *trag.* 550 [= *Phil.* 5 Dangel] *eiulatu questu gemitu ... resonando*). Signalons encore pour mémoire les conjectures de Stewech (*et uno contextu*, imprimée par Eyssenhardt), Armini 1928, 285 *conquestu* et Helm qui s'interroge: *congemitu?*, renvoyant à 4, 33 (101, 15), où on trouve le verbe *congemere*. Stramaglia 1995, 196 ss. étudie les sons émis par les fantômes de la littérature antique: sifflements ou murmures profonds et sonores.

> *populum sic adorat*: la même expression introduit le discours d'accusation contre Lucius en 3, 3 (54, 1 s.): Van der Paardt 1971, 40 ad loc. signale que, dans le sens de «s'adresser à», *adorare* est un archaïsme. Cf. encore 8, 19 (192, 13); 10, 12 (245, 11).

> *malis - mancipaui*: le mort confirme les accusations de son oncle presque mot pour mot, à l'exception de la mention de l'héritage, qui l'intéresse moins que son parent: voir comm. ad 2, 27 (47, 16 ss.).

> *malis ... artibus et ... noxio poculo*: l'accusation est distillée en deux temps. Après avoir déclaré qu'il a été assassiné par sa femme, le mort précise de quelle manière il l'a été. Noter la mise en évidence de l'adjectif *malus* par l'hyperbate, qui renforce le poids de l'accusation. La mention des *malae artes* (l'expression se trouve à propos de la sorcière Pamphilé en 2, 5: 28, 16 s.; voir comm. ad loc.) et d'un poison range la veuve dans la catégorie des magiciennes maléfiques et lui fait encourir la peine capitale (Mommsen 1899, 635 s. et 639 ss.). Voir Introd. 5.9. Le tour *noxium poculum*, qui correspond au mot *uenenum* employé par l'oncle du jeune homme (2, 27: 47, 19), se rencontre (au pluriel) chez Lucan. 6, 454, à propos des philtres maléfiques de la sorcière Eríchto.

> *nouae nuptae*: la précision selon laquelle le jeune homme s'était marié depuis peu est omise par le vieillard (cf. 2, 27: 47, 16 ss.). C'est que ce détail, dont la

fonction est de rendre l'accusée encore plus odieuse aux yeux de l'auditoire, intéresse avant tout le mari: voir *infra* s.v. *torum tepente<m>*.

addictus: *addici* possède ici le sens juridique de «être condamné à» (un supplice; voir Summers 1967, 122). Cf. 5, 24 (122, 3) *infimo matrimonio addici*; 10, 23 (254, 20) *bestiis addicta* et 10, 24 (255, 22); (à l'actif) 4, 34 (102, 10 s.); *ThLL* s.v. *addico* 575, 33 ss.

torum - mancipaui: le mort termine son accusation en invoquant le motif du meurtre; voir *supra* s.v. *malis - mancipaui*.

torum tepente<m>: le lit est encore tiède des ardeurs d'un mariage récent. De Jonge 1941, 114 hésite à ajouter *adhuc* après *tepentem*, comparant avec Sen. *benef.* 7, 31, 5 *tepente adhuc area* et Quint. *decl.* 338, 28 *in torum adhuc uxoris prioris uestigio calentem adducta est noua nupta*. Mais le sens est clair, cet ajout n'est pas indispensable.

mancipaui: *mancipare* est employé à plusieurs reprises dans les *Met.* dans son sens juridique (*OLD* s.v. 1 «to dispose of by *mancipium*, formally alienate, transfer, sell») et dans un contexte sexuel: voir comm. ad 2, 10 (33, 19).

49, 12-13   Tunc uxor egregia capit praesentem audaciam et mente sacrilega coarguenti marito resistens altercat: Alors l'excellente épouse s'arme sur-le-champs d'effronterie et, avec une âme sacrilège, s'oppose aux accusations de son mari et les conteste.

Jusqu'à cet endroit du récit, Thélyphron s'était abstenu de tout commentaire susceptible de dévoiler la chute de l'histoire et, pour ménager la surprise, avait décrit la femme comme une veuve incosolable (voir comm. ad 2, 23: 44, 7 *matronam flebilem*; cf. tout de même 2, 27: 48, 1 *emeditatis ... fletibus*). Désormais, il ne cache plus son antipathie pour la veuve. Le jugement négatif qui ressort des termes employés (*egregia*: ironie; *audacia*; *sacrilega*) est sans doute à mettre au compte du «je-narrant» (Thélyphron-narrateur: voir Introd. 2.2), convaincu - et sa certitude est fondée sur sa douloureuse expérience - que les affirmations du mort sont véridiques: voir comm. ad 2, 30 (49, 17 ss.).

uxor egregia: pour l'emploi ironique de l'adjectif, voir comm. ad 2, 14 (36, 10). La combinaison apparaît encore en 9, 23 (220, 12) et 10, 24 (256, 8; voir *GCA* 2000, 312 ad loc.). Comparant cet épisode avec Verg. *Aen.* 6, 494 ss., où, lors de sa visite aux Enfers, Énée rencontre Déiphobe, amputé de son nez et de ses oreilles par la perfidie d'Hélène (*egregia coniunx*: v. 523), Graverini 1998, 128 ss. remarque que le tour *egregia uxor/coniunx* n'est pas attesté en dehors d'Apulée et de Virgile (note 14 p. 128). Cette allusion à l'hypotexte virgilien prépare la chute du récit, où il est question d'énasement et d'essorillement (cf. 2, 30: 50, 5). Un «lecteur averti» (voir Introd. 2.2), familier de l'épopée, s'attendra à ce que le mutilé soit le défunt époux (nouveau Déiphobe) de cette *uxor egregia*. Mais il ne tardera pas à réaliser que l'écho virgilien était trompeur et que le mutilé n'était pas celui qu'il croyait; voir Append. III. Il faut noter encore que cet écho

382

épique contraste de manière comique avec la situation, où la veuve se dispute en public avec le cadavre de son mari ressuscité.

capit - audaciam: cf. 6, 27 (149, 6 s.) *capta super sexum ... audacia* (de la vieille servante des brigands, qui réagit rapidement lorsque Lucius et Charité tentent de s'enfuir). *GCA* 1995, 207 ad 9, 23 (220, 27) notent que l'*audacia* est un vice caractéristique de la population féminine des *Met*. Pricée cite Juv. 6, 285 s. *nihil est audacius illis* (sc. *uxoribus*) / *deprensis: iram atque animos a crimine sumunt.*

praesentem: pour de Jonge 1941, 114, l'adjectif est redondant, comme il l'est aussi selon lui en 9, 1 (203, 17; mais là, il a le sens de «imminent» [d'un danger menaçant] et marque une gradation). Dans notre passage, *praesens* (que certains omettent de traduire) fait référence à la présence d'esprit et à la vitesse de réaction de la femme. Sans se laisser troubler, elle a l'effronterie de contester l'accusation. Cf. les traductions de Helm-Krenkel: «Da nimmt die treffliche Gattin, wie es der Augenblick ihr eingibt, eine dreiste Haltung an»; Hanson: «his fine wife showed daring presence of mind»; Walsh: «that ... wife adopted a bold stratagem suited to the moment».

altercat: le verbe possède ici le sens de «se disputer», «prendre à parti». Il est employé notamment à propos d'échanges d'arguments entre parties lors d'un procès (*OLD* s.v. *altercor* [*alterco*] 1b). Voir comm. ad 2, 3 (26, 25).

Populus aestuat, diuersa tendentes, hi[i] pessimam feminam 49, 13-16
uiuentem statim cum corpore mariti sepeliendam, alii mendacio
cadaueris fidem non habendam: La foule s'échauffe, les avis se partagent:
pour les uns, cette femme abominable doit aussitôt être enterrée vivante avec le corps de son mari, pour les autres il ne faut pas ajouter foi aux mensonges d'un cadavre.

Ce partage d'opinion reflète les deux attitudes qu'on trouve dans l'Antiquité concernant la confiance à accorder au témoignage d'un mort. Soit la parole d'un mort est la Vérité, soit elle est trompeuse et mensongère: voir Stramaglia 1990, 192 ss. avec références exhaustives. Hofmann 1993 voit dans cette phrase l'illustration (à l'intérieur de l'histoire) du jeu de l'auteur, qui (au niveau du récit) s'amuse à placer son lecteur devant divers choix interprétatifs, sans lui donner de réponse (voir en particulier p. 131 s. et 136 s.). La mention de l'hésitation populaire permet surtout d'introduire le chapitre suivant, dans lequel le mort se doit de prouver la véracité de ses dires, et qui constitue le «clou» du récit de Thélyphron. Voir aussi Introd. 5.3; Append. III.

Populus ... tendentes: la correction *tendens* proposée par Novák 1904, 22 n'est pas nécessaire. Comparer pour cette syllepse (une construction fréquente en latin post-classique: voir KSt 2, 1, 24) 2, 14 (36, 18); 11, 9 (273, 11) *chorus carmen uenustum iterantes.*

diuersa tendentes: cf. 6, 29 (151, 21) *sic nos diuersa tendentes*; *Socr.* pr. 5 *uobis diuersa tedentibus*. Outre notre auteur, *OLD* s.v. *tendo* 13 cite pour cette construction (acc. «interne») Liv. 7, 22, 2; 32, 32, 7.

pessimam - sepeliendam: Elster 1991, 149 remarque qu'un tel châtiment ne semble avoir existé à Rome que pour des Vestales condamnées à mort (voir Mommsen 1899, 928 s. pour une description du procédé). Dans notre passage, l'idée de cette punition provient des circonstances. Aux yeux de la foule en colère, l'enterrement du mari est l'occasion idéale de punir de la sorte la responsable de sa mort.

statim: sans autre forme de procès. C'est une tendance de la population des *Met.* que de se laisser aller sur le vif à des actions de vengeance: cf. 10, 6 (241, 9 ss.).

CHAPITRE XXX

Les révélations du mort

Sed hanc cunctationem sequens adulescentis sermo distinxit; nam rursus altius ingemescens: "Dabo", inquit, "dabo uobis intemeratae ueritatis documenta perlucid*a et* quod prorsus alius nemo cogno<*rit uel o*>minarit indicabo": Mais la suite du discours du jeune homme mit fin à cette hésitation. Car poussant à nouveau un profond gémissement: «Je vous fournirai», dit-il, «je vous fournirai la preuve éclatante de l'éblouissante vérité et ce que personne d'autre, décidément, n'a pu connaître ou deviner, je le révélerai».

49, 17-20

Il n'est pas rare que les morts et autres fantômes de la littérature antique doivent fournir la preuve de ce qu'ils sont et celle de la véracité de leurs dires: voir Stramaglia 1999, 114. Souvent, ce «certificat d'authenticité» consiste en une prédiction concernant un événement à venir: cf. e.g. Plin. *nat.* 7, 178 s.; Hld. 6, 14, 2 ss.[1] Ici, la révélation du mort concerne un événement passé, qui n'a rien à voir avec le crime dont la veuve est accusée. Elle ne constitue donc pas une preuve directe de sa culpabilité. Apulée, qui manifeste dans son roman un vif intérêt pour les questions de vérité et de justice (voir Introd. 5.10), s'amuse à ancrer ce motif (le crédit à accorder à un mort) dans le cadre d'un débat judiciaire. On peut mettre cette démarche en rapport avec son utilisation humoristique de la matière déclamatoire: dans les déclamations, les arguments et les preuves recourant à l'irrationnel foisonnent, suscitant des critiques dont le romancier latin se fait l'écho.[2] Quoi qu'il en soit, Thélyphron, comme les autres spectateurs, ne peut que se laisser convaincre par les affirmations du mort, puisqu'il est la preuve vivante de son omniscience; cf. 50, 5 ss.; comm. ad 2, 29 (49, 12 s.).

cunctationem ... distinxit: cela signifie que, aux yeux de l'assistance, la démonstration du mort établit de manière incontestable la culpabilité de la veuve. En dehors de notre passage, *OLD* s.v. *distinguo* 6 ne signale pour cet emploi du verbe («to resolve [an issue], settle») que Sen. *benef.* 6, 5, 4 *illud ... mihi distingue*.

rursus - ingemescens: cf. 2, 29 (49, 8) *imo cum questu*, avec comm. ad loc.

Dabo - indicabo: le mort s'exprime avec une grandiloquence remarquable (redoublement emphatique du verbe *dabo*, placé en tête de phrase; *dabo ... indicabo*: chiasme et jeu de sons; langage élevé), et son récit prend la forme d'une révélation de type initiatique (cf. *arcana* en 2, 29: 49, 6). Comparer 3, 15 (63, 4

---

[1]   Walsh 1978, 22 remarque que de telles protestations de vérité sont caractéristiques des récits fantastiques et compare notamment avec les récits de magie chez Petron. 63, 6.

[2]   Voir Van Mal-Maeder, dans trois articles traitant de ces questions (à paraître).

ss.), où Photis s'apprête à dévoiler les secrets de sa sorcière de maîtresse (*arcana dominae meae reuelare secreta*), disant d'elle même: *me, quae sola mortalium noui, amor ... indicare compellit*; 10, 11 (244, 27 s.) *dabo enim rei praesentis euidens argumentum* (du médecin-justicier qui, pour confondre une criminelle, fait devant l'assemblée une révélation sensationnelle; voir *GCA* 2000, 176 ad loc.).

intemeratae - perlucida: noter l'abondance verbale de ce tour, qui répond aux mots de Zatchlas *quin ... tuae ... mortis illuminas arcana?* (2, 29: 49, 5 s.). *Intemeratus* est bâti à l'aide de *temero, are* < *temere* < **temes-* («sombre»). Pour cet emploi figuré de l'adjectif, cf. encore *flor.* 16 (27, 2 s.) *intemeratum ... beneficium*; Verg. *Aen.* 2, 143 *intemerata fides*; Tac. *Ann.* 1, 49, 4 *intemerata modestia* (*ThLL* s.v. *intemeratus* 2104, 59 ss.).

documenta perlucida: *ThLL* s.v. *documentum* 1808, 76 ss. cite notre passage comme première occurrence du mot dans un contexte juridique («quodcumque in iudicio adfertur ad aliquid probandum»). L'emploi imagé de *perlucidus* n'est pas fréquent; cf. Hor. *carm.* 1, 18, 16 *arcani ... fides prodiga perlucidior uitro*; Vitr. 3 pr. 3; Serv. *Aen.* 5, 199 *perlucida significatio* (*ThLL* s.v. 1520, 32 ss.).

prorsus: élément d'intensification très fréquent dans les *Met.* (Callebat 1968, 537 s.).

cogno<rit uel o>minarit: les mss. ont *cognominarit*, défendu par Armini 1928, 285 s., pour qui le verbe doit signifier «indicare», «mentionem facere». Toutefois, ce sens n'est pas attesté (*ThLL* s.v. *cognomino* 1496, 65 ss.; dans *mund.* 38, *cognominare* est employé au sens habituel de «donner un nom»). Une partie des révélations du cadavre concerne le fait qu'il porte le même nom que le héros et narrateur principal du récit, Thélyphron (cf. 50, 1 ss.). Mais cela ne justifie pas l'emploi de *cognominare*, dont le complément d'objet serait *quod*. Le contexte plaide en faveur d'une forme de *cognoscere*. Oudendorp, puis Novák 1904, 22 lisent *cognorit*; Hildebrand *me noscitarit*. La majorité des éditeurs ainsi qu'Augello 1977, 57 adoptent la correction de ς, *cognouerit*. Cependant avec Hanson, je préfère la conjecture très ingénieuse de Robertson *cogno<rit uel o>minarit*, car elle correspond à la nature de ce récit enchâssé, construit de manière à déjouer toutes les attentes du lecteur (voir Append. III). Voir les trad. de Vallette («dont nul autre que moi aura eu connaissance ni pressentiment») et de Grimal («personne d'autre ne connaît ou ne peut avoir conjecturé»). Cf. 1, 22 (20, 9) *meliora ... [n]ominare et potius responde.*

49, 20-28   Tunc digito me demonstrans: "Nam cum corporis mei custos hic sagacissimus exertam mihi teneret uigiliam, cantatrices anus exu*u*iis meis inminentes atque ob id reformatae frustra saepius cum industriam sedulam eius fallere nequiuissent postremum iniecta somni nebula eoque in profundam quietem sepulto me nomine ciere non prius desierunt, quam dum hebetes artus et membra frigida pigris conatibus ad artis magicae nituntur obsequia: Me montrant alors du doigt: «Car lorsque le gardien tout à fait attentif que voici maintenait sur mon corps une surveillance extraordinaire, de vieilles enchanteresses, qui avaient des visées sur ma dépouille et qui pour cette raison s'étaient en vain métamorphosées à plusieurs reprises, ne pouvant prendre en défaut son zèle diligent, finirent par l'envelopper dans les nuées du sommeil et par l'ensevelir dans une profonde léthargie. Elles ne cessèrent alors de m'appeler par mon nom, jusqu'à ce que mes membres engourdis et mon corps refroidi essaient, avec de paresseux efforts, de se soumettre à leur magie.

Ici débutent les révélations du mort concernant les événements qui se produisirent la nuit précédente (d'ordinaire, dans les récits de nécromancie ou de fantôme, les morts se doivent de justifier la véracité de leurs dires par une prédiction concernant le futur: voir *supra* notice initiale ad 49, 17 ss.). On a affaire à une analepse (voir Introd. 2.1.1.2), qui constitue le «clou» de toute l'histoire. Pour preuve de ses accusations, le mort va révéler un pan de l'histoire que Thélyphron ne pouvait pas connaître, puisqu'il était profondément endormi. Notant que le motif des «parties tronquées» et «à remplacer» occupe une place centrale dans ce récit enchâssé (voir comm. ad 2, 21: 43, 9 s.v. *supplementa*), Bitel 2000, 191 remarque: «Given furthemore that the protagonist has the misfortune to sleep through the night's most crucial episode, there is also a gap in his focalisation, which is later filled in by the dead husband's supplementary tale». Voir aussi Winkler 1985, 113 s.

custos hic: l'attention est ramenée sur Thélyphron, qui, après avoir été jeté hors de la maison de la veuve, s'était mué en observateur silencieux. Il occupe ainsi à nouveau le centre de son propre récit. Pour l'emploi déictique de *hic*, voir comm. ad 2, 2 (25, 17 s.).

custos ... sagacissimus ... exertam uigiliam ... industriam sedulam: l'insistance avec laquelle le mort souligne les mérites de son gardien relève de sa rhétorique emphatique: cf. ci-dessus s.v. *dabo - indicabo* et plus bas *inecta - sepulto*.

exertam - uigiliam: les mots du défunt font écho aux avertissements du passant qui renseignait Thélyphron sur les modalités de la veillée funèbre: cf. 2, 22 (43, 12 s.). *ThLL* s.v. *exsero* 1859, 49 ss. («fere i.q. expeditus, intentus ... attentus») compare avec Cassian. *conl.* 23, 5, 9 *quis tam exertus ac uigilans est?* et Ven. Fort. *carm.* 7, 17, 11 *prouidus, exertus, uigilans*.

cantatrices anus: voir comm. ad 2, 20 (41, 15).

exuuiis meis: le mot apparaît en poésie à propos des parties corporelles ou des vêtements des personnes victimes de pratiques magiques: voir Van der Paardt 1971, 138 s. ad 3, 18 (65, 18), où *exuuiae* s'applique aux poils des outres enchantées par la magie de Pamphilé.

atque - saepius: cette information confirme les dires du passant, qui énumérait à Thélyphron les multiples déguisements des sorcières (cf. 2, 22: 43, 14 ss.). Elle renvoie aussi à l'épisode de la belette dans la chambre du mort (cf. 2, 25: 45, 17 ss.). Pour l'emploi du verbe *reformare* dans un contexte de magie, voir comm. ad 2, 5 (29, 10).

387

atque ob id: Callebat 1968, 419 note que le tour *ob id* après une particule de coordination constitue une formule d'insistance concertée, mettant en valeur la suite de la phrase; voir aussi *GCA* 2000, 62 s. ad 10, 2 (237, 4).

frustra saepius: ces adverbes portent sur *reformatae* et non sur la suite de la phrase comme le veut e.g. Vallette dans sa traduction.

industriam sedulam: cf. 2, 26 (46, 17), où la veuve qualifie le service rendu par Thélyphron de *sedulum ... ministerium* (2, 26: 46, 17). Cf. Cod. Iust. *de cod. confirm. 2 cum sedula et peruigili industria.*

iniecta - sepulto: nouvel exemple de redoublement de l'expression caractéristique de la grandiloquence du défunt. Voir *supra*. L'image poétique *iniecta ... nebula* (*nebulam inicere*) semble unique.

somni nebula: cette métaphore aérienne se retrouve chez Macr. *somn.* 1, 3, 7 *in quadam, ut aiunt, prima somni nebula.* Cf. Apul. *met.* 6, 21 (144, 10) *crassa ... soporis nebula.*

eoque - sepulto: cf. 2, 25 (46, 2 ss.), où, après le départ de la belette, Thélyphron reconnaît avoir été plongé dans un sommeil aussi profond que la mort (voir comm. ad loc.). L'image souligne le processus d'identification qui se produit entre le mort et son gardien; voir *infra* s.v. *quod - nuncupatur.* Graverini 1998, 127 établit une comparaison entre la mutilation subie par Thélyphron et celle de Déiphobe chez Virgile et remarque que, dans les deux cas, elle s'est produite pendant leur sommeil: cf. *Aen.* 6, 520 s. D'ordinaire, c'est l'excès de vin qui conduit à cet état léthargique: cf. Apul. *met.* 1, 18 (16, 10 s.); 8, 11 (186, 1 ss.); Enn. *ann.* 8, 288 *nunc hostes uino domiti somnoque sepulti*; Verg. *Aen.* 2, 265, etc. *inuadunt urbem somno uinoque sepultam.*

nomine ciere: on a voulu voir dans ces mots un emprunt à Tac. *ann.* 2, 81. Mais le tour est commun, autant en prose qu'en poésie (*ThLL* s.v. *cieo* 1056, 18 ss.). Il est employé ailleurs dans les *Met.* dans un contexte de mort (appel d'un mort, mais pas nécromancie): cf. 5, 7 (108, 12); 8, 21 (193, 7) *clamore primum nominatim cientes*, avec *GCA* 1985, 181 ad loc.; Verg. *Aen.* 3, 68 *magna supremum uoce ciemus* (les Troyens, rendant un dernier hommage à Polydore).

hebetes - frigida: redoublement de l'expression avec variation et chiasme; *supra* s.v. *iniecta - sepulto.*

hebetes: outre notre passage, cet adjectif est employé à propos du corps ou de parties corporelles chez Cels. e.g. 2, 1, 5; 7, 29, 6 (d'un cadavre; *ThLL* s.v. *hebes* 2583, 7 ss.).

frigida: l'emploi de cet adjectif à propos de moribonds ou de morts est fréquent en poésie (*ThLL* s.v. *frigidus* 1326, 26 ss.).

artis magicae: voir comm. ad 2, 5 (28, 16 s.).

49, 28-50, 6 Hic utpote uiuus quidem, sed tantum sopore mortuus, quod eodem mecum uocabulo nuncupatur, ad suum nomen ignarus exsurgit et in exanimis umbrae modum ultroneus gradiens, quamquam foribus cubiculi diligenter obclusis, per quoddam foramen prosectis naso prius ac mox auribus uicariam pro me lanienam suscitauit: Lui était bien vivant, assurément, mais seulement abattu par le sommeil, et comme il portait le même nom que moi, en s'entendant appeler, à son insu, il se leva et comme une ombre sans vie, de son propre mouvement, il s'avança. Les portes de la chambre avaient beau être soigneusement fermées, c'est au travers d'une fente qu'on lui coupa d'abord le nez, puis les oreilles, et qu'à ma place, il provoqua ce dépeçage de substitution.

Hic: Robertson ajoute *<at> hic*, qu'imprime aussi Helm IV. Mais il n'y a pas véritablement d'opposition entre cette phrase et la précédente. Le mort avait bien tenté de répondre à son appel, seul son état l'avait empêché de réagir avant Thélyphron.

sed tantum: la construction de la phrase a plus d'une fois été suspectée. Wasse corrige *et tantum*; Oudendorp *sed tantum <non>*; Van der Vliet *sed tamen*; Gaselee *sed tum*, «fort. recte» selon Robertson (cette conjecture est adoptée par Stramaglia 1988/89, 11 s.); Wiman *sed cantum* (i.e. *cantuum*: cf. lignes 22 ss.); Helm s'interroge: *tanto?* Cependant, le sens est clair (Armini 1928, 286 paraphrase: «hic utpote non re uera mortuus sed tantum sopore mortuus») et aucune modification ne s'impose.

sopore mortuus: ces mots revoient aux paroles proleptiques de Thélyphron en 2, 25 (46, 3 ss.: voir comm. ad loc.). Hubaux 1939, 98 compare avec Verg. *Aen.* 6, 522 *dulcis et alta quies placidaeque simillima morti* (du sommeil de Déiphobe, avant qu'il ne subisse son supplice; voir *infra* s.v. *quod - nuncupatur*).

quod - nuncupatur: cette brève proposition explicative contient le «clou» de toute l'affaire. Le mort et son gardien portaient le même nom - coïncidence remarquable, étant donné sa rareté; voir comm. ad 2, 20 (42, 1).[3] Bitel 2000, 191 ss. remarque que le nom du protagoniste (qui, pour lui, n'est pas le narrateur: voir Introd. 2.2 note 16 et 4.2 note 32) n'est jamais prononcé à l'intérieur du récit enchâssé, même dans ce passage crucial: «It is as though within the sub-narrative the protagonist's name has been neatly excised along with his nose and ears, leaving only a gaping hole in need of a supplement» (p. 192). Le gardien et le mort se confondaient déjà par leur état léthargique, leur interchangeabilité s'étend désormais à leur identité; voir Winkler 1985, 113 s. Sur le rôle que jouent les noms en magie, voir Abt 1908, 23, 45 et 119 s.; Vallette, note 1 p. 56 ad loc.; Hijmans 1978, 109. Hubaux 1939 reconnaît ici un motif populaire, celui de la confusion entre un mort et un vivant portant un nom identique (ou semblable); voir *infra* s.v. *prosectis - auribus*.

ignarus: l'usage prédicatif des adjectifs avec verbes de mouvement est fréquent chez Apulée: voir comm. ad 2, 2 (25, 12).

---

[3]   La reconstruction que Brotherton 1934, 47 fait de ce passage est superflue. Selon elle, le mort ne s'appelle en fait pas Thélyphron; les sorcières l'appellent par le voc. *mortue* et, comme son gardien dormait comme un mort, c'est lui qui répond. Mais cf. *ad suum nomen*.

in exanimis umbrae modum: comme un fantôme sans vie. Cf. Ov. *Ib*. 142 *exanimis ... umbra*; Lucan. 6, 720 s. *umbram / exanimes artus ... timentem* (d'un mort ressuscité par magie).

ultroneus: un mot rare, qu'Apulée emploie à cinq reprises. On le trouve encore avec un verbe de mouvement (cf. *ultro*) et en fonction prédicative (voir ci-dessus s.v. *ignarus*) en 6, 5 (132, 8 ss.) *quin ... ultroneam te dominae tuae reddis*. Il est encore attesté dans la Vulg. *Exod*. 25, 2 et chez les auteurs chrétiens (e.g. Cyprien, Orose ...). *Infra* s.v. *suscitauit*.

quamquam - formanen: on s'est ému du fait que les sorcières, pourtant habiles à se transformer pour se glisser partout, aient dû procéder à travers la fente d'une porte (voir en particulier Perry 1967, 273). La scène a un caractère comique, qui sape l'impression d'horreur que la situation pourrait susciter et fait de Thélyphron, une seconde fois, un personnage bouffon: voir Append. III; comm. ad 2, 26 (46, 24 ss.).

prosectis - auribus: observant que l'énasement et l'essorillement sont des supplices réservés aux adultères, Ingekamp 1972 est d'avis que Thélyphron dissimule la véritable raison de sa mutilation. Pour Galimberti Biffino 1979, 191, Thélyphron est un voleur ayant subi le châtiment réservé aux criminels de son genre. Ces reconstructions rationalistes ont le défaut de gommer le caractère fantastique du récit: voir Append. III. Bitel 2000, 275 s. fait lui aussi le lien avec le châtiment réservé aux adultères, mais dans une perspective «transgénérique»: «the Milesian protagonist also has his ears and nose removed (...), but in this Thessalian tale, the mutilation is carried out not by a jealous husband, but by witches (...). This tale has undergone a metamorphosis of genre: it has moved on from Miletus, although it has not entirely forgotten its roots». Après Hubaux 1939 et Ottria 1997, 193 ss., Graverini 1998, 129 s. souligne les ressemblances entre notre texte et l'épisode de Déiphobe chez Virgile, qui décrit l'affreuse mutilation subie par le héros. Cf. Verg. *Aen*. 6, 494 ss. *atque hic Priamiden laniatum corpore toto / Deiphobum uidit, lacerum crudeliter ora, / ora manusque ambas, populataque tempora raptis / auribus et truncas inhonesto uolnere naris*. Thélyphron s'inscrit dans la lignée des héros (épiques) tronqués de leurs extrémités: cf. e.g. Agamemnon chez A. *Ch*. 439 ou S. *El*. 445; Apsirte chez A. R. 4, 477, ou Mélanthée chez Hom. *Od*. 22, 474 ss. (exemples cités par Graverini l.c. note 21, avec littérature supplémentaire). Voir notice initiale suivante.

prosectis: bien que le terme soit répété deux lignes plus bas, la correction d'Oudendorp *praesectis* n'est pas nécessaire.

uicariam pro me: redondance. Cet emploi de l'adjectif *uicarius* au sens de «remplaçant» se retrouve en 8, 26 (198, 7) *uenisti ... laboris uicarius*: voir *GCA* 1985, 232 s. ad loc.

lanienam: «boucherie», «dépeçage». Apulée emploie plusieurs fois ce mot (qui, à l'origine, désigne l'étal d'un boucher) à propos de massacre, de dépeçage ou de mutilation corporelle d'animaux ou d'être humains: cf. e.g. 3, 3 (54, 7), avec Van der Paardt 1971, 42 ad loc.; 7, 25 (173, 1 s.) *relinquens atrocissimam uirilitatis lanienam* (de la castration de Lucius); 8, 31 (202, 20); 9, 1 (202, 24).

390

suscitauit: telle est la leçon des mss., imprimée parmi les éditeurs modernes par le seul Hanson (ce choix est approuvé par Hijmans 1995a, 118). Armini 1928, 286 s. et 1932, 69 défend cette leçon en supposant que *suscitare* équivaut à *subire, sustinere*, comme en 11, 29 (290, 6 s.) *cogor tertiam quoque teletam suscitare* (= F). Cependant, en dehors de ces deux occurrences, il n'existe pas d'autre exemple d'un tel emploi de *suscitare* (voir Augello 1977, 59 s., qui a mené une recherche minutieuse, consultant notamment le matériel du *ThLL* à Munich). Il est en revanche possible de prendre le verbe au sens de «provoquer», «déchaîner» (*OLD* s.v. 4; cf. Verg. *Aen.* 12, 498 s. *caedem / suscitat; georg.* 4, 454 ss. *tibi has ... Orpheus ... poenas ... suscitat;* Apul. *apol.* 91 (100, 14) *uide ... quem tumultum suscitarint*). Thélyphron est une victime qui subit moins la mutilation qu'il ne la provoque. C'est lui qui se porte volontaire pour garder le mort et qui, de son propre mouvement (*utroneus gradiens*), répond à l'appel des sorcières; voir la traduction de Hanson «he brought on himself the butchery intended for me»; Pizzica 1979, 97. En ceci, comme en d'autres choses, il a beaucoup en commun avec Lucius, qui choisit lui aussi d'affronter les mystères de la magie thessalienne (voir comm. ad 2, 6: 29, 17 ss. s.v. *etiam - tradere;* Append. III). Helm propose de corriger *sustinuit* (qu'impriment Robertson, Brandt-Ehlers et Van Thiel 1972), comme il corrige en 2, 4 (27, 6) la leçon *decitantes* en *detinentes*: voir comm. ad loc. Eyssenhardt, Van der Vliet, Giarratano-Frassinetti, Terzaghi et de Jonge 1941, 117 optent pour *susceptauit* (qui est la leçon de l'édition d'Aldus). Les arguments contre cette correction sont exposés en détail par Augello 1977, 60 (en particulier l'improbabilité d'une confusion entre les lettres *p* et *t* dans l'écriture capitale rustique et dans l'écriture bénéventine). Il paraît surprenant que la même erreur se soit produite à deux endroits du texte aussi éloignés l'un de l'autre.

Utque fallaciae reliqua conuenissent, ceram in modum   50, 6-9
prosectarum formatam aurium ei adplicant examussim nasoque
ipsius similem comparant: Et pour parfaire leur fourberie, elles lui appliquent avec précision de la cire modelée sur les oreilles qu'elles ont coupées et en posent de la même façon sur son nez.

Walsh 1970, 154 se demande pour quelle raison les sorcières prennent la peine de cacher leur méfait et voit dans ce détail l'une des nombreuses inconséquences dont le récit de Thélyphron serait entaché.[4] Mais cette donnée obéit moins à des critères rationnels (absents d'un récit fantastique de ce type) qu'à une recherche de tension narrative. Comme le remarque Graverini 1998, 130, pour l'intérêt du récit, il était nécessaire que la mutilation de Thélyphron demeure cachée jusqu'au moment de la révélation des faits par le mort. Le remplacement d'une partie corporelle manquante se retrouve au livre 1, 13 (12, 16 ss.), où les sorcières arrachent le coeur de Socrate pour ensuite enfoncer une éponge dans la plaie. Cf. aussi Petron.

---

[4]   La question des prothèses de cire tourmentait déjà Perry 1929, 236, qui s'étonne qu'elles ne soient pas tombées lors de la bastonnade (2, 26: 46, 24 ss.).

63, où le coeur et les intestins d'un cadavre, ravis par des striges, sont remplacés par du foin. Il s'agit peut-être d'un motif folklorique (Scobie 1983, 322). Dans une lecture métatextuelle, ces emplâtres de cire sont la métaphore des «sutures» pratiquées sur ce récit pour dissimuler les opérations qu'il a subies («collage intertextuel»), et la fourberie des sorcières (notice suivante) est celle du narrateur, habile à tromper le lecteur; voir Append. III.

fallaciae reliqua: on peut hésiter à prendre *fallaciae* comme un dat. dépendant de *conuenissent* (ainsi OCP) ou comme le complément au gén. de *reliqua*, auquel cas *conuenissent* serait employé de manière absolue: voir de Jonge 1941, 117 qui avance en faveur de cette interprétation 4, 15 (86, 19) *ad reliqua fallaciae pergimus*.

conuenissent: F a *conuenissent*, corrigé en *conuenirent* par une autre main (par la même main selon Robertson); φ a *conuenissent*; a* *conuenirent*. La leçon *conuenissent*, défendue par Petschenig 1881, 138 (l'emploi d'un plus-que-parfait au lieu d'un parfait apparaît chez les auteurs africains tardifs), est adoptée par Helm, Giarratano et Terzaghi; voir aussi Augello 1977, 61, avec références supplémentaires. Cf. *apol.* 61 (69, 20 ss.) *me, cum ... formas ... uidissem ... factas ... quaedam mechanica ut mihi elaborasset petisse, simul et aliquod simulacrum cuiuscumque uellet dei, cui ... supplicassem*; *met.* 10, 4 (239, 2 et 239, 21).

examussim: l'adverbe est un archaïsme, attesté avant Apulée chez le seul Plaute; voir *GCA* 1977, 138 ad 4, 18 (88, 7); comm. ad 2, 2 (26, 5), où apparaît l'adverbe *ad amussim*.

50, 9-10   Et nunc adsistit miser hic praemium non industriae, sed debilitationis consecutus": Et voilà maintenant qu'il se tient là, à côté, le malheureux, en ayant récolté non pas le prix de son zèle, mais celui de sa mutilation.»

adsistit: Thélyphron s'est placé juste derrière le lit du mort, sur une pierre élevée (cf. 2, 29: 48, 24 s.).

miser hic: Bernhard 1927, 23 discute la postposition du pronom *hic* (très fréquente dans les *Met.*), dans laquelle il voit un archaïsme; voir *supra* ad 49, 21; comm. ad 2, 14 (36, 16 ss.) s.v. *miser iugulatus est*.

debilitationis: mot rare attesté avant Apulée chez Cic. *Pis.* 88 *debilitatio atque abiectio animi tui*. Le sens de «mutilation» (physique) est peu courant (*ThLL* s.v. 111, 2 s. cite en dehors de notre passage Lex. Visig. 6, 4, 11; 8, 3, 3).

50, 11-13   His dictis perterritus temptare for*m*am adgredior. Iniecta manu nasum prehendo: sequitur; aures pertracto: deruunt: Épouvanté par ce récit, je me mets à tâter ma figure. D'une main, j'attrape mon nez: il vient avec; je palpe mes oreilles: elles tombent.

La brièveté des phrases, essentiellement composées de verbes marquant un mouvement et s'enchaînant par asyndète, imprime à cette scène une vivacité et une

392

qualité visuelle remarquables. Comparer pour cette construction paratactique 5, 15 (115, 3 ss.) *iubet citharam loqui: psallitur; tibias agere: sonatur; choros canere: cantatur.*

formam: cette correction de Gruter pour la leçon *fortunam* des mss. est admise par la majorité des éditeurs. À ma connaissance, seuls les anciens éditions (Hildebrand, Eyssenhardt, Van der Vliet) et, plus récemment, Hanson impriment *fortunam*, le dernier avec une majuscule (approuvé par Hijmans 1995a, 118). Tatum 1969, 500 note 35 souligne la fréquence de l'expression *fortunam temptare* (*ThLL* s.v. *fortuna* 1185, 11 ss.), mais, comme le remarque Stramaglia 1988/89, 15, la banalité du tour peut précisément expliquer l'erreur des mss. Une référence à la Fortune à cet endroit du récit paraît improbable et (une fois n'est pas coutume) le maintien de la leçon des mss. artificiel.

deruunt: verbe rare, attesté auparavant chez Cic. *Att.* 16, 11, 2 (emploi transitif). Apulée s'en sert à deux reprises intransitivement; cf. *met.* 7, 18 (168, 5); *ThLL.* s.v. 640, 36 ss. signale encore cet emploi chez Tertullien et Grégoire de Tours.

Ac dum directis digitis et detortis nutibus praesentium denotor, dum risus ebullit, inter pedes circumstantium frigido sudore defluens euado: Tandis que les doigts se tendent vers moi et que les têtes des assistants se tournent pour me désigner, tandis que le rire bouillonne, je m'enfuis, dégoulinant de sueur froide, entre les jambes des assistants. 50, 13-15

dum directis - denotor: noter la sonorité de cette phrase (allitérations et assonances). Cf. 3, 12 (61, 13 s.) *omnium oculis, nutibus ac denique manibus denotatus* (de Lucius, après sa performance au festival du Rire): voir Van der Paardt 1971, 99 ad loc., qui souligne le parallèle entre ces deux personnages; 11, 16 (278, 7) *digitis hominum nutibusque notabilis* (de Lucius toujours, anamorphosé devant la foule des adeptes d'Isis, objet cette fois non pas du rire, mais de l'admiration publique).

nutibus: il s'agit bien du mouvement de tête des assistants qui cherchent à apercevoir celui dont le mort vient de décrire la mutilation: voir *GCA* 2000, 305 ad 10, 24 (255, 18 s.) *contra GCA* 1977, 93 s. et *GCA* 1981, 49, où on lit que *nutus* est employé chez Apulée au sens «affaibli» de «yeux», «regard».

risus ebullit: l'expression est unique (*ThLL* s.v. *ebullio* 17, 31 ss.). L'emploi métaphorique du verbe est attesté pour la première fois chez Apulée. Cf. 10, 24 (256, 11) *quod ... paelicatus indignatione bulliret*, avec *GCA* 2000, 313 ad loc., qui cite ensuite des auteurs chrétiens. La réaction de la foule peut surprendre étant donné la cruauté du sort subi par Thélyphron. Elle s'explique sans doute par le fait que la difformité suscite le rire dans l'Antiquité (cf. *debilis ac sic ridiculus* et *dedecus* dans la phrase suivante). Cf. Cic. *de orat.* 2, 218 et 236; Quint. *inst.* 6, 3, 3 ss. et voir Corbeill 1996, 14 ss.; Graf 1997, 31. On peut aussi voir dans cette réaction un rire exutoire ou un rire proleptique, annonçant celui dont Lucius sera l'objet lors du festival du Rire (cf. 3, 10: 59, 11 ss.): voir Introd. 5.5.

inter - euado: le moins que l'on puisse dire est que cette sortie à quatre pattes est loin d'être noble. La fuite de Thélyphron, qui était jusqu'à présent témoin de la scène, a pour conséquence que le lecteur ne saura pas ce qu'il advient de la veuve. Les révélations du cadavre semblent avoir convaincu la foule de sa culpabilité (voir comm ad 49, 17 ss.). Mais comment se termine l'opération de nécromancie? Et comment l'affaire se conclut-elle du point de vue de la justice? Au lecteur de donner la réponse qu'il souhaitera. Hofmann 1993, 136 s. fait un parallèle entre cette fuite de l'acteur et narrateur homodiégétique Thélyphron (Introd. 2.2) et celle de Lucius au livre 10, 35 (265, 28 ss.); Apulée s'amuserait à parodier les règles du récit, en ne donnant aucune réponse aux questions posées.

frigido sudore defluens: cf. 1, 13 (12, 3) *sudore frigido ... perfluo* (d'Aristomène, menacé par deux sorcières); Phaedr. 4, 26, 23 *sudore multo diffluentes*.

50, 15-19 Nec postea debilis ac sic ridiculus Lari me patrio reddere potui, sed capillis hinc inde laterum deiectis aurium uulnera celaui, nasi uero dedecus linteolo isto pressim adglutinato decenter obtexi': Après ça, mutilé et ridicule comme je l'étais devenu, je ne pus pas retourner au foyer de mes pères. En rabattant mes cheveux d'un côté et de l'autre, je dissimulai les blessures de mes oreilles; quant à l'abomination de mon nez, je la recouvrai convenablement en y plaquant ce tissu de lin serré.»

sic ridiculus: voir *supra* s.v. *risus ebullit*.

Lari - potui: Thélyphron partage cet exil volontaire avec Aristomène, également victime des méfaits de la magie thessalienne: cf. 1, 19 (18, 13 ss.) *relicta patria et lare ultroneum exilium amplexus*. Voir pour ce parallèle Scobie 1978, 50; Shumate 1988, 57. Graverini 1998, 137 (qui étudie les rapports entre ce récit enchâssé et le récit d'Énée chez Didon) remarque quant à lui que Thélyphron partage ce statut d'exilé avec le héros virgilien.

Lari ... patrio: ce tour poétique se retrouve en 11, 26 (287, 18); cf. e.g. Hor. *epod.* 16, 19; Ov. *rem.* 239; Sil. 9, 81; mais aussi Ps. Quint. *decl.* 13, 2.

capillis - obtexi: parallèle de construction. Pricée compare avec Ov. *met.* 9, 99 *capitis quoque fronde saligna / aut super imposita celatur harundine damnum* (Achéloüs, vaincu et mutilé par Hercule). Cf. aussi Verg. *Aen.* 6, 495 ss., où Déiphobe tente de dissimuler les blessures de ses mains, de son nez et de ses oreilles (*supra* s.v. *prosectis - auribus*). Thélyphron cache sa mutilation honteuse comme Lucius la sienne (la perte de son membre asinien après son anamorphose: cf. 11, 14: 276, 25 ss.; voir Van Mal-Maeder 1997b, 108 et 117). Bitel 2000, 199 compare quant à lui avec 11, 30 (291, 19 s.) *non obumbrato uel obtecto caluitio, sed quoquouersus obuio, gaudens obibam* (Lucius).

Il n'est fait aucune mention de l'apparence physique de Thélyphron lors de sa première apparition: cf. 2, 20 (41, 22 s.), où Lucius précise seulement que le personnage est assis dans un coin. Cette postposition de l'information a évidemment pour fonction de ne pas dévoiler le «clou» de l'histoire. Steinmetz 1982, 264 s. est d'avis que Thélyphron prétend seulement être mutilé pour faire peur à

Lucius et le mettre en garde contre les dangers de la magie. Mais, comme le remarque Sallmann 1988, 88, rien dans le texte n'autorise une telle interprétation. Le récit de Thélyphron relève du fantastique et vouloir l'interpréter selon des critères réalistes serait le dénaturer. Pour Bitel 2000, 192 et 198, le fait que le narrateur n'est pas décrit est l'un des arguments prouvant qu'il n'est pas le personnage dont il raconte la mésaventure: «the sub-narrative can be understood as an elaborate heterodiegetic joke, where the punchline is twofold: the simultaneous revelation that the protagonist is disfigured, and that the sub-narrator (who is, ex hypothesi, not disfigured) cannot possibly be the protagonist whom he has so cunningly pretended to be» (p. 198); voir Introd. 2.2 note 16 et 4.2 note 32 ; Append. III.

hinc inde laterum: la combinaison *hinc inde* est fréquente dans les *Met.*: cf. e.g. 2, 23 (44, 10) *crinibus antependulis hinc inde dimotis*; 2, 19 (41, 2), avec comm. ad loc. Mais il s'agit du seul exemple accompagné du gén. partitif; voir comm. ad 2, 20 (41, 9 s.) *nec usquam gentium*.

linteolo - obtexi: dans son comm. ad loc., Beroaldus remarque: «quosdam uidi, qui cum essent denasati, nasum subdititium agglutinauerant tam decenter, ut uerus uideretur».

linteolo: le mot désigne un tissu en lin d'usage médical: cf. e.g. Cels. 5, 26, 33; 7, 26, 5; Larg. 237 (*OLD* s.v. *linteolum*). Rétrospectivement, ce terme a pour effet de «concrétiser» l'expression *fomenta conquiro* en 2, 21 (42, 19): voir comm. ad loc.

dedecus ... decenter: les assonances soulignent l'oxymore.

pressim: voir comm. ad 2, 16 (37, 20).

adglutinato: *adglutinare* est quelques fois utilisé dans le vocabulaire médical: cf. e.g. Cels. 6, 6, 1; 7, 26, 5; (*ThLL* 1312, 65 ss.).

CHAPITRE XXXI

La Fête du Rire s'annonce

Cum primum Thelyphron hanc fabulam posuit, conpotores uino   50, 20-21
madidi rursum cachinnum integrant: Sitôt que Thélyphron eut terminé
son histoire, les compagnons de bouteille, imbibés de vin, se remettent à rire.

fabulam posuit: pour ce tour peu fréquent (chez Ov. *trist.* 1, 5, 80 et Pers. 5, 3,
le sens est différent), de Jonge 1941, 118 compare avec des expressions telles
curam, aegritudinem ponere (Cic. *Tusc.* 3, 66), *iram ponere* (Hor. *ars* 160) et
renvoie à Suet. *Otho* 7 *positaque breui ratione*. Sur l'emploi du mot *fabula* dans
les *Met.*, voir comm. ad 2, 1 (24, 21); 2, 12 (35, 7 ss.).

conpotores - integrant: de même que la découverte de la mutilation de Thélyphron avait suscité le rire de la foule (cf. 2, 30: 50, 13 ss.), le récit de sa mésaventure éveille une nouvelle fois l'hilarité des convives de Byrrhène. Le rôle du
vin dans cette réaction est clairement souligné; voir comm. ad 2, 20 (41, 21 ss.)
conuiuium ... in licentiosos cachinnos effunditur. La formulation de la phrase
paraît indiquer que Lucius ne s'associe pas au rire des convives. En tout cas, il
n'émet pas de jugement sur cette histoire, comme il le fait e.g. à propos de
l'aventure d'Aristomène (voir comm. ad 2, 1: 24, 21 s.; Introd. 5.4).

conpotores: ce mot rare est attesté avant Apulée chez Cic. *Phil.* 2, 42 et 5, 22;
cf. aussi *CIL* 13, 645. Chez Ter. *Andr.* 232, on trouve le féminin *compotrix*.

uino madidi: cf. 7, 12 (163, 13) *crapula uinolentiaque madidis*; *GCA* 1981,
161 ad loc. signalent que cet emploi de *madidus* à propos d'ivresse s'observe dès
Plaut. *Amph.* 1001. En dehors d'Apulée, il apparaît essentiellement en poésie: cf.
Tib. 2, 5, 87 *madidus Baccho*; Lucan. 10, 396 *plenum epulis madidumque mero*;
mais aussi Vulg. *Ier.* 23, 9 *quasi homo madidus a uino*; Zeno 2, 4, 9. Comparer
encore dans notre livre 2, 16 (38, 3).

cachinnum integrant: cf. 2, 20 (41, 21 ss.: *supra*). Sur le mot *cachinnus*, voir
comm. ad 2, 14 (36, 25).

Dumque bibere solita Risui postulant, sic ad me Byrrhena: 50, 21-26
'Sollemnis', inquit, 'dies a primis cunabulis huius urbis conditus
crastinus aduenit, quo die soli mortalium sanctissimum deum
Risum hilaro atque gaudiali ritu propitiamus: Tandis qu'ils réclament à
boire, comme le veut la coutume, en l'honneur du Rire, Byrrhène s'adresse à moi
en ces termes: «Demain est le jour d'une fête annuelle qui remonte à la naissance
de notre ville; en ce jour, seuls parmi les mortels, nous invoquons la faveur du
très vénérable dieu Rire, selon un rite plein de gaieté et propre à éveiller la joie.

bibere solita Risui: il s'agit là d'un des problèmes de texte les plus épineux
dans ce livre et il est étonnant qu'Augello 1977 n'en ait pas traité. F a *biberes*

solitarias (où le *s* de *bibere* est un ajout d'une autre main); φ a *bibere solitarias*. Sans grande conviction, je suis le mouvement de la majorité des éditeurs (dont Helm IV), en imprimant la correction de Lipsius *bibere solita Risui*, bien qu'elle me paraisse peu conforme au style d'Apulée. À la suite de Heraeus 1915 (qui sous-entend *potiones*: cf. Petron. 41, 12 *staminatas duxi*) et Helm III, Hanson maintient *solitarias*, et traduit «while they were asking for their individual drinks». Mais, comme il l'avoue lui-même, cette lecture pose des difficultés. Ni le sens ni même la construction grammaticale ne permettent de penser que la leçon transmise par les mss. est la bonne. Les conjectures de Wower *salutaria* (Hildebrand: *salutaria sibi*) et de Jonge 1941, 119 *solitaneas* (sc. *potiones*) ou *salutaria* ne sont guère plus satisfaisantes. Autre hypothèse: Thélyphron étant assis à l'écart dans un coin (cf. 2, 20: 41, 22 s.), *solitarius* pourrait se rapporter à lui. Ravis d'avoir été divertis par une bonne histoire, les convives réclament à boire pour celui qui est un commensal isolé, à part: *solitario*. Le groupe de lettres *-as* pourrait appartenir au substantif que qualifiait *solitario*: *socio*? *sociato*? *ascito*? (cf. 7, 5: 157, 19; 10, 13: 246, 13 *adsciscor ... tertius contubernalis*. Mais *adscitus* n'est pas attesté avant Ausone); *consociato*? (cf. Cic. *amic.* 83).

bibere ... postulant: la construction *postulare* + infinitif se retrouve en 9, 29 (224, 29); *GCA* 1995, 252 ad loc. la font remonter à Tite-Live (elle est couramment attestée en latin archaïque lorsque *postulare* a le sens de *uelle, cupere*; voir *ThLL* s.v. *postulo* 266, 73 ss.). Cf. 10, 17 (250, 6) *bibere flagitarem*, avec *GCA* 2000, 244 ad loc.

sollemnis - propitiamus: ici débute l'épisode dit du festival du Rire, qui occupe encore près d'un tiers du livre suivant. Cf. 3, 11 (60, 8 ss.) *lusus iste, quem publice gratissimo deo Risui per annua reuerticula sollemniter celebramus* (les magistrats d'Hypata à Lucius). Cet épisode fut l'objet d'innombrables analyses, qui se concentrent souvent sur la question de son origine (était-il ou non dans l'original grec des *Métamorphoses*, Apulée en a-t-il trouvé ailleurs la matière, ou est-il de son invention?). Comme l'histoire de Thélyphron, il possède, de par son mélange d'éléments rationnels et irrationnels, un caractère fantastique qui a suscité les interprétations les plus diverses; voir entre autres Van der Paardt 1971, 2 ss. et 1990; Grimal 1972; Marangoni 1976/1977; Steinmetz 1982, 264 ss.; Bartalucci 1988; Habinek 1990, 53 ss.; Milanezi 1992; McCreight 1993, 46 ss.; Bajoni 1998; *infra* s.v. *soli mortalium*.

sollemnis: cf. *per annua reuerticula sollemniter* en 3, 11 (60, 8 ss.: cité ci-dessus). Cf. Fest. p. 384 s. L *sollemne, quod omnibus annis praestari debet*.

dies ... conditus ... aduenit: cf. Stat. *silv.* 1, 2, 24 *dies aderat Parcarum conditus albo / uellere*.

conditus: la correction de ς *conditae* constitue une banalisation inutile. L'institution de ce jour de fête remonte évidemment à la fondation de la ville.

dies ... quo die: voir comm. ad 2, 4 (27, 11 s.) *canes ... qui canes*.

a primis cunabulis: chez Colum. 1, 3, 5, le tour désigne bien le berceau d'une personne et non, comme ici, d'une métaphore s'appliquant à la fondation de la ville. Pour l'emploi imagé de *cunabula*, cf. *Inst. Iust.* 1, 5, 3 *a primis urbis Romae cunabulis*; Cic. *rep*. 2, 21 *populum ... ut in cunabulis uagientem*; Verg. *Aen*. 3, 105 *gentis cunabula nostrae*, etc. (*ThLL* s.v. *cunabula* 1389, 32 ss.).

soli mortalium: de fait, on ne trouve nulle part ailleurs la mention d'une telle fête. Chez Plu. *Lyc*. 25, 4 et *Cleom*. 9, 1, on trouve la mention d'une statue et d'un sanctuaire dédiés au dieu Γέλως, Gelos. Cf. aussi Philostr. *Im*. 1, 25, où Γέλως est associé à Dionysos et à la gaieté des *symposia* (comme chez Plu. *Lyc*. l.c.), ce qui correspond fort bien à notre contexte. Sur ces témoignages, voir Van der Paardt 1971, 2 s.; Bartalucci 1988, 52 ss. et Milanezi 1992, 127 ss. Certains ont voulu voir dans la mention de ce festival une réalité historique et l'ont rapproché d'autres fêtes antiques: ainsi e.g. Dawkins 1906; Robertson 1919; Grimal 1972, 459 ss. Pour d'autres, il s'agit d'une fiction littéraire: ainsi e.g. Junghanns 1932, 132 et Van der Paardt l.c. Pour un état de la question, voir Bartalucci l.c. et Milanezi l.c., qui estiment à juste titre que l'invention romanesque peut se nourrir de certains éléments réels.

hilaro atque gaudiali ritu: Byrrhène ne donne pas de précisions quant aux modalités du rite. Dans la phrase suivante, elle indique toutefois que chacun est invité à participer activement aux réjouissances. Les termes de la famille de *hilarus* et de *gaudialis* sont souvent associés par abondance verbale: cf. 1, 6 (6, 2); 5, 14 (114, 19); Sen. *dial*. 6, 3, 4; *epist*. 59, 14.

hilaro: selon Grimal 1972, 460, ce mot technique du rituel religieux fait allusion aux *Hilaria* romaines, qui ont inspiré Apulée pour le festival du Rire. Parmi d'autres fêtes antiques, Grimal signale aussi des *Hilaria* dans le rite isiaque. Cf. 11, 6 (270, 22 s.) *hilares caerimonias*. En 2, 8 (31, 19), on trouve la forme *hilaris*: voir comm. ad loc.

gaudialis: cet adjectif est attesté chez le seul Apulée. Cf. encore 8, 15 (188, 19), avec *GCA* 1985, 145 ad loc.; 8, 29 (200, 12); 11, 29 (290, 27) *animo gaudiali rursum sacris initiare deis magnis auctoribus*.

Hunc tua praesentia nobis efficies gratiorem. Atque utinam aliquid de proprio lepore laetificum honorando deo comminiscaris, quo magis pleniusque tanto numini litemus': Ta présence nous le rendra encore plus agréable. Et puisses-tu puiser dans ta propre gaieté quelque invention divertissante pour honorer le dieu, afin que notre offrande à une telle divinité soit plus grande et plus complète.»   50, 26-51, 3

de proprio lepore: de Jonge 1941, 119 reprend la paraphrase de Beroaldus «genuina et natiua urbanitate». Le mot *lepos* désigne une qualité d'humour spirituel. Cf. Quint. *inst*. 6, 3, 102 *quaedam ... dicta ... proprio quodam lepore iucunda* (à propos de plaisanteries de bon ton susceptibles d'agrémenter un discours).

laetificum: avant Apulée (cf. encore 6, 2: 130, 7 s.), cet adjectif n'est attesté qu'en poésie: cf. e.g. Enn. *scaen*. 152; Lucr. 1, 193; Sen. *Tro*. 596 (*ThLL* s.v. 874, 45 ss.).

comminiscaris: «imaginer», «inventer». Étudiant le discours de défense de Lucius au livre 3, McCreight 1993, 49 s. va jusqu'à attribuer au verbe le sens de «mentir»; cf. 3, 11 (60, 8 ss.) *lusus iste ... semper commenti nouitate florescit.*

quo - litemus: ThLL s.v. *lito* 1512, 12 classe notre passage parmi les emplois élargis et imagés du verbe. Mais l'épisode de l'«utricide» fera de Lucius une victime expiatoire servant d'offrande au dieu du Rire: voir Grimal 1972, 462 ss. (qui établit sur ce point une comparaison avec le rite grec des *Thargélia*). Cf. 3, 8 (57, 27 s.) *de latronis huius sanguine legibus uestris ... litate* (les parentes des victimes, réclamant la mort de Lucius).

magis pleniusque ... litemus: le tour est remarquable. La combinaison *magis pleniusque* n'est pas attestée ailleurs. L'emploi de *litare* avec un adverbe est rare; cf. tout de même e.g. Liv. 8, 9, 1 (*egregie*); Cic. *div.* 2, 36; Curt. 7, 7, 29 (*egregie*).

51, 3-6   'Bene', inquam, 'et fiet ut iubes. Et uellem Hercules materiam repperire aliquam, quam deus tantus affluenter indueret': «Bien», répondis-je, «il en sera comme tu l'ordonnes. Et, pardis, j'espère bien trouver quelque matière à la taille d'un si grand dieu, dont il puisse amplement se revêtir.»

Lucius ne croit pas si bien dire. Son combat contre les outres et son plaidoyer au tribunal d'Hypata (3, 2: 52, 21 ss.) réaliseront à son insu la promesse faite à Byrrène. Comme Thélyphron, Lucius deviendra un amuseur public; voir Introd. 5.5.

materiam ... quam ... affluenter indueret: cf. 2, 19 (41, 1) *risus adfluens*. Avec Hanson et Walsh, j'ai voulu rendre la métaphore vestimentaire. Hildebrand ad loc. commente: «optime enim deus dicitur *materiam induere laetitiae*, qua velut veste erat ornatus». Cf. Plin. *nat.* 33, 63 (*Agrippinam*) *indutam paludamento aureo textili sine alia materia.* Selon Hanson note 2 ad loc. (p. 121), la phrase fait référence au fait que les statues étaient revêtues d'habits. Voir notice suivante.

affluenter: «avec affluence». Cet adverbe peu fréquent apparaît encore en 4, 7 (80, 1: au sens propre, à propos de vin). Avant Apulée, on le rencontre (au comparatif) chez Cic. *Tusc.* 5, 16 et Nep. *Att.* 14, 2. Un «lecteur second» (Introd. 2.2) pourrait voir une allusion au discours riche en abondance verbale que Lucius tient devant les citoyens d'Hypata lors de son procès (3, 4: 55, 6 ss.). Cf. Cic. *orat.* 79 *in orationis laudibus: ornatum illud suaue et affluens*; Pomp. *gramm.* p. 298, 11 Keil *soluta oratione et affluenti*; Sidon. *epist.* 4, 3, 7 (de l'éloquence de Claudien) *ut Orosius affluit, ut Rufinus stringitur* (ThLL s.v. *affluo* 1244, 68).

indueret: Haupt 1872, 261 corrige *imbueret* et cette conjecture est admise par Augello 1977, 61 s. Cependant, outre qu'elle ne facilite pas la compréhension de cette phrase difficile, elle a le désavantage de supprimer la métaphore vestimentaire.

51, 6-9   Post haec monitu famuli mei, qui noctis admonebat, iam et ipse crapula distentus, protinus exsurgo et appellata pro[s]pere Byrrena titubante uestigio domuitionem capesso: Après quoi, sur un signal de mon esclave m'avertissant qu'il faisait nuit, et comme en plus mon ventre était tendu par la boisson, je me lève aussitôt, me hâte de saluer Byrrhène et prends en titubant le chemin du logis.

monitu famuli - admonebat: en 2, 18 (40, 8 ss.), Lucius rassure Photis, en lui disant qu'il se rendra chez Byrrhène accompagné de son épée (*nec incomitatus ibo*). On apprend maintenant qu'il est aussi escorté d'un esclave. La mention de son (ou de ses esclaves) dépend du contexte: voir comm. ad 2, 15 (37, 11). Avant de se rendre à son dîner, Lucius assurait à sa maîtresse qu'il rentrerait tôt (cf. 2, 18: 40, 7 s.). Le récit de Thélyphron semble lui avoir fait oublier sa promesse. L'intervention de l'esclave rappelle les avertissements de Photis concernant une bande de voyous écumant la ville (cf. 2, 18: 39, 21 ss., avec comm. ad loc.) et prélude à la bataille qui va avoir lieu au chapitre suivant.

monitu ... qui admonebat: abondance verbale. Voir Bernhard 1927, 164 s. pour d'autres exemples de termes synonymiques coordonés (caractéristique du style d'Apulée). Ici, l'abondance est peut-être fonctionnelle: le serviteur doit insister pour se faire entendre de son maître pris de boisson.

crapula distentus ... titubante uestigio: l'insistance avec laquelle Lucius mentionne son état d'ivresse justifie rétrospectivement qu'il ait pu prendre des outres gonflées pour des brigands. De même, au chapitre suivant, l'obscurité de la nuit est soigneusement soulignée (2, 32: 51, 11 ss.). Ces deux éléments sont également avancés comme excuse de la méprise de Lucius dans le discours explicatif de Photis en 3, 18 (65, 20 s.) *cum ecce crapula madens et inprouidae noctis deceptus caligine*. Traîné devant le tribunal d'Hypata pour le triple meurtre commis dans la nuit, Lucius avoue avoir été sous l'emprise de l'alcool lors de son délit (cf. 3, 5: 55, 14 ss. *cum a cena me serius aliquanto reciperem, potulentus alioquin*). Ce détail sert cette fois de circonstance atténuante (voir Mommsen 1899, 1042 s.; Van Mal-Maeder 1995, 117 ss.).

crapula distentus: cf. 1, 18 (16, 14) *cibo et crapula distentos*.

protinus ... pro[s]pere: voir comm. ad 2, 6 (29, 19 s.). Pour *protinus = statim*, voir comm. ad 2, 14 (36, 22). La correction *propere* est due à une autre main dans la marge de F.

domuitionem capesso: «j'entreprends le retour à la maison». Cf. 11, 16 (279, 12) *reditum capessunt*; Plaut. *Amph.* 262 *me domum capessere*. Le mot *domuitio* («retour à la maison») est un archaïsme (essentiellement attesté chez les tragiques), dont Apulée se sert à plusieurs reprises, le plus souvent avec le verbe (*com*)*parare*: cf. e.g. 3, 19 (67, 3), avec Van der Paardt 1971, 148 ad loc.; 4, 35 (102, 20); 10, 18 (250, 28); 11, 24 (286, 15 s.). On observe chez Apulée une prédilection pour ce type de périphrases avec abstraits (voir Bernhard 1927, 100 pour d'autres exemples; Callebat 1994, 1650 ss. «recherche du rare»).

CHAPITRE XXXII

Bataille nocturne

On ne trouve pas moins de quatre versions de cette bataille dans les livres 2 et 3, narrées par différents narrateurs dans des circonstances différentes. Les divergences qui en résultent illustrent le principe des variations des données du récit selon la subjectivité humaine: voir Van Mal-Maeder 1995; Introd. 5.4; Bitel 2000, 163 s. Sur les rapports entre cet épisode et le festival du Rire, voir les références citées s.v. *sollemnis - propitiamus* (2, 31: 50, 23 ss.).

Sed cum primam plateam uadimus uento repentino lumen quo 51, 10-13
nitebamur extinguitur, ut uix inprouidae noctis caligine liberati
digitis pedum detunsis ob lapides hospitium defessi rediremus:
Mais dans la première rue que nous prenons, un vent soudain éteint la lumière à la lueur de laquelle nous progressions à tâtons, de sorte que nous eûmes de la peine à nous tirer de l'obscurité d'une nuit aveugle et à regagner, épuisés, notre logis, en nous meurtrissant les doigts de pieds contre les pierres.

Ciaffi 1960, 103 ss. voit dans ce passage une imitation de Petron. 79, 1 ss. Après le dîner chez Trimalcion, Encolpe, Ascylte et Giton s'en retournent à leur logis, ivres et gênés par l'obscurité de la nuit; *infra* s.v. *digitis - lapides*. Si la situation est en effet comparable, les correspondances verbales ne permettent pas de parler plus que de réminiscence.

plateam uadimus: seul exemple de la construction transitive avec *uadere*. Stewech corrige *inuadimus*, «fort. recte» selon Robertson et Hanson. Cette correction est admise par Helm I et II et par Giarratano. Mais voir Armini 1928, 287, Löfstedt 1956, 187, Augello 1977, 62 et Hijmans 1995a, 120, qui défendent la leçon des mss. (rétablie par Helm III). Cf. *Plat.* 2, 19 *uiam uadunt*. L'acc. de direction est fréquent chez Apulée (voir Callebat 1968, 486; *id.* 1994, 1651; LHSz 2, 49); cf. plus bas *hospitium ... rediremus*; *fores inruentes*; *medios latrones inuolo*.

uadimus ... nitebamur extinguitur ... rediremus: Callebat 1968, 360 discute ce type de concordance libre (temps du passé avec un verbe principal au présent: tendance de la langue vivante).

uento - liberati: comme la mention de son état d'ivresse au chapitre précédent, ce détail sur l'obscurité de la nuit explique rétrospectivement la méprise de Lucius, pourfandeur d'outres gonflées qu'il avait prises pour des brigands; voir comm. ad 2, 31 (51, 7 s.). Cette circonstance atténuante est aussi avancée par Photis en 3, 18 (65, 20 s.) *inprouidae noctis deceptus caligine*.

inprouidae noctis caligine: comparer pour l'abondance Sil. 11, 513 *nigrae caligine noctis*. Quelques traducteurs, influencés par le mot *repentino*, voient dans *inprouidae* une valeur passive (ainsi déjà Pricée, pour qui *inprouidus = inprouisus*

403

plutôt qu'*obscurus*): e.g. Vallette: «nous tirant de la soudaine épaisseur de la nuit»; Grimal: «cette nuit imprévue»; Augello: «in mezzo alla caligine dell'improvisa notte». Cet emploi n'est pas attesté par *OLD* s.v. *improuidus* et dans les autres passages des *Met.* où on le trouve, l'adjectif possède un sens actif: 2, 27 (47, 6); 3, 18 (65, 20 s.: *supra*), avec Van der Paardt 1971, 139 s. ad loc.; 7, 20 (169, 12); 11, 15 (277, 12).

liberati: de Jonge 1941, 121 explique «cum oculi nostri paulum tenebri assueti». Le sens est en effet clair et les corrections de Scioppus *librati* («balancés», «oscillant»: cf. 2, 29: 51, 8 *titubante uestigio*) ou de Cornelissen 1888, 56 *turbati* ne sont pas nécessaires.

digitis - lapides: cf. 9, 37 (231, 1 s.) *offenso lapide atque obtunsis digitis*; Petron. 79, 3 *cum hora paene tota per omnes scrupos gastrarumque eminentium fragmenta traxissemus cruentos pedes*.

detunsis: hapax (*ThLL* s.v. *detundo* 846, 22 ss.). Le terme est peut-être choisi pour l'effet sonore (*digitis pedum detunsis ob lapides*: succession de *d*).

ob lapides: on rencontre chez Apulée plusieurs exemples de *ob* marquant la direction (e.g. 2, 28: 48, 19; 5, 1: 103, 18; 11, 13: 275, 30). Dans notre passage, cette valeur serait quelque peu affaiblie (*ThLL* s.v. *ob* 14, 41 s.). Aussi le sens causal n'est-il pas à exclure (les pieds sont meurtris par les pierres).

hospitium: voir comm. ad 2, 3 (26, 18).

51, 13-19 Dumque iam iunctim proximamus, ecce tres quidam uegetes et uastulis corporibus fores nostras ex summis uiribus inruentes ac ne praesentia quidem nostra tantillum conterriti, sed magis cum aemulatione uirium crebrius insultantes, ut nobis ac mihi potissimum non immerito latrones esse et quidem saeuissimi uiderentur: Et déjà nous approchons accrochés l'un à l'autre, quand voilà trois gaillards, remarquablement vifs et de corpulence extraordinaire, qui se lancent de toutes leurs forces sur nos portes; pas le moins du monde effrayés par notre présence, ils rivalisent plutôt de force pour redoubler de coups, de sorte que nous avons toutes les raisons de croire, moi surtout, qu'il s'agit de brigands, et même de la plus cruelle espèce.

Dans la version des faits qu'il donne lors de son procès, Lucius est nettement plus prodigue de détails et il n'y a pas de doute quant à la nature de ces assaillants: cf. 3, 5 (55, 17 ss.) *uideo quosdam saeuissimos latrones aditum temptantes et domus ianuas cardinibus obtortis euellere gestientes claustrisque omnibus ... uiolenter euulsis secum iam de inhabitantium exitio deliberantes*; voir s.v. *ut - uiderentur*. Comme le remarque Gianotti 1986, 65 note 35, les assauts nocturnes contre les habitations sont chose courante dans le monde des *Met.*: cf. 3, 28 (72, 21); 4, 12 (83, 11); 4, 18 (88, 7 ss.); 4, 22 (92, 3 ss.); 7, 7 (159, 7 ss.).

iunctim: Lucius et son esclave, totalement ivres, doivent s'appuyer l'un sur l'autre pour avancer. *Iunctim* est peu fréquent et répond au goût d'Apulée pour les adverbes en -(t)*im*: voir comm. ad 2, 2 (25, 11). Au sens de «ensemble», «côte à côte», on le rencontre chez Ov. *met.* 11, 749; Gell. 12, 8, 2; au sens de «à la suite», chez Suet. *Claud.* 14, 1; *Tib.* 9, 3 (voir *ThLL* s.v. 648, 81 ss., qui signale encore son emploi chez les auteurs tardifs).

proximamus: voir comm. ad 2, 16 (37, 19).

ecce - insultantes: exemple de phrase nominale renforçant la tension dramatique; cf. 2, 25 (45, 15 ss.), avec comm. ad loc. Sur la particule *ecce*, très fréquente dans les *Met.*, voir comm. ad 2, 4 (27, 7).

tres - corporibus: ce type de variation de construction (adjectif suivi d'un gén. ou d'un abl. de qualité) se rencontre ailleurs dans les *Met.*; cf. e.g. 6, 22 (145, 1) *peresus et aegra facie*. Les trois assaillants sont décrits en termes imprécis, pour ne pas dévoiler la surprise concernant leur véritable nature (cf. 3, 9: 59, 1 ss.). Ils sont comme des silhouettes, de stature remarquable. L'insistance sur leur vigueur et leur corpulence souligne le courage de Lucius; voir notice suivante.

tres quidam uegetes: il n'est pas rare que *quidam* («unité dans un ensemble d'analogues»: voir comm. ad 2, 6: 29, 20) accompagne un nombre; cf. 2, 24 (44, 17); 10, 13 (246, 5 s.); Cic. *de orat.* 2, 86, etc. Mais comme souvent chez notre auteur, le mot renforce le sens de l'adjectif auquel il est joint («extrêmement vigoureux»; voir Van Mal-Maeder 1994); cf. *quosdam saeuissimos latrones*, dans le passage correspondant de 3, 5 (55, 17), cité ci-dessus. Le fait que ces assaillants sont au nombre de trois s'explique d'abord par l'importance de ce chiffre dans les *Met.* Cf. e.g. plus bas l'allusion au monstre à trois corps Géryon (52, 3); les trois fils du propriétaire au livre 9, 35 (229, 12 ss.), les trois initiations de Lucius au livre 11; voir à ce propos Scobie 1973, 65 ss. et 1978, 53 s. (élément structurel des récits populaires déjà présent chez Homère). Ce détail a aussi pour fonction de mettre en évidence la vaillance de Lucius: même à trois contre un, les brigands n'ont aucune chance. Dans son discours de défense au tribunal d'Hypata, Lucius ne mentionne d'abord pas le nombre des assaillants et sa rhétorique laisse à penser qu'il s'agit d'une véritable bande. Ce n'est que dans sa description du combat que leur nombre est finalement révélé: *tertiumque ... peremo* (3, 6: 56, 14 s.).

uegetes: ς corrige cette leçon des mss. en *uegetis* (Hanson ad loc. hésite); Hildebrand: *uegentes*; Eyssenhardt: *uegetos*. Mais *uegetis* est attesté face à *uegetus* (cf. Gloss. 7, 396). Comme le remarque Facchini Tosi 1986, 107 s., c'est pour des raisons euphoniques (rime avec *tres*) qu'Apulée préfère la forme de la 3e déclinaison. Au vu du goût d'Apulée pour les jeux de mots étymologiques, le choix de cet adjectif (< *uegere*, «animer») n'est probablement pas un hasard: la suite du récit révélera que ces trois corps vigoureux étaient en fait des outres en peau de chèvre, animées par la magie de Pamphilé (cf. 3, 18: 65, 14 ss.).

uastulis corporibus: l'adjectif, attesté chez le seul Apulée, n'est pas revêtu d'une valeur diminutive (un oxymore se justifierait avec peine). Au livre 3, 5 (55, 22), le chef des «brigands» est décrit comme *corpore uastior*.

ex summis uiribus: F a *et*; φ l'abl. sans préposition. La correction de Colvius (cf. *apol.* 74: 83, 4 *ex summis uiribus*), est admise par l'ensemble des éditeurs. Cf. *met.* 8, 5 (179, 25) *ex summo studio*; Plaut. *Merc.* 111 *ex summis opibus uiribusque* (parallèles avancés par de Jonge 1941, 121 ad loc.).

405

fores ... inruentes: premier exemple de l'emploi transitif du verbe au sens de «se jeter sur avec hostilité», «attaquer» (*ThLL* s.v. *irruo* 448, 82 ss.; au sens de «faire irruption dans», cf. Quint. *decl.* 310, 11). Voir *supra* s.v. *plateam uadimus*.

tantillum: cet adverbe, emprunté à la langue des comiques (Callebat 1968, 520) et qui suggère peut-être un mouvement déictique de la part du locuteur (Van der Paardt 1971, 61 ad 3, 6: 56, 18) se retrouve encore en 9, 36 (230, 2 s.) *nec tamen ... tantillum praesentia multorum ciuium territus*; 10, 7 (242, 12).

sed magis: dans F, il semble qu'un *q* ait été effacé après *magis*; φ a *magisque* et une seconde main a corrigé *magis magisque*; ces hésitations se retrouvent dans certains mss. de la classe I. S'il est vrai que le tour *magis magisque* est fréquent chez Apulée (cf. e.g. 3, 9: 58, 18; 5, 23: 121, 6), ce redoublement emphatique paraît moins approprié dans notre passage, où on a l'adverbe comparatif *crebrius*. *Sed magis* a ici une valeur proche de *potius* (ainsi de Jonge 1941, 122; Callebat 1968, 254).

ut - uiderentur: pour inciter son amant à ne pas rentrer trop tard, Photis l'avait prévenu de l'existence d'une bande de jeunes gens de bonne famille, semant le trouble dans la ville d'Hypata (cf. 2, 18: 39, 22 ss.). Mais Lucius semble plutôt se remémorer les paroles de son Milon: *prae metu latronum nulla <s>es[c]sibula ac ne sufficientem suppellectilem parare nobis licet* (1, 23: 21, 5 ss.). En raison de l'obscurité de la nuit et de son état d'ivresse, Lucius ne peut que deviner qui sont ces assaillants et quelles sont leurs intentions. La version des faits qu'il livre au tribunal d'Hypata est quelque peu différente. En particulier, il rapporte avoir entendu les voleurs exprimer à haute voix leurs intentions hostiles et va même jusqu'à citer leurs paroles au discours direct: cf. 3, 5 (55, 21 ss.).

non immerito: nouvelle précision du «je-narrant» (voir Introd. 2.2) expliquant rétrospectivement sa méprise; voir *supra* s.v. *uento - liberati*.

et quidem saeuissimi: Lucius prend soin de justifier son attaque, comme il le fera encore de manière plus appuyée lors de son procès: cf. 3, 5 (55, 17 ss.). Ce détail lui permet aussi de souligner sa vaillance (voir ci-dessus s.v. *tres quidam uegetes*).

51, 19-20   Statim denique gladium, quem ueste mea contectum ad hos usus extuleram, sinu liberatum adripio: Me saisissant alors aussitôt du glaive que j'avais emporté et dissimulé sous mon vêtement pour ce genre de situation, je le tire de mon sein.

denique: «par conséquent» (pour ce sens, voir comm. ad 2, 6: 29, 19). La férocité des assaillants justifie le fait que Lucius se saisisse de son arme.

gladium - adripio: il s'agit de l'arme dont Lucius avait parlé à Photis pour la rassurer en 2, 18 (40, 9 s.). Cf. 3, 5 (56, 4 ss.) *gladiolo, qui me propter huius modi pericula comitabatur*, un passage où l'arme ne doit d'abord servir qu'à effrayer les brigands: voir notice initiale suivante.

gladium ... sinu liberatum: cf. Ov. *met.* 6, 551 *uagina liberat ensem*; *fast.* 2, 793.

ad hos usus: correction par une autre main de la leçon de F *ad hoc usus*; cf. 5, 29 (127, 1); Verg. *Aen.* 4, 647; Ov. *met.* 5, 111.

Nec cunctatus medios latrones inuolo ac singulis, ut quemque   51, 21-24
conluctantem offenderam, altissime demergo, quoad tandem ante
ipsa uestigia mea uastis et crebris perforati uulneribus spiritus
efflauerint: Sans hésiter, je vole au beau milieu des brigands et, chaque fois
que j'en rencontre un qui me résiste, je lui plonge mon arme au plus profond,
jusqu'à ce que, percés de larges et multiples blessures, ils aient enfin exhalé leur
souffle à mes pieds.

Lors de son procès, Lucius raconte avoir d'abord tenté de chasser les brigands et
se présente comme l'agressé: le voyant l'arme à la main, les trois malfrats se jettent sur lui. La bataille y est décrite avec force détails et Lucius a plus de peine à
se débarrasser d'eux que dans notre passage: cf. 3, 5 (56, 4 ss.) et 3, 6 (56, 9 ss.).
La version des faits de l'accusateur est encore différente. Lucius y est présenté
comme un fou sanguinolant semant le carnage autour de lui et s'en prenant sans
raison à de pauvres passants innocents: cf. 3, 3 (54, 15 ss.). Sur ces différentes
versions, voir Van Mal-Maeder 1995, 117 ss. ; Introd. 5.4.

latrones inuolo: dans F, les cinq premières lettres de *latrones* semblent être
une correction de la même main; le texte présente en outre une rature au-dessus
de *inuolo* et dans la marge; φ et a* ont *latrones inuado*. L'emploi transitif de
inuolare au sens de «se jeter sur», «attaquer» (attesté avant Apulée chez Tac. *hist.*
4, 33) se retrouve en 6, 10 (135, 6).

singulis ... altissime demergo: cf. 1, 13 (12, 13 s.) *gladium totum ei demergit*;
ThLL s.v. *demergo* 481, 6 s. cite encore pour cet emploi du verbe Heges. 5, 40,
32. Comparer Plin. *nat.* 2, 112 *ferro in aquam demerso*.

quoad - spiritus efflauerint: cf. 3, 3 (54, 16 ss.) *tris numero saeuitia eius inte-*
remptos ante pedes ipsius spirantes *adhuc, corporibus in multo sanguine palpi-*
tantes (dans la version de l'accusateur de Lucius); 3, 9 (59, 6 ss.) *cadauera illa*
iugulatorum hominum erant tres utres inflati *uariisque secti foraminibus et, ut*
uespertinum proelium meum recordabar, his locis hiantes, quibus latrones illos
uulnerueram (voir Van der Paardt 1971, 81 pour les mots *utres inflati*); 3, 18
(65, 23 s.) *tres inflatos caprinos utres exanimasti*. L'expression usuelle *animam (-*
as) efflare (*ThLL* s.v. *efflo* 190, 34 ss.) est modifiée en prévision de la chute,
quand les trois adversaires de Lucius se révèlent avoir été des outres gonflées d'air
(*OLD* s.v. *spiritus* 8). Cf. Sen. *Troad.* 396 *sic hic, quo regimur, spiritus effluet*;
Sil. 14, 602 *per anhela / igneus efflatur sitientium spiritus ora*.

tandem ... efflauerint: l'hyperbate obéit à une recherche d'effet dramatique,
comme en 7, 20 (169, 13 s.; *GCA* 1981, 211 ad loc.).

Sic proeliatus, iam tumultu eo Fotide suscitata, patefactis aedibus   51, 24-52, 4
anhelans et sudore perlutus inrepo meque statim utpote pugna
<*t*>rium latronum in uicem Geryoneae caedis fatigatum lecto

simul et somno tradidi: Après cette bataille, dont le tumulte avait réveillé Photis, je me glisse par les portes ouvertes, haletant et inondé de sueur et, épuisé par mon combat contre trois brigands comme s'il s'était agi du massacre de Géryon, je me livre sans tarder au lit et au sommeil.

Sic proeliatus - inrepo: un exemple de construction participiale précédant le verbe principal caractéristique du style d'Apulée (Bernhard 1927, 41 ss.).

tumultu - suscitata: comme il n'y a aucun échange de paroles entre la servante et Lucius, cette précision est une interprétation du narrateur homodiégétique actoriel (voir Introd. 2.2). Elle est nécessaire pour expliquer que les portes de la maison de Milon se soient ouvertes. Pour l'orthographe du nom *Fotide*, voir comm. ad 2, 6 (30, 4).

tumultu eo: F a *tumultum eo*; φ et a* *tumultu eo*. La correction de Petschenig 1881, 139 *tumultu mea* (*Fotide*) n'est pas nécessaire.

patefactis aedibus: expression propre à Apulée, que l'on trouve encore en 1, 22 (20, 15); 3, 2 (52, 21 s.); 3, 28 (72, 21); 8, 10 (185, 20 s.) et 9, 5 (206, 13).

sudore perlutus: cf. Petron. 128, 6, v. 4 *sudor ... perluit ora*.

inrepo ... tradidi: les variations des temps du présent aux temps du parfait sont fréquentes dans les *Met.*: voir Callebat 1968, 428 s. («procédé narratif répondant à un souci de variation et à une recherche de vivacité»); LHSz 2, 307 et 815. Le parfait *tradidi* marque la fin de l'épisode et du livre (*infra*).

pugna <t>rium: cette correction de Saumaise pour la leçon *pugnarium* de F est admise par l'ensemble des éditeurs (de préférence au *pugnacium* de Lipsius).

in uicem Geryoneae caedis: Lucius utilise encore cette comparaison mythologique à propos de son combat nocturne en 3, 19 (66, 7 ss.), mais sur le ton de la plaisanterie: *possum ... mihi primam istam uirtutis adoriam ad exemplum duodeni laboris Herculei numerare uel trigemino corpori Geryonis uel triplici formae Cerberi totidem peremptos utres coaequando*: voir Van der Paardt 1971, 145 ad loc.; comm. ad 2, 23 (44, 3 s.). L'adjectif *Geryoneus* (*a*) est un hapax; voir comm. ad 2, 14 (36, 12) *Ulixeam peregrinationem*.

lecto simul et somno tradidi: le livre 2 s'achève avec le coucher du guerrier, comme il s'ouvrait avec le lever du soleil et du héros: cf. 2, 1 (24, 17 s.) *ut primum ... sol nouus diem fecit et somno simul emersus et lectulo*, avec comm. ad loc.; Graverini 1998, 137. Les livres 1 et 10 se concluent également avec la mention du coucher de Lucius: cf. 1, 26 (24, 14 s.) *in cubiculum reuersus optatae me quieti reddidi*; 10, 35 (266, 7 s.) *ultimam diei metam curriculum solis deflexerat et uesper<ti>nae me quieti traditum dulcis somnus oppresserat* (voir *GCA* 2000, 415 s. ad loc.). Ce découpage des livres entre jour et nuit ou entre éveil et sommeil s'observe encore ailleurs: ainsi entre les livres 4 et 5 (le livre 5 commence par une sieste de Psyché), tandis que les livres 6 et 7 se concluent tous deux en même temps qu'une journée; voir notice introductive ad 2, 1 (24, 17 ss.).

APPENDICE I

Photis: anti-Isis?

Selon une interprétation répandue du roman des *Métamorphoses*, les aventures de Lucius métamorphosé en âne en raison de sa curiosité et de sa lubricité et se convertissant ensuite à la religion de sa salvatrice seraient la représentation d'une âme tombée dans le péché et sauvée par la grâce de la divinité. Cette explication allégorique sous-tend de façon plus ou moins avouée et à des degrés divers un grand nombre des analyses unitaires du roman, que celles-ci y voient un texte à mystères, un texte philosophique ou un texte mêlant sérieux et divertissement. Une telle interprétation invite à une relecture du roman, où il s'agit de découvrir les signes annonciateurs du livre d'Isis, considéré comme un ajout soigneusement planifié dans lequel la signification du roman vient s'ancrer. Dans cette optique, on analysa les livres 1 à 10 avec la lentille qu'offrait le livre 11, partant du principe que le «message» véhiculé par ce dernier était à prendre à la lettre. Soulignant le caractère sincèrement religieux du livre 11 (qu'on peut pourtant sérieusement remettre en question: voir Winkler 1985, 251 ss.; Sallmann 1988; Fick-Michel 1991, 91 ss.; Shumate 1996, 325 ss.; Van Mal-Maeder 1997b; Harrison 2000, 238 ss.), de nombreux critiques y virent l'expression des sentiments personnels d'Apulée, dont la personnalité se substituerait en quelque sorte à celle de son héros. La majorité de ces analyses étudie la récurrence de thèmes et de motifs communs aux dix premiers livres et au onzième qui, s'ils n'expliquent pas toujours la fonction et l'essence de ce dernier, ont du moins le mérite de souligner l'unité du roman (voir Introd. 5).

Une opposition binaire fut alors établie entre les dix premiers livres et le livre d'Isis, entre mal et bien, chute et rédemption, noir et blanc. En particulier, il est courant de lire que les mystères d'Isis auxquels Lucius est initié à la fin du roman contrastent avec les faux mystères de la magie auxquels il brûle de se livrer au début du roman. La magie d'Isis serait une magie blanche, bienveillante et désintéressée, par opposition à la magie noire, néfaste et égoïste des sorcières telles Méroé, Pamphilé et sa servante Photis (ainsi e.g. Tatum 1969, 123; Schlam 1978, 97 et 1992, 70 et 122; Alpers 1980, 201 ss; Trembley 1981, 97 ss.; Schmidt 1982; de Smet 1987a; Hofmann 1997, 163 ss., en particulier note 82; voir Introd. 5.1).

Selon cette interprétation, Photis est une figure emblématique, elle qui, de l'avis de tous, représente l'anti-Isis et est la cause de la plongée du héros dans les faux mystères de la magie, la responsable de sa désastreuse métamorphose.[1] La raison principale d'une telle lecture réside dans le discours du prêtre d'Isis au livre 11, remarquant que les nobles origines de Lucius ne l'empêchèrent pas de s'abandonner à de serviles voluptés (cf. 11, 15: 277, 9 ss. *lubrico uirentis aetatulae ad*

---

[1] Face à ce flot d'accusations, seul Carver 1990 se fait avocat de la défense.

seruiles delapsus uoluptates curiositatis inprosperae sinistrum praemium repor-tasti). Ces *seruiles uoluptates* font allusion, en partie tout au moins, aux amours de Lucius et de Photis (voir sur ce point Sandy 1974a et 1978, 130 ss.; Schmidt 1982; de Smet 1987a). Pourtant, il faut souligner qu'il s'agit là de l'interprétation subjective du prêtre d'Isis et qu'à aucun moment Lucius n'y souscrit de manière explicite ou implicite. De plus, l'image qu'il donne de Photis dans son récit est tout à fait positive, à l'exception de quelques remarques désobligeantes - mais bien compréhensibles - dues à sa colère d'avoir été métamorphosé en âne (cf. 3, 26: 71, 8 ss.; 7, 14: 164, 18 ss.; 9, 15: 214, 15 ss.).[2]

Plusieurs scènes des livres 2 et 3 furent interprétées comme illustrant le principe «Photis = anti-Isis». Quoi qu'elle puisse y dire ou y faire, Photis est rejetée du côté de l'«ombre». La description de sa coiffure, qui clôt l'éloge de la chevelure des ch. 8 et 9, s'opposerait à celle de la chevelure d'Isis au livre 11, car elle ferait preuve d'une sensualité charnelle dont la seconde serait dépourvue (cf. 2, 9: 32, 22 ss.; 11, 3: 268, 8 ss.). La comparaison que Lucius établit entre Photis et la déesse Vénus serait une déification sacrilège, où la servante usurperait un rôle divin qui n'est pas le sien. Par opposition à Isis, dont l'un des aspects est celui de la *caelestis Venus* présidant à l'amour noble (cf. 11, 2: 267, 7), Photis serait une divinité chimérique et représenterait l'aspect négatif de la déesse d'amour, la *Venus uulgaria*, incitant aux dérèglements de la passion.[3] Sa danse devant ses cas-seroles illustrerait cet aspect de *Venus uulgaria*, ensorcelant Lucius avant de le plonger dans l'univers pervers des arts magiques (voir comm. ad 2, 7: 30, 18 ss.). Même la position adoptée par la servante dans leur séance amoureuse témoigne-rait de son influence néfaste sur le héros (voir *contra* Append. II).

Comme j'ai déjà eu l'occasion de le dire dans l'introduction, je suis d'avis que le sérieux du livre 11 a été surestimé et que l'apparente sérénité de cet hymne à la religion isiaque est troublée par nombre de notes discordantes. Le livre d'Isis ne doit pas être lu en opposition systématique aux dix premiers livres, mais en termes de continuation (voir Introd. 5).

Si la coiffure d'Isis rappelle celle de Photis, ce n'est pas pour marquer un contraste - aucun indice dans le texte ne suggère une telle lecture - mais parce qu'il s'agit d'une récurrence thématique, qui ne se limite d'ailleurs pas au roman des *Métamorphoses* (voir Introd. 5.6). Si Lucius se montre l'esclave de Photis, c'est notamment parce que le thème de l'esclavage occupe une place centrale dans ce roman (voir Introd. 5.10). Son *seruitium amoris* sera remplacé par un *seruitium Isidis* de loin plus exigeant (voir comm. ad 2, 18: 39, 17 ss.), de même que ses *militia amoris* feront place aux *sancta militia Isidis* (cf. 11, 15: 277, 27; comm. ad 2, 18: 39, 19 ss.) et qu'il connaîtra au sein de la religion d'Isis un autre type de volupté que dans les bras de Photis (voir Introd. 5.8). Isis et sa religion n'occupent

---

[2]   Il est remarquable que, dans les trois cas, Lucius ne se plaint pas d'avoir été métamorphosé (c'est ce qu'il voulait lui-même), mais d'avoir revêtu la forme d'un quadrupède asinien, plutôt que celle d'un oiseau ou d'un chien.

[3]   Les deux Vénus sont opposées dans l'*apol.* 12 (14, 1 ss.).

pas une place différente dans les *Métamorphoses* de celle de Photis, des magiciennes des livres précédents ou des diseurs de bonne aventure.

Quant aux récurrences verbales, aux tournures que l'on retrouve tout au long du roman et derrière lesquelles les partisans de l'interprétation binaire antithétique ont voulu découvrir un sens caché (voir comm. ad 2, 17: 39, 5 s. *super me ... residens ac ... subsiliens*; 2, 17: 39, 6 s. *lubricisque gestibus mobilem spinam quatiens*), elles relèvent le plus souvent de l'idiolecte d'Apulée. Je crois qu'il serait vain de vouloir donner à chaque écho verbal une signification profonde. En 2, 10 (33, 12 s.), par exemple, la tournure *artius eam complexus coepi sauiari* décrit les embrassements de Lucius et Photis. Cette combinaison de termes apparaît à plusieurs reprises dans le roman et s'explique par une simple prédilection terminologique. Si on analyse la représentation de Photis et de sa relation avec Lucius non pas en fonction du livre 11, mais comme des «lecteurs premiers» ignorants de la fin de l'histoire (voir Introd. 2.2), l'élément le plus frappant est sans doute sa dimension intertextuelle: la part du modèle poétique, élégiaque en particulier, y est considérable.[4]

La scène décrivant les mouvements ondulants de Photis devant ses casseroles s'inscrit dans une tradition poétique érotique allant d'Ovide à Ausone, en passant par Martial, Juvénal et les *Priapea* (voir comm. ad 2, 7: 30, 18 ss. s.v. *uasculum - undabat*). Le résultat physique produit sur Lucius par cette danse lascive est évoqué dans un vocabulaire emprunté aux élégiaques et aux auteurs d'épigrammes, doublé d'allusions à Virgile et à Pétrone (voir comm. ad 2, 7: 30, 23 ss.; 2, 16: 38, 7 ss.). Face à ces échos, on peut dire que le souvenir du spectacle donné par Photis métamorphose Lucius-narrateur en poète érotique.

C'est ainsi aussi qu'il faut lire l'éloge de la chevelure féminine et la description de la coiffure de Photis: les réminiscences élégiaques y abondent autant dans les détails que dans la structure, qui hissent Lucius au rang de poètes tels Tibulle ou Ovide (voir comm. ad 2, 8: 31, 13 ss.; 2, 9: 32, 7 ss.; Introd. 5.6). Quant à la comparaison de Photis avec une déesse, elle relève elle aussi des conventions de la poésie amoureuse (voir comm. ad 2, 17: 38, 15 ss. p.). Si Lucius se montre l'esclave de Photis, c'est parce que telle est la pose des élégiaques (voir comm. ad 2, 18: 39, 17 ss.). Dans leurs échanges verbaux, Lucius autant que Photis font grand usage des métaphores topiques de la tradition érotique: images de la brûlure d'amour et de la blessure mortelle infligée par Éros (voir comm. ad 2, 7: 31, 6 ss.; 2, 16: 38, 7 ss.), du baiser à la fois doux et amer (voir comm. ad 2, 10: 33, 5 et 7 ss.), métaphore des *militia amoris* (voir comm. ad 2, 10: 33, 21 s.; 2, 17: 39, 1 ss.).

Ainsi, la mise en scène des amours de Lucius et de Photis constitue en quelque sorte une transposition en prose des schémas traditionnels de la poésie érotique. Loin d'être une anti-Isis, Photis est l'amante et la muse de Lucius, sur lequel elle a la même influence qu'Érato sur les poètes d'amour grecs ou latins.

---

[4]   Pour l'influence de l'élégie sur les *Met.*, voir les travaux de Mattiacci 1985 et 1993.

APPENDICE II

Venus pendula.

Il s'agit de la position plus couramment désignée par la métaphore de la cavalière: cf. e.g. Ar. *Lys.* 676 ss.; 770 ss.; *V.* 500 ss. avec Sommerstein 169 ad loc.; *Anth. Graec.* 5, 55 (voir Schrier 1979, 313; Baldwin 1980, 357 s.); 5, 202 et 5, 203; Hor. *sat.* 2, 7, 50 *clunibus aut agitauit equum lasciua supinum*; Ov. *ars* 3, 777 s. *parua uehatur equo: quod erat longissima, numquam/Thebais Hectoreo nupta resedit equo*, avec Brandt 197 et 245 ad loc.; Juv. 6, 311. Pour des références supplémentaires, voir Krenkel 1985 et 1987.[1]

La position est inhabituelle, du fait du renversement des rôles de l'homme et de la femme: cf. Arist. *GA* 1, 21, 729b ἀλλὰ μὴν τό γε θῆλυ, ᾗ θῆλυ, παθητικόν, τὸ δ᾽ἄρρεν, ᾗ ἄρρεν, ποιητικὸν καὶ ὅθεν ἡ ἀρχὴ τῆς κινήσεως; Sen. *epist.* 95, 21 *pati natae, di illas deaeque male perdant! adeo peruersum commentae genus inpudicitiae uiros ineunt.* Sur ces valeurs de position dans la sexualité antique (celle de l'agent, propre à l'homme adulte et libre, et celle du patient, propre à la femme, aux garçons et aux esclaves) et sur leurs implications morales, voir Dover 1984, 148 s.; Foucault 2 1984, 55 s., 237 ss., selon lequel il existe un principe d'isomorphisme entre relations sexuelles et rapports sociaux; *id.* 3 1984, *passim*;[2] Veyne 1991, 115 ss.; Parker 1992, 98 s. Selon les moralistes, la position de la *Venus pendula* est caractéristique des prostituées et des femmes dévergondées, et ne convient pas aux femmes de bien: cf. Lucr. 4, 1268 ss.; Juv. 6, 320 s., et voir sur cette question Henderson 1975, 164 s.; Adams 1982, 165 s.; Heath 1986. Krenkel 1985 et 1987 établit une distinction entre la Grèce et Rome: alors qu'en Grèce, la position est mal vue en raison des rapports de domination homme-femme/actif-passif, elle apparaît à Rome comme la position la plus en vogue. Cette évolution correspond selon lui à un phénomène de libération de la femme: «Die Stellung der Frau hatte sich geändert. Und diese Änderung zeigte sich auf zwei Gebieten, von denen das der Ökonomie vor dem des Sex lag» et «Der neue soziale Status der Frau machte sich in der wachsenden Bevorzugung der Pendula bemerkbar» (Krenkel 1987, 55 et 56).

Dans le cas de la scène d'amour entre Lucius et Photis, il est courant de lire que la position de la *Venus pendula* adoptée par la servante place le héros dans une position hiérarchique inférieure, anormale et amorale, puisqu'il se trouve ainsi

---

[1] F.P. Maulucci Vivolo, Pompei. I graffiti d'amore, Foggia 1995 cite p. 106 *mea uita, meae deliciae ludamus parumper: hunc lectum campum, me tibi equom esse putamus.*

[2] Dans son 3e volume, Foucault (et après lui Winkler 1990) base essentiellement sa théorie de la sexualité antique sur la *Clé des songes* d'Artémidore. Voir à ce propos la mise en garde et la mise au point de Bowersock 1994, 77 ss. (ch. 4: «The Reality of Dreams»); voir aussi Goldhill 1995.

dominé par une femme et qui plus est, par une esclave.[3] Selon Strub 1985, 180, cette posture sexuelle est dénigrante, car elle place Lucius dans un état entre bête et homme: Lucius est le cheval, Photis la cavalière. Pour Schwartz 1979, 465 s., la position annonce la métamorphose de Lucius: «He was, before his metamorphosis, so to speak, sat upon by his desires for sex» (p. 466); du même avis, Schlam 1978, 98 et James 1987, 93.

Mais ces interprétations morales et symboliques (dont on appréciera le caractère missionnaire) ne tiennent pas compte du fait que la position de la *Venus pendula* n'est condamnée par les moralistes que quand il s'agit des matrones respectables. Elle est en outre plus d'une fois dépeinte dans l'Antiquité comme une position appréciée par les hommes. Ainsi, dans la satire d'Horace citée ci-dessus, Dave, énumérant les inconvénients qu'impliquent une relation avec une femme mariée, remarque: *illa ... non peccatue superne* (v. 63 s., avec Kiessling-Heinze 327 ad loc.): la phrase est à double entente, qui fait allusion à la posture de la cavalière mentionnée plus haut par le même Dave (v. 50). Au contraire des prostituées, les femmes mariées demeurent passives. Chez Mart. 11, 104, 11 ss., le poète prie sa femme de se montrer un peu plus entreprenante dans leurs rapports, citant en exemple Andromaque: *masturbabantur Phrygii post ostia serui, / Hectoreo quotiens sederat uxor equo*. Ovide déclarait déjà: *siue procax aliqua est, capior quia rustica non est / spemque dat in molli mobilis esse toro* (*am.* 2, 4, 13 s.).[4] La seule restriction que le poète des Amours émet à propos de la position de la cavalière est qu'elle ne convient qu'aux petites femmes (*ars* 3, 777 s.: voir *supra*). Chez Ath. *Deipn.* 13, 577d, une anecdote témoigne de la faveur dont jouissait la courtisane Leaenea auprès du roi Démétrius pour l'avoir monté avec un art exquis; cf. aussi 13, 581d, où un homme se plaint que son amie, ancienne prostituée, se refuse à lui faire la faveur de le chevaucher.

Ces textes révèlent que la théorie concernant les rapports de domination dans la sexualité antique est par trop schématique quand il s'agit de la *Venus pendula*. La réaction de la prostituée chez Ar. *V.* 500 ss. est à ce propos significative, elle qui accuse son client (un esclave) de se comporter comme le tyran Hippias quand il lui demande de jouer à la cavalière. Ils révèlent en outre que Photis agit en maîtresse expérimentée, digne de la réputation qu'avaient les professionnelles et les esclaves dans l'Antiquité de posséder une expérience sexuelle plus large que celle des femmes libres et des citoyennes (voir Pomeroy 1975, 10, 26, 80 ss., 192; Parker 1992, 92)[5]. Ça n'est pas la seule fois que Photis se montre entreprenante :

---

[3]   Selon Veyne 1991, 116 ss., c'est le devoir de l'esclave de monter son maître, pour éviter de le fatiguer. Voir contra Myerowitz 1992, 153 et cf. Petron. 126, 10; pour Artem. 1, 56, rêver de posséder son esclave en se plaçant au-dessus d'elle est bon signe, car conforme à la position hiérarchique.

[4]   Beroaldus partage ces avis, comme le révèle son commentaire, cité ad 2, 17 (39,5 ss.) s.v. *mobilem spinam quatiens*.

[5]   La condamnation suscitée par la position de la cavalière en raison du renversement des rapports de force entre homme et femme n'a pas lieu lorsqu'il s'agit d'une prostituée: peut-

cf. 3, 20 (67, 15 s.) *mihi iam fatigato de propria liberalitate Fotis puerile obtulit corollarium*, avec Van der Paardt 1971, 154 ad loc.

Que la condamnation exprimée par Aristote ou Sénèque ne correspond pas à un avis général, les nombreuses peintures de Pompéi où la femme chevauche l'homme en témoignent. Myerowitz 1992, 131 ss. a montré que ces peintures se rencontrent aussi bien dans des lupanars que dans des maisons privées et leur «audience» inclut également des femmes mariées; voir aussi De Martino 1996, 303 s. Du même avis, Krenkel 1985, 51 et 1987, 54 ss., dont la liste des représentations de la *Venus pendula* dans les monuments figurés romains (35 exemples), témoigne de la faveur de cette position à Rome, de loin la plus populaire. Cf. *Anth. Lat.* 427, 7 ss. SB *inflectat niueum semisupina a latus / inque modos omnes, dulces imitata tabellas / transeat et lateri pendeat illa meo.*

Je suis d'avis que l'évocation de Photis allant et venant au-dessus de son amant est dépourvue de la signification morale qu'on a voulu y voir. Comme la description de la danse érotique des casseroles à laquelle elle fait écho (2, 7: 30, 21 ss.; voir comm. ad loc.), elle s'inscrit dans une tradition intertextuelle poétique et plus particulièrement latine. Il s'agit probablement par rapport à l'original grec d'une élaboration proprement apuléenne (voir Introd. 7.2). La position adoptée par les amants dans l'*Onos* y est l'inverse de la *Venus pendula* (voir comm. ad 2, 17: 39, 5 ss.).

être parce que le rapport domination/soumission est rétabli par l'aspect commercial de l'affaire?

APPENDICE III

Quod prorsus alius nemo cogno<rit uel o>minarit indicabo: le récit de Thélyphron.

Parmi les récits enchâssés que contiennent les *Métamorphoses*, celui de Thélyphron est l'un de ceux qui a le plus retenu l'attention de la critique, sans doute en raison de son caractère fantastique. Non seulement il y est question de sorcières, de nécromancie, de meurtre et d'adultère, mais le déroulement du récit constitue en lui-même une énigme. Et c'est sans grand succès qu'on a tenté de dissiper les brumes de son mystère. Dans cet appendice, je voudrais faire le compte rendu des diverses interprétations qui ont été proposées et tenter une lecture conciliatoire. Je commencerai par donner un résumé de la trame, en suivant l'ordre des événements et non l'ordre du récit (voir Introd. 2.1).

Le récit est fait par l'un des convives assistant au dîner de Byrrhène, au moment où la conversation porte sur les sorcières thessaliennes. Poussé par la maîtresse de maison, Thélyphron raconte de quelle façon, lors d'une veillée funèbre où il s'était endormi, il subit l'amputation de son nez et de ses oreilles à la place du cadavre qu'il gardait. Les sorcières ayant dissimulé leur méfait en remplaçant les appendices manquants avec de la cire, il ne s'aperçut pas immédiatement de cette mutilation. Ce n'est que le lendemain, jour des funérailles, qu'il apprit ce qui lui était arrivé de la bouche même du mort. Ce dernier, ramené à la vie par un nécromant le temps de témoigner contre sa femme, soupçonnée de l'avoir assassiné, révéla en même temps le sort subi par son gardien, dont il avait été le seul témoin.

Pendant longtemps, la critique se préoccupa essentiellement de savoir d'où provenait ce récit: se trouvait-il dans l'original grec des *Métamorphoses*? Apulée avait-il puisé ailleurs son inspiration? ou s'agissait-il d'une création personnelle? La seule certitude dans ce débat, qui ne présente d'intérêt que s'il touche aussi à l'art d'Apulée, c'est sa vanité (pour les références, voir Introd. note 95). L'une des plus célèbres analyses de ce récit est celle de B. Perry, qui fait des émules encore aujourd'hui. Le but de Perry était de mettre en évidence les procédés artistiques d'Apulée, dont l'écriture ne visait selon lui qu'à produire un effet immédiat sur le lecteur, afin de l'éblouir. Apulée aurait ainsi rassemblé deux ou trois histoires originellement indépendantes, en modifiant la chute de chacune d'entre elles, sans se soucier de l'ensemble, ni du détail des raccordements (Perry 1923a, 220 note 21 parlait de deux histoires; Perry 1929 et 1967, 264 ss. développe la thèse d'une concaténation de trois histoires). Le résultat de ce patchwork serait une histoire riche en suspense et en surprises dramatiques, mais farcie de contradictions et d'illogismes.

Bien qu'elle s'oppose à ce qu'Apulée lui-même dit de sa manière d'écrire (cf. *flor.* 9: 11, 18 ss. cité dans Introd. 5), cette thèse fut reprise par Walsh 1970, 153 s. et, plus récemment, par Lefèvre 1997, 52 ss., avec quelques raffinements. Ce dernier estime que le récit de Thélyphron est constitué de deux récits d'origine grecque, rassemblés selon le procédé de la contamination. Il les identifie comme des milésiennes et entreprend de les reconstituer avec beaucoup d'ingéniosité. Comme Walsh, Lefèvre est d'avis que les originaux étaient connus des lecteurs d'Apulée et que le plaisir résidait en grande partie dans la reconnaissance du travail de «réélaboration». Son analyse a pour défaut majeur de ne pas tenir compte du cadre dans lequel le récit de Thélyphron est enchâssé: quels rapports entretient-il avec le récit principal et quelle est sa fonction? S'agit-il vraiment d'une simple démonstration du «showman» Apulée (pour reprendre un terme employé par Lefèvre), avide d'éblouir son lecteur avec ce type d'intermède?

La thèse de Perry remettait en question l'art d'Apulée. Elle suscita la réaction de nombreux critiques soucieux de montrer qu'il n'y a rien dans les *Métamorphoses* qui ne soit intentionnel. Diverses analyses mirent alors en évidence les parallèles entre l'histoire de Thélyphron, celle d'Aristomène et Socrate (livre 1) et l'aventure de Lucius, ainsi que la récurrence de thèmes et de motifs communs à ce récit enchâssé et au récit-cadre (voir e.g. Brotherton 1934, 47 ss.; Tatum 1969, 493 ss.; Van Thiel 1972, 75 ss.; Sandy 1972, 232 ss.; Mayrofer 1975; Schlam 1992, 69 ss.; James 1987, 76 ss.; Introd. 4; 5.3 et 5.5).[1] Selon ces analyses, le récit de Thélyphron doit avertir Lucius des dangers des arts magiques et/ou est une performance oratoire s'inscrivant dans le cadre du festival du Rire.

Telle est en particulier l'interprétation de Steinmetz 1982, 244 ss. Il ajoute que ce récit (une parodie des récits de sorcières) n'est (à l'intérieur du monde romanesque) qu'une fiction. Thélyphron prétendrait seulement avoir été mutilé et le voile recouvrant son visage servirait à masquer son apparence normale (cf. 2, 30: 50, 15 ss.). Comme le souligne fort justement Sallman 1988, 88, cette analyse de type rationaliste gomme le caractère fantastique du récit; un récit qui, à l'image de l'ensemble des *Métamorphoses*, oscille entre réalité et fiction («Realität»/«Fiktionalität»; comparer Van Thiel 1972, 81 ss.). L'interprétation de Bitel 2000, 190 ss., pour qui le convive narrant ce récit ne raconte pas sa propre histoire, mais endosse une *persona* fictive (un «je» fictif) pour susciter le rire (cf. Quint. *inst.* 6, 3, 23; 6, 3, 85; 6, 3, 99; voir Introd. 2,2 note 16 et 2,4 note 32), est d'ailleurs assez proche de l'analyse de Steinmetz. Dans la même voie encore, Ingenkamp 1972 est d'avis que Thélyphron est un adultère, qui cache les vraies raisons de sa mutilation (voir comm. ad 2, 30: 50, 5 s.v. *prosectis - auribus*). En dehors du fait que cette théorie revient à récrire l'histoire de Thélyphron, le procédé est le même, qui tente de la rationaliser, pour en effacer les zones d'ombre. Mais celles-ci - lorsqu'elles ne trouvent pas une explication dans les techniques narratives caractéristiques d'Apulée - tiennent à la nature même du récit.

---

[1] La plupart acceptent tout de même l'idée qu'Apulée a assemblé deux ou trois histoires différentes (Schlam 1978, 97 et 1992, 69 est même d'avis que «the sutures show»). Du fait de la présence de Zatchlas, prêtre égyptien (cf. 2, 28: 48, 3 ss.), ce récit fut bien sûr aussi soumis à l'interprétation isiaque (voir Drake 1977; Merkelbach 1995, 431 ss.).

Comme plusieurs critiques l'ont déjà souligné (e.g. Mayrofer 1975, 77 ss.; Van Thiel 1972, 82; Winkler 1985, 110 ss.), ce récit est bâti de manière à dérouter le lecteur, en ce qu'il suscite chez lui certaines attentes pour mieux les décevoir ensuite. À la manière d'un roman policier, le texte égrène des indices, dont la plupart se révèlent être de fausses pistes. Cela commence lorsque Lucius fait part de sa crainte des sorcières thessaliennes, connues pour dépouiller les cadavres. Un convive intervient pour signaler le cas d'une personne ayant subi une telle mutilation de son vivant (cf. 2, 20: 41, 18 ss. *immo uero istic nec uiuentibus quidem ullis parcitur. Et nescio qui simile passus ore undique omnifariam deformato truncatus est*). Quand Byrrhène invite la personne en question, Thélyphron, à raconter son histoire, le lecteur a toutes les raisons de s'attendre au récit des atrocités commises sur lui par des sorcières (voir aussi comm. ad 2, 21: 42, 17 s.v. *fuscis auibus*).

Thélyphron rapporte s'être engagé à garder le corps d'un homme mort, malgré les avertissements qu'il avait reçus concernant l'habilité des sorcières à se métamorphoser à leur guise (cf. 2, 22: 43, 11 ss.). Il accepta, au cas où il devait faillir à sa tâche, de donner réparation de toutes les parties manquantes selon la loi du talion. Cette condition est mise en évidence dans une scène de procédure juridique tout à fait amusante, dans laquelle la veuve procède devant témoins à l'«état des lieux» du cadavre (cf. 2, 24: 44, 16 ss.). Cette scène et les fanfaronnades de Thélyphron amènent le lecteur à modifier son jugement et à penser que sa mutilation sera la conséquence de son incompétence. L'épisode de la veillée funéraire, durant laquelle l'intrusion d'une belette (animal associé aux métamorphoses magiques) précède la narcolepsie du gardien, renforce ces attentes (2, 25: 45, 13 ss.). Aussi, la surprise est grande, au petit matin, de constater avec Thélyphron et la veuve que rien ne manque au cadavre.

Apparemment, tout est bien qui finit bien, jusqu'à ce que le mot malheureux de Thélyphron, se déclarant à la disposition de la veuve chaque fois qu'elle le souhaitera (voir comm. ad 2, 26: 46, 21 ss.), offre à l'épisode une conclusion inattendue. Thélyphron subit une bastonnade qui fait de lui un piteux bouffon de comédie, plutôt qu'un Penthée ou un Orphée, auxquels il veut se comparer (cf. 2, 26: 47, 3 s.). Cette chute déçoit à ce point les attentes du lecteur qu'elle fut considérée comme une preuve de la «réélaboration» hâtive d'Apulée (e.g. Perry 1967, 268). Je veux bien admettre qu'il y a transformation d'un hypotexte du type de celui reconstruit par Lefèvre. Mais loin d'être irréfléchie, cette transformation entre dans le jeu de manipulation du lecteur. Si celui-ci croit tenir maintenant l'explication des mots du convive (*ore undique omnifariam deformato truncatus*: ci-dessus), il ne va pas tarder à se détromper.

Jeté hors de la maison de la veuve, Thélyphron est en train de reprendre ses esprits, lorsqu'il assiste à l'entrée en scène du vieillard qui interrompt les funérailles pour accuser la veuve d'avoir assassiné son mari. Nous voici dans une autre histoire, toujours rapportée par Thélyphron; mais celui-ci n'en est plus l'acteur principal. Il n'est qu'un observateur et c'est en tant que tel qu'il rapporte l'apparition de Zatchlas le nécromant, venu rappeler le mort à la vie le temps de confirmer les accusations du vieillard. Celle qui, dans la première partie du récit, apparaissait comme une veuve éplorée, se révèle être une adultère et une empoisonneuse. Il ne s'agit pas d'une inconsistance, comme le veulent tour à tour Perry, Walsh et Lefèvre. On a affaire à une postposition de l'information (elle est le fait de Thélyphron-narrateur), destinée à surprendre une nouvelle fois le lecteur. Thélyphron qualifie ironiquement cette veuve hypocrite de *uxor egregia* (2, 29: 49, 12). Comme le souligne Graverini 1998, 128, l'expression évoque un épisode de la descente aux Enfers chez Virgile, où les mots *egregia coniunx* désignent Hélène, responsable de l'énasement et de l'essorillement de son mari Déiphobe (*Aen.* 6, 523). Cette allusion intertextuelle est un nouvel indice destiné à égarer le lecteur. Car pour peu qu'il possède son Virgile, il sera conduit à tirer un parallèle entre Hélène et la veuve et entre Déiphobe et le mort. De là à supposer que ce dernier a tout de même été victime des sorcières (peut-être même de sa femme, tant il est vrai qu'empoisonneuses et magiciennes appartiennent à la même race: voir comm. ad 2, 29: 49, 9 s. s.v. *malis ... artibus et ... noxio poculo*), il n'y a qu'un pas. Et voilà le lecteur conduit à faire marche arrière et à réévaluer son interprétation précédente.

Pourtant, le mutilé n'est pas celui que les mots *uxor egregia* laissent croire. Poussé par le nécromant, le mort raconte comment il vit le pauvre Thélyphron subir à sa place l'amputation de son nez et de ses oreilles. L'explication de cette confusion réside dans le fait, volontairement occulté jusqu'à cet endroit du récit, que le mort et son gardien portaient le même nom (voir comm. ad 2, 30: 50, 1 s.). Le lecteur réalise désormais que sa première interprétation était bel et bien la bonne. Comme pour la première partie du récit, il est surpris par la chute de l'épisode. Que cette dernière remplace la fin originelle d'un hypothétique hypotexte importe peu. L'essentiel est qu'elle fait le pont avec la première partie du récit. De la sorte, l'histoire de magie et celle d'adultère se retrouvent étroitement liées et le lien se fait au travers de Thélyphron-narrateur, acteur et observateur. Dans une lecture métatextuelle, les emplâtres de cire dissimulant l'amputation des appendices de Thélyphron sont la métaphore des «sutures» pratiquées sur le récit pour camoufler les opérations qu'il a subies. La fourberie des sorcières (*fallacia*: cf. 2, 30: 50, 6 s.), c'est la fourberie du narrateur (et, derrière lui, de l'auteur), habile à développer mille astuces pour tromper le lecteur (cf. 2, 22: 43, 14 ss.). La supercherie apparaît au moment où Thélyphron arrache les prothèses de son visage.

Encore un mot sur les illogismes. On observe dans le récit de Thélyphron la mise en oeuvre du principe du déploiement progressif des données du récit caractéristique d'Apulée, qui peut expliquer bon nombre des soi-disant inconséquences. Très souvent dans les *Métamorphoses*, une information, un détail, un élément supplémentaire du récit n'est donné qu'au moment où la nécessité s'en fait ressentir (voir Van Mal-Maeder 1995). J'ai déjà montré comment la scène de bastonnade et le renversement dans la caractérisation de la veuve s'expliquent par la recherche de l'effet de surprise. C'est pour la même raison que les sorcières prennent la peine de camoufler leur méfait avec de la cire et que ces prothèses ne

420

tombent pas au moment de la bastonnade (voir comm. ad 2, 30: 50, 7 ss.). Pourquoi les sorcières coupent-elles le nez et les oreilles de leur victime à travers les fentes de la porte, si elles savent se glisser dans la chambre sous divers déguisements? En donnant une dimension comique à la scène, ce détail permet de la décharger de son aspect horrifiant. Autant Thélyphron est ridicule lorsqu'il se fait rosser par les serviteurs de la veuve, autant il l'est lorsqu'il se fait défigurer à travers la porte. Chacune des deux parties de ce récit tragi-comique est couronnée d'une chute bouffonne.

Le récit de Thélyphron est comme un cauchemar surréaliste, où affleure le comique absurde. Vouloir l'interpréter selon des critères de cohérence logique n'a pas de sens. Avec son mélange d'éléments réels et irréels, il relève du fantastique.[2] L'utilisation de la langue juridique dans un contexte de magie est l'un des moyens qui permet d'atteindre ces effets (voir comm. ad 2, 22: 43, 23 s.; 2, 24: 44, 16 ss.). Comme dans le reste des *Métamorphoses*, on observe dans ce récit enchâssé un chassé-croisé de références à divers registres et genres littéraires, dont l'épopée et la comédie (voir Ottria 1997; Graverini 1998; Introd. 7), tandis que l'amalgame du comique et de l'horrible l'apparente aux milésiennes (voir comm. ad 2, 21: 42, 15). L'utilisation d'hypotextes connus fait partie du jeu stratégique qui y est développé pour déjouer les attentes du lecteur. Ce dernier ne peut qu'être surpris par la réécriture originale qu'Apulée donne de ses «classiques».

Quod prorsus alius nemo cogno<rit uel omi>narit indicabo (2, 30: 49, 20). Même si on trouve dans le récit de Thélyphron quelques indices qui font référence à la véritable chute de l'histoire (voir comm. ad 2, 21: 42, 19 s.v. *fomenta conquiro*; 2, 23: 44, 1 ss.; 2, 25: 46, 1 ss.; 2, 26: 47, 2 ss.), je défie n'importe quel «lecteur premier» (ou alors il faudrait qu'il soit très «averti»: voir Introd. 2.2) de dérouler les noeuds de ce «serpent qui se mord la queue» et d'en deviner la fin. Sa construction invite le lecteur à développer une interprétation, qu'il est ensuite forcé de réviser. Comme Winkler 1985, 110 ss. l'a bien mis en évidence, le «clou» de l'histoire réside dans le dévoilement de la véritable nature (ou identité) du narrateur. À ce moment, le lecteur prend conscience qu'il a été égaré, parce qu'on lui a caché cet élément, permettant la juste évaluation du récit (comparer Bitel 2000, 190 ss.). Le parallèle avec le récit principal saute aux yeux. Comme le récit de Thélyphron, il est narré selon la perspective limitée du «je-narré», sans presque aucune anticipation (voir Introd. 2.2). Ce n'est qu'au livre 11 que le lecteur réalise que celui qui l'a diverti avec son histoire abracadabrante est un initié d'Isis et Osiris (dépouillé de sa chevelure et tronqué de ses attributs asiniens: voir Introd. note 33 et point 5.7). Comme Thélyphron, Lucius est le narrateur de sa propre histoire, mais il rapporte aussi les aventures d'autres personnages, qu'il a l'occasion d'observer. Comme Thélyphron, Lucius subit, lors du festival du Rire, une humiliation, qui fait de lui un bouffon, objet du rire public. Sa sortie de scène après le procès des outres est aussi peu honorable que

---

[2] Voir Todorov 1970.

celle de Thélyphron lors du procès improvisé de la veuve (cf. 3, 10: 59, 11 ss.).[3] Comme dans le récit enchâssé de Thélyphron, le récit principal fourmille de faux indices, qui suscitent certaines attentes et suggèrent des interprétations que la suite du texte ne confirme pas (voir e.g. comm. ad 2, 5: 29, 11 ss.; 2, 18; 39, 22 s. s.v. *Nam - possunt*). Ces parallèles, ajoutés à des correspondances de détail (voir comm. ad 2, 23: 44, 10 s. s.v. *etiam - luculentam*; 2, 25: 46, 2 s.v. *me somnus - demergit*; 2, 29: 48, 25 s. s.v. *curiosis - arbitrabar*; 2, 30: 50, 6: s.v. *suscitauit*), suffisent à prouver que le récit de Thélyphron n'a rien d'une improvisation inspirée, mais qu'il reflète comme en un miroir celui de Lucius, pour en éclairer le sens.

---

[3] Ce récit enchâssé et l'épisode du festival du Rire sont absents de l'*Onos* (voir Introd. 7.2). On n'y trouve donc pas de scène correspondant aux humiliations publiques subies par Thélyphron et Lucius. Mais à la fin de l'épitomé (56, 1 ss.), lorsqu'il a retrouvé son apparence humaine, Loukios est jeté sans ménagement hors de la maison de la matrone, déçue de ne pas retrouver ce qui faisait ses délices. Cet affront est à rapprocher de la chute de la première partie du récit de Thélyphron. Pour ceux qui, avec moi, aiment à rêver que les *Métamorphoses* que nous lisons aujourd'hui ont été tronquées de leur fin (voir Introd. 5 note 38) et que le roman d'Apulée se terminait comme l'*Onos*, je pousserai plus loin le parallèle, en supposant que les correspondances entre Lucius et Thélyphron s'étendaient aussi à cette autre humiliation, due au fait d'une dame en colère.

ABRÉVIATIONS

Les auteurs latins sont cités d'après le *Thesaurus linguae Latinae* (*ThLL*), les auteurs grecs d'après Liddell-Scott (LSJ). Les titres des périodiques dans la bibliographie sont cités selon les abréviations de l'*Année Philologique*.

AAGA	B.L. Hijmans Jr. - R.Th. van der Paardt (éds.), *Aspects of Apuleius' Golden Ass. A collection of original papers*, Groningen 1978.
AAGA 2	M. Zimmerman, S. Panayotakis *et alii* (éds.), *Aspects of Apuleius' Golden Ass. Vol. II. Cupid and Psyche*, Groningen 1998.
ANRW	*Aufstieg und Niedergang der Römischen Welt.*
Blaise	A. Blaise, *Dictionnaire Latin-Français des Auteurs chrétiens*, Turnhout 1954.
CIL	*Corpus inscriptionum Latinarum.*
DSg	C.R. Daremberg - E. Saglio, *Dictionnaire des Antiquités grecques et romaines*, Paris, 1877-1919.
DNP	*Der Neue Pauly. Enzyklopädie der Antike.*
Ernout-Meillet	A. Ernout - A. Meillet, *Dictionnaire étymologique de la langue latine*, Paris ^{4}1959 (^{1}1932).
ETh	A. Ernout - F. Thomas, *Syntaxe latine*, Paris, ^{2}1953 (^{1}1951).
Forcellini	A. Forcellini, *Lexicon totius Latinitatis*, Patavii 1858-1875.
Fraser-Matthews	P.M. Fraser - E. Matthews, *A Lexicon of Greek Personal Names I-III*, Oxford 1987-1997.
GCA	*Groningen Commentaries on Apuleius* (voir bibliographie: commentaires).
GCN	H. Hofmann (éd.), *Groningen Colloquia on the Novel*, vol. 1-6, Groningen 1988-1995; H. Hofmann - M. Zimmerman, (éds.), *Groningen Colloquia on the Novel*, vol. 7-9, 1996-1998.
KSt	R. Kühner - C. Stegmann, *Ausführliche Grammatik der lateinischen Sprache*, Hannover 1912-1914.
LHSz	M. Leumann - J.B. Hofmann - A. Szantyr, *Lateinische Grammatik II (Syntax und Stilistik)*, München 1965.
LIMC	*Lexicon Iconographicum Mythologiae Classicae.*
LSJ	H.G. Liddell - R. Scott - H. Stuart Jones - R. McKenzie, *A Greek-English Lexicon*, Oxford 1996 (^{1}1843).
Neue-Wagener	F. Neue - C. Wagener, *Formenlehre der lateinischen Sprache*, Leipzig ^{3}1892-1905.
OLD	*Oxford Latin Dictionnary*
OCP	W.A. Oldfather - H.V. Canter - B.E. Perry, *Index Apuleianus*, Middletown, 1934.
Pape-Benseler	W. Pape - G.E. Benseler, *Wörterbuch der griechischen Eigennamen*, Braunschweig 1863-1870.

RAC	*Reallexicon für Antike und Christentum.*
RE	*Realencyclopädie der classischen Altertumswissenschaft.*
SAG	B.L. Hijmans Jr. - V. Schmidt (éds.), *Symposium Apuleianum Groninganum. Collected papers*, Groningen 1980.
ThLL	*Thesaurus linguae Latinae.*

BIBLIOGRAPHIE

Éditions et Traductions

Eyssenhardt, F. *Apulei Metamorphoseon Libri XI*, Berlin 1868.

Van der Vliet, J. *Lucii Apulei Metamorphoseon Libri XI*, Leipzig 1897.

Helm, R. *Apulei Platonici Madaurensis opera quae supersunt I. Metamorphoseon Libri XI*, Leipzig 1992 (seconde réimpression de [3]1931; [1]1907).

Gaselee, S. *Apuleius. The Golden Ass*, London 1965 ([1]1915: révision de la traduction de Adlington, W. [1566]).

Clouard, H. *Apulée. L' Âne d'or ou les Métamorphoses. Traduction nouvelle*, Paris 1919.

Giarratano, C. *Apulei Metamorphoseon Libri XI*, Torino 1929 ([2]1960: édition revue par Frassinetti, P.).

Carlesi, F. - Terzaghi, N. *Apuleio. Gli XI Libri delle Metamorfosi*, Firenze 1954.

Robertson, D. S. - Vallette P. *Apulée. Les Métamorphoses*, Paris 1956 ([1]1940-1945).

Helm, R. *Apuleius. Metamorphosen oder Der goldene Esel*, Berlin 1956 ([6]1970: édition revue par Krenkel, W.).

Augello, G. *Apuleio. Metamorfosi o Asino d'oro*, Torino 1958.

Brandt, E. - Ehlers, W. *Apuleius. Der goldene Esel*, München 1958 ([4]1989, avec une introduction de Holzberg, N.).

Grimal, P. *Romans Grecs et Latins*, Paris 1958.

Scazzoso, P. *Apuleio. Metamorfosi*, Milano 1971.

Annaratone, C. *Apuleio. Le metamorfosi o L'asino d'oro*, Milano 1994 ([1]1977).

Hanson, J.A. *Apuleius. Metamorphoses*, London 1989.

Walsh, P.G. *Apuleius. The Golden Ass*, Oxford 1994.

D'Anna, G. *Lucio Apuleio. L'asino d'oro*, Roma 1995.

Manara, M. *L'asino d'oro*, Milano 1999.

Commentaires complets

Beroaldus, F. *Commentarii a Philippo Beroaldo conditi in Asinum Aureum Lucii Apulei*, Bononiae 1500.

Oudendorp, F. *Appuleii Opera Omnia, I: Metamorphoseon Libri XI*, Lugduni Batavorum 1786.

Valpy, A.I. *L. Apulei opera. Ex editione Oudendorpiana cum notis et interpretationibus in usum Delphini*, London 1825.

Hildebrand, G.F. *Apuleii Opera Omnia, I: Metamorphoseon Libri*, Leipzig 1842 (repr. Hildesheim 1968).

Commentaires sur des livres isolés

I Molt, M. *Ad Apulei Madaurensis Metamorphoseon Librum Primum Commentarius Exegeticus*, Diss. Univ. Groningen 1938.
Scobie, A. *Apuleius Metamorphoses (Asinus Aureus) I*, Meisenheim am Glan 1975.
Keulen, W.H. *Apuleius Madaurensis: Metamorphoses, Book I, 1-20. Text, Translation and Commentary*, Diss. Univ. Groningen 2002 (à paraître).

II De Jonge, B.J. *Ad Apulei Madaurensis Metamorphoseon Librum Secundum Commentarius Exegeticus*, Diss. Univ. Groningen 1941.
Van Mal-Maeder, D. *Apulée. Les Métamorphoses. Livre II, 1-20. Introduction, texte, traduction et commentaire*, Diss. Univ. Groningen 1998.

III Van der Paardt, R.Th. *L. Apuleius Madaurensis. The Metamorphoses: A commentary on book III with text and introduction*, Diss. Univ. Groningen, Amsterdam 1971.

IV Hijmans Jr., B.L. - Van der Paardt, R.Th. - Smits, E.R. - Westendorp Boerma, R.E.H. - Westerbrink, A.G. *Apuleius Madaurensis, Metamorphoses. Book IV 1-27: Text, Introduction and Commentary*, Groningen 1977 (= GCA 1977).

IV-VI Grimal, P. *Apulée. Métamorphoses (IV, 28-VI, 24)*, Paris 1963.
Kenney, E.J. *Apuleius. Cupid & Psyche*, Cambridge 1990.
Moreschini, C. *Il mito di Amore e Psiche in Apuleio. Saggio, testo di Apuleio, Traduzione e commento*, Napoli 1994.

V Fernhout, J.M.H. *Ad Apulei Madaurensis Metamorphoseon Librum Quintum Commentarius Exegeticus*, Diss. Univ. Groningen, Middelburg 1949.

VI/VII Hijmans Jr., B.L. - Van der Paardt, R.Th. - Schmidt, V. - Westendorp Boerma, R.E.H. - Westerbrink, A.G. *Apuleius Madaurensis, Metamorphoses. Books VI 25-32 and VII: Text, Introduction and Commentary*, Groningen 1981 (= GCA 1981).

VIII Hijmans Jr., B.L. - Van der Paardt, R.Th. - Schmidt, V. - Settels, C.B.J. - Wesseling, B. - Westendorp Boerma, R.E.H. *Apuleius Madaurensis, Metamorphoses. Book VIII: Text, Introduction and Commentary*, Groningen 1985 (= GCA 1985).
Wohlers, C.R. *A Commentary on Apuleius' Metamorphoses. Book VIII*, Diss. State Univ. of New Jersey, 1986.

IX Hijmans Jr., B.L. - Van der Paardt, R.Th. - Schmidt, V. - Wesseling, B. - Zimmerman, M. *Apuleius Madaurensis, Metamorphoses. Book IX: Text, Introduction and Commentary*, Groningen 1995 (= GCA 1995).
Mattiacci, S. *Apuleio, le novelle dell'adulterio (Metamorfosi IX). Traduzione con testo a fronte*, Firenze 1996.

X Zimmerman-de Graaf, M. *Apuleius Madaurensis: Metamorphosen X, 1-22. Tekst, Inleiding, Commentaar*, Diss. Univ. Groningen 1992.
Zimmerman, M. *Apuleius Madaurensis, Metamorphoses. Book X: Text, Introduction and Commentary*, Groningen 2000 (= GCA 2000).

XI Marsili, A. *Apuleio, Metamorfosi L. XI (il libro dell'esoterismo)*, Pisa 1964.
Harrauer, Chr. *Kommentar zum Isisbuch des Apuleius*, Diss. Wien 1973.

Fredouille, J.C. *Apulée, Métamorphoses. Livre XI*, Paris 1975.

Gwyn Griffiths, J. *Apuleius of Madauros. The Isis-Book (Met. Book XI)*, Leiden 1975.

Médan, P. *Apulée, Métamorphoses. Livre XI*, Paris 1975.

Bibliographie générale

Abate, F.R. 1978. *Diminutives in Apuleian Latinity*, Diss. Ohio State University.

Abt, A. 1967. *Die Apologie des Apuleius von Madaura und die antike Zauberei*, Berlin ([1]1908).

Adams, J.N. 1982. *The Latin Sexual Vocabulary*, London.

Aerts, W.J. 1997. «Das literarische Porträt in der byzantinischen Literatur», in *GCN* 8, 151-195.

Albrecht, M. Von. 1971. *Meister römischer Prosa*, Heidelberg.

-, 1997. «Novel. Apuleius», in Albrecht M. Von. *A History of Roman Literature*, Vol. 2, Leiden/New York/Köln.

Alperowitz, M. 1992. *Das Wirken und Walten der Götter im griechischen Roman*, Heidelberg.

Alpers, K. 1980. «Innere Beziehungen und Kontraste als hermeneutische Zeichen in den *Metamorphosen* des Apuleius von Madaura», *WJA* n.s. 6a, 197-207.

-, 1996. «Zwischen Athen, Abdera und Samos. Fragmente eines unbekannten Romans aus der Zeit der Zweiten Sophistik», in Billerbeck, M. - Schamp, J. (éds.), *Kainotomia. Die Erneuerung der griechischen Tradition*, Freiburg, 19-55.

Amat, J. 1972. «Sur quelques aspects de l'esthétique baroque dans les *Métamorphoses* d'Apulée», *REA* 74, 107-152.

Anderson, G. 1976. *Studies in Lucian's Comic Fiction*, Leiden.

-, 1982. *Eros Sophistes. Ancient Novelists at Play*, American Classical Studies 9, Chico, CA.

-, 1984. *Ancient Fiction. The Novel in the Graeco-Roman World*, London/Sidney.

-, 1993. *The Second Sophistic. A Cultural Phaenomenon in the Roman Empire*, London/New York.

André, J. 1949. *Étude sur les termes de couleur dans la langue latine*, Paris.

-, 1950. «Les noms latins du chemin et de la rue», *REL* 28, 104-134.

-, 1961. *L'alimentation et la cuisine à Rome*, Paris.

Andreassi, M. 1997. «Osmosis and contiguity between 'low' and 'high' Literature: *Moicheutria* (*POxy* 413 *verso*) and Apuleius», in *GCN* 8, 1-21.

Annequin, J. 1996. «Rêve, roman, initiation dans les *Métamorphoses* d'Apulée», *DHA* 22, 133-201.

Armini, H. 1928. «Studia Apuleiana», *Eranos* 26, 273-339.

-, 1932. «Till diskussionen om Apuleiustexten», *Eranos* 30, 49-92.

D'Arms, J.H. 1991. «Slaves at Roman Convivia», in Slater, W.J. (éd.), *Dining in a Classical Context*, Ann Arbor, 171-183.

-, 1995. «Heavy Drinking and Drunkenness in the Roman World: Four Questions for Historians», in Murray, O. - Tecuçan, M. (éds.), 304-317.

Arnould, C. 1992. *Histoire de la Sorcellerie en Occident*, Paris.

Augello, G. 1977. *Studi Apuleiani. Problemi di testo e loci vexati delle Metamorfosi*, Palermo.

Austin, J.C. 1922. *The Significant Name in Terence*, University of Illinois, Diss. Univ. of Illinois, Urbana.

Babut, D. 1985. «Sur la notion d'imitation dans les doctrines esthétiques de la Grèce classique», *REG* 98, 72-92.

Bader, F. 1962. *La formation des composés nominaux du latin*, Paris.

Baehrens, W.A. 1912. *Beiträge zur lateinischen Syntax, Philologus*, Supplementband 12.

-, 1914. «Vermischtes über lateinischen Sprachgebrauch», *Glotta* 5, 79-98.

Bajoni, M.G. 1990. «*La scena comica dell'irrazionale (Petr. 61-63; Apul. Met. I, 16-19; II, 21-30)*», *Latomus* 49, 150-151.

-, 1998. «*Lucius utricida*. Per un interpretazione di Apul. *Met.* 2, 32 pp. 51-52 Helm», *RhM* 141, 197-203.

Bakhtine, M. 1978. *Esthétique et Théorie du roman*, Paris (trad. française de [1]1975, Moscou).

Baldini Muscadi L. 1976. «*Murmur* nella terminologia magica», *SIFC* s. II, 48, 254-262.

Baldwin, B. 1980. «More Love with Doris», *Mnemosyne* 33, 357-358.

Barchiesi, A. 1986. «Tracce di narrativa greca e romanzo latino: Una rassegna», in *Semiotica della novella latina*, 219-236 (= «Traces of Greek Narrative and the Roman Novel: A Survey», in Harrison, S.J. [éd.], 1999, 124-141).

Bartalucci, A. 1988. «Considerazioni sulla festa del *Deus Risus* nelle *Metamorfosi* di Apuleio (2, 31-3, 18)», *CCC* 9, 51-65.

Barthes, R. 1970. *S/Z*, Paris.

Barton, I.M. 1996. *Roman Domestic Buildings*, Exeter.

Bartsch, S. 1989. *Decoding the Ancient Novel. The Reader and the Role of Description in Heliodorus and Achilles Tatius*, Princeton.

-, 1994. *Actors in the Audience. Theatricality and Doublespeak from Nero to Hadrian*, Cambridge, Mass./London.

Baslez, M.-F. 1984. *L'étranger dans la Grèce antique*, Paris.

Beaujeu, J. 1975. «Sérieux et frivolité au IIe s. de notre ère: Apulée», *BAGB* 4e série, 83-97.

Bechtle, G. 1995. «The Adultery Tales in the Ninth Book of Apuleius' *Metamorphoses*», *Hermes* 123, 106-116.

Bernand, A. 1991. *Sorciers grecs*, Paris.

Bernhard, M. 1927. *Der Stil des Apuleius von Madaura. Ein Beitrag zur Stilistik des Spätlatein*, Stuttgart.

Bettini, M. 1986. *Antropologia e cultura romana. Parentela, tempo, immagini dell'anima*, Roma.

Beyte, F. 1925. «Zu Apuleius *Metamorphosen* I», *PhW* 45, 637-639.

-, 1928. «Zu Apuleius *Metamorphosen* III», *PhW* 48, 282-285.

Bianco, G. 1971. *La Fonte Greca delle Metamorfosi di Apuleio*, Brescia.

Billanovich, G. 1953. *I primi umanisti e le tradizioni dei classici latini*, Fribourg.

Billault, A. 1991. *La création romanesque dans la littérature grecque à l'époque impériale*, Paris.

Billotta, C. 1975. «Note sulle *Metamorfosi* di Apuleio», in Bonanno, E. - Milazzo, V. - Billotta, C. (éd.), *Note linguistiche su Catone, Catullo ed Apuleio*, Catania, 41-68.

Birt, Th. 1928. «Marginalien zu lateinischen Prosaikern», *Philologus* 83, 164-182.

Bitel, A. 2000. *«Quis ille»: Alter egos in Apuleius' Golden Ass*, diss. Oxford (Corpus Christi College).

Blanc, N. - Nercessian, A. 1992. *La cuisine romaine antique*, Paris.

Blänsdorf, J. 1990. «Die Werwolf-Geschichte des Niceros bei Petron als Beispiel literarischer Fiktion mündlichen Erzählens», in Vogt-Spira, G. (éd.), 193-217.

Blümner, H. 1894. «Zu Apuleius *Metamorphosen*», *Hermes* 29, 294-312.

-, 1896. «Textkritisches zu Apuleius *Metamorphosen*», *Philologus* 55, 341-352.

-, 1905. «Textkritisches zu Apuleius *Metamorphosen*», in *Mélanges Nicole*, 23-38.

-, 1908. «*Apulei opera quae supersunt. Vol. I. Apulei Platonici Madaurensis Metamorphoseon libri XI*. Recensuit Rudolfus Helm. Leipzig 1907, Teubner», *BPhW* 28, 294-300 (revue).

-, 1911. *Die römischen Privataltertümer*, München.

Boldrini, S. 1989. «Il pasto della vedova: cibo, vino, sesso, da Petronio a J. Amado», in *GCN* 2, 121-131.

Bompaire, J. 1958. *Lucien écrivain. Imitation et création*, Paris.

Bonner, S.F. 1949. *Roman Declamation in the Late Republic and Early Empire*, Liverpool.

Born, L.K. 1930. «Some Uses of *In* with the Accusative in Apuleius», *TAPhA* 61, xxxii.

Bouché-Leclercq, A. 1899. *L'astrologie grecque*, Paris.

Bowersock, G.W. 1965. «Zur Geschichte des römischen Thessaliens», *RhM* 108, 277-289.

-, 1969. *Greek Sophists in the Roman Empire*, Oxford.

-, 1994. *Fiction as History. Nero to Julian*, Berkeley/Los Angeles/London.

Bowie, E.L. - Harrison, S.J. 1993. «The Romance of the Novel», *JRS* 83, 159-178.

Bowie, E.L. 1994. «The Readership of Greek Novels in the Ancient World», in Tatum, J. (éd.), 435-459.

Bradley, K.R. 1991. *Discovering the Roman Family. Studies in Roman Social History*, New York/Oxford.

Brakman, C. 1928. «Apuleiana», *Mnemosyne* 56, 169-185.

Brancaleone, F. - Stramaglia, A. 1993. «Otri e Proverbi in Apuleio *Met.* II, 32-III, 18», *ZPE* 99, 37-40.

Bremmer, J. 1991. «Walking, Standing, and Sitting in Ancient Greek Culture», in Bremmer, J. - Roodenburg, H. (éds.), 15-35.

-, 1994. «Adolescents, *Symposion*, and Pederasty», in Murray, O. (éd.), 135-148 ([1]1990).

-, 1997. «Jokes, Jokers and Jokebooks in Ancient Greek Culture», in Bremmer, J. - Roodenburg, H. (éds.), 11-28.

Bremmer, J. - Roodenburg, H. (éds.), 1991. *A Cultural History of Gesture. From Antiquity to the Present Day*, London.

- (éds.), 1997. *A Cultural History of Humour. From Antiquity to the Present Day*, Cambridge, 11-28.

Brilliant, R. 1963. *Gesture and Rank in Roman Art. The Use of Gestures to Denote Status in Roman Sculpture and Coinage*, New Haven.

Brotherton, B. 1934. «The Introduction of Characters by Name in the *Metamorphoses* of Apuleius», *CPh* 29, 36-52.

Bryson, N. 1994. «Philostratus and the imaginary museum», in Goldhill, S. - Osborne, R. (éds.), 255-283.

Bürger, C. 1887. *De Lucio Patrensi*, Diss. Berlin.

-, 1888. «Zu Apuleius (proemium ad *metam.*)», *Hermes* 23, 489-498.

Burriss, E.E. 1936. «The terminology of witchcraft», *CPh* 31, 137-145.

-, 1972. *Taboo, Magic, Spirits*, Westport (^{1}1931).

Bursian, C. 1881. «Beiträge zur Kritik der *Metamorphosen* des Apuleius», *SBA*, München, 119-144.

Calboli, G. (éd.), 1990. *Latin vulgaire - latin tardif II. Actes du IIème Colloque internatio-nal sur le latin vulgaire et tardif*, Tübingen.

Callebat, L. 1964. «L'archaïsme dans les *Métamorphoses* d'Apulée», *REL* 42, 346-361.

-, 1968. *Sermo Cotidianus dans les Métamorphoses d'Apulée*, Caen.

-, 1978. «La prose des *Métamorphoses*: genèse et spécificité», in *AAGA*, 167-187.

-, 1994. «Formes et modes d'expression dans les oeuvres d'Apulée», in *ANRW* 2, 34, 2, 1600-1664.

-, (éd.), 1995. *Latin vulgaire - latin tardif IV. Actes du 4e Colloque international sur le latin vulgaire et tardif*, Hildesheim/Zürich/New York.

-, 1998. *Langages du roman latin*, Hildesheim/Zürich/New York.

Cameron, A. 1995. *Callimachus and his Critics*, Princeton.

Capponi, F. 1987. «Cruces Apuleiane», *Latomus* 46, 603-612; 820-828.

Carratello, U. 1973. «Apuleio uomo e romanziere», in *Argentea Aetas. In memoriam Entii V. Marmorale*, Genova.

Carver, R.H.F. 1990. «*Seruiles Voluptates* and *The Golden Ass* of Apuleius: A Defence of Fotis», in Tatum, J.H. - Vernazza, G.M. (éds.), 55-56.

-, 1997. «'Sugared Invention' or 'Mongrel Tragi-comedy': Sir Philip Sidney and the Ancient Novel», in *GCN* 8 , 197-226.

-, 1999. «The rediscovery of the Latin novels», in Hofmann, H. (éd.), 253-268.

Casson, L. 1971. *Ships and Seamanship in the Ancient World*, Princeton.

Castiglioni, L. 1930. «Apuleiana. I. Adnotationes ad *Metamorphoseon* libros I-III», in *Mélanges Paul Thomas*, Bruges, 99-115.

Cavallo, G. 1996. «Veicoli materiali della letteratura di consumo. Maniere di scrivere e maniere di leggere», in Pecere, O. - Stramaglia, A. (éds.), 11-46.

Cazeaux, J. 1979. «La Thessalie des magiciennes», in *La Thessalie*, Lyon, 265-275.

Celentano, M.S. 1997. «Umorismo, urbanitas e polemiche retoriche. Scritti per G. Morelli», in D'Alessandro, P. (éd.), *Scritti in onore di G. Morelli*, Bologna, 323-330.

Chausserie-Laprée, J.P. 1969. *L'expression narrative chez les historiens latins. Histoire d'un style*, Paris.

Chodaczek, L. 1930/31. «De tribus Apulei *Metamorphoseon* crucibus e notis antiquis ortis», *Eos* 33, 411-418.

-, 1936. «De locutionibus aliquot Apulei et lectionibus codicum parum perspectis», in: *Munera philologica L. Civiklinski ... oblata*, Posnaniae, 225-234.

Ciaffi, V. 1960. *Petronio in Apuleio*, Torino.

-, 1983. *Il romanzo di Apuleio e i modelli greci*, Bologna.

Citati, P. 1990. «La luce nella notte», *MD* 25, 165-177.

Clark, G. 1981. «Roman Women», *G&R* 28, 193-212.

Clarke, B. 1995. *Allegories of Writing. The Subject of Metamorphosis*, Albany.

Clarke, J.R. 1991. *The Houses of Roman Italy, 100 B.C. - A.D. 250. Ritual, Space, and Decoration*, Berkeley/Los Angeles/Oxford.

Clerc, J.-B. 1995. *Homines magici. Étude sur la sorcellerie et la magie dans la société romaine impériale*, Bern/Berlin/Frankfurt am Main, etc.

Cocchia, E. 1915a. *Romanzo e Realtà nella vita e nell'attività letteraria di Apuleio*, Catania.

-, 1915b. *Saggi Filologici, I. Le forme romantiche nella letteratura Romana dell' Impero: Petronio ed Apuleio, Curzio e Claudiano*, Napoli.

Colin, J. 1953. «Pâture d'esclave: *ambac<ti> pascuae*», *Latomus* 12, 282-295.

-, 1965. «Apulée en Thessalie: fiction ou vérité?», *Latomus* 24, 330-345.

Collins, S.T. 1909. «Notes on Juvenal, Apuleius, etc.», *CQ* 3, 279-280.

Conte, G.B. 1986. *The Rhetoric of Imitation*, Ithaca, 1986.

-, 1995. *Letteratura latina. Manuale storico dalle origini alla fine dell'impero romano*, Firenze (¹1987).

-, 1996. *The Hidden Author: An Interpretation of Petronius' Satyricon*, Berkeley/Los Angeles/London.

Conti, M. 1991. *Tristimonium: The Funeral Vigil as a Significant Motif in the Magical Tales from the Roman Novel*, Mémoire de l'Univ. de Leeds, School of Classics.

Cooper, G. 1980. «Sexual and Ethical Reversal in Apuleius: the *Metamorphoses* as Anti-Epic», in Deroux, C. (éd.), *Studies in Latin Literature and Roman History*, II, Bruxelles, 436-466.

Copley, F.O. 1947. «*Seruitium Amoris* in the Roman Elegists», *TAPhA* 78, 285-300.

Corbeill, A. 1996. *Controlling Laughter. Political Humor in the Late Roman Republic*, Princeton.

Cornelissen, I.I. 1888. «Bijdrage tot de tekstkritiek van Apuleius *Metamorfosen*», *Versl. en Mededeel. d. Koninkl. Ak. v. Wetensch. Afd. Letterkunde* 3, 5, 49-83.

Costanza, S. 1938. *La fortuna di L. Apuleio nell'età di mezzo*, Palermo.

Crismani, D. 1997. *Il teatro nel romanzo Ellenistico d'amore e di avventure*, Torino.

Cupaiuolo, F. 1967. *La formazione degli avverbi in latino*, Napoli.

Dällenbach, L. 1977. *Le récit spéculaire. Essai sur la mise en abyme*, Paris.

Damsté, P.H. 1928. «Spicilegium criticum ad Apulei *Metamorphoseon* libros», *Mnemosyne* 56, 1-28.

Dawkins, R.M. 1906, «The modern Carnival in Thrace and the Cult of Dionysus», *JHS* 24, 191-206.

De Biasi, L. 1990. *Le descrizioni del paesaggio naturale nelle opere di Apuleio: aspetti letterari*, *MAT* 14 (réimprimé dans Magnaldi, G. - Gianotti, G.F. [éds.], 199-164).

Debidour, M. 1994. «Lucien et les trois romans de l'Âne», in Billault, A. (éd.), *Lucien de Samosate. Actes du Colloque International de Lyon, 30 sept. - 1 oct. 1993*, Paris, 55-63.

De Filippo, J. 1990. «*Curiositas* and the Platonism of Apuleius' *Golden Ass*», *AJPh* 111, 471-492 (réimprimé dans Harrison S.J. [éd.], 1999, 269-289).

D'Elia, S. 1996. «Su Apuleio e l'età degli Antonini», in Germano, G. (éd.), *Classicità, medioevo e umanesimo. Studi in onore di Salvatore Monti*, Napoli, 243-257.

De Martino, F. 1996. «Per una storia del 'genere' pornografico», in Pecere, O. - Stramaglia, A. (éds.), 295-341.

Desbordes, F. 1982. «De la littérature comme digression. Notes sur les *Métamorphoses* d'Apulée», *Questions de sens*, Paris, 31-51.

Deschamps, L. 1995. «Rites funéraires de la Rome républicaine», in Hinard, F. - Lambert, M.-F. (éd.), *La Mort au quotidien dans le monde romain. Actes du colloque organisé par l'Université de Paris IV (Paris-Sorbonne 7-9 octobre 1993)*, Paris, 171-180.

Detienne, M. 1972. *Les Jardins d'Adonis. La mythologie des aromates en Grèce*, Paris.

Dihle, A. 1994. *Die Griechen und die Fremden*, München.

Doodey, M.A. 1996. *The True Story of the Novel*, New Brunswick.

Dornseiff, F. 1938. «Lukios und Apuleius' *Metamorphosen*», *Hermes* 73, 222-233.

Dornseiff, F. - Hansen, B. 1957. *Rücklaüfiges Wörterbuch der griechischen Eigennamen*, Berlin.

Dosi, A. - Schnell, F. 1984. *A tavola con i Romani antichi*, Roma.

-, 1986. *Le abitudini alimentari dei Romani: Vita e costumi dei Romani antichi*, Roma.

Dover, K.J. 1984. «Classical Greek Attitudes to Sexual Behaviour», in Peradotto, J. - Sullivan, J.P. (éd.), *Women in the Ancient World. The Arethusa papers*, New York, 143-157.

Dowden, K. 1982. «Apuleius and the Art of Narration», *CQ* 32, 419-435.

-, 1993. «The Unity of Apuleius' Eighth Book and the Danger of Beasts», in *GCN* 5, 91-109.

-, 1994. «The Roman Audience of *The Golden Ass*», in Tatum, J. (éd.), 419-434.

Drake, G.C. 1969. «Lucius' 'Business' in the *Metamorphoses* of Apuleius», *PLL* 5, 339-361.

-, 1977. «The Ghost Story in *The Golden Ass* by Apuleius», in *PLL* 13, 3-15.

-, 1993. «Lucius' Parents, Theseus and Salvia in *The Golden Ass*», *PLL* 29, 336-345.

-, 2000. «Apuleius' Tales within Tales in *The Golden Ass*», in Wright, C.S. - Holloway, J.B. (éds.), 3-27.

Duncan-Jones, R. 1982. *The Economy of the Roman Empire. Quantitative Studies*, Cambridge (¹1974).

Dupont, F. 1989. *La vie quotidienne du citoyen romain sous la république (509-27 av. J.-C.)*, Paris.

Ebel, H. 1970. «Apuleius and the present time», *Arethusa* 3, 155-176.

Effe, B. 1975. «Entstehung und Funktion personaler Erzählsweisen in der Erzählliteratur der Antike», *Poetica* 7, 135-157.

Eicke, W. 1956. *Stilunterschiede in den Metamorphosen des Apuleius von Madaura*, Diss. Univ. Göttingen.

Elsner, J. (éd.), 1996. *Art and Text in Roman Culture*, Cambridge.

Elsom, H. 1985. *Apuleius and the Writing of Fiction and Philosophy in the Second Century AD*, Diss. Cambridge Univ.

Elster, M. 1991. «Römisches Strafrecht in den *Metamorphosen* des Apuleius», in *GCN* 4, 135-154.

Englert, J. - Long, T. 1972/73. «Functions of Hair in Apuleius' *Metamorphoses*», *CJ* 68, 236-239.

Erbse, H. 1950. «Griechisches und Apuleianisches bei Apuleius», *Eranos* 48, 107-126.

Ernout, A. 1954. *Aspects du vocabulaire latin*, Paris.

-, 1974. *Morphologie historique du latin*, Paris (¹1953).

Espinilla Buisán, E. 1995. «Les mots abstraits en *-tus/-tio/-tura* dans la prose technique de Frontin», in Callebat, L. (éd.), 643-654.

Esposito, P. 1989. «Riuso e stravolgimento in Apuleio», *Vichiana* 18, 306-322.

Evans, E.C. 1941. «The Study of Physiognomy in the Second Century A.D.», *TAPhA* 72, 96-108.

-, 1969. «Physiognomics in the Ancient World», *TAPhS* 59.5, 73-83.

Facchini Tosi, C. 1986. «Forma e Suono in Apuleio», *Vichiana* 15, 98-168.

Fauth, W. 1980. «*Venena Amoris*: Die Motive des Liebeszaubers und der erotischen Verzauberung in der augusteischen Dichtung», *Maia* n.s. 32, 265-282.

-, 1998. «Magie und Mysterium in den *Metamorphosen* des Apuleius», in Dassmann, E. *et alii* (éds.), *Chartulae. Festschrift für Wolfgang Speyer*, Munster (Westfalen), 131-144.

Fedeli, P. 1989. «Il Romanzo», in Cavallo, G. - Fedeli, P. - Giardina, A. (éds.), *Lo Spazio letterario di Roma Antica. Vol. I*, Roma.

Fernández Contreras, M.A. 1997. «El tema de la hospitalidad en Apuleyo (*Met.* 1, 21-26)», *Habis* 28, 107-125.

Fernández Delgado, J.-A. 1996. «Relatos oraculares y modelos del folclore: el caso de Plutarco», in Pecere, O. - Stramaglia, A. (éds.), 483-503.

Fick, A. - Bechtel, F. 1894. *Die Griechische Personennamen nach ihrer Bildung erklärt und systematisch geordnet*, Göttingen.

Fick-Michel, N. 1985. «La Magie dans les *Métamorphoses* d'Apulée», *REL* 63, 132-147.

-, 1987a. «Le milieu culturel africain à l'époque antonine et le témoignage d'Apulée», *BAGB*, 285-296.

-, 1987b. «L'Isis des *Métamorphoses* d'Apulée», *RBPh* 65, 31-51.

-, 1991a. *Art et Mystique dans les Métamorphoses d'Apulée*, Paris.

-, 1991b. «Les histoires d'empoisonnement dans les *Métamorphoses* d'Apulée», in *GCN* 4, 121-133.

Finkelpearl, E.D. 1986. *Metamorphosis of Language in Apuleius' Metamorphoses*, Diss. Harvard Univ.

-, 1998. *Metamorphosis of Language in Apuleius' Metamorphoses. A Study of Allusion in the Novel*, Ann Arbor.

Fleury, P. - Zuinghedau, M. - Mary, G. (éds.), 1997. *Apulée. Apologie-Florides. Concordance. Documentation lexicale et grammaticale*, Hildesheim/Zürich/New York.

Flobert, P. 1975. *Les Verbes déponents latins des Origines à Charlemagne*, Paris.

Flury, P. 1988. «*Osculum* und *osculari*. Beobachtungen zum Vokabular des Kusses im Lateinischen», in Krämer, S. - Bernhard, M. (éds.), *Scire litteras. Forschungen zum mittelalterlichen Geistesleben*, München, 149-157.

Fontaine, J. 1968. *Aspects et problèmes de la prose d'art latine au IIIe siècle. La Genèse des styles latins chrétiens*, Torino.

Forberg, C. 1966. *A Manual of Classical Erotology*, New York ([1]1844).

Foucault, M. 1984. *Histoire de la sexualité 2 (L'usage des plaisirs); 3 (Le souci de soi)*, Paris.

Frangoulidis, S.A. 1990. *Epic Imitation in the Metamorphoses of Apuleius*, Diss. Ohio State Univ.

-, 1997a. «New Comedy in Apuleius' Tale of *Cupid and Psyche*», in Frangoulidis, S.A. *Handlung und Nebenhandlung: Theater, Metatheater und Gattungsbewussstsein in der römischen Komödie. Drama. Beiträge zum antiken Drama und seiner Rezeption, Beiheft 6*, Stuttgart, 145-177.

-, 1997b. «Intratextuality in Apuleius' *Metamorphoses*», *AC* 66, 293-299.

-, 1999a. «Theater and spectacle in Apuleius' Tale of the robber Thrasyleon (*Met.* 4, 13-21)», in Zimmermann, B. (éd.), *Griechisch-römische Komödie und Tragödie III*, Stuttgart, 113-135.

-, 1999b. «*Cui videbor veri similia dicere proferens vera?* Aristomenes and the Witches in Apuleius' Tale of Aristomenes», *CJ* 94, 375-391.

Frassinetti, P. 1960. «*Cruces* Apuleiane (*Metamorfosi*)», *Athenaeum* 38, 118-131.

Frings, U. 1975. *Claudius Claudianus. Epithalamium de nuptiis Honorii Augusti. Einleitung und Kommentar*, Meisenheim am Glan.

Fry, G. 1984. «Philosophie et mystique de la destinée. Étude du thème de la Fortune dans les *Métamorphoses* d'Apulée», *QUCC* 18, 3, 137-170.

Funck, A. 1892. «Neue Beiträge zur Kenntnis der lateinische Adverbia auf *-im*», *ALLG* 7, 485-506.

Funke, H. 1988. «*Urit me Glycerae nitor* ... Literarische Schönheitsbeschreibungen in der Antike», in Stemmler, Th. (éd.), *Schöne Frauen - Schöne Männer. Literarische Schönheitsbeschreibungen*, Mannheim, 47-67.

Fusillo, M. 1991. Naissance du roman, Paris (traduction française de *Il Romanzo greco. Polifonia ed Eros*, Venezia 1989).

-, 1994. «Letteratura di consumo e romanzesca», in Cambiano, G. - Canfora, L. - Lanza, D. (éds.), *Lo spazio letterario della Grecia antica*, Roma, 233-273.

-, 1996a. «Il romanzo antico come paraletteratura? Il *topos* del racconto di ricapitolazione», in Pecere, O. - Stramaglia, A. (éds.), 47-67.

-, 1996b. «How Novels End: Some Patterns of Closure in Ancient Narrative», in Roberts, D. - Dunn, R. - Fowler, D. (éds.), *Classical Closure. Reading the End in Greek and Latin Literature*, Princeton, 209-227.

Galimberti Biffoni, G. 1979. «Le *Metamorfosi* di Apuleio, Commedia umana?», in *Studi su Varrone, sulla retorica, storiografica e poesia latina. Scritti in onore di Benedetto Riposati*, Rieti, 185-194.

Gargantini, L. 1963. «Ricerche intorno alla formazione dei temi nominali nelle *Metamorfosi* di Apuleio», *Istituto Lombardo (Rend. Lett.)* 97, 33-43.

Garland, R. 1995. *The Eye of the Beholder: Deformity and Disability in the Greco-Roman World*, Ithaca.

Garson, R.W. 1977/78. «The Faces of Love in Apuleius' *Metamorphoses*», *MusAfr* 6, 37-42.

Gaselee, S. 1924. «The Soul in the Kiss», *Criterion* 2, 349-359.

Gatscha, F. 1898. *Quaestionum Apuleianarum capita tria*, Diss. Wien.

Geisau, J. Von. 1912. *De Apulei syntaxi poetica et graecanica*, Diss. Univ. Münster.

-, 1916. «Syntaktische Gräzismen bei Apuleius», *IF* 36, 70-98; 242-297.

Genette, G. 1972. *Figures III*, Paris.

- 1982. *Palimpsestes. La littérature au second degré*, Paris.

- 1983. *Nouveau discours du récit*, Paris.

Gianotti, G.F. 1981. «Reductio ad fabulam. Sintesi e mediazione culturale nelle *Metamorfosi* di Apuleio», in *I canoni letterari. Storia e dinamica*, Trieste, 49-62.

-, 1983. «Asini e schiavi. Zoologia filosofica e ideologie della dipendenza nelle *Metamorfosi* apuleiane», *QS* 9, n° 18, 121-153.

-, 1986. *«Romanzo» e ideologia. Studi sulle Metamorfosi di Apuleio*, Napoli.

-, 2000. «Per una rilettura delle opere di Apuleio», in Magnaldi, G. - Gianotti, G.F. (éds.), 141-182.

Ginsburg, G.N. 1977. «Rhetoric and Representation in the *Metamorphoses* of Apuleius», *Arethusa* 10, 49-63.

Goldbacher, A. 1872. «Über Lucius v. Patrae, den dem Lucian zugeschrieben Λούκιος ἢ ὄνος und des Apuleius *Metamorphosen*», *ZOEG* 323-341; 403-421.

Goldhill, S. - Osborne, R. (éds.), 1994. *Art and Text in Ancient Greek Culture*, Cambridge.

Goldhill, S. 1995. *Foucault's Virginity: Ancient Erotic Fiction and the History of Sexuality*, Cambridge.

Graf, F. 1991. «Gestures and conventions: the gestures of Roman actors and orators», in Bremmer, J. - Roodenburg, H. (éds.), 36-58.

-, 1994. *La Magie dans l'Antiquité Gréco-romaine*, Paris.

-, 1997. «Cicero, Plautus and Roman Laughter», in Bremmer, J. - Roodenburg, H. (éds.), 29-39.

Graur, A. 1969. «*Quidam* chez Apulée», in Bibauw, J. (éd.), *Hommages à M. Renard I*, Bruxelles, 378-382.

Graevenitz, G. Von. 1996. «Das Ich am Ende: Strukturen der Ich-Erzählung in Apuleius' *Goldenem Esel* und Grimmelshausens Simplicissimus», in Stierle, K. - Warning, R. (éds.), *Das Ende: Figuren und Denkform (Poetik und Hermeneutik* 16), 123-154.

Graverini, L. 1996. «Apuleio, Virgilio e la 'Peste di Atene'. Note ad Apul. *met.* IV, 14», *Maia* 48, 171-187.

-, 1997. «*In historiae specimen* (Apul. *Met.* 8.1.4). Elementi della litteratura storiografica nelle *Metamorfosi* di Apuleio», *Prometheus* 23, 247-278.

-, 1998. «Memorie Virgiliane nelle *Metamorfosi* di Apuleio. Il racconto di Telifrone (2, 19-30) e l'assalto dei coloni ai servi fuggitivi (VIII, 16-18)», *Maia* 50, 123-145.

-, 1999. «Sulle ali del vento: Evoluzione di un'immagine, tra Ovidio ed Apuleio», *Prometheus* 25, 243-246.

-, 2001a. «Apul. *Met.* 2,12,5: una profezia ambigua», *Maecenas* 1, 183-194.

-, 2001b. «L'incontro di Lucio e Fotide. Stratificazioni intertestuali in Apul. *met.* II, 6-7», in *Athenaeum* 89, 425-446.

Grigson, G. 1976. *The Goddess of Love. The Birth, Triumph, Death and Return of Aphrodite*, London.

Grilli, A. 1997. «Le streghe e il romanzo di Apuleio», in *Accademia nazionale virgiliana di scienze lettere ed arti. Atti e memorie* n.s. 65, Mantova, 19-27.

Grimal, P. 1963. *L'Amour à Rome*, Paris.

-, 1969a. «À la recherche d'Apulée», *REL* 47, 94-99.

-, 1969b. *Les Jardins romains*, Paris ('1943).

-, 1971. «Le calame égyptien d'Apulée», *REA* 73, 343-355.

-, 1972. «La Fête du Rire dans les *Métamorphoses* d'Apulée», in *Studi Classici in Onore di Quintino Cataudella* III, Catania, 457-465.

Gülich, E. 1976. «Ansätze zu einer kommunikations-orientierten Erzähltextanalyse am Beispiel mündlicher und schriftlicher Erzähltexte», in Haubrichs, W. (éd.), *Erzählforschung* 1, Göttingen, 224-255.

Habinek, Th.N. 1985. *The Colometry of Latin Prose*, Berkeley/Los Angeles/London.

-, 1990. «Lucius' Rite of Passage», *MD* 25, 49-69.

Hägg, T. 1971. *Narrative Technique in Ancient Greek Romances*, Stockholm.

-, 1983. *The Novel in Antiquity*, Oxford.

-, 1994. «Orality, literacy, and the 'readership' of the early Greek Novel», in Eriksen, R. (éd.), *Contexts of Pre-Novel Narrative*, Berlin/New York, 47-81.

Hallett, J.P. 1984. *Fathers and Daughters in Roman Society. Women and the Elite Family*, Princeton.

Hammer, S. 1925. «De Apulei arte narrandi novae observationes», *Eos* 28, 51-77.

Handford, S.A. 1947. *The Latin Subjunctive. Its Usage and Development from Plautus to Tacitus*, London.

Hånssen, J.S.Th. 1951. *Latin Diminutives*, Bergen Arbok.

Harrauer, C. 1981. «*Lector intende, laetaberis* (Zur Textstruktur der *Metamorphosen*)», in *SAG*, 144-155.

Harrison, S.J. 1988. «Three Notes on Apuleius», *CQ* 38, 265-267.

-, 1990. «Some Odyssean Scenes in Apuleius' *Metamorphoses*», *MD* 25, 193-202.

-, 1992. «Apuleius eroticus: *Anth. Lat.* 712 Riese», *Hermes* 120, 83-89.

-, 1996. «Apuleius' *Metamorphoses*» in Schmeling, G. (éd.), 491-516.

-, 1997. «From Epic to Novel: Apuleius' *Metamorphoses* and Vergil's *Aeneid*», *MD* 39, 53-73.

-, 1998a. «The Milesian Tales and the Roman Novel», in *GCN* 9, 61-73.

-, 1998b. «Some Epic Structures in *Cupid and Psyche*», in *AAGA* 2, 51-68.

-, (éd.), 1999. *Oxford Readings in The Roman Novel*, Oxford.

-, 2000. *Apuleius. A Latin Sophist*, Oxford.

Hauler, E. 1907. «Zu Apuleius *Met.* 2, 7», *WS* 29, 329-331.

Haupt, M. 1872. «Coniectanea», *Hermes* 6, 260-263.

-, 1876. *Opuscula 3*, Leipzig 1876.

Heath, J.R. 1982a. *Actaeon, the Unmannerly Intruder*, Diss. Standford Univ.

-, 1982b. «Narration and Nutrition in Apuleius' *Metamorphoses*», *Ramus* 11, 57-77.

-, 1986. «The Supine Hero in Catullus 32», *CJ* 82, 1, 28-36.

Heine, R. 1962. *Untersuchungen zur Romanform des Apuleius von Madaura*, Diss. Univ. Göttingen.

-, 1978. «Picaresque Novel versus Allegory», in *AAGA*, 25-42.

Heiserman, A. 1977. *The Novel before the Novel*, Chicago.

Helm, R. 1904. «Quaestiones Apuleianae», *Ph. Suppl.* 9.

-, 1943. «B.I. de Jonge, Ad Apulei Mad. *metamorph.* Libr. II comment. exegeticus. Diss. Groning. 1941», *PhW* 63, 148-153 (revue).

-, 1956. *Der antike Roman*, Göttingen (^{1}1948).

Henderson, J. 1975. *The Maculate Muse. Obscene Language in Attic Comedy*, New Haven/London.

Henry, M.M. 1992. «The Edible Woman: Athenaeus's Concept of the Pornographic», in Richlin, A. (éd.), 250-268.

Heraeus, W. 1896. «Zu den lateinischen Glossen», *ALLG*, 507-522.

-, 1937. *Kleine Schriften*, Heidelberg, 190-226.

Herman, J. (éd.), 1987. *Latin vulgaire - latin tardif. Actes du Ier Colloque international sur le latin vulgaire et tardif*, Tübingen.

Hermann, L. 1972. «Lucius de Patras et les trois romans de l'âne», *AC* 41, 573-599.

Hicter, M. 1942. *Apulée, conteur fantastique*, Bruxelles.

-, 1944/45. «L'autobiographie dans l'*Âne d'Or* d'Apulée», *AC* 13, 95-11; 14, 61-68.

Hijmans Jr., B.L. 1978. «Significant names and their function in Apuleius' *Metamorphoses*», in *AAGA*, 107-122.

-, 1987. «Apuleius, Philosophus Platonicus», in *ANRW* 2, 36, 1, 395-475.

-, 1994. «Apuleius Orator: *Pro se de Magia* and *Florida*», in *ANRW* 2, 34, 2, 1708-1784.

-, 1995a. «*Apuleius, Metamorphoses.* Edited and translated by J. Arthur Hanson, Cambridge, Mass./London 1989», *Gnomon* 67, 117-122 (revue).

-, 1995b. «*Apuleius, Cupid & Psyche.* Edited by E.J. Kenney. Cambridge 1990», *Gnomon* 67, 217-221 (revue).

Hijmans Jr., B.L. - Van der Paardt, R.Th. (éds.), 1978. *Aspects of Apuleius' Golden Ass* (= *AAGA*), Groningen.

Hijmans Jr., B.L. - Schmidt, V. (éds.), 1981. *Symposium Apuleianum Groninganum* (= *SAG*), Groningen.

Hofmann, H. (éd.), 1988-1995. *Groningen Colloquia on the Novel* (= *GCN*), vol. 1-6. Groningen.

-, 1992. «Apuleius in Groningen», *Euphrosyne* n.s. 20, 453-461.

-, 1993a. «Die Flucht des Erzählers: Narrative Strategien in den Ehebruchsgeschichten in Apuleius' *Goldenem Esel*», in *GCN* 5, 111-141.

-, 1993b. «Parodie des Erzählens - Erzählen als Parodie. *Der Goldene Esel* des Apuleius», in Ax, W. - Glei, R.F. (éds.), *Literaturparodie in Antike und Mittelalter*, Trier, 119-151.

-, 1997. «Sprachhandlung und Kommunikationspotential: Diskursstrategien im *Goldenen Esel*», in Picone, M. - Zimmermann, B. (éds.), 137-169.

-, (éd.), 1999. *Latin Fiction*, London/New York.

-, 2000. «Selbstbegründung des Erzählens im *Goldenen Esel* des Apuleius?», in Greiner, B. - Moog-Grünewald, M. (éds.), *Kontingenz und Ordo. Selbstbegründung des Erzählens in der Neuzeit*, Heidelberg, 15-27.

Hofmann, H. - Zimmerman, M. (éds.), 1996-1998. *Groningen Colloquia on the Novel* (= *GCN*), vol. 7-9, Groningen.

Hofmann, J.B. ³1951. *Lateinische Umgangssprache*, Heidelberg.

Holzberg, N. 1984. «Apuleius und der Verfasser des griechischen Eselsromans», *WJA* 10, 161-177.

-, 1995. *The Ancient Novel. An Introduction*, London/New York.

-, 1997. *Ovid. Dichter und Werk*, München.

-, 2001. *Der antike Roman. Eine Einführung*, Düsseldorf/Zürich.

Hooper, R.W. 1985. «Structural Unity in *The Golden Ass*», *Latomus* 44, 398-401.

Horsfall, N. 1995. «Apuleius, Apollonius of Tyana, Bibliomancy. Some neglected dating criteria», in Bonamente, G. - Paci, G. (éds.), *Historiae Augustae Maceratense*, Bari, 169-177.

Horsfall-Scotti, M. 1990. «Apuleio nel mondo tardo-antico», *AAPel* 66, 75-88.

Hubaux, J. 1939. «Deiphobe et la Sybille. Virgile, *Énéide* 6, 494 ss.», *AC* 8, 97-109.

Hunink, V. 1996. «Notes on Apuleius' *Apology*», *Mnemosyne* 49, 159-167.

-, 1997. *Apuleius of Madauros. Pro se de Magia (Apologia)*, Amsterdam (édition et commentaire).

-, 1998. «Comedy in Apuleius», in *GCN* 8, 97-113.

-, 2001. *Apuleius of Madauros. Florida*, Amsterdam (édition et commentaire).

Hunter, R.L. 1983. *A Study of Daphnis and Chloe*, Cambridge/London, etc.

Hyman, J. 1989. *The Imitation of Nature*, New York.

Ifie, J.E. - Thompson, L.A. 1977/78. «Rank, Social Status and Esteem in Apuleius», *Mus-Afr* 6, 21-36.

Iliescu, M. - Marxgut, W. (éds.), 1992. *Latin vulgaire - latin tardif III. Actes du 3ème Colloque international sur le latin vulgaire et tardif*, Tübingen.

Ingenkamp, H.G. 1972. «Thelyphron. Zu Apuleius' *Met.* II, 20 ff.», *RhM* 115, 337-342.

Isler-Kerenyi, C. 1969. *Nike: der Typus der laufenden Flügelfrau in archaischer Zeit*, Erlenbach/Zürich.

Jacquinod, B. 1992. «Le double accusatif dans les *Métamorphoses* d'Apulée», *RPh* 66, 81-92.

James, P. 1987. *Unity in Diversity. A Study of Apuleius' Metamorphoses with particular reference to the Narrator's Art of Transformation and the Metamorphosis Motif in the Tale of Cupid and Psyche*, Hildesheim/Zürich/New York.

-, 1998. «The Unbearable Lightness of Being: *Levis Amor* in the *Metamorphoses* of Apuleius», in *AAGA* 2, 35-50.

Janousek, J. 1984. «Die Komposition und die Zeit in den *Metamorphosen* des Apuleius», *LF* 107, 69-76.

Jones, C.P. 1971. *Plutarch and Rome*, Oxford.

Jones, F. 1995. «Punishment and the Dual Plan of the World in the *Metamorphoses* of Apuleius», *LCM* 20, 13-19.

De Jonge, K.H.E. 1921. *De magie bij de Grieken en Romeinen*, Haarlem.

Jordan, H. 1879. *Kritische Beiträge zur Geschichte der Lateinischen Sprache*, Berlin.

Junghanns, P. 1932. *Die Erzählungstechnik von Apuleius' Metamorphosen und ihrer Vorlage*, Leipzig.

Kaibel, G. 1900. «Apuleiana», *Hermes* 35, 201-204.

Kaser, M. 1971-1975. *Das römische Privatrecht*, München (^{1}1955).

Keller, O. 1909-1913. *Die antike Tierwelt*, Leipzig.

Keulen, W. 1997. «Some Legal Themes in Apuleian Context», in Picone, M. - Zimmermann, B. (éds.), 203-229.

-, 1998. «A Bird's Chatter: Form and Meaning in Apuleius' *Met.* 5,28», in *AAGA* 2, 165-188.

-, 2000. «Significant Names in Apuleius: A 'Good Contriver' and his Rival in the Cheese Trade (*Met.* 1, 5)», *Mnemosyne* 53, 310-321.

Kilmer, M. 1982. «Genital phobia and depilation», *JHS* 102, 104-112.

Kirchhoff, A. 1903. «De Apulei clausularum compositione et arte quaestiones criticae», *JKPh* Suppl. 28, 2-56.

Klug, W. 1992. *Erzählstruktur als Kunstform. Studien zur künstlerischen Funktion der Erzähltempora im Lateinischen und Griechischen*, Heidelberg.

Koenig, Y. 1994. *Magie et magiciens dans l'Égypte ancienne*, Paris.

Konstan, D. 1994. *Sexual Symmetry. Love in the Ancient Novel and related genres*, Princeton.

Koutroubas, D.E. 1991. «Hypata», *Parousia* 7, 363-392.

Koziol, H. 1884. «*Apulei Psyche et Cupido* recensuit et emendavit Otto Jahn», *WPh* 1, 678-682 (revue).

-, 1988. *Der Stil des L. Apuleius. Ein Beitrag zur Kenntniss des sogenannten afrikanischen Lateins*, Wien (^{1}1872).

Krabbe, J.K. 1989. *The Metamorphoses of Apuleius*, New York/Bern/Fankfurt am Main/Paris.

Krenkel, W.A. 1984. «*Me tua forma capit*», *WZRostock* 33, 9, 50-77.

-, 1985. «Figurae Veneris I», *WZRostock* 34, 4, 50-57.

-, 1987. «Figurae Veneris II», *WZRostock* 36, 6, 49-56.

Kretschmann, H. 1865. *De Latinate L. Apulei Madaurensis*, Königsberg.

Kroll, W. 1988. «Römische Erotik», in Karsten Siems, A. (éd.), *Sexualität und Erotik in der Antike*, Darmstadt, 70-117.

Kronenberg, A.J. 1892. «Ad Apuleium Madaurensem», *Erasmiani Gymn. Progr. Litt.*, Rotterdam, 1-32.

-, 1928. «Ad Apuleium», *Mnemosyne* 56, 29-54.

Kroon, C.H.M. 1995. *Discourse Particles in Latin. A Study of Nam, Enim, Autem, Vero and At*, Diss. Amsterdam.

Kuch, H. (éd.), 1989. *Der antike Roman*, Berlin.

Laird, A. 1990. «Person, 'persona' and Representation in Apuleius' *Metamorphoses*», *MD* 25, 129-161.

-, 1993. «Fiction, Bewilderment and Story Worlds: The Implications of Claims to Truth in Apuleius», in Gill, C. - Wiseman, T.P. (éds.), *Lies and Fiction in the Ancient World*, Exeter, 147-174.

-, 1996. «*Ut figura poesis*: writing art and the art of writing in Augustan poetry», in Elsner, J. (éd.), 75-102.

-, 1997. «Description and divinity in Apuleius' *Metamorphoses*, in *GCA* 8, 59-85.

Lancel, S. 1961. «*Curiositas* et préoccupations spirituelles chez Apulée», *RHR* 160, 25-46.

Lane Fox, R. 1986. *Pagans and Christians*, London.

Latte, K. 1960. *Römische Religionsgeschichte*, München.

Laudizi, G. 1986. «Il tema del veneficio nella letteratura latina dalle origini al II. sec. d.l.», in *Studi di filologia e letteratura*, Galatina, 63-112.

Lausberg, M. 1995. «Apuleius. *Der goldene Esel*», in Geppert, H.V. (éd.), *Grosse Werke der Literatur IV. Eine Ringvorlesung an der Universität Augsburg 1994/5*, Tübingen/Basel, 67-79.

Lazzarini, C. 1985. «Il modello virgiliano nel lessico delle *Metamorfosi* di Apuleio», *SCO* 35, 131-160.

Leach, E.W. 1981. «Metamorphoses of the Acteon Myth in Campanian Painting», in *MDAI* 88, 307-327.

-, 1988. *The Rhetoric of Space. Literary and Artistic Representation of Landscape in Republican and Augustan Rome*, Princeton.

Lee Too, Y. 1996. «Statues, mirrors, gods: controlling images in Roman Culture», in Elsner, J. (éd.), 133-152.

Lefèvre, E. 1997. *Studien zur Struktur der «Milesischen» Novelle bei Petron und Apuleius*, Stuttgart.

Leinweber, D.W. 1994. «Witchcraft and Lamiae in *The Golden Ass*», *Folklore* 105, 77-82.

Leky, M. 1908. *De Syntaxi Apuleiana*, Diss. Berne.

Leo, F. 1901. «Lexikalische Bemerkungen zu Apuleius», *ALLG* 12, 95-101.

Lesky, A. 1941. «Apuleius von Madaura und Lukios von Patrai», *Hermes* 76, 43-74.

Leumann, M. 1977. *Lateinische Laut- und Formenlehre*, München ([1]1885).

Lintvelt, J. 1981. *Essai de typologie narrative: Le «point de vue». Théorie et analyse*, Paris.

Löfstedt, E. 1908. *Spätlateinische Studien*, Uppsala.

-, 1956. *Syntactica I*, Malmö ([1]1928).

-, 1933. *Syntactica II*, Lund.

-, 1936. *Vermischte Studien zur lateinischen Sprachkunde und Syntax*, Lund.

-, 1966. *Philologischer Kommentar zur Peregrinatio Aetheriae*, Darmstadt ([1]1911).

López, V.C. 1976. «Tratiamento del mito en las novelle de las *Metamorfosis* de Apuleyo», *CFC* 10, 309-373.

Loporcaro, M. 1992. «Eroi screditati dal testo: strutture della parodia nelle storie di briganti in Apuleio, *Met.* IV 9-21», *Maia* 44, 65-77.

Luck, G. 1962. *Hexen und Zauberei in der römischen Dichtung*, Zürich.

Lütjohann, C. 1873. «Kritische Beiträge zu Apuleius' *Metamorphosen*», *Acta societatis philologae Lipsiniensis 3*, Leipzig, 445-504.

Luzzatto, G.L. 1934. *Per un'ipotesi sulle origini e la natura delle obbligazioni romane*, Milano.

MacKay, P.A. 1972, «Two Notes on Apuleius' *Metamorphoses*», *CPh* 67, 55.

MacMullen, R. 1966. *Enemies of the Roman Order. Treason, Unrest, and Alienation in the Empire*, Cambridge.

Maeder, D. = Mal-Maeder, D. Van.

Magnaldi, G. 1996. «La compresenza della lectio falsa e della lectio emendata nel cod. laurenziano 68.2 (F) delle *Metamorfosi* di Apuleio», *Sileno* 22, 199-228.

-, 2000. «*Metamorfosi*: Lezioni *falsae* ed *emendatae* nel Laur. 68.2», in Magnaldi, G. - Gianotti, G.F. (éds.), 37-73.

Magnaldi, G. - Gianotti, G.F. 2000. *Apuleio, Storia del Testo e Interpretazioni*, Torino.

-, 2000. «Codici ed edizioni», *ibidem* 9-26.

Maier-Eichhorn, U. 1989. *Die Gestikulation in Quintilians Rhetorik*, Frankfurt am Main/Bern/New York/Paris.

Mainoldi, C. 1987. «Sonno e morte in Grecia antica», in Raffaelli, R. (éd.), *Rappresentazioni della morte*, Urbino, 9-46.

Mal-Maeder, D. Van. 1991. «Au Seuil des Romans Grecs: Effets de réel et effets de création», in *GCN* 4, 1-33.

-, 1992. «Les détournements homériques dans l'*Histoire vraie* de Lucien: le rapatriement d'une tradition littéraire», *Études de Lettres* (avril/juin), 123-146.

-, 1994. «Sens et fonction du pronom/adjectif *quidam* dans les *Métamorphoses* d'Apulée», *MH* 51, 214-225.

-, 1995. «*L'Âne d'Or* ou les métamorphoses d'un récit: illustration de la subjectivité humaine», in *GCN* 6, 103-126.

-, 1997a. «Descriptions et descripteurs: mais qui décrit dans les *Métamorphoses* d'Apulée?», in Picone, M. - Zimmermann B. (éds.), 171-201.

-, 1997b. «*Lector, intende: laetaberis.* The enigma of the last book of Apuleius' *Metamorphoses*», in *GCN* 8, 87-118.

-, 2001. «Événements sonores dans le roman antique», *Musica e Storia* 9/2, 107-121.

-, 2002. «La mise en scène déclamatoire chez les romanciers latins», in Panayotakis, S. - Zimmerman, M. - Keulen, W.H. (éds.).

-, à paraître. «Déclamations et romans. La double vie des personnages romanesques: le père, le fils et la marâtre assassine», in Pouderon, B. (éd.), *Les personnages du roman grec*, Lyon.

-, à paraître. «*Quicquid rationem uincit, affectus est.* L'irrationnel dans les déclamations latines», in *En deçà et au-delà de la ratio* (Collection «Ateliers»), Lille.

Van Mal-Maeder, D. - Zimmerman, M. 1998. «The Many Voices in Cupid and Psyche», in *AAGA* 2, 83-102.

Marache, R. 1957. *Mots nouveaux et mots archaïques chez Fronton et Aulu-Gelle*, Paris.

Marangoni, C. 1976/1977. «Per un'interpretazione delle *Met.* di Apuleio. L'episodio degli otri (2, 32) e la ἔκφρασις dell'atrio di Birrena (2, 4)», in *AAPat*, 89, 97-104.

Martin, R. 1970. «Le sens de l'expression *asinus aureus* et la signification du roman apuléien», *REL* 48, 332-354.

Martínez, D. 2000. «Magic in Apuleius' *Metamorphoses*», in Wright, C.S. - Holloway, J.B. (éds.), 29-35.

Mason, H.J. 1971. «Lucius at Corinth», *Phoenix* 25, 160-165.

-, 1978. «*Fabula Graecanica*: Apuleius and his Greek Sources», in *AAGA*, 1-15 (réimprimé dans Harrison, S.J. [éd.], 1999, 217-236).

-, 1983. «The Distinction of Lucius in Apuleius' *Metamorphoses*», *Phoenix* 37, 135-143.

-, 1984. «Physiognomy in Apuleius' *Metamorphoses* 2, 2», *CPh* 79, 307-309.

-, 1994. «Greek and Latin Versions of the Ass-Story», in *ANRW* 2, 34, 2, 1665-1707.

-, 1999. «The *Metamorphoses* and its Greek Sources», in Hofmann, H. (éd.), 103-112.

Mattiacci, S. 1985. «Apuleio 'poeta novello'», in Tandoi, V. (éd.), *Disiecti membra poetae*, Foggia, 235-277.

-, 1986. «Apuleio e i poeti latini arcaici», in *Munus amicitiae. Scritti in memoria di Alessandro Ronconi*, Firenze, 159-200.

-, 1993. «La *lecti inuocatio* di Aristomene: pluralità di modelli e parodia in Apul. *Met.* 1, 16», *Maia* 45, 257-267.

-, 1994. «Note sulla Fortuna di Accio in Apuleio», *Prometheus* 20, 53-68.

-, 1998. «Neoteric and Elegiac Echoes in the Tale of Cupid and Psyche», in *AAGA* 2, 127-149.

Maurin, J. 1984. «*Funus* et rites de séparation», in *Annali Dipartimento di Studi del Mondo Classico e del Mediterraneo antico. Archeologia e Storia Antica VI*, Napoli 191-208.

Mayrhofer, C.M. 1975. «On Two Stories in Apuleius», *Antichthon* 9, 68-80.

Mazzarino, A. 1950. *La Milesia e Apuleio*, Torino.

Mazzoli, G. 1985. «Ironia e metafora: valenze della novella in Petronio e Apuleio», *MCSN* 4, 199-217.

-, 1995. «Apuleio: metamorfosi, conversione e loro logiche», in *Storia, letteratura e arte a Roma nel II sec. dopo Cristo. Atti del Convegno Mantova 8-9-10 ottobre 1992*, Firenze 193-211.

McCreight, Th. 1990. «Invective Techniques in Apuleius' *Apology*», in *GCN* 3, 35-62.

-, 1991. *Rhetorical Strategies and Word Choice in Apuleius' Apology*, Diss. Duke Univ. Durham N.C.

-, 1993. «Sacrificial Ritual in Apuleius' *Metamorphoses*», in *GCN* 5, 31-61.

-, 1998. «Apuleius, Lector Sallustii: Lexicographical, Textual and Intertextual Observations on Sallust and Apuleius», *Mnemosyne* 51, 41-63.

McKibben, W.T. 1951. «*In bouem mugire*», *CPh* 46, 165-172.

Médan, P. 1925. *La Latinité d'Apulée dans les Métamorphoses*, Paris.

Mellet, S. 1985, «Présent de narration et parfait dans le Conte de Psyché», *REL* 63, 148-160.

Meltzer, F. 1987. *Salome and the Dance of Writing. Portraits of Mimesis in Literature*, Chicago/London.

Merkelbach, R. 1962. *Roman und Mysterium in der Antike*, München.

-, 1995. *Isis regina - Zeus Sarapis. Die griechisch-ägyptische Religion nach den Quellen dargestellt*, Stuttgart/Leipzig.

Merlier-Espenel, V. 2001. «*Dum haec identidem rimabundus eximie delector*: remarques sur le plaisir esthétique de Lucius dans l'*atrium* de Byrrhène (Apulée, *Mét.* II,4-II,5,1)», *Latomus* 60, 135-148.

Méthy, N. 1983. «Fronton et Apulée: Romains ou Africains ?», *RCCM* 15, 37-47.

-, 1996. «La divinité suprême dans l'oeuvre d'Apulée», *REL* 74, 247-269.

-, 1997. «Deus Exsuperantissimus: une divinité nouvelle? À propos de quelques passages d'Apulée», *AntCl* 68, 99-117.

Mignona, E. 1996. «Carite ed Ilia: Sogni di sogni», in *GCN* 7, 95-102.

Mignot, X. 1969. *Les verbes dénominatifs latins*, Paris.

Milanezi, S. 1992, «Outres enflées de rire. À propos de la fête du dieu Risus dans les *Métamorphoses* d'Apulée», *Revue de l'histoire des religions* 209, 125-147.

Millar, F. «The World of *The Golden Ass*», *JRS* 71, 1981, 63-75 (réimprimé dans Harrison S.J. [éd.], 1999, 247-268).

Mitchell Havelock, Ch. 1995. *The Aphrodite of Knidos and Her Successors. A Historical Review of the Female Nude in Greek Art*, Ann Arbor, Michigan.

Möbitz, O. 1924. «Die Stellung des Verbums in den Schriften des Apuleius», *Glotta* 13, 116-126.

Mommsen, Th. 1864. *Römische Forschungen I*, Berlin.

-, 1879. *Römische Forschungen II*, Berlin.

-, 1899. *Römisches Strafrecht*, Leipzig.

Monceaux, P. 1956. *Apulée. Roman et magie*, Paris.

Monteduro Roccavini, A. 1979. «La nozione di fortuna nelle *Metamorfosi*», in Pennacini, A. *et alii* (éds.), 167-177.

Monteil, P. 1964. *Beau et laid en latin: Contribution à une étude historique du vocabulaire esthétique en Latin*, Paris.

Morales, H.L. 1995. «The Taming of the View: Natural Curiosities in Leukippe and Kleitophon», in *GCN* 6, 39-50.

Morelli, C. 1915. «Apuleiana», *SIFC* 21, 91-157.

Morenz, S. 1948. «Totenaussagen im Dienste des Rechtes. Ein ägyptisches Element im Hellenismus und Spätantike», *WJA* 3, 290-300.

Moreschini, C. 1990. «Le *Metamorfosi* di Apuleio, la 'fabula Milesia' e il romanzo», *MD* 25, 115-127.

Moretti, G. 1993. «Racconti antichi di streghe e di fantasmi: alle soglie di un sottogenere», *Aufidus* 21, 39-47.

Morgan, J.R. - Stoneman, R. (éds.), 1994. *Greek Fiction. The Greek Novel in Context*, London/New York.

Mudry, Ph. 1992. «Le médecin félon et l'énigme de la potion sacrée (Apulée, *Métamorphoses* 10, 25)», in *Maladies et Maladie. Histoire et conceptualisation. Mélanges Grmek*, Paris, 171-180.

Müller, C.F.W. 1908. *Syntax des Nominativus und Accusativus im Lateinischen*, Leipzig/Berlin.

Münstermann, H. 1995. *Apuleius. Metamorphosen literarischer Vorlagen. Untersuchungen dreier Episoden des Romans unter Berücksichtigung der Philosophie und Theologie des Apuleius*, Stuttgart/Leipzig.

Murgatroyd, P. 1975. «*Militia amoris* and the Roman Elegists», *Latomus* 34, 59-79.

-, 1981. «*Seruitium amoris* and the Roman Elegists», *Latomus* 40, 589-606.

-, 1995. «The Sea of Love», *CQ* 45, 9-25.

-, 1997. «Three Apuleian Openings», *Latomus* 56, 126-133.

Murray, O. (éd.), 1994. *Sympotica. A Symposium on the Symposion*, Oxford, ([1]1990).

Murray, O. - Tecusan, M. (éds.), 1995. *In Vino Veritas*, Oxford.

Myerowitz, M. 1992. «The Domestication of Desire: Ovid's *Parva Tabella* and the Theater of Love», in Richlin, A. (éd.), 131-157.

Nethercut, W. 1968. «Apuleius'literary art. Resonance and Depth in the *Metamorphoses*», *CJ* 64, 110-119.

-, 1969. «Apuleius' *Metamorphoses*: The Journey», *Agon* 3, 97-134.

Neuenschwander, P. 1913. *Der bildliche Ausdruck des Apuleius von Madaura*, Diss. Univ. Zürich.

Nicolai, R. 1999. «*Quis ille?* Il proemio delle *Metamorfosi* di Apuleio e il problema del lettore ideale», *MD* 42, 143-164.

Nimis, S. 1994. «The Prosaics of the Ancient Novels», *Arethusa* 27, 387-411.

-, 1998. «Memory and Description in the Ancient Novel», *Arethusa* 31, 1, 99-122.

-, 1999. «The Sense of Open-endedness in the Ancient Novel», *Arethusa* 32, 215-238.

Nolte, H. 1864. «Zu Apuleius *Metamorphosen*», *Philologus* 21, 674.

Norden, F. 1912. *Apuleius von Madaura und das römische Privatrecht*, Leipzig/Berlin.

Novák, R. 1904. «Quaestiones Apuleianae», *Tsech. Zeitschr. Phil.* 10.

Oldoni, M. 1986. «Streghe medievali e intersezioni da Apuleio», in Pepe, L. (éd.), 267-279.

Opeku, F. 1979. «Physiognomy in Apuleius», in Deroux, C. (éd.), *Studies in Latin Literature and Roman History* I, Bruxelles, 467-474.

Opelt, I. 1965. *Die lateinischen Schimpfwörter und verwandte sprachliche Erscheinung*, Heidelberg.

Orders, J.D. 1971. *Isiac elements in the Metamorphoses of Apuleius*, Diss. Vanderbilt Univ. Nashville.

Otto, A. 1988. *Die Sprichwörter und sprichwörtlichen Redensarten der Römer*. Hildesheim ([1]1890).

Ottria, D. 1997. «Codici e generi letterari nella fabula di Telifrona. Una proposta di rilettura e di confronto», *Latina Didaxis* 12, 179-202.

Paardt, R.Th. Van der. 1978. «Various Aspects of narrative technique in Apuleius' *Metamorphoses*», in *AAGA*, 75-94.

-, 1981. «The Unmasked 'I'. Apuleius *Met.* XI 27», *Mnemosyne* 34, 1981, 96-106 (réimprimé dans Harrison S.J. [éd.], 1999, 237-246).

-, 1988. «Playing the Game», in *GCN* 1, 103-112.

-, 1990. «The Festival of Laughter in *The Golden Ass*: A Final Solution?», in Tatum, J. - Vernazza, G.M. (éd.), 39.

Panayotakis, S. 1996. *Thesaurus Fraudis. Forms and Functions of Deception in Apuleius' Metamorphoses (Met. 4,24-6,30)*, Diss. Univ. Rethymno.

-, 1997a. «'The Master of the Grave': a Note on Apul. *Met.* 9, 2 (203, 26 H)», *Mnemosyne* 50, 295-301.

-, 1997b. «*Insidiae Veneris*: Lameness, Old Age and Deception in the Underworld (Apul. *Met.* 6, 18-19)», in *GCN* 8, 23-39.

-, 1998a. «On Wine and Nightmares: Apuleius *Met.* 1, 18», in *GCN* 9, 115-129.

-, 1998b. «Slander and War Imagery in Apuleius' Tale of Cupid and Psyche (Apul. *Met.* 5, 5 - 5, 21)», in *AAGA* 2, 151-164.

Panayotakis, S. - Zimmerman, M. - Keulen, W.H. (éds.), 2002. *The Ancient Novel and Beyond*, Leiden (à paraître).

Paratore, E. 1942. *La Novella in Apuleio*, Messina.

-, 1946. «Note critiche e filologiche», *PP* 1, 237-240.

-, 1948. «La prosa di Apuleio», *Maia* 1, 33-47.

Parker, H.N. 1992. «Love's Body anatomized: The Ancient Erotic Handbooks and the Rhetoric of Sexuality», in Richlin, A. (éd.), 90-111.

Pasetti, L. 1999. «La morfologia della preghiera nelle *Metamorfosi* di Apuleio», *Eikasmos* 10, 247-271.

Pease, A.S. 1907. «Notes on Stoning among the Greeks and Romans», *TAPhA* 38, 5-18.

-, 1926. «Things without honor», *CPh*, 27-42.

Pecere, O. 1984. «Esemplari con subscriptiones e tradizione dei testi latini. L'Apuleio Laur. 68, 2», in Questa, C. - Raffaelli, R. (éds.), *Il libro e il testo*, Urbino, 111-137.

-, 1987. «Qualche rifflessione sulla tradizione di Apuleio a Montecassino», in Cavallo, G. (éd.), *Le strade del Testo*, Bari, 97-124.

Pecere, O. - Stramaglia, A. (éds.), 1996. *La Letteratura di consumo nel mondo greco-latino. Atti del convegno internazionale, Cassino, 14-17 settembre 1994*, Cassino.

Peden, R.G. 1985. «The Statues in Apuleius' *Metamorphoses* 2, 4», *Phoenix* 39, 380-383.

La Penna, A. 1995. «Il Vino di Orazio: nel *modus* e contro il *modus*», in Murray, O. - Tecusan, M. (éds.), 266-282.

Pennacini, A. 1979. «Tecniche del racconto nelle *Metamorfosi*. Analisi dei libri 1, 2, 3» in Pennacini, A. *et alii* (éds.), 21-102.

Pennacini, A. - Donini, P.L. - Alimonti, T. - Monteduro Roccavini, A. (éds.), 1979. *Apuleio letterato, filosofo, mago*, Bologna.

Pennisi, G. 1970. *Apuleio e l'«additamentum» a Metamorphoses X, 21*, Messina.

Penwill, J.L. 1975. «Slavish Pleasures and profitless Curiosity: Fall and Redemption in Apuleius' *Metamorphoses*», *Ramus* 4, 49-82.

-, 1990. «*Ambages reciprocae*: Reviewing Apuleius' *Metamorphoses*», *Ramus* 19, 1-25.

Pepe, L. 1959. «Appunti sulla lingua di Petronio», *GIF* 12, 314-321.

-, (éd.), 1986. *Semiotica della novella latina. Atti del seminario interdisciplinare «La novella latina»*, Roma.

-, 1991. *La Novella dei Romani*, Napoli.

Perella, N.J. 1969. *The Kiss Sacred and Profane. An Interpretative History of Kiss Symbolism and Related Religio-Erotic Themes*, Berkeley/Los Angeles.

Pernot, L. 1993. *La rhétorique de l'éloge dans le monde gréco-romain*, Paris.

Perrot, J. 1961. *Les dérivés latins en -men et -mentum*, Paris.

Perry, B.E. 1920. *The Metamorphoses ascribed to Lucius of Patrae*, Diss. Princeton Univ.

-, 1923a. «Some Aspects of the literary Art of Apuleius in the *Metamorphoses*», *TAPhA* 54, 196-227.

-, 1923b. «The Significance of the Title in Apuleius' *Metamorphoses*», *CPh* 18, 229-238.

-, 1926. «An Interpretation of Apuleius' *Metamorphoses*», *TAPhA* 57, 238-260.

-, 1929. «The Story of Thelyphron in Apuleius», *CPh* 24, 231-238.

-, 1967. *The Ancient Romances*, Berkeley/Los Angeles.

-, 1968/69. «Who was Lucius of Patrae?», *CJ* 64, 97-101.

Petschenig, M. 1881-2. «Studien zu den *Metamorphosen* des Apuleius», *WS* 4, 136-163.

-, 1888. «Zur Kritik des Apuleius», *Philologus* 46, 764-766.

-, 1897. «L. Apulei *Metamorphoseon* libri XI rec. J. van der Vliet», *BPhW* 17, 986-990 (revue).

Picard, G.Ch. 1959. *La civilisation de l'Afrique romaine. Civilisations d'hier et d'aujourd'hui*, Paris.

Pichon, R. 1966. *Index uerborum amatoriorum*, Hildesheim ([1]1902).

Picone, M. - Zimmermann, B. (éds.), 1997. *Der antike Roman und seine mittelalterliche Rezeption*, Basel/Boston/Berlin.

Pigeaud, J. 1995. *L'art et le vivant*, Paris.

Pinkster, H. 1990. *Latin Syntax and Semantics*, London/New York.

-, 1998. «The use of narrative tenses in Apuleius'Amor and Psyche», in *AAGA* 2, 103-111.

Pizzica, M. 1979/80. «La critica testuale e le *Metamorfosi* di Apuleio. A proposito di un recentissimo volume di G. Augello», *RCCM*, 31, 179-194.

Pohlenz, M. 1992. *Die Stoa. Geschichte einer geistigen Bewegung*, Göttingen ([1]1959).

Poirier de Narçay, L. 1984. «Quelques aspects de la vie provinciale au IIe s. de notre ère dans les *Métamorphoses* d'Apulée», *AFLD* 14, 29-43.

Poli, D. 1986. «La donna la donnola e lo sciamano in Apuleio», in Pepe, L. (éd.), 247-265.

Pollitt, J.J. 1974. *The Ancient View of Greek Art*, New Haven.

Pomeroy, S. 1975. *Goddesses, Whores, Wives and Slaves: Women in Classical Antiquity*, New York.

Portalupi, F. 1974. *Frontone, Gellio, Apuleio. Ricerca stilistica*, Torino.

Prescott, H.W. 1911. «Marginalia on Apuleius's *Metamorphoses*», *CPh* 6, 345-350.

Prieur, J. 1986. *La mort dans l'antiquité romaine*, Ouest-France.

Puccini, G. 1998. «La folie amoureuse dans les *Métamorphoses* d'Apulée», *BAGB* 4, 318-336.

Puech, H.C. 1950. «Parfums sacrés, odeur de sainteté, effluves paradisiaques», *L'Amour de l'Art* 43/45, 36-40.

Purser, L.C. 1906. «Notes on Apuleius' *Metamorphoses*», *Ha* 32, 35-54.

Raffaelli, R. 1995. «Prova d'innocenza, la passione, il delitto, il colpo di scena in un racconto di Apuleio» in Raffaelli, R. (éd.), *Il mistero nel racconto classico. Convegno del XIII Mystfest. Cattolica 29 giugno 1992*, Urbino, 53-66.

Reardon, B.P. 1981. «The Second Sophistic and the Novel», in *Approaches to the Second Sophistic*, Pennsylvania, 23-29.

Reitzenstein, R. 1968. «Das Märchen von Amor und Psyche bei Apuleius»([1]1912), in Binder, G. - Merkelbach, R. (éds.), *Amor und Psyche*, Darmstadt, 87-159.

Renehan, R. 1980. «Viscus/Viscum», *HSPh* 84, 279-282.

Reynolds, L.D. 1983. *Texts and Transmission. A Survey of the Latin Classics*, Oxford.

Richlin, A. 1983. *The Garden of Priapus. Sexuality and Aggression in Roman Humor*, New Haven/London.

-, (éd.), 1992. *Pornography and Representation in Greece and Rome*, New York/Oxford.

Riefstahl, H. 1938. *Der Roman des Apuleius*, Frankfurt am Main.

Riol, M. 1984. «Lower Classes in Apuleius' *Metamorphoses*», *ZAnt* 34, 105-110.

Riess, W. 2001. *Apuleius und die Räuber*, Stuttgart.

Robertson, D.S. 1910. «Lucius of Madaura: A Difficulty in Apuleius», *CQ* 4, 221-227.

-, 1919. «A Greek Carnival», *JHS* 39, 114.

-, 1924. «The Manuscripts of the *Metamorphoses* of Apuleius», *CQ* 18, 27-42; 85-99.

Rocca, S. 1979. «*Mellitus* tra lingua familiare e lingua letteraria», *Maia* 31, 37-43.

Roccavini, A. 1979. «La nozione di fortuna nelle *Metamorfosi*», in Pennacini, A. *et alii* (éds.), 167-177.

Rohde, E. 1875. «Zu den *Metamorphosen* des Apuleius», *Museum für Philologie* 30, 269-277.

-, 1876. «Zu Apuleius», *Museum für Philologie* 31, 148.

-, 1885. «Zu Apuleius», *RhM* 40, 66-113.

-, 1960. *Der griechische Roman und seine Vorläufer*, Hildesheim ([1]1876).

-, 1969. *Kleine Schriften* I-II, Hildesheim/New York ([1]1901).

Roncaioli, C. 1963. «Le accezioni di *bonus* nelle *Metamorfosi* di Apuleio», *GIF* 16, 229-237.

Ronconi, A. 1959. *Il verbo latino. Problemi di sintassi storica*, Firenze.

Rosati, G. 1997. «Racconto e interpretazione: forme e funzioni dell'ironia drammatica nelle *Metamorfosi* di Apuleio», in Picone, M. - Zimmermann, B. (éds.), 107-127.

Rösler, W. 1995. «Wine and Truth in the Greek *Symposion*», in Murray, O. - Tecusan, M. (éds.), 106-112.

Rossbach, O. 1891. «Schediasma criticum», *RhM* 48, 311-317.

-, 1895. «Zu den *Metamorphosen* des Apuleius», *Philologus* 54, 135-142.

Rousselle, A. 1983. *Porneia. De la maîtrise du corps à la privation sensorielle. Ie-IVe siècles de l'ère chrétienne*, Paris.

Rouveret, A. 1989. *Histoire et imaginaire de la peinture ancienne (Ve s. av. J.-C.-Ier s. ap. J.-C.)*, Rome.

Ruiz de Elvira, A. 1954. «Syntactica Apuleiana», *Emerita* 22, 99-136.

Ruiz Montero, C. 1987/1989. «Comentario a un pasaje de la novela del Asno: *Asno 6*», *Estudios Romanos* 5, 1259-1263.

Russel, H.L. 1942. *The Appropriate Name in the Metamorphoses of Apuleius*, Diss. Univ. of Illinois.

De Saint-Denis, E. 1935. *Le vocabulaire des manoeuvres nautiques en latin*, Macon.

-, 1965. *Essai sur le rire et le sourire des Latins*, Paris.

Sallmann, K. 1988. «Irritation als produktionsästhetisches Prinzip in den *Metamorphosen* des Apuleius», in *GCN* 1, 81-102.

Sallmann, K. - Schmidt, P.L. 1997. «L. Apuleius (Marcellus?)», in Herzog, R. - Schmidt, P.L. (éd.), *Handbuch der lateinischen Literatur der Antike. Band IV*, München 1997, 292-318.

Sandy, G.N. 1972. «Knowledge and Curiosity in Apuleius' *Metamorphoses*», *Latomus* 31, 179-183.

-, 1973. «Foreshadowing and Suspense in Apuleius' *Metamorphoses*», *CJ* 68, 232-235.

-, 1974a. «*Serviles voluptates* in Apuleius' *Metamorphoses*», *Phoenix* 28, 234-244.

-, 1974b. «Petronius and the tradition of the interpolated narrative», *TAPhA* 101, 463-476.

-, 1978. «Book 11: Ballast or Anchor?», in *AAGA*, 123-140.

-, 1994. «Apuleius' *Metamorphoses* and the Ancient Novel», in *ANRW* 2, 34, 2, 1511-1574.

-, 1997. *The Greek World of Apuleius. Apuleius and the Second Sophistic*, Leiden/New York/Köln.

-, 1999a. «Apuleius' *Golden Ass*: From Miletus to Egypt», in Hofmann, H. (éd.), 81-102.

-, 1999b. «The Tale of Cupid and Psyche», in Hofmann, H. (éd.), 126-138.

Santini, C. - Zurli, L. 1996. *Ars narrandi. Scritti di narrativa antica in memoria di L. Pepe*, Napoli.

Sarafov, T. 1976. «L'influence d'Ovide sur la langue et le style d'Apulée dans les *Métamorphoses*», in *Ovidianum*, Bucarest, 537-540.

Scazzoso, P. 1951. *Le Metamorfosi di Apuleio*, Milano.

Scheid, J. 1984. «*Contraria facere*: renversements et déplacements dans les rites funéraires», in *Annali Dipartimento di Studi del Mondo Classico e del Mediterraneo antico. Archeologia e Storia Antica VI*, Napoli, 117-139.

Schilling, R. 1982. *La religion romaine de Vénus depuis les origines jusqu'au temps d'Auguste*, Paris.

Schissel, O. 1927. «Die Familie des Minukianos», *Klio* 21, 361-373.

Schlam, C.C. 1968. *The Structure of the Metamorphoses of Apuleius*, Diss. Columbia Univ.

-, 1970. «Platonica in the *Metamorphoses* of Apuleius», *TAPhA* 101, 477-487.

-, 1971. «The Scholarship on Apuleius since 1938», *CW* 64, 285-309.

-, 1978. «Sex and Sanctity: The relationship of male and female in the *Metamorphoses*», in *AAGA*, 95-105.

-, 1981. «Man and animal in the *Metamorphoses* of Apuleius», in *SAG*, 115-142.

-, 1984. «Diana and Actaeon: Metamorphosis of a Myth», *ClAnt* 3, 82-110.

-, 1992. *The Metamorphoses of Apuleius. On Making an Ass of Oneself*, Chapel Hill/London.

Schlam, C.C. - Finkelpearl, E. 2001. «A review of Scholarship on Apuleius' *Metamorphoses* 1971-1998», *Lustrum*, 42.

Schmeling, G. (éd.), 1996. *The Novel in the Ancient World*, Köln.

Schmidt, V. 1979. «Der *uiator* in Apuleius' *Metamorphosen* (Apuleiana Groningana VI)», *Mnemosyne* 32, 173-176.

-, 1982. «Apuleiana Groningana VI: Apuleius Met. III 15 s.», *Mnemosyne* 34, 269-282.

-, 1989. «Ein Trio im Bett: 'Tema con variazioni' bei Catull, Martial, Babrius und Apuleius», in *GCN* 2, 63-73.

-, 1990. «Moralische Metaphorik bei Apuleius und im christlichen Latein am Beispiel *morum squalore*», *WS* 103, 139-143.

-, 1995a. «'Roman und Mysterium'. Een opzienbarende, omstreden these», *Hermeneus* 67, 78-82.

-, 1995b. «*Revelare* und *Curiositas* bei Apuleius und Tertullian», in *GCN* 6, 127-135.

-, 1997. «Reaktionen auf das Christentum in den *Metamorphosen* des Apuleius», *VChr* 51, 51-71.

Schneider, C. 1975. *Die Welt des Hellenismus. Lebensformen in der spätgriechischen Antike*, München.

Schrier, O. 1979. «Love with Doris. Dioscorides, *Anth. Pal.* V 55 (= 1483-1490 Gow-Page)», *Mnemosyne* 32, 307-326.

Schwartz, G. 1979. «Apulei *Metamorphoses* 1, 2: *desultoriae scientiae*», in Deroux, C. (éd.), *Studies in Latin Literature and Roman History I*, Bruxelles, 462-466.

Scivoletto, N. 1963. «Antiquaria romana in Apuleio», *Studi di letteratura latina imperiale: Bibl. del GIF*, Napoli, 222-254.

Scobie, A. 1969. *Aspects of the Ancient Romance and its Heritage*, Meisenheim am Glan.

-, 1973. *More Essays on the Ancient Romance and its Heritage*, Meisenheim am Glan.

-, 1978. «The Structure of Apuleius' *Metamorphoses*», in *AAGA*, 43-61.

-, 1983. *Apuleius and Folklore*, London.

Seelinger, R.A. 1981. *Magical Motifs in the Metamorphoses of Apuleius*, Diss. Univ. of Missouri, Columbia.

-, 1986. «Spatial Control: a Reflection of Lucius' Progress in the *Metamorphoses*», *TAPhA* 116, 361-367.

Sekunda, N.V. 1997. «The Kylloi and Eubiotoi of Hypata during the Imperial Period», *ZPE* 118, 207-226.

Serbat, G. 1984. «ERAT PIPA QUAEDAM», *REL* 62, 344-356.

Shackleton Bailey, D.R. 1988. «On Apuleius' *Metamorphoses*», *RhM* 131, 167-177.

Sharrock, A. 1996. «Representing Metamorphosis» in Elsner, J. (éd.), 103-130.

Shumate, N. 1988. «The Augustinian Pursuit of False Values as a Conversion Motif in Apuleius' *Metamorphoses*», *Phoenix* 42, 35-60.

-, 1996a. *Crisis and Conversion in Apuleius' Metamorphoses*, Ann Arbor, Michigan.

-, 1996b. «'Darkness Visible': Apuleius Reads Virgil», in *GCN* 7, 103-116.

-, 1999. «Apuleius' *Metamorphoses*: the inserted tales», in Hofmann, H. (éd.), 113-125.

Singleton, N.E. 1977. *Venus in the Metamorphoses of Apuleius*, Diss. Ohio State Univ.

Sittl, C. 1970. *Die Gebärden der Griechen und Römer*, Hildesheim/New York (¹1890).

Skulsky, H. 1981. *Metamorphosis. The Mind in Exile*, Cambridge Mass.

Slater, N.W. 1997. «Vision, Perception, and Phantasia in the Roman Novel», in Picone, M. - Zimmermann, B. (éds.), 89-105.

-, 1998. «Passion and Petrifaction: The Gaze in Apuleius», *CPh* 93, 18-48.

-, 2002. «Spectator and Spectacle in Apuleius», in Panayotakis, S. - Zimmerman, M. - Keulen, W.H. (éds.).

Slater, W.J. (éd.), 1991. *Dining in a Classical Context*, Ann Arbor.

De Smet, R. 1987a. «The Erotic Adventures of Lucius and Photis in Apuleius' *Metamorphoses*», *Latomus* 56, 613-623.

-, 1987b. «La notion de lumière et ses fonctions dans les *Métamorphoses* d'Apulée», in Särens, C. - de Smet, R. - Melärts, H. (éds.), *Studia varia Bruxellensia ad orbem Graeco-Latinum pertinentia*, Leuven, 29-41.

Smith, W.S. 1968. *Lucius of Corinth and Apuleius of Madaura. A Study of the narrative Technique of the Metamorphoses of Apuleius*, Diss. Yale Univ. New Haven.

-, 1972. «The Narrative Voice in Apuleius' *Metamorphoses*», *TAPhA* 103, 513-534 (réimprimé dans Harrison, S.J. [éd.], 1999, 195-216).

-, 1993. «Interlocking of Theme and Meaning in *The Golden Ass*», in *GCN* 5, 75-89.

-, 1994. «Style and Character in *The Golden Ass*: Suddenly an opposite Appearance», in *ANRW* 2, 34, 2, 1575-1599.

-, 1996. «The satiric voice in the Roman novelistic tradition», in Knuf, J. (éd.), *Unity in Diversity. Proceedings of the Fourth International Conference on Narrative*, Univ. of Kentucky, 309-317.

-, 1998. «Cupid and Psyche Tale: Mirror of the Novel», in *AAGA* 2, 69-82.

Solin, H. 1982. *Die Griechischen Personennamen in Rom. Ein Namenbuch*, Berlin/New York.

Solmsen, F. 1979. *Isis among the Greeks and Romans*, Cambridge/London.

Souter, A. 1936. «Zatchlas in Apuleius», *JThS* 37, 1936, 80.

Spies, A. 1930. *Militat omnis amans. Ein Beitrag zur Bildersprache der antiken Erotik*, Tübingen.

Steinmetz, P. 1982. *Untersuchungen zur römischen Literatur des zweiten Jahrhunderts nach Christi Geburt*, Wiesbaden.

Stockin, F. 1954. *Sequence of Thought and Motivation in the Metamorphoses of Apuleius*, Diss. Univ. of Illinois.

Stramaglia, A. 1988/89. *La scena di necromanzia nella novella di Telifrone (Apuleio, Metamorfosi II, 27-30) e la figura del sacerdote-mago egiziano nella narrativa greco-latina*, Tesi di Laurea, Bari.

-, 1990. «Aspetti di lettura fantastica in Apuleio: *Zatchlas Aegyptius propheta primarius* e la scena di necromanzia nella novella di Telifrone (*Met.* II. 27-30)», *AFLB* 33, 159-220.

-, 1992. «Covi di banditi e cadaveri scomodi in Lolliano, Apuleio e Luciano», *ZPE* 94, 59-63.

-, 1995. «Le voci dei fantasmi», in De Martino F. - Sommerstein, A. (éds.), *Lo spettacolo delle voci*, I, Bari, 193-230.

-, 1996a. «Apuleio come *auctor*: premesse tardo-antiche di un uso umanistico», *Studi Umanistici Piceni* 16, 137-161.

-, 1996b. «Fra 'consumo' et 'impegno': usi didattici della narrativa nel mondo antico», in Pecere, O. - Stramaglia, A. (éds.), 97-149.

-, 1996c. «Prisciano e l'*Epitoma Historiarum* di Apuleio», *RFIC* 124, 192-198.

-, 1999. *Res inauditae, incredulae. Storie di fantasmi nel mondo greco-latino*, Bari.

-, (éd.) 2000, *Ἔρως. Antiche trame greche d'amore*, Bari.

Strilciw, N. 1925. «De arte rhetorica in Apulei *Met.* conspicua», *Eos* 28.

Strub, C. 1985. «Die *Metamorphosen* des Apuleius als Tiergeschichte (Sprache, Sexualität, Essen und Lucius''Prozess der Zivilisation')», *WJA* 11, 169-188.

Summers, R.G. 1967. *A Legal Commentary on the Metamorphoses of Apuleius*, Diss. Princeton Univ.

-, 1970. «Roman Justice and Apuleius' *Metamorphoses*», *TAPhA* 101, 511-531.

Svendsen, J.T., 1978. «Apuleius' *The Golden Ass*: The Demands on the Reader», *Pacific Coast Philology* 13, 101-107.

-, 1983. «Narrative Techniques in Apuleius' *Golden Ass*», *Pacific Coast Philology* 18, 23-29.

Tasinato, M. 1994. *Sulla Curiosita: Apuleio e Agostino*, Parma.

-, 1997. «La métamorphose du curieux: à propos de l'*Âne d'or*», in Cassin B. - Labarrière, J.-L. (éds.), *Études sur l'animal dans l'Antiquité*, Paris, 483-490.

Tatum, J.H. 1969. *Thematic aspects of the Tales in Apuleius' Metamorphoses*, Diss. Princeton.

-, 1969. «The Tales in Apuleius' *Metamorphoses*», *TAPhA* 100, 487-527 (réimprimé dans Harrison, S.J. [éd.], 1999, 157-194).

-, 1972. «Apuleius and Metamorphosis», *AJPh* 93, 306-313.

-, 1979. *Apuleius and The Golden Ass*, Ithaca/New York/London.

-, (éd.), 1994. *The Search for the Ancient Novel*, Baltimore/London.

Tatum, J.H. - Vernazza, G.M. (éds.), 1990. *The Ancient Novel. Classical Paradigms and Modern Perspectives*, Hanover, New Hampshire.

Ternes, Ch.M. 1986. «De la métamorphose à l'initiation. L'itinéraire de Lucius dans les *Métamorphoses* d'Apulée», in Ries, J. (éd.), *Les rites d'initiation*, Louvain-la-Neuve, 363-376.

Terzaghi, N. 1954. «*Minutiores curae IV*», in *BPEC*, 3-6.

Teuber, B. 1993. «Zur Schreibkunst eines Zirkusreiters: Karnevaleskes Erzählen im *Goldenen Esel* des Apuleius und die Sorge um sich in der antiken Ethik», in Döpp, S. (éds.), *Karnevaleske Phänomene in antiken und nachantiken Kulturen und Literaturen*, Trier, 179-238.

Thibau, R. 1965. «Les *Métamorphoses* d'Apulée et la Théorie platonicienne de l'Éros», *Studia Philosophica Gaudensia* 3, 89-144.

Thiel, H. Van. 1971-1972. *Der Eselroman*, München.

Thomas, E. 1912. *Studien zur lateinischen und griechischen Sprachgeschichte*, Berlin.

Thorne, G. 1993. *Vorstellungen vom Bösen in der lateinischen Literatur. Begriffe, Motive, Gestalten*, Stuttgart.

Todd, F.A. 1940. *Some Ancient Novels. Leucippe and Clitophon; Daphnis and Chloe; The Satiricon; The Golden Ass*, Oxford.

Todorov, T. 1970. *Introduction à la littérature fantastique*, Paris.

Toynbee, J.M.C. 1971. *Death and Burial in the Roman World*, London.

Tränkle, H. 1960. *Die Sprachkunst des Properz und die Tradition der lateinischen Dichtersprache*, Wiesbaden.

Trembley, J.T. 1981. *The Beloved Self. Erotic and Religious Themes in Apuleius' Metamorphoses and the Greek Romance*, Diss. Univ. Princeton.

Trenkner, S. 1958. *The Greek Novella in the Classical Period*, Cambridge.

Tupet, A.M. 1976. *La magie dans la poésie latine*, Paris.

-, 1984. «La mentalité superstitieuse à l'époque des Julio-Claudiens», *REL* 62, 206-235.

-, 1986. «Rites magiques dans l'Antiquité romaine», in *ANRW* 2, 16, 3, 2591-2675.

Väänänen, V. 1963. *Introduction au latin vulgaire*, Paris.

Verdière, R. 1956. «Apulée, *Mét.* II, 7, 2», *Latomus* 15, 372.

Veyne, P. 1965. «Apulée à Cenchrées», *RPh* 39, 241-251.

-, 1991. *La Société romaine*, Paris.

Villard, P. 1988. «Ivresses dans l'Antiquité classique», *Histoire, économie et société*, Paris, 4, 443-459.

Virgili, P. 1989. *Acconciature e maquillage, vita e costumi dei Romani antichi*, Roma.

De Vogel, C.J. 1964. *Greek Philosophy III. The Hellenistic-Roman Period*, Leiden (¹1959).

Vogt-Spira, G. (éd.), 1990. *Strukturen der Mündlichkeit in der römischen Literatur*, Tübingen.

Volkmann, R. 1963. *Die Rhetorik der Griechen und Römer*, Leipzig (¹1855).

Vorberg, G. 1965. *Glossarium eroticum*, Hanau am Main (¹1929).

Vössing, K. 1991. *Untersuchung zur römischen Schule, Bildung, Schulbildung im Nordafrika der Kaiserzeit*, Diss. Aachen.

De Waele, F.J.M. 1927. *The Magic Staff or Rod in Graeco-Italian Antiquity*, Nijmegen.

Walsh, P.G. 1967/68. «Was Lucius a Roman?», *CJ* 63, 264-269.

-, 1968. «Lucius Madaurensis», *Phoenix* 22, 143-157.

-, 1970. *The Roman Novel*, Cambridge.

-, 1978. «Petronius and Apuleius», in *AAGA*, 17-24.

Walter, F. 1914. «Zu den *Metamorphosen* des Apuleius», *BBG*, 124-125.

-, 1916. «Zu Apuleius», *PhW* 36, 126.

-, 1925. «Zu lateinischen Schriftstellern», *Philologus* 80, 437-453.

-, 1934. «Zu Apuleius», *PhW* 54, 1326-1328.

Wehrli, F. 1965. «Einheit und Vorgeschichte der griechisch-römischen Romanliteratur», *MH* 22, 133-154.

Wesseling, B. 1988. «The Audience of the Ancient Novel», in *GCN* 1, 67-79.

-, 1993. *Leven, Liefde en Dood: motieven in antieke romans*, Diss. Univ. Groningen.

-, 1995. «De Griekse roman. Een overzicht», *Hermeneus* 67, 58-67.

Westerbrink, A.G. 1978. «Some Parodies in Apuleius' *Metamorphoses*», in *AAGA*, 63-73.

Weyman, C. 1885. «*sessim*», *ALLG* 2, 266.

-, 1893. «Studien zu Apuleius und seine Nachahmern», *Sitz. d. philos.-philol. u. d. hist. Classe der k. b. Akad. der Wissensch. München*, 321-392.

-, 1894. «Kritisch-sprachliche Analekten II», *ZOEG* 45, 1075-1078.

Wheeler, M. 1964. *Roman Art and Architecture*, New York.

Willemsen, F. 1956. «Aktaionbilder», *JDAI* 71, 29-58.

Wiman, G. 1927. *Textkritiska studier till Apuleius*, Göteborg.

Winkler, J. 1985. *Auctor & Actor. A Narratological Reading of Apuleius' The Golden Ass*, Berkeley/Los Angeles/London.

-, 1990. *The Constraints of Desire. The Anthropology of sex and gender in Ancient Greece*, New York/London.

Winsor Leach, E. 1981. «Metamorphoses of the Acteon Myth in Campanian Painting», *MDAI* 88, 307-327.

Witte, A.E. 1997. «Calendar and Calendar Motifs in Apuleius' *Metamorphoses*», in *GCN* 8, 41-58.

Wlosok, A. 1969. «Zur Einheit der *Metamorphosen* des Apuleius», *Philologus* 113, 68-84 (= «On the Unity of Apuleius' *Metamorphoses*», in Harrison S.J. [éd.], 1999, 142-156).

Wolterstorff, G. 1917. «Artikelbedeutung von *ille* bei Apuleius», *Glotta* 8, 197-226.

Wright, C.S. - Holloway, J.B. (éds.), 2000. *Tales within Tales. Apuleius through Time. Essays in honor of professor emeritus Richard J. Schoeck*, New York.

Zeitlin, F. 1994. «The artful eye: vision, ecphrasis and spectacle in Euripidean theatre», in Goldhill, S. - Osborne, R. (éds.), 138-196.

Zimmerman-de Graaf, M. 1993. «Narrative Judgement and Reader Response in Apuleius' *Metamorphoses*», in *GCN* 5, 143-161.

-, 1995. *«Nihil scribens sine exemplo*? Apuleius' *Gouden Ezel* en de Griekse ezelsroman», *Hermeneus* 67, 104-111.

-, 1996. «Apuleius von Madaura», in *Der Neue Pauly* 1, 910-914.

Zimmerman, M. - Hunink, V. - McCreight, Th.D. - Van Mal-Maeder, D. - Panayotakis, D. - Schmidt, V. - Wesseling, B. (éds.), *Aspects of Apuleius' Golden Ass. Volume II. Cupid and Psyche* (= *AAGA* 2), Groningen 1998.

-, 1999. «When Phaedra Left the Tragic Stage. Generic Switches in Apuleius' *Metamorphoses*», in Roest, B. - Vanstiphout, H. (éds.), *Aspects of Genre and type in Pre-modern Literary Cultures*, Groningen, 101-127.

Zimmerman, M. - Panayotakis, S. - Keulen, W.H. (éds.), 2000. *The Ancient Novel in Context. Abstracts of the Papers Read at the Third International Conference on the Ancient Novel*, Groningen.

Zurli, L. 1978. «Le 'proprieta' del motivo dello 'scambio di persona' nella narrativa classica e nel 'racconto storico' di Paolo Diacono», *MD* 2, 71-104.

INDEX RERUM

ablatif
  locatif, *108, 109*
accusatif
  adverbial, *128, 150, 232*
Actéon, *109*
adjectif(s)
  au lieu d'un adverbe, *103,
  150,162*
  au lieu d'un substantif au gén.,
  230, 232
  en *-bundus, 115, 304*
  en *in-, 76*
  position des - de noms propres,
  294
  prédicatif, *66, 131, 141, 232,
  389*
  substantivé + gén. partitif, *210*
adultère(s), *361, 417*
  et empoisonnement, *23*
adverbe(s)
  employé comme préposition,
  225
  en *-(t)im, 66, 145, 245, 250, 252*
  en *-um/-us, 234*
  local + gén. partitif, *295*
aigle
  en physiognomonie, *78*
allusion(s) *Voir* intertextualité
amour
  et regard, *152*
amputation, *420 Voir* mutilation
analepse(s), *6, 140, 227, 387*
anaphore(s), *165, 166, 211, 214,
  223, 371, 378*
anastrophe(s), *327*
animaux féroces, *25*
anticipation(s) *Voir* prolepse(s)
antiphrase, *73, 79, 119, 220, 222, 229,
  233, 350, 382*
Antitheton, *221, 359*
Apelle, *261*
apparences/réalité, *4, 24*
archaïsme, *70, 74, 82, 126, 139, 184,
  197, 241, 252, 295, 314,
  317,325, 381, 392,
  401 Voir* langue
Arignotus, 232

Aristomène, *16, 51*
audacia, 383
auditeur(s), *26*
  premier(s), *305*
  second(s), *305*
auteur
  concret/abstrait, *9*
baiser(s), *183, 188*
belette, *342*
brachylogie, *56, 319*
brigands, *232*
bûchers, *298*
Byrrhène
  /Abroia, *81*
  atrium de -, *91*
  description de -, *65*
  festin de -, *283*
  mari de -, *68, 85*
  opulence de -, *11, 283*
  préciosité de -, *71*
  préfiguration d'Isis, *15, 275*
  rôle de -, *30*
  serviteur ou galant de -, *68*
  statut de -, *67*
calvitie, *21, 22, 170, 370*
castration, *23, 167, 390*
Cerdo, 222
Chaldéens, *209*
châtiments
  ensevelissement, *384*
  lapidation, *364*
  par le feu, *364*
chevelure, *21, 260, 328*
  de Photis, *22*
  d'Isis, *22*
  en magie, *180*
  en physiognomonie, *76*
  métaphore de l'écriture, *21, 160*
chiasme, *53, 104, 120, 125, 135, 156,
  163, 197, 216, 221, 226,
  235, 238, 239, 251,267, 285,
  294, 333, 369, 385*
chute, *131, 170, 219, 220, 223, 227,
  313, 345, 350, 352, 382, 407,
  417, 419ss.*
climax, *108, 123, 178, 238*
coiffure, *176, 289, 410*

455

de Lucius, *77*
de Photis, *180*
métaphore de l'écriture, *160*
collactaneae, *83*
colombes, *174*
comissatio, *336*
comparaison(s) mythologique(s),
325, 354, 408
conclamatio, *358*
construction
parallèle de -, *67, 76, 161, 163,
164, 169, 172, 186, 208, 223,
232, 249, 266, 271, 294, 354*
rupture de la -, *123, 211*
symétrique, *144*
variation de -, *193, 374, 405*
Corinthe, *209*
couronnes, *250*
crédulité, *17*
crues du Nil, *372*
curiosité, *17, 112, 375, 377*
danse, *148, 269*
datif
sympatheticus, *102*
déclamations, *230, 361, 385*
defixiones, *126, 152*
Déiphobe, *307, 382, 388, 390, 420*
démarche, *79*
description(s), *2, 10*
absentes de l'*Onos*, *29*
ars vs. *natura*, *106*
de Diane, *98*
de la coiffure de Photis, *180*
de la femme-déesse, *24*
de la naissance de Vénus, *167*
de l'atrium de Byrrhène, *91*
de Lucius, *74*
des chiens de Diane, *101*
du festin de Byrrhène, *283*
du lever du jour, *51, 347*
et effet de réel, *223*
et poésie latine, *29, 148*
fonction des -, *11*
précision de la -, *243, 307, 349*
réalisme des -, *98, 102*
de *Venus pudica*, *261*
désir, *24, 188, 261, 342*
développement(s) dissertatif(s), *10*
Diane, *98*
chiens de -, *101*
-Hécate, *101, 117*
Didon, *157, 291, 304*
diégèse, *4*

digression(s), *2, 160*
diminutif(s), *53, 105, 149, 207, 225*
en *sub*-, *219*
hypocoristique(s), *148, 156, 175,
196, 251, 273*
Diophane, *12, 208, 220*
récit de -, *229*
divination, *12, 18*
lykyomancie, *203*
opinion de Lucius sur la -, *207*
effet de réel, *84*
/effet de création, *18, 98*
Égypte, *372*
ekphras(e)is, *2, 96, 98, 283*
Voir description(s)
ellipse(s), *6, 240, 345, 350*
de *ut*, *240*
du pronom, *126*
du verbe, *118, 165, 190, 211,
284, 285, 295*
éloge(s), *10*
de la chevelure, *8, 11, 21, 159,
411*
de Lucius, *72*
d'Hypata, *291*
empoisonneuse(s), *362, 420*
/magicienne, *381*
Énée, *291, 307, 394*
enkômion, *160*
esclave(s), *242, 287*
de Lucius, *242, 401*
échansons, *289*
Lucius -, *276*
sexualité des -, *139, 414*
Socrate - de Méroé, *277*
Ésope, *20*
euphonie, *25*
exil, *16, 229, 394*
féciaux, *257*
φύσις/νόμος, *163*
festival du Rire, *21, 302, 418, 421*
fiction/vérité, *24, 216*
fleurs, *247*
focalisation, *210, 244*
Voir point de vue
formule(s)
d'enchaînement, *7, 90, 143, 188,
195, 233, 272*
juridique, *333*
romaine, *30*
sénatoriale, *141, 143*
solennelle, *332*

Fortuna, 24, 94, 112, 221
Fotis Voir Photis
funérailles, 358
Gelos, 399
gémination, 101, 118, 152, 156, 267
génitif
    inhaerentiae, 231
gérondif, 217
geste, 82
    de l'orateur, 309
    de supplique, 371
hapax, 73, 76, 96, 147, 149, 150,
    189, 201, 258, 286, 304, 326,
    343, 373, 404, 408
hexamètre, 52
Hilaria, 399
Hipparque, 18
histoire, 4
    temps de l'-, 5
historia/fabula, 215
hospitalité, 88
    présents d'-, 195
humiliation, 13, 229, 421, 422
Hypata, 55, 57
    la meilleure, 292
hyperbate, 168, 173, 198, 199, 210, 239,
    381, 407
idiolecte, 16, 92, 103, 270, 326, 411
idiosyncrasie, 16
impératif(s)
    en -*fers*, 135
    langage - de Photis, 191, 267
    présent-futur, 133
infinitif(s)
    historique(s), 288, 353, 363
instance narrative *Voir* narrateur(s)
intertextualité, 26, 126, 135, 148, 151,
    167, 178, 187, 213, 284, 296,
    297, 392, 411, 415, 421
    trompeuse, 420
ironie dramatique, 10, 141, 282, 313
irrationnel, 385, 398
Isis
    coiffure d'-, 410
    épiphanie d'-, 261
    magicienne, 410
    Isis-Fortuna-Victoria, 94
ivresse, 397, 401
je-narrant, 8, 365, 406
je-narré, 8
jeu(x) de mots, 25, 66, 99, 106, 120,
    123, 147, 167, 192, 196, 208,

    221, 222, 239, 259, 292, 293,
    304, 339, 405
justice/injustice, 24
kôla, 99
    dikôlon, 166
    pentakôlon, 168, 211
    tetrakôlon, 102
    trikôlon, 83, 125, 138, 167, 250,
    272, 378
lampe(s), 199, 205, 337
langue
    archaïque, 25, 58, 61, 110, 177,
    239, 358
    comique, 320, 335
    du droit/juridique, 88, 116, 134,
    333, 369, 382, 421
    effets rytmiques, 25
    effets sonores, 25
    exubérance verbale, 25
    familière, 25, 77, 127, 191, 197,
    224, 227, 232, 275, 301, 314,
    317, 343
    poétique, 53, 61, 97, 107, 123,
    168, 174, 183, 190, 197, 226,
    235, 241, 250, 252, 259, 264,
    297
    technique, 25
    vulgaire, 66, 67, 103, 112, 162,
    166, 200, 214, 230, 232, 259,
    275, 321
    latin tardif, 25, 66, 88, 89, 109,
    155, 160, 162, 163, 186, 200,
    210, 214, 225, 237, 239, 275,
    288, 294, 297, 306, 321, 351,
    359, 361, 363, 373
laudatio Voir éloge(s)
lecteur(s)
    attentes du -, 27, 127, 227, 278,
    300, 307, 312, 349, 382, 386,
    419
    averti, 9, 75, 382
    concret/abstrait, 9
    premier, 9
    second, 9, 81, 186
lever du jour, 375
    et du héros, 53
libertas otiosa, 293, 295
lin, 370
livre(s)
    1 à 3, 3, 237
    découpage des -, 51, 408
    d'Isis, 409
    division en -, 217

livre 2

en rapport avec l'*Onos*
Voir Onos
ouverture/fermeture du -,
52, 408
par rapport aux autres livres, *14*
structure du -, *3*

locus amoenus, 106, 108

λογοποιός, *308*

Lucius

/Apulée, *22*
/Énée, *157*
-acteur, *8, 9, 10, 22, 54, 209*
attitudes de - face à la magie,
136, 202, 295
avertissement(s) à -, *4, 13,
58, 81, 91, 116, 418*
caractérisation de -, *255*
castration de -, *23*
crédulité de -, *59*
curiosité de -, *54, 129*
description de -, *74*
éloge de -, *72*
esclave de Photis, *276, 295, 410*
esclave(s) de -, *242, 401*
états d'esprit de - acteur, *8, 129,
137, 201, 238*
fuite de -, *240*
gloire de -, *214*
homme de lettres, *5, 75, 215*
impatience de -, *52, 130, 183*
lubricité de -, *161*
naïveté de -, *15*
-narrateur, *9, 21, 22, 112, 160,
161*
negotium de -, *214*
noblesse de -, *280*
origine de -, *72*
perspective de -acteur, *179*
poète érotique, *22, 148, 152,
175, 411*
scholasticus, 186
subjectivité de -, *8, 148*
virilité de -, *258*

lumière, *171, 204*

magie, *16, 417*

affaire de femmes, *120, 315*
amoureuse, *118, 124, 136*
débris humains en -, *297*
et rumeurs, *121*
incantations en -, *56*
noeuds en -, *182*
pierres et baguettes en -, *121*

et pouvoirs cosmiques, *122*
thessalienne, *120, 122*
vengeance en -, *126*

magus, 120

makarismos, 155

métamorphose(s), *24, 58, 127, 319*

métaphore(s), *259, 411*

amour/esclavage, *191*
concrétisation de -, *143, 257,
395*
de la blessure d'amour, *255*
de la brûlure d'amour, *156, 157*
de la mort d'amour, *187, 190,
268*
de l'arc bandé, *257*
de l'écriture, *160, 176, 178*
érotico-culinaire(s), *154, 184,
187, 245, 270*
militaire(s), *125, 135, 136, 192,
197, 251, 257, 266, 339, 347*
mythologique(s), *325*
Sea of Love, *199, 261*
vestimentaire, *400*

métonymie, *60, 61, 84, 123, 151,
197, 202, 244, 358, 369, 372*

μῦθος/λόγος, *216*

milésienne(s), *418*

militia Isidis, 266, 410

militia Veneris, 266, 410

Milon

caractérisation de -, *137*
hôte, *88*
scepticisme de -, *219*

mirum, 55, 152

mise en abyme, *13, 19*

proleptique, *6, 13, 91, 99, 111*

mode(s)

alternance modale, *107*
indicatif dans une interrogative
indirecte, *319*
indicatif de délibération, *160*
subjonctif de répétition, *124*

monologue, *133*

motif(s) récurrent(s), *14, 418*

chevelure, *21*
chute, *131*
crédulité/scepticisme, *17, 51*
curiosité, *17, 51*
désir, *24*
échos divers, *24*
Fortuna, 221
hâte/précipitation, *299*

liberté, *293*
magie, *16*
métamorphose, *51*
mirum, *55, 152*
narrare, 19
prédictions, *24*
rire, *20*
salus, *282*
véracité/mensonge, *18*
virilité/castration, *22, 258*
voluptas, 23
vue, *161*
multiliaison *Voir* polysyndète
mutilation,*16, 301, 417*
    de Thélyphron et de Lucius, *394*
    énasement, essorillement, *390*
Myrrhine, 336
narrare, 19
narrataire(s), *9, 19, 103, 162*
narrateur(s)
    commentaire de Lucius-, *132*
    hétérodiégétique, *302*
    homodiégétique, *8, 229, 408*
    identité du/des -, *421*
    perspective du/des -, *243*
    savoir d'après-coup du -, *5*
    subjectivité du/des -, *19, 221, 225*
nature/culture, *163*
nécromancie, *379, 417*
    néologisme, *25, 73, 96, 174, 186, 196, 210, 245, 265, 315, 323, 373*
    en *cum-*, *225*
noblesse d'Hypata, *225, 278*
νοερὸν πῦρ, *207*
noeud, *182*
nom(s), *389*
    signifiant(s), *30, 119, 138, 220, 222, 304*
nourriture
    et sexualité, *145, 154*
Onos
    divergences par rapport à l'-, *29, 52, 59, 63, 64, 68, 72, 81, 83, 86, 87, 91, 116, 117, 119, 124, 130, 132, 133, 138, 144, 148, 151, 155, 159, 183, 195, 200, 209, 237, 244, 248, 249, 253, 256, 261, 266, 268*
    parallèles avec l'-, *64, 67, 82, 88, 200, 240, 243, 266, 273, 422*

oral/écrit, *26, 216*
ordre, *5*
    de l'histoire, *5, 417*
    du récit, *5*
Orphée, *354*
orthographe, *32, 86, 118, 129, 136, 138, 169, 190, 220, 238, 304, 345*
Ovide
    Métamorphoses, *59, 106 ss.*
oxymore, *105, 141, 151, 179, 183, 251, 293, 315, 395*
Palinure, *380*
Pamphilé, *118*
    parataxe, *195, 204, 231, 275, 281, 328, 347*
parenthèse(s), *165, 243, 320*
paronomase, *178, 221, 326*
    Voir jeu(x) de mots
participe(s)
    futur, nuance finale, *164*
Penthée, *354*
personnage(s)
    caractérisation des -, *30*
    noms des -, *30*
perspective, *8*
    chamgement de -, *160, 179*
    de Thélyphron-acteur, *362*
    du je-narré, *421*
    transgression de la -, *9*
Philogelos, 13
Photis
    /Didon, *157*
    /Palaistra, *30, 266*
    /Vénus, *167, 261, 410*
    anti-Isis, *409*
    coiffure de -, *180, 410*
    danse de -, *148, 269, 410*
    esprit de -, *139*
    langage impératif de -, *191, 192, 267*
    muse de Lucius, *175, 411*
physiognomonie, *75 ss.*
Pimpla, *355*
plaisanterie(s), *291, 302*
pluriel poétique, *105, 162, 178, 181*
Plutarque, *83*
point de vue, *8, 54*
    de Lucius-acteur, *209, 243*
    de Lucius-narrateur, *160, 179*
polyphonie, *26*
polyptote, *220*
polysyndète, *53, 54, 69, 83, 104, 113, 121, 140, 241, 285, 318*

459

ponctuation, *35, 52, 64, 94*
position sexuelle, *268, 413*
Praxitèle, *261, 264*
précipitation, *25*
prédiction(s), *24, 387*
      à Lucius, *212*
      prix d'une -, *221*
prière(s), *374*
procès, *24, 404, 421*
      -verbal, *332*
prolepse(s), *5, 75, 101*
proverbe(s), *61, 66, 143, 277*
      détourné, *155*
Psyché
      parallèles avec Lucius, *115*
réalité, *107*
      /apparences, *59, 113*
      /fiction, *287, 418*
récit(s)
      accélération du -, *90, 195, 272*
      -cadre, *2*
      chute du - *Voir* chute
      de Diophane, *12, 229*
      de Thélyphron, *13, 307, 417*
      déploiement progressif des
      données du -, *6, 420*
      durée du -, *6*
      enchâssé(s), *2, 12, 134*
      fantastique, *390, 391*
      fiabilité du -, *19*
      hétérodiégétique, *8, 13*
      homodiégétique, *8*
      policier, *419*
      surprise(s) du -, *326*
      temps du -, *4*
      tragi-comique, *421*
      variation des données du -,
      8, 201, 221, 242, 403
      véracité du -, *18*
      vitesse du -, *6, 90*
reflets, *113, 171*
rire, *20, 290, 302*
      et difformité, *21, 393*
      festival du -, *302, 397*
romanisation, *30, 66, 143, 257, 333*
roses, *248*
salus, 25, 282
Salvia, 72
satire, *283, 335, 414*
scepticisme, *17*
Seconde Sophistique, *2*
servitude/liberté, *24*
Sextus, *83*

sistre, *373*
Socrate, *16, 277, 307*
sommeil, *317, 325, 345, 388*
spectacle, *58, 312*
stupeur, *25, 63*
subjectivité, *224, 242, 403*
      de l'analyse intertextuelle, *27, 92*
      de Lucius-acteur, *148*
      du/des narrateur(s), *19, 137*
substantif(s)
      abstrait, *109, 214*
      abstrait + substantif au gén.,
      259, 186
      abstrait en -*(a)tio*, *306*
      attribut, *110, 204, 214*
surnaturel, *12, 17, 18, 51, 116, 331, 375,*
      377
suspense, *306, 324, 340, 417*
syllepse, *232*
symposion, 242, 283
synecdoque, *60, 164*
talion, *320, 333*
technique(s) narrative(s), *4, 129*
      déploiement progressif des
      données, *6, 81, 140, 243, 420*
      économie narrative, *140*
      effet de surprise, *8*
      usage du 'je', *18*
      variation des données du récit,
      137, 201, 403
tempête, *230*
temporalité, *4*
      indication temporelle, *3,*
      195, 272, 275, 290, 374
      jour/nuit, *408*
temps
      alternance des -, *320, 348, 357,*
      377, 408
      concordance libre, *56, 225, 403*
      imparfait-présent historique, *94*
      parfait-présent historique, *66*
      présent historique, *132, 247*
      présent-imparfait, *101*
tension narrative, *275, 340, 391*
      Voir suspense
Tessalie
      pays d'abondance, *283*
Thélyphron, *417*
      -acteur, *9*
      apparence de -, *394*
      commentaire de -narrateur, *365*
      curiosité de -, *377*
      fanfaronnades de -, *323, 324*

fuite de -, *394*
jeunesse de -, *311*
langage de -, *311, 351*
mutilation de -, *301*
-narrateur, *9, 382*
nom signifiant, *304*
origine de -, *311, 329*
parallèles avec Lucius, *391, 394, 421*
récit de -, *13*
ridicule de -, *421*
scepticisme de -, *314, 324*

thème(s) *Voir* motif(s) récurrent(s)
tournures *in* + acc., *66, 112, 308, 351*
Trimalcion, *65, 90, 92, 94, 101, 283, 307*
uesana factio, 278
Ulysse, *230, 234*
urbanitas, 302, 305
vaisselle, *286*
Vénus

anadyomène, *261*
naissance de -, *264*
odeur de -, *169*
Venus caelestis, 11, 167, 262, 410
Venus calua, 165
Venus pudica, 261
Venus uulgaria, 11, 167, 262, 410

Venus pendula, 268, 413
véracité, *18*
verbe(s)

antéposition du -, *196, 323, 359, , 378, 385*
transitifs employés
intransitivement, *127*

vérité/justice, *385*
vin, *244, 247, 253, 290, 397*
virilité, *22*
voluptas, 23, 183, 294
vraisemblabilisation, *72, 233*
vue, *161*
Zatchlas, *367, 368, 419*
jeunesse de -, *369*
zeugma, *53, 124, 158*

INDEX VERBORUM

ac dein, *200*

accedere
     transitif, *70, 223, 313, 323*

accumbere
     transitif, *201*

accurrere
     transitif, *348*

actor, *350*

ad amussim, *74*

ad cibum, *107*

ad cuius exemplar, *273*

ad instar, *176, 309*

ad lucem luci, *334*

addici, *382*

adfatim
     + gén., *292*

adglutinare, *395*

adiurare, *365*

adiuratio, *306*

adlibescere, *190*

adoperta, *372*

adorare, *381*

adrepere, *318*

adstare
     transitif, *243*

adulescentulus, *225*

adusque, *371*

affirmare copulas, *211*

afflare, *107, 157*

affluenter, *400*

aggerare
     + in, *308*

agitatio, *109*

aio
     + ad, *238*

alacer uigor, *198*

alienus, *300*

alimonia, *82*

alioquin, *54, 129, 156, 254*

alius
     = alter, *226*

alligare, *126*

altercare/ari, *90, 383*

altiuscule, *149*

altrinsecus, *281*

ancillula, *336*

anhelare, *271*

animum refouere, *357*

antecenia, *245*

antependulus, *327*

anxie, *117, 332*

anxius, *54*

Aonius, *354*

apud nos, *209*

apud te, *90*

aquilinus, *78*

Arabicus, *176*

arbitrari, *377*

arbitrium, *243, 349, 367*

arbores foliatae, *61*

arbusculus, *105*

arcana fatorum, *210*

ardorem extinguere, *158*

argutulus, *139*

Arignotus, *232*

ariolari, *147*

ars aemula naturae, *106*

articulus, *309*

assari, *187*

at, *172*

at ego, *129, 334*

at ille, *327*

atratus, *359*

atria, *93*

attonitus
     + in + acc., *351*

auctorare, *327*

audire
     = nominari, *179*

aufers, *135*

auspicium, *277*

balsama, *169*

balteus, *169*

barathrum, *130, 345*

baxea, *370*

bibere solita Risui, *397*

blanditia, *125*

bustum, *298*

Byrrena
     /Byrrhena, *86*

cachinnus, *234, 302, 397*

cadus uini, *197*

caecae latebrae, *296*

caecus, *296*

caerulus, *174*

463

caesius, 77
calamistratus, 289
candelabrum, 205
cantamen, 56, 319
cantatio, 340
cantatrices anus, 387
cantatrix, 298
capax, 128
capessere, 401
capillamentum, 178
capillitium, 77
caput reicere, 71
carpere, 186
cauare, 286
cauere
+ subjonctif, 278
cauillus, 291
cautela, 129
cedo, 323
celebris, 212
celerare
transitif, 133
cenula, 276
Cerdo, 222
Chaldaeus, 209
chaos, 123
choragium funeris, 299
cibarius, 149
ciere, 388
cinnama, 169
cinnameus, 189
circumire
transitif, 64
circumsecus, 234
citrum, 285
clarissimus, 85
com(m)inus, 136
comissari, 335
comitas, 305
commeatum indulgere, 277
comminisci, 400
commodum ... et, 195
commodum ... et ecce, 247
comparare, 192
comperior, 314
comprehendere, 67
concinnaticius, 201
concinnus, 241
conclamare, 358
concubia, 340
condire, 158
conferre, 239
confinia lucis, 272

conformare, 309
congermanescere, 189
conglobare, 181
congruere ad, 74
conluctatio, 272
conmasculare, 323
conpotor, 397
consauiari, 225
consistere
+contra, 342
consono ore, 56
contendere
+ de, 275
transitif, 241
conuiuium, 302
Coptiticus, 372
copula, 211
corolla, 250
corollarium, 328
corruere, 271
coruinus, 174
crastino, 204
crebra, 150
credere, 121
credulitas, 363
cristata cohors, 347
cruciabilis, 63
crumina, 224
cubitus, 308
cum
inuersum, 254
cum
au lieu d'une conjonction de
coordination, 334
cum ecce, 203, 340
cumulatus, 341
cunabula, 398
Cupidines, 168
cupido, 64
cura (est)
+ infinitif, 161
curiose, 58
custodela, 317
de, 314
provenance d'une action, 380
de industria, 332
de proximo, 103
deasciare, 245
debilitatio, 392
decitare, 96
defatigare, 271
defixus, 152
demorsicare, 315

denarius

    gén. denarium, *224*

denique, *131, 164, 213, 406*

deosculari

    deosculatus, *191, 250, 349, 371*

dependulus, *181*

deprimere, *173*

derigere, *267*

deruere, *393*

desecare

    + de, *321*

desolatus, *339* '

destituere, *343*

detundere, *404*

deuorare pudorem, *238*

deuotiones, *380*

deus Delficus, *345*

diem facere, *53*

digitum intingere, *155*

dimouere, *327*

Diophanes, *220*

Dirae, *380*

discriminare, *176*

discus, *335*

discutere, *53*

disternere

    distratus, *243*

distinguere, *385*

diuina prouidentia, *367*

diutine, *237, 332*

documentum, *386*

domina, *306, 334, 351*

domuitio, *401*

domus funesta, *335*

ductare, *358*

ebullire, *393*

ebur, *285*

ecce, 98, *203, 224, 247, 349, 357, 405*

edere, *208*

educare, *168*

effultus, *308*

effundere, *259*

ego, *311*

egregius, *103, 229*

ehem, *320*

emeditari, *365*

emergere somno, *53*

eminus, *310*

emittere

    emissus, *181*

en, 72

epularis, *290*

epulo, *284*

equidem, *226*

ergo igitur, *277, 367*

esto, *134*

et cum dicto, *188, 240, 369*

et iam, *255, 341*

etiam, 70, 97

euolare, *133*

examussim, *392*

excusare, *276*

execrabiliter, *73*

exertis oculis, *318*

exinde ut, *227*

exoriri

    de, 57

expergite, *328*

expergitus, *234*

explere pectus, *135*

explicare

    explicitus, 95

exterminare, *344*

exuuiae, *387*

faberrime, *106*

fabula, *56, 215, 305*

    fieri, *216*

fabulam ponere, *397*

facessere, *241, 333, 337*

facies, *375*

factio, *279*

fallacia, *392*

famigerabilis, *312*

familiaris, *350*

famulitio, 67

Fariacus, *373*

fartim, *145*

fata donare, *222*

fatuus

    fatue, *335*

felix et ter beatus, *154*

feminal, *265*

fercula, *288*

ferreus, *324*

festinus, *131*

festiuus, *153*

fetiale officium, *257*

fiducia, 88

flebilis, *326*

floridus, 79, *150, 163, 215*

flos, *250*

flosculus, *175*

fluenter, *260*

foculus, *156*

fomenta conquiro, *313*

fortunam ferre, *239*

465

forum cupidinis, *66*
Fotis, *138*
fraglare, *169*
frater, *227*
frequens, *253*
frigidus, *388*
friuolus, *122*
fructus Veneris, *270*
frustatim, *146*
funus publicum, *358*
fuscus, *312, 326*
gallinula, *196*
gannitus, *243*
gaudialis, *399*
genialis, *137, 359*
germanitas, *84*
Geryoneus, *408*
gestare, *282*
glabellus, *265*
gladiolus, *281*
grabattulus, *243*
gracilitas, *76*
grassari, *267*
gratia, *164, 173*
gustulum, *186*
Harpyia, *324*
heus tu, *185, 278*
hic, *58, 69, 327, 387, 392*
hic iste, *219*
hicine, *314*
hilaris color, *163*
hilarus, *399*
hinc inde, *291, 328, 395*
historia, *215*
honestus, *244*
hortator, *197*
hospitium, *87, 132, 404*
iacere, *153*
iam
        d'ouverture, *59, 61, 223*
iam dudum, *368*
iam inde, *146*
id genus, *61*
idoneus, *329*
igniculus, *157, 207*
ille, *57, 226, 229, 233, 262, 305, 362*
illecebra, *118*
illubricare, *150*
illucere, *172*
immedidatus, *79*
immo uero, *63, 87, 221*
impendio, *276*
imprimere, *184*

imprudentia, *234*
impunctus, *286*
impuratus, *343*
imus, *123*
in + acc.
        conséquence/mouvement/
        transformation, *66, 112, 308,*
        351
in aperto et perspicuo, *162*
in ceruum ferinus, *112*
in gratiam
        + gén., *361*
in luxum nepotalem, *65*
in officio manere, *306*
inadfectatus, *77*
inanimis, *345*
incedere, *179*
incidere
        transitif, *221*
inconiuus, *318*
incredundus, *213*
incrementum
        incrementa solis, *375*
        incrementa Nilotica, *372*
indidem, *60*
indigna, *303*
indoles, *164*
induere
        transitif, *319*
indusiatus, *289*
indutia, *347*
inenormis, *76*
ineuitabilis, *296*
infaustus, *357*
inferi, *369*
infestis palmis, *353*
infesto pollice, *310*
infit, *226*
ingratis, *306*
inhalare, *122*
inhalatus, *189*
inibi, *203*
inlisus, *190*
inoportunus, *238*
inpatientia ueneris, *256*
inpingere
        + abl. de moyen, *353*
inprouidus, *403*
inquies, *254*
inruere
        transitif, *406*
inscendere, *269*
insequi, *352*

insistere

transitif, *313, 377*

instrepere, *362*

integer, *321*

intemeratus, *386*

interdum, *363*

intime, *157*

introrepere, *341*

introrumpere, *349*

introuocare, *326*

inuadere, *251*

inuolare

transitif, *407*

ioci liberales, *291*

ipse, *70*

ipsius

= eius, *88*

iste, 122, 198, 233, 360

iste meus, *82, 305*

itaque, *141*

iubar, *61*

iunctim, *404*

iurulentus, *146*

iuxtim, *225*

labellum, *252*

labes, *234*

lacinia, *164, 263*

laetificus, *399*

lagoena, *244*

lamentabilis, *362*

laniena, *390*

lapillus, *122*

lapis Parius, *98*

Lar patrius, *394*

lasciuia, *263*

lassus, *271*

lateri adhaerere, *68*

latex, *61, 244*

latrocinalis, *232*

lectulus, *53, 140, 377*

lepidus, *156, 305*

lepos, *399*

Lethaeus, *379*

libertas otiosa, *293*

libido, *199*

librata medietas, *99*

liceri, *314*

licet

+ indicatif, *141*

anaphoriques, *167*

linteolum, *395*

litare, *400*

loca tenere, *55*

lucerna, *337*

luctus et lacrimae, *336*

luculentus, *328*

ludicer, *139*

lumbus, *151*

lumen, *326*

madidus, *397*

maga, *120*

magis pleniusque, *400*

magisterio tradere, *130*

malae artes, *118, 381*

mancipare, *192, 382*

manus

= potestas, *132*

marcidus, *271*

margo, *231*

marini fluctus, *264*

mea festiuitas, *187*

medietas, *99*

mellitus, *154, 184*

Memfiticus, *372*

mensula, *201*

mente uiduus, *229*

merito, *315*

miraculum, *375*

misellus, *156*

miser, *222, 233*

missio, *268*

modicum, *250*

momentarius, *380*

morem gerere, *259*

morigerus, *126*

morsicare, *185*

mundule, *148*

murmur, *60*

murmurabundus, *303*

musca, *319*

musculus, *343*

muscus, *105*

Musicus, *354*

mustela, *342*

Myrrhine, *336*

nam, *124, 138*

nauigium Veneris, *199*

nauiter, *136, 267*

nec

= ne, *166*

= ne...quidem, *109*

= neue, *166*

nec mora cum, *262, 345*

nec tamen, *143, 159, 281, 319*

nectareus, *190*

nefarius, *352*

467

neruus, *259*
nescius, *66*
nexus, *137*
nigredo, *174*
nimietas, *259*
nimis, *55*
nox intempesta, *341*
nox prouecta, *340*
noxium poculum, *381*
nugae, *324*
nummulus, *224*
nummus
  gén. nummum, *324*
numquam
  + verbe au futur, *90*
nuptias facere, *85*
nutricem bibere, *84*
nutus, *277, 393*
ob, 374, 404
ob id, *388*
obarmare, *339*
obgannire, *70*
obnitit, *373*
obstinatio, *303*
obuertere, *374*
obuius, *100*
obunctus, *176*
ocius, *331*
oculeus, *325*
oenoforum, *335*
officia integra, *89*
officia uitae, *379*
ollula, *153*
omnifariam, *301*
opera, *351*
operari
  transitif, *163*
opimus, *196, 221*
opiparus/-is, *284*
oppido, *214*
oppido formido, *258, 341*
optimus, *57*
orbis, *284*
orificium, *245*
ornare, *180*
osculari
  osculatus, *140*
osculum, *69*
ostiatim, *66*
palmaris, *94*
Panphile/Pamphile, *118*
papilla, *149*
parens, *70, 88*

pariter ac, *239*
paruuli, *364*
patagium, *181*
paulisper, *255*
pedica, *125*
pendulus, *270*
per, *93, 128*
percrebescere
  percrebui, *290*
peregrinatio, *280*
pereo
  perii, *190*
perfrui, *161*
perhibere
  + in + acc., *333*
perlucidus, *386*
permanare, *178*
permittere, *380*
permulcere, *340*
perpes nox, *317*
perpetuere fundamenta, *211*
perpetuum, *128*
perquam
  + superlatif, *147*
perspergere florem, *250*
perspicax, *325*
perspicuum, *162*
perstrepere, *347*
peruigil, *200*
petere, *138*
  + abl., *297*
petulans, *255*
Philodespotus, *350*
Pi(m)ple(i)us, *355*
pignus, *117*
pila uolubilis, *95*
plantae, *97*
plumare
  plumatus, *60*
plusculus, *273, 288*
pocula, *379*
pomerium, *61*
posticula, *326*
postliminium mortis, *369*
postulare
  + infinitif, *398*
prae
  = ob, propter, *343*
praecipere
  + proposition infinitive, *116*
praeda hereditaria, *361*
praenotare, *332*
praepes, *299*

praesegmen, *298*
praesens, *383*
praesentarius, *344*
praeses, *279*
praesidium salutis, *282*
praeter quod, *281*
pressim, *250, 395*
pretiositas, *285*
prima face, *192*
primas, *284*
primus, *120, 207*
profari, *378*
proiectus
    + objet à l'acc., *110*
pronus, *190*
propheta primarius, *368*
propitiare, *190*
prorsus, *59, 127, 245, 386*
protinus, *337, 401*
protinus
    = statim, *233*
proturbare, *355*
prouentus, *214*
prouidere
    intransitif, *118*
proximare, *247, 405*
pullulatim, *251*
pulmentum, *154*
pulpa, *145*
pulsare, *378*
puncto, *127*
pupillus, *311*
putato, *351*
quadrifariam, *93*
quam
    + adverbe, *226*
querela, *88*
questus, *381*
qui
    = quis, *301*
quid istic, *187*
quidam, *132, 210, 222, 223, 224, 313,*
    326, 359, 405
quidni, *82*
quippe cum, *318*
Quirites, *333, 360*
quoquouersum, *79*
quoties ... numquam, *89*
recreari animi, *203*
reformare, *127, 264, 387*
refouere lassitudinem, *272*
regimen, *231*
regressio, *281*

renitere, *172*
renudare, *263*
respicere
    + in + acc., *159*
respondit, *315*
rigor, *259*
rimabundus, *115*
ripae margo, *231*
rogus, *298*
rorare, *170*
rosa, *248*
roscidus, *97*
roseus, *266*
rubore suffusus, *71*
rure, *108*
russeus, *149*
saeuus Cupido, *258*
saga, *315*
saltu concito, *131*
salubris uena, *378*
Saluia, *72*
sapidus, *147*
sarcire, *321*
satiare, *270*
satis
    = ualde, *128, 140*
saucius, *255*
    + gén., *239*
sauiolum, *187*
sauium, *184*
sc(h)olasticus, *185*
scaena, *375*
scaeuus, *221*
scitule, *288*
scitulus, *139*
se immitere
    + dat., *377*
secubare, *302*
secum esse, *134*
sed, *297*
sed magis, *406*
sed plane, *89, 235*
sedulo, *89, 161*
sensim, *181, 269*
sepulchralis, *121*
sepultura, *300*
sequens
    = secundus, *253*
serere, serui, *125*
sermocinari, *237*
seueriter, *360*
sic placito, *331*
sicubi, *105*

469

sicunde, *102*
sigillatus, *286*
signifex, *103*
signum, *99*
silentia, *372*
similis
+ in + acc., *65*
sine gressu, *95*
sinus, *249*
siqui, *313, 321*
sis felix, *235*
sistrum, *373*
sitarchia, *199*
sodes, *317*
solacium
+ gén. explicatif, *373*
sollemnis, *398*
somni nebula, *388*
sorbere
sorbamus, *198*
sorbillare, *252*
spiritum inuadere, *125*
spiritus, *378*
spiritus efflare, *407*
splendere, *331*
stare, *153*
statim, *384*
studium, *58*
Stygiae paludes, *379*
suberigere, *309*
subire
transitif, *264*
submergere
+ in + acc., *123*
subministrare, *288*
suboles, *177*
subsistere, *360*
succinctulus, *149*
suculentus, *76*
suffusculus, *219*
superruere, *349*
supplementum, *315*
surculus, *122*
suscitare, *391*
tamen, *64*
tandem denique, *238*
tantillula animalis, *343*
tantillum, *406*
Tartarus, *123*
telum, *353*
temperies, *244*
tendere, *258*
+ acc., *384*

terga uertere, *344*
Thelyphron, *304*
Thessaliae, *315*
tolerare
= gerere, *93*
totiugus, *335*
trepidare
transitif, *127*
trucidare
trucidatus, *279*
tuccetum, *147*
tumor, *378*
tunc, *126*
turbulentare, *210*
uadere
transitif, *403*
uasculum, *150*
uastulus, *405*
-ue, *219*
uecors animi, *131*
uegetis, *405*
uel, 162, 187, *276*
uentilare, *351*
uenustas, *124*
uerba concepta, *332*
uereri, *70*
uerisimilitudo, *363*
uersipellis, *318*
uespera, *203, 227*
uesperi, *140*
uestigium, *96*
uibrare, *108*
uicarius, *390*
uiduus
= sine, *229*
uigil, *78*
uigilare, *317*
uillaticus, *294*
uindicare, *360*
uirgula, *105*
uiscum, *144*
Ulixeus, *230*
ullus, *166*
ultimus, *357*
ultro, *198*
ultroneus, *390*
undare, *260*
undique omnifariam, *301*
ungue latius, *277*
unus
= aliquis, *351*
uoce contenta, *359*
uolens, *130*

uoluptarius, *294*
uoluptas, *192*
urbanitas, *305*
urere, *128*
usus, *334*
utensilia, *292*
utrimquesecus, *101*

uulgus, *211*, *363*
uxor egregia, *382*
Veneris hortator, *197*
Venus pendula, *270*
xeniola, *196*
Zatchlas, *368*

INDEX LOCORUM

Achilles Tatius
    1, 1, *91, 103*
    1, 15, *104, 108*
    1, 17, *160*
    1, 2, 57, *216*
    1, 4, *152*
    1, 9, *152, 160*
    2, 7, *186 s.*
    2, 37, *188 s.*
    2, 8, *160*
    2, 9, *251, 253*
    3, 1, *230*
    3, 6, *91*
    3, 9, *232*
    5, 3, *91*
    5, 4, *116*
    5, 22, *124*
    8, 4, *307*

Aelianus
    NA
    15, 11, *342*

Aeschylus
    Ch.
    439, *390*

Aesopus
    50, 174, *342*

Aetna
    194 s., *243*

Alexander Trall.
    1, 15, *368*

Ambrosius
    epist.
    4, 15, 7, *289*
    virg.
    1, 9, 54, *179*

Ammianus
    29, 2, 22, *84*

Anacreonta
    16-17, *21*
    17, 3, *173*
    17, 6, *180*

Anthologia Graeca
    5, 55, *248, 413*
    5, 84, *249*
    5, 129, *151*
    5, 202-203, *413*
    5, 302, *136*

    5, 305, *189 s.*
    6, 88, *149*
    6, 243, *150*
    11, 49, *250*
    11, 159-165, *13*
    16, 83, *106*
    16, 105, *106*
    16, 108, *106*
    16, 310, *106*

Anthologia Latina
    348, *174*
    391, *61*
    413, *310*
    427, *249, 270, 415*
    712, *189, 243, 251, 271*

Apollonius Rhodius
    3, 528 ss., *122*
    4, 477, *390*

Apuleius
    apol.
    2, *85*
    4, 22, 75, 77, *165, 181*
    9, *139, 248, 249, 255, 260*
    12, *410*
    14, *106*
    18, *373*
    25, *120, 216*
    26, *296*
    30 s., *121*
    33, *264*
    34, *118*
    35, *122*
    40, *313*
    41, *118*
    42, *224*
    47, *60, 217*
    54, *375*
    56, *370*
    61, *392*
    63, *153*
    67, *333*
    69, *217*
    82, *358*
    83, *131*
    92, *164*
    93, *361*
    94, *323*

97, *210, 211*
98, *118, 320*
100, *361*
flor.
2, *79, 310*
3, *22, 165, 225, 265*
6, *150*
9, *10, 14, 417*
12, *10*
15, *22, 102, 177, 210, 217*
16, *85*
17, *256, 339*
18, *73, 186, 237*
20, *216*
23, *332*
met.
1, 1, *26, 209, 216, 219, 305, 311*
1, 2, *83, 97, 204, 214, 234*
1, 3, *60, 219, 314*
1, 4, *56, 140, 150, 213, 270, 299, 305, 317*
1, 5, *57, 121, 227, 307, 312, 318*
1, 6, *256, 343, 357, 361, 399*
1, 7, *232, 290, 307, 312, 328*
1, 8, *23, 60, 63, 122, 125, 309, 314, 315, 324*
1, 9, *124, 126, 299*
1, 10, *301, 341, 364*
1, 11, *129, 233, 247*
1, 13, *201, 243, 278, 321, 354, 391, 394, 407*
1, 15, *232*
1, 16, *54, 349*
1, 17, *243, 349*
1, 18, *52, 58, 333, 377, 388, 401*
1, 19, *57, 104, 111, 379, 394*
1, 20, *20, 56, 216, 219, 344*
1, 21, *117, 201, 242*
1, 22, *54, 143, 209, 386*
1, 23, *72, 135, 276, 281, 406*
1, 24, *64, 66, 89, 188, 227*
1, 25, *292, 295*
1, 26, *51, 135, 137, 140, 201, 239, 240, 408*
3, 1, *52, 143, 347, 363*
3, 2, *24, 295, 302, 400*
3, 3, *279, 317, 381, 390, 407*
3, 3-3, *18 s.*
3, 4, *378*
3, 5, *201, 241, 401, 404, 405, 406 s.*
3, 6, *318, 405*
3, 7, *137, 201, 234, 318*

3, 8, *93, 326, 339, 359*
3, 9, *214, 278, 295, 375, 405, 407*
3, 10, *229, 234, 251, 302, 351, 422*
3, 11, *124, 225, 398, 400*
3, 12, *89, 132, 233, 275, 393*
3, 13, *137, 156, 237, 240, 247*
3, 14, *221*
3, 15, *119, 124, 139, 217, 385*
3, 16, *118, 122, 124, 140, 180, 343*
3, 17, *73, 132, 279, 285, 298*
3, 18, *139, 244, 278, 296, 387, 401, 403, 407*
3, 19, *59, 78, 185, 191, 273, 295, 305, 408*
3, 20, *192, 254, 263, 271, 329, 415*
3, 21, *57, 60, 275*
3, 22, *63, 344*
3, 23, *153, 182, 312, 319, 320, 360*
3, 24, *14, 22, 60, 89, 250, 258*
3, 25, *248, 315, 353, 369*
3, 26, *335, 352, 410*
3, 27, *242, 282*
3, 28, *150, 173, 232, 279, 295, 404*
3, 29, *299*
4, 2, *113, 168, 312*
4, 3, *137, 141, 243, 343*
4, 5, *90*
4, 6, *104*
4, 7 s., *145*
4, 8, *247, 290*
4, 9, *54, 134, 223, 293*
4, 11, *250*
4, 12, *404*
4, 13, *163, 335*
4, 14, *279*
4, 15, *392*
4, 18, *232, 392*
4, 19, *221, 224, 324*
4, 20, *102*
4, 21, *215, 369*
4, 22, *193, 244, 404*
4, 23, *232, 328*
4, 25, *369*
4, 26, *134*
4, 27, *191, 214*
4, 28, *58, 63, 75, 134, 167, 309*
4, 29, *335*

4, 31, *97, 167, 220, 250, 360*
4, 32, *213*
4, 33, *299*
4, 34, *56, 160*
5, 1, *10, 53, 92, 104, 155, 173,*
285, 5, 2, 58, 105, 115, 272, 287
5, 3, *288*
5, 4, *269, 339*
5, 5, *129, 192*
5, 6, *125, 183, 184*
5, 7, *188*
5, 8, *234*
5, 9, *229, 319, 347*
5, 10, *320*
5, 11, *136, 212, 320*
5, 12, *373*
5, 13, *175, 181*
5, 14, *399*
5, 15, *125, 272, 393*
5, 16, *160, 344*
5, 17, *155, 181*
5, 18, *83*
5, 20, *153, 161, 251*
5, 22, *22, 77, 93, 97, 133, 148,*
152, 172, 181, 199, 203, 265,
327, 359
5, 23, *115, 188, 189, 255, 257*
5, 24, *229, 382*
5, 25, *79, 232*
5, 27, *84*
5, 28, *63, 70, 168, 327*
5, 30, *70*
5, 31, *217*
6, 2, *372*
6, 4, *83*
6, 5, *336*
6, 6, *167, 174*
6, 7, *125, 174, 281*
6, 8, *67, 184, 189, 332*
6, 10, *140, 308*
6, 11, *169, 248*
6, 13, *334, 379*
6, 14, *133, 318, 373*
6, 15, *187, 323*
6, 16, *275*
6, 17, *369*
6, 19, *93, 251*
6, 21, *96, 388*
6, 22, *82, 127, 361, 405*
6, 23, *125, 134, 137, 217*
6, 24, *23, 168, 169, 248*
6, 25, *20, 57, 115, 134, 216*
6, 26, *133, 329*

6, 27, *344, 383*
6, 28, *110, 282*
6, 29, *213, 215*
6, 30, *341*
6, 31, *232, 279*
7, 1, *52, 133, 161, 347, 350*
7, 2, *242, 318*
7, 4, *368*
7, 5, *102, 134, 341*
7, 6, *374*
7, 7, *404*
7, 8, *163, 184*
7, 11, *190*
7, 12, *191, 244, 397*
7, 14, *410*
7, 16, *103, 312*
7, 20, *221, 407*
7, 21, *124, 185*
7, 22, *211*
7, 23, *23, 165*
7, 24, *103, 282, 321*
7, 25, *333, 390*
7, 27, *326, 359*
8, 1, *134, 156, 216, 243, 263,*
327, 349
8, 2, *66*
8, 4, *78, 164*
8, 5, *331*
8, 7, *353*
8, 8, *234, 353, 367*
8, 9, *189*
8, 11, *312, 313, 326, 335, 341,*
388
8, 13, *336*
8, 15, *23*
8, 16, *325, 339*
8, 17, *282*
8, 18, *183*
8, 19, *247, 335*
8, 20, *128, 360*
8, 21, *251, 388*
8, 22, *134, 145, 361*
8, 24, *234, 312*
8, 26, *252, 278, 390*
8, 27, *150, 181*
8, 29, *276*
8, 30, *263*
8, 31, *147, 328, 368*
9, 1, *264, 312*
9, 2, *326, 352, 353·*
9, 3, *272*
9, 4, *20, 87, 134, 331, 361*
9, 5, *193, 272*

9, 6, *224*
9, 7, *139*
9, 8, *24, 209, 211, 212, 277*
9, 11, *317*
9, 12, *54, 63, 96, 377*
9, 13, *213*
9, 14, *20, 54, 192, 201, 22, 361*
9, 15, *187, 410*
9, 16, *134, 241*
9, 17, *223, 237, 343*
9, 18, *162*
9, 19, *238*
9, 21, *251, 258, 363*
9, 22, *69, 240, 281*
9, 23, *229, 360, 382, 383*
9, 24, *308*
9, 25, *87*
9, 26, *137, 140, 318*
9, 28, *52, 195, 315*
9, 29, *118, 121, 124, 207, 369, 398*
9, 30, *318*
9, 31, *323, 348, 367*
9, 32, *108*
9, 33, *90, 348*
9, 34, *342*
9, 35, *405*
9, 36, *306*
9, 37, *239, 360, 404*
9, 39, *279, 312*
9, 40, *353*
9, 41, *53, 115, 209, 238*
10, 1, *183, 226, 243*
10, 2, *57, 124, 134, 361, 388*
10, 3, *128, 190, 256, 257*
10, 4, *270, 362, 392*
10, 5, *331*
10, 6, *131, 166, 227, 359, 362, 364, 371, 384*
10, 7, *24, 126, 245*
10, 8, *359*
10, 9, *227*
10, 11, *69, 386*
10, 12, *61, 239, 368, 369*
10, 13, *145, 202, 332*
10, 14, *230, 238, 295*
10, 15, *55, 90, 234, 291, 313*
10, 16, *219, 288, 301*
10, 17, *71, 398*
10, 18, *100, 320*
10, 19, *68, 209*
10, 20, *24, 199, 240*
10, 21, *148, 244, 254, 263, 327*

10, 22, 22, *137, 185, 200, 243, 252, 272*
10, 23, *134, 361, 382*
10, 24, *312, 382, 393*
10, 25, *334, 362*
10, 26, *277, 345*
10, 29, *58, 115, 150, 169, 377*
10, 30, *65, 263, 289*
10, 31, *78, 100, 164, 167, 198, 261, 263*
10, 32, *168, 269*
10, 33, *160, 345*
10, 34, *163*
10, 35, *131, 240, 272, 279, 394, 408*
11, 1, *332*
11, 2, *104, 190, 211*
11, 2-3, *410*
11, 3, *22, 167, 171, 172, 173, 177, 181, 261*
11, 4, *94, 175, 248, 370*
11, 5, *101, 199, 282*
11, 6, *250*
11, 7, *52*
11, 9, *332*
11, 10, *370*
11, 11, *286*
11, 12, *250*
11, 14, *23, 264, 351, 394*
11, 15, *17, 23, 55, 112, 130, 141, 192, 207, 235, 277, 280, 409, 410*
11, 16, *155, 199, 217, 393, 401*
11, 17, *277*
11, 18, *209, 244*
11, 19, *399*
11, 20, *216, 242, 347*
11, 21, *130, 162, 282, 340*
11, 22, *155, 203, 209*
11, 23, *54, 63*
11, 24, *23, 183*
11, 25, *73, 122*
11, 26, *394*
11, 27, *19, 84, 213 s., 222*
11, 28, *19, 165*
11, 29, *141*
11, 30, *165, 214, 328, 370, 394*
mund.
4, *163*
16, 99, *176*
Plat.
1, 14, *334*
2, 13, *154, 239*

2, 18, *357*
2, 19, *403*
Socr.
2, *115*
21, *103*
22, *283, 285, 287, 289*
23, *72, 75*
Socr. prol.
4, *174, 325*

Aristophanes
Ec.
110, *304*
792, *342*
Eq.
59, *86*
964, *336*
1286, *157*
Lys.
676 ss., *413*
864 ss., *336*
Pax
146 ss., *214*
891 ss., *157*
V.
363 s., *342*
500 ss., *413*
1182, *342*

Aristoteles
GA
729b, *413*
779b, *78*
HA
620a, *79*
Pr.
4, 21, *270*

Arnobius
nat.
3, 31, *208*
4, 14, *318*
4, 22, *256*
4, 26, *139*
5, 1, *251*
5, 6, *139*
5, 18 s., *153*
5, 31, *139*
6, 13, *103*
6, 14, *153*
7, 8, *196*

Artemidorus
1, 56, *414*

Asellus
hist.
2, *215*

Athenaeus
Deipn.
4, 137d, *283, 292*
10, 418c s., *283, 292*
10, 437e, *258*
13, 577, *414*
13, 581d, *414*
13, 591e, *119*

Augustinus
civ.
9, 13, *99*
10, 9, *126*
epist.
93, 2, *53*
in euang. Ioh.
73, 3, *133*
110, 7, *73*

Ausonius
11, 5, *239*
13, 36, *167*
13, 115, *151*
14, 25, *173*
16, 189 ss., *108*
17, 6, *106*
18, 33, *128*
18, 110, *157*
27, 1, *174*
27, 8, *198*
27, 19, *153*

Babrius
32, *342*

Caecilius
com.
66, *125*

Caesar
ciu.
3, 93, 1, *353*
Gall.
4, 6, 5, *340*
7, 51, 3, *342*

Callimachus
Lav. Pall.
113, *112*

Callistratus
Stat.
1, 1, *104*
1, 2, *102*
5, 1, *105*
5, 4, *108*
7, 4, *102*
9, 1, *102*

Cato
agr.

1, 3, *212*
orat.
36, 1, *285*
58, *336*
Catullus
3, 1, *168*
6, 6, *158*
35, 14, *156*
35, 15, *158*
52, 1, *133*
61, 56, *150*
61, 78, *172*
64, 45 ss., *283*
66, 39, *140*
68, 63, *231*
68, 157, *235*
68b, 125 ss., *252*
99, 1 s., *184*
Celsus
2, 1, 5, 76, *388*
5, 26, 33, *395*
6, 6, 1, *395*
7, 8, 4, *321*
7, 26, 5, *395*
7, 29, 6, *388*
Censorinus
24, 6, *192*
Charito
1, 14, 1, *262 s.*
5, 5, 3, *217*
Cicero
Att.
2, 1, 1, *179*
9, 17, 1, *275*
Catil.
4, 1, *302*
Cato
5, 13, *166*
61, *359*
de orat.
2, 218, *393*
3, 220, *310*
2, 236, *393*
div.
1, 2, *209*
1, 95, *277*
1, 102, *141*
2, 43, *210*
2, 98, *13*
fam.
2, 8, 1, *117*
6, 3, 3, *61*

har. resp.
44, *149*
Lael.
86, *293*
leg.
2, 24, 61, *298*
leg. agr.
2, 48, *66*
Mil.
69, *96*
Mur.
49, *168*
nat. deor.
1, 4, *118*
1, 92, *95*
2, 4, *162*
2, 17, *343*
2, 23, 60, *197*
2, 63, *168*
off.
1, 33, *347*
1, 103, *291*
1, 130, *124*
orat.
78, *178*
79, *400*
Phil.
4, 4, *282*
Quinct.
25, *333*
rep.
2, 21, *399*
S. Rosc.
109, *89*
Tim.
23, *99*
Tusc.
2, 23, *82*
Verr.
5, 79, *279*
CIL
1, 2, 2520, *144*
4, 1830 *add.*, *265*
8, 6965, *168*
11, 6721, 5 *138*
13, 10018, 84, *235*
Ciris
210, *372*
275 ss., *166*
Claudianus
3, 131, *60*
10, 72 s., *168*
10, 99 ss., *168*

14, 5, *267*
15, 448, *299*
17, 61, *184*
carm. min.
27, 21, *174*
carm. min. app.
5, 33, *79*
Cod. Iust.
6, 27, 5, 1, *90*
Cod. Theod.
9, 16, 6, *56*
Columella
1, 3, 5, *398*
12, 47, 2, *244*
Copa
2, *151*
7 ss., *242*
14, *249*
29 s., *286*
Culex
173, *78*
Cyprianus
mortal.
18, *373*
Dig.
1, 18, 13, *279*
48, 19, 28, 3, *278*
Dionysius Hal.
Ant. Rom.
5, 17, 2, *358*
Dracontius
6, 19, *271*
Orest.
76, *230*
106, *133*
Ennius
ann.
27, *167*
8, 288, *388*
scaen.
207, *259*
Ennodius
carm.
2, 77, 3, *97*
opusc.
2, *143*
6, *97*
Festus
44, *317*
53, *224*
408, *196*
Fronto
19, 21, *343*

46, *294*
63, *90*
140, *133*
Fulgentius
aet. mund.
267
myth.
2, 1, *261*
3, 6, *299*
myth. praef.
1, *115*
serm. ant.
36, *299*
48, *298*
Gaius
inst.
2, 104, *333*
2, 181, *333*
4, 30, *332*
Gellius
2, 22, 27, *305*
2, 26, 19, *77*
3, 18, *143*
12, 1, 9, *82*
14, 1, *13*
15, 15, 3, *178*
Hegesius
1, 41, 9, *303*
Heliodorus
1, 1, 1 ss., *230*
1, 2, 1, *262*
1, 2, 6, *262*
1, 22, 4, *230*
2, 23, 4 ss., *307*
2, 34, 2, *292*
3, 4, 2 ss., *149*
3, 4, 5, 21, *180, 182*
3, 16, 3, *318*
5, 16, 1, *307*
5, 22, 3 ss., *230*
5, 22, 7 ss., *232*
6, 14, 2 ss., *385*
6, 14, 7, *318*
6, 15, 1 s., *379*
Herodas
3, 17, *202*
7, 74 ss., *222*
Herodotus
2, 36, *370*
Hesiodus
Op.
373, *151*
Th.

479

116, *123*
Hieronymus
    epist.
    117, 7, 3, *149*
Historia Augusta
    Alb.
    12, 12, *20*
Homerus
    Il.
    3, 158, *73*
    11, 779, *196*
    14, 214 ss., *149*
    17, 674 s., *79*
    19, 282, *262*
    Od.
    3, 286 ss., *230*
    4, 43 ss., *283*
    5, 291 ss., *230*
    6, 149 ss., *152, 262*
    6, 153 ss., *155*
    7, 81 ss., *92, 283*
    7, 232 ss., *291*
    7, 270 ss., *230*
    8, 579 s., *214*
    9, 1 ss., *307*
    9, 273, *315*
    11, 99, *368*
    11, 155, *227*
    11, 328 ss., *306*
    17, 375, *233*
    18, 353, *230*
    22, 474 ss., *390*
Horatius
    carm.
    1, 4, 5 ss., *168*
    1, 13, 15 s., *190*
    1, 19, 1, *168*
    1, 19, 5, *98, 172*
    1, 27, 21 s., *120*
    2, 9, 10 s., *227*
    2, 11, 23 s., *182*
    2, 12, 25 s., *184*
    3, 8, 14 s., *334*
    3, 19, 25, *177*
    3, 30, *213*
    4, 8, 11 s., *222*
    4, 8, 28, *213*
    epist.
    1, 13, 6 ss., *213*
    1, 13, 8 s., *216*
    2, 2, 208 ss., *375*
    epod.
    5, 3, *302*

11, 7 s., *216*
14, 3, *379*
sat.
1, 2, 54, *136*
1, 2, 116 ss., *136*
1, 2, 118, *258*
1, 5, 83 s., *257*
1, 6, 43, *358*
2, 2, 40, *324*
2, 7, 46 ss., *136*
2, 7, 50, *413*
Inst. Iust.
    1, 5, 3, *398*
Isidorus
    orig.
    10, 57, *289*
    11, 1, 81, *145*
    11, 1, 98, *151*
    20, 2, 12, *245*
Juvenalis
    1, 26 ss., *351*
    1, 31, *324*
    3, 18 ss., *104*
    3, 278 ss., *278*
    5, 37 ss., *286 s.*
    6, 019, *151*
    6, 21 s., *158*
    6, 155 s., *286*
    6, 285 s., *383*
    6, 311, *413*
    6, 320 s., *270, 413*
    6, 347 s., *346*
    6, 438 s., *73*
    6, 511 ss., *19*
    6, 532 ss., *370*
    6, 553 ss., *210*
    6, 555, *13*
    10, 166 s., *214*
    11, 162 ss., *151*
    15, 43, *200*
Lactantius
    inst.
    2, 17, 11, *306*
    6, 1, 8, *173*
Laevius
    carm. fr.
    27, 121
Lex XII tab.
    8, 1, *118*
Livius
    6, 41, 4, *277*
    41, 20, 12, *268*

Longus
    prol., *91, 104, 106*
    1, 18, 1, *186*
    2, 3, *104*
    3, 17 ss., *186*
    4, 2, *104*

Lucanus
    3, 622 s., *380*
    5, 700 s., *53*
    6, 438 ss., *122*
    6, 452 s., *124*
    6, 454, *381*
    6, 462 ss., *122*
    6, 499 s., *122*
    6, 533 s., *298*
    6, 564 ss., *301, 300, 315*
    6, 681 ss., *374*
    6, 686 s., *60*
    6, 720 ss, *379, 390*
    6, 730 ss., *380*
    10, 111 ss., *283*
    10, 133 ss., *289*
    10, 160 s., *287*
    10, 172 ss., *291*
    10, 396, *397*

Lucianus
    Am.
    13, *264, 266*
    DDeor.
    8, *251*
    DMeretr.
    4, 4, *180*
    dom.
    15, *67*
    Pro Im.
    17 ss., *262*
    Philops.
    14 ss., *369*
    Rh. Pr.
    9 ss., *75*
    Symp.
    16, *256*

Lucilius
    64 ss., *145*
    115, *244*
    280, *151*
    1004, *125*
    1256 s., *125*

Lucretius
    1, 408, *296*
    1, 494, *178*
    2, 210, *208*
    2, 626, *227*

    2, 795 ss., *171*
    2, 801 s., *174*
    2, 1130, *183*
    3, 476, *198*
    3, 966, *130*
    4, 460, *372*
    4, 1073, *270*
    4, 1079 ss., *188*
    4, 1108 s., *250*
    4, 1112, *266*
    4, 1115, *258*
    4, 1168 ss., *262*
    4, 1192 ss., *188, 192*
    4, 1195, *193*
    4, 1268 ss., *413*
    4, 1280 s., *148*
    5, 986 s., *341*
    5, 1457, *183*

Lygdamus
    6, 30, *235*

Macrobius
    sat.
    7, 3, 3 ss., *302*
    somn.
    1, 2, 7 s., *20*
    1, 3, 7, *388*

Marcus Aurelius
    9, 9, *207*

Martialis
    1, 96, 12, *185*
    2, 33, 1, *170*
    3, 82, 25, *286*
    5, 78, 26 ss., *151*
    6, 55, 3, *169*
    6, 66, 4, *314*
    6, 71, 2 ss., *151*
    7, 31, 1, *348*
    7, 54, 7, *348*
    9, 59, 13 ss., *286*
    9, 68, 3, *348*
    11, 104, 11 ss., *414*
    12, 28, 19, *370*
    13, 63 s., *196*
    14, 109 ss., *286*
    14, 203, *151*
    14, 223, 2, *348*

Martianus Capella
    1, 36, *103*
    1, 40, *263*
    1, 67, *174*
    2, 132, *265*
    2, 181, *77*
    4, 331, *77*

8, 811, *325*
9, 901, *198*
9, 909, *173*

Matius

carm. frg.
12, *252*

Nemesius

cyn.
121, *380*

Nero

carm. frg.
2, *175*

Nonius

168, *137*
866, *181*

Onos

4, 1, *64*
4, 2, *64, 81*
4, 3, *72, 82, 83, 117*
4, 5, *87, 88*
4, 6, *116, 117, 124, 126*
4, 7, *280*
5, 2, *135, 137*
5, 3, *138*
5, 4, *143*
5, 5, *144*
6, 1, 153, *155*
6, 2, *156*
7, 1, *29, 200, 238*
7, 2, *242, 243*
7, 3, *248, 249*
8, 1, *253*
8, 2, *256, 266*
8, 3, *267*
9, 1, *261*
10, 5, *272*
11, 1, *29, 273*
11, 4, *266*
11, 6, *156*
55, 2, *83*
56, 1, *422*

Ovidius

am.
1, 2, 39 s., *248*
1, 4, 21, *263*
1, 4, 31, *251*
1, 5, 9 ss., *247*
1, 5, 10, *259*
1, 6, 59, *198*
1, 8, 13 ss., *299*
1, 8, 47 ss., *258*
1, 8, 110 ss., *353*
1, 9, 1 s., *277*

1, 14, 9 s., *173*
1, 14, 21, *165, 170, 171, 175*
1, 14, 56, *163*
2, 1, 7, *255*
2, 4, 13 ss., *158, 268, 270, 414*
2, 4, 29 ss., *151, 270*
2, 4, 37, *180*
2, 4, 41 ss., *21, 171, 173*
2, 5, 23 ss., *189*
2, 6, 55, *95*
2, 7, 23, *163*
3, 1, 7, *175*
3, 1, 21 s., *216*
3, 1, 33, *185*
3, 3, 24, *363*
3, 7, 65 s., *152*
3, 14, 25 s., *158, 270*
3, 14, 37 ss., *268*

ars
1, 237, *198*
1, 351 ss., *137*
2, 233, *277*
2, 613, *264*
2, 707 s., *155*
3, 129 ss., *67*
3, 133 ss., *21, 171*
3, 139 ss., *177*
3, 141 ss., *180*
3, 249 s., *165*
3, 777 s., *413, 414*
3, 783 ss., *259*

epist.
7, 59 s., *168*
13, 30, *185*
15, 76, *175*
17, 79 ss., *251*

fast.
1, 437, *192*
1, 455, *348*
2, 793, *406*
4, 704, *347*
6, 141 s., *299*

Ib.
142, *390*
255, *84*

met.
1, 10 ss., *123*
1, 388 s., *296*
1, 685 ss., *339*
2, 299 s., *123*
2, 441, *168*
2, 447, *140*
2, 536 s., *175*

2, 541, *173*
2, 638 s., *210*
3, 141 s., *112*
3, 157 ss., *106*
3, 161 s., *108*
3, 162, *106*
3, 169, *180*
3, 200 s., *113*
3, 420 ss., *76*
4, 278 ss., *19*
4, 322 ss., *155*
4, 338 ss., *140*
6, 551, *406*
7, 730, *328*
8, 35, *230*
9, 99, *394*
9, 323, *342*
10, 9, *168*
10, 250 s., *98*
10, 252, *107*
10, 538, *104*
13, 539 s., *238*
14, 166, *230*
15, 212 s., *166*
15, 878 s., *213*
Pont.
1, 2, 19, *257*
rem.
103, *270*
trist.
1, 1, 57, *213, 217*
3, 3, 40 ss., *358*
3, 7, 37 s., *177*
4, 1, 47, *379*

Pacuvius
trag.
367 ss., *96, 97*

Persius
5, 152, *214, 216*
5, 176 ss., *19*

Pervigilium Veneris
85, *347*

Petrarque
Fam.
1, 4, 4, *52*

Petronius
9, 8 ss., *268*
10, 3, *351*
21, 7, *200*
24, 7, *150*
28, 6, *65, 90, 283*
29, 1, *92, 101*
42, 4, *319*

43, 8, *174*
57, 1 ss., *302*
61, 6 ss., *307*
62, 10, *66*
63, *391*
63, 1, *324*
63, 3 ss., *299*
67, 3, *315*
79, 1 ss., *403*
79, 3, *404*
79, 8, *271*
83, 1 ss., *91*
109, 8 ss., *21*
110, 5, *178*
114, 1 ss., *230*
114, 14, *232*
126, 2, *75*
126, 3, *79*
126, 10, *414*
126, 14 ss., *180*
126, 16, *262*
128, 6, *408*
132, 1, *188*
132, 9, *308*
132, 11, *152*
134, 11, *259*

Phaedrus
1, 22, *342*
4, 26, *394*
app.
11, *196*

Philostratus
Im.
1, 2, 5, *102*
1, 18, 1, *103*
1, 23, 2, *104*
1, 23, 3, *108*
1, 25, *399*
1, 28, 2, *102*
2, 5, 4, *21*
VA
8, 7, 2 ss., *19*

Photius
Bibl.
129, *28*

Physiognomonia
20, *77*
24, *78*
54, *76*
74, *79*
79, *76*
83, *196*
92, *75 s.*

104, *77*
131, *196*

Plato

Crit.
53d, *293*
53e, *292*
Lg.
728d ss., *75*
R.
10, 595c ss., *106*

Plautus

Amph.
153 ss., *278*
262, *401*
732, *317*
Asin.
209 s., *252*
212, *332*
562, *332*
624, *197*
627, *289*
Aul.
288 s., *85*
555, *325*
Bacch.
74 s., *352*
87 s., *197*
1125, *371*
Capt.
531 s., *324*
597, *172*
796 ss., *353*
Cas.
135, *187*
221, *158*
577, *187*
810, *258*
Cist.
69 ss., *186*
209 s., *345*
Curc.
182, *334*
Epid.
141, *187*
Men.
344, *199*
544, *323*
Merc.
361, *343*
976, *185*
Mil.
341 ss., *357*
915 ss., *199*

1254 ss., *147*
1413, *230*
Most.
289, *164*
317, *335*
Persa
24 ss., *255*
568, *335*
Poen.
118, *320*
602, *294*
1198, *156*
1235, *189*
Pseud.
63 s., *186*
67, *185*
167, *164*
852, *79*
Rud.
423, *164*
543, *343*
Stich.
425, *197*
460, *342*
604 ss., *278 s.*
Trin.
886, *340*
Truc.
562, *230*

Plinius Maior

nat.
2, 23, *143*
2, 43, *334*
5, 12, *285*
7, 178 s., *385*
8, 196, *68*
9, 140, *173*
10, 191, *79*
11, 250, *371*
20, 12, *357*
20, 185, *155*
25, 14, *374*
29, 60, *342*
30, 6, *120*
33, 5, *286 s.*
33, 63, *400*
35, 30, *163*
35, 65, *102 s.*
35, 95, *102*
35, 141, *168*
36, 1, *286*
36, 8, *93*
37, 29, *286*

37, 30, *287*
37, 72, *174*
37, 169, *368*

Plinius Minor
epist.
5, 16, 1, *153*
9, 2, 5, *276*
paneg.
49, 8, *291*

Plutarchus
Cleom.
9, 1, *399*
Lyc.
25, 4, *399*
Moralia
145c, *19*
352 c s., *370*
362d-371c, *15*
621e, *302*

Polemo
Phgn.
1 s., *78 s.*
35, *75 s.*
50, *79*
55, *75, 77*

Pompeius
gramm.
298, 11, *400*

Porphyrio
Hor. epist.
1, 15, 36, *66*
2, 1, 239, *103*
Hor. carm.
4, 1, 6, *139*
Hor. epod.
1, 34, 4, *66*

Priapea
19, 1 ss., *151*
27, 1 s., *151*
45, 1, *259*
68, 33 ss., *258*
68, 35 s., *257*
73, 2, *153*

Propertius
1, 2, 1, *179*
1, 2, 8, *164*
1, 5, 12, *126*
1, 13, 15 ss., *271*
1, 15, 24, *214*
2, 1, 14 ss., *216*
2, 3, 13 ss., *180*
2, 16, 13 s., *257*
2, 24, 1 ss., *216*

2, 27, 6, *227*
2, 29, 17, *175*
2, 29, 25 s., *152*
4, 1, 137, *277*
4, 4, 51, *56*
4, 8, 35 ss., *242*
4, 8, 40, *249*

Prudentius
c. Symm.
1, 630, *370*
2, 27 ss., *95*
cath.
10, 49 ss., *332*
9, 92, *318*
perist.
12, 39 ss., *108*
12, 40, *105*
5, 417, *303*

Ps. Polemo
Phgn.
5, *79*

Ps. Quintilianus
decl.
10, 1, *336*
7, 5, *373*
8, 10, *358*

Quintilianus
decl.
297, 11, *333*
319, 8, *362*
321, 31, *336*
inst.
1, 7, 11, *32*
2, 5, 8, *291*
5, 11, 39, *362*
6, 3, 3 ss., *393*
6, 3, 7 s., *302, 305*
6, 3, 14, *291*
6, 3, 23, *418*
6, 3, 28, *302*
6, 3, 35, *291*
6, 3, 85, *418*
6, 3, 99, *418*
6, 3, 102, *399*
6, 3, 105, *305*
6, 3, 107, *305*
9, 4, 3, *32*
10, 1, 20, *10*
11, 3, 76, *185*
11, 3, 85, *309*
11, 3, 92, *309*
11, 3, 98, *309*
11, 3, 119, *309, 310*

11, 3, 159, *309*
Rhetorica ad Herennium
1, 8, 13, *216*
4, 23, 43, *285*
4, 44, *97*
Rufinus
hist. mon.
8, *379*
Sallustius
Catil.
1, 1, *164*
Schol. Pers.
1, 20, *151*
Seneca
benef.
1, 4, 5, *324*
3, 23, 3, *216*
clem.
3, 19, *373*
dial.
4, 34, 4, *276*
5, 2, 3, *363*
5, 17, *300*
5, 26, 3, *176*
5, 37, 1, *302*
6, 3, 4, *399*
epist.
11, *71*
47, 5 s., *287*
47, 7, *289*
49, 3, *127*
59, 14, *399*
95, 21, *170*
119, 3, *286*
119, 13 s., *289*
Herc. f.
610, *123*
861, *123*
Herc. O.
452, *126*
484, *243*
533 s., *380*
1514 s., *123*
Oed.
530 ss., *367*
618, *354*
Phaed.
363, *140*
379 s., *78*
1004, *220*
1036, *174*
Phoen.
87, *53*

Thy.
508 s., *260*
Tro.
396, *407*
885, *179*
Seneca Rhetor
contr.
2, 1, 12, *117*
2, 7, 3, *68*
6, 6, *362*
7, 1, 4, *230*
7, 3, 6, *362*
10, 5, 27, *106*
suas.
1, 15 ss., *230*
3, 2, *230*
Servius
Aen.
1, 720, *170*
3, 246, *299*
3, 587, *192*
6, 218, *358*
Sidonius
epist.
4, 3, 7, *400*
7, 17, 1, *121*
Silius Italicus
1, 366, *296*
11, 289 s., *340*
11, 513, *403*
12, 121 ss., *202*
14, 331 s., *232*
14, 602, *407*
Sisenna
hist.
3, *225*
Sophocles
Ant.
1055, *369*
El.
445, *390*
Statius
Ach.
1, 2, 14, *380*
silv.
1, 2, 24, *398*
1, 3, 17 ss., *108*
3, 4, *21*
Theb.
1, 514 ss., *283*
3, 218, *208*
3, 425, *198*
4, 377 s., *117*

5, 194, *157*
8, 762 s., *181*

Suetonius
Cal.
25, 8, *353*
Nero
26, *278*
Otho
7, *397*

Synesios
23, *159, 175*

Tacitus
ann.
13, 47, 2, *278*
15, 53, *348*
hist.
1, 69, *363*

Terentius
Ad.
591, *252*
Andr.
131 s., *119*
Eun.
285, *353*
312, *257*
318, *76*
732, *197*
Haut.
285 ss., *179*
290, *178*
Hec.
60 ss., *119*
620 s., *214*
849, *222*
Phorm.
104 s., *164*
862, *225*

Tertullianus
anim.
27, *270*
53, 6, *53*
carn.
9, *105*
castit.
10, 1, *134*
paenit.
1, 2, *179*
12, *79*
patient.
5, *256*

Theocritus
12, 11, *214*

Theophrastus
Char.
16, 3, *342*

Tibullus
1, 4, 83 s., *216*
1, 8, 15, *179*
1, 8, 37, *189, 271*
1, 9, 68, *176*
2, 3, 31 ss., *216*
2, 4, 57, *107, 157*
2, 5, 87, *397*
2, 5, 107 ss., *255*
3, 4, 27, *180*
4, 2, 9 s., *177*

Ulpianus
dig.
1, 9, 8, *85*
37, 15, 1, 2, *360*
47, 12, 3, 7, *320*
reg.
20, 9, *333*

Valerius Flaccus
2, 86, *130*
4, 700, *202*
7, 302, *97*
8, 232, *197*

Valerius Maximus
2, 1, 5, *71*
3, 2, 23, *95*
6, 1, *71*
8, 11, ext. 5, *106*

Varro
frg. gram.
49, *74*
ling.
5, 119, *205*
5, 129, *289*
5, 146, *66*
5, 178, *328*
6, 7, *340*
6, 50, *351*
6, 75, *340*
6, 82, *205*
7, 78, *340*
Men.
111, *290*
260, *82*
375, *177*
409, *151*
434, *286*
rust.
1, 38, 2, *107*
1, 54, 2, *153*

2, 4, 10, *196*
3, 10, 6, *146*
Vergilius
Aen.
1, 81 ss., *230*
1, 94, *155*
1, 149 s., *363*
1, 261 s., *210*
1, 453 ss., *92*
1, 494 s., *152*
1, 551, *231*
1, 590 s., *107*
1, 592 s., *98*
1, 613, *152*
1, 697 ss., *283*
1, 723 ss., *290*
1, 753 ss., *291, 304*
2, 1 ss., *302, 307*
2, 2, *308*
2, 265, *388*
2, 381, *174*
2, 774, *152 s.*
3, 48, *153*
3, 105, *399*
3, 225 ss., *324*
3, 232, *296*
4, 101, *157*
4, 591, *280*
4, 641, *133*
5, 37, *359*
6, 56 ss., *371*
6, 72, *210*
6, 77 s., *368*
6, 103 ss., *371*
6, 266, *166*
6, 323, *379*
6, 369, *379*
6, 376, *380*
6, 460, *140*
6, 469 s., *152*
6, 494 ss., *307, 382, 390, 394*
6, 520 ss., *382, 388, 389, 420*
6, 531, *227*
7, 14, *176*
7, 249 ss., *302*
7, 520 s., *353*
8, 369 ss., *170*
8, 388 ss., *157*
9, 89 s., *117*
9, 161, *173*
9, 552 s., *66*
10, 745 s., *324*
11, 451 ss., *363*

12, 261, *280*
12, 601, *220*
12, 669, *53*
ecl.
5, 16, *152*
8, 28, *379*
8, 41, *190*
8, 59, *205*
8, 77 s., *182*
georg.
1, 294, *176*
2, 506, *287*
3, 34, *98*
3, 173, *362*
4, 522, *355*
Vitruvius
6, 7, 4, *195*
Xenophon Ephesius
1, 2, 6, *180*